스위스 메이드
Swiss Made

"이 책은 스위스의 성공이 협소한 전문분야에 국한되지 않고, 그로 인해 더 큰 확신을 가질 수 있는 사람들에 의해 이루어졌음을 보여준다."
―스위스 리와〈노이에 취르허 차이퉁〉의
전 회장 울리히 브레미(Ulrich Bremi)

"스위스는 낮은 물가상승률, 낮은 실업률, 높은 생활수준을 달성했다. 스위스는 일본에 의해 전통적인 시계 제조 산업이 몰락한 뒤 다시 회복했다. 또한 큰 중앙정부 없이 의료보장과 다른 사회복지혜택을 제공한다. 스위스가 이러한 탁월한 일들을 해낸 방법을 알고 싶다면 이 책을 읽어야 한다."
―하버드대학 교수, 전미경제조사회 명예회장,
레이건 정부 수석경제자문 마틴 펠드스타인(Martin Feldstein)

"이 책은 중요하면서도 통찰력이 있다. 중요한 이유는 스위스 산업 성공의 아주 중요한 요소인 혁신의 핵심적인 역할을 강조하기 때문이다. 통찰력이 있는 이유는 스위스 기업이 혁신을 수행하는 방식에 대해 실제적인 많은 사례를 제공하기 때문이다."
―로랑지 기업연구소 소유자겸 소장,
로잔 국제경영개발원 전 원장 피터 로랑지(Peter Lorange)

"흥미롭고, 잘 썼고, 핵심적이다."
―스위스 프라이빗은행협회 전 회장 피에르 미라보(Pierre Mirabaud)

"내가 열정적인 스위스인이 아니라면 이 책을 읽고 스위스인이 될 것이다!
기업가에 관한 탁월한 이야기들은 매우 유용한 거시경제 분석의 흥미로운
기초가 되며 역동적인 스위스 이미지를 보여준다."
―기업가, 미술품 수집가, 전 중국 주재 스위스 대사 울리 지크(Uli Sigg)

"무엇보다도, 영어로 쓰인 이 책은 규모가 작고 자연자원도 부족한
스위스가 성취한 놀라운 경제적 성공을 탁월하게 설명한다."
―〈파이낸셜 타임스〉 스위스 특파원 하이그 시모니안(Haig Simonian)

"유럽 자본주의가 많은 분야에서 수세적인 이 때 이 중요한 책은 스위스
모델에 대한 강력한 근거를 제시한다. 경제학의 미래에 대해 관심 있는
사람이라면 이 책의 내용을 숙고해야 한다."
―전 미국 재무부장관, 하버드대학 명예총장,
로렌스 서머스 교수(Lawrence Summers)

"이른바 스위스의 성공 비밀―설명하기보다는 모방하기가 더 어려울
것이다―이 멋진 책에 제시된다. 스위스는 까다로운 기준에 맞출 준비가
된 기업과 개인에게 고무적인 환경을 제공한다. 스위스 사람들이 강점을 잘
유지하고 또 이웃국가들이 계속 실수한다면, 스위스는 다음 세대에서도
계속 선두주자가 될 것이다."
―신젠타 회장, 바클레이스 전 최고경영자 마틴 테일러(Martin Taylor)

"스위스 정치가 특별한 사례인지 여부는 아직 논쟁의 여지가 있다. 그러나 스위스 경제는 단연코 특별한 사례다. 이 책은 이 점을 아주 인상적인 방식으로 보여준다."
—노바티스 회장 다니엘 바젤라(Daniel Vasella)

"스위스는 매우 성공적인 '브랜드'이며—특히 중앙은행 분야에서—스위스의 양적인 비중을 훨씬 능가하는 큰 영향력을 오랫동안 발휘했다. 이것은 집단적인 규율의 틀 안에서 혁신하고 적응하는 능력이 탁월하다는 것을 보여준다. 이 책은 격변하는 세계에 사는 우리에게 필요한 교훈을 제시한다."
—미국 연방준비제도 전 의장 폴 볼커(Paul Volcker)

"스위스는 지난 세대 동안 다른 많은 서구 국가들에 비해 자국의 전통적인 강점을 더 잘 유지하기 위해 노력했다. 이를 테면 건전한 정부 재정, 탄탄한 제조업 기반, 합리적이고 공평한 소득분배 등이다. 이런 것을 배우고 싶은 사람이라면 이 시의적절한 책을 읽어야 한다."
—로열 더치 쉘 최고경영자 피터 보저(Peter Voser)

Swiss Made
: The untold story behind Switzerland's success
by R. James Breiding

Copyright © R. James Breiding
All rights reserved.
Korean Translation Copyright © Epiphany

이 책의 한국어 판 저작권은 저자와 독점 계약한 에피파니에 있습니다.
저작권법에 의해 한국 내에서 보호를 받는 저작물이므로
무단 전재와 무단 복제를 금합니다.

스위스 메이드
스위스의 성공 배후에 숨겨진 엄청난 이야기

R. 제임스 브라이딩 지음 | 안종희 옮김

에피파니

서문 ——————————————— 11
서론 ——————————————— 22

1장 우유에서 시작되었다 ——————————————— 41
2장 시계제조업: 좋은 타이밍 ——————————————— 86
3장 스위스 관광: 눈과 공기를 파는 방법 ——————————————— 135
4장 스위스의 조용한 무역기업 ——————————————— 168
5장 비밀 계좌―엄청난 수익 ——————————————— 220
6장 수익을 창출하는 섬유산업 ——————————————— 286
7장 작은 기적들: 놀라운 의료기술 ——————————————— 310
8장 스위스의 강력한 기계 산업 ——————————————— 342
9장 제약 산업: 지식 판매 ——————————————— 390
10장 스위스 교통: 완벽한 이동성 ——————————————— 442
11장 벽돌과 회반죽 ——————————————— 474
12장 슈퍼컴퓨터에서 마우스까지 ——————————————— 506
13장 아름다운 산업: 스위스가 예술 및 건축 분야에서 거둔 성취 ——————————————— 534
14장 세상에 비치는 한 줄기 빛 ——————————————— 563
15장 스위스 메이드: 다국적 기업들이 스위스를 선호하는 이유 ——————————————— 613
16장 결론: 스위스처럼 되기 ——————————————— 636

참고문헌 ——————————————— 657
감사의 글 ——————————————— 667
부록 ——————————————— 674

서문

리누스 폰 카스텔무르 Ph.D
— 주한 스위스 대사

2016년 서울에 부임한 초기부터 나는 스위스의 성공 이야기를 들려달라는 수많은 강의, 발표, 인터뷰 요청에 깜짝 놀랐다. 강의 주제는 정치, 사업, 예술과 디자인, 과학기술이 망라되었고, 나는 다른 국가에서 배우려는 한국인들의 열정에 깊은 인상을 받았다. 전 스위스주재 한국대사 장철균은 2013년에 이미 「스위스에서 배운다」라는 책을 출간해 스위스의 안정적인 정치, 탄탄한 산업, 깨끗한 환경, 실용적인 교육시스템, 성공적인 국가 브랜드에 관한 소중한 평가를 제시했다. 나는 한국 독자들이 스위스를 이해하는데 유용한 추가 자료를 이용할 수 있게 되어 기쁘다. R. 제임스 브라이딩의 「스위스 메이드 Swiss Made」는 2013년 처음 출간된 이후 사업과 경제 분야의 많은 독자로부터 찬사를 받았다.

언뜻 보면 스위스와 한국은 공통점이 많다. 작은 두 국가는 여러 큰 국가에 둘러싸여 있고 자연자원이 적고 척박하다. 두 나라는 빈곤 극복을 위해 교육과 과학 기술에 집중적으로 투자했고, 국제무역을 통해 탄탄한 경제성장을 이루어냈다. 또한 과거의 잘못된 관행을 바로잡기 위해 노력했다. 스위스는 은행비밀보호법을 더 투명한 국제조세제도의 요구에 맞추어 바꾸었다. 한국은 초기의 급속한 발전단계에서 간과되었던 부패와 싸우고 기업 지배구조를 개선했다.

두 국가는 차이점도 분명히 존재한다. 스위스는 사면이 육지로 둘러싸여 있고, 자유로운 이민 정책을 유지하여 문화적 다양성을 발전시켜왔다. 한국은 삼면이 바다인 반도 국가이며 동북아시아의 이웃나라들처럼 지금까지 단일 민족국가를 유지하고 있다. 스위스는 오랫동안 정치적 안정을 누렸고 스위스 시민들은 직접민주주의에 기초한 느린 합의제에 익숙하다. 아마 급격한 성장과 유교 문화의 영향 탓이겠지만 한국 사회는 거의 모든 분야에서 시간 압박이 심하고 기업과 정치 분야의 의사결정에서 위계질서가 큰 역할을 한다. 스위스는 경제활동이 스위스 전체 지역에서 거의 균등하게 이루어지기 때문에 종종 중심점이 없다는 말을 듣는다. 반면 한국의 경우 수도권 지역의 GDP가 전체 GDP의 절반을 차지한다. 한국의 경제성장은 대기업 집단인 재벌에 의해 주도된 반면, 스위스 경제는 최고의 인재를 유치하는데 어려움을 겪는 한국 중소기업과 달리, 높은 수준의 인적 자본을 확보할 수 있는 중소기업에 의해 강력하게 뒷받침되었다.

이런 유사성과 차이점을 고려할 때 두 국가는 서로 배울 점이 많다. 이 책은 실제 사례가 주는 교훈을 얻기 위한 유용한 틀과 생각거리를 제공한다. 정치 안정과 탄탄한 금융의 역할이란 무엇일까? 정부가 어떻게 기업가 정신을 키울 수 있을까? 지속 가능한 번영을 이루는 데 개방성은 얼마나 중요할까? 물론 간단한 성공비결을 통해 쉽게 똑같은 성공을 거둘 수는 없다. 하지만 스위스의 성공적인 기업들은 세계 최고의 제품을 만들어 낼 수 있는 적절한 시장을 찾고, 전 세계의 인재를 유치하는데 집중 투자하고, 혁신과 탁월성에 인센티브를 제공했다. 그들은 전통을 소중히 여기지만 진보의 물결을 타는 것을 결코 두려워하지 않는다. 브라이딩의 연구는 예컨대 네슬레, 로슈, 노바티스, 유비에스UBS, 쉰들러, 에이비비ABB와 같은 다양한 산업 분야의 유명한 거대 기업의 숨겨진 이야기를 소개한다. 최근 몇 년 동안, 나 역시 스위스의 명품시계 산업, 관광, 의료기술, 예술과 건축에 대한 한국인들의 점증하는 관심을 체감할 수 있었다. 이 책은 틀림없이 이런 갈급한 호기심을 채워줄 것이다.

　세계적 차원의 유행병, 기후변화, 불평등과 같은 유례없는 도전에 직면한 상황에서 민첩한 적응력은 전 세계 기업과 정부의 필수조건이 되고 있다. 과도기에는 지속적인 개혁이 반드시 필요하며, 개혁의 주체는 정치인과 기업가, 그리고 자율적이고 강한 시민들이다. 나는 이 책이 역사에서 배울 수 있는 유익한 통찰과 지혜를 한국 독자들에게 제공할 것이라고 믿는다.

Foreword

Linus von Castelmur, Ph.D
— Ambassador of Switzerland
to the Republic of Korea

From the early days of my appointment to Seoul in 2016, I was amazed by the sheer number of requests for lectures, presentations, and interviews asking me to share the success stories of Switzerland. The subject matters ranged from politics, business, art and design and science and technology, and I was deeply impressed by the enthusiasm to learn from others. Former Korean Ambassador to Switzerland Chang Chul-kyoon had already published a book titled ⟨Learning from Switzerland⟩ in 2013 presenting his valuable assessment of my country's stable politics, strong industries, clean environment, pragmatic education system, and successful national branding. I am delighted that now further insight is available for South Korean readers. ⟨Swiss Made⟩ by R. James Breidling has garnered accolades from numerous leaders in the fields of business and economy since its first publication in 2013.

    Switzerland and Korea, at a first glance, have many things in common. The two small countries are surrounded by much bigger neighbors, and have barren lands with little endowment of natural resources. To overcome poverty, both had to heavily invest in education, science and technology, and both achieved strong economic growth through international trade. Both also had paid the price to correct past wrong deeds: Switzerland, had to adapt its banking secrecy laws to meet the demands for a more transparent international tax system. Korea had to fight corruption and improve corporate governance which were neglected in the early stages of its rapid development.

Surely, there are differences between the two countries. Switzerland is a landlocked country and maintained a liberal immigration policy fostering cultural diversity. Korea is a peninsula with open water routes but has been always ethnically homogeneous like its Northeast Asian neighbors. Switzerland has enjoyed political stability for a long time, and Swiss citizens are used to slow consensual decision-making under its direct democracy. Probably as a corollary of its exponential growth and its Confucius culture, the Korean society has time pressure for nearly everything, and hierarchy plays a big role in decision-making both in business and politics. We often hear that Switzerland has no center, because the economic activities happen almost evenly throughout the nation, whereas in Korea, the GDP in the capital area accounts for half of the national GDP. Korea's economic growth has been driven by conglomerates, Chaebols, whereas the Swiss economy has been strongly buttressed by SMEs who can still secure human capital of high standard unlike many Korean SMEs having difficulties with hiring best talents.

Considering all these similarities and differences, both countries have many things to learn from each other. This book provides a conducive framework and food for thought on what can be lessons from real world examples. What are the roles of political stability and sound finances? How can a government nurture the soil of entrepreneurship? How critical is openness for achieving sustainable prosperity? Certainly, success cannot be easily emulated with simple recipes. However, successful Swiss enterprises found niches to make world-beating products, heavily invested in attracting talents from all over the world, and incentivized innovation and excellence. They cherished traditions, but were never afraid of riding the waves of evolution. Breiding's study exhibits unknown stories of household name giants in varying industries such as Nestlé, Roche, Novartis, UBS, Schindler, ABB to name just a few. For the last several years, I could also feel Korean people's ever more increasing interests in luxury Swiss watchmaking industry, tourism, medical technology, art and architecture. This book, by all means, will quench such thirst of curiosity.

Facing the unprecedented challenges such as global pandemic, climate change, and inequality, adaptive agility is becoming a necessary condition for the businesses and governments of the world. Continuous reform is imperative in times of transition, and the agents of such reform are not only politicians and entrepreneurs, but also empowered citizens. I trust that this book can provide fruitful insights and wisdom from history to wide readership in Korea.

서문 헤럴드 제임스

— 제임스 브라이딩이 이 놀랍고 통찰력 넘치는 책에서 지적하듯이 스위스는 성공 이야기다. 중세의 스위스는 가난한 산악 국가였다. 주요 수출품은 다른 국가의 전쟁에 나가 용병으로 싸우는 군인이었다. 스위스 가정들은 으레 너무 가난해 자녀들을 독일이나 다른 여러 국가의 부유한 가정에 반(半) 농노로 보내 일하게 했다. 근대의 스위스는 아주 번영하는 국가이며, 외부 충격에 대해 이웃국가들보다 더 회복력이 높다. 1970년대 경제 위기와 2007년 이후의 위기에도 심각한 타격을 받지 않았으며 실업률도 유럽 평균의 절반 이하였다.

이 책은 기업가적 특성—스위스가 그렇게 많은 놀라운 혁신, 아이디어, 제품을 만들어낸 이유—에 초점을 맞춘다. 기업가들은 보통 매우 개인주의적이지만 그들이 사회적 진공 상태에서 홀로 존재한다고 생각하는 것은 잘못이다. 오히려 그들은 혁신적이고 창조적인 사회의 일부가 되어 더 나은 진보를 만들기 위해 돕는다. 따라서 우리는 기업가적 정신을 집단의 관점에서 생각한다.

외부인들은 흔히 오슨 웰스가 영화〈제3의 사나이(The Third Man)〉에서 언급한 스위스에 대한 유명한 험담을 기억한다.

이탈리아에서 보르지아 가문 치하 30년 동안 사람들은 전쟁, 테러, 살인, 유혈사태를 겪었다—그런데도 그들은 미켈란젤로, 레오나르도 다빈치, 르네상스를 탄생시켰다. 스위스에서 사람들은 형제애와 5백 년 동안의 민주주의를 누렸다. 그런데 그들이 무얼 만들어냈는가? 뻐꾸기시계다!

다른 사람들은 즉시 은행이나 초콜릿을 생각한다. 그러나 이것은 모두 틀렸다. 스위스는 하나의 제품이 아니라 다양한 종류의 혁신이 연결되는 방식을 보여준다.

이 책의 강점은 스위스의 혁신 분야가 얼마나 다양한지 보여준다는 것이다. 관광, 식품뿐만 아니라 섬유, 엔지니어링, 의료기술, 화학, 제약, 무역, 보험, 은행, 건축, 건설, 시계가 망라된다.

지형은 이러한 기업가적 환경을 창출하는 데 기여한다. 스위스의 많은 지역은 고립되어 있어 독자적인 분권 조직, 사회 구조, 교파를 갖고 있다. 이렇게 고립된 골짜기들을 연결하는 것은 엄청난 일이었다. 교량과 터널은 통합의 수단이다. 따라서 다양한 지역에서 다양한 제품을 생산하여 서로 거래하면서 교류한다. 따라서 스위스 연방의 경제적 결속은 세계화 과정이 작동하는 방식을 테스트하는 일종의 시험관이다.

스위스가 전통적으로 제공하는 대표적인 상품들은 패키지 형태를 띤다. 호텔과 관광은 교통시스템에 의존한다. 은행과 보험은 무역과 함께 간다. 이런 의미에서 '스위스다움'의 특징을 말할 수 있다.

개방성은 매우 중요한 특징이다. 대표적인 세계적 브랜드를 만든 가장 역동적인 인물들 중 많은 이들이 다른 국가에서 빈곤과 정치적 억압을 피해 스위스로 왔다. 하인리히(나중에 앙리) 네슬레는 프랑크푸르트 암마인에서 태어났고, 줄리우스 마기는 이탈리아 이민자의 아들이었다. 시계제조업은 루이 14세의 종교적 박해를 피해 달아난 프랑스 위그노들에 의해 구축되었다. 아리스토 존스는 보스턴 출신으로 샤프하우젠에서 시계를 만들었다. 폴란드 귀족 노르베르트 드 파텍은 1830년 봉기 실패 후 도피하여 제네바에서 시계제조공으로 일하다가 자동태엽 메커니즘을 개발한 프랑스인 아드리앙 필립과 합류했다. 런던 근처 옥스브리지 출신의 찰스 브라운은 독일인 발터 보베리와 한 팀이 되어 브라운 보베리 엔지니어링 회사를 설립했다. 독일 남서부 출신의 에밀 뷔엘레는 거대한 오엘리콘 무기 공장을 설립했다. 이탈리아인 체사레 세로노는 스위스에 세 번째로 큰 제약회사를 설립했다. 호프만 라 로슈를 위해 인공비타민 C를 개발한 타데우시 라이히슈타인은 취리히의 연방 공과대학에서 공부한 폴란드인이었다.

외국인에 대한 개방성은 다른 방식으로도 작용했다. 스위스 농가 출신으로 13남매 중 막내로 태어난 세자르 리츠는 런던과 파리에 세운 그의 호텔로 세계적으로 유명한 사람이 되었다. 샤를 에두아르 잔레그리는 고국인 스위스에서 시계제조 기술을 배웠지만 건축가 르코르뷔지에라는 이름으로 국제적인 명성을 얻었다. 스위스 엔지니어 오스마 암만은 뉴욕시와 뉴저지를 조지워싱턴교로 연결하였고, 스테튼섬과 브루클린을 잇는 베라자노교를 건설했다.

스위스의 강점은 오랫동안 엄청나게 성공한 수많은 가족 기업에 의존했다. 잘 알려진 문제(승계 다툼, 무능력한 상속자에 의한 유산 낭비)에도 불구하고, 가족자본주의는 미래전망에 대한 연속성을 제공하고 제품과 브랜드의 장기적 육성을 깊이 고려한다. 그에 따라 스위스에서 가장 지속적이고 가장 좋은 제품들은 소유권이 다른 사람에게 넘어간 뒤에도 오랫동안 브랜드명과 평판을 유지해왔다.

이 책은 흔히 대기업에서 가장 첨예한 형태로 나타나는 스위스의 문제점도 솔직하게 언급한다. 스위스에어(Swissair)와 UBS는 세계 최고가 되기 위해 과도한 전략을 채택했다. 기업은 관리자들이 무책임한 행동을 할 수 있는 여지를 더 많이 허용하고, 단기 성과주의를 쉽게 조장하고, 장기적 지속가능성보다 단기적인 재무적 성과를 강조할 수 있다.

　실패 역시 공공부문과 정책 결정에서 매우 극적인 모습으로 나타난다. 과거 70년 동안의 스위스 최대 문제이자 실수는 정부정책의 실패 때문이었다. 예를 들면, 2차 세계대전 당시 나치 독일과의 관계, 유대인 홀로코스트 피해자의 이른바 '상속인이 없는 은행계좌'의 잔고를 폴란드와 헝가리의 전후 체제로 이전하는 전후 협정, 또는 1990년대 다시 불거진 휴면계좌 처리문제 등에서 정부 정책의 실패가 나타났다.

　세계화된 세상에서 가장 중요한 질문 중 하나는 한 국가나 사회가 어떻게 위기 대응책을 마련할 수 있는가 하는 것이다. 여기에서 더 강한 유대관계로 결속된 더 작은 국가들이 유리하다. 예를 들어 1930년대 대공황 때 점점 긴장이 고조되는 지정학적 상황에서 스위스 노동조합과 고용주들은 함께 협력하여 엔지니어링 산업 문제에 대한 해결책을 찾았다.

　소규모성은 정부 개입 범위를 제한하며, 특히 정부가 경제발전 과정을 더 잘 수립할 수 있다는 사고를 막아준다. 예를 들어, 시계 산업의 정기적인 구조적 위기를 해결하기 위해 공공부문의 경기부양 패키지를 만드는 것은 불가능하다. 1970년대 전반적인 경제 침체 시기 스위스는 쿼츠 시계로 변화할 기회를 놓친 것처럼 보였고 시계 제조공 3명 중 2명이 일자리를 잃었다. 스위스 정부가 많은 국가가 최근 자동차 판매를 촉진하기 위해 도입한 '노후차량 보상프로그램'과 같은 정책을 실시했다면 무의미했을 것이다. 스위스 시민에게 시계를 교환하도록 인센티브를 주었다면 쇠퇴가 잠시 지연되었을 것이다. 따라서 부활은 기업가정신에 달려 있다. 스위스 시계제조 산업의 경우 에른스트 톰케와 (레바논 태생의) 니콜라스 하이예크는 전통적인 시계 산업에 새로운 디자인과 패션을 가미하여 저렴하고 우아한 '스와치'를 탄생시켰다.

그러나 이것이 정부 정책의 개입 여지가 전혀 없다는 의미는 아니다. 공적 이익—물가 안정, 지적재산권의 안전한 보장과 시행—은 기업가가 의사결정을 내릴 수 있는 안정적인 환경을 제공하는데 중요하다. 이런 점에서 지속적인 개방 정책의 필요성과 아울러, 스위스는 세계화의 도전 앞에 서 있는 다른 국가에 모델을 제공할 수 있다. 우리는 기술적으로, 정신적으로 발전하는 지구 사회의 통합 방법을 위한 스위스적 비유로서 교량을 건설하는 엔지니어링 공사(창조적이고 사회적인 기여는 물론)를 생각할 수 있다.

— 해럴드 제임스는 영국에서 태어났으며 케임브리지 대학에서 경제사로 엘렌 맥아더상을 수상했다. 그는 1986년 프린스턴 대학에서 가르치기 시작해 현재 이 대학의 우드로 윌슨 대학원 국제문제 교수로 일하고 있다.

서론

— 하버드대 교수 마이클 포터(Michael Porter)는 1990년에 출간한 영향력 있는 저서 「국가 경쟁력(The Competitive Advantage of Nations)」에서 과도한 저임금 노동을 고려할 때 대부분의 산업 분야에서 경쟁력의 기초가 지식의 창출과 습득으로 빠르게 바뀌고 있다고 주장했다. 따라서 한 국가의 경쟁력은 자국의 고유한 역사와 특성을 이용하여 생산성을 혁신하고 끌어올리는 역량에 달렸다.

포터는 자신의 포괄적인 연구에서 스위스를 모범사례로 언급하지 않았지만, 원했다면 그렇게 할 수도 있었을 것이다. 실제로, 하나의 경쟁력으로서 국가의 중요성은 현대의 글로벌 환경이 본격적으로 발달하기 오래전에 스위스에서 분명히 나타났다. 놀랍게도 19세기 초부터 이 작은 내륙 국가의 많은 산업 분야에서 세계적인 경쟁력을 갖춘 몇몇 기업이 출현했다. 이 책은 스위스 기업들이 산업혁명 초기부터 섬유, 기계, 화학, 그 외에 몇 가지 분야에서 어떻게 세계적인 선두주자가 되었는지 기술하고 설명한다. 또한 지금까지도 유지되고 확장되어온 이러한 성공이 상당 부분 스위스의 국민성, 문화, 제도, 역사 덕분임을 보여주고자 한다. 아울러 스위스가 오늘날의 급변하는 세계 산업 환경에서 자신의 위치를 유지할 수 있는지 질문한다. 만약 그럴 수 있다면 기업가와 공공정책 결정자들은 이른바 '스위스 방식'에서 교훈을 배울 수 있지 않을까?

규모가 비슷한 국가 중 스위스처럼 높은 가처분 소득을 달성하면서도 비교적 평등한 소득배분을 유지하는 국가는 없다. 또한 세계화의 압력에도 불구하고 스위스만큼 그렇게 많은 산업에서 선도적인 위치를 유지하는 국가도 없다. 다른 선진국들은 예외 없이 향후 연금이나 의료보험 지급과 관련하여 미래 세대에 막대한 부채를 부담시키거나 막연한 환상을 불러일으키고 있다. 스위스처럼 시민들이 강력하고 확고한 위치를 갖고 자신의 목소리를 내는 국가도 찾아보기 힘들다.

초라한 시작

스위스 국립은행 전 총재 장 피에르 로스(Jean Pierre Roth)는 스위스가 성공하게 된 것은 가난하고 작았기 때문이라고 말한 적이 있다. 확실히 스위스의 성공 배경이 절대 전도유망하지 않았다. 스위스는 광물자원이 빈약하고, 대부분 지역의 토양은 척박하며 지형은 농업에 적합하지 않다. 풍부한 것은 물뿐이었다—가정용이나 산업용, 에너지원으로 이용하거나 얼음과 눈은 레크리에이션 활동에 사용할 수 있다. 유럽의 중심부에 위치했지만 스위스의 지형은 수 세기 동안 교통과 교류 측면에서 지속적인 걸림돌이 되었다. 스위스는 세계의 대양과 직접 연결되지 않는다. 이것은 근대 초기부터 세계적인 패권을 획득하여 제국주의적 권력과 식민지의 부를 거머쥔 국가들과 비교할 때 중대한 단점이었다. 반대로, 알프스산맥을 통과하는 교통로는 스위스에 유럽 북부와 남부의 커다란 상업지역 사이에서 중요한 전략적 위치를 제공했다—하지만 더 크고 강력한 이웃 국가들의 제국주의적 야망의 목표물이 될 가능성도 있었다.

스위스의 언어, 문화, 정치적, 종교적 신념은 다양하다. 이런 특징은 보통 평화와 공통의 목적에 부정적인 영향을 미친다―이전의 유고슬라비아를 생각해보라. 이런 다양성은 초기부터 많은 문화권에서 온 이민자들로 인해 심화하였다. 현재 인구의 약 3분의 1이 이민자나 이민자의 후손이다. 과거 그들 중 다수는 정치적 망명자들로 스위스가 오랫동안 견지해온 중립정책을 이용했다. 최근의 이민은 스위스의 노동력 수요를 반영한다.

하지만 스위스는 조화롭게 함께 사는 방법을 찾았고, 많은 다른 국가가 부러워하듯이 힘든 가운데서도 2세기 이상 세계의 갈등에서 벗어났고 자국의 독립과 강력한 산업적 기반을 달성했다.

이런 발전은 결코 미리 계획된 것이 아니었다. '스위스 마스터플랜'은 없었고, 문화적 사명의식이나 스위스 이데올로기도 없었다. 강력한 정부가 성공을 위해 국가계획으로 수립한 종합 전략도 없었다. 스위스는 표트르 1세가 낙후된 왕국의 근대화를 지속적으로 추진한 러시아처럼 중앙집권적 구조나 카리스마가 있는 지도자를 가진 적도 없었다. 정치적으로 추진된 사업들―다른 국가들에서는 때로 경제적 성공의 기초가 되었다―은 스위스에서 흔히 힘든 과정을 겪었고 지금도 그렇다. 프리츠커상을 받은 건축가이자 바젤에 소재한 건축기업 헤르초크 & 드 뫼롱(Herzog & de Meuron)의 공동창업자인 자크 헤르초크(Jacques Herzog)는 스위스의 성공이 부분적으로는 비전의 부재 덕분이라고 생각한다. "비전은 경계를 설정하고 지시가 필요하기 때문에 스위스의 기업 개념과 잘 어울리지 않는다."

정부의 산업 개발 참여에 대한 회의적인 시각은 근거가 충분한 것처럼 보인다. 정부의 어떤 계획부서가 스위스 시계 산업이 플라스틱 시계(스와치 시계) 덕분에 회복되리라고 예측할 수 있었겠는가? 그리고 알루미늄 캡슐로 포장한 커피가 세계적인 성공(네스프레소)을 거둘 것이라고 예상할 수 있었겠는가?

성공의 특징

기업가 정신과 산업의 성공은 허공에서 뚝 떨어지지 않는다. 이것은 많은 요소가 내포된 정치구조와 문화의 토양 속에서 번성한다. 이 요소들 자체로는 성공을 설명하지 못하며 많은 국가에서도 흔히 이런 요소들을 찾아볼 수 있다. 하지만 스위스에서는 이 요소들이 매우 생산적인 방식으로 상호작용했다. 다양한 형태를 띠긴 하지만 우리는 이 방식을 세 가지 차원—개인, 기업, 정부 또는 정치 조직—에서 이해할 수 있다.

개인 차원

모든 사회에서 가장 중요한 집단 중 하나—강력한 개인들을 하나의 집단으로 언급하는 것이 오해의 소지가 있을 수도 있지만—는 기업가들이다. 그들은 공장을 세우고 사람들을 고용하고 무역에 종사하여 사회에 필요한 부를 만들어내는 사람들이다. 이 책의 상당 부분은 그들의 주도성과 분투와 성취를 기술한다. 모든 인간 '유형'과 마찬가지로, 기업가들은 다양한 형태와 규모를 띠지만 공통적인 특징이 있다. 그들의 진보는 자신의 삶을 향상하려는 개인들의 노력으로 이뤄진다. 기존의 작업 방식에 도전하고 바꾸기는 결코 쉽지 않다.

일상적이고 익숙한 현재 상태는 매우 견고하며 기본적으로 변화에 저항한다. 강력한 저항에 맞서면서 익숙한 지침을 거부하고 새로운 지평을 열려면 오직 소수의 사람에게만 있는 특별한 마음가짐이 필요하다. 진보는 항상 시행착오를 수반한다. 따라서 실패를 털어버리는 능력이 필수적이다. 실수할 위험을 감수하고 수많은 반대자를 무시할 수 있을 정도로 담대해야 한다. 무엇보다도 기업가는 장애를 극복하고 목표를 달성하기 위해 무엇이 필요한지 안다.

진보의 경로 역시 다양하다. 이 책이 보여주듯이 스위스 기업가 중에는 로슈(Roche)의 바륨(Valium)이나 네슬레의 인스턴트커피와 같이 완전히 새로운 제품을 만들기 위해 기술적 가능성을 대담하게 탐색한 사람들이 있다. 세자르 리츠(Cesar Ritz)의 호텔, SMH의 스와치(Swatch), 포낙(Phonak)의 보청기나 네스프레소처럼 어떤 기업가들은 기존의 것을 더 나은 방법으로 생산한다. 그런가 하면 시멘트 그룹 홀심(Holcim)이나 무역기업 DKSH처럼 위험을 무릅쓰고 새로운 공급처나 자사의 제품을 팔기 위한 새로운 판매처를 찾기도 한다. 다른 예로는, 스위스 기업가들은 그냥 혁신을 구입하여 다른 이들에게 일을 맡기는데, 로슈의 선견지명이 돋보이는 제넨텍(Genentech) 투자나 네슬레의 로레알 투자가 그 예이다. 방법을 불문하고, 오늘날 우리가 알듯이 장기간에 걸쳐 몇 가지 산업 분야에서 이루어진 기업 활동의 총체적이고 주기적인 흐름은 스위스 번영의 탄탄한 구성요소가 되었다.

역설적이게도, 스위스의 가장 탁월한 기업가들 중 다수는 스위스인이 아니다. 스위스의 성공은 상당부분 이민자의 성공 덕분이다.

이민자가 없었다면 오늘날의 스위스 산업은 인정받지 못할 것이다. 헨리 네슬레는 독일 출신의 정치 망명자다. 브라운 보베리 (Brown Boveri)의 브라운('Braun'이 아니다)은 영국에서 온 찰스 브라운이다. 스와치의 니콜라스 하이예크(Nicolas Hayek)는 레바논 출신이다. 지노 다비도프(Zino Davidoff)는 러시아계 유대인이다. 바륨의 투자자이자 로슈의 구원자인 레오 스턴바흐(Leo Sternbach)는 폴란드인 피난민이다. 피에트라 베르타렐리(Pietra Bertarelli)는 이탈리아인으로 여성 임신치료를 위해 호르몬을 추출하려고 수녀들의 소변을 수집했다. 두 세대 후 그의 손자인 에르네스토(Ernesto)는 가장 부유한 스위스 시민으로 인정받는다. 그는 경쟁이 치열하고 유명한 아메리카컵 대회에서 요트 팀 알링기(Alinghi)의 2003년, 2007년 우승을 이끌었다. 테니스계의 전설 로저 페더러(Roger Federer)의 어머니는 남아공 출신이다.

 이민자들의 성공은 부분적으로는 스위스 환경의 결과이고 부분적으로는 이민자들의 정신력의 결과이기도 하다. 작고 다양한 국가인 스위스는 다양한 문화를 지닌 사람들을 이해하고 선택적으로 개방할 수밖에 없었다. 이것은 이민자들이 따뜻하게 환대받는다는 뜻은 아니다. 다른 나라와 마찬가지로 이민자들은 자신들의 가치를 입증할 때까지 의심의 대상이 된다. 그러나 스위스에는 항상 기회가 있었다. 이민자들의 입장에서 보면 그들은 이민 온 국가에서 성공할 수 있는 커다란 동기가 있다. 그들은 고국의 기성 사회에서 넉넉한 구성원이었을 것이며 일반적인 행동방식에 순응했다면 훨씬 더 안락했을 것이다. 이민자로서 그들은 더 이상 익숙하고 신뢰받는 이름, 도와주는 가족,

또는 학교, 클럽, 기업의 호의에 기대어 도움을 받지 못한다. 그들은 생존을 위해 싸워야 하고 오로지 성공해야만 존경을 받을 수 있다. 과거를 후회하는 것은 아무런 의미도 없다. 그들은 전적으로 미래에 집중해야 한다. 게다가 그들은 상업적 성공과 부를 통해서만 사회적 사다리를 타고 올라가고 더 나은 삶을 누림으로써 고향을 떠나기로 한 자신의 결정이 옳았음을 확신할 수 있다.

이것은 스위스가 모든 이민자의 요구에 부합했다는 뜻은 아니다. 아인슈타인, 에라스무스, 레닌, 루소, 바쿠닌, 트로츠키와 같은 유명한 사상가들이 스위스에 살았지만 그들의 관점과 재능은 특별히 인정받지 못했다.

특히 더 놀라운 점은 국제적으로 명성을 얻은 스위스 창업가와 사업가의 숫자일 것이다. 리츠(Ritz)는 호텔운영 분야의 스위스 전문기술을 국제적으로 전파한 최초의 인물이며, 그가 자신의 이름을 붙여 개발한 고급 호텔의 기준은 지금도 유효하다. 루이 쉐보레(Louis Chevrolet)는 쉐보레 자동차를 공동 창업했다.

2008년 스위스 거주 인구 구성 (단위: 명)

이민 오지 않은 스위스 시민	4,362,000
이민 온 스위스 시민	651,000
스위스 거주 허가를 얻은 외국인	1,352,618
기타 외국인: 망명 신청자/단기거주자	122,121
총계	6,487,739

주: 0-14세는 이 수치에서 제외됨
출처: 스위스 통계국

피터 보저(Peter Voser)는 세계 최대 에너지 기업인 로열 더치 쉘(Royal Dutch Shell)의 최고경영자이며 요제프 아커만(Josef Ackermann)는 21세기 초 금융위기 때 정부 지원이나 외부 자본을 조달하지 않고 위기에 처한 도이치 방크(Deutsche Bank)를 정상 궤도에 올려놓았다. 호르헤 파울로 레만(Jörge Paulo Lemann)은 브라질에서 가장 영향력 있는 사람들 중 한 사람이며 앤하우저 부쉬 인베브(Anheuser-Busch Inbev)의 최대주주다.

이와 같은 두 가지 흐름, 즉 최고 수준의 지적, 기업가적 에너지는 스위스의 놀라운 산업 역량을 키우는 데 큰 역할을 했고 지금도 하고 있다. 스위스 거주인구의 약 3분의 1은 외국 출신이며, 반면 스위스 총인구의 10%에 해당하는 약 70만 명이 해외에서 살고 있다.

기업 차원

스위스는 항상 수준 높은 노동 윤리를 유지해왔다. 이것은 스위스만의 유일한 특징은 아니지만 산업적 성공에 결정적인 요소라는 점은 의심의 여지가 없다. 더 놀라운 점은 스위스가 노동 인구 전체에 걸쳐 전문적인 기술에 높은 가치를 부여한다는 것이다. 이것은 무엇보다도 대학교육과 함께 전통적인 직업훈련(도제교육)을 중요시하는 교육체계에 잘 나타난다. 전문 기술을 보유한 사람들은 그것이 대단한 것이 아니라고 해도 존경을 받으며 자신과 자신이 하는 일에 대해 자부심을 느낀다. 가장 중요한 것으로, 스위스에서 교사는 높은 보수를 받고 존경을 받는다. 학생은 일반적으로 유능한 사람들에게 가르침을 받는다. 스위스 교육개혁가 요한 페스탈로치가 교사를 '하느님이 선택한 직업'으로 묘사했듯이 교사들은 동기부여가 높다. 이 모든 것 덕분에 폭넓고 교양 있고 탄탄한 중등교육이 가능했고, 이 때문에 자유 시장 사회의 특징인 '승자독식' 경향이 완화되었을 것이다.

노동자에 대한 존중은 스위스 산업계에 갈등이 없는 중요한 이유일 것이다. 좋은 노사관계에서 비롯된 생산성 향상, 예측 가능성, 신뢰성은 국제 시장에서 스위스 기업을 강하게 만들고 그 결과 고용주와 노동자가 모두 혜택을 본다.

스위스의 협소한 국내시장 때문에 시작된 많은 산업의 조기 국제화는 기업들이 외국 노동력과 문화를 능숙하게 다루고, 특별히 식민지 관계라는 위험을 피할 수 있게 했다. 스위스의 창업가와 사업가들은 외국어 학습, 손님으로서 예의바른 행동, 외국과의 원만한 통합에서 뛰어난 능력을 발휘하는 것 같다. 이것은 또한 스위스 기업이 외국 기업을 인수하는 데 도움이 되었을 것이다. 흔히 스위스 기업들은 인수한 외국 기업의 문화와 자사의 문화를 통합하는 데 탁월하게 성공을 거두었고 지금도 그렇다—어떤 면에서 이 자체가 중요한 경쟁력이다. 스위스 기업이 합병하거나 인수한 기업의 수와 다양성과 규모는 엄청나다. ABB는 ASEA(스웨덴 기업)와 브라운 보베리가 합병한 회사다. 노바티스(Novartis)는 시바-가이기(Ciba-Geigy)와 산도스(Sandoz)가 합병한 회사이며, 신젠타(Syngenta)는 농약회사 노바티스와 아스트라제네카(AstraZeneca, 영국-스웨덴 기업)가 합병한 회사다. 로슈의 수익 대부분은 로슈가 아니라 인수한 회사인 제넨텍과 베링거 만하임(Boehringer Mannheim)에서 나온다.

네슬레의 이른바 '수십 억 달러 브랜드'(연매출액이 10억 달러 이상인

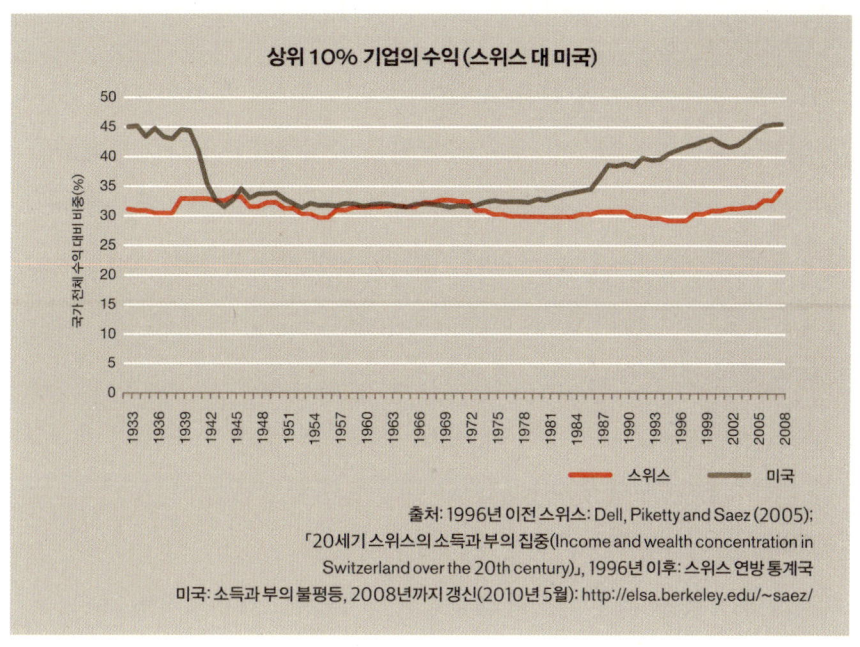

브랜드)의 대다수, 즉 카네이션, 프리스키스, 거버, 킷캣, 페리에 & 퓨리나는 인수 기업이었다.

아디아(Adia)—현재는 프랑스 회사 에코(Ecco)와 합병하여 세계 최대의 인력서비스 기업인 아데코(Adecco)가 되었다—의 전 최고경영자 이브 패터놋(Yves Paternot)은 스위스 기업들이 인수 기업으로 선호되는 이유는 그들이 인수 대상 기업에 기업의 운명에 대한 상당한 자율성과 통제권을 부여하고, 해당 국가의 정치 문화와 잘 부합하기 때문이라고 말한다. 주요 강대국 진영과 거리를 두는 스위스의 정책은 기업 인수 전쟁에서 때로 다소 유리한 요인으로 작용할 수 있다. 인수 대상 기업은 미국, 독일, 중국보다는 중립적인 스위스에 본사를 둔 회사에 인수되는 것을 선호할 수 있다.

정부 차원

스위스의 정부 영역과 민간 영역 간의 균형은 대부분의 선진국의 경우와 근본적으로 다르다. 스위스 산업은 국제적이고 확장적인 반면 정부는 국내중심적인 경향을 보인다. 스위스는 인구 수 대비 〈포춘〉지 선정 글로벌 500대 기업의 비율이 가장 높으며, 가장 근접한 경쟁국인 네덜란드보다 두 배 더 높다. 또한 스위스는 식민지를 소유하거나 전쟁을 시작한 적이 없다.

스위스 통치구조의 특징은 세 가지 원리, 즉 큰 조직에 대한 의구심('작을수록 더 좋다'), 보완성(행정과 과세는 가장 낮은 지방정부로 이양한다.), 시민권에 대한 존중이다.

스위스 정부는 항상 비교적 최소한의 정부였으며, 이는 시민들이 충성을 바치는 대신 정부는 안전, 안보, 정의를 제공한다는 전통적인 '사회계약' 합의를 반영한다. 스위스은행연합회 전 회장 게오르그 크레이어(Georg Kraher)는 스위스 국민은 누구에게도 지배받고 싶어 하지 않는다고 믿는다.

> 스위스인들은 시장에 가서 '사회계약'을 구매하는 농부와 같았다. 마치 가장 값싼 양배추를 사려는 사람처럼 말이다. 그들은 최소한의 자유를 포기하는 대가로 최소한의 정부를 원했다.

두 번째 중요한 요소는 연방구조다. 스위스의 주는 미국이나 캐나다의 주보다 훨씬 더 큰 자치권을 갖는다. 주 정부에 속한 시 정부도 상당한 자치권을 갖는다. 의사결정은 가장 하위 실무 차원에서 이루어진다. 공공지출은 지역사회와 주 정부 차원에서 대부분 결정되고 조세 인상은 지역별로 투표에 의해 이루어진다. 그 결과 정부 행정과 조세는 고도로 분권화된다. 스위스인들은 이 구조를 통해 각 단위의 정부가 서로 경쟁할 수 있다고 믿는다. 취리히가 세금을 너무 많이 부과하면 사업가들은 추크주나 슈비츠주로 이동할 것이다. 어느 계획 당국이 어떤 기업의 공장 건설 신청을 달가워하지 않는다면 그 기회는 다른 계획 당국으로 넘어갈 것이다.

〈포춘〉선정 500대 기업의 밀도	스위스	독일	프랑스	미국	일본
〈포춘〉글로벌 500대 기업	15	39	40	140	68
인구(백만 명)	7.5m	82m	62.5m	306.6m	127.6m
거주인구 백만 명당 〈포춘〉선정 500대 기업	1.98	0.48	0.64	0.46	0.53

자료: 2009년. 출처: CNNmoney.com, 〈포춘〉글로벌 500대 기업, 유로모니터

세 번째 요소는 개인의 자주권이다. 이것은 효과적인 직접민주주의 형태인 잦은 국민투표에서 가장 잘 나타난다. 국민투표는 다양한 형태를 띠며 매우 자주 이루어진다. 국민투표는 사소한 일에서부터 노동 시간, 유전 연구, 모스크와 유럽통합과 같은 중요한 사안까지 온갖 주제를 다룬다. 국민투표에서 놀라운 점은 극단적인 결과를 도출하기보다는 온건한 다수의 힘을 확인해주는 경향이 있다는 것이다. 예를 들어, 휴가 기간 확대, 노동 시간 축소, 연금수령 연령 하향, 세금 인하를 요구하는 안건은 대다수 시민들에 의해 거부되었다. 때로 변화가 승인되지만 여성의 투표권처럼 세 번째 또는 네 번째 국민투표에서 승인되기도 한다. 국민투표는 새로운 도전을 할 수 있는 합법성과 점진적 개혁에 대한

전망을 제공함으로써 극단주의를 완화시킨다. 널리 인정하듯이, 이것은 정부의 통치과정 속도를 늦추긴 하지만 많은 이들은 이것이 특히 사업 환경의 안정성과 예측가능성을 추구하는 기업에 나쁘지 않다고 말한다.

이 세 가지 특징의 결과는 상향식 사회다. 역사경제학자이자 펜실베이니아 대학 교수 조나단 스타인버그(Jonathan Steinberg)는 스위스 정치체계는 "아래에 무거운 것이 있어 쓰러져도 곧장 똑바로 서는 오뚝이 인형 같다."고 지적했다.

한계 실효세율(사회보장 포함)

스위스	16%
미국	24%
일본	26%
독일	35%
프랑스	35%

출처: KPMG

불태환 화폐 발행 이후: 브레턴우즈 체제부터 지금까지

스위스프랑 대 통화, 1973년 1월–2012년 6월까지	%변화	연간 %변화
미국	282%	3.5%
영국	477%	4.6%
독일(마르크화/유로화)	90%	1.7%
이탈리아(리라화/유로화)	927%	6.2%
노르웨이	250%	3.3%
브라질	224×10^{12}%	107.4%
멕시코	354×10^{3}%	23.3%
남아프리카공화국	3.628%	9.7%
인도네시아	7.431%	11.7%

1972년 브레턴우즈체제의 붕괴 이후 스위스프랑 표시 화폐로 자신의 부를 보유한 투자자는 이 분석에 따라서 부가 증가(또는 감소)했을 것이다. 이 결과는 스위스 중앙은행의 정책이 비교적 엄정했음을 보여준다.

백 년 전보다 덜 중요하긴 하지만 스위스의 중립성은 국가 발전에 큰 역할을 한다. 지난 수세기 동안 유럽의 많은 무력분쟁은 스위스 상업과 제조업에 좋은 기회를 제공했고, 특히 위그노와 유대인을 비롯해 박해받고 재능 있는 이민자들이 스위스로 이주해왔다. 하지만 중립주의의 가장 큰 혜택은 스위스 경제가 여러 차례 전쟁의 참화를 겪지 않았다는 점일 것이다.

또한 경쟁자들이 전쟁으로 인한 결핍과 부족과 방해에 직면할 동안 스위스 제조업은 신뢰할만한 공급자로서의 이점을 누렸다. 흔히 전쟁 때문에 높은 인플레이션이 발생했기 때문에 스위스는 자본 가치를 보존하려는 많은 국가의 부를 저장하는 일종의 '돼지 저금통'과 같은 역할을 했다. 1894년 이탈리아의 1리라는 1스위스프랑의 가치가 있었지만 2002년—이탈리아가 두 차례의 세계대전을 치른 후—리라가 유로로 대체되기 직전, 1스위스프랑을 사려면 천리라 이상이 필요했다. 1970년 1달러는 약 4스위스프랑이었다. 지금 1달러는 0.9스위스프랑으로 75% 이상 감소했다.

스위스의 악명 높은 '은행 비밀유지'는 역설적이게도 위그노와 유대인과 같은 망명자들을 보호하기 위한 합법적인 수단에서 시작되었다. 그들은 자신의 모든 재산을 갖고 왔는데 종종 박해와 몰수라는 이중적인 위협에 직면했다. 다른 사람들은 곧 비밀유지(그리고 보호)라는 이 장막이 '민감한' 거래와 정부로부터 부를 은닉하는 데 효과적으로 사용될 수 있다는 것을 알았다. 오늘날 은행 비밀유지는 위협받고 있으며 세계의 부자들에게 더 이상 중요하지 않다. 그러나 비밀유지에 대한 스위스의 존중은 아마 최근 스위스가 원자재 거래 시장의 세계적 중심지로 부상한 것과 막대한 부를 가진 사람들의 거주 선호 지역으로 선정되는 데 기여했을 것이다.

  스위스는 중립적이지만 평화주의 국가는 아니다. 스위스는 세계에서 가장 큰 시민군을 보유한 국가다. 스위스는 어떤 적대국과 전쟁을 벌인 적이 없지만 스위스 군대는 국가 문화에 중요한 역할을 해왔다. 이를테면 국가의 용광로, 네트워크의 건설자, 기업 임원을 위한 예비 학교 역할을 한다. 의무 군복무제 덕분에 많은 남자들은 다른 언어 지역과 다른 사회 계층을 알게 되어 국가의 내적 통합에 기여한다. 군 복무는 또한 스위스—많은 다른 국가와 달리—에서 장교들이 일반 사병과 따로 훈련을 받지 않을 정도로 평등주의적 영향을 미친다. 로슈와 취리히 보험사의 전 이사장이자 스위스군 소령인 프리츠 거버는 스위스군에서 변호사나 박사가 배관공에게 보고를 하는 경우가 있다고 말한다. 최근까지 장교 계급은 민간 분야에서 관리자 직위를 원하는 사람이라면 사실상 '필수요소'였다. 따라서 군대를 통해 스위스의 통치 엘리트들은 서로 긴밀한 관계망을 형성하고, 출신 배경보다는 실력에 기초하여 양성되었다. 사람들은 서로 잘 알고 군의 기동훈련 동안 꽁꽁 언 험준한 바위산에서 함께 야영했다. 그들은 비슷한 방식으로 생각하고 동일한 의사결정 및 관리 패턴을 따랐다—지도자들의 군사적, 상업적, 시민적 경험은 상호 보완되었다.*

[*] 스위스 외에 이렇게 광범위한 모병제를 가진 유일한 국가는 이스라엘이다. 댄 세노르(Dan Senor)와 사울 싱어(Saul Singer)는 「신생 국가: 이스라엘의 경제 기적 이야기」에서 이스라엘이 청년들을 모집하여 군대 지휘관으로 교육하는 제도를 이스라엘의 경제적 성공의 핵심 결정요소 중 하나라고 말했다.

전통과 진보

이것은 스위스의 거대한 산업적 기초와 안정적인 정치제도를 만드는 중요하고 지속적인 힘이다. 어떤 것은 더 이상 과거의 모습이 아니다—이민자들은 정치적 피난처를 찾는 사람들에서 더 나은 일자리를 찾는 사람들로 바뀌었고, 군사 훈련은 더 이상 글로벌 기업의 임원에 어울리는 적절한 배경이 아닌 것처럼 보인다. 물론 우리는 기업의 성공이 얼마나 자주 우연한 기회—중대한 발견의 기회, 올바른 시간에 올바른 장소에 올바른 사람을 배치하는 기회, 바람직한 기회와 그것을 잡는 능력과 의지—에 달렸는지 잊지 말아야 한다.

사업을 구축하는 과정도 점진적으로 발전해왔다. 18세기 후반과 19세기 초, 사업은 지략이 뛰어난 창업가가 새로운 상품과 시장을 발견, 개발, 이용하는 것이었다. 기계와 생산방법이 더 비싸지면서 자본이 필요해지고, 은행이나 기업에 참여하지 않은 주주들을 통해 더 많은 외부 재원을 조달하게 되었다. 힘은 소유주 경영자와 노동자에게서 자본가로 옮겨가기 시작했다. 부는 곧 상속되었고 가족은 왕조가 되었다. 상속자들은 흔히 경영에 관여하지 않고 편안하게 배당금을 받거나 재산을 탕진했다. 경영진은 더 많은 이익을 남기는 데만 관심을 쏟고 소유자는 점점 더 익명화되었다. 힘의 진자는 기업 상황에서 멀리 떨어져 있고 점점 더 근시안적인 주주들에게서 지정된 수탁자와 똑같이 근시안적인 경영자에게로 이동했다.

지난 2세기 동안 다양한 기업구조의 출현을 하나의 진보로 설명하는 것은 물론 과도한 단순화다. 전통적인 기업구조 형태를 보여주는 중요한 예는 계속 등장한다. 로지텍의 대니얼 보렐, 포낙의 앤디

리스, 신세스의 한스외르크 비스는 발터 보베리, 요한 루돌프 가이기, 에른스트 슈미트하이니와 같은 개척자를 닮은 놀라운 창업가였다. 홀심, 쉰들러, 시카와 같은 기업은 '자신이 소유한 기업의 발전'에 깊이 헌신한 적극적인 가족 구성원이 정신적 지주 역할을 한다. 창업 가문의 후손들은 주식의 10%만 보유하고도 로슈에서 다수의 투표권을 통제하지만 사업에서 손을 떼고 있다. 그들의 부는 135억 스위스프랑으로 추산되며 매년 배당금만으로도 편안하게 살 수 있다. 일부 경영자들은 기업의 주가가 낮은 수준임에도 높은 보너스를 받아 비난받았다. 노바티스의 전 대표이사 알렉스 크라우어(Alex Krauer)는 경영진과 주주 간의 수익의 상대적 배분 비율이 힘이 누구에게 있는지 매우 잘 보여준다고 지적했다.

최근 들어, 스위스는 완전히 성숙단계에 이른 기업들을 환영한다. 취리히 근교에 유럽 본사를 둔 다우케미칼(Dow Chemical)은 연간 매출이 540억 달러로 약 30개 국가의 GDP보다 많으며, 스위스 국가 예산과 거의 같은 수준이다. 최근 취리히에 최대 규모의 해외 엔지니어링 센터를 배치하기로 결정한 구글은 다우케미칼이 스위스로 옮길 때 존재하지도 않았다. 스위스에 본사를 둔 외국 다국적 기업들의 수입은 스위스 GDP의 약 10%에 달한다—스위스 은행 부문의 수입과 비슷하며 훨씬 빨리 증가하고 있다.

다른 나라와 마찬가지로 한 국가로서 스위스는 다국적 대기업의 규모와 범위의 확장에 따른 영향과 자국 시민들의 지역적 필요에 대처해야 한다. 기업들은 자신이 소재한 국가와 비교할 때 유례가 없을 정도로 큰 비중을 차지하는데, 이는 기업 창립자들이 결코 상상하지 못했던 수준이다. 네슬레의 연간 매출은 스위스 연방정부 전체 연간 예산의 약 두 배 수준이다. 네슬레의 브라질 지역 최고경영자는 스위스 대사보다 브라질 수상과 최고위급 만남을 가질 가능성이 더 높다. 신용평가 시장은 네슬레가 상환의무를 이행할 가능성이 미국이나 독일 정부보다 더 높다고 말한다.

위와 같은 간단한 설명이 앞으로 14개의 장에서 제시할 기업과 산업 이야기의 가치를 높이고, 아울러 독자들이 이 이야기에 더 큰 흥미를 느끼고 스위스의 성공에 대해 종합적으로 이해하는데 도움이 되기를 바란다. 주의 사항은 다음과 같다. 이 책은 잘 알려진 대기업과 산업에 초점을 맞춘다. 이것은 작지만 중요한 기업이나 산업 분야가 누락되었다는 뜻이다. 중소기업은 스위스 경제의 70%를 차지하며 그들 중 다수는 규모에 비해 큰 영향력을 발휘한다. SICPA는 대부분의 세계 중앙은행이 발행하는 지폐에 사용되는, 최고의 기밀이 요구되고 복제가 힘든 잉크를 제조한다. 당신이 다음번에 먹을 파스타가 우츠빌에 있는 뷜러 그룹(Bühler Group)의 기계로 생산될 확률은 75%다. 1964년에 설립된 이곤 젠더(Egon Zehnder)는 최근 세계에서 가장 큰 헤드헌터 기업이 되었다. 지난 세대 동안 이 회사는 전 세계 기업 이사회와 경영진들 사이에서 가장 중요한 인재와 역량 설계자로 인정받았다. 프랑케(Franke)가 맥도널드사의 모든 주방기구를 생산하는 것을 누가 아는가? 라프레리(La Prairie)연구소가 개발한 여성용 노화방지 스킨케어 제품이 지난 10년 동안 순식간에 세계를 장악한 사실을 누가 아는가? 다양한 참석자들이 참가하는 모임을 준비하도록 도와주는 편리한 소프트웨어 프로그램인 두들(Doodle)이 스위스 회사 제품인 줄 누가 아는가? 이것은 몇 가지 예에 지나지 않는다.

우리의 분석과 관점은 마지막 결론 장에서 제시된다.

1장 우유에서 시작되었다

― 알프스 산맥과 쥐라 산맥이 큰 부분을 차지하는 스위스는 경작에 적합하지 않다. 그래서 중세시대부터 축산이 중요한 농업활동이었고 우유가 주요 특산물이었다. 스위스 식품산업은 우유 가공에서 시작되었다. 처음에는 버터와 치즈를 생산해 지역 시장에서 유통했다. 특별히 길고 혹독한 겨울에 필요한 칼로리를 농축하고 유통기한을 늘리는 효과적인 수단이었기 때문이었다. 얼마 후에는 경험과 기술이 더해져 우유를 국내와 지역의 선호를 넘어서는 제품으로 바꿀 수 있게 되었다. 보통 시간이 지날수록 치즈의 맛이 좋아지기 때문에 생산자들은 우유로 치즈를 만들면 우유의 가치가 올라가고 부패 가능성이 준다는 것을 잘 알았다. 스위스인들이 고립에 대처하기 위해 발전시킨 바로 그 기술이 세계 시장에 진출하는 열쇠가 되었다.

최초의 글로벌 브랜드

1687년, 베른주는 지역 경제를 활성화하는 방안으로 치즈 무역을 육성하기 시작했다. 그뤼에르(그뤼에르 치즈라는 이름이 여기서 유래됐다), 에멘탈(Emmental) 계곡, 베른 오버란트(Bernese Oberland), 아펜첼(Appenzell)주와 같은 지역에 생산자 단체가 이미 있었다. 이 지역은 이때부터 전 세계에 알려진 치즈 상표를 붙인 제품을 생산했다. 18세기 초부터 우유제품 교역은 주로 은행과 섬유산업에 의해 통제되었다. 이 산업들은 장거리 무역을 지원할 수 있는 충분한 자본력과 상업적 연락망을 가진 유일한 사업체들이었다. 1750년대 이후 수출이 빠르게 증가했다. 19세기 초 스위스 치즈는 많은 유럽국가와 멀리 북아프리카와 미국에서도 살 수 있었다. '에멘탈'은 스위스 최초의 글로벌 브랜드가 되었다. 이 시기부터 치즈는 맛과 모양이 차별화되기 시작했다. 에멘탈 치즈에는 불규칙한 압착으로 발생한 이산화탄소 거품이 만든 구멍이 있다―에멘탈은 '스위스 치즈'와 동의어가 되었다.

국제적인 특허법이 없는 경우 지적재산권을 보호받기 어렵다. 특히 흔한 가정 요리 레시피인 경우 더욱 그렇다. 오래지 않아 다른 나라의 낙농 제조업자들은 비슷한 치즈를 만들어 '에멘탈'이나 '아펜첼러'라는 이름을 붙여 국내 시장에서 스위스 생산자보다 저가로 판매할 수 있다는 점을 깨달았다. 스위스인들은 이 경험에서 중요한 교훈을 배웠다. 즉 앞으로 나아갈 방향은 쉽게 모방할 수 없는 고부가 가치 치즈 제품을 개발해야 한다는 것이었다. 지금 약 450가지의 다양한 치즈가 스위스 치즈라는 이름으로 공식적으로 판매된다. 각 제품은 각각의 질감, 맛, 형태, 원산지, 제조방법이 규정되어 있다.

↑ 거버의 '플레르 데 잘프' 치즈, 1911년
← 네슬레의 이유식 포스터, 1929년

가공 치즈가 새로운 것이었을 때

음식 문화에서 가공 치즈의 인기가 떨어지고 있지만 발터 거버(Walter Gerber)라는 에멘탈 제조업자가 가공 치즈를 발명했을 때만 해도, 멀리 떨어진 더운 곳에서도 완벽한 상태로 치즈를 이용할 수 있게 함으로써 치즈 산업에 엄청난 활력소를 제공했다. 스위스 국립 낙농 및 박테리아 연구소 소장 로베르트 부리(Robert Burri)는 1912년 구연산나트륨이 식품 보존에 유용한 특성이 있다는 사실을 발견했다. 거버와 그의 동료 프리츠 스테틀러(Fritz Stettler)는 이것으로 치즈 부패를 해결할 수 있다고 생각했다. 거버가 이 화학물질을 주문하여 실험한 결과 1913년 7월 18일에 가공 치즈가 탄생했다. 가공 치즈는 치즈를 갈아서 물과 유화용 소금과 혼합한 뒤 혼합물을 녹을 때까지 가열한 후 틀에 붓고 다시 굳을 때까지 식힌다.*

거버카제(Gerberkase)는 승승장구하여 곧 경쟁자로부터 주목을 받았다. 1918년 거버는 자신이 보유한 지분의 25%를 스위스 우유생산자중앙연합회에 매각했고 1927년 추가로 25%를 네슬레에 넘겼다. 오늘날 거버카제는 스위스 최대 우유가공 기업으로서 전 세계에

---

[*] 스위스 특허법이 이 가공 공정 보호를 가로막았기 때문에(그것은 순수한 식품 규정 위반이기 때문이었다) 모방자들이 곧 나타났다. 미국의 경우 피닉스 치즈 회사는 거버가 모르는 가운데 가공 치즈에 관한 특허를 얻는데 성공했다. 미국 농부의 아들이자 치즈 상인인 제임스 L. 크래프트(1928년에 피닉스를 샀다)는 가공공정을 약간 바꾸어 다시 특허를 받았고, 결국 세계 최대의 치즈 판매사가 되었다. 반면 많은 산업분야에서 스위스는 여전히 느슨한 국제 특허권 보호제도 덕분에 이익을 보았다. 이런 경우는 그 반대인 셈이었다. 거버가 고국인 스위스에서 가공 공정에 대해 특허를 받을 수 없었다는 사실은 미국 회사가 엄청난 상업적 성공을 거둘 수 있도록 길을 터 주었다.

진출한 에미(Emmi)가 소유하고 있으며, 2009년 미국 치즈 제조기업 로스(Roth)를 인수했다.

쓴 맛이 나는 콩의 변신

치즈와 달리 초콜릿의 원산지는 스위스와는 멀리 떨어진 곳이다. 1504년 크리스토퍼 콜럼버스는 네 번째 신세계 항해를 마치고 돌아올 때 새롭고 낯선 식품을 갖고 왔다―카카오나무 열매인 코코아였다. 이 낯선 작물과 거기에서 추출한 초콜릿은 그 당시 유럽에 알려진 어떤 것과도 달랐다. 코코아로 만든 최초의 음료는 매우 썼기 때문에 스페인 왕궁에서 인기가 없었다. 에르난 코르테스(Hernán Cortés)가 1528년 단맛을 첨가한 음료를 만들었을 때 비로소 인기를 얻게 되었다. 남미에서 온 이

↑ 젊은 필립 쉬샤르(Philippe Suchard, 1797-1884)의 유일한 그림은 베른 시장에 있었던 그의 형제 프레데릭(Frédéric)(왼쪽)의 과자 상점에서 일하는 모습을 보여준다. 오른쪽 여자는 그의 누이 로잘리 쉬샤르(Rosalie Suchard)다.

이국적이고 새로운 실험은 불가능한 것처럼 보이는 스위스에 뿌리를 내리고 세상에서 가장 사랑받는 선물 중 하나가 될 운명이었다—그러나 이 여정은 돌고 도는 기나긴 길이었다.

고대 아스텍과 마야 문명은 코코아나무의 장점을 발견하고 이 나무의 열매를 먹으면 힘과 지혜를 얻을 수 있다고 믿었다. 그러나 유럽의 초콜릿은 스페인 지역에 한정되었고, 1615년까지 궁중의 비밀로 남아 있었다. 그해 필립 3세의 딸이 프랑스 왕 루이 13세와 결혼할 때 초콜릿이 프랑스에 소개되었다. 초콜릿은 파리의 귀족사회에서 유행하게 되었고 초콜릿의 인기는 스위스를 비롯한 유럽 전역의 귀족사회로 확대되었다. 스위스의 엘리트계층은 용병제공과 동일한 종교 덕분에 프랑스와 밀접한 관계였다.

최초의 고체 초콜릿에는 우유가 포함되지 않았던 것으로 보인다. 밀크 초콜릿은 1870년대 스위스 사람 다니엘 페터(Daniel Peter)가 개발했을 수도 있지만 조르단 & 티메우스(Jordan & Timaeus)라는 드레스덴 기업이 더 일찍 밀크 초콜릿을 발명했다는 말도 있다. 최초의 발명자에 대한 논란이 있지만, 분명한 것은 스위스 사람들이 웅장한 산맥, 매력적인 산골 오두막, 알프스 우유를 상징으로 활용하여 새로운 소비자를 끌어들이면서 밀크 초콜릿이 획기적으로 도약했다는 점이다.

역사가 자주 보여주듯이 성공에는 많은 선구자들이 있다. 많은 용감한 개척자들이 칭찬받을 자격이 있다. 1819년 프랑수아 루이 까이에(Francois-Louis Cailler)라는 젊은 스위스인이 브베(Vevey) 근처에 최초로 기계식 초콜릿 제조공장을 세웠다. 이후 몇 사람이 그를 계승했다. 그들 중 세 사람이—필립 쉬샤르(Philippe Suchard), 다니엘

1915년에 찍은 이 사진은 창립자의 손자 알렉산더 까이에(Alexander Cailler, 1866-1956)가 1898년 프리부르주에 세운 페터-카이에(Peter-Cailler) 초콜릿 공장을 보여준다.

페터(Daniel Peter), 로돌프 린트(Rodolphe Lindt)—두드러진다.

초콜릿의 이미지

필립 쉬샤르는 스위스 초콜릿의 이미지를 만든 사람으로 인정받고 있다. 그는 베른에서 형이 운영하는 과자상점에서 견습생으로 일을 시작하여 1825년에 뇌샤텔에 자신의 상점을 냈다. 1년 후 그는 쎄히에흐 근처 빈 방앗간으로 옮겨 그곳에 초콜릿 공장을 세웠다. 그의 제품은 우유가 첨가되지 않아 딱딱하고 검은색이었다. 그의 목표는 초콜릿을 영양이 풍부하고 적당한 가격으로 구입할 수 있게 만드는 것이었다. 1860년 철도가 쎄히에흐까지 도달하자 그의 사업은 상당한 탄력을 받았다. 다른 국가로부터 수요가 증가하면서 1880년 스위스 국경 바깥 독일 국경 지역인 로라흐에 최초의 쉬샤르 초콜릿 공장을 세우게 되었다.

쉬샤르는 스위스가 밀크 초콜릿 제조에 경쟁력이 있다는 점을 깨달았다. 스위스에는 우유가 풍부하여 원재료가 쌌다. 그러나 그는 처음부터 많은 네덜란드와 영국의 기업들과 치열하게 경쟁했다.

캐드베리(Cadbury), 로운트리(Rowntree), 허쉬(Hershey), 밴 휴튼(Van Houten)이 모두 이 시기에 스위스 초콜릿의 경쟁자로 등장했으며, 모두 퀘이커 출신이었다. (퀘이커는 평화주의 신념을 가진 종교단체이며, 17세기 중반 비슷한 시기에 펜실베이니아로 이주한 스위스, 독일, 프랑스 사람들이 시작한 아미쉬와 비슷하다.)

쉬샤르는 경쟁에 굴복하지 않았으며, 종종 '호랑이굴'인 경쟁자의 시장으로 생산시설을 이전함으로써 번창했다. 1차 세계대전 후 높은 관세의 이중 부과와 통화 제한 때문에 수출이 방해를 받게 되자, 쉬샤르는 미국, 영국, 아르헨티나, 스웨덴, 남아프리카공화국에 초콜릿 공장을 세웠다. 스위스 기업에서 흔히 보듯이, 바로 보호무역 조치 때문에 스위스 기업들은 외국에서 현지 생산자가 되고, 그 결과 사실상 세계적인 기업이 될 수밖에 없었다—세계화가 유행하기 훨씬 전에 스위스 기업은 그렇게 되었다.

과자, 사랑, 돈

초콜릿 사업 역사에서 또 다른 중요한 인물은 다니엘 페터(Daniel Peter)다. 그는 1875년에 밀크 초콜릿을 발명한 것으로 보인다. 처음에는 그는 과자와 아무 관계도 없었다. 그의 아버지는 보(Voud)주 모우돈에서 정육점을 운영했고, 페터는 브베의 식료품 상점과 양초 공장에서 견습생으로 일했다. 그를 초콜릿으로 이끈 것은 사랑이었다. 1863년 그는 초콜릿 제조업자 프랑수아 루이 까이에의 장녀와 결혼했다. 곧이어 그는 리옹의 초콜릿 공장에서 실습과정을 마친 후 장인의 성으로 개명하고 페터-까이에 회사(Peter-Cailler et Compagnie)를 세웠다.

이 회사는 처음 몇 년 동안 힘들었지만 페터는 밀크 초콜릿을 실험하여 1875년에 최초로 가루 형태의 밀크 초콜릿 음료를 생산하는 데 성공했다. 그리고 13년 뒤 그는 고체 형태의 초콜릿 바를 개발하여 '갈라 페터'(Gala Peter)라는 상표로 판매했다. 그는 이 제품을 '페터스 오리지널 밀크 초콜릿'이란 이름으로 영국 시장에 출시하여 대성공을 거두었다. 페터는 1911년 자신의 회사와 장인의 회사를 합병했다. 네슬레는 합병된 이 회사가 빠르게 성장하는 시장으로 가는 문을 제공할 것임을 깨닫고 최초로 이 회사의 지분 39%를 사들였고, 1929년에는 이 회사 전체를 인수했다. 페터-까이에는 네슬레가 초콜릿 생산 분야에 진출하기 위한 최초의 발판이었다. 현재 네슬레는 초콜릿 산업을 통해 전 세계 60개국 이상에서 연간 112억 6천만 달러의 매출을 올리고 있다.

스위스 초콜릿 산업의 세 번째 중요한 개척자는 로돌프 린트다. 그는 세계 최초로 콘체(conche)라는 분쇄 및 롤링 기계를 이용하여 부드러운 초콜릿을 생산했다. 이 기계는 초콜릿을 부드럽고 입안에서 잘 녹게 만들었는데 이전의 초콜릿은 모래 같이 거칠고 잘 바스러졌다. 이 이야기는 이렇다. 어느 금요일 밤 24세의 린트는 주말 동안 수력을 이용하는 혼합기를 꺼놓는 것을 잊었다. 월요일 아침 공장에 가보니 혼합물이 액체처럼 너무 부드러워져 힘들게 틀에 넣어 압착할 필요가 없었다. 이것은 이른바 뜻밖의 발견 또는 우연한 행운의 발견을 통해 스위스 산업 발전이 탄력을 받게 된 많은 사례 중 하나다.

기계의 비밀

이 중요한 혁신을 우연히 발견한 뒤 상업적으로 영리한 린트는 그의 혼합 비밀을 20년 동안 공개하지 않았다. 그는 베른 제과점 장 토블러(Jean Tobler)에게 초콜릿을 위탁 판매하면서 자신의 생산방법을 숨겼다. 린트가 위탁 판매수수료를 지나치게 낮추자 토블러는 자신의 공장을 세우고 고객들을 가져갔다. 그동안 합병 또는 연합 제의를 거부했던 린트는 상황이 힘들어지자 1899년 회사를 150만 스위스프랑에 쇼콜라테 슈프륀글리(Chocolate Sprüngli)에게 매각했다. 이것이 스위스 최대 초콜릿 회사의 기초가 되었다. 아직도 독립된 회사—린트 & 슈프륀글리—로 존재하는 이 기업은 유럽과 미국에 8개의 생산 공장을 갖고 있으며 100개 이상의 국가에서 제품을 판매한다. 이 회사는 나중에 다시 분리되었다. 린트 & 슈프륀글리는 주식시장에 상장되었고, 슈프륀글리는 개인 소유 회사로, 가족 구성원인 토마스(Thomas)와 밀란 프레노질(Milan Prenosil)이 경영한다.

 스위스 초콜릿 제조법이 성공한 것은 우연 또는 노력에 의한 생산 혁신뿐만 아니라 비용과 품질 면에서 비교우위를 지녔기 때문이다. 하지만 나중에는 국제 관광이 시작되면서 스위스 초콜릿이 더욱 탄력을 받았다. 19세기 후반 스위스는 세계 각지의 부자들이 가장 좋아하는 여행지가 되기 시작했다. 당연한 일이지만, 부자들은 스위스 초콜릿의 놀라운 맛을 알고 고국으로 돌아가 소문을 퍼뜨렸다. 1900년 전 세계 초콜릿 수출량 중 3분의 1이상이 스위스 초콜릿이었다. 이 사업은 고용과 외환시장의 중요한 요소가 되었다.

하인리히에서 앙리까지—네슬레의 시작

네슬레는 스위스 최대 기업으로 가장 잘 알려진 회사임에도 그 시작은 초콜릿도 아니고 스위스에서 출발하지도 않았다. 스위스 산업 역사에서 중요한 사람들은 흔히 이민자와 망명자들이었다. 그들은 모든 것을 버려두고 떠나왔고 더 이상 잃을 것이 거의 없었다. 그들은 흔히 변변찮은 재산, 신념의 차이, 현지 기득권 사회의 배척 때문에 사회 주변부에서 활동했다. 존경과 인정을 받을 수 있는 유일한 길은 성공이었다. 그들 중에서는 하인리히 네슬레(Heinrich Nestlé)도 있었다. 1814년 독일 프랑크푸르트에서 태어난 그는 정치적 박해를 피해 19세기 초에 스위스로 왔다.

1839년 젊은 네슬레는 브베에서 약사 마르크 니꼴리예(Marc Nicollier)의 조수로 일을 시작했다. 니꼴리예는 네슬레에 결정적인 영향을 미쳤다. 네슬레는 곧 자신의 이름을 프랑스식 앙리 네슬레로 바꾸고 호기심을 발휘하여 혁신을 이루어냈다. 네슬레는 고용주의 지도 아래 그 당시 빠르게 발전하고 있었던 화학 분야의 기술을 배웠다. 니꼴리예는 화학 분야의 실력뿐만 아니라 네슬레가 브베 지역사회에 잘 안착하고 독자적인 기업을 설립할 수 있도록 도와주었다.

네슬레는 니꼴리예로부터 얻은 건물과 장비를 사용하여 자신의 멘토에게서 배운 방식으로 오일, 술, 식초, 비료를 포함한 수많은 화학합성제에 잠시 손을 댔다. 또한 레몬에이드 맛이 가미된 식수를 생산하는 새로운 방법을 제시했다. 그는 이를 위해 파이프를 이용해 담수를 공장으로 보냈다. 네슬레는 맛이 가미된 청량음료를 병에 담아 음료용으로 판매한 스위스 최초의 기업 중 하나였다. 어린 영재였던 네슬레는 30회 생일 전에 조수에서 독립적인 공장 소유자와 경영자로 비약적으로 발전했다.

아울러, 호기심 많은 이 이민자는 혁신을 상업적 성공으로 바꾸는 솜씨를 발휘하기 시작했다. 1849년 네슬레는 화학 연구소를 세워 소비자들이 구매하고 싶어 하는 제품을 개발하는데 집중했다. 스위스 인구는 증가하고 있었고 가정들은 소득의 약 50-80%를 식료품에 소비했기 때문에 그는 식료품에 집중하기로 결정했다.

아기를 위한 획기적인 제품

앙리 네슬레는 많은 남자와 여자 공장 노동자들이 연약하고 병에 걸려 있다는 사실을 알았다. 장시간 노동, 저임금, 불충분한 영양, 의심스러운 위생이 결합되어 아동 및 유아 사망률이 높았다. 아울러 공장에서 일하고 싶은 여성들 중 일부는 아기에게 젖을 먹여야 하기 때문에 일을 할 수 없었다. 그런가 하면 어떤 여성들은 일하느라 아이들에게 젖을 충분히 먹이지 못했다. 젖을 대신할 수 있는 편리한 대체품이 필요했기 때문에 네슬레는 아이들에게 안전하게 먹일 수 있는 형태로 우유를 보존하는 방법을 찾게 되었다.

돌파구는 1867년에 등장했다. 먼저 젖을 분석한 후 네슬레는 우유와 분말형 러스크(건조된 비스킷)를 혼합한 수용성 가루를 만드는 데 성공했다. 이것은 영양가가 높고 아기에게 안전하게 먹일 수 있었다. 이 가루는 몇 분 동안 물에 넣고 끓이면 되기 때문에 편리했다. 이런 편리성은 일하는 어머니들에게 중요한 요소였다. 성공적인 시험 후 같은 해 시험 생산 시설을 주문했다. 초기 판매는 기대 이상이었고 7년 만에

160만 통의 분유가 판매되었다. 이 제품의 인기는 스위스는 물론 서부 유럽, 미국, 남미, 러시아, 호주, 인도까지 널리 퍼졌다. 네슬레는 이보다 앞서 '이유식'을 개발했는데 이것이 이 회사 최초의 세계적인 브랜드가 되었다. 브랜드는 신뢰 위에 구축되기 때문에 네슬레는 어머니와 아이의 관계에 기초한 제품보다 더 나은 제품을 찾아서 신뢰를 형성해야 한다는 심한 압박을 받았을 것이다.

슈퍼 브랜드에서 대대적인 불매운동까지

네슬레는 본래 영양을 개선하고 생명을 구하기 위해 만든 제품이 한 세기 후 모든 네슬레 제품에 대한 불매로 이어지고 홍보 참사가 발생하리라고 상상하지 못했을 것이다. 1977년 사회운동가들이 누구나 기억하는 '네슬레는 아기를 죽인다'는 슬로건을 내걸고 네슬레의 공격적인 이유식 판촉행사로 인해 개발도상국의 어머니들이 네슬레의 분유 이용에 너무 집착해 안전 여부에 상관없이 아무렇게나 분유를 사용하게 됐다고 주장했다. 빈곤한 개발도상국의 시장은 문맹률이 높고, 글을 못 읽어 사용법을 지킬 수 없는 어머니들이 종종 이유식 제품을 현지의 오염된 물과 혼합하거나, 값비싼 분유를 너무 적게 사용하여 의도치 않게 유아가 굶어죽게 되었다. 1980년대 초까지 지속된 불매운동으로 인한 네슬레의 추정 손실액은 4천만 달러에 달했다. 이와 같은 우발적인 사건들은 네슬레의 최고경영자 피터 브라베크(Peter Brabeck)가 했던 말을 상기시킨다. "네슬레는 세계에서 가장 효과적인 민주주의 체제 중 하나입니다. 수십억 명의 소비자가 매일 제품을 구입하고 그들은 선택을 통해 투표를 합니다." 하지만 네슬레가 이런 홍보 문제의 의미를 신속하게 파악하지 못했다는 점은 의문의 여지가 없다.

초창기 앙리 네슬레의 목표는 이유식을 모든 소비자에게 제공하는 것이었다. 그래서 그는 의사와 어머니들에게 이 제품의 유용성을 설득하는데 노력을 아끼지 않았다. 그의 열정과 좋은 의도는 거의 한계가 없었지만 그의 재정은 그렇지 못했다. 1873년 네슬레 제품의 수요는 회사의 생산능력을 초과하여 공급이 제때에 이루어지지 못했다. 61세 때 네슬레는 기력이 다해 은퇴할 생각을 했다. 브베에 살았던 주 의회 전직 의원인 쥘르 모네라(Jules Monnerat)는 오랫동안 네슬레를 지켜보았다. 1874년 네슬레는 30명의 노동자가 일하는 회사를 1백만 스위스프랑에 인수하겠다는 모네라의 제안을 받아들였다. 그가 인수한 회사는 나중에 28만 명을 고용하고, 약 200억 스위스프랑의 가치를 지닌 기업이 되었다.

미국과의 연결

새로운 소유자들은 신속하게 생산능력을 두 배로 늘리고 신제품에 관심을 쏟았다. 그 중 하나가 연유였다. 미국에서 개발된 이 제품은 빠르게 인기를 얻었다. 역설적이게도 기회는 스위스에 살고 있던 미국인 이민자에게 주어졌다.

취리히 주재 미국 영사로 근무하던 찰스 페이지(Charles Page)는 우유 공급량이 풍부하고 전체 유럽시장에 쉽게 접근할 수 있는 스위스가 연유 제조공장의 입지로는 최적이라고 판단했다. 캔에 담긴 최초의 연유는 10년 전 게일 보던(Gail Borden)이 미국에서 개발하여 생산했다.

페이지는 라이선스를 얻어 유럽시장에 '보던 밀크'를 생산하여 판매하기로 계획을 세웠다. 그의 형제 조지와 함께 페이지는 스위스 낙농산업 중심지인 캄(추크주)에 앵글로-스위스 연유 회사를 세웠다. 이 회사명은 페이지가 연유를 대량으로 판매하길 바랐던 영국인들의 환심을 사기 위한 것이었다. 앵글로-스위스 연유회사는 번창했고 1877년 자신감에 가득 찬 이 회사는 생산라인을 확대하여 유아용 치즈와 우유 식품을 생산하기로 결정했다. 네슬레는 자사의 연유 제품을 출시하여 재빨리 이에 대응했고, 두 회사 간에 값비싼 전쟁이 이어졌다. 1905년 네슬레와 앵글로-스위스 연유회사는 마침내 두 회사를 합병함으로써 치열한 경쟁을 끝냈다. 조지는 합병에 반대했지만 그의 사후 그의 미망인과 아들이 이에 동의했다. 새로운 회사는 법적으로 등록된 두 개의 사무소에서 운영되었는데 하나는 브베, 다른 하나는 캄에 있었다. 합병된 회사는 스위스에 7개, 영국에 6개, 노르웨이에 3개, 미국, 독일, 스페인에 각 1개의 생산 공장을 운영했다. 이렇게 하여 글로벌 기업의 기초가 놓였다.

전형적인 스위스 기업 합병

앵글로-스위스 연유회사가 규모가 더 크고 수익도 더 많았음에도 네슬레는 브베의 본사와 네슬레라는 회사명을 어렵게 지킬 수 있었다. 찰스 페이지가 죽은 뒤 조지는 유럽보다 미국에 더 관심을 두었다. 그러나 두 회사의 관련성은 지속되고 있다. 페이지 가문의 후손이자 아메리카 스위스 재단의 회장인 스티븐 호흐(Steven Hoch)는 네슬레 이사회에 참여한다.

네슬레의 최초 성장 단계는 유기농 시장 덕분이었다. 유기농 시장은 비교적 초기이고 빠르게 성장하고 있었다. 네슬레는 이 시장과 함께 성장했다. 앵글로-스위스 연유회사와의 합병을 통해 네슬레는 1차 세계대전 이전 시기와 전쟁 시기 동안 우유제품 수요의 증가를 잘 포착했다. 호주—네슬레의 두 번째 큰 수출시장—의 수입 관세 인상에 대응하기 위해 네슬레는 1907년 그곳에서 직접 생산하기로 결정했다.

세계화를 촉진시킨 전쟁

그 다음 성장 단계는 전쟁 때 스위스가 유럽 국가들에 둘러싸였지만 전쟁에 휘말리지 않은 상황 덕분에 가능했다. 1914년 1차 세계대전이 발생했을 때 대부분의 네슬레 공장은 유럽 지역에 있었다. 1916년 네슬레의 공장은 스위스의 우유 부족으로 현지인의 수요에 맞추는데 거의 모든 우유 생산량을 공급했다. 수송 장애로 인해 생산비와 영업비가 증가했고, 전쟁 중인 국가의 생산시설 사용 제한으로 네슬레의 어려움은 가중되었다. 이 문제를 해결하기 위해 네슬레는 전쟁의 영향을 덜 받는 국가로 시설을 확장하기로 결정하고 기존 공장을 구매하기 시작했다. 특히 미국의 공장을 구입했는데 이를 통해 몇몇 기업과의 연결고리를 구축했다.

1921년 네슬레는 80개의 공장을 보유했고, 네슬레의 세계 생산량은 1914년보다 세 배 이상 증가했다. 그 당시 유럽의 경쟁 회사들은 사상 최악의 전쟁 중 하나에 휘말려 있었다. 그러나 짧은 전후 호황 이후 다시 등장한 경쟁과 보호는 1921년 네슬레에 엄청난 손실을 끼쳤다. 이로 인해 네슬레는 대폭적인 구조조정과 자기자본 비율을 높였다.

이로 인해 네슬레는 특히 자금난에 시달린 경쟁자들과 비해 대공황을
잘 헤쳐 나갈 수 있는 유리한 위치에 서게 되었다. (스위스 기업들의
특징은 "자신의 재력 범위 안에서 살고" 성장 재원을 조달하기 위해
은행 대출에 의존하는 것을 싫어한다는 것이다). 아울러, 네슬레는
자기자본을 점점 더 많이 투자하고, 실제 자산이 스위스 밖의 가장
매력적인 시장에 구축되었다.

아주 탄탄해진 네슬레는 대공황마저도 회사의 발전에 거의 영향을
주지 않은 것처럼 보였다. 네슬레의 미국 자회사는 1929년의 주식시장
대폭락과 경제 침체를 거의 느끼지 못했다. 1930년의 이익은 전년도에
비해 13% 감소했지만 네슬레는 중대한 재정 문제를 겪지 않았다. 사실,
1921년을 제외하고 이 회사는 앵글로-스위스와 합병한 이후 한 해도
손실을 보지 않는데 이것은 주로 신중한 경영 덕분이었다. 식품산업이
자유 시장경제의 주기 특성에 비교적 잘 견딘다는 점이 도움이 되었지만
말이다. 고급 시계나 고가의 자본재와 달리 사람들은 먹어야 하기
때문에 식품 구매를 미룰 수 없다.

인스턴트커피: 즉각적인 성공

1938년 네슬레는 우유제품이 아닌 네스카페를 최초로 선보였다. 이
혁신적인 인스턴트커피는 8년간의 연구 결과물이었다. 연구는 브라질
커피연구소 대표가 네슬레에 브라질에 많은 잉여 커피를 보존할
수 있도록 '커피 큐브(coffee cube)'를 만들어 달라고 요청하면서
시작되었다. 네슬레의 제품은 큐브 형태가 아니라 수용성 가루
형태여서 이용자들이 커피 사용량을 조절할 수 있었다. 네스카페는

1938년 미국에서 출시된 후 빠르게 세계적인 인기를 얻었는데 특히 미국에서 더 대단했다. 오늘날 네스카페는 계속 전 세계의 소비자들에게 가장 각광받는 브랜드로 평가받고 있다. 많은 나라에서 네스카페는 인스턴트커피와 동의어가 되었다.

그러나 2차 세계대전은 네슬레에 끔찍한 영향을 미쳤다. 1938년 2천만 달러였던 수익이 다음 해에 6백만 달러로 급락했다. 1차 세계대전 당시와 마찬가지로, 이 회사는 식량 결핍과 원재료 공급 부족에 시달렸다. 전쟁과 맞서 싸우기 위해 회사는 본사를 분리하고 경영진과 임원들을 멀리 떨어진 시장을 더 잘 관리할 수 있는 코네티컷주 스탬포드 사무실로 옮기기로 결정했다. 스탬포드 사무실은 스위스가 나치에게 점령당할 경우를 대비한 것이기도 했다.

그러나 전쟁은 중립국인 스위스에 기회를 제공하기도 했다. 영국인과 프랑스인이 독일 제품 구입을 거부하였고 네슬레 공장은 타격을 입지 않았다. 미국이 1941년 전쟁에 참가하면서 미군으로부터 네스카페처럼 농축 건조된 가루우유에 대한 수요가 크게 늘었다. 네슬레의 총매출액은 전쟁 전 1억 달러에서 1945년 2억 2천 5백만 달러로 대폭 증가했다. 북미 지역의 매출액이 천4백만 달러에서 6천만 달러로 늘어 최대 증가를 보였다.

기업 인수로 규모를 키운 네슬레

2차 대전이 끝난 후 다국적 기업의 기초를 확고하게 다진 네슬레는 전혀 다른 성장 경로를 따르기 시작했다. 유기농 시장 성장에 주로 집중했던 네슬레는 다른 지역의 새로운 제품 인수에 커다란 관심을 기울이기 시작했다. 이러한 새로운 형태의 확장에 대한 예를 들자면, 유럽의 마기 시즈닝(Maggi seasoning), 스칸디나비아의 핀두스 프로즌 푸드(Findus Frozen food)—이 회사는 나중에 '테이스터스 초이스' 냉동건조 커피가 되었다—미국 과일주스 제조기업 로비(Lobby) 그리고 스토우퍼스(Stouffer's)가 포함된다. 네슬레는 이런 기업 인수를 통해 호텔과 레스토랑 산업에 진출하고 저칼로리 냉동식품 제품라인을 갖게 되는데 성공했다.

지난 세대에서 가장 수익성이 높은 혁신 중 하나는 의도된 계획이라기보다는 뜻밖의 발견으로 이루어졌다. 1980년대 중반, 네슬레는 네스카페에 대한 수요가 정체하고 최초의 브랜드의 성공을 대신할 역량을 가진 무언가에 투자할 필요성을 인식했다. 이것은 1985년 네슬레가 미국 커피 로스터 회사인 힐스 브러더스(Hills Brothers)를 인수했을 때 시작되었다. 그리고 네슬레는 2년 뒤 뮌헨의 커피 제조기업 달마이르(Dallmayr)의 지분을 매입했다. 이러한 새로운 시장 전략을 추진하는 동안 브베의 연구원들은 1974년 바텔 메모리얼 연구소(Battelle Memorial Institute)가 개발한 기술을 기억해냈다. 이 기술을 이용하면 볶은 커피를 밀봉된 캡슐로 포장하여 특별히 고안된 에스프레소 기계에서 사용할 수 있다.

일본에서의 큰 도전

네슬레의 최고경영자 아르투르 퓌러(Arthur Fürer)는 처음에는 이 프로젝트를 추진할 마음이 없었다. 그는 신제품이 네스카페와 경쟁관계에 놓일까봐 염려해 1978년 추가 연구를 금지시켰다. 그때

네슬레의 식품 과학자 에릭 파브르(Eric Favre)가 이 연구를 독자적으로
계속 진행하기로 결정했다. 1984년 그는 멀리 떨어진 일본으로 가서 그곳
네슬레 책임자를 설득하여 일본 시장에서 신제품을 테스트했다. 결과는
성공이었고, '네스프레소'가 탄생했다. 네스프레소 회사—100% 네슬레
소유 회사다—가 1986년 브베에서 설립되었고 1987년 일본 시장에
이 제품이 출시되었다(같은 해 장 폴 가이야르(Jean-Paul Gailard)가
네스프레소 최고경영자로 부임했다).

첫 10년 동안 네스프레소는 힘들었다. 네슬레의 고위 경영진
대다수는 네스프레소를 믿지도, 지원하지도 않았다. 본래 이 제품은
사무실과 소기업에서 판매될 것으로 예상했지만 어느 곳에서도 새로운
캡슐 커피 시스템을 구매하길 원하지 않는 것 같았다. 판매 상점들도
캡슐 커피를 판매하기를 거부했고 제조업자들은 위험 부담 때문에
새로운 기계를 생산하지 않으려고 했다. 그 당시 영업을 책임지고
있던 파브르는 단념하지 않고 천 대의 기계를 주문하고 개인 고객에게
판매했다. 그는 직접 판매 조직을 만들고 커피를 우편과 전화, 그리고
나중에는 인터넷으로 주문받았다—이런 판매방식은 네슬레의 전통과
상반된 것이었다. 게다가 1989년 가이야르는 네스프레소에 '클럽'
개념을 도입했다.

특허는 영원히 지속되지 않는다

클럽 개념은 효과가 있었다. 1995년 네스프레소는 처음으로 흑자를 낸
이후 계속 매년 30-40%씩 성장했다. 2004년 네스프레소는 35개국에
33개 판매점과 17개 자회사를 두었고 적극적인 클럽 회원도 160만

명에 달했다. 2009년에는 45개국에 4,500명의 직원을 고용하고 영화배우 조지 클루니를 광고에 출현시킴으로써 이 새로운 사업의 매출액은 20억 스위스프랑을 돌파했다. 네스프레소 덕분에 스위스는 이제 금액 기준으로 치즈나 초콜릿보다 커피를 더 많이 수출한다. 하지만 네스프레소가 앞으로 강력한 시장점유율을 유지할 수 있을지 지켜보아야 한다. 사라 리(Sara Lee), 윤리적 커피회사(Ethical Coffee Company)(역시 스위스 기업이다)와 같은 경쟁자들도 네스프레소 기계에서 사용할 수 있는 커피 캡슐을 생산하기 때문이다―특히 이 회사의 특허는 2012년 만료되기 시작했다. 네스프레소는 30억 달러의 매출액을 달성했으며 네슬레가 보유한 6천 개 이상의 브랜드 중 최고의 수익률을 자랑한다. 이것은 컴퓨터 잉크-카트리지의 호환성과 비슷한 사업 모델 덕분이다. 이런 사업모델에서는 소비자들은 브랜드에 애착을 보여 재구매에 의한 매출액이 극히 이례적일 정도로 높다.

시급히 필요한 새로운 브랜드

그러나 네스프레소와 같은 성공에도 불구하고 20세기 후반 네슬레의 전체적인 혁신 성과는 실망스러웠다. 1981년 헬무트 마우어(Helmut Maucher)가 최고운영자(COO)가 되었을 때 주주들과 많은 시장은 네슬레가 거대한 규모 때문에 인상적인 성장을 계속 유지할 수 있을지 점점 더 의구심을 갖기 시작했다.

예를 들어 그 당시 10% 성장하려면 추가로

헬무트 마우어는 각고의 노력으로 1981년 네슬레의 최고운영자가 되었다. 그는 의욕적이고 야심찬 기업 인수 프로그램을 시작했다.

5억 달러를 매출을 더 올려야 했다. 이것은 네스카페를 제외하고 네슬레의 모든 브랜드의 매출액보다 더 큰 액수였다. 산술적으로 이것은 달성할 수 없는 것처럼 보였다.

   네슬레의 높은 수준의 분권적 경영 철학은 많은 이점이 있지만, 한편으로 각 사업 부문의 지배권을 강화하여 조직의 한 부분의 혁신이 다른 부분으로 확산되지 못하게 했다. 네슬레의 연구개발부서는 상당한 투자에도 불구하고 획기적인 결과를 보여주지도 못했다.

   마우어는 의구심을 떨쳐 내기 위한 계획을 마련했다. 그는 그의 아버지도 일한 적이 있는 독일의 네슬레 우유 공장에서 견습생으로 일한 적이 있었다. 그의 초라한 출발, 겸손한 태도, 모든 사업영역에 대한 철저한 지식은 그가 네슬레의 승진 사다리를 올라갈 때 큰 힘이 되었다. 그러나 그는 고향에서 반경 3백마일 이내에서 살면서 일했기 때문에 차후 이어질 네슬레의 전례 없는 글로벌 확장을 이끌 확실한 후보자는 아니었다.

지역 인재가 왕성하게 일하게 하라

대부분의 지도자들은 권한을 집중하고 싶은 유혹을 느낀다. 그러나 마우어는 반대로 했다. 그는 현장 운영 조직에 더 많은 권한을 부여하여 경상비를 줄이고, 시장이나 고객과 더 가까운 직원들의 일에 참견하는 불필요한 본사 직원을 없애버렸다. 본사는 지시하기보다는 현장을 지원해야 한다는 사고는 스위스 정부 형태와 놀라울 정도로 비슷하다—스위스에서는 시민이 주권자다.

   마우어는 새로운 제품 획득과 새로운 시장 진입에 집중하는 대대적인 쇼핑에 참여했다. 혁신에 대한 그의 관점은 제품이 고객과 만나는 곳에서—즉 현장에서—최고의 혁신이 일어났다는 것이었다. 그리고 그는 네슬레가 너무 비대하고 경직되어 중앙집중식 연구개발 투자로는 큰 성장을 기대할 수 없게 되었다고 생각했다. 그의 신조는 "과학자들의 동떨어지고 추측에 근거한 활동에 투자하느니 현장에서 입증된 혁신을 구매하고 싶다"였다.

마우어는 기업 규모에 대해 부끄럽게 생각하지 않았다. 1985년 네슬레는 미국 우유, 애완용 제품, 식료품을 생산하는 기업인 카네이션(Carnation)을 30억 달러에 인수했다. 이것은 식품 산업 역사에서 가장 큰 기업 인수였다. 1988년 이 회사는 선도적인 영국 초콜릿 생산기업인 로운트리 매킨토시(Rowntree Mackintosh)를 25억 5천 파운드(44억 달러)에 인수했는데, 그 당시 외국인에 의한 최대 규모의 영국 기업 인수였다. 같은 해 네슬레는 이탈리아 파스타 및 제과 생산기업 부이토니(Buitoni)를 매입했다.

마우어는 확장 속도를 염려하지 않았다. 네슬레는 1991년에만 31개 회사를 인수했고 중국에 새로운 공장을 건설했다. 1992년 이 회사는 비뗄(Vittel)에 투자하고, 뜨거운 입찰 경쟁을 통해 23억 달러에 페리에(Perrier)를 인수하여 식수 분야에 공격적으로 진출했다. 마우어의 재임 기간 동안 네슬레는 부이토니 페루지나(Buitoni Perugina), 스필러스 펫 푸드(Spillers Pet Food), 알포(Alpo), 프리스키스(Friskies), 헤르타(Herta)와 같은 더욱 다양한 분야의 기업을 집어삼켰다.

글로벌 기업이 된다는 것은 자율권 부여를 의미한다

걷잡을 수 없을 정도로 급속하게 진행된 기업 인수는 네슬레의 오래된 지분 구조를 바꾸었기 때문에 가능했다. 1988년 이 회사는 회사 주식의 약 3분의 2를 스위스 거주자가 보유한다는 제한 규정—1959년부터 시행되었다—을 없애고 1993년에는 무기명 주식을 폐기했다. 그 이후로 네슬레에서 주식 1주는 1표를 의미했다. 마우어 아래에서 일했던 뛰어난 재정담당 책임자 레토 도메니코니(Reto Domeniconi)는 예전의 주식 구조를 '재정적 구속복'이라고 묘사했다. 왜냐하면 네슬레는 새로운 주식을 발행할 수 없고 외국인 투자자들을 '이류 시민'으로 취급하면서 비례적인 투표권 없이 자본을 투자할 것으로 기대했기 때문이었다. 네슬레는 스위스 은행들이나 주주들과의 편안한 관계를 끊고 세계 자본시장에서 경쟁하기 시작했다. 오늘날 이 회사의 주주 구성 비율은 역전되어 사실상 외국인들이 네슬레를 소유한다. 외국인이 주식 자본의 63.5%를 소유한다.

네슬레의 기업 인수 중 일부는 실패했다. 핀두스는 자사 제품이 네슬레의 다른 부분으로부터 저항에 직면하여 다시 매각되었다. 네슬레가 북캘리포니아 와인 생산기업 와인 월드 에스테이트(Wine World Estates) 인수를 통해 이 사업에 진출하려던 시도도 실패로 간주되어 1995년 매각되었다. 그러나 이런 경우는 흔치 않았고, 가장 큰 인수 활동들은 큰 이익을 얻었고 네슬레의 대폭적인 성장에 크게 기여했다. 식수, 애완동물 관리, 아이스크림 분야는 1990년대 초기에는 거의 존재하지 않았다. 2010년(20년간 몇몇 기업을 인수한 후), 네슬레의 이 분야 매출액은 287억 스위스프랑으로 증가했다(식수 분야 91억 스위스프랑, 애완동물 관리 분야 131억 스위스프랑, 아이스크림 분야 65억 스위스프랑). 왜 이런 분야를 선택했는지 물어보면 마우어는 겸손하게 이렇게 대답했다. "나는 다른 사람들처럼 신문을 읽고 현지 국가 관리자들의 말을 경청합니다. 그러니까 세계가 흘러가는 방향이 아주 명확하게 보였습니다."

1997년 피터 브라베크는 최고경영자가 되어 마우어로부터 네슬레의 일상적인 경영 업무를 물려받았다. 브라베크는 다양한 남미지역 국가에서 네슬레의 사업을 성공적으로 구축함으로써 특별한 두각을 나타내었고, 마우어가 가장 좋아하는 계승자였다. 브라베크는 전임자와 비슷한 방식으로 회사를 경영하면서 계속 대규모로 기업을 인수했다.

부족한 성장 공간

2002년 네슬레는 103억 달러를 투자하여 랄스톤 퓨리나(Ralston Purina)을 인수했다. 이를 통해 네슬레는 급속하게 성장하는 애완동물 사료 사업에서 세계적인 공동 선두 기업이 되었다. 다음 해는 28억 달러를 투자하여 드레이어스 그랜드 아이스크림(Dreyer's Grand Ice Cream)의 과반 지분 지배권을 획득했다. 그러나 네슬레의 기업 인수 속도는 회사가 다시 유기농 시장의 성장으로 회귀한 2000년 이후 꺾이기 시작했다. 여기에는 몇 가지 이유가 있다. 네슬레가 포트폴리오를 증가시키고 싶은 국가나 제품이 거의 없고, 가장 선호하는 브랜드의 다수는 이미 네슬레나 경쟁 기업이 인수하였고, 독점금지 제한이 늘어났기 때문이었다.

그 결과, 브라베크는 효율성을 증가시키기 위해 네슬레의 기존 사업

↑ 네슬레의 수십억 달러 브랜드 (연간 매출액이 10억 달러 이상인 브랜드)

활동에 관심을 기울이기 시작했다. 역사적으로 국가별로 분리되었던 공장 관리는 지역별 분리로 나뉘었다. 아울러 비슷한 제품들은 전략적 사업 단위로 정리하여 네슬레의 글로벌 사업 활동의 일관성이 높아졌다.

네슬레는 마우어와 브라베크가 경영하는 동안 '황금 시기'였다. 마우어가 1980년대 초 최고경영자가 된 이후 매출액이 244억 7천 9백만(1980년) 스위스프랑에서 1,097억 2천 2백만 스위스프랑(2010년)으로 증가하여 매년 4.95%씩 성장했다―이에 비해 같은 기간 세계인구 증가율은 1.4%였다(식품 산업 성장의 좋은 대리지표). 아울러 최종 이윤이 놀라울 정도로 개선되었다―이 기간 동안 총수익률이 3.49%(1955-80년 평균)에서 7.17%(1980-2010년 평균)로 증가했다. 마우어가 최고경영자가 되었을 때 네슬레의 기업 규모는 유니레버(Unilever)의 3분의 2 정도였지만, 지금은 유니레버의 약 2배, 다논(Danone)의 4배다. 규모와 수익성은 네슬레에 구매, 연구, 광고와 같은 핵심적인 분야에 엄청난 비교우위를 제공했다. 또한 주주들이 환영할 만한 좋은 근거를 제공했다. 즉 이 기간 동안 주식가치가 1,713억 4천 2백만 스위스프랑(오늘날 발행주식 시가총액-1980년 발행주식의 시가총액)이 증가했다.

많은 경영자와 투자 전문가에 따르면, 대부분의 기업 인수는 결국 주주 가치를 파괴한다고 한다. 그런데 왜 네슬레는 기업 인수 중심의 성장을 통한 수익 창출에 성공했을까? 기업 구매자들이 낙관적인 전략적 비전과 달성하기 힘든 시너지 효과를 기대하며 흔히 인수금을 너무 많이 지급한다는 점은 잘 알려져 있다. 또한 기업이 인수될 때 인적 자원이 잘 적응하지 못한다는 점도 사실이다. 최고의 인재들은 종종 그 회사를 떠나고 회사의 성공을 이끌었던 요인 중 많은 부분이 그들과 함께 사라진다.

네슬레는 이러한 일반적인 위험을 피함으로써 성공적인 기업 인수라는 놀라운 기록을 유지했다. 바클레이스 캐피털(Barclays Capital) 스위스 회장이자 크레디트스위스(Credit Suisse)의 전 고위 임원인 한스외르크 루돌프(Hans-Jörg Rudloff)는 말한다. "스위스가 기업

네슬레: 중요한 인수, 제휴, 합병, 1905-2010년

	유럽	북미	아시아	기타지역
1905	앵글로-스위스 연유 회사(스위스)			
1929	PCK 쇼콜라 스위스			
1947	알리멘타나(스위스)			
1960	크로스 & 블랙웰(영국)			
1961	록카텔리(이탈리아; 1998년 매각)			
1962	핀두스 인터내셔널(스위스; 1999년 매각)			
1969	쏘씨에테 제네랄 데오 미네랄드 비뗄(프랑스)			
1970		리빔 맥닐 & 리비(미국)		
1971	우리지나 프랑크(스위스)			
1973		스토우퍼스(미국)		
1974	로레알(프랑스), 블라우에 크벨른(독일)			
1977		알콘 레보라 토리스(미국, 2010년 매각)		
1978	샹부르시(프랑스)			
1979		비치 넛(미국)		
1985		카네이션(미국)		
1988	부이토니 베루지나(이탈리아), 로운트리(영국)			
1989		제너럴 빌스(미국)		
1990		코카콜라(미국), 커티스 브랜드: 바니 루스 버터 핑거(미국)		
1992	페리에(프랑스), 초코라호드니(체코공화국)			
1993	피니탈겔(이탈리아), 산 베르나르도(이탈리아)	디어 파크(미국)		
1994	고플라나(폴란드)	알포(미국)		
1995		오르티가(미국)		로시야(러시아)
1996				미네랄스 리바 내시즈(레바논), 오셈(이스라엘)

	유럽	북미	아시아	기타지역
1997	산 펠레그리노(이탈리아)		상하이 풀러 푸드(중국), 네슬레다이어리 팜(홍콩, 중국), 롱 안(베트남)	
1998	스필러스 펫 푸드(영국)	보던 브랜드: 클림(미국)		
1999		하겐다즈(미국)		
2000		파워바(미국)		
2001		랄스톤 퓨리나(미국)		
2002	쉘러(독일), 스포르팅 스포틀라 나롱(독일), 아쿠아 쿨(영국/프랑스), 이든 베일(영국), 스포르팅(독일), 라보라뚜와 이네오브 (프랑스)	셰프 아메리카나(미국), 스파클링 스프링(미국), 드레이어 그랜드 아이스크림(미국)		세인트 스프링(러시아)
2003	모벤픽 아이스크림 사업부(스위스)			다이어리 파트너스 아메리카(남미, 2002년 서명), 클린워터(러시아)
2004	발리오야뗄로(핀란드)			
2005	델타 아이스크림(그리스), 바그너 티피쿨프로덕트(독일)			무사시(호주)
2006		제니 크레이그(미국), 조셉스 고메이 파스타 & 소스 컴퍼니(미국)		엉클 토비스(호주)
2007	노바티스 메디컬 뉴트리션 사업부(스위스), 소시스 미네랄레스 헤니에즈(스위스), 피에르 마르코리니(벨기에)	에스키모 파이, 칩위치 아이스크림 브랜드(미국), 거버(노바티스 미국 유아 영양식 브랜드)		
2010		크래프트 푸드 냉동피자		

출처: 네슬레 S.A.

인수에 성공한 이유는 절대 인수금을 지나치게 지불하지 않고 존재하지 않는 시너지를 기대하지 않기 때문이다. 그들은 거창한 계획이 아니라 구체적이고 달성 가능한 결과를 보려고 한다."

네슬레의 번영기, 1980-2010년			
	1980년	2010년	연평균 증가율,%
매출액, 백만 스위스프랑	21,639	109,722	4.96
총수익률, %	2.79	31.20	
순수입, 백만 스위스프랑	683	34,233	13.46
주식 시가총액, 백만 스위스프랑	6,974	178,316	11.02
인구, 백만 명	6.34	7.87	1.40

출처: 스위스 통계국

마우어는 기업을 인수하는 것이 아니라 사람을 인수하는 것이 핵심이라고 믿는다. "이 회사들이 성공한 이유는 훌륭한 현지 경영진이 기업을 운영하기 때문이다. 우리는 그들을 잡아두기 위해 최선을 다했다. 우리는 회사 목표에 동의하고, 그들 혼자 목표를 달성하도록 내버려 두지 않았다."

신뢰의 또 다른 표지로서 마우어는 새로 인수한 기업의 경영진에게 한 국가 또는 지역에서 네슬레의 기존 사업을 경영하도록 맡겼다. "그들은 우리보다 더 나았다. 그래서 우리가 그들과 싸울 수 없다면 그들을 합류시키는 것이 더 낫다."

한창 기업 인수에 몰두하는 과정에서도 네슬레는 매우 창의적인 혁신을 할 능력이 있음을 보여주었다. 예를 들어, 네슬레는 인수한 제품을 혁신했다. 영국 시장에서 로운트리의 대표 제품인 킷캣(Kit Kat)은 이제 세계적인 브랜드가 되었고 다양한 형태의 제품—로운트리가 모든 자원에도 불구하고 만들 수 없었던 제품들—을 이용할 수 있다.

네슬레는 성공적인 인수와 더불어 어떤 시장—가령 식수, 유아식, 애완동물 관리—이 더 많이 성장할지 예상했다. 브랜드 인지도는 이런 분야에서 특히 중요하다. 네슬레는 친숙하고 신뢰받는 브랜드를 구축해왔다.

여러 연구에 따르면 브랜드는 놀라운 회복력을 갖고 있다. 이것은 '브랜드'가 '약속'의 약칭이기 때문일 것이다. 오랜 시간 동안 반복적으로 지켜진 약속은 소비자의 충성심을 불러일으킨다. 소비자는 약속을 믿고 기꺼이 더 높은 가격을 지불하고 기업은 높은 수익을 얻는다. 연간 매출액이 각각 10억 달러가 넘는 29개 브랜드를 보유한 네슬레는 시장에서 지위를 잘 유지해온 것처럼 보인다.

네슬레: 주요 제품군의 매출액 증가, 2009-10년

종류	% 증가율
음료	6.6
유제품	5.8
식품	5.0
애완동물 관리	6.3
과자류	5.2
식수	8.2
아이스크림	5.4
영아용 분유	9.1
이유식	5.6
체중 관리	5.6

출처: 유로모니터 분야별 세계 성장 (Euromonitor global category growth), 2009-10년

네슬레만 있는 것이 아니다

60년 동안의 지속적인 기업 인수를 통해 비약적으로 성장한 브베의 이 거대 기업이 스위스의 유일한 주요 식품 그룹이라고 생각한다면 그것은 오해다. 그것은 전혀 사실이 아니다. 두드러진 식품 기업 중 하나는 크노르(Knorr)인데 스프와 포장 양념으로 세계적으로 유명하다. 카를 하인리히 크노르(Carl Heinrich Knorr)는 1838년 독일 남서부 하일브론에서 처음 기업을 창립했다. 분말 또는 미리 조리된 액상 스프—그 당시에는 둘 다 진기한 제품이었다—수요가 아주 많아지자 1885년 그의 아들 카를이 수출을 위한 포장 센터를 설립하기로 결정했다. 이 회사는 1949년에 세계 최초로 포장 스프를 출시했다—치킨 누들 스프는 곧 세계에 널리 알려졌다.

짧은 시간 안에 요리할 수 있는 스프는 즉석 식품 추세와 부합했다—허브와 양념을 혼합한 제품, 즉석 으깬 감자, 컵을 이용해 요리할 수 있는 '퀵 스프'와 같은 다소 덜 알려진 크노르 제품으로 이어졌다. 1958년 이후 크노르는 미국 기업 베스트푸드(Bestfoods)가 소유하다가 2000년에 유니레버에 인수되었다. 오늘날 크노르는 매출액 기준으로 유니레버의 최대 브랜드이며 이런 결과는 상당부분 초기 스위스 경영진이 추구했던 강력한 브랜드 마케팅 덕분이다. 유니레버는 한때 립톤(Lipton) 브랜드로 판매했던 많은 제품들을 크노르 제품 라인으로 이전했다.

막스 모르겐탈러(Max Morgenthaler, 1901-80), 네스카페 발명자.

에릭 파브르(Eric Favre) 네스프레소 개발자.

또 다른 틈새시장 제조 기업은 헤로(Hero)다. 이 회사가 판매하는 비금속 튜브에 포장된 잼은 세계 도처의 호텔 조식 식당에서 볼 수 있다. 매년 3억 2천만개이상의 튜브 잼이 수출된다. 이 과일 및 야채 가공 회사는 1886년 구스타프 헨켈(Gustav Henckell)과 구스타프 자일러(Gustav Zeiler)에 의해 설립되었다. 자일러는 1890년에 죽고 카를 로스(Carl Roth)가 이 회사에 합류했다. 1910년 헨켈과 로스의 첫 두 글자를 따서 헤로라는 브랜드명을 만들었다. 1995년 독일 식품 창업자 아렌트 오트커(Arend Oetker)가 헤로 주식을 대부분 소유했고 2003년 이 회사의 모든 소유권은 오트커 가족에게 넘어갔다.

스위스에서 시작된 또 다른 성공적인 식품 브랜드는 오보말티네(Ovomaltine)이며, 영어권 지역에서는 오벌틴(Ovaltine)으로 알려져 있다. 오늘날 오벌틴 브랜드는 어소시에이티드 브리티시 푸드(Associated British Foods)의 포트폴리오의 한 부분에 불과하지만, 맥아유 음료는 베른의 약사 게오르그 반더(Georg Wander)에 의해 개발되었고 그의 아들 알베르트(Albert)가 1904년에 최초로 판매했다. 오벌틴은 스포츠 행사를 후원한 최초의 브랜드 중 하나이며 20회 연속으로 올림픽 경기를 후원했다.

위대한 기업가 야콥스(Jacobs)

지난 세기 동안 스위스 식품 산업 지형을 바꾼 가장 역동적이고 성공적인 기업가 중 한 사람 역시 이민자이지만 이번에는 재력이 빈약한 사람이 아니다. 클라우스 야콥스(Klaus Jacobs)는 유명한 브레멘 귀족가문 출신으로 오래전부터 커피로 정평이 나 있었다. 그는 상당한

↑ 야콥스 재단(Jacobs Foundation)이 지배하는 바리 깔리바우트(Barry Callebaut)는 세계 최대 초콜릿 제조 기업이다.

클라우스 야콥스, 야콥스 쉬샤르의 탄생의 원동력이자 지칠 줄 모르는 기업가.

부를 물려받은 많은 사람들과 달리 가문의 영광에 의존하는 성향을 보이지 않았다. 야콥스는 공격적인 확장을 감행했다. 절정기 때는 네슬레도 이 유능하고 원기 왕성한 기업가를 무시할 수 없는 존재로 여기며 두려워했다.

야콥스는 1972년 아버지로부터 경영권을 물려받았고 총괄 경영자가 되었다. 그는 유럽 커피 시장에서 강력한 브랜드를 보유한 야콥스 회사와 초콜릿 시장에서 유명한 브랜드인 쉬샤르(Suchard)를 합병하여 유럽의 선도적인 초콜릿 및 커피 기업으로 만들었다. 야콥스는 이 기업에서 일하는 유일한 상속자였다. 그는 수동적이고 아무런 기여도 하지 않는 형제자매의 이익을 위해 일하는 것을 좋게 여기지 않았다. 그는—UBS의 도움을 받아—상당한 금액을 대출 받아 형제자매의 야콥스 쉬샤르 주식 지분을 인수하였다.

야콥스는 곧 뛰어난 사람들을 영입하여 능력을 인정받고, 단시간 내에 영향력을 행사하는 기회를 얻고 주목을 받게 되었다. 그는 큰 변화가 없는 시장에 엄청난 성장 이야기의 주인공이 되었다. 야콥스는 직원들에게 자율성을 부여하고 높은 보수를 지급했다.

　야콥스 기업의 전 임원이자 현재 젊은지도자협회(Young Presidents' Association) 유럽위원회에서 일하는 안드레아스 슈바이처(Andreas Schweitzer)는 이렇게 말한다. "식품 산업에서 일하는 사람들은 처음에는 프록터 & 갬블에서 훈련 받고, 그 다음 야콥스로 이직해 돈을 벌고, 마지막으로는 네슬레로 옮겨 평판을 얻는다."

　채용된 특별한 인재 중에는 프랑수아 스티그(Francois Steeg)가 있다. 역동적인 프랑스인인 그는 최초로 스위스 지역을 벗어나 프랑스 시장에 진출을 시도하여 일련의 기업 인수와 재치 있는 홍보활동을 통해 야콥스 쉬샤르를 프랑스 커피시장에서 최고의 기업으로 만드는 데 성공했다. 까다로운 프랑스 소비자들이 독일 커피를 마시도록 설득하는 일은 쉬운 일이 아니었지만 유럽은 통합되고 있었고 야콥스는 선두를 달렸다. 귄터 볼테(Günter Bolte)는 야콥스와 함께 학교를 다녔고 그의 아버지와 긴밀히 협력했다. 볼테는 재무책임자이며 야콥스의 상상력과 간헐적인 예측불가능성을 보완하는 균형추 역할을 했다. 그는 야심차고—적어도 차분한 스위스인 기준으로 볼 때— 때로 저돌적인 야콥스에게 안정적이면서도 차분한 아버지 같은 관점과 지속성을 제공했다. (안드레아스 야콥스의 말에 따르면) '감정지수가 높고 규율이 잘 잡힌 스위스사람인 찰스 게브하르트(Charles Gebhard)는 야콥스가 스위스의 보수 사회와의 관계를 잘 유지하도록 도왔다. 귀족적이고 부유하며 자부심이 높은 독일 북부 사람들은 보다 평등주의적인 스위스 사람들과 항상 잘 어울리는 것은 아니었기 때문이다. 게브하르트는 야콥스 홀딩스 이사회의 부회장이 되었고, 1996년 쇼콜라테리 깔리바우트(Chocolaterie Callebaut)와 카카오 바리(Cacao Barry)를(바리 깔리바우트가 되었다), 그리고 아디아(Adia)와 에코(Ecco)를(아데코(Adecco)가 되었다) 합병하는데 중요한 역할을 했다.

부채와 독립은 양립하지 않는다

야콥스는 1980년대 후반까지 계약 체결과 사업 구축에서 탁월한 수완을 발휘했다. 그 이후 경기가 침체 국면으로 돌아서고 야콥스 쉬샤르는 부채 이자를 상환하고 막대한 자본 지출을 충당하기 위해 고투를 벌였다. 야콥스는 다른 가족의 회사 지분을 인수하여 지배권을 유지하기 위해 빌린 부채뿐만 아니라 회사 운영을 위한 부채로 UBS에 이중의 채무를 지게 되었다.

야콥스는 당시 세계 최대 소비재 회사였던 필립 모리스(Philip Morris)와 함께 합작투자 기업을 설립하기 위한 논의를 시작했다. 그는 결국 회사를 필립 모리스에 매각하기로 결정했고 1990년 야콥스 쉬샤르는 크래프트 제너럴 푸드(Kraft General Foods)에 합병되었다. 이 회사의 유럽 본사는 취리히에 있다.

야콥스는 끝까지 야콥스 쉬샤르에 남았지만 기업가로서는 아니었다. 그는 야콥스 쉬샤르의 비소비재 사업을 분사시켜 경영했으며, 지금 바리 깔리바우트로 알려져 있다. 바리 깔리바우트는 세계 최대의 초콜릿 원료 생산 기업이며 클라우스 야콥스의 아들로서 가족의 기업

지분을 관리하는 안드레아스 야콥스(Andreas Jacobs)가 대표를 맡고 있다. 클라우스 야콥스와 함께 일했던 안드레아스 슈미트(Andreas Schmid)는 이 기업의 변혁기에 최고경영자와 대표이사가 되었다. 야콥스가 바리 깔리바우트에서 일하기 시작했을 때 이 회사는 제과제빵, 아이스크림, 자가 상표 초콜릿 바에 사용되는 산업용 초콜릿 5만 톤을 생산했으며, 원료는 코트디부아르, 인도네시아와 같은 국가의 10만 이상의 농가에서 제공받았다. 이 규모는 아처 다니엘스(Archer Daniels), 카길(Cargill)과 같은 경쟁 회사들의 3배다. 야콥스는 아데코의 최대 주주가 되었고 1996년 아디아와 에코가 합병되어 아데코가 될 때 결정적인 역할을 했다. 아데코는 세계 최대 인력서비스 제공 회사로서 맨파워(Manpower)와 랜드스타드(Randstad)를 능가한다. 아데코의 최고경영자 패트릭 데 메세네리(Patrick De Maeseneire)는 또 다른 야콥스의 제자다. 그는 바리 깔리바우트의 전 최고경영자였다.

   야콥스는 야콥스 재단을 설립하고 2001년에 자신의 재산(23억 스위스프랑)을 청소년 개발을 지원하기 위해 기부했다. 예를 들면, 이 재단은 2006년 야콥스 유니버시티 브레멘에 2억 스위스프랑을 기부했다. 야콥스는 2008년 9월 11일에 죽었고 재단 운영 책임을 두 아들인 안드레아스와 크리스티안에게 맡겼다. 그들은 나중에 나이가 어린 동생들인 라비니아, 니콜라스, 필리페와 함께 재단을 운영했다.

   단 한 번의 인생에서 야콥스는 세 가지 산업 분야에서 시장을 선도하는 기업을 성공적으로 일구었다.

미래는 과거처럼 좋을까?

이 장에서 자세히 다룬 스위스의 선도적인 식품 기업 역사는 최근까지 스위스 기업의 강점을 잘 보여준다. 첫째, 보잘것없는 배경을 가진 몇몇 뛰어난 기업가들—스위스 시민 또는 더 흔하게는 이민자—은 결단력, 재능, 수완을 발휘해 회사를 세웠다. 눈 깜빡할 사이에 그들은 새로운 방향으로 도약하고 시장 변화에 적응하고 외국기업을 인수하고 해외로 이동하거나 외국 또는 스위스 경쟁 기업에 매각되었다. 아마 가장 놀라운 것은 그들이 두려움 없이 세계 도처로 확장했다는 점일 것이다. 많은 경우 이런 확장은 초기 단계의 심각한 장애—작은 규모의 스위스 국내 시장—에 맞서기 위한 노력의 결과였지만 말이다.

둘째, 상위 2-3개 기업, 특히 네슬레는 세계에서 가장 강력한 식품 그룹이 되었고 이런 지위를 가진 모든 기업들이 경험하는 일반적인 기회와 도전에 부딪혔다. 이 단계를 통과할 때 때로 실패하거나 특별히 우호적인 환경도 있었지만 네슬레는 탁월한 성과를 보였다.

그러나 이 책의 가장 중요한 주제는 스위스 거대 기업들, 특히 네슬레가 우호적이지 않을 지도 모르는 미래의 환경을 어떻게 계속 헤쳐 나갈 것인가이다.

지난 세기 식품 산업의 급속한 성장—네슬레와 다른 스위스 식품 그룹이 매우 성공적으로 개척했다—은 엄청난 인구 증가와 기대수명 연장, 농촌 생활에서 도시 생활로의 변화, 가처분 소득의 대폭적인 증가를 포함한 많은 요인이 작용한 결과였다. 1900년 세계 인구는 16억 명이었다. 지금은 78억 명이며 2050년까지 약 90억 명으로 증가할 것으로 예상된다. 20세기 초에 비해 평균 기대수명은 약 두 배로 늘었고 가처분 소득은 훨씬 더 높아졌다. 선진국 인구의 70% 이상이 도시에 살고 1900년에 농장에서 그랬던 것처럼 식료품을 스스로 생산하기보다 구입해야 한다.

이러한 도시화되고 상위 계층으로 이동한 소비자들은 점점 더 네슬레, 린트와 같은 신뢰할만한 브랜드를 가진 기업에 의존한다. 이런 신뢰가 일단 형성되면 세대를 이어서 계속되는 경향이 있다. 무엇보다도, 사람들은 보통 어릴 때 즐겨 먹던 것을 성인이 되어서도 구입한다. 새로운 소비자가 새로운 제품을 먹도록 설득하기는 것이 어렵기 때문에 이런 신뢰는 경쟁 기업들에게 불리한 걸림돌이 된다.

더 부유한 소비자들의 세상

이처럼 강력한 성장 추세는 특히 세계 인구의 대다수가 사는 개발도상국가에서 계속될 가능성이 있다. 네슬레는 해외 시장을 개척하고 인내심을 갖고 성과를 달성한 오랜 경험이 있어 좋은 위치를 차지할 가능성이 높다.*

그리고 실제로 그렇게 진행되고 있다. 1990-2005년 동안 네슬레는 13억 중국 소비자에게 접근하기 위해 중국에만 21개 공장을 세웠다. 인도는 인구가 11억 6천만 명이고 평균연령이 30세 이하다. 매출액 '10억 달러 이상'의 네슬레 브랜드 29개가 현재 그곳에 판매되고 있다.

[*] 프란츠 블란카르트(Franz Blankart)가 1986-1998년 동안 스위스의 해외 무역 사무소의 책임자였을 때 그는 브라질 대통령을 24시간 이내에 볼 수 있는 사람이 단 세 사람뿐이라고 말했다. 미국 대사, 폭스바겐 브라질 최고경영자, 네슬레의 브라질담당 관리자가 그들이었다.

한편, 세계 식품 산업의 합병 추세가 완화되고 있다는 신호는 보이지 않는다. 식품 산업의 시장 점유율이 기업별로 여전히 세분화되어 있다는 사실은 유력하고 경영능력이 좋은 회사들이 성장할 여지가 상당히 크다는 것을 보여준다. 세계 최대 단일 식품기업인 네슬레도 측정 지표에 따라 다르기는 하지만 세계시장 점유율이 3%이하다. 규모 기준 상위 20대 식품 및 음료 제조 기업들의 시장점유율을 다 합쳐도 약 20%에 불과하다. 이에 비해 제약 산업은 상위 10대 제약 기업이 세계 시장의 약 절반을 차지한다.

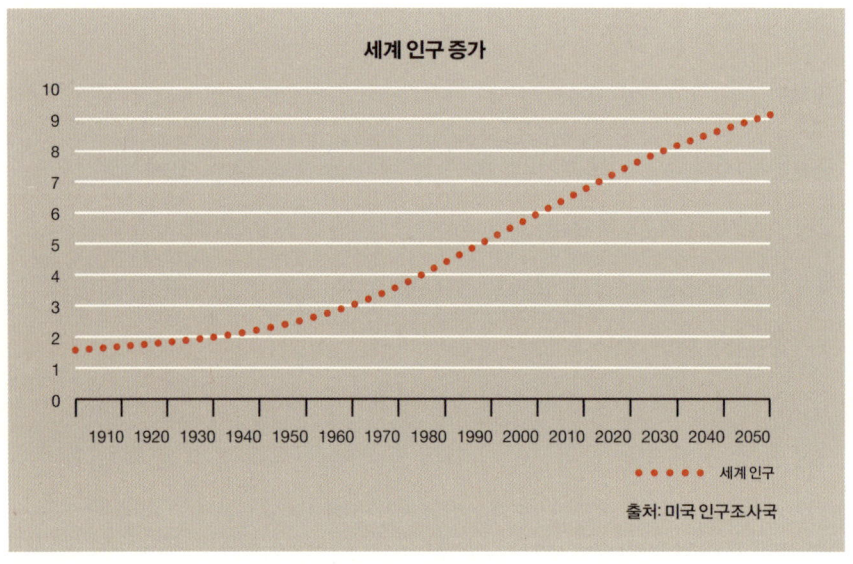

스위스는 예전과 같지 않을 것이다

네슬레는 더 이상 스위스 은행들과 좋은 관계나, 2차 세계대전 이후 기업 인수 열풍에 도움을 준 스위스 특유의 회계 관행으로 인한 혜택을 누리지 못한다(역설적이게도, 네슬레는 이런 요인이 약해진

1990년대 이후 더 좋은 성과를 올렸다). 다른 기업과 마찬가지로, 네슬레는 기업 인수 가격과 획득한 자산의 장부가격 간의 차액(이른바 영업권)을 포함시키지 않는 회계 조항을 매우 잘 활용했다. 이것은 기업의 자기자본수익률이 단순히 기업 인수 때문에 올라가는 착각을 불러일으켰다.

마찬가지로, 경쟁기업들과 비교할 때 네슬레는 86개국의 278,000명의 전체 직원에서 비롯된 전문 기술과 최고 경영진을 새롭게 하고 강화하기에 좋은 위치에 있다. 네슬레는 한때 스위스인 채용을 선호하는 편견이 있었지만 이제는 모든 면에서 확실한 다국적 기업이다. 네슬레 본사가 브베에 있는 것은 필수적인 요소가 아니다.

중기적으로 네슬레에 발생할 수 있는 가장 큰 위험은 예측치 못한 기업 경영구조 문제나 실패일 것이다. 오래전부터 널리 알려진 기업이긴 하지만 20년 전까지만 해도 사실상 소유자가 운영하는 기업이었고, 그 양심적인 '소유자'는 스위스였다. 이제 네슬레는 세대 단위보다는 몇 달 단위로 기업을 평가하는 수많은 익명의 주주들을 대신하여 회사 경영을 위탁 받은 전문 경영인이 이끄는 기업이다. 이런 방식은 상황이 좋을 때는 좋지만, 그렇지 못한 경우 단기적인 이익만을 쫓는 주주들은 손해가 예상되는 투자를 신속하게 포기할 수 있다.

새로운 패러다임

지난 수십 년 동안 식품 소매업은 브랜드 제품 또는 슈퍼마켓 자체 브랜드 제품 중 슈퍼마켓의 가장 중요한 진열대를 누가 차지할 것인가를 두고 싸움을 벌였다. 네슬레는 결단력과 인내심을 갖고 각 국가에서 자신의 위치를 지키려고 계속 싸웠고 앞으로 그럴 것으로 예상된다.

피터 브라베크는 최근 식품 산업의 새로운 패러다임에 대해 언급했다. 그는 지난 역사에서 세계는 기아에 관심을 가졌기 때문에 식품 산업은 가장 저렴한 비용으로 가장 높은 칼로리를 제공하는 데 초점을 맞추었다고 말했다. 이 모델은 개발도상국에서 여전히 존재하지만 서구 세계는 그렇지 않다. 가처분 소득 증가로 인해 평균적인 유럽 가구들은 소득의 13%를 음식에 지출하는데, 이것은 한 세대 전의 절반에도 미치지 않는다. 하지만 이것은 과도한 지출처럼 보인다. 유엔의 최근 보고에 따르면, 공식적으로 영양 과잉인 사람이 영양 부족인 사람보다 많다. 미국인 5명 중 3명은 과체중이며 5명 중 1명은 비만이다.

서구 사회의 비만은 급속히 확산될 것으로 예상되며, 현재 과도한 부담을 주는 보건시스템이 직면한 도전들이 오히려 무색해질 것이다. 과식은 신부전, 고혈압, 당뇨, 우울증을 포함한 매우 파괴적인 다양한 질병을 유발하고 그 결과 치료비용이 많이 소요된다. 여러 연구에

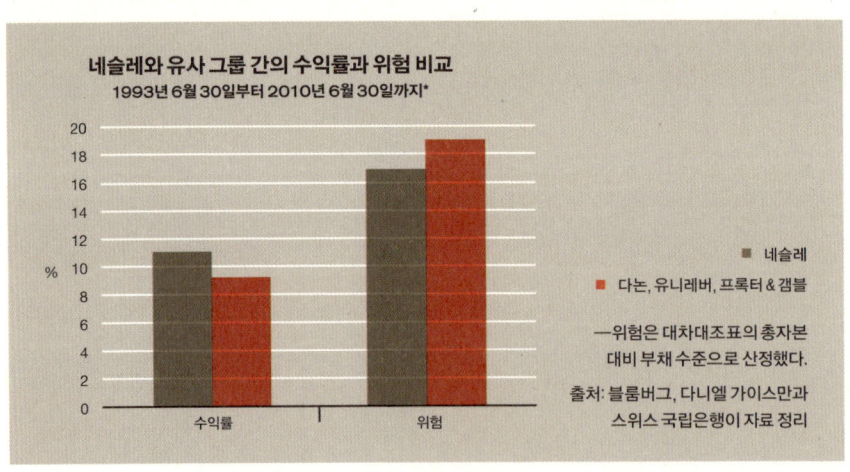

따르면, 서구인의 10대 사망원인 중 3대 질환인 심장병 환자의 80%, 뇌졸중 환자의 70%, 당뇨병 환자의 90%는 음식 섭취와 관련이 있다.

네슬레는 최근 의료 영양식품 분야에 진출하려고 시도해왔다. 이 회사는 2006년 의료용 전문식품 생산기업인 노바티스의 의료 영양식품 사업을 인수했다. 2010년 9월 네슬레는 건강 문제 해결을 위한 영양 치료법을 개발하기 위한 기업인 네슬레 헬스 사이언스(Nestlé Health Sciences)를 설립했다. 2011년 5월에는 위장질환 진단 전문 미국 기업 프로메테우스 연구소(Prometheus Laboratories Inc.)를 인수하기로 합의했다. 두 달 후 변비를 치료하는 키위 열매에서 추출한 제품을 제조하는 기업인 바이탈 푸드(Vital Foods)의 지분을 매입했다. 이것은 네슬레를 의료 산업과 음식 산업을 모두 포괄하는 기업으로 발전시키기

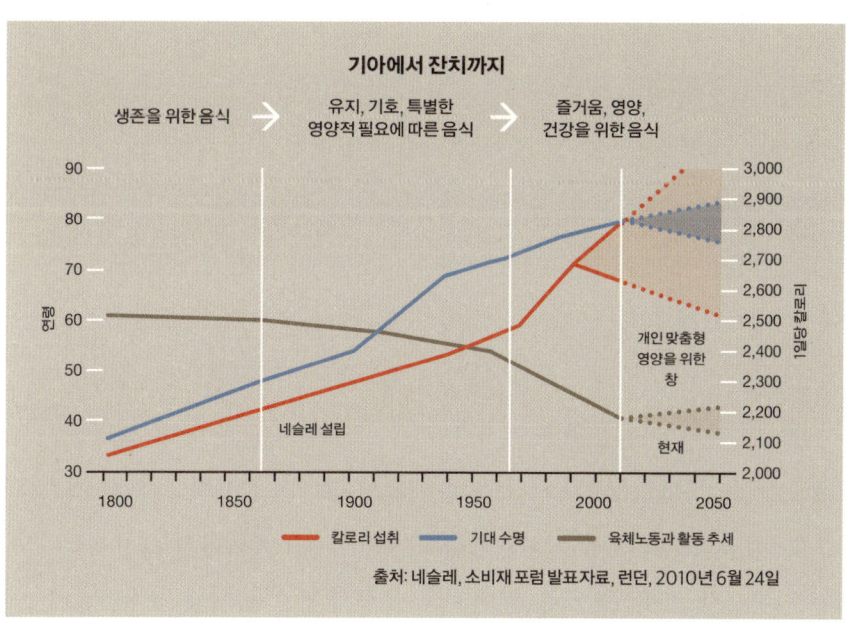

위한 노력이었다. 그러나 다른 '새로운' 또는 혁신적인 산업 분야와 마찬가지로, 특히 중복되는 사업 영역과 관련된 어려움 때문에 처음에는 상황이 어떻게 전개될지 분명하지 않았다.

의료용 영양식품에 진출한 기업이 네슬레만 있는 것이 아니다. 제약회사들도 자사의 최다 판매 처방약을 원하는 환자들이 줄어들면서 같은 분야에 진출한다.

주식 시장은 빠른 결과를 원한다

네슬레가 의료용 영양식품에서 제자리를 차지할지 여부는 당분간 알 수 없을 것이다. 이 회사는 인내심으로 유명하지만 세계 주식 시장은 그렇지 않다. 다른 한편, 네슬레는 현장에서 많은 자연적인 이점을 갖고 있다. 노바티스의 전 임원이자 스위스리(Swiss Re)의 최고운영책임자인 토마스 벨아우어(Thomas Wellauer)는 노바티스가 의료용 영양식품에서 수익을 내기 위해 고군분투해왔다고 말한다. 그러나 그는 치료약품에 집중하는 제약회사보다는 마케팅 기술에 정통한 소비재 기업이 이 사업에 접근하는 것이 훨씬 더 나을 것이라고 생각한다.

요약하면, 스위스 식품 그룹의 향후 전망은 더 없이 좋을 것으로 예상된다. 세계 식품 시장에는 기회와 도전이 끊이지 않는다. 스위스 기업들은 더 이상 스위스에 본사를 두고 있다는 이유만으로 세계 시장에서 특별한 이점을 누리지 못한다. 그러나 이들은 여러 세대에 걸쳐 수십억 명의 소비자에게 약속을 지켜왔다는 신뢰의 유산을 갖고 있다. 이러한 신뢰를 바탕으로 네슬레는 2010년 〈파이낸셜 타임스〉 선정 세계 상위 500대 기업 중 가장 수익성이 높은 회사로 선정되었다.

네슬레는 순이익이 360억 달러로 엑손, 마이크로소프트, 애플, 제너럴 일렉트릭보다 앞섰다. 세계 자본주의의 격렬한 경쟁에서 네슬레는 분명히 승리를 거두고 있다.

스위스 사람은 오랫동안 우유와 치즈를 만들어왔다. 앞으로의 전망은 백 년 전처럼 낭만적이거나 짜릿하지 않을 것이며, 지금보다 훨씬 더 나을 것이라고 예상하기 어렵다.

2011년 스위스 최대 식품기업

	1950	1970	1980	2000	2011
네슬레(1866년)					
매출-백만 스위스프랑	1,877	10,205	46,369	61,422	83,642
고용자수-전체	43,319	91,170	199,020	225,540	327,537
고용자수-스위스 지역	na	na	c. 6,900	c. 6,600	c. 9,000
에미 AG(1907년)					
매출-백만 스위스프랑	na	na	358	1,150	2,620
고용자수-전체	na	na	780	1,330	3,530
고용자수-스위스 지역	na	na	na	na	3,070
린트+슈프륀글리(1845년)					
매출-백만 스위스프랑	25	225	975	1,537	2,825
고용자수-전체	c. 1,000	1,000	3,880	5,870	7,410
고용자수-스위스 지역	na	na	1,300	870	980

이 표는 이용 가능한 수치만 보여준다(그렇지 않은 경우 na로 표시한다.)
수치는 반올림 또는 반내림 하였다.
출처: 〈포춘〉

2장 시계제조업: 좋은 타이밍

— "내 돈을 어떤 사업에 투자해야 합니까?" 1984년 니콜라스 하이예크(Nicolas Hayek)가 은행가 피터 그로스(Peter Gross)에게 물었다. 그는 이렇게 대답했다. "시계 산업입니다." 역사는 그의 판단이 옳았음을 입증했다. 하지만 그 당시 시계 산업은 10년 동안 세계시장의 상당 부분과 노동력의 3분의 2가 사라져 파산의 기로에 놓였던 상황이었다.

스위스 시계 산업은 유럽의 숙련 엔지니어 분야의 축소판이다. 스위스 시계 제조 기업은 개인의 비전, 값싼 에너지, 저렴한 노동력과 지적인 자유를 토대로 번창하여 약 2세기 동안 저렴하고 기능적인 시계부터 매우 아름답고 정교하며 엄청나게 비싼 고급 시계에 이르기까지 세계의 기계식 시계 시장을 창출하고 마침내 지배했다. 20세기 중반, 시계 전면에 새겨진 '스위스 메이드'라는 단어는 고급 시계를 나타내는 독보적인 상징이었다.

그러나 시계 산업의 강점은 결국 약점으로 바뀌었다. 20세기 후반 스위스 노동력은 값싸지 않았고, 세계 시계 산업이 자동화와 전자 쿼츠 무브먼트(quartz movement)에 기초한 새로운 기술로 전환되자 스위스는 갑자기 세상과 단절된 것처럼 보였다. 결정적으로, 스위스 회사들은 게임의 규칙이 바뀌었다는 점을 이해하지 못했다. 새로운 기술은 본질적으로 고도의 정확성뿐만 아니라 저렴한 생산 비용과 가격을 만족시키는 제품에 적합했다.

두 가지 재부흥

하지만 이 이야기에는 놀라운 전환점이 있다. 스위스 시계 산업은 거의 붕괴되기 직전이었다—그러나 붕괴 직전에서 되살아났다. 비전을 품은 신세대 지도자들 덕분에 스위스 시계 제작자들은 값싸고 정확한 시계를 거래하는 대량판매 시장을 다시 탈환하고, 아울러 엄청나게 비싸고 공들여 아름답게 만든 전통적인 시계를 거래하는 새로운 시장도 개척했다.

SMH(Société de Microelectronique et d'Horlogérie)—나중에 스와치(Swatch)로 회사명을 바꿨다—의 가치는 스위스의 억만장자 기업가 하이예크와 스테판 슈미트하이니(Stephan Schmidheiny)가 주도하는 컨소시엄이 약 2년 동안 계속된 구조조정 이후 이 회사의 주요 지분을 인수할 당시 3억 2천 8백만 스위스프랑이었다. 현재 스와치의 가치는 225억 스위스프랑으로 최초 투자금의 70배에 달하며, 이를 연간 투자수익률로 환산하면 17.66%이다. 스와치 그룹의 2010년 수입은 64억 4천 스위스프랑이며 브레게, 블랑팡, 캘빈 클라인, 오메가, 론진, 라도, 티쏘와 같은 유명 브랜드의 시계를 생산한다.

그로스의 판단은 옳았다. 스위스 시계 산업에 투자하는 것은 정말 훌륭한 투자였다.

격변과 인재

시계는 대부분의 다른 제조상품에 비해 시계 제작자와 더 깊은 관련이 있다. 스위스 시계제작 이야기는 장인정신, 기술 혁신, 훌륭한 상업적 수완을 결합하여, 모든 사업을 힘들게 하는 정치적, 사회적 혼란의 배경을 극복하고 산업을 일으킨 개인들의 이야기다. 사실, 숙련된 장인들의 강요된 이민이 없었다면—흔히 프랑스나 유럽의 다른 힘든 지역에서 이주했다—스위스 시계 산업은 존재하지 않았을 것이다.

시계 제작 역사에서 가장 중요한 인물로 간주되는 아브라함 루이 브레게(Abraham-Louis Breguet)는 1747년 뇌샤텔에서 태어났다. 그가 불과 15세 때 의붓아버지 요셉 타텟(Joseph Tattet)은 그를 시계제작자로 훈련시키려고 베르사유로 보냈다. 그는 도제 교육을 마친 후 파리에 계속 남아 퀘드올로지(quai de l'Horloge)에 자신의 시계 작업실을 열었다. 당시 많은 사람은 항해에 사용하는 더 정밀한 시계에 집중하고 있었지만 브레게는 전혀 다른 시장을 발견했다—새로운 디자인과, 가령 달력이나 시간을 표시해주는 소리와 같은 기능을 갖춘 시계를 귀족사회와 왕실 고객에게 일정량 계속 공급했다. 그의 경쟁자들과 달리 그는 시계의 형태를 특별히 중요하게 생각하여 괘종시계와 손목시계에 자신의 서명을 새겨 넣었다. 브레게는 시계 제품의 내부 작동원리에 대해 다른 사람과 절대 상의하지 않았고 그의 주변에는 신비스러운 분위기가 조성되었다. 그의 동시대인 중 한 사람은 이렇게 말했다. "훌륭한 브레게 시계를 차고 다니면 주머니에 천재의 두뇌를 갖고 있다는 느낌이 든다."

위험한 거래

그러나 프랑스 혁명기에 귀족사회와 밀접한 관계를 맺는 것은 위험할 수 있었다. 한동안 브레게는 그런 위험에도 단념하지 않고 루이 16세의 궁정에 괘종시계와 손목시계를 계속 공급했다. 심지어 왕이 처형되었을 때도 사업을 중단하지 않았다—그는 여왕 마리 앙투와네트가 단두대에서 처형되기 전 투옥되어 있을 때도 손목시계를 공급했다. 마침내 상황이 브레게에게 너무 위험해졌다. 로베스피에르가 주도하는 자코뱅당이 '공포정치'를 실행하고, 정당한 법적 절차가 폐지되고 밤낮없이 단두대 처형이 이어졌다. 그 당시 스위스는 돈뿐만 아니라 재무장관 자크 네케르와 그의 유명한 딸 스탈 부인과 같은 정치 망명자들에게도 안전한 피난처 역할을 했다. 1793년 8월 브레게는 아들과 의붓딸과 함께 어쩔 수 없이 모국인 스위스로 피난하기로 결정했다. 그가 떠나기 일 년 전, 스위스 군대가 튈르리 궁전에서 루이 16세와 그의 가족을 보호하려고 시도했지만 보람도 없이 살해당했다.

하지만 브레게는 제네바—프랑스는 접경지역에 있었던 제네바를 탐냈다—에서도 완전히 안도하지 못했다. 그의 친구이자 사업 파트너인 데스콤바즈(Descombaz)는 그에게 칼뱅주의의 도시에 남아있지 말고—그는 그곳에서 혁명분자로 간주되었다—뇌샤텔로 가라고 조언했다. 브레게는 뇌샤텔에서 작업실을 찾지 못하자 당시 스위스 시계제조의 주요 중심지였던 르로클로 이주했다. 이곳에서 그는 가까스로 작은 작업실을 마련하여 영국과 러시아의 왕실에 시계를 계속 공급했다.

단 6명의 직원을 두었던 브레게는 르로클에서 시계를 많이 생산할 수 없었지만 2년간의 도피 기간을 헛되이 보내지 않았다. 이 기간 동안 그는 뚜르비용(tourbillon) 또는 소용돌이라고 부르는 장치를 비롯하여 기계식 시계 제조에서 가장 중요한 몇 가지를 발명할 계획을 세웠다—소용돌이 장치는 기존 시계의 정확성을 떨어뜨리는 중력의 영향을 없애주었다.

브레게의 일방적인 거래조건

1795년 브레게는 파리로 돌아가는 것이 안전하다고 느꼈다. 그는 베르사유에서 벌어진 혁명의 혼란 때문에 시계 사업을 접고 떠났지만 파리는 브레게를 따뜻하게 환영했다. 사람들은 그의 도움으로 그들의 산업이 다시 살아날 수 있다고 확신했다―무엇보다도 육군과 해군은 시계가 긴급하게 필요했다. 브레게는 자신의 재산을 되찾을 기회를 찾았지만, 그들에게 아주 일방적인 거래조건을 내세웠다. 그는 그들의 초대를 받아들이는 대신 자신의 사업을 회복하고 공포정치 기간의 손실을 보상받는다는 조건이었다. 게다가, 그는 사업을 최대한 빨리 재건하기 위해 직원들을 군복무 의무에서 면제해줄 것을 요구했다.

그리하여 브레게 직업 경력에서 가장 생산적인 시기가 시작되었다. 그는 도피기에 구상했던 여러 혁신을 가미한 시계를 만들기 시작했다. 그가 1798년과 1819년 국제박람회에 자신의 작품을 전시했을 때 찬사를 받았다. 부자가 된 그는 유명한 국제박람회의 심판관 역할을 하던 1823년 77세의 나이로 죽었다.

브레게의 후손들은 대략 1870년까지 가족의 전통을 이어갔다. 1870년 그의 손자 루이 클레몽 브레게(Louis-Clément Breguet)가 회사를 수석 시계제작자인 영국인 에드워드 브라운에게 매각했다. 브라운 가문은 파리에서 브레게를 계속 운영하다가 1970년에 쇼메(Chaumet)에게 회사를 매각했다.

아브라함 루이 브레게의 흉상
(1747-1823), 파리 페르 라셰즈 묘지 소재.

그 이후 파리에는 유능한 시계제작자들이 없어 브레게는 스위스로 이전했다. 대니얼 로스(Daniel Roth)의 기술지도 아래 르 브라수스(발레 드 주(Vallee de Joux))에 다시 설립되었다. 대니얼 로스는 손목시계에 삽입할 수 있도록 복잡한 물건을 축소하는 전문 기술을 가진 시계제작자였다. 1974년 브레게는 브랜드에 주로 투자하는 바레인의 사모펀드 기업 인베스트코프(Investcorp)에 매각되었다. 스와치 그룹은 1999년 이 브랜드를 인베스트코프로부터 인수했다. 브레게 시계는 돈으로 살 수 있는 가장 독보적인 시계이며, 중고 브레게 시계는 경매 시장에서 계속 최고가를 지속하고 있다. 2010년 브레게의 총매출액은 6억 7천 5백만 스위스프랑으로 스와치 그룹 전체 매출액 중 12%를 차지하였고 수익률은 이보다 더 높았다.

시계제작을 위한 스위스의 긴 도제교육

브레게의 일생은 기술 혁신과 높은 예술적 기교 수준뿐만 아니라 그가 스위스 시계 산업을 통해 상징적으로 표현하려고 했던 것, 즉 소국인 스위스가 해외로부터 끊임없이 아이디어와 기술을 수용해야할 필요성을 보여주었다는 점에서 중요한 의미를 갖는다.* 또한 브레게와

[*] 브레게는 어린 아이일 때 고아가 되었는데 스위스 산업 역사의 몇몇 다른 핵심 인물들(나중에 롤렉스 회사를 설립한 한스 빌스도르프를 포함하여)도 그랬다. 이민자들은 스위스 산업 발전의 강력한 요인이었다. 그들은 협력 단체나 지원 단체가 거의 없어 오로지 성공을 통해 사회적 지위를 높이는 길 밖에 없었기 때문이었다. 고아들은 이런 면에서 가장 극단적인 형태의 이민자들이었다. 스위스는 또한 국적이 없는 개인들도 끌어들였는데, 그들은 스위스의 중립적 환경에서 자신의 재능을 마음껏 발휘할 수 있었다.

많은 사람들은 시계 산업이 잘 발달한 나라에서 태어났지만 계속 해외로부터 시계제조 기술을 배워야한다고 생각했다는 점도 주목할 만하다.

　브레게와 마찬가지로 스위스 시계 산업의 출발은 비교적 보잘 것 없었다. 14세기 기계식 시계 발명 이후 스위스에는 시계제조공이 있었다. 그들은 흔히 기존 대장장이나 총기 제작자의 기술을 활용했다. 처음에는 시계 장인들은 대부분 교회 탑이나 도시의 관문에 사용할 커다란 시계를 만들었다. 그중에서 두드러진 사람은 빈터투어의 시계제조 명가인 리히티(Liechti)가 있다. 이 가문은 대략 1514-1857년까지 12세대 동안 활동했다(그들이 16세기부터 17세기까지 제작한 탑시계는 오늘날에도 높은 평가를 받고 있다). 기술이 점차 발전하면서 훨씬 더 작은 시계도 생산되었다. 얼마 후 이른바 철제 고딕 시계가 부유하고 유력한 가문의 집을 장식했고, 장식장 제조공과 목수들은 목재로 만든 더 값싼 변형 시계 제품을 개발했다.

　16세기 후반까지 스위스는 시계를 생산하는 많은 국가들 중 한 나라에 불과했다. 그러나 프랑스의 반개신교 박해가 계속 이어지면서 상황이 변했다. 위그노 난민들이 폭력을 피해 스위스에 정착했다. 그들은 귀금속, 시계제조 기술을 갖고 와 스위스 산업을 탈바꿈하는데 도움을 주었다. 이 이민은 2만 명의 위그노가 파리에서 학살된

↑ 브레게가 제작한 '마리 앙투와네트' 회중시계의 복원.

1572년 8월에 시작되었다—성 바르톨로메오 축일의 학살로 알려졌다. 두 번째 난민들은 1685년 10월 퐁텐블로 칙령 이후 프랑스를 떠났다. 이 칙령은 낭트 칙령(1598년)이 보장한 종교의 자유를 폐지하고 위그노들의 모든 권리를 박탈했다.

안전한 제네바

이것은 초기 단계의 스위스 산업 경제에는 뜻밖의 행운이었다. 위그노는 귀중한 것을 많이 가져왔다. 그들은 자신의 생활수준을 개선하기 위해 열심히 일하려고 했다. 또한 숙련된 장인이며 무역에 열정을 쏟았다. 그들은 성경을 읽을 수 있었고 비판적이었다. 이 두 가지는 천년 동안 유럽의 마음과 생각을 독점했던 로마 가톨릭이 억눌렀던 자질이었다. 그들은 글래스고, 런던, 나폴리, 파리를 포함한 주요 유럽 무역중심지에 복잡하고 폭넓은 네트워크를 가진 집단이었다. 오늘날의 스위스 시계, 섬유, 제약 분야 거대 기업 중 다수는 1598년 앙리 4세가 선포한 낭트 칙령이 폐지된 덕분이다.

박해를 받은 많은 사람들은 제네바에서 피난처를 찾았다. 그 당시 개신교 공화국이었던 제네바는 스위스의 일부가 아니었고, 베른과 취리히와 동맹을 맺고 있었다. 이 도시는 확고한 칼뱅주의를 신봉했고, 금세공업자들은 종교적인 모티프를 지닌 귀금속을 만드는 것이 금지되었다. 그래서 그들 중 많은 사람들이 시계 케이스를 만드는 직업으로 전환했다. 이 직업은 실용적인 가치가 있었기 때문에 칼뱅주의자들이 용인했다. 그러나 얼마 후 시계제조 기술자의 과잉 공급으로 긴장이 조성되었다. 1610년 최초의 시계제조 조합이 제네바에 설립되었다. 조합의 엄격한 가입 규칙 때문에 많은 사람들이 제네바를 떠나 다른 곳에서 자신의 운명을 시험할 수밖에 없었다. 시계제조는 빠르게 다른 도시로 퍼졌다. 많은 장인들이 뇌샤텔에 정착했고 다른 이들은 발레 드 주(Valle de Joux)나 발 데 트라베르스(Val de Travers)와 같은 멀리 떨어진 곳에 정착했다.

이민자 시계제조공들과 그들의 후손들은 장인이자 사업가였다. 그들은 노동자를 확보하기 위해 쥐라 산맥의 고산지역에서 근근이 살아가면서 겨울에는 대부분 노는 농부들을 고용했다. 이 예비된 노동력들은 저임금으로도 기꺼이 일하려고 했기 때문에 시계 산업은 분산된 대량 생산 방식과 비슷해지기 시작했다. 각 노동자들은 가을에 재료를 모아 길고 추운 겨울 몇 달 동안 수작업으로 부품을 꼼꼼히 만들었다. 봄이 되면 작업한 부품을 다시 계곡 아래 상점으로 가져와 조립했다.

무역의 비밀

기업주들은 각 노동자들이 시계 완제품의 일부만을 조립하게 하여 시계의 전체 메커니즘을 파악하지 못하게 했다. 그럼에도 기업주들은 겨울철 시계 제조공들 중 재능이 뛰어난 사람들이 시계 기술을 배우는 것을 막지 못했다. 라 자냐(La Sagne) 출신의 다니엘 장 리샤르(Daniel Jean Richard)는 최초로 독립한 시계 제조공으로 알려져 있다. 그는 18세 때 대장장이 도제교육을 마쳤다. 어느 날 한 여행자가 그에게 회중시계를 수리할 수 있는지 물었다. 호기심이 많았던 이 소년은 시계를 열어 정확한 시계 메커니즘 도면을 만들었다. 그는 가까스로 그 시계를

↑ 장 리샤르가 만든 시계의 일부 모습.

다니엘 장 리샤르(1665-1741),
익명의 화가가 그린 초상화.

수리했을 뿐만 아니라 똑같은 시계도 만들었다. 이 지식을 갖춘 그는 그때부터 자신의 시계를 만들기 시작했다.

장 리샤르는 르로클에 가장 중요한 생산단계를 처리하는 작은 공장을 세웠다. 그의 직원들은 겨울 동안 집에서 일하는 대신 규칙적으로 공장에 와서 일했다. 많은 이들이 시계 제조를 위해 농업을 완전히 포기했다. 장 리샤르는 생산 과정을 합리화하고 부품을 제조하는 기계를 최초로 개발했다. 이 공장은 이삭(Isaac)과 야콥 브란트(Jacob Brandt)와 같은 다음 세대 시계제조업자들의 모델이 되었다. 야콥 브란트는 1705년 장 리샤르에게 무역을 배운 후 시계 제조업을 라쇼드퐁으로 가져갔다.*

[*] 라쇼드퐁은 오메가의 설립자들과 같은 유대교를 믿는 노동자를 끌어들였다. 반면 르로클은 브레게처럼 개혁 개신교도들이 선호하는 목적지였다. 그래서 이 도시들은 불과 8km 떨어져 있지만 일찍부터 이 지역은 종교에 따라 구분되었다.

18세기 말 라쇼드퐁은 시제 제조의 중심지였지만 제대로 된 산업이 없는 작은 마을에 불과했다(1750년 이웃한 르로클의 거주인구는 3,211명이었고 라쇼드퐁은 2,363명이었다.) 1793년 라쇼드퐁에 큰 화재가 일어나 파괴되어 초기 시계 산업은 거의 전멸되었다. 시계 공방에서 훈련받은 지역 시계 제조공들은 다른 사업을 시작할 적절한 기술이 없었고 스위스의 시계 사업의 지역적 특성 때문에 다른 곳으로 갈 수도 없었다. 그들은 분발하여 다시 시계제조업을 시작했다. 라쇼드퐁은 탄탄한 노동력과 첨단 공장을 보유한 대표적인 스위스 시계 생산 중심지로 다시 살아났다. 이번에는 공장 사이의 거리를 상당히 띄었다. 화재는 산업 발달의 촉매제 역할을 했고 노동력 수요에 맞추어 도시도 재건되었다.

초정밀 제조 혁신

시계 산업의 또 다른 초기 기업가인 장 마르크 바쉐론(Jean-Marc Vacheron)은 1755년 제네바에 작업실을 세웠다. 바쉐론 콘스탄틴(Vacheron Constantin)는 지금도 운영되는 가장 오래된 스위스 시계제조 기업이며, 아직까지도 고급시계로 유명하다. '콘스탄틴'은 1819년에 판매 관리자로 이 기업에 들어온 프랑수아 콘스탄틴에서 비롯된다. 그러나 이 기업의 가장 중요한 신입직원은 1839에 입사하는 조르주 오귀스트 레쇼(Georges-Auguste Leschot)다. 레쇼는 시계 산업 전체에 자신의 족적을 남긴 혁신가였다. 그는 새로운 생산 기계를 설계했는데 이 기계를 이용하면 허용오차가 매주 적은 정밀 부품을 대량으로 생산할 수 있었다. 또한 그가 발명한 팬터그래프(pantograph)를 이용한 축소 도면을 활용하여 그것을 시계 케이스에 새겨 넣을 수 있었다. 그는 마이크로미터(100만분의 1m) 단위를 이 회사의 표준 측정 단위로 도입했다.

정확한 측정 노력은 스위스 시계제조 발전의 중요한 부분이었다. 또 다른 치수 혁신가는 앙트완 르쿨트르(Antoine LeCoultre)였다. 그는 밀리오노미터(millionométre)라는 정밀 측정기기를 발명했다. 이 장치는 최초로 재료의 두께를 1mm의 1/1,000, 즉 100만분의 1m까지 측정할 수 있으며, 이는 오늘날 어떤 사람보다 많은 특허를 가진 또 다른 유명한 시계제조업자의 토대를 놓았다. 예거 르쿨트르의 성공은 부분적으로는 파리에 있던 에드먼드 예거와의 협업에 바탕을 둔 것이었다. 또한 대기의 온도 변화에서 에너지를 끌어내고 태엽을 다시 감을 필요가 없는 시계 메커니즘인 '아트모스(Atmos)'를 발명한 덕분이었다. 예거 르쿨트르는 오늘날 손목시계 '리베르소(Reverso)'로 가장 잘 알려져 있다.

엄청나게 비싼 폴란드 시계

프랑스가 외국의 아이디어와 인재들의 유일한 원천은 아니었다. 1839년 폴란드 출신의 두 이민자, 노르베르트 드 파텍(Norbert de Patek)과 프랑수아 차펙(Francois Czapek)이 제네바에 도착하여 시계를 제조하고 판매하는 공방을 세웠다. 1844년 또 다른 프랑스인 장 아드리앙 필립(Jean Adrien Philippe)은 이 회사에 합류했고, 차펙은 같은 해 회사를 떠났다. 파텍 필립은 스위스에서 가장 유명한 고급 시계 제조사로 성장했다. 이 회사는 전통적인 설계 수치를 유지하면서 혁신적인 기능을 추가함으로써 특히 미국의 부유한 수집가들 사이에서 하나의 시장을 창출했다. 성공한 젊은 산업가들은 흔히 개인적으로 파텍 필립에게 시계 제작을 의뢰했고 오늘날 이 회사의 시계는—많은 다른 회사와 달리—시간이 갈수록 가치가 오른다. 상을 받은 이 회사의 최근 광고 슬로건은 이렇다. "당신은 결코 파텍 필립을 완전히 소유하지 못한다. 당신은 다음 세대를 위해 잠시 그것을 보관할 뿐이다." 손목시계(그리고 모든 시계를 포함하여)의 역대 최고가 기록은 1939년에 플래티넘 파텍 필립 '에어 유니베셀라 Heures Universelles' 모델 1415가 갖고 있다. 이 시계는 2002년 엔티크오룸에 의해 6백 60만 스위스프랑에 팔렸다(그 당시 기준으로 4백만 달러). 그 이후 이 가격 이상의 시계는 없었다.

스위스 시계 산업에서 가장 널리 알려진 이름은 오메가(Omega)일 것이다. 이 회사는 자사의 시계를 달로 보냈다. 루이 브랜트는 불과 23세 때인 1848년에 라쇼드퐁에서 시계 도매업을 시작했다. 그의 아들인 루이 폴과 세자르는 회사를 비엘로 옮겨 스위스 최대 시계 제조회사로 바꾸었다. 1894년 '오메가' 무브먼트가 출시되어 성공을 거두자 결국은 이 이름이 회사명이 되었다. 오메가는 스포츠 행사의 경기 기록 측정에서 명성을 얻었지만 계속해서 시계산업 역사상 가장 성공적인 홍보 이벤트에 참여했다. 1969년 우주비행사 닐 암스트롱과 에드윈 '버즈' 올드린이 달에 착륙했을 때 오메가 스피드마스터를 착용했다. 이 회사는 지금도 달에 간 최초이자 유일한 시계 제조사로서 혜택을 누리고 있다. 오늘날까지—이 기업의 소유주는 바뀌었다(1982년 이후 이 회사는 스와치 그룹의 일부가 되었다)—스피드마스터 제조 방법은 바뀌지 않고 있다. 오메가는 스와치 그룹의 가장 중요한 부분이 되었으며, 그룹 총매출액의 34%, 수익의 46%를 차지한다.

미국이 다가오고 있다

해외 기업들은 자주 스위스 시계 제조업에 도전장을 내밀었지만 설계와 생산 과정의 혁신을 자극하기도 했다. 스위스 제조 기업들은 한 차례 이상 외국 경쟁자보다 뒤처진 적이 있다. 그러나 그럴 때마다 그들은 아이디어와 인재를 빌려오고 자체적으로 혁신을 이룸으로써 다시 선두를 회복했다.

이러한 역동적인 경쟁과 변화를 보여주는 좋은 예는 19세기 말이었다. 이 시기에 스위스 제조사들은 미국이 선구적으로 개발한 새로운 생산 방법에 도전을 받았다. 스위스는 1876년에야 미국 경쟁자들이 얼마나 앞서 있는지 깨닫게 되었다. 이 해 몇몇 스위스 시계 제조 기업이 필라델피아 세계박람회에 참석하여 미국 시계 제조 기술이 깜짝 놀랄 수준(적어도 스위스에게는)으로 발전했다는 것을 알았다. 론진의 기술개발 책임자 자크 데이비드는 스위스 대표로 미국에 파견되어 세계박람회에서 스위스 시계 산업을 소개하고, 나중에 미국 시계 제조 공장을 방문했다. 그는 월섬 오브 보스턴(Waltham of Boston), 엘진 오브 시카고(Elgin of Chicago)가 생산 부품들을 여러 시계에 완전히 호환할 수 있을 정도로 생산 과정을 합리화했다는 점을 알았다. 게다가, 미국의 회중시계는 스위스 제품보다 매우 정확하고 장식이 아름답고 매우 저렴했다.

데이비드는 스위스가 기술을 상당히 향상해야 한다는 사실을 깨달았다. 필라델피아 박람회 이후 그는 국내 시계 산업이 외국 경쟁사들과 상대하여 이길 수 있는 유일한 방법을 담은 보고서를 썼다. 그 내용은 매번 개별적으로 부품을 제작하지 않고 극소의 허용오차

수준으로 대량생산하여 모든 시계 조립에 사용할 수 있어야 한다는 것이었다.

파리 세계박람회(1878년)와 멜버른 세계박람회(1880년)에서 스위스는 여전히 추격자였지만 1893년 시카고 세계박람회에서는 다시 정상에 올라섰다. 스위스는 미국의 생산방식을 그대로 구현했을 뿐만 아니라(미터법과 표준화된 나사부품을 채택했다) 스위스 시계는 가장 매력적이었다. 시계의 표준화는 아직까지 완성되지 않았다. 오늘날에도 시계 메커니즘의 직경은 리뉴(lignes)라는 특별한 단위를 사용한다―1리뉴는 2.255mm이다.

수공업에서 산업으로

하인리히 모저(1805-74), 1860년경에 IWC를 공동 설립했다.

스위스에서 다른 종류의 경쟁이 발생했다. 해외 거주 미국인 기업들은 상대적으로 저렴한 스위스 노동력을 이용하여 산업적인 규모로 미국 시장을 겨냥한 시계를 제조하려고 했다. 그중 보스턴 출신의 기업가 플로렌틴 아리스토 존스(Florentine Aristo Jones)는 인터내셔널 와치 컴퍼니(International Watch Company, 지금은 IWC로 알려져 있다)를 설립했다.

존스는 먼저 쥐라 지역의 기존 시계 제조 중심지를 주목했다. 하지만 시계 제조공들은 생계를 우려한 나머지 산업화에 아무런 관심을 보이지 않았다. 그는 라인 상류 지역의 샤프하우젠 주로 갔다. 그곳에는 하인리히 모저(Heinrich Moser)라는 젊은 사람이 1851년에 독특한

시계 무브먼트는 정밀, 신뢰성, 장인정신이라는 스위스의 가치를 잘 보여준다. 최대 400개의 움직이는 부품이 큰 동전 크기만 한 시계 안에 장착된다.

형태의 수력발전소를 세워 전기를 공급했다. 모저는 샤프하우젠을 산업도시로 만들어 수력발전과 전기를 필요로 하는 기업—IWC와 같은 기업—을 유치하려고 했다. IWC는 1868년 설립되었다.

존스 자신은 스위스에서 시계 제조로 성공을 거두지 못했다. 미국 시계 제조 기업들이 해외로부터의 공격을 인식하자마자 연방정부에 지원을 요청하여 수입 시계와 부품에 보복관세가 부과되었다. 파산에 직면한 존스는 미국으로 돌아갔다. 나중에 그의 공장은 샤프하우젠의 사업 가문인 라우셴바흐(Rauschenbachs)에 인수되었다. 이후 백 년 동안 소유주가 많이 바뀌었고, 2000년에 예거 르쿨트르, 랑에 & 죄네(Lange & Söhne)와 함께 세계 최대 사치품 그룹 중 하나인 리치몬드 그룹에 매각되었다. 하지만 이러한 변화들도 고급 시계 제조기업 IWC의 놀라운 성공을 깎아내리지 못했다. 2001년 사망하기 전까지 주로 귄터 블륌라인의 주도하에 IWC, 예거 르쿨트르, 랑에 & 죄네는 선도적인 고급 시계 브랜드로 성장했다.

손목시계의 등장

19세기 말 스위스는 세계에서 가장 중요한 시계 생산국 중 하나였지만 최고는 아니었다. 이런 상황은 20세기 첫 20년 동안 바뀌었다. 그 당시 스위스 제조 기업들은 1차 세계대전으로 인한 수요뿐만 아니라 새로운 제품—손목시계—를 대량생산하는 능력을 개발한 덕분에 세계에서 가장 뛰어난 시계 제조 기업이 되었다.

스위스의 가장 유명한 시계—롤렉스—이야기는 스위스가 고품질 손목시계의 대량생산 체제로 변화되는 과정을 가장 잘 보여준다. 현재 롤렉스의 연간 수입은 50억 달러가 넘으며, 브랜드 컨설팅 회사인 인터브랜드(Interbrand)는 최근 롤렉스를 세계에서 가장 중요한 고급 브랜드로 평가했다. 가장 비싼 스위스 시계 제조 기업을 설립하여 성공시킨 사람은 스위스인도 아니고 시계 제조공도 아니었다. 1905년 한 독일 태생 기업가와 한 영국인 투자자가 런던에 시계 판매 회사 빌스도르프 & 데이비스(Wilsdorf & Davis)를 세웠다. 유행을 관찰하던 한스 빌스도르프는 전통적인 남성 조끼의 인기가 시들해진다는 것을 알아차렸다. 그는 회중시계의 종말이 머지않았다고 짐작했다.

롤렉스의 발명

이 말은 빌스도르프 & 데이비스가 손목에 차는 소형 시계를 반드시 발견한다는 뜻이 아니었다. 그가 선택한 공급자는 25년 이상 소형 시계에 집중해온 시계 제조 기업을 물려받은 헤르만 에글러(Hermann Aegler)였다. 빌스도르프는 에글러에서 메커니즘의 직경이 불과

25mm인 시계―회중시계 메커니즘보다 10mm 더 작다―를 제작하는 공급자를 찾았다. 그러나 빌스도르프는 에글러로부터 제품을 안정적으로 확보하기 위해 많은 위험을 감수했다―계약금 50만 달러는 빌스도르프 회사 가치의 5배에 달했다. 빌스도르프는 이 새로운 시계에 '롤렉스'라는 이름을 붙이고 1908년에 상표를 등록했다. 이것 역시 위험이었다. 그 당시까지만 해도 선도적인 시계 제조 기업들은 항상 가족의 이름을 브랜드명으로 사용했다. 초기에 에글러는 미국의 그루엔(Gruen)과 같은 시계 제조사들에 계속 제품을 공급했다. 에글러와 롤렉스의 더 긴밀한 유대를 위해서 빌스도르프 & 데이비스와 에글러는 상호 순환출자를 실시했다. 런던의 판매업자들은 대영제국 시장에서 에글러 제품을 독점 판매하는 창구가 되었다.

꿈을 실현하다

빌스도르프는 회중시계를 손목시계로 대체하겠다는 꿈을 실현하기 위해 몇 가지 문제를 해결해야했다. 손목시계는 조끼 주머니에 들어있는 시계보다 움직임과 충격이 더 많았다. (평균적인 움직임에 기초해 조정된 브레게 손목시계조차 움직임과 각도 변화 때문에 하루 최대 2시간의 오차가 생겼다.) 메카니즘이 더 작아졌고, 그에 따라 크기가 줄어들면서 정확도가 떨어졌다. 마지막으로 손목에 찬 시계는 따뜻하게 보호된 '조끼' 안에 있는 시계보다 먼지와 물과 같은 환경의 영향에 더 많이 노출된다. 브레게는 최초의 손목시계―1810년 나폴리의 여왕이 주문했다―을 완성하는데 약 2년이 걸렸다. 빌스도르프는 시계제조공이 아니지만―세일즈맨이었다― 정확한 예상, 적절한 사람들과의 계약, 강철 같은 의지, 시장에 대한 감각을 이용해 그 당시 신생 브랜드로 간주되는 제품으로 역사를 만들었다.

1910년 빌스도르프는 자신감이 생겨 공립 시계 검사기관(Bureaux Officiels Communaux pour l'Observation des Montres)에 손목시계를 제출했다. 전통주의자들은 이것을 이상하게 여겼다. 보통 이 기관은 회중시계와 해양 크로노미터만 테스트하기 때문이었다. 2주간의 검사 후 이 소형 시계는 크로노미터 인증서(Chronometer Certificate)를 받았다. 롤렉스는 1914년 런던에 있는 영국 국가물리연구소에서 45일 동안 시험을 거친 후 비슷한 인증서를 받았다. 그러나 손목시계의 획기적인 돌파구는 기술 혁신이 아니라 세계 대전이 유발한 시장의 변화에서 비롯되었다.

생명을 구하는 시계

1차 세계대전(1914-18년)에서 처음으로 탱크와 항공기가 사용되었다. 대포는 어느 때보다 더 크고 정확했고 기관총이 일반화되었다. 이런 유형의 전쟁에서 손목시계는 병사들에게 매우 중요한 것으로 입증되었다. 대략 1850년 이후부터 소형 시계가 제법 많이 생산되었지만 주로 병원 간호사들이 환자의 맥박을 측정하는 데 사용했고, 너무 '여성적이어서' 대규모 시장을 갖기 어려운 것으로 여겨졌다. 그런데 갑자기 참호 속의 병사와 하늘을 나는 비행기 조종사들이 다르게 생각하기 시작했다. 그들은 손목시계가 생명을 구할 수 있다고 생각했다. 무전기라는 또 다른 발명품과 함께, 손목시계는 먼 거리에서 상호 조율된 기동작전을 벌이는데 필수적인 제품이 되었다. 아울러, 포탄의 폭발 장면과 포성 소리 사이의 경과 시간을 초침 단위로 측정하여 임박한 적의 위협을 알 수 있었다. 전쟁이 끝났을 때 손목시계는 남성의 상징이 되었고, 몇 십 년 동안 승승장구했다.

그러나 전쟁과 함께 온 보호무역주의는 스위스 시계 산업의 수출 환경을 바꾸었다. 영국으로 수출되는 스위스 시계에 대한 높은 수입관세 때문에 1915년 빌스도르프는 수출 담당 조직을 비엘에 있는 에글러의 스위스 생산기지로 이전하고 유럽 대륙 시장에 집중했다. 전쟁 후 그는 런던 사무소를 닫고 회사를 제네바로 옮겼다. 그는 제네바가 유행을 따르고 세련된 시계를 개발하는데 더 좋은 곳이라고 생각했다. 회사를 두 개의 독립적인 부분으로 분리하는 전략은 롤렉스 제네바가 롤렉스 비엘을 인수한 2004년까지 오랫동안 지속되었다. 오늘날에도 롤렉스의 무브먼트는 비엘에서 제작되고 모델 설계와 메커니즘 장착은 제네바에서 이루어진다.

최고의 시계 케이스

롤렉스는 크로노미터상(Chronometer Award)을 받음으로서 손목시계가 회중시계만큼 정확할 수 있다는 것을 입증했다. 그러나 빌스도르프는 손목시계를 더 발전시키고 싶었다. 그의 엔지니어들은 완벽한 방진 기능과 방수 기능을 갖춘 하우징을 설계하는 데 성공했다. 이것은 1926년에 특허를 받았고 '오이스터(Oyster)'라는 이름을 붙였다. 전하는 말에 따르면, 빌스도르프는 굴을 주문했는데 그것을 따지 못하자 이 이름을 붙였다고 한다. 다른 버전으로는 이 이름이 롤렉스가 태엽을 감거나 시간을 맞추는 장치인 용두와 시계 케이스가 만나는 부분을

한스 빌스도르프(1881-1960), 롤렉스의 설립자

밀봉하려는 힘든 노력에서 비롯되었다고 한다—진주가 있는 굴은 상처 입은 굴이다. 이름의 기원이 무엇이든 난공불락이라는 개념과 대단히 소중한 것이라는 암시가 결합된 멋진 선택이었다. 그는 특별히 시계 침이 돌아가는 시계 주위로 물고기가 헤엄치는 수족관을 포함한 윈도 전시장을 만들어 마케팅을 펼쳤다.

1927년 그는 메르세데스 글레이츠(Mercedes Gleitze)라는 영국인 속기사가 여성 최초로 영국해협을 수영으로 횡단할 계획이라는 소식을 듣고 그녀에게 롤렉스 오이스터 시계를 제공했다. 글레이츠가 15시간 바다 수영을 한 후 도버에 도착했을 때 그녀의 시계는 정확했다. 이것은 빌스도르프의 승리였다. 그는 런던의 〈데일리 메일(*Daily Mail*)〉지 1면 전체를 사서 글레이츠의 영웅적 성취를 홍보했다. 물론 그녀의 시계에 관한 내용도 전했다.

하지만 빌스도르프는 아직 만족하지 않았다. 그는 시계의 태엽을 감아주어야 한다는 점을 우려했다. 그럴 경우 먼지와 물이 더 쉽게 시계 안으로 들어올 수 있었기 때문이었다. 회중시계는 자동으로 태엽을 감는 메커니즘을 갖고 있었지만 손목시계는 신뢰할만하고 견고한 메커니즘이 없었다. 해결책은 비엘의 에글러에서 나왔다. 시계 설계자인 에밀 보러(Emile Borer)는 손목시계 메커니즘에 기이한 플라이휠(flywheel)을 장착했다. 이것은 손목시계가 움직일

유명한 스위스 고급 시계

제조사	설립연도	유명모델	생산량 (연간 천 개, 추정치)	초기 추정가격 (스위스프랑)	평가등급 (1=최고등급)
파텍 필립	1839	노틸러스	40	15,000	1
오데마 피게	1875	로열 오크	27	12,000	1
브레게[a]	1775	클라시끄	42	15,000	1
바쉐론 콘스탄틴[b]	1755	패트리모니	18	13,000	2
롤렉스	1905	크로노그래프 데이토나	700	6,000	2
블랑팡[a]	1735	1735	16.5	10,000	3
까르띠에[b]	1847	탱크	350	5,000	3
예거 르쿨트르[b]	1833	레베르소	65	6,000	3
파르미지아니 풀러리에[c]	1996	칼파	5	8,000	3
피아제[b]	1874	알티플라노	20	14,000	3
태그호이어[d]	1860	모나코	700	2,500	3
브라이틀링	1884	네비타이머	2,000	3,000	4
불가리[d]	1894	불가리 불가리	38	6,500	4
쇼파드	1860	쇼파드	75	5,000	4
IWC[b]	1868	다빈치	70	7,000	4
오메가[a]	1848	스피드마스터	1,000	5,000	4
보메 & 메르시에[b]	1830	햄스턴	200	1,000	5
에벨[e]	1911	1911	45	1,500	5
론진[a]	1832	돌체비타	130	1,200	5
모리스 라크로아[f]	1975	마스터피스	100	650	5
라도[a]	1962	다이아스타		1,500	5
티쏘[a]	1854	티터치	2,000	850	6
스와치[a]	1982	젤리	15,000	60	7

a 스와치 그룹 소유 b 리치먼드 소유 c 파운데이션 산도스 소유
d LVMH 소유 e MGI 럭셔리 그룹 소유 f 데스코 슐테스 소유

출처: 저자의 조사/팀 델프스(Tim Delfs)

때 발생하는 에너지를 태엽을 감아주는 스프링에 전달했다. 이 시스템은 1933년에 특허를 받았고, 이론적으로는―시계 착용자가 시계를 손목에서 제거하지 않는 한― 시계가 계속 돌아가기 때문에 '퍼페추얼(Perpetual)'이라고 이름 붙였다.

  이것은 롤렉스를 '정확, 방수, 자동'이라는 단어와 동의어로 만들겠다는 빌스도르프의 전략 중 한 가지일 뿐이었다―롤렉스를 군비행기 조종사, 경주용 자동차 드라이버를 위한 스톱워치나 민간항공을 위한 24시간 표시 시계와 같은 전문적인 용도로 사용하기 위해 선택하는 브랜드로 만들려고 했다. 1960년 이 회사는 심해 잠수정 트리스테(Trieste)의 선체에 시계를 붙이려고 준비했다. 스위스 과학자 자크 피카드는 이 잠수정을 몰고 마리아나 해구에서 역대 최고인 9,900m 깊이까지 내려갔다. 시계는 엄청난 압력을 견뎌냈다.

↑ 1927년 메르세데스 글레이츠는 손목에 방수 롤렉스 시계를 차고 15시간 만에 영국해협을 헤엄쳐 건넜다.

사실, '오이스터'라는 단어는 롤렉스 회사 전체를 잘 설명해준다. 이 회사는 시계산업계의 어떤 회사보다 더 신중하고 조심스럽기 때문이다. 특히 모든 롤렉스 메커니즘이 제작되는 비엘 공장에 잘 어울린다. 따라서 롤렉스가 시계 뒷면이 투명한 제품을 절대 만들지 않은 것은 놀라운 일이 아니다.

거대한 시계제작 카르텔

스위스 시계 산업이 기술과 마케팅에서 거둔 성공은 종종 경제 위기와 정치 혼란이라는 힘든 배경 속에서 달성되었다. 때로 이런 위기들은 가장 강력한 시계제조사에게도 심각한 도전이 되었다. 그러나 많은 경우 위기는 시계 산업을 창출하고 다시 살리는 데 중요한 역할을 했다.

예를 들어, 1929년 월스트리트 주식 붕괴 여파로 스위스 시계 수출은 급격히 감소했다. 20세기의 최대 경제 위기에 대응하기 위해 시계 산업은 전반적으로 재편되었다. 생산을 합리화하고 가격을 통제할 목적으로 정부와 은행들의 지원을 받아 슈퍼 지주회사 ASUAG(Allgemeine Schweizer Uhrenindustrie AG)가 설립되었다.

ASUAG 산하 제조사들 중에는 론진과 라도뿐만 아니라 더 작은 지주회사인 에보슈(Ebauches)도 있었다. 에보슈 산하에는 ETA(에테르나(Eterna) 완제품 시계와 ETA 브랜드를 부착한 메커니즘을 생산하는 제조사)를 포함한 다양한 시계 제조사들이 포함되었다. 아울러 프랑스어권 스위스 시계 제조사들은 자신들의 지주회사인 SSIH(Société Suisse de l'Industrie Horlogere)를 만들었다. 여기에는 오메가, 티쏘, 라빌 블랑팡, 그리고 미국 기업 해밀턴도 포함되었다.

그 결과 이런 기업 집단(cartel)들은 가격과 생산량을 규제하고, 고정 가격에 합의하고 시계법(Watch Statute)이라는 규제 틀을 마련하였다. 특정 가격대에 따라 시계 생산량이 할당되었고 부품과 메커니즘의 수출은 금지되었다. 처음에는 이것은 성공적이었다. 1937년 스위스 시계 산업은 또 다시 흑자를 보게 되었다(1936년 9월 스위스프랑화가 30% 평가 절하한 탓도 있었다). 시계법은 두 차례 수정되었고 1971년에 폐지되었다. ASUAG와 SSIH 지주 그룹은 1983년 말까지 존속했다. 그 해 이 두 그룹은 쿼츠 위기(quartz crisis, 전자식 쿼츠 무브먼트가 기존의 기계식 무브먼트를 대체하면서 기존 방식을 사용하는 시계 산업계에 닥친 위기: 옮긴이)의 여파로 구조조정과 합병이 이루어졌다. 하지만 이 일이 일어나기 전 스위스 시계 산업은 상상하기 힘들 정도로 엄청나게 성장했다.

↑ 로저 페더러는 정확성과 우아함에 대한 롤렉스의 생각을 잘 보여준다.

세계 지배— 잠시 동안

1930년대 말 스위스 산업은 비교적 탄탄했기 때문에 2차 세계대전으로 인해 국제 경쟁이 약화된 상황을 잘 활용할 여건이 갖추어져 있었다. 스위스는 모든 교전국들에 시계와 크로노미터를 공급했다. 비행기 조종사들이 쉽게 읽을 수 있는 시계가 특히 성공적이었는데 자기장 보호 장치가 장착되어 항공기에서 발생하는 강한 자기장에도 시계의 정확성이 떨어지지 않았다. 아울러 다른 국가의 경쟁자들, 특히 독일은 (폭격의 대상일 뿐만 아니라) 폭탄과 수류탄의 시한장치가 있는 신관 생산과 밀접한 관련이 있었다. 전후 스위스 시계의 대량 시장 수요가 다시 증가하기 시작했다. 1949년 ASUAG는 모든 부채를 상환했다. 1950년 스위스는 세계 시장을 지배하여 세계에 판매되는 모든 시계의 절반을 차지했다.

전후 시계 생산에서도 신기술에 기초한 한 차례의 혁신이 일어났다. 예를 들어, 시계 메커니즘에 필요한 최초의 소형 볼 베어링이 1948년 에테르나에서 처음 출시되었고, 특히 특허 유효 기간 만료 후 거의 모든 제조사에서 이것을 이용했다. 그러나 기술적 전환점은 1950년 트랜지스터의 발명과 함께 왔다. 트랜지스터를 이용하면—적어도 원리적으로—전자시계를 손목시계 크기로 축소할 수 있었다. 3년 후 미국 시계제조사 부로바(Bulova)의 비엘 공장 직원 막스 헤츨(Max Hetzel)이 코일을 통해 교류 전류를 흘려서 소리굽쇠가 진동하게 만드는 전자시계를 개발했다. 전자시계의 미세한 무브먼트는 기계적으로 전통적인 메커니즘에 전달되었다. 부로바 아쿠트론(Bulova Accutron)이 1960년에 출시되었고, 기술적 성과를 과시하기 위해 시계 다이얼을 투명하게 설계했다.

 그 당시 다른 모든 산업 분야와 마찬가지로 시계제조사들도 전자공학과 특히 컴퓨터를 이용한 설계와 제조에 기초한 거의 무제한적인 혁신 가능성을 인식하기 시작했다. 그때까지 시계 제조는 기계식 무브먼트를 중심에 두고 깊은 전통을 자랑하는 장인들이 손으로 조립하는 것이었다. 그러나 그 중심이 막 이동하려고 했고 스위스는 그에 대한 준비가 되지 않았다.

재앙을 초래한 크리스털

재앙은 전류를 흘려보내면 정확한 주파수에 따라 진동하는 석영 크리스털의 특성에 기초한—언 듯 보기에 무해한—신기술과 함께 시작되었다. 1962년 쿼츠(quartz) 무브먼트를 손목시계 크기로 개발하기 위해 전자시계개발센터(Centre Electronique Horloger, CEH)가 뇌샤텔에 설립되었다. 많은 회사—ASUAG, 오메가, 티쏘, IWC, 예거 르쿨트르, 미도, 롤렉스를 포함하여—가 시장 수요에 대비해 석영 메커니즘을 준비하기 위해 이 프로젝트에 참여했다. 5년 뒤 그들은 '베타 21'이라는 쿼츠 메커니즘을 만들었다. 같은 해인 1967년 일본의 세이코(Seiko)도 소형 쿼츠 무브먼트를 출시했고 1969년 론진도 독자 개발한 '울트라쿼츠(Ultraquartz)'를 선보였다. 미국에서는 해밀턴이 '펄사(Pulsar)'를 발표했는데 디지털 디스플레이를 장착한 최초의 쿼츠 손목시계였다. 알다시피 시간을 보려면 버튼을 눌러야 하고 (오늘날의 기준으로 보면) 디스플레이가 소비하는 전류량이 엄청났고 시계 가격도 역시 그랬다. 1972년 지라드 페라고(Girard-Perregaux)도 자체 개발한

GP350 쿼츠를 장착한 시계를 출시했다.

분명히, 새로운 쿼츠 기술은 쿼츠 무브먼트 가격이 높았지만 잠재력이 있었다. 스위스는 쿼츠 시계 개발을 선도하고 있었기 때문에 흥미로운 새로운 틈새시장처럼 보이는 영역을 또다시 지배하기에 좋은 위치를 차지한 것처럼 보였다. 하지만 실제 상황은 그렇지 않았다. 쿼츠 시계는 고가 시계 시장이 아니라 대량 소비 시장을 위한 것이었고, 이는 놀랄 정도로 급격하게 스위스 시계산업 전체의 생존을 위협하는 혁명이 되었다.

시장을 장악한 쿼츠 위기

이른바 쿼츠 위기는 1973년 본격적으로 시작되었다. 스위스 시계제조사들은 기술적으로 선도하고 있었지만 전자시계 가격의 급락을 예상하지 못했다. 수십 년 동안의 가정은 시계의 정확성에 따라 가격이 결정된다는 것이었다. 이것은 더 정확한 쿼츠 시계는 기계식 시계보다 더 비싼 대체품이 될 것이며, 그리고 결과적으로 상대적으로 더 적은 양이 생산될 것이라는 의미였다. 스위스 제조사들은 값싼 기계식 시계를 대량 생산할 능력이 있었지만 일본의 경쟁사들이 어느 때보다 더 값싼 쿼츠 시계를 훨씬 더 대량으로 생산하기 시작했다. 쿼츠 시계는 곧장 대량 생산되는 기계식 시계를 거의 구식으로 만들어버렸다.

스위스 시계 수요는 급격히 감소했다. 1983년까지 약 10년 동안 시계 산업 전체의 9만 개 일자리 중 6만 개가 사라졌고, 사실상 스위스의 가장 중요한 수출상품과 자랑스러운 시계 산업을 초토화시켰다. 스위스는 반격하기 위해 필사적으로 노력했지만 스위스 시계를 경쟁사와 차별화하는 명확한 제품 전략 부재로 거의 성과가 없었다. 예를 들어, 1979년 1월 ETA는 지금껏 산업적으로 생산된 것 중 세계에서 가장 얇은 쿼츠 시계인 '델리리움(Delirium)'을 출시했다. 이 시계의 두께는 2mm도 되지 않았고, 이후 모델인 '델리리움 4'는 1mm 이하로 얇아졌다. 그러나 이 시계는 비쌌고 완전히 비실용적이었다. 손목에 차면 작은 압력에도 휘어졌고 작동이 중지되었다. 스위스는 놀랄 정도로 스위스답지 않은 방식으로 도전에 대응하면서 태평하게 시장성이 없는 시계를 계속 만들었다.

1980년 SSIH가 직원들에게 12월 월급과 보너스를 지급할 수 없게 되자 비로소 최대의 위기가 닥쳤음을 깨닫게 되었다. 이 회사는 은행들에 단기융자를 요청했고 은행들은 구제 계획을 마련해야 할 때임을 알았다. 은행들은 SSIH 경영이사회에 독립된 경영 자문회사를 통해 기업 재무 실태를 조사하도록 요구했다. 은행들은 하이예크 엔지니어링(Hayek Engineering)을 선택했다. 이 기업의 소유주인 니콜라스 하이예크는 이 프로젝트를 직접 전담하여 심혈을 기울였다.

레바논 사람

하이예크는 스위스 시계 산업에서 엄청나게 중요한 사람이다. 이 레바논 태생의 기업가가 곧장 은행들과 시계 제조사들로부터 높은 평가를 받은 이유는 자신의 아이디어뿐만 아니라 자신의 자본도 제공했기 때문이다. 또한 그는 자신의 판단을 신뢰하고 프로젝트의 지속성을 보장하는데 도움을 주는 투자자를 유치했다. 은행들이 십년 동안의 손실로 타격을 받았고 자신의 투자금을 회수하는 데 필사적이었다는 사실은 하이예크에게 유리하게 작용했다.

SSIH의 상황은 위기 중 하나였을 뿐이었다. 1981년 봄 약 30개 은행과 20개의 다른 기업들을 포함한 채권자들은 부채 중 일부를 탕감하고 추가로 부채를 신규 주식으로 전환해달라는 요구를 받았다. 심각한 저항에도 불구하고 격렬한 논쟁이 오간 6월 주주 회의에서 구조조정을 하기로 결정했다―최소한 SSIH와 이 회사의 대표 브랜드 오메가를 궁지에 빠뜨리지 않기 위해서였다. 고위 임원은 모두 교체되었다.

무너져가는 옛 체제

기본적으로 같은 위기가 다른 더 큰 지주회사인 ASUAG를 삼켰다. 1981년 가을, 이 회사의 이사회장 피에르 렝글리(Pierre Renggli)는 구조조정 계획을 받아들이지 않을 수 없었다. 그러나 긴급한 유동성 요구에 대처하기 위한 컨소시엄 대출은 이 상황을 완화하는 데 거의 아무런 역할을 하지 못했다. 그래서 또 다시 하이예크 엔지니어링이 투입되었다. 1982년 내내 ASUAG와 SSIH의 6개 주요 채권은행 경영자들은 정기적으로 만나 채권자 관련 문제를 관리하고 기본적인 유동성을 제공하고, 생존에 반드시 필요한 자산을 확보하는 조치를 취했다. 스위스뱅크코퍼레이션(SBC)의 발터 프레너와 유니언 뱅크 오브 스위츠랜드(UBS)의 피터 그로스는 비록 경쟁자이긴 하지만 과도한 지체 없이 복잡한 문제를 해결하기 위해 강력한 팀을 구성했다. 은행들이 곧 두 시계 그룹의 주요 주주가 될 수 있다는 사실이 분명해졌을 때 프레너와 그로스는 1983년 1월 15-16일에 하이예크, 3명의 시계 전문가, 소수의 업무보조자와 '비밀' 회의를 열고 주요 전략 대안을

논의했다. 하이예크가 '산업 마스터플랜'을 제안하고, SBC와 UBS의
태스크포스는 ASUAG와 SSIH의 세 가지 합병 방안과 그에 따른
필수적인 법적 내용을 제시했다. 이 회의 결과는 명확했다. 두 그룹은
재무적으로 구조조정을 단행하고 합병한다는 것이었다. 그리하여
스위스 시계 산업 역사에서 가장 큰 구조조정이 시작되었다.

스위스 시계 산업은 로마 제국의 축소판이었다. SSIH와 ASUAG는
스위스의 프랑스어권 지역과 독일어권 지역에 걸쳐 퍼져 있었다. 각
지역은 자신의 언어, 지역, 전통에 철저하게 충실했다. 이 회사들은
부품 제조사와 브랜드로 나누어져 있었는데, 제 각각 서로 다른 법적,
조직적 체계를 가진 모자이크와 같았다. 수세대 동안 운영되어 온 라도,
오메가, 론진과 같은 가족 소유-운영 기업들이 합병되었기 때문이었다.
렝글리, 그로스와 같은 고위 경영자들은 보통 스위스 엘리트 군대
사회의 상위계급 출신이었다. 반면 시계공장을 운영하는 사람들은 시계
판매상이나 지역 사회 출신이었다. 이것은 신뢰와 우호, 협력을 촉진하는
결합이 아니었다. 그와 반대로 대부분의 에너지는 비난하고 음모를
꾸미는 데 소진되었고 그러는 동안 환자는 죽어가고 있었다.

왜 죽어가는 산업을 살려내는가?

하이예크는 이런 상황에 맞서 성공 가능성이 있는 산업 전략을
만들어내야 했지만 그와 다른 사람들(은행을 포함하여)은 갈피를 잡지
못했다. 하이예크의 연구에 따르면 광범위한 합병과 구조조정을 통해
상당한 비용절감이 가능하지만 고객과 시장을 계속 상실 중인 사업의
생존가능성은 장담할 수 없었다. 따라서 이미 손실을 입은 은행들이

상당 수준의 새로운 자금을 투자하도록 설득하는 것이 어려웠다. 구제 계획에서 선도적인 역할을 해야 하는 SBC이사회마저도 회의적이었다. 이 은행에서 시계 산업을 책임지는 담당자였던 프레너는 결국 간절히 호소할 수밖에 없었다. 그는 이사회에게 다음과 같이 간절히 호소했다. "스위스의 주요한 특징―정확성, 신뢰성, 고품질―을 모두 포함하는 시계 산업이 일본과의 경쟁에서 승리하지 못한다면 우리는 터빈, 기관차, 또는 의약품도 포기해야 할 것입니다."

그것은 대담한 조치였다. 만약 실패한다면 프레너가 직장을 잃는 것은 고사하고, 스위스가 가장 자랑했던 산업을 살려내지 못한 것에 대해 국민들은 당혹감에 빠질 수도 있었다. 하지만 그의 업적은 확실히 인정받았다. 그는 계속해서 SBC의 최고경영자가 되고 은행을 놀랍게 발전시키고, UBS와 합병을 성사시켰기 때문이다. 그러나 이것은 또 다른 장에서 다룰 이야기다. 프레너는 용기 때문에 하이예크와 그의 공동투자자들이 조달한 자금―아직도 마음에 부담이 되는 것―을 얻은 것이 아니었다. "나는 아무것도 가진 게 없었기 때문에 돈을 잃을 위험은 없었습니다. 그러나 ASUAG와 SSIH을 살려내려고 1년 이상 동안 내 근무시간의 30%와 나의 모든 자유 시간을 바쳤습니다. 나는 내 일자리를 잃을 위험을 무릅쓰고 여전히 스위스의 상징인 시계 산업에 종사하는 수천 명의 근로자와 소유주들을 위해 일했습니다."라고 그가 최근 말했다.

결국, 100개 이상의 은행과 다른 채권자들이 스위스 시계 산업을 구하는데 힘을 모으기로 동의했다. 은행들은 부채탕감, 신주, 후순위 채권, 신규 대출 형태로 총 8억 6천만 스위스프랑을 제공했다. 그러나 시계 산업 전체를 재구축하는 데는 시간이 필요했다. 1983년이 되어서야 이 합병이 승인되어 ASUAG-SSIH가 탄생했고, 새로운 최고운영자는 에른스트 톰케(Ernst Thomke)가 맡았다. 모든 기존 자회사들이 정리되었고 하이예크는 새 그룹의 주식을 최대 51%까지 매입한다는 옵션을 담은 은행과의 합의서에 서명했다. 새 그룹의 이름은 1985년 SMH(Société de Microelectronique et d'Horlogérie)로 명명되었다.

스위스 시계제조업을 구한 이질적인 두 사람

이것은 하이예크가 자신의 막대한 재산을 씨앗으로 뿌린 순간이었다. 그는 스위스 신용대출 분야에서 선도적인 두 은행인 SBC와 UBS와 함께 그들의 주식 지분 인수 문제에 관한 토론회를 열었다. 그는 그의 산업 제국의 다른 부분에서 창의적인 조언자로서 그와 함께 일했던 슈테판 슈미트하이니(Stephan Schmidheiny)에게 갔다. 슈미트하이니는 스위스의 가장 저명한 산업가 막스 슈미트하이니의 아들이자, 홀심, 에테르니트, 브라운 보베리(지금은 ABB의 일부), UBS와 같은 기업에 투자된 막대한 자산의 상속자였다. 그는 고정관념에서 벗어나 사고하면서도 스위스 기성 사회의 내부자들에게 존경을 받는 사람으로 알려졌다—매우 드문 조합이었다. 슈미트하이니는 총괄 관리자라기보다 유능한 설계자로서 다른 사람들이 직접 움직이게 하고 세상의 이목을 받게 하기를 더 좋아하는 유형이었다. 이런 의미에서 하이예크—자신이 각광을 받기를 좋아했다—와 슈미트하이니는 이질적이지만 적합한 파트너들이었다.

슈미트하이니는 처음에는 스위스 시계 산업에 투자하는 것을 확고하게 반대했다. UBS이사회의 일원으로서 그는 지난 10년 동안 은행이 계속 시계산업계의 부채를 탕감해주고 그 손실을 떠안는 것을 보았기 때문이었다. 하지만 그는 하이예크를 신뢰했고 스위스의 가장 중요한 산업 중 하나를 구하는 데 기여해야 한다는 의무감을 느꼈다. 그는 하이예크의 2천만 스위스프랑 투자에 매칭 펀드를 제공하기로 동의하고 그가 추가로 1억 2천만 스위스프랑을 조달하는 신디케이트를 만드는 것을 도왔다. 그러나 한물간 것처럼 보이는 산업에, 그리고 엄청난 적자를 보고 있고, 시계 회사를 운영해본 경험이 전무한 레바논 사람이 운영하는 기업에 투자할 사람을 찾는 것은 유명한 슈미트하이니에게도 힘든 일이었다. 그들은 가까스로 시멘트 분야에서 돈을 번 프란츠 바스머(Franz Wassmer)를 포함한 소수의 믿을 만한 사람들을 찾아냈지만 은행을 만족시키기에 충분하지 않았다. 그래서 슈미트하이니와 하이예크는 그들의 주식 지분을 2천만 스위스프랑에서 4천만 스위스프랑으로 증가시켜야 했다. 하이예크의 가장 대단한 공로는 그와 슈미트하이니가 WAT 지주회사의 주식 지분 51%를 함께 관리하기로 합의한 것이었다. 이 지주회사는 SMH의 주식을 다수 소유했다. 슈미트하이니는 하이예크에게 기업 운영에 관한 의사결정 관리와 책임을 양도하기로 동의했다. 그 때부터 하이예크는 SMH 주식 지분 13%만으로 이 회사를 실질적으로 관리하면서 그의 마술을 펼칠 수 있는 전권을 위임받았다.

최초의 부활 신호

기업 소유에 대한 통제권을 확보한 하이예크는 운영에 대한 통제권을
확보하는 데 관심을 기울였고, 또 다른 '이질적인 파트너'가 등장해
곤경을 벗어나게 해주었다. 1985년 에른스트 톰케는 이 그룹에서
가장 큰 손실이 발생하는 부분인 오메가를 정리하는 책임을 맡았다.
그 이후 이 브랜드에는 극단적인 처방이 내려졌다. 오메가의 다양한
시계 제품군들은 저렴한 제품에서부터 고급 크로노미터까지 모두
정리되었다. 톰케는 모델 수를 과감하게 쳐내고 인건비, 특히 관리자들의
인건비를 대폭 줄였다. 이로 인해 비엘 거리에 시위가 발생했고 톰케는
노동조합의 혐오인물이 되었다. 그러나 불과 18개월 뒤 오메가는 다시
흑자를 달성했다. 하이예크와 톰케는 비판자들의 입을 다물게 했고
구조조정이 효과가 있음을 입증했다.

   하이예크와 톰케가 이 모험에서 성공한 이유 중 하나는 그들의
특별한 역동성 덕분이었다. 하이예크는 헝가리계 레바논 사람으로서
이색적인 그리스정교회 이민자였다. 주요 교육훈련을 스위스 군대에서
받은 일반적인 스위스 최고운영자와 비교할 때 이렇게 다른 이력을
쌓기는 어려울 것이다. 톰케는 그렌헨에서 하이예크 옆집에 살았던
스위스인이었다. 하이예크는 추상적인 개념을 다룰 때 가장 편안한
조언자였다. 톰케는 최대 부품제조사인 ETA에서 시계 제조공으로
도제 교육을 받았고, 그래서 모든 시계 부품을 꿰뚫고 있었다. 그의
이력은 이례적이었다. 그는 보통 사업 분야에 일하는 데 흥미를
느끼는 실용적인 생각을 가진 학생들을 위해 설계된 도제교육을
받은 후, 취리히의 ETH(Eidgenossische Technische Hochschule)에서

니콜라스 G. 하이예크(1928-2010),
미스터 스와치

물리학과 의학을 배우고 의학 박사를 취득했다. 그는 군사적 위계질서나 직위에는 관심이 없었다. 하이예크는 창의적이고, 특이하고, 전염될 정도로 열정적이며, 현명한 마케터였다. 톰케는 간단명료한 스위스 문제해결 감각, 친화성, 관리자적 직관, 그리고 큰 회사들을 다루는 능력(하이예크가 현저하게 부족한 강점)을 갖추었다. 슈미트하이니가 하이예크에게 신뢰와 자유를 주었듯이, 하이예크는 톰케에게 회사를 운영할 대폭적인 자율권을 제공했다. 그들의 공생관계는 강력한 팀을 만들었다—하이예크는 비전을 제시했고 톰케는 그것을 실현했다—하지만 그것이 영원히 지속된다는 뜻은 아니었다.

그리고 별안간 스와치가 등장했다

위기의 혼란 가운데서 새로운 제품이 탄생했다. 되돌아보면, 그것은 시계산업의 재탄생의 시작이라고 볼 수 있었다. 장차 세계를 휩쓸고 스위스 시계 산업을 구할 이 제품을 스와치라고 불렀다.

스와치의 탄생 과정과 탄생의 주역에 대한 이야기에는 몇 가지 다른 버전이 있다. 스위스와 세계 시계 산업계는 현재 하이예크가 스와치를 발명했다고 생각한다. 이것은 틀린 생각이다.

'성공에는 많은 선조가 있다'라는 말이 진실이다. 이 프로젝트의 마지막 중요한 단계에서 하이예크가 지원한 사실이 매우 중요하다는 점은 의심의 여지가 없다. 그러나 전 이사회 구성원, 주주, 프로젝트 팀원들과 진행한 인터뷰에서 나온 내용은 현재 스와치 역사 연대기에 기록된 이야기와는 아주 다르다. 이 잘못된 정보는 부분적으로 투명성 부족에 기인한다. 스와치의 개발은 비밀 속에 가려져 있었으며, ETA 외부에서는 단 두 사람, 한스 좀머(Hans Sommer)와 피에르 렝글리(Pierre Renggli)만 이 프로젝트에 대해 알았다.

스와치에서 하이예크보다 4년 앞섰던 톰케는 1970년대 후반 미국 고객들로부터 스위스 시계는 너무 두껍고 비싸다는 심각한 불만을 들었다. 그들은 세이코, 시티즌과 같이 더 얇고 값싼 일본 경쟁사들에 빠르게 점유율을 내주고 있었다. 콩코드의 최고경영자이자 스위스 시계 무브먼트의 큰 구매자였던 게리 그린버그는 스위스 회사들이 정신 차리지 않으면 시계 무브먼트 공급사를 일본 회사로 바꾸겠다고 위협했다. 톰케는 시계의 두께를 일본 제품보다 대폭 더 얇게 줄이기 위한 내부 경쟁을 시작했다. 최고의 제안을 한 사람은 모리스 그림(Maurice Grimm)이었다. 그는 시계 무브먼트를 하우징 안에 직접 장착하여 무브먼트 케이스가 필요 없는 오래된 특허를 차용하는 기술을 제시했다.

델리리움(Delirium)에서 탄생하다

1979년 1월—이 프로젝트를 시작한 후 불과 6개월 만에— 두께가 1.98mm밖에 되지 않는 완전히 새로운 전자시계인 '델리리움'이 세 가지 다른 브랜드—콩코드, 에테르나, 론진—으로 출시되었다. 세계에서 가장

↑ 1984년 스와치는 이 거대한 시계를 기네스북에 등재하였다.
이 시계는 높이 159m, 무게 13톤으로 독일 프랑크푸르트
코메르츠은행 본사 건물을 장식하고 있다.

얇은 시계라는 기록은 기술적 리더라는 이미지를 재건하려는 스위스
시계 산업의 노력에 중요한 기폭제로 작용했다. 그러나 그것은 역대
최대로 감소한 매출액과 지속적인 시장점유율 상실의 문제를 해결하지
못했다. 그래서 렝글리는 톰케에게 고전하는 브랜드를 위해 델리리움에
사용된 기술에 기초한 저비용, 고수익 시계를 생산하는 방법을
연구하도록 요구했다.
1980년 3월 제품개발 비밀회의에서 톰케와 그의 경영진은 새로운
시계의 사양을 최종적으로 확정했다. 이것이 스와치 시계의 탄생이었다.
연구가 시작되었을 때 나이 든 엔지니어들은 이 프로젝트에
회의적이었지만 두 명의 훌륭한 젊은 엔지니어인 자끄 뮐러, 엘마 모크는
어려운 과제에 도전했다. 톰케는 ASUAG-SSIH 합병 직후 미국에서
스와치를 시험적으로 판매하기 위해 3백만 스위스프랑의 대출을

요청했다(이 회사는 여유자금이 거의 없었다). 이사회는 플라스틱 시계라는 아이디어가 설득력이 없고, 기껏해야 거의 승산이 없는 '실험'일뿐이라고 생각했다. 그러나 회사가 끔찍한 상황이라는 점을 감안한 이사회는 '특별 승인'을 하기로 결정했다.

1982년 최초의 스와치 시계가 그렌헨의 완전히 새로운 로봇 생산 라인에서 대량생산되었다. 문제는 아무도—적어도 미국과 일본에서—그것을 사려고 하지 않는다는 것이었다. 아울러, 연구에 따르면 새 제품은 유럽에서 더 잘 수용되는 것으로 나타났다. 그래서 1983년 초, 스위스와 독일에 스와치 시계를 출시하기로 결정하고, 유럽 구매자들을 위해 디자인이 개선되었다. 스와치는 곧 생산이 수요를 따라갈 수 없을 정도로 날개 돋친 듯 판매되었다. 하지만 미국과 일본에서의 판매는 여전히 저조했다.

성공의 비결은 마케팅이었다

미국에서 뜻밖의 돌파구는 뉴욕 백화점 블루밍데일스 대표 마빈 트라우버와 스와치의 미국 관리자 막스 임그륀스의 만남에서 비롯되었다. 트라우버는 스와치가 시장에서 시계가 아니라 패션이나 '라이프스타일' 소품으로서 포지셔닝 되어야 하고, 전체 컬렉션은 의류처럼 6개월마다 바꾸어야 한다고 조언했다. 시즌이 아니라 세대를 초월하도록 시계를 설계해야 한다는 스위스 시계의 배경에서 볼 때 이 조언은 받아들이기 분명 힘들었을 것이다.

톰케는 트라우버의 조언에 따라 그의 친구이자 여자 스타킹으로 큰 성공을 거둔 스위스 소매기업 포갈(Fogal)의 소유주 발타자르

마이어를 만났다. 마이어는 톰케가 그의
유능한 독립 디자이너 장 로베르(Jean
Robert)와 함께 일하도록 추천했다.
로베르는 스위스 시계산업의 역사적인
본거지 라쇼퐁데 출신이었다. 톰케가
그를 만나고 싶었던 이유는 그가 포갈을
기능성 여성 속옷 공급자에서 우아하고
섹시한 란제리의 디자인 기업으로
탈바꿈하도록 도와주었기 때문이었다.
포갈의 팬티스타킹은 깜짝 놀랄만한
디자인과 색깔로 출시되었고 여성들이

진가를 제대로 인정받지 못한 스와치의 영웅, 장 로베르. 그의 인기 있는 스와치 디자인은 정확성보다는 패션에 초점을 둠으로써 몰락해가는 스위스 시계 산업을 완전히 바꾸었다.

상점 진열장에 있는 스타일리시한 마네킹처럼 보이려고 기꺼이 높은
가격을 지불했기 때문에 엄청난 수익을 안겨주었다. 톰케와 로베르의 첫
만남은 잘 풀리지 않았다. 톰케는 로베르에게 스와치가 단순히 색깔만
개선할 필요가 있다고 설명했지만 로베르는 각 고객군별로 스와치의
디자인, 포장, 판매 방식을 바꾸어야 한다고 톰케를 설득했다. 클래식,
스포츠, 패션, 테마별로 시장을 나누어 공략하려면 다양한 시계를
디자인해야 한다. 톰케의 허락을 받은 로베르는 임그륀스와 함께 시계
다이얼, 손목 밴드, 포장, 상점 진열 부분의 디자인을 맡았다. 로베르와
임그륀스는 좋은 협력 관계를 유지했다. 그들은 5년 동안 350개의
디자인을 만들었고 1억 개 이상의 시계를 판매했다.

10년, 천만 개의 시계

↑ 1980년대의 스와치 베스트셀러 제품.
'러플드 페더스', '통가', '세인트 캐서린 포인트',
'코랄 게이블스'.

한 가지는 분명하다. 스와치가 빠르게 소멸해가는 스위스 시계 산업에 생기를 불어넣었다는 점이다. 1982년 10월 스와치는 텍사스에서 시험 판매를 시작했다. 이듬해 유럽에서도 출시되었고 곧이어 북미 전체에서도 판매되었다. 스와치 시계는 1985년 천만 개, 1988년에는 5천만 개가 생산되었다. 최고 전성기에는 스와치 팬들이 새 디자인 출시를 기다리며 몇 시간씩 줄을 서고 심지어 밤을 새기도 했다. 1992년 스와치가 1억 개 판매되었을 때 하이예크는 '미스터 스와치'로 알려지게 되었다. 매출액은 계속 증가했다. 1996년 누적 총판매량은 2억 개가 넘었다. 하이예크는 종종 각 팔에 3-4개의 스와치 시계를 차고 사람들 앞에 나타나 소비재 디자인에서 감성의 중요성에 관한 이론을 설명했다.

1991년 스와치는 새로운 제품을 선보였다. 이 회사는 시계 뒷면을 투명하게 만들어 작동 방식을 볼 수 있게 한 기계식 자동 시계를 스와치 브랜드명으로 출시했다―그 이후 훨씬 더 비싼 시계도 이 신제품을 모방하게 되었다. 젊은 스와치 구매 세대가 기계식 시계에 대한 사랑을 다시 발견하게 되면서 기계식 시계의 시대가 끝나지 않았다는 점이 분명해졌다. 스와치의 최고 강점―적어도 이 회사의 관점에서 볼 때―은 플라스틱 기술이 매우 복잡하고 비싸기 때문에 (특히 일본 시계제조

기업이) 모방하기 어렵다는 것이다.

이것은 쿼츠 혁명의 와중에서 거의 예상하지 못했던 방향으로 시장을 바꾸었다. 기계식 시계는 끝나지 않았다는 점이 입증되었던 것이다. 전혀 그렇지 않았다. 1980년대 고급 기계식 시계 시장이 되살아나기 시작하더니 그 이후 매년 가속도가 붙었다.

클래식 시계가 폭풍처럼 귀환하다

처음 쿼츠 위기는 기계식 명품 시계의 가격마저 떨어뜨렸고, 선견지명이 있는 구매자들은 명품 시계를 저렴하게 구입했다. 그러나 얼마 지나지 않아 유럽과 미국에서 명품 시계에 관한 책과 잡지가 늘어나면서 명품 시계에 대한 관심이 되살아나기 시작했다. 1974년 제네바에서 설립된 엔티쿼럼 경매(Antiquorum auction)는 역사적인 고가 시계의 거래소가 되었다. 1980년대 잊힌 것처럼 보였던 명품 시계들이—특히 블랑팡과 랑에 & 죄네—점차 다시 출시되었다. 블랑팡의 경우 전 오메가 경영자인 장 끌로드 비버(Jean-Claude Biver)와 그의 파트너 자끄 피게(Jacques Piguet)가 1981년 SSIH에게서 단돈 16,000 스위스프랑에 상표권을 샀다. 크고 투박한 기계식 시계—더 복잡할수록 더 좋다—에 대한 관심이 적지만 점차 증가하는 애호가들로부터 시작하여 훨씬 더 중요한 시장—새롭게 부를 쌓고 야망을 품은 남자들—으로 확산되는 것은 거의 필연적이었다. 이 시계는 눈에 잘 띄고 즉시 가치를 평가할 수 있기 때문에 사회적으로 성공한 남자들의 이상적인 상징이다. 지난 20년 동안, 엄청나게 많은 명품 시계 광고가 〈파이낸셜 타임스〉의 사치품 증보판 '하우 투 스펜드 잇(*How to Spend It*)'에 실린 것은 우연이 아니다.

이제 모두가 원하는 시계

얼마 후 시계와 사치품 분야의 대기업들이 이런 분위기에 편승하기 시작했다. 1999년 하이예크는 브레게를 매입하였고, 오늘날 스와치 그룹 포트폴리오에서 가장 귀족적인 상표가 되었다. 다음해 스와치는 블랑팡을 5천만 스위스프랑으로 인수하고, 글라스휘태 오리기날(Glashütte Original)도 사들였다. 또한 같은 해, 사치품 브랜드 그룹 루이뷔통 모엣 헤네시(LVMH)가 라쇼퐁데에 시계 사업부를 설립하고 태그호이어(TAG Heuer), 에벨(Ebel), 크리스찬 디올(Christian Dior)을 인수했다. (나중에는 제니스(Zenith), 쇼메(Chaumet), 휘블로(Hublot)가 추가되었다.) 2000년 LVMH의 경쟁자 리치몬드는 랑에 & 죄네, IWC, 예거 르쿨트르를 인수했다―그 당시 이 회사들은 모두 마네스만(Mannesmann)과 합병한 통신회사 보다폰(Vodafone) 소유였다.

롤렉스와 파텍 필립을 제외하면, 유명 시계 제조기업의 대다수는 세계 최대 사치재 그룹인 스와치, 리치몬트, LVMH―이 중 두 그룹은 스위스에 있다―에 속해 있다. 스와치 그룹이 거의 전적으로 시계와 귀금속에 종사하는 반면, 리치몬트의 포트폴리오에는 하이패션 의류와 액세서리와 같은 다른 사치품도 포함된다. LVMH의 경우 시계는 비주류 품목에 불과하다. 그러나 이와 같은 대기업으로의 통합은 고급 시계 브랜드를 유지하려면 마케팅 능력이 필요함을 보여준다. 매우 소수의 시계제조사들만이 아직도 가족 기업 형태로 독자적으로 운영되고 있다. 여기에는 파텍 필립(슈테른 가문), 쇼파드(슈펠레 가문), 브라이틀링(슈나이더 가문), 오드마스 피게, 에테르나(포르쉐 디자인 그룹), 제라 페리고(마칼루소 가문), 몬데인(베른하임 가문), 그리고 오리스, 레이먼드 베일, 율리세 나르딘(작고한 롤프 슈나이더가 소유했었다)이 포함된다.

모든 성장은 동양에서

이런 시계제조사들의 관심의 초점은 분명하다. 1970년 이후 세계 인구는 78억 명으로 두 배 증가했고, 향후 40년 동안 90억 명이 넘을 것으로 예상된다. 인구 증가의 대부분은 아프리카, 아시아, 남미에서 발생할 것이다. 신흥시장은 이미 스와치 그룹 수입의 44%, 리치몬트 그룹 수입의 37%를 차지하며, 매출액은 선진국보다 세 배 더 빨리 증가하고 있다. 한 가지 예만 들어보자. 롤렉스 홍콩(Rolex Hong Kong)은 부유한 소비자를 위한 아시아 최대 레저 장소인 마카오의 윈 카지노(Wynn Casino)—건설업자의 이름을 땄다—에 두 번째로 큰 공급자이다. 〈더 이코노미스트〉는 중국이 2015년 기준 세계에서 미국 다음 두 번째로 큰 사치품 소비시장이 될 것이라고 썼다. 중국은 세계 어느 국가보다 더 많이 자동차를 구매하며 고급 시계도 그런 경향을 따르고 있다—특히 젊은 사람이 새로 구입한 BMW를 과시하기 위해 (대중교통보다 4배 이상 시간이 더 걸리는데도) 차를 몰고 직장에 출근하고, 애플 헤드폰을 주머니 속에 있는 값싼 휴대폰에 꽂고 마치 아이폰을 갖고 있는 것처럼 보이려는 국가에서 더 그렇다. 많은 중국 소비자들은 자신의 성공과 부를 확인해주는 트로피를 몹시 갖고 싶어 하고, 이것은 많은 사람들에게 가능한 일이 되고 있다.

오늘날 스위스 시계 제조 산업 종사자는 약 4만 명이며, 쿼츠 위기 직전인 1960년대 전성기 때에는 9만 명에 달했다. 브레게는 최근 8천만 달러를 투자해 생산 능력을 약 두 배로 늘렸고 오메가는 훨씬 더 많이 투자했다. 스와치는 스위스에서 1,500명을 추가로 고용할 예정이다. 이 그룹의 손목시계 전문 제조 기업이자 시계 산업을 선도하는 좋은 전망 지표인 유니베르소(Universo)는 2010년에 180명을 추가로 고용했지만 수요를 충당하기 위해 고군분투하고 있다.

또 다시 스위스가 시계 산업을 지배하다

스위스의 시계 수출액은 180억 스위스프랑으로, 의약품과 기계류를 이어 스위스에서 세 번째로 중요한 수출품이 되었다. 그러나 총수출액은 스위스와 다른 국가들의 시계 산업 간의 중요한 차이점을 보여주지 못한다. 2008년 스위스는 2천 6백만 개에 약간 못 미치는 완제품 시계를 수출했다. 같은 해 중국은 5억 5천만 개의 시계를 수출했다. 그러나 중국 시계의 평균가격은 약 2스위스프랑인 반면 스위스 시계의 평균가격은 약 600스위스프랑이었다. 스위스의 고급 시계 생산량은 430만 개에 지나지 않지만 금액 기준으로 스위스 시계 수출의 70%를 차지한다. 고급 시계의 95%—1000스위스프랑 이상의 시계—가 스위스에서 생산된다.

스위스 시계제조사들은 익명의 위탁 제조 기업에서부터 시작하여 먼 길을 달려 유명 소매 브랜드가 되었다. 스위스 제조사들은 오랜 세월 독보적인 브랜드 구축에 막대한 돈을 투자하고 신중하게 키워오면서 소비자에 대한 판매 채널을 소유하거나 적어도 통제하는 경향이 늘어나고 있다. 예를 들어, 예거 르쿨트르는 5만 5천 개의 최고급 시계를 생산하며, 전 세계에 예거-르쿨트르 시계만 판매하는 35개 소매점을 갖고 있다(15개는 자사 소유, 나머지는 영업권을 통해 통제한다). 상하이에서만 고객들은 세 곳의 매장에서 선택할 수 있다. 스와치 그룹도 더 많은 자산, 재고, 인력 투자가 필요한 자사 소유 소매점을 통한 판매 비중이 증가하고 있다. 그러나 최고급 패션 브랜드들이 자사의 시계제품군을 선보이는 이런 경향은 스위스 시계제조사들에 위협이 된다. 불가리, 랄프 로렌, 제냐, 그리고 다른 많은 기업들은 시계를 자사의 명품 브랜드를 활용하여 수익성을 더 확대하는 제품으로 설정한다. (랄프 로렌은 2009년 리치몬트와 라이선스 계약을 체결했다.) 지금은 기존의 명품 브랜드가 전통적인 스위스 시계 소비자들을 얼마나 잠식할지 말하기는 이르다.

100% 스위스 제품

한편, 스위스 시계 제조사들은 기계식 무브먼트를 구입하지 않고 자체 생산함으로서 수직적 일관 생산체제를 갖추고 있다는 점에서 아직도 우위를 갖고 있다. 다음 페이지 도표는 기계식 무브먼트의 사내 생산량과 구입량 비율을 보여준다.

두 개의 시장, 하나의 산업

오늘날 스위스 시계 산업의 성공은 두 가지 핵심 요소에서 비롯되었다.

   (1) 패션이 주도하는 대량 시계 시장—시간의 정확성은 거의 가치가 없고 당연한 것으로 여겨지는 세상에서 불가피한 상황이다—을 사로잡는 스위스 시계제조사의 능력.
   (2) 기계식 고급 시계 수요의 폭발적인 증가

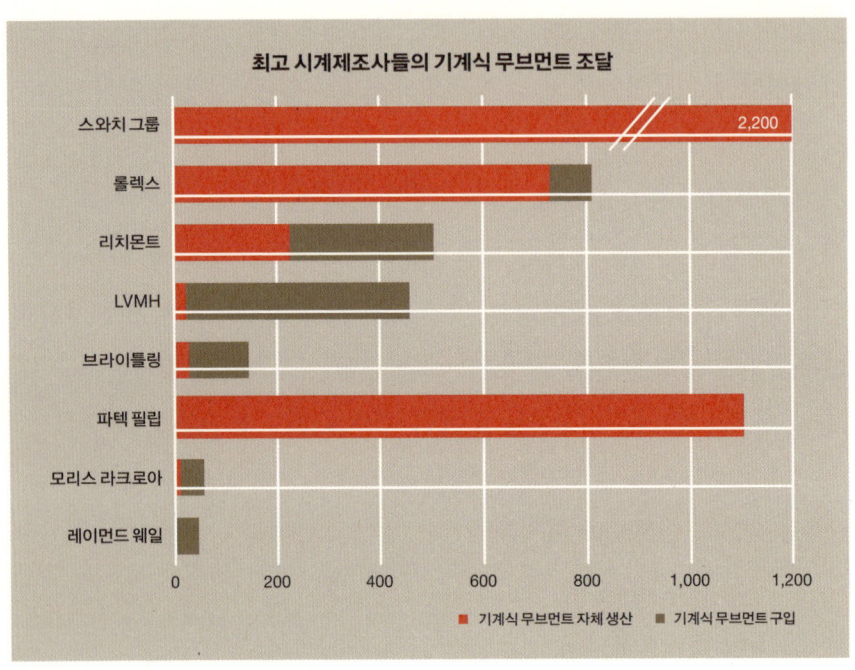

이 두 가지 요인은 스위스 시계 산업의 강점과 약점을 잘 보여준다. 대량 시계 시장에서 스타일 중심의 판매는 분위기 변화에 취약하며, 경쟁사들이 이것을 이용할 수 있다. 고급 시계 시장에서는 기술 수준과 진입 장벽이 높다. 최근 두드러진 점은 일본과 다른 아시아 국가들의 대량 시계 제조사들이 세계의 패션 중심 시계 시장을 포착하는데 점차 능숙해지고 있다는 것이다. 따라서 선도적인 중간 가격대 패션 시계로서 스와치의 우위성은 장담하기 어렵다.

다른 한편, 스위스 시계 산업은 수출액 대부분을 고급 시계 시장에 의존하기 때문에 세계경제 상황에 민감하다. 스와치 그룹은 매출액이 스위스프랑에 가장 많이 노출되어 있기 때문에 특히 취약하다—수입의

82%가 해외에서 발생하고, 반면 비용의 약 80%가 스위스에서 발생한다.

손목시계는 계속 살아남을까?

스위스 시계 산업이 의존하는 제품의 장기적 생존가능성에 더 깊은 문제가 있다. 1790년대 브레게는 시계 제조 방식을 완전히 바꿀 기술을 개발했다. 시계를 손목에 차는 생각은 전례가 없는 것이었다. 이것은 하나의 경고가 될 수 있다—또 다시 전례가 없는 방식이 생길 수 있다. 영국의 청소년 교육 전문가 켄 로빈슨(Ken Robinson)은 최근 25세 이하의 사람들은 거의 시계를 차지 않는다고 지적했다. "한 가지 기능만 있는 기기를 갖고 다닐 이유가 있을까요?" 인도, 인도네시아, 브라질, 터키와 같은 인구가 많은 국가에서 예상되는 놀라운 인구 배당 효과(demographic dividend, 전체 인구 대비 생산가능인구 비율이 높아 경제성장이 촉진되는 효과: 옮긴이) 덕분에 고급 스위스 시계의 향후 전망이 탄탄해 보인다 해도, 이런 국가에 사는 사람들이 얼마나 기존 방식으로 시간을 측정할지 두고 보아야 한다.

그러나 어느 정도 확실히 기대할 수 있는 부분은 사치재를 소비하는 남성들이다. 시계는 남자에게 최고의 사치재—스포츠카보다 더 낫다—이며 모든 시계의 80%는 남자들이 구매한다. 시계 산업이 전통적으로 남성에 의해 지배되어왔기 때문에 이것은 특별히 새로울 것이 없는 사실이긴 하다. 그러나 빠르게 발전하는 아시아 국가들에서 사치재 구매자들이 남자라는 사실은 스위스 시계 산업에 중요하다.

스위스 시계 산업은 이미 쿼츠 위기 이전 1970년대와 비슷한 주기에 봉착해 있는지도 모른다. 즉 매년 시계 생산량이 줄고 평균 가격이 계속

2011년 스위스 최대 시계 제조 기업					
	1950	1970	1980	2000	2011
리치몬트(1988년)					
매출-백만 스위스프랑	–	–	2,176	4,708	8,270
고용자수-전체	–	–	na	10,390	22,600
고용자수-스위스 지역	–	–	na	2,360	6,880
스와치 그룹(1983년)					
매출-백만 스위스프랑	–	–	2,173	4,263	6,764
고용자수-전체	–	–	14,250	19,750	26,777
고용자수-스위스 지역	–	–	8,830	11,030	13,954

이 표는 이용 가능한 수치를 보여준다. 수치는 반올림 또는 반내림했다.
출처: 〈포춘〉

올라가고 있다. 이런 추세가 장기적으로 확대되면 결국 소수의 고가 시계만 생산될 것이다. 그러면 시계 산업은 다시 출발점으로 돌아가고, 뛰어난 재능을 가진 소수의 시계 천재들이 세계의 부유한 엘리트를 위해 시계를 만들 것이다. 매우 놀라운 수익을 올리는 오늘날의 추세가 다음번 스위스 시계제조업 위기의 씨앗이 될 것인가?

3장 스위스 관광:
눈과 공기를 파는 방법

— 대체로 그동안 스위스는 경제적으로 성공한 국가로 여겨지지 않았다. 자연자원이라고 할 만한 것도 거의 없다. 석유도 석탄도 없고 귀금속이나 다이아몬드도 없다. 토양은 대부분 곡물을 경작하지 못하며 국토의 많은 부분이 일 년 중 여러 달 동안 눈에 덮여있다. 자연자원의 혜택이 거의 없기 때문에 스위스가 번영하는 유일한 길은 인적 자원이다.

그러나 이러한 척박한 자연에도 한 가지 예외가 있다. 스위스에는 좋은 경관이 있다—그리고 그런 곳이 많다. 이 놀라운 경관은 처음에는 모험가들을, 나중에는 전 세계에서 호기심을 가진 사람들을 끌어들였다. 사람들을 끌어들이는 것은 무엇보다 스위스의 인상적이고 아름다운 산이다.

스위스 관광산업의 등장은 기본적으로 근대의 현상이다. 관광산업은 관광객이 필요하다. 대중적인 관광은 개인적인 여가시간, 쓸 수 있는 소득, 적절한 대중교통이 가능한 선진국 사회에서만 존재할 수 있다. 또한 스위스의 경우 더 많은 것이 필요했다. 이를테면 스위스 환경과 조건의 극단적인 특징들을 가치 있게 여기는 관광객들이 필요했다. 인간문명 역사의 거의 모든 기간 그런 시장은 없었고 존재할 수도 없었다. 그러나 지난 2백 년 동안, 규칙을 바꾸고 불과 몇 세대 전만해도 생각도 못했던 많은 일을 가능하게 만든 경제적, 문화적 변화—처음에는 서구의 선진국, 지금은 전 세계 국가에—가 생겼다. 아름다운 경치 이외에 또 다른 축복은 스위스가 대부분 매우 윤택한 3억 5천만 명에 달하는 서구 유럽인들이 쉽게 접근하기 쉬운 가까운 지역이라는 점이다.

오늘날 스위스는 훌륭한 시계와 같은 제품 수출이나 뛰어난 금융 산업에 전적으로 의존할 필요가 없다. 사람들은 단지 스위스 관광을 위해 지갑을 연다.

스위스 경관의 핵심은 산이다

스위스의 알프스 산맥은 스위스의 대중적인 물리적 이미지를 규정한다. 이 멋진 산맥은 약 2억 5천만 년 전 아프리카 대륙이 유럽 대륙 방향으로 밀고 올라온 중생대 말기에 형성되었다. 마터호른, 융프라우, 아이거와 같은 봉우리들이 솟아올랐고, 그보다는 낮지만 그에 못지않게 장관을 연출하는 긴 산등성이와 봉우리들이 생겼다—이것들은 엄청난 물리적, 문화적 장벽이 되었다. 이 장벽은 남쪽 지역과 북쪽 지역을 분리시켰고, 따뜻한 기후 지역과 추운 기후 지역, 라틴어 문화권과 앵글로-게르만어 문화권으로 나누었다. 알프스는 고대와 중세 유럽 문명을 나누었고, 계속해서 유럽의 옛 중심지와 새로운 중심지를 나누는 경계선이었다.

그러나 스위스의 알프스 산맥이 항상 매력적인 곳은 아니었다—절대 그렇지 않았다. 스위스의 금융 또는 장인정신, 정치 문화는 수세기의 오랜 뿌리를 갖고 있지만 관광지로서의 스위스는 비교적 새로운 현상이다. 오늘날 스위스와 높이 솟은 산들은 수백만 명의 방문자들을 끌어 들이지만, 여러 세기 동안 문명인들은 스위스의 경관을 혐오스러운 것으로 생각했다.

우선, 알프스 산맥은 극복해야 하거나 피해야할 장벽이었을 뿐 방문할 장소는 분명히 아니었다. BC 200년 한니발이 이탈리아를 정복할 때 군사들이 코끼리를 타고 알프스 산맥을 넘은 일은 군사 역사상 가장 대담한 업적으로 평가된다. 고대인들에게는 위험을 무릅쓰고 이처럼 험악한 산맥을 넘어가려는 생각은 그 자체만으로도 이해가 되지 않는 일이었다. 그러나 1812년 J. M. W. 터너(Turner)가 이 알프스 산맥 횡단 이야기를 그렸을 즈음, 상황이 근본적으로 바뀌었다. 18세기 말, 유럽 문화에서 낭만주의 혁명이 도래하면서 스위스 알프스 산맥과 같은 극적인 경관들에 대한 상류층의 두려움이 사라지고 찬사를 보내기 시작했다.

절망에서 웅대함으로

이런 변화는 매우 갑작스러웠다. 1693년 영국인 존 데니스(John Dennis)는 알프스 산맥을 횡단한 이야기를 기술한 책을 출판해 널리 읽혔다. 그는 여러 경관을 돌아본 여정을 이렇게 묘사했다. "공포를 느끼고, 때로 거의 절망에 사로잡혔다." 이것이 완전히 바위로 된 산, 아찔한 높이, 연중 눈 덮인 알프스 산맥에 대한 일반적인 반응이었다. 그 당시 고상한 사람들은 타고 가는 마차가 산악 지대를 지날 때 마차의 창 가리개를 내리는 것을 당연하게 여기던 시대였다. 문명인들은 산과 폭포 경치를 보면 심란해졌다.

그러나 18세기 말, 문화 혁명이 전면적으로 진행되었다. 낭만주의적 전통을 확립한 작가와 화가들은 이른바 '웅대함'을 찬양했다. 야생의 산악 지대를 정신을 고양시키는 곳으로 바라보기 시작했다. 이런 문화 혁명가들이 스위스에 끌린 것은 우연이 아니었다. 바이런, 셸리, 그리고 프랑켄슈타인의 창조자 메리 고드윈은 1816년 제네바를 방문했고, 카스파르 다비드 프리드리히, 터너와 같은 화가들은 1800년대 초 스위스 전역을 여행했다. 화가와 지성인들은 스위스의 지형을 곧 유럽적 상상력의 기본요소가 되게 할 문화적 조건으로 만들었다. 그것은 거의 집착이 되었다. 스위스는 치료뿐만 아니라 도덕적인 특성이 덧붙여졌다. 셜록 홈즈가 베른 알프스 라이헨바흐 폭포 위에서 그의 적인 모리어티와 사력을 다해 싸우는 것은 우연이 아니었다. 스위스 알프스 산맥은 19세기에 악에 대한 선의 승리를 묘사할 때 이상적인 배경이었다.

↑ 알프스 산맥을 넘는 나폴레옹
자크 루이 다비드 작, 1800년

관광에는 관광객이 필요하다

그러나 관광이 산업이 되려면 경제적 변화도 필요하다. 중세 유럽 대다수 사람들은 매우 평범한 삶을 살았고 땅과 농사 절기에 매여 있었다. 대부분의 사람들에겐 개인이 사용할 수 있는 여가 시간 개념이 존재하지 않았다—삶은 집단 노동과 종교적 전통 축제 위주의 오락으로 이루어졌다. 이런 패턴은 대부분 18세기까지 그대로 남아있었다. 18세기 들어 농업혁명과 산업혁명이 차례로 일어나면서 생활 패턴을 크게 바꾸었다. 마을과 도시는 농촌사회를 대체했고, 개인은 일과 여가를 다른 부분으로 보기 시작했다. 대중적인 여가 여행 시장이 등장하기 시작했다. 19세기 초 유럽에서 여행은 여전히 위험한 모험이었다. 19세 중반이 되자 여행이 빠르게 체계화되고 적당한 비용으로 이용 가능한 활동이 되면서 근대 관광이 시작되었다.

    스위스는 이러한 폭발적인 여행 수요의 최대 수혜자였다. 스위스는 대중 관광의 변함없는 요구를 만족시킬 수 있었다. 관광객들은 색다르고 특별하며 영감을 주는 것을 찾았고, 아울러 따뜻한 호텔, 편안한 침대, 매우 훌륭한 음식, 합리적인 가격을 기대했다. 이런 기대에 부응하는 일은 오늘날에도 스위스의 도전과제다.

도로의 위험

초기 스위스는 여행 목적지가 아니라 제국 건설자들이 북유럽으로 가는 통로였다. 로마 제국이 지금의 독일, 프랑스, 영국으로 영향을 확대할 때 취리히, 바젤, 제네바, 장크트갈렌과 같은 스위스 소도시는 중앙 이탈리아의 비옥한 분지와 굶주린 북부 지역을 연결하는 도로 상에 있는 중간 기착지였다. 그 당시 여행은 몹시 힘들었고, 여행의 즐거움을 위해 도로의 위험을 감수하려는 사람은 거의 없었다. 이것은 중세 시대에도 역시 마찬가지였다. 사람들은 꼭 필요할 때에만 여행을 떠났다. 근대적 의미에서 관광이라고 할 수는 없겠지만 몇 가지 예외적인 경우가 있었다. 중세 시대에도 몇몇 치료용 온천 휴양지(예를 들어 바덴과 로이커바드)가 세워졌다. 교육기관(예를 들어 바젤 대학)에는 지식을 갈구하는 외국인들이 모여들었다. 생고타르와 심플롱과 같은 알프스 산맥 고개 마루에는 여행자 휴식소가 있어 여행객들에게 간단한 숙박을

제공했다. 사실, 중세 기간 스위스 사람들은 손님 환대보다는 전투
능력으로 더 유명했다. 로마인들은 그들을 용맹한 전사로 존중했다.
타키투스는 80년에 스위스 문화에서 '방패를 포기하는 것은 가장
야비한 범죄'였다고 썼다. 산업혁명 때까지 전투 능력은 스위스가 가장
큰 수익을 얻는 수출품이었다. 중세 유럽 역사 내내 군주와 폭군들은
스위스 군인들을 용병으로 고용했다. 지금까지 스위스 근위병들이
바티칸을 지키고 있다.

스위스를 처음 방문한 영국인 여행객

정치적 발전의 결과로 1790년대 관광객으로서 스위스를 처음 방문한
사람은 모험심이 가득한 영국 상류층이었다. 워털루 전투 이후 바이런
경(Lord Byron)과 같은 낭만주의 운동 지도자들 덕분에 더 많은
영국인들이 왔다. 최초의 스위스 관광 사업가들은 영국인들에 맞는
환대를 제공하기 위해 노력했다. 이를테면 호텔에 '영국적인' 분위기를
제공하고 영어를 배우기 위해 노력했다.* 초기 모험가 겸 여행객들에게
가장 인기 있는 곳은 스위스 중부 필라투스(Pilatus)산과 리기(Rigi)산이
유명한 루체른(Lucerne) 부근 지역이었다. 그 당시 스위스는 굉장한 자연

[*]   영국 상류층이 스위스 관광을 개발한 것은 우연이 아니었다. 영국은 최초의
산업 국가였으며(그래서 위에서 설명한 근대 관광에 필요한 조건을 갖추었다),
항상, 특히 1847-48년 스위스를 정치적으로 지지한 국가가 바로 영국이었다. 영국은
1830년대 자유 무역의 위험과 기회를 파악하기 위해 스위스에 하원의원을 보냈다.
1837년 존 보우링(John Bowring)이 보고서를 의회에 제출했는데, 영국이 1846년
아주 유명한 곡물조례법 폐지를 시작으로 자유무역으로 방향을 선회하는 중요한
계기가 되었다. 보우링은 스위스의 산업화 수준과 경제적 성공에 큰 감명을 받았다.

140

현상과 이상하고 놀라운 문화를 함께 제공하는 이국적이고 신나는 곳으로 여겨졌고, 색다른 경험에 목마른 호기심이 가득한 사람들과 부유한 사람들을 끌어들였다.

영국 여행사 운영자 토머스 쿡(Thomas Cook)은 1863년 '최초의 스위스 가이드 관광(The First Conducted Tour of Switzerland)' 상품을 홍보했고, 진취적인 스위스인들은 관광이 수익성이 있는 지속 가능 사업이 될 수 있다고 보기 시작했다. 쿡은 그의 여행 상품을 '학습 여행', '위험하지 않는 모험'이라고 마케팅을 했다. 사실, 이 여행들은 위험이 전혀 없는 것은 아니었다. 최초의 스위스 가이드 관광은 여행객들에게 상당한 육체적 능력을 요구했고 일부 사람들은 두려움이나 탈진으로 중도 포기했다. 하지만 스위스는 진취적인 여행자들에게 매력적이었고, 초기부터 현지 호스트들은 불충분한 인프라 시설을 재치 있는 임기응변과 엄청난 자신감으로 보충했다. 호스트들의 대부분은 관광업을 겸업하는 농부나 시계 제조공, 섬유 제조공('외주 작업')이었다. 추가적인 수입을 위해 일하는—손해 볼 게 없었다— 그들은 더 나은 삶을 결코 상상해본 적이 없는 다른 유럽 지역의 농노와는 달랐다. 이런 사정 때문에 노동공급이 융통성을 갖게 되었는데, 농업과 관광은 서로를 보완하는 계절성 산업이어서 비용을 지속적으로 낮추었기 때문이다. 1914년까지, 또는 그 이후까지 많은 스위스 가구들은 세 가지 주요 분야—축산, 가내수공업, 관광—에 함께 종사했다. 이와 같은 전통과 융통성 있는(근대) 생활방식의 결합은 19세기 스위스 선구자들의 핵심적인 특징이었다.

매우 위험한 봉우리들

알프스 산맥 등반은 일찍부터 매력적인 활동이 되었다. 1768년 자끄 발마(Jacques Balmat)와 미셸 파카드(Michel Paccard)가 몽블랑 정상에 올랐다(최초의 몽블랑 등반 기록). 1811년 형제인 요한 루돌프와 히에로니무스 마이어가 최초로 융프라우를 등반했다. 1847년 두포우르스피체(Dufourspitze) 정상 도전이 최초로 시도되었다. 삼 년 뒤 쿠어(Chur) 출신의 28세의 측량기사 요한 코츠(Johann Coaz)는 존(Jon)과 로렌츠 라구트 차르너(Lorenz Ragut Tscharner) 형제의 도움을 받아 최초로 피츠 베르니나(Piz Bernina)에 올랐다. 거대한 알프스 산맥의 봉우리 중 아직 정복되지 않은 마지막 남은 정상이었던 마터호른은 1865년 영국 탐험가 에드워드 윔퍼(Edward Whymper)가 이끄는 등반대가 열 번의 시도 끝에 정복했다.

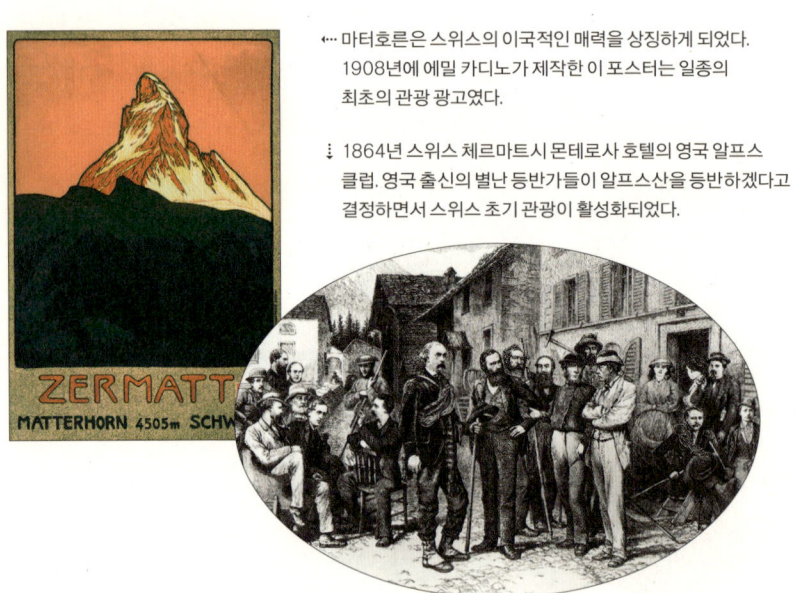

←⋯ 마터호른은 스위스의 이국적인 매력을 상징하게 되었다. 1908년에 에밀 카디노가 제작한 이 포스터는 일종의 최초의 관광 광고였다.

↓ 1864년 스위스 체르마트시 몬테로사 호텔의 영국 알프스 클럽. 영국 출신의 별난 등반가들이 알프스산을 등반하겠다고 결정하면서 스위스 초기 관광이 활성화되었다.

이러한 등반 위업에는 종종 비극이 뒤따랐다. 윔퍼의 등반대원 중 네 명이 하산 중에 사망했고, 마터호른은 알프스 산맥에서 가장 위험한 산으로 남아 있다. 1865년에서 1995년까지 500명 이상의 알프스 등반가들이 사망하여 이 시기에 '오래된 등반가와 용감한 등반가가 있지만 오래되고 용감한 등반가는 없다.'는 말이 만들어졌다. 아이거의 북쪽 벽면은 '살인 벽'이라는 독일어 닉네임이 붙여졌다. 이런 위험에도 불구하고—아마도 그렇기 때문에—알프스 산맥은 19세기 조직적인 등반이 시작된 이후로 모험적인 여행객들을 끊임없이 끌어들였다. 윈스턴 처칠과 아킬레 라티—나중에 교황 비오 11세가 되었다—는 몬테로사를 등반한 많은 저명한 사람들 중 두 사람에 불과하다. 1920년대 지치부 왕자의 탐험(그 당시 일본 왕위 계승 서열 2위였던 그는 마터호른을 비롯한 스위스의 몇몇 봉우리를 등반했다)과 스위스와 일본의 지속적인 관계 덕분에 일본 역시 산악 등반에 많이 기여했다. 그 이후 많은 일본인들은 마터호른 정복을 목표로 삼았고 일본 관광객이 체르마트를 계속 방문했다.

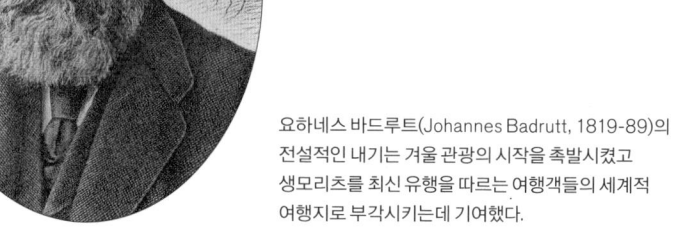

요하네스 바드루트(Johannes Badrutt, 1819-89)의 전설적인 내기는 겨울 관광의 시작을 촉발시켰고 생모리츠를 최신 유행을 따르는 여행객들의 세계적 여행지로 부각시키는데 기여했다.

스키의 발명

그러나 연중 스위스 관광 산업의 기초를 놓은 것은 등산객들이 아니었다. 그것은 스키였다—더 정확히 말하면 1860년대 영국 귀족들이 발명한 특별한 스키 활동이었다.

   스키 이전에는 눈썰매의 일종인 터보건이 있었다. 1864년까지 생모리츠는 여름 휴양지였을 뿐이었다. 생모리츠 쿨름 고급호텔(St Moritz Kulm Hotel) 소유주 요하네스 바드루트와 영국인 여름철 손님 4명과의 내기 때문에 이런 상황이 바뀌었다. 내기 내용은 그 손님들이 다음 겨울에 생모리츠를 방문하여 겨울철 기후에 만족하지 않는다면 바드루트가 모든 비용을 부담한다는 것이었다. 손님들은 왔고 어김없이 눈이 내렸다. 느긋한 시간을 보내던 그들은 식당에서 은쟁반을 얻어 쿨름 호텔 앞 경사면에서 터보건을 탔다. 여기서 유명한 크레스타(Cresta) 터보건 타기가 탄생했다.

속도, 공포, 최신 유행

공교롭게도 그해 겨울 날씨는 환상적이었고 즐거움을 만끽한 손님들은 영국으로 돌아가서 소문을 퍼뜨렸다. 생모리츠는 과거에 연연하지 않고, 빠르게 부유하고 아름답고 별난 사람들의 놀이터가 되었다—그리고 크레스타 런(Cresta Run) 썰매 경기는 이 성공과 많은 관련이 있다. 최신 유행을 쫓는 방문객들을 매료시키는 것으로 속도와 위험만한 것이 없기 때문이다. 크레스타 경주자들은 작은 금속 썰매(달리는 터보건)를 타고 아래로 내려간다. 얼굴을 앞으로 내밀고 단단한 얼음에서 2인치 떨어진 채 생모리츠에서 첼레리나(Celerina)까지 계속 내려간다. 이 터보건은

영국 관광객들은 처음 쿨름 호텔에서 차 쟁반을 이용해 미끄럼을 탔다. 이것이 오늘날 세계적으로 유명한 크레스타 경기가 만들어지는 계기가 되었다. '셔틀콕'은 경기 코스에 아주 숙달된 경기자들에게도 가혹하고 위험한 코스로 악명이 높다.

방향조정 장치와 제동장치가 없다. 주행 코스는 50층 빌딩과 맞먹는 높이에서 떨어지는데 10개의 까다로운 굽이가 있으며 경주자들은 표준 중력의 최대 4배까지 경험할 수 있다(우주선이 이륙하거나 재진입할 때의 중력은 표준 중력의 3배에 불과하다). 유일한 보호 장치는 헬멧과 1세기 전에 설계된 조잡하고 오래된 몇 가지 무릎 및 팔꿈치 패드뿐이다.

스타일, 전통, 끔찍한 속도가 결합된 이 활동은 150년 이상 크레스타 클럽이 에롤 플린, 존 F. 케네디, 쟌니 아넬리를 비롯한 부유하고 유명한 사람들의 겨울철 놀이가 된 이유를 설명해준다. 그러나 생모리츠에는 크레타 타기만 있는 것이 아니다—이 도시에는 새로운 겨울 스포츠를 홍보하는데 창의적이었다—유럽 본토 최초의 컬링 경기(1880년), 최초의 유럽 아이스스케이팅 경기(1882년), 스위스 최초의 아이스하키 경기(1888년). 생모리츠에서 열린 1928년 겨울올림픽에서 스키 경기가 처음 올림픽 종목으로 선정되어 겨울 스포츠의 대중화에 크게 기여했다. 하지만 스위스 알프스 산맥과 그슈타드, 체르마트, 생모리츠, 다보스와 같은 스키 휴양지에서 겨울이 주요 관광시즌이 된 것은 2차 세계대전 이후였다. 이런 추세의 특별한 수혜자는 생모리츠였다—얼마나 성공적이었든지 많은 방문객들이 스위스하면 '생모리츠를 중심으로 한 포근하고 작은 국가'라고 생각할 정도였다.

 19세기 산악 휴양은 막대한 개인 경비, 수고, 위험이 따르는 활동이었다. 산악 휴양이 대중적인 겨울 스포츠 활동으로 발전하려면 획기적인 도약이 필요했다. 스위스 기술자들이 사람들을 안전하게 가파른 산 위로 오르내릴 수 있는 방법을 찾아낸 이후에야 산악 관광은 산업이 되었다.

정상까지 가는 티켓

1805년 심플롱 고개를 넘어가는 최초의 도로가 개통되어 최초로 알프스 고산 지역을 4륜 마차가 통행할 수 있게 되었다. 그 후 1823년 최초의 우편 마차가 산베르나디노와 슈풀리겐 고개 길을 달렸다. 1838년부터 '급행우편차(Eilwagen)'라는 특급 마차가 바젤과 베른 사이를 매일 운행했는데 베른 알프스지역을 가는 관광객들에게 인기가 좋았다. 1842년 최초의 우편 마차가 고타르 고개를 넘었고 정확히 30년 뒤 약 14km 길이의

↑ 1925년 융프라우 열차를 광고하는 포스터 스위스가 산을 올라가는 기계장치를 개발하면서 덜 모험적인 부자들도 겨울 관광에 매력을 느끼게 되었다.

철도 터널 공사가 시작되었다—이 터널은 마차의 종말을 예고했다. 이 터널—그 당시에는 세계에서 가장 길었다—은 1882년 6월 1일에 개통되었고 35년 뒤 스위스 최초로 바덴과 취리히 간 열차 서비스가 시작되었다.

열차가 스위스의 가파른 경사를 극복할 수 있는 새로운 메커니즘이 발명되면서 결정적인 기술적 돌파구가 마련되었다. 1871년 스위스 기술자 니클라우스 리겐바흐(Niklaus Riggenbach)는 유럽 최초로 리기산의 비츠나우-리기-반으로 이어지는 톱니식 산악철도를 건설하기 시작했다. 이 새로운 기술은 미국의 워싱턴 산악 철도에 사용된 것과 비슷했다. 열차 바퀴와 철도 선로에 서로 맞물리는 톱니가 설치되어 미끄러지는 것을 방지하기 때문에 경사지에서 운행할 수 있다. 비츠나우에서 리기 슈테펠회헤까지의 노선은 5km이며 1,115m를 올라가며 최대 경사는 25도였다.

리기 노선에 이어 1888년 알프나흐슈타트와 브리엔츠를 연결하는 브뤼니크 노선이 개통되었다. 이 노선은 중앙 스위스와 베른 알프스 지역을 연결했다. 짧은 시기 동안 세계 최고 경사의 필라투스 톱니식 산악열차를 비롯하여 오늘날 볼 수 있는 산악철도가 모두 건설되었다. 1896년 스위스 공학기술의 탁월함을 유감없이 보여준 공사가 클라이네 샤데이크에서 융프라우 산마루에 이르는 구간에서 시작되었다. 이 공사는 1912년에 완료되었고 유럽에서 가장 높은 곳에 위치한 기차역이 융프라우요흐에 개장되었다.

고급 호텔을 만드는 재능

1895년 출간된 영국 여행 안내책자 「스위스의 두 계절」은 알프스의 겨울이 주는 즐거움을 격찬했다. 이 책의 인기는 스위스가 빠르게 관광의 선구자가 되어가고 있음을 보여주는 표시였다. 호텔들—서비스 질이 다소 의심스럽다—이 우후죽순 생겨났다. 1912년에 이미 호텔 침실 개수가 211,000개였고, 백 년 뒤에도 274,000개로 늘어났을 뿐이다. 시골 지역에서 예상할 수 있듯이 가족이 대부분의 호텔을 건축하여 운영하다가 다음 세대로 물려주었다. 호텔들은 이용 가능한 최고의 인재들과 가장 가까운 곳에 있는 사람들에 의해 운영되었다. 때로 그것이 장점이 되었지만 때로는 그렇지 못했다. 그러나 좋든 나쁘든 간에 개인이 운영하는 호텔이 강조한 것은 환대의 문화였다.

　스위스는 천성적으로 소박한 사람들이었지만 또한 사업적인 마인드를 갖고 있다. 보통 절제된 접근방법으로 유명한 나라가 가장 유명한 고급호텔—로잔의 보리바쥬, 취리히의 돌더, 생모리츠의 팰리스—을 만들었다는 것은 흥미로운 역설이다. 이 훌륭한 호텔들은 흔히 작은 여관 소유자들의 야심 찬 아들들에 의해 거의 모두 19세기 후반과 20세기 초에 지어졌다—가족 기업가들은 부모의 영역을 훨씬 뛰어넘는 모험으로 뛰어들었다.

　19세기 말엽, 제네바 호수의 북쪽 해안가에 호텔들이 폭발적으로 개발되었다. 1835년 몽트뢰(Montreux)는 단 두 채의 검소한 게스트하우스를 갖고 있었지만 20세기 초 5,000개의 침실을 갖춘 74개의 호텔을 자랑하게 되었다. 루체른에는 1833년과 1854년 사이 인상적인 호수변 산책로가 건설되었고 이것은 곧 고급 호텔들—티폴리,

슈바이처호프, 내셔널, 팰리스—로 이어졌다. 피어발트슈테터 호수 주변과 루가노 지역에 이와 비슷한 발전이 나타났다. 루가노의 긴 호수를 배경으로 수많은 호텔이 들어섰다.

↑ 1998년에 개통된 필라두스반은 세계에서 가장 경사가 가파른 여객철도 노선이다.

부허(Bucher) 제국

스위스는 작은 나라다. 그리고 물리적으로 접근하기 어렵다는 점은 스위스 시민들의 의식 속에 뿌리 깊이 박혀 있다. 이것은 스위스 국민이 자연스럽게 무역상이 되는 데 도움을 준다. 더 넓은 세상에서 단절된 사람들은 자연히 더 넓은 시야를 추구한다. 그래서 스위스 호텔사업자들은 전문 기술을 수출하기 위해 좁은 영토 바깥을 바라보기 시작했다. 19세기 가장 위대한 기업가 중 한 사람은 오프발덴(스위스 연방의 주들 중에서 오래전에 설립된 주) 출신의 프란츠 요제프 부허(Franz Josef Bucher)였다. 그는 파트너인 로베르트 두러(Robert Durrer)와 함께 고향 도시인 자르넨에서 이웃 국가인 이탈리아, 멀리 이집트에 이르는 호텔 제국을 세웠다. 나중에는 10개 이상의 고급 호텔이 여기에 포함되는데 대부분 '팰리스'라는 이름을 붙였다. 부허는 호텔뿐만 아니라 그것을 지원하는 인프라 시설에도 대규모로 투자할 필요성을 알았던 기업가였다. 그래서 그는 피어발트슈태터 고지대인 뷔르겐슈톡 고원에 숙박 호텔과 헬스 리조트를 만들 때 도로, 철도, 함메취반트 리프트—유럽에서 지지대가 없는 가장 높은 엘리베이터 타워—를 설치해 접근성을 높였다.

개척자인 부허를 이어 최고급 서비스 개념을 전형적으로 보여준 사람이 곧 등장했다. 그의 이름은 세자르 리츠(César Ritz)였다.

리츠라는 사람

세자르 리츠(1850-1918)는 세계도처에서 고급 숙박시설과 동의어가 되었다.

"당신은 왕들을 위한 호텔의 경영자이며 호텔경영자의 왕입니다." 영국의 에드워드 7세는 리츠에게 이렇게 말했다고 한다. 니더발트의 발레에서 한 농가의 13명 자녀 중 막내로 태어난 그는 호텔 종사자로서의 시작은 최악이었다. 그는 1865년 브리그의 코론너 엣 포스테 호텔(Hotel Couronne et Poste)에서 웨이터 도제 교육을 받다가 해고당했다. 하지만 그는 이 일로 낙심하지 않고 다시 시작했다. 그는 열심히 일해 불과 7년 만에 파리의 스플렌디데 고급호텔에서 상급직위까지 승진했다. 그는 계속하여 루체른과 모나코에 있는 유명한 호텔들을 관리했고, 그 이후 뛰어난 프랑스 요리사 오귀스트 에스코피에(Auguste Escoffier)와 함께 인기 있는 독일 리조트 바덴-바덴에 레스토랑을 개장했다.

두 사람은 곧 리처드 도일리 카트(Richard d'Oyly Carte)의 초청을 받아 런던의 사보이(Savoy)를 운영하게 되었다. 그들은 그곳을 런던에서 가장

↑ 오늘날 런던에 있는 리츠 호텔

인기 있는 장소로 바꾸었다. 1898년 리츠는 최초로 파리 방돔 광장에 자신의 이름을 붙인 호텔을 열었다. 그 이후 그에게는 거칠 것이 없었다. '리츠'라는 이름은 수준 높은 생활의 동의어가 되었고 런던 리츠와 같은 주요 호텔들은 모든 호텔경영자가 이룰 수 있는 예술의 전형이 되었다. 리츠는 고객의 요구를 파악하는 본능을 타고났다. 그는 유명한 손님의 특별한 요청과 약점을 기록했다가 나중에 고객의 요구사항을 상기시키며 그들을 놀라게 하여 계속해서 고객들로부터 돈으로 환산할 수 없을 정도의 충성도를 이끌어냈다. 리츠는 선견지명이 있는 사람이었으며 완전주의자, 일 중독자였다. 고급호텔이 명성을 잃을 때면 언제나, 어디서든지 그것을 바꾸기 위해 그를 불렀다. 그는 자신의 명성에 걸맞게 살았으며, 특히 루체른의 내셔널 호텔을 구했다.

탁월함의 가격

20세기 초엽 리츠는 10개의 호텔과 레스토랑을 동시에 경영하고 있었다. 그는 유럽 곳곳을 쉴 새 없이 여행하면서 자신이 일하는 곳이면 어디에서든지 완벽을 역설했다. 불과 52세에 일중독에 가까운 그의 일과가 갑자기 그의 발목을 잡았다. 그는 몸과 마음이 망가져 직업과 천직을 포기해야만 했다. 그는 결국 회복하지 못하고 16년 뒤 죽었다.

오늘날 전 세계 유럽과 아메리카 지역, 아시아, 중동에 이르기까지 23개국에 78개의 리츠 호텔이 있다. 이 호텔 브랜드는 계속 최고급 호텔의 기준을 제시하고 있다. 리츠는 호텔 산업을 획기적으로 바꾸고 전례가 없는 완전히 새로운 기준을 세웠다. 이 일을 통해 그는 스위스가 탁월한 호텔경영의 중심지라는 평판을 얻는데 크게 기여했다. 이런 평판은 1893년 로잔에 설립된 세계 최초의 호텔경영 전문대학에 의해 뒷받침되었다. 로잔 호텔학교(EHL)는 계속 국제적 명성을 얻고 있으며 호텔경영은 스위스의 성공적인 수출품 중 하나다. EHL은 뉴욕 북부의 코넬 호텔경영학교와 함께 호텔 직업에 관심이 있는 사람들에게 최고의 교육기관으로 평가받고 있으며 2만5천 명 이상의 호텔관리자들이 이 과정을 졸업했다. 그 결과 현재 세계 곳곳의 많은 대형 호텔과 체인점들은 스위스인들에 의해 운영되고 있다.

EHL을 졸업한 유명인	
페터 보러(1975년 졸업)	페닌슐라 호텔 최고운영자
프랑수아 뒤사르(1990년 졸업)	로잔 보 리바지 팰리스 총지배인
롤랜드 파셀(1984년 졸업)	더 도체스터 호텔 총괄 관리자 및 영국 지역 책임자
안드레아스 멧뮐러(1979년 졸업)	뫼벤픽 호텔 & 리조트 중동 및 아시아 선임 부사장
토머스 마이어(1995년 졸업)	래플즈 호텔 & 리조트 운영 담당 부사장
필립 모지만(2000년 졸업)	런던의 모지만스 총지배인
커트 바츠베이틀(1961년 졸업)	방콕 만다린 오리엔탈 호텔 전 총지배인
레토 비트버(1970년 졸업)	켐핀스키 호텔 & 리조트 사장 겸 최고경영자

패키지 관광이 시작되다

하지만 리츠가 전부는 아니었다. 스위스가 관광 분야의 전문 지식과 물류 혁신을 결합하는데 성공한 것을 보여주는 중요한 사례는 1874년에 태어난 알프레드 쿠오니(Alfred Kuoni)였다. 20세기 초 쿠오니는—영국에 체류할 때 잘 짜인 패키지 여행 사업을 보고 영감을 얻었다—취리히에 소규모 현지 여행사를 설립하여 주변 지역을 돌아보는 오후 당일여행 상품을 판매했다. 그는 취리히의 다른 두 여행사인 마이스(Meiss & Co)와 토마스 쿡 여행사의 지사와 더불어 스위스에서 완전한 여행 일정을 선구적으로 판매한 사람이었다—이것이 결국 패키지여행으로 알려지게 되었다.

쿠오니는 소규모로 시작했다. 그는 형제들이 운영했던 화물운송회사(새로운 분야에 거의 관심을 보이지 않았지만 그가 하는 것을 막지 않았다)와 같은 건물을 사용했다. 쿠오니는 큼직한 고객 유인책으로 '1인당 1 스위스프랑으로 떠나는 돌더 공원 단체여행'을 홍보했다. 여행 목적지는 그의 사무실에서 가까운 곳이어서 편리했다. 거기서 조금 더 가면 도시의 먼 가장자리에 어렴풋이 보이는 위틀리베르크로 올라가는 '멋진 톱니바퀴 산악철도 여행'을 할 수 있는 곳이 있었다.

얼마 뒤 쿠오니는 거의 파산지경에 이르렀다. 첫해 그는 화물 수송을 포함하여 여행 수수료로 겨우 2,500스위스프랑을 벌었다. 1907년 그의 둘째 해 수입은 6,300스위스프랑에 지나지 않았다. 쿠오니가 첫 번째 해외여행을 판매하자 상황은 급변했다. 복잡하고 야심 찬 패키지여행이 수익성이 높다는 것이 곧 분명해졌기 때문이었다. 예를 들어 '님(Nîmes)의 투우장 특별 방문 포함하여 리옹, 마르세유, 니스, 몬테카를로, 제노바, 밀라노로 가는 단체 열차여행'이 있다. 쿠오니의 1909년 여행상품 중 압권은 '나일강 폭포 탐험'이었다. 이 여행의 비용은 2,750스위스프랑이었는데 평균 노동자의 2년 치 임금과 거의 같았다.

개인을 배려한 여행

쿠오니는 교양인들을 위한 여행계획을 신중하게 짰다. 이것은 개인적인 배려를 소중하게 여겼던 부유한 고객들을 위한 최초의 여행상품이었다. 그는 안내책자에서 '편안하고, 안전하며 유익한 여행을 위해 가능한 모든 편의시설'을 약속했다. 그것은 올바른 내용이었던 같다. 그 당시 해외여행을 떠나는 사람들은 대부분 그 정도의 비용을 감당할 수 있었기 때문이었다.

    1914-18년 동안 계속된 1차 세계대전은 순식간에 쿠오니를 거의 파멸시켰다. 그러나 그는 간신히 버티다가 그 이후부터는 대대적으로 확장하여 스위스 전역에 여행사를 개장했다. 쿠오니는 스위스 시장이 앞으로 전망이 밝지 않다는 것을 깨닫고, 2차 세계대전 직전 니스에 최초의 해외 매장을 열었다. 쿠오니는 1943년에 죽었지만 전쟁이 끝나자마자 이 회사는 창립자의 국제적인 야망을 현실로 바꾸기 시작했다. 1948년 더 많은 지점이 프랑스와 이탈리아에 개장했고, 이 회사는 더욱 이국적인 여행지를 발굴하기 위해 아프리카로 눈길을 돌렸다. 쿠오니 최초의 '자체 브랜드' 전세기가 1957년에 아프리카에 착륙했다. 쿠오니는 1963년 일본 지점을 개설하여 극동 지역을 공략하기 시작했다. 2년 뒤 찰리스 & 벤슨을 인수하여 영국 시장에 진출하였고,

1970년부터 쿠오니 여행 상품을 영국에서 판매했다.

매출액 10억 스위스프랑 돌파

1972년 스위스 주식 시장이 요동친 뒤 쿠오니는 확장 욕구를 감당할 수 있는 자본을 보유했다. 호주, 독일, 스페인, 그리스에 지점을 개설하고 다른 여행 운영자들도 확보했다. 최초의 세계일주 여행과 콩코드 전세기 비행과 같은 새로운 여행상품도 개발되었다. 쿠오니는 가장 인기 있는 휴양지에 있는 일류 호텔들을 매입했으며 스위스에서는 가성비가 좋은 여행 플랫폼을 위해 저가 브랜드인 헬베틱(Helvetic)을 출시했다. 1981년 쿠오니의 매출액은 처음으로 10억 스위스프랑을 돌파했다. 이 거대 여행사는 전 세계적으로 여행 열기를 불러일으켜 프랑스, 스칸디나비아, 네덜란드에서 자신의 입지를 강화하고 인도 시장을 정복하기 시작했다.

↑ 쿠오니는 패키지여행의 선구자다. 잘 훈련되고 다국어를 구사하는 직원들이 여행지에 배치되어 고객들이 더 즐거운 여행을 하도록 도와주었다.

실제로 2000년 쿠오니는 인도의 선도적인 여행사가 되었고 지금까지도 그 지위를 유지하고 있다.

오늘날 쿠오니의 매출액 중 75%가 해외에서 발생하며, 최대 잠재시장은 세계의 지구 반대편인 인도와 중국이다. 쿠오니의 뿌리는 스위스이지만 실제 영업활동은 국제적이며, 전체 직원은 9천 명이고 매출액은 약 40억 스위스프랑이다. 이 회사의 목표는 서비스 품질에서 세계 최고의 여행그룹이 되는 것이다.

그러나 쿠오니는 스위스 최대 여행그룹이 아니다. 스위스 최대 여행사의 시작은—쿠오니처럼—가장 보잘것없는 모습이었다. 1920년대 이탈리아어를 사용하는 티치노(Ticino) 지역이 점차 관광객들의 주목을 받기 시작했다. 그 지역 소년이었던 안토니오 만테가자(Antonio Mantegazza)가 돈을 벌 수 있는 가능성을 발견했다. 1928년 그는 외상으로 노 젓는 배를 구입하여 관광객을 태워 루가노 호수의 경치 좋은 곳을 돌아보며 그 지역의 이야기를 재미있게 들려주었다. 여기서 글로부스 비아기(Globus Viaggi)가 탄생했다.

자체 항공사를 만드는 방법

만테가자는 노 젓는 배를 더 많이 사들였고, 곧이어 모터 배, 택시, 대형 버스를 구입했다. 2차 세계대전이 끝난 뒤 글로부스는 33대의 대형버스를 자랑했고 티치노 지역을 사실상 독점했다. 쿠오니처럼 글로부스도 국내 사업보다는 국제적인 사업의 필요성을 깨달았다. 얼마 뒤 이 회사는 현대판 그랜드 투어인 시칠리아에서 노르웨이 노스 케이프(North Cape)까지 가는 고급 버스여행을 제공했다. 1950년대 말

글로부스는 티치노에 있는 가족 소유 회사였지만 미국시장에 진출했다. 몇 년 뒤 자체 전세기 항공사인 모나크(Monarch)뿐만 아니라 저가 여행상품 브랜드 코스모스(Cosmos)를 성공적으로 출시했다. 2003년 글로부스는 두 개의 브랜드를 추가로 출시했다—아발론 워터웨이즈는 소형 고급 선박을 이용하는 크루즈 회사이며, 모노그램은 고가의 개인 맞춤형 전문 여행사다. 전 세계 32개 지점과 5천 명 이상의 직원, 매출액 60억 스위스프랑인 글로부스는 현재 스위스 최대 여행사다—그리고 가장 적게 알려진 회사이기도 하다. 하지만 글로부스는 쿠오니와 마찬가지로 스위스의 전문 기술과 한계점이 낳은 결과물이다. 매우 작은 국내 시장은 스위스의 국제적 위상을 만든 동력이다. 스위스 회사들은 흔히 그저 생존하기 위해 국제화를 해야 한다.

루체른: 어둠 속의 빛

스위스의 매력이 우연히 자연이 스위스에 물려준 것뿐이라는 인상을 갖는다면 부당하다. 스위스는 수세기 동안 바이런 경에서부터 블라디미르 나보코프(Vladimir Nabokov)에 이르는 창의적인 예술가들이 피난처로 선택한 나라이며, 창의적인 지성들과 그를 따르는 사람들을 계속 끌어들이고 있다. 스위스의 미술, 음악, 문학 축제는 지금도 많은 방문객을 끌어들이는 자석 역할을 하고 있다.

이중 가장 유명한 것은 루체른 축제다. 이 축제는 1938년 8월 힘든 시기에 시작되었다. 그 당시 전설적인 지휘자 아르투로 토스카니니가 루체른 호수 주변의 저택 정원에서 많은 뛰어난 솔로 연주자와 소규모 합주단을 불러 모았고, 사람들은 이것을 독일과 오스트리아의 나치당의

↑ 루체른 축제는 나치가 지배한 지역에서 연주가 허용되지 않은 유대인 음악가들이 중립 지역에서 독일 연주자들과 함께 연주하도록 허용하기 위해 만들어졌다. 그 결과 루체른은 최고 수준의 음악을 들을 수 있는 곳이라는 명성을 얻었다. 장 누벨이 설계한 이 연주회장은 루체른 호수의 목가적인 배경을 제공하며 세계 최고 수준의 음향 시설로 여겨진다. 토마스 헬드는 지역 후원자들로부터 5천 7백만 스위스프랑을 모금하여 연주회장 건설 재원을 지원하고 필수적인 건축 허가 과정을 힘들게 극복했다. 헬드는 나중에 스위스의 선도적인 싱크탱크인 '아베니르 스위스(avenir suisse)'를 설립했다.

등장에 맞서는 희망의 빛으로 보고 모여들었다. 많은 음악가들은 유대인 동료들과의 연대의식으로 잘츠부르크와 바이로이트 축제에 참가하기를 거부했다. 유대인 음악가들은 이들 지역에서 더 이상 연주할 수 없었지만 루체른에서 연주할 준비를 했다. 이전에도 종종 그랬듯이 스위스는 정치적 이유로 다른 국가에서 도피한 유능한 사람들을 환영했다. 열 번의 연주회가 열린 이 첫 번째 시즌이 개최된 곳이 반유대주의적인 리하르트 바그너(Richard Wagner)의 고향이었다는 것은 아이러니한 일이었다―아니면 이것은 나치 이념이 승리하지 못할 것임을 세상에 알리는 메시지였을 것이다.

 오늘날 매년 약 12만 명이 축제를 즐기기 위해 루체른을 방문하며 축제 프로그램은 늦가을에 열리는 젊은 독주연주자를 위한 피아노 연주 특별 축제, 루체른 오케스트라, 루체른 페스티벌 스트링스(Lucerne Festival Strings)를 비롯하여 매우 다양하다. 뛰어난 음향 시설과 아름다운 건축으로 유명한 루체른 문화 컨벤션 센터—프랑스 건축가 장 누벨이 설계했다—역시 2000년 완공 이후 루체른을 국제적인 문화 중심도시로 자리매김하는데 도움을 주었다. 이 축제는 이 목가적인 호수 도시로 세계 최고의 독주 연주자, 오케스트라, 지휘자를 정기적으로 끌어들이는데, 이 모든 일은 조용하고 절제된 스위스 방식으로 이루어진다. 최고 수준의 음악을 제공하지만 다른 유명 축제에서 볼 수 있는 떠들썩한 홍보는 하지 않는다.

보여지길 원하는 곳과 숨고 싶은 곳

'아름답고 중요한 사람들'이라는 이름을 붙일 수 있는 틈새시장에서, 세련된 생모리츠는 보여 지길 원하는 사람들을 위한 장소가 되었다. 반면 그슈타드(Gstaad)는 보다 신중한 유명 인사들을 위한 세련되고 값비싼 은신처가 되었다. 다보스는 1971년 제1회 세계경제포럼(WEF)을 개최한 이래 세계의 주목을 받아왔다. 알프스의 작은 도시인 다보스는 이제 국제적인 사업가와 정치 지도자, 지식인, 언론인이 세계가 당면한 가장 긴급한 문제를 함께 논의하는 세계경제포럼과 동의어가 되었다. 이 회의는 보통 1월에 열린다.

스위스의 비영리기구인 WEF는 독일 경제학자이자 제네바에서 경영학 교수로 가르치는 클라우스 슈밥(Klaus Schwab)이 유럽 경영 포럼으로 창립했다. 슈밥은 매년 1월 유럽과 미국의 몇몇 저명한

↑ 1992년 다보스에서 열린 세계경제포럼에 참석한 프레데리크 데 클레르크(Frederik de Klerk, 왼쪽에서 두 번째), 넬슨 만델라(오른쪽에서 두 번째), 클라우스 슈밥(맨 오른쪽). 몇 개월 뒤 백인 남아공사람들은 인종차별정책을 폐지하는 투표를 실시했다.

경제학자와 정치학자를 다보스로 초청하여 벽난로 앞에서 중요한 현안을 토론했다. 이 행사는 세월이 흐르면서 참석자 수와 위상이 올라갔고 1987년 더 폭넓은 비전과 국제 분쟁을 해결한다는 목적을 나타내기 위해 세계경제포럼으로 명칭을 바꾸었다. 이 포럼은 놀라운 성공을 거두었고 정치 지도자들이 서로의 차이를 논의하고 해소할 수 있는 플랫폼으로 자리매김했다. 그리고 이 포럼은 서로 대립하는 이념이 만나서 협상할 수 있는 장소로서 중립적이고 안전한 스위스의 중요성을 다시 한 번 부각시켜준다. 예를 들어 1988년 그리스와 터키는 양국 간의 전쟁을 막기 위해 다보스 선언에 서명했다. WEF는 빌 클린턴이 처음으로 이익을 창출하면서도 세계 불평등을 해결할 필요성을 강조하는 '창조적인 자본주의'에 대해 언급한 곳이기도 했다.

저렴한 스위스 관광

스위스의 중립성은 2차 세계대전 동안 스위스 관광산업이 사실상 중단되는 것을 막지 못했지만 전쟁이 끝나자 매우 빠르게 회복되었다. 관광 사업은 확장되어 스위스의 다른 지역도 포함되었다. 예를 들어 티치노―이탈리아어를 사용하는 스위스 지역―가 처음으로 많은 방문객을 끌어들이기 시작했다. 그리고 아스코나(Ascona), 루가노, 로카르노(Locarno)가 이탈리아를 생각나게 하는 따뜻한 지중해 기후와 나무가 우거진 호수 지역을 즐기려는 북부 유럽 사람들을 끌어들이기 시작했다. 한편, 겨울 스포츠 관광도 전례 없이 증가하였다. 대폭 개선된 활강 스키 기술과 대폭적인 여행비용 하락 덕분에 많은 사람들이 찾아왔다.

여행하기가 더 쉽고 저렴해지면서 스위스 경험의 대표적인 상징이었던 고급 호텔들은 다양한 수준의 저렴한 호텔들과 합쳐지게 되었다. 처음에는 비교적 부유한 사람들의 전유물이었던 관광 산업이 특히 2차 세계대전 이후 점차 대중적인 사업으로 확장되었다. 1950-1970년 사이 스위스 호텔의 투숙객수(1인1박 기준)는 1천 9백만 명에서 3천 6백만 명으로 거의 두 배 증가했다. 1980년대 이 숫자는 3천 1백만 명에서 3천 7백만 명 사이를 오갔지만 '유사 호텔'(오두막, 휴가용 별장, 캠프장, 집단 숙박, 유스호스텔)의 투숙객 수는 지속적으로 증가했다. 1955년 호텔은 1박 이상 투숙객의 80-90%를 차지했다. 1998년 이 수치는

50% 이하로 떨어졌다. 다른 대륙에 사는 사람들이 장거리 비행을 이용해 스위스를 방문할 수 있게 되면서 도로에 차량이 더 많이 늘었다. 1950년 처음으로 백만 대 이상의 외국인 차량이 스위스 국경을 넘었다.

값비싼 스위스를 깨우는 소리

하지만 이와 같이 관광산업의 확장을 가능하게 해준 핵심적인 동력들은 스위스 브랜드에 위협이기도 했다. 경쟁이 점차 심해지자 스위스는 너무 비싼 비용에 비해 볼 것이 별로 없는 곳으로 여겨지기 시작했다. 세계 관광 시장에서 스위스가 차지하는 점유율은 1950년대 8%에서 1990년대 불과 2%로 감소했다. 반면 관광 시장의 전체 규모는 증가했다(주로 여행비용의 하락 덕분이다—아래 그래프를 보라). 스위스 관광의 쇠퇴는 산업 국가들의 경기 침체나 프랑화의 높은 환율

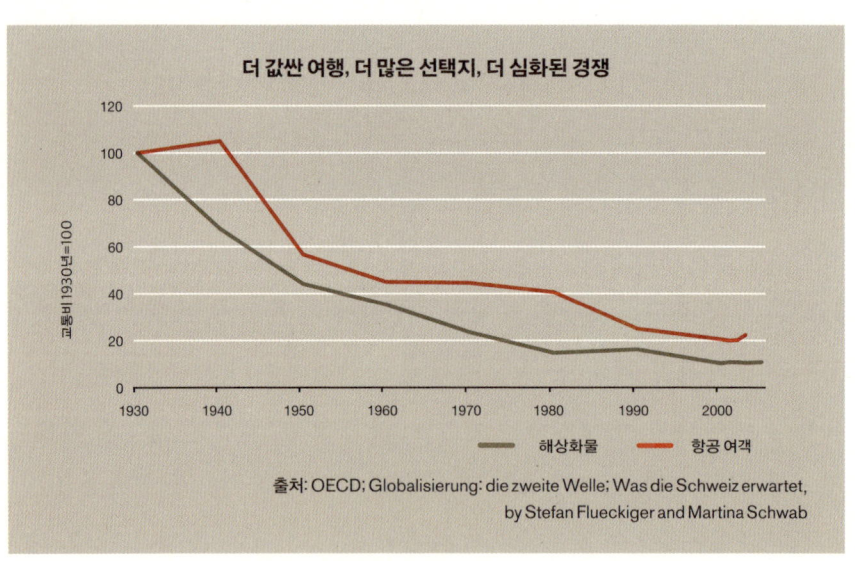

때문만은 아니다. 예를 들어 서비스 제공자들 간의 상호 협력 부족, 가격과 관광의 질 간의 불일치, 혁신 부족 등과 같은 구조적인 문제도 있다. 1997년 10월, 관광 산업의 혁신과 상호 협력 촉진에 관한 연방법은 기존 관광 공급 구조를 혁신하기 위한 기구인 인노 투어(Inno Tour)를 만들었다.

관광 수입은 여전히 매우 중요하다

스위스의 관광산업은 340억 달러 규모로 국내총생산의 약 3%를 차지한다. 요약하면, 해외에서 찾아오는 관광객은 180억 스위스프랑 이상을 지출하며 계속 스위스 경제에 상당한 흑자를 발생시키고 있다. 관광은 고용 창출 측면에서도 중요하다. 풀타임 일자리 15만개 이상을 제공하며 스위스 총고용의 약 4%를 차지한다. 산악 휴양지에서는 이 비율이 30% 정도로 많다. 관광 산업의 혜택은 상업, 교통, 금융, 보험, 문화단체와 같은 다른 분야에도 파급효과를 미친다.

신흥국 사람들이 점점 더 부유해지고 있다는 사실은 스위스에 호재다. 스위스 사람들은 모든 사람을 받아들이는 놀라운 문화적 능력을 갖고 있기 때문에 원칙적으로 새로운 시장을 개척할 수 있다. 중국, 러시아, 인도에서 온 방문자의 수와 빈도가 증가하면서 이전 세대의 영국, 미국, 일본 방문객들을 대체하고 있다. 그들은 또한 관광과 프라이빗 뱅킹(private banking) 간의 공생관계를 지원한다. 부유한 사람들은 자신의 재산을 보관해둔 나라를 방문하고 싶어 한다. 관광은 바젤의 국제결재은행처럼 국제기구의 입지요인이 되기도 한다. 룩셈부르크는 프라이빗뱅킹 서비스가 제공되고 중앙은행 관리들이 만나기 편리한 장소이지만, 관광산업이 활발하지 않기 때문에 성장 전망은 제한적이다.*

단순한 기념품 그 이상의 것

'스위스 브랜드'의 영향을 과소평가해서는 안 된다. 하지만 단순히 유명할 뿐만 아니라 전 세계 관광객들이 스위스를 대표하는 기념품이라고 생각해서 사가는 상품들도 있다. 가장 좋은 예가 빅토리녹스(Victorinox)의 주머니칼이다. 요즘 빅토리녹스 주머니칼은 한 해에 1,300만 개 정도 생산되며, 디자인도 굉장히 다양하다. 이 주머니칼도 어느 혁신가의 작품이다. 1884년, 카를 엘스너(Karl Elsener)는 스위스 군대에 군용 칼을 공급하는 도검 제조 회사를 설립했다. 엘스너는 기능을 최대한 많이 담은 소형 주머니칼을 제작하고자 수년 동안 다양한 아이디어를 실험해보았다. 그리고 1891년, 마침내 때가 왔다. 엘스너는 처음으로 스위스 군대에 완성품을 납품했다. 1897년, 스위스의 공식적인 주머니칼은 법적 보호를 받게 됐다. 빅토리녹스는 자사 상품이 경쟁 상품과 구별될 수 있도록 1909년부터 십자가가 그려진 방패 모양 엠블럼을 주머니칼에 사용했다. 빅토리녹스라는 회사명 자체도 전통과 혁신의 결합을 의미한다. 엘스너는 어머니가 1909년에 세상을 뜨자, 어머니의 이름 '빅토리아(Victoria)'를 회사 이름으로 정했다. 이후 1921년에 독일의 철강·무기 제조사 크루프(Krupp)가 '이녹스(Inox)'로 알려진 스테인리스

[*]   토비아스 스트라우만(Tobias Straumann) 교수의 의견.

스틸 제조 특허를 등록했다. 이로써 '빅토리아'와 '이녹스'가 결합한 현재의 '빅토리녹스' 브랜드가 탄생했다.

  1945년 이후 미국 군대가 이 스위스 상품에 지대한 관심을 보인 덕분에 거대한 판매 시장이 새롭게 열렸다. 당시 미국에서는 빅토리녹스의 주머니칼을 '스위스 아미 나이프(Swiss Army Knives)'로 불렀다. 요즘에도 다르지 않다. '스위스 아미' 브랜드를 사용할 권리가 있는 회사는 지금도 빅토리녹스가 유일하다. 빅토리녹스는 원래 주머니칼과 가정용 및 전문가용 칼만 생산했지만, 점점 상품군을

2011년 스위스 최대 여행사

	1950	1970	1980	2000	2011
쿠오니 레이센 AG(1906년)					
매출-백만 스위스프랑	2	255	2,196	4,113	5,111
고용자수-전체	na	1,350	3,100	7,670	11,048
고용자수-스위스 지역	na	1,080	1,600	1,730	1,350
호텔 플랜 홀딩(1935년)					
매출-백만 스위스프랑	12	194	1,036	2,181	1,828
고용자수-전체	na	na	na	3,800	2,450
고용자수-스위스 지역	na	na	na	1,470	1,380
뫼벤픽 호텔+리조트(1948년)					
매출-백만 스위스프랑	na	98	250	456	802
고용자수-전체	na	3,190	10,870	6,930	12,200
고용자수-스위스 지역	na	na	na	na	na

이 표는 이용 가능한 수치만 보여준다(그렇지 않은 경우 na로 표시한다).
수치는 반올림 또는 반내림 하였다.
출처: 〈포춘〉

늘려갔다. 오늘날에는 시계와 의류, 여행 가방도 생산하며, 심지어 2007년부터 향수까지 만들고 있다.

고급화냐 대중화냐—아니면 둘 다?

스위스 관광산업은 사업방식을 혁신할 필요가 있을까? 최근 수십 년간—20세기 초의 선구자적인 시기와 달리—스위스 관광 산업의 변화는 더딘 반면 경쟁자들은 빠르게 변화하면서 맹렬하게 투자하고 있다. 스위스는 최대한 많은 관광객을 유치하기 위해 계속 노력할 것이다. 그러나 스위스가 대중 관광에 적합한 인프라 시설을 유지할 경우 주요 혜택은 고용 부문에서 발생할 것이다. 수익성 측면에서 스위스가 경쟁 우위를 유지할 수 있는—빈틈없이 준비한다면—분야는 고급 관광시장이다. 현재의 관광사업 활동 역시 선도적인 관광사업 운영자들도 그렇게 생각하고 있음을 시사한다.

어스 슈바르첸바흐(Urs E. Schwarzenbach)는 최근 취리히의 유명한 돌더 호텔을 새로 단장하는데 5억 스위스프랑을 투자했다. 이것은 1m^2당 11,000스위스프랑에 해당하는 엄청난 금액이다. 이집트 투자가 사미 사위리스(Samih Sawiris)는 안데르마트에 10억 스위스 프랑 이상을 투자하고 있다. 그의 목표는 부유한 중동 고객들에게 '작은 스위스'를 소유할 기회를 주는 것이다. 가파른 스키리조트와 이전의 군사 훈련 기지에 6개의 호텔, 490개 아파트, 30채의 주택, 18홀 코스의 골프장(2009년에 공사가 시작되었다)이 들어설 예정이다.

스위스가 결국 해결해야 할 한 가지 문제는 소수를 상대로 한 고급 관광 시장과 다수를 상대하는 대중 관광 시장 간의 갈등이다. 이 두 시장은 지금까지 합리적인 수준에서 편안하게 공존해왔다. 그러나 점차 공간이 사람들로 혼잡해지면 더 이상 공존이 불가능할 수 있다. 갈등이 심해지면 스위스는 어디로든지 선택할 수밖에 없을 것이다.

공기, 햇빛, 그리고 뭐라고 정의하기 힘든 웰빙 분위기의 환상적인 조합은 스위스가 아닌 다른 곳에서 대체할 수 없다는 점이 거의 분명하다. 지금은 폴란드 지역인 곳에서 태어난 작가 요한 고트프리트 에벨(Johann Gottfried Ebel)는 1793년 출간한 「스위스를 가장 유익하고 즐겁게 관광하기 위한 안내서」에서 이렇게 썼다. "지구상 어떤 나라, 어느 곳도 스위스만큼 다방면에서 놀랍고 흥미롭지 않다." 생모리츠를 처음 방문한 이탈리아인들이 스위스를 가장 잘 표현했을 것이다. 그들은 생모리츠를 '한 곳에 가장 많은 것(il piu nell uno)'을 간직한 곳이라고 불렀다.

4장 스위스의 조용한 무역기업

— 스위스는 고립되어 있다. 이러한 배경은 스위스의 독특한 정치 문화와 중립 전통을 낳았다. 그러나 물리적 고립은 인적, 상업적 교류를 막지 못했으며, 이 작은 산악 국가가 세계 경제와 정치 분야에 진출하여 예상보다 훨씬 더 큰 역할을 감당할 역량과 욕구를 가로막지 못했다. 스위스에 본사를 둔 기업과 기업가들이 세계경제 무대에서 보여준 놀라운 탁월함을 어떻게 달리 설명할 수 있을까?

사실 고립이라는 바로 이 특성이 스위스의 무역기업과 무역상들이 지구의 가장 먼 구석까지 가게 만들고, 스위스를 오늘날 무역의 주요 중심지로 만드는데 도움이 되었는지 모른다. 천연자원과 국가의 자연적인 생산능력이 빈곤한 스위스는 항상 세계의 자원이 제공하는 기회를 포착해야 했다. 개방적이고 안정적이며 매우 신중한 스위스 경제는 이런 자원 분야에 종사하는 가장 역동적인 상인들에게 기회를 제공했다. 전설에 따르면, 스위스는 남과 잘 어울리지 않는 무뚝뚝한 산사람들의 땅이다—그리고 많은 전설과 마찬가지로, 여기에는 약간의 진실이 포함되어 있다. 하지만 스위스는 지난 백여 년 이상 세계의 커피와 코코아, 금속, 광물, 석유, 가스, 석탄 무역을 지배했던 다양한(종종 매우 은밀했지만) 기업과 사람들의 고향이기도 했다. 스위스는 과묵하고 고상한 칼뱅주의적 사업가들의 고향이지만, 한편으로 모험을 즐기는 무역업자들로 이루어진 놀라운 집단의 고향이기도 하다. 앞으로 보겠지만 이 집단을 한때 이끈 사람은 무역업자들 중에서 가장 유명한 인사인 마크 리치(Marc Rich)였다.

중개인의 정신

무역은 흔히 은밀하게 이루어지기 때문에 세계 무역에서 가장 유력한 중개인들의 활동에 관한 정확한 수치를 확보하기가 항상 쉬운 것은 아니다. 그러나 스위스 기업들이 세계 원자재 상품무역 시장에서 놀라운 성공을 거두어 지배적이진 않지만 놀라운 비중을 차지하고 있다는 점은 확실하다. 스위스 인구는 세계 인구의 1000분의 1에도 미치지 못할 정도로 소수에 지나지 않지만 스위스는 세계 원자재 상품무역에서 거의 압도적인 지배권을 갖고 있다.

주요 프랑스 은행의 추정에 따르면, 적어도 세계 석유 무역의 3분의 1이 군보르(Gunvor), 비톨(Vitol), 머큐리아(Mercuria)와 같은 제네바의 기업들을 통해 이루어진다. 세계 곡물, 유지작물(oilseed), 설탕 무역의 약 3분의 1이 제네바에 본사를 둔 기업들에 의해 처리된다. 글렌코어(Glencore)의 본사가 있는 소도시 추크(Zug)는 세계 광물 무역의 중심지다. 글렌코어는 세계 최대의 알루미늄, 구리, 아연 거래 회사이며 이 필수 금속들의 국제 거래량의 20-60%를 차지한다. 2012년 자회사 엑스트라타(Xstrata)와 합병한 이후부터 글렌코어는 세계 최대 광산기업이기도 하다. 세계 목화 무역의 6분의 1이 빈터투어에서 거래가 이루어진다. 추크와 함께 빈터투어는 세계 커피 무역에서 중요한 역할을 하는 볼카페 그룹(Volcafe Group)과 베른하르트 로트포스 인터카페(Bernhard Rothfos Intercafe)의 고향이다.

이 모든 것은 스위스가 가격 차이를 누설하지 않고 빈틈없이 지키고

독립적으로 행동하는 스위스의 전통이 자연스럽게 중개인의 정신을
탄생시켰음을 상기시켜준다. 하지만 독립적인 중개인의 형태는 매우
다양하다.

군사 전통

군인은 스위스 최초이자 가장 귀중한 수출품이었다. 스위스의 최초
해외사업 개척자들은 외국의 깃발아래 용병으로 복무하는 청년들이었다.
그들은 많은 전투에서 무자비한 전사라는 평판을 얻었고 스위스인의
전투력을 귀중한 상품으로 만들었다. 스위스 군인들은 유럽에서부터
멀리 인도네시아까지 메테르니히, 나폴레옹, 그리고 권력을 쫓은 많은
독재자들이 가장 선호하는 사람들이었다. 그들의 전투 기량과 함께
스위스 용병들은 충성심과 적응력으로 칭찬을 받았다. 스위스 군인들은
현지 언어와 관습을 배우고 조용하고 겸손한 태도로 행동했으며 지역
사회와 잘 동화되었다. 일부는 현지 여성과 결혼했고, 군벌, 왕자, 왕과
밀접한 관계를 맺은 군사 기업가가 등장했다. 이 군사 계약은 종종 무역
관계를 지속하는 토대가 되었다.

전투 기량에 대한 평판은 초기에 형성되었고—스위스라는 나라가
존재하기 전이었다—해외 무역과 해외 군사모험 간의 관계 역시
일찍부터 형성되었다. 확실히, 장거리 원자재 상품무역을 계획하는
재능은 전쟁에서 승리하는 기초가 된다. 이런 전통은 고대시대로 거슬러
올라간다—로마제국 당시 헬베티아(그 당시는 이렇게 불렸다)는 상업의
주요 중심지가 되었다.

그러나 11세기 인구가 증가하고 새로운 마을과 도시가 건설되면서

비로소 유럽의 무역활동이 번성하기 시작했다. 지금의 스위스에 포함되는 지역들은 무역을 통해 이익을 얻었다―그러나 약간 소극적인 방식이었다. 13세기 이전 스위스는 무역업에서 거의 아무런 역할을 하지 못했다. 주로 그들은 통과하는 외국 상인들에게서 상품을 구입하여 작은 가게에서 파는 소매상이었다. 특히 바젤, 제노바, 취리히와 같은 몇몇 도시에는 주변 지역을 넘어선 넓은 무역 네트워크를 갖고 있었다. 스위스의 무역 천재들은 무역이 번성하기 전에 스위스 연방―민주주의, 독립, 법치의 전통―의 출현을 기다려야 했다고 추측하는 것이 타당해 보인다. 그러나 사실은 그렇지 않았다. 그와 반대로 그 당시 스위스의 정치권력은 바젤, 제노바, 장크트갈렌, 취리히와 같은 매우 독립적이고 번영하는 도시국가 연합체에 의해 좌우되었다. 상당한 규모의 비옥한 토지가 없다는 것은 봉건 사회제도가 유지되지 못한다는 뜻이었다. 길드(Guild)는 사회의 중요한 조직 단위였으며, (고용을 통제하는) 길드 구성원과 (거래를 통제하는) 가격은 엄격히 규제되었다.

강이 흐르는 곳으로 무역도 흘러간다

바젤은 뛰어난 물리적 위치 덕분에 가장 중요한 무역중심지가 되었다. 이 도시는 프랑스어 사용 지역과 독일어 사용 지역에 걸쳐 있어 이곳 사람들은 두 가지 언어로 편리하게 사업을 수행한다. 라인강은 역사적으로 중앙 유럽의 주요 무역 통로였다. 바젤이 기막히게 운이 좋은 이유는 라인강이 도시를 통과하여 북쪽의 스트라스부르, 뒤셀도르프, 에센, 로테르담과 같은 이 지역의 가장 중요한 산업중심지로 흘러가기 때문이다. 물류 분야에서 강의 중요성을 아무리 강조해도 지나치지 않다. 강은 초기 산업 사회에 폐와 같은 역할을 했으며 필수적인 무역의 특성, 방향, 속도를 결정했다. 갠지스강, 미시시피강, 볼가강, 양쯔강과 같이 상업 분야와 관련된 주요 하천 중 오로지 라인강이 북쪽으로 흐른다. 바젤은 공교롭게도 라인강의 항해 한계 지역 근처에 위치했다. 바젤은 스위스에 없는 사실상의 항구였다. 상품을 바지선에 실어 1,200km의 라인강을 따라 손쉽게 다양한 목적지로 보낼 수 있었다. 교량 역시 전략적으로 상당히 중요했다. 1225년 중간 다리(Mittlere Brucke)가 바젤에 건설되었을 때 이 도시는 사람과 말을 이용해 운송된 상품의 중요한 무역 허브가 되었다. 그 당시 왕래가 잦은 길들은 나중에 유럽의 광범위한 철도체계의 기초가 되었다. 무역으로 번영한 바젤은 스위스와 유럽에서 가장 부유한 도시가 되었다.

취리히는 나중에 보다 천천히 발전했으며, 19세기 후반에야 상당히 중요한 도시가 되었다. 19세기 후반 크레디트 스위스(Credit Suisse)의 창립자 알프레드 에셔(Alfred Escher)가 장크트갈렌, 빈터투어, 베른에서 활동하는 그의 정치적 동료들을 설득하여 그 당시 2등급 도시들을 연결하는 철도노선을 건설하게 했다. 이것은 바젤로 향하는 상품 무역을 다른 방향으로 돌리기 위한 것이었다. 초기 취리히는 비단 무역에서 특히 중요한 역할을 감당했다. 1218년―스위스 연방이 등장하기 전―함부르크와 같은 지역들과 함께 이 도시는 신성로마제국 내에서 자유 도시 지위를 누렸다. 이 지위와 관련된 국세 면제 혜택은 그 당시 실크를 생산하여 인근 지역을 넘어 먼 지역까지 운송하는 실제적인 역량을 구축하는 데 도움이 되었을 것이다. 1250년 실크는 취리히에서 독일 남부와 로렌, 프랑스 남부, 영국, 비엔나, 프라하, 헝가리, 폴란드까지 수출되었다. 그러나 1351년 취리히가 스위스 연방에 합류했을 때 이 도시의 실크 무역은 완전히 무너졌다. 취리히는 주요 실크 시장인 주변 공국과 왕국의 귀족 사회를 잃었다. 귀족들은 스위스의 민주주의 실험에 회의적인 태도를 보였기 때문이다. 울리히 츠빙글리(Ulrich Zwingli)가 1520년대 취리히 종교개혁을 일으켰을 때 비로소 상황이 바뀌었다. 제노바와 함께 취리히는 박해를 피하는 개신교도의 피난처가 되었다. 개신교도들은 실크 산업을 다시 일으키고 더 광범위한 섬유 산업에 기여했다.

군인 기업가들

무역이 되살아나면서 용병 전통—매우 흔히 무역과 밀접한 관계가 있다—도 계속 번성했다. 14세기에서 19세기 중반까지 약 2백만 명의 스위스 남자가 유럽 각국과 때로 영국, 프랑스, 네덜란드의 식민지 군대에서 복무한 것으로 추정된다. 빈곤이 외국 군대에 이처럼 많은 사람이 군인으로 가게 된 유일한 원인은 아니었다. 도시 길드들의 엄격한 규직은 진급과 자기실현의 기회를 제한했기 때문에 많은 청년이 다른 국가로 가야했다. 농장은 장자에게 유산으로 물려줬기 때문에 다른 형제들은 다른 곳에서 생계수단을 찾아야 했다. 외국 군대 용병은 35만 명이 해외에서 용병으로 일한 18세기 정점에 달했다—이 당시 스위스 총인구는 170만 명에 불과했다.

17세기 중반까지 용병 사업은 '독립적인 용병'—완전한 중대 단위의 용병 서비스를 판매하는 사업체를 운영하는 군인 기업가—에 의해 지배되었다. 많은 군인 기업가들은 인맥을 활용해 상당한 규모의 사업 제국을 건설했다. 17세기의 한 예를 들자면, 브리그에 본사를 둔 카스파르 조덕 폰 스톡칼퍼(Kaspar Jodok von Stockalper)는 프랑스 군대의 전투를 위해 스위스 용병을 판매했다. 그러나 이것이 전부가 아니었다. 그는 6개의 광산의 소유자 또는 주주, 금속 무역업자, 대부업자, 지역 소금 및 심플롱 고갯길(Simplon Pass) 통행 독점권 소유자로서 엄청난 부를 쌓았다.

    스톡칼퍼의 예는 용병 사업이 주(canton)의 지배계층에 의해 지배되는 경향이 있음을 보여준다. 지배계층들은 자신의 상업적 야망을 실현할 정치적 영향력을 갖고 있었다. 내수 경제의 요구는 대부분 이차적이었다. 예를 들어 취리히주는 제조업 노동력이 긴급하게 필요했음에도 1752년 연대 규모의 용병을 보냈다.

    그러나 점차 용병 시장이 축소되었다. 많은 유럽 국가들이 국민징병제를 도입하면서 용병 서비스의 보수가 감소하는 반면 섬유산업의 임금이 올라갔기 때문이었다. 마침내 1859년 용병 모집을 금지하는 법이 통과되었고 용병 사업은 끝이 났다.

스위스는 세계의 네트워크다

그러나 스위스의 무역 전통의 뿌리는 용병 사업에만 있는 것이 아니었다. 일반적인 상업에도 비슷한 붐이 있었다. 이런 호황은 부유한 상인뿐만 아니라 세계를 여행하면서 풍부한 상업적 인맥을 형성한 평범한 가문 출신의 사람들에 의해 이루어졌다.

    스위스는 항상 양방향 이주 비율이 가장 높은 나라였다―스위스 사람들은 해외로 일하러 나가고 외국인들은 일하기 위해 스위스로 온다.

이주자들은 산업화의 강력한 요인이다. 그들이 사회적 사다리를 타고 올라가는 유일한 방법은 성공뿐이고 주위에 도와줄 사람도 거의 없기 때문이다. 이주자의 잠재력은 더 커지지만 어려움도 역시 그렇다. 그들은 살아남기 위해 지략이 풍부해야 하고, 성취를 통해서만 존경을 받을 수 있다. 그들의 초점은 과거가 아니라 미래에 있다. 이처럼 양방향으로 흐르는 기업가적 에너지는 스위스 산업 발달 초기부터 두드러진 특징이었고 지금도 그렇다.

위그노 유전자

최초로 대규모 그리고 가장 중요한 이주 물결은 1572년 파리에서 성 바르톨로메오 축일 대학살 이후에 발생했다. 위그노들이 무리를 지어—특히 스위스, 네덜란드, 프로시아로—도피했는데 그들은 강한 직업윤리, 높은 수준의 수공예 기술, 문해 능력, 영감을 갖고 있었다. 그들 중 상당수는 프랑스의 항구에서 이주했기 때문에 이미 폭넓은 무역 경험이 있었다. 그들은 사회의 주변부에서 활동했고 내부적으로 충성심이 매우 강했다. 무역은 그들이 사회적으로 상승하는 수단이었으며 자본이 거의 필요하지 않았다—단지 좋은 관계와 강한 직업적 규율만 있으면 족했다. 그들은 가는 곳마다 번영하는 것처럼 보였다. E. I. 듀퐁(du Pont), 존 록펠러, 헨리 데이비드 소로는 위그노의 후손들이었다. 워렌 버핏도 마찬가지다. 스위스에서 그들은 (해당 장에서 기술했듯이) 제네바의 프라이빗뱅킹, 시계 산업, 바젤의 제약 산업의 창립자들이었다. 브레게와 핸트쉬(Hentsch)도 위그노의 후손이다.

1815년 나폴레옹 전쟁이 끝난 뒤 스위스인들이 대규모로 해외로 이주하여 무역관계를 구축하는 데 도움을 주었다. 1770년경 이후 스위스는 급격히 증가하는 인구를 내부적으로 감당할 수 없어 정기적으로 기아가 발생했다. 1816-17년에만 인구의 약 0.5%가 스위스를 떠났고, 그중 많은 사람이 미국으로 갔다. 19세기 후반 스위스 이주자의 3분의 1 이상이 미국에 정착했다. 뉴 베른, 뉴 글라루스와 같은 '스위스 타운'이 세워졌고, 아마 가장 중요한 도시는 1839-40년에 캘리포니아에 건설된 누에바 헬베티카(Nueva Helvetica)일 것이다. 이 같은 스위스 이민자 도시는 다른 여러 국가에서도 세워져 항상 해외무역의 일선에 있는 야심 찬 개인들의 안식처를 제공했다.

이익을 위한 무역, 선교를 위한 무역

그러나 스위스가 19세기 크게 확대된 세계 무역에서 큰 부분을 차지하게 된 것은 독립적인 개인 이상의 것이 필요했다. 세계 해상무역의 통제에 기초하여 되살아난 대영제국이 지배하던 세계에서 영향력을 행사하려면 조직이 필요했다. 스위스에 기반을 둔 최초의 대륙간 무역 기관 중 하나는 바젤 선교회(Basel Mission)였다. 바젤복음선교회(Evangelical Mission Society of Basel)는 1815년에 창립되었고 바젤시의 부유하고 경건한 사람들의 지원을 받았다. 그들의 목표는 이교도 개종뿐만 아니라 '자선활동을 통한 문명 전파'도 포함되었다. 그들의 동기는 인도주의적이었고, 그들의 계획은 실제적이었다. 선교회는 노예제 폐지—그 당시 서구 세계에 논쟁이 가열되던 문제 중의 하나—에 기여하려고 노력했으며, 상업적 수단을 이용해 그것을 달성하려고 했다. 영국은 1807년 노예무역을 불법화했음에도 대영 제국 내에서 노예제 관행은 1833년이 되어서야 철폐되었고, 이때까지는 노예제와 노예무역은 영국의 통제 밖에서 지속되었다. 많은 서아프리카 부족들이 직접적으로 노예공급에 관련되었고 '산업 선교'를 통해 바젤의 선량한 사람들은 노예무역을 새로운 경제적 인프라 시설로 대체하기를 원했다. 그들은 목수, 대장장이, 짐수레 제작자, 농부를 서아프리카로 보내 선교사로 사역하고 현지 사람들에게 도제교육을 훈련시켰다.

코코아, 커피, 황금의 세계

최초의 선교사들이 1828년 최초로 지금의 가나인 골드코스트에 상륙했다. 그들은 향신료, 상아, 목제와 같은 물품을 무역하여 사업을 개발하려고 했다. 1855년부터 이 선교회는 최초의 상점을 운영하였고 독일과 영국에서 상품을 수입하고 소량의 커피를 수출하였다. 오랜 세월이 흐르면서 이 사업은 아프리카뿐만 아니라 남인도에서도 확대되었다. 남인도에서는 1834년 사업을 운영하기 시작했다. 이 모험적인 무역 중 일부는 국가들의 운명을 개척하는 데 도움을 주었다. 이를테면, 1893년 바젤선교회는 골드코스트에서 유럽까지 최초의 코코아 포대를 수송했는데 20세기 초 지금의 가나에 해당하는 이 식민지는 세계 최대의 코코아 생산국이 되었다.

바젤선교회는 아프리카 플랜테이션 소유주, 무역상, 마을의 추장이 어느 정도 번영을 누릴 수 있도록 도와주었다. 또한 그 시기 엄청나게 성장하던 스위스 초콜릿 산업을 상당히 도와주었다. 수십 년 동안 골드코스트는 스위스가 통제하는 유일한 초콜릿 원재료 공급처였다.

1917년 선교회의 무역활동은—전 세계에 약 6,500명의 직원을 고용했다—복음 선교와 분리하여 다시 조직되었고 결국 바젤무역회사(BHG)가 되었다. 그러나 실제 무역은 유니언무역회사(Union Trading Company)라는 자회사를 통해 이루어졌다.

팔메(Palme), 바젤선교회가 아프리카에서
상품을 수송한 최초의 범선

한 시대의 끝

BHG는 20세기의 가장 중요한 스위스 무역회사들 중의 하나로 발전했다. 이 회사는 전형적인 식민지 방식으로 무역을 했다—이를테면 유럽에서 완제품, 주로 물품이나 식품을 싣고 가서 야자기름, 면화, 코코아와 같은 농산품을 가져왔다. 그러나 1960년대 후반 몇몇 서아프리카 국가들의 독립 이후 탈식민지화와 느리고도 확실한 경제 붕괴 때문에 BHG는 재정 위기에 봉착했다.

결국 합병된 이 무역회사들은 한동안 스위스 소매사업에 집중했다—1990년 이 합병 그룹의 직원은 약 8천 명, 매출액은 28억 스위스프랑이었다. 오늘날 BHG는 순수하게 관리회사이며, 2000년에 BHG를 인수한 벨린베스트(Welinvest)의 다른 부문에 서비스를 제공한다. 이 그룹의 웹사이트에는 이렇게 나와 있다. "현재 6명의 관리직원, 5명의 풀타임과 7명의 시간제 경비가 일하고 있다." 한때 스위스의 가장 중요한 무역회사였던 기업이 이제 초라한 모습으로 남아있다.

자유무역은 어떻게 스위스를 자유롭게 했는가

바젤 선교사들이 '산업 선교'를 위해 아프리카로 간 지 몇 년 뒤 해외 모험을 갈망하는 빈터투어와 취리히의 청년들이 먼 지역과의 무역 관계를 구축하려는 생각을 갖게 되었다. 이것은 기회의 순간이었다. 수세기 동안 위대한 항해 및 탐험 국가들—포르투갈, 스페인, 프랑스, 네덜란드, 영국—은 주로 자국의 선박으로 무역 물류를 처리했다. 그러나 1849년 세계에서 가장 영향력이 큰 무역 능력을 보유한 영국은 올리버 크롬웰의 1651년 항해법을 폐지했다. 이 법은 영국인이 유럽 외부 지역의 물품을 수입할 때 영국 배만 사용하도록 했다. 영국은 막 자유 무역으로 방향을 바꾸었고 이것은 특히 비항해 국가들의 무역업자들에게 완전히 새로운 기회를 만들어주었다. 이러한 시장개방은 스위스 무역업자들이 이익을 창출할 수 있는 기회였다.

 새로운 기회를 활용한 사람들 중에는 빈터투어 출신의 잘로몬 폴카르트(Salomon Volkart)와 그의 동생 요한 게오르그(Johann Georg)도 있었다. 요한은 불과 20세에 1851년에 설립된 폴카르트 브러더스사 소속으로 인도에서 일하고 있었다. 그는 10년 뒤 죽을 때까지 봄베이

사무소를 운영했다. 잘로몬은 스위스에 머물렀지만 그들은 인도에서 콜롬보(지금의 스리랑카), 코친(지금의 인도의 케랄라 주인 말라바르 해안지역), 카라치(파키스탄 지역)까지 무역 사업을 확대했다. 처음에는 이 회사는 스위스 동부의 섬유산업의 주요 원재료인 인도 면화를 수입했다. 나중에는 오일, 자연 염료, 고무, 차, 커피, 향신료와 같은 열대 생산물이 추가되었다. 봄베이에서 이 회사는 종이, 비누, 성냥을 판매하기 시작하여 나중에는 스위스에서 시계, 섬유, 기계류를 수입하였다. 사업은 잘 운영되어 런던, 상하이, 오사카, 브레멘, 뉴욕, 싱가포르, 브라질에 지점이 설립되었다.

폴카르트 가문과 라인하르트 가문: 두 가문

폴카르트 형제들이 죽은 뒤 테오도르 라인하르트라는 청년이 이 기업에 입사했다. 그는 잘로몬의 아들인 게오르그와 함께 이 회사의 지도자가 되었다. 그러나 두 사람 사이에 갈등이 생겨 1908년에 게오르그

19세기 후반 폴카르트 형제의 인도 지역 커피 무역사업. 1851년 설립된 폴카르트는 무역을 거의 독점하던 동인도회사에 맞서 인도에서 성공한 소수 기업 중 하나였다.

폴카르트가 회사를 떠났다. 이 회사는 설립된 지 60년이 된 1912년에 라인하르트 가문으로 소유권이 넘어갔다. 스위스와 인도 간의 교류가 악화되었지만 1차 세계대전이 끝날 때까지 비교적 잘 유지되었다. 그 뒤 1차 세계대전과 2차 세계대전 사이 기간에 회사 역사상 가장 큰 성공을 거두었다. 전쟁에 파괴된 국가들의 재건 활동으로 원자재와 온갖 물품의 수요가 엄청나게 증가했다. 2차 세계대전 동안 이 회사는 스위스에 외국 식품과 필수 소비재를 공급하는데 집중하면서 유럽의 다른 중립 국가들과 무역관계를 구축했다. 1940년대 후반 북미와 남미 지역에 지점이 추가로 설립되었고, 면화, 커피, 코코아 무역이 꾸준히 증가했다. 회사 설립 100주년이 되는 1951년, 이 기업은 전 세계에 6천 명의 직원을 고용했다.

폴카르트 가문과 라인하르트 가문은 빈터투어의 문화생활에 자신을 각인시켰다. 예를 들어, 1951년 설립된 폴카르트 재단은 빈터투어 사진박물관의 후원자이며, 오스카 라인하르트 박물관과 오스카 라인하르트 컬렉션에 소장된 중요한 미술 수집품을 일반인들에게 공개하고 있다. 1985년 안드레아스 라인하르트는 다른 가족 구성원을 회사에서 떠나게 하고 회사 운영을 떠맡아 금융 분야 진출 등 신중한 다각화 정책을 시작했다.*

[*] 안드레아스 라인하르트(Andreas Reinhart)는 BZ 방크(마르틴 에브네르), 지속가능한 자산관리회사(SAM), VZ를 포함하여 스위스에서 최근 가장 성공한 몇몇 기업을 지원하는 데 결정적인 역할을 했다. 그러나 스스로 인정하듯이 그 자신의 전반적인 투자실적은 실망적이었다.

1989년 커피 사업 부문은 Erb그룹에 매각되었고 볼카페(Volcafe)라는 이름으로 운영되었다. 2004년 볼카페는 영국 기업이자 세계 최대 원자재 거래기업인 맨(E. D.& F. Man)에 매각되었다.

일본과의 연결

세계에서 가장 유명한 기업은 아니지만 세계 최대무역회사는 DKSH이다. 이 기업—19세기 중반 이 스위스 거대기업을 설립한 네 명의 개척자인 디텔름(Diethelm), 켈러(Keller), 지버(Siber), 헤그너(Hegner)의 첫 글자를 나타낸다—은 1854년 갑자기 나타난 엄청난 기회를 활용했다. 1854년 미국은 세계가 번영하려면 일본 제국의 개방이 필요하다고 결정했다.

   1863년 일본에 도착한 스위스 대표단의 총무는 카스파르 브렌발드(Caspar Brennwald)라는 청년이었다. 그는 일본과 일본 경제를 탐구했다. 스위스에 돌아온 그는 23세의 실크 제조업자 헤르만 지버(Hermann Siber)를 설득하여 요코하마에 무역회사를 설립하려는 자신의 프로젝트에 합류시켰다. 1865년 지버 & 브렌발트(Siber & Brennwald)가 설립되었다. 이 회사는 스위스 산업제품을 일본에 판매하고 많은 양의 비단 원재료를 스위스 섬유산업에 공급했다. 1900년 지버는 이 사업에 조카인 로베르트 헤그너(Robert Hegner)를 영입했는데 그는 그전에 베르가모(Bergamo)와 리옹(Lyon)에서 견사 방직 일을 했던 사람이었다. 이 회사가 중국으로 사업 활동을 확대하면서 회사명을 지버 & 헤그너사(Siber, Hegner & Co.)로 바꾸었다.

   DKSH를 창립한 또 다른 인물은 필리핀에서 경력을 쌓기 시작했다.

불과 20세에 에두아르트 안톤 켈러(Eduard Anton Keller)가 필리핀으로 배를 타고 가서 마닐라의 무역회사에서 일자리를 얻었다. 이 기업은 많은 유럽국가에서 소비재를 수입했다—스위스에서 섬유, 오스트리아에서 맥주, 담배, 독일에서 유리, 스페인에서 가구, 벨기에에서 필기용지를 수입했다. 켈러는 이 사업의 동업자가 되었고 결국 1897년 이 회사를 인수하여 켈러사(E. A. Keller & Co.)로 이름을 바꾸었다.

DKSH 팀의 다섯 번째 구성원은 영국 정부의 직할 식민지에서 경력을 쌓기 시작했다. 빌헬름 하인리히 디텔름(Wilhelm Heinrich Diethelm)은 1871년 23세 때 투르가우주에서 그곳으로 이주하여 네덜란드 무역회사에서 직장을 얻었다. 얼마 뒤 그는 동업자가 되어 취리히에서 자신의 회사인 디텔름사(W. H. Diethelm & Co)를 세워 싱가포르 소재 네덜란드 무역회사의 총대리점 역할을 했다. 인도와 극동 지역의 젊은 스위스 기업가들과 마찬가지로 디텔름에게도 1869년 수에즈 운하 개통은 무역을 촉진할 수 있는 엄청난 계기가 되었다. 결국 디텔름은 방콕에 지점을 개설하고 그 이후 홍콩과 중국 본토에서 다른 기업을 인수했다.

무역업자에서 외교관까지

20세기 초 취리히는 영향력이 큰 대륙 간 무역기업 세 곳인 지버 헤그너사(Siber Hegner & Co), 디텔름사(W.H. Diethelm & Co) 그리고 켈러사(E.A. Keller & Co)의 소재지였다. 이들 무역 기업 대표들이 드물지 않게 비공식 외교 대표로서 겸임을 했는데 이 사실은 무역 사업에 엄청난 도움을 주었다. 19세기 후반과 20세기 초, 스위스 정부는 작고 분권화되어 있어서 모든 국가에 외교관을 파송할 예산이 없었다―그래서 무역 회사가 이 역할을 맡았다.

↑ 아시아 소재 지버 헤그너사(Siber Hegner & Co.)의 역사적인 회사 등록상표. 이 기업은 19세기 후반 스위스와 일본 간의 무역을 개척했다.

→ 아시아 소재 켈러사(E. A. Keller & Co.)의 역사적인 회사 등록상표. 켈러사는 극동지역에서 한때 번창했던 스위스 무역 기업들 중 지금도 유일하게 남아있는 기업이다.

스위스인들은 종종 불문율과 무언의 합의에 의해 사업을 수행했다. 이 세 곳의 대형 취리히 무역기업들의 불문율은 서로의 시장에 진입하지 않는다는 것이었다. 이런 상황이 극적으로 바뀐 것은 최근 들어 주요한 경기변동이 발생하면서였다.

불문율의 폐지

1997년 봄, 처음 태국, 그 다음은 동남아시아의 다른 국가들에서 엄청난 부채 증가와 자산 가격과 기업 가치의 급격한 상승에 의해 부풀려졌던 금융 버블이 터졌다. 그때까지 '아시아의 호랑이'라고 칭찬을 듣던 많은 국가가 달러 표시 부채에 대한 이자를 지급하지 못해 갑작스럽게 깊은 경기 침체에 빠졌다. 또한 이 위기로 무역 회사의 매출과 이익이 감소했다.

첫 번째로 타격을 입은 기업은 지버 헤그너였다. 얼마 뒤 긴급하게 신규 자본조달이 필요했을 때 기업가이자 금융가인 에른스트 뮐러 뮐(Ernst Müller-Möhl)이 이 회사 지분의 30%를 매입하면서 소유권이 바뀌었다. 그는 외르크 볼레(Jörg Wolle)를 새로운 최고경영자로 영입했다. 그는 이 회사를 아시아에서 사업하기 원하는 기업들에 전문적인 '솔루션 제공자'로 다시 만들기 시작했다.

지버 헤그너가 새로운 방향을 설정한 그 해 디텔름 기업과 켈러 기업은 합병되어 디텔름 켈러 홀딩스를 만들었다. 곧 이 합병 회사도 새로운 전략적 방향을 찾기 위해 외르크 볼레와 논의했다. 그 결과 결국 디텔름 켈러, 지버 헤그너의 아시아 사업 활동이 합병되었다.

추가로 기업 인수가 뒤따랐다. 특히 극동 지역에 집중하는 스위스 소비재 무역회사 코사 리베르만(Cosa Liebermann), 또 다른 스위스 무역회사 데스코(Desco)의 아시아 사업부를 인수했다. 2008년 DKSH는 스위스의 주요 무역기업을 모두 합병하여 선도적인 서비스제공자로서의 위치를 강화하고 아시아 시장에서 더 확장할 수 있는 토대를 마련했다.

알프스 산맥에서 아시아까지

DKSH와 마찬가지로 추엘릭 그룹(Zuellig Group)도 아시아에 뿌리를 둔 비교적 알려져 있지 않은 기업이다. DKSH와 달리, 추엘릭 그룹의 본사는 취리히가 아닌 홍콩에 있다. 추엘릭 그룹은 스위스 세계주의의 전형으로서 아시아 시장에 집중하고 있지만 몇 세대에 걸쳐 스위스와 긴밀한 관계를 유지하고 있다. 개인이 소유한 아시아 최대 기업 중 하나이며 회사를 설립하고 (현재 소유한) 가문은 스위스인이다. 이 기업은 라퍼스빌에 여러 사무실을 두고 있으며 현재 최고경영자인 빌리암 미니(William Meaney)는 스위스 인터내셔널 에어라인스에서 최고운영책임자를 지내다가 이 그룹에 합류했다.

추엘릭 무역회사는 설립된 지 거의 1세기가 되었지만 실제로 크게 발전한 것은 2차 세계대전 이후였다. 공식적으로 추엘릭(F. E. Zuellig Inc.)은 1922년에 설립되었지만 그 뿌리는 10년 전 프레데릭 에두아르드 추엘릭(Frederick Eduard Zuellig)이 마닐라에 기반을 둔 스위스 무역회사 루츠(Lutz & Co.)에 합류하면서부터다. 4년 뒤 추엘릭은 동업자가 되었고 회사명이 루츠 & 추엘릭(Lutz & Zuellig)으로 바뀌었다. 그리고

↑ 방콕에 있는 DKSH의 현대식 물류창고. 아드리안 켈러(Adrian Keller)가 회장으로 있는 이 회사는 2012년 공개되었고 시가총액은 32억 달러다.

6년 뒤 그는 그 회사를 완전히 인수했다. 오늘날 추엘릭 그룹은 주로 아시아 지역에서 의료제품의 판매와 유통에 집중하고 있다. 하지만 F. E. 추엘릭은 1930년대 후반에—주로 섬유 분야에서 10년 넘게 일한 후—제약 분야에도 뛰어들었다. 비슷한 시기에 추엘릭은 싱가포르에 지사를 세웠다.

전시에 구축된 사업

1940년대는 이 회사에 가장 힘든 10년이었다. 추엘릭은 1943년 뉴욕시에 있을 때 치명적인 뇌졸중을 앓았다. 그때 그의 세 자녀는 2차 세계대전 중에 일본이 점령한 필리핀에서 발이 묶여 있었고, 아내는 스위스에 있었다. 가족 기업 운영은 26세의 스테판 추엘릭과 그의 동생 길버트에게 맡겨졌다. 스테판은 마닐라에서 태어났지만 학업을 위해 스위스로 보내졌다—그래서 그는 (5년 전에 필리핀에 돌아왔던)길버트와 함께 추엘릭의 경영을 책임졌을 때 필리핀에 체류한 기간은 불과 2년 밖에 되지 않았다. 스테판은 교수가 되려고 1941년 취리히 대학에서 경제학 박사학위를 받았다. 그러나 그가 갑자기 회사 경영을 떠맡게 되면서 학문 분야의 경력을 포기했다.

아직 어리고 경험이 없었던 문제는 그만두고 스테판과 길버트는 필리핀 점령자인 일본인들과 나중에 미국인들이 일본군을 몰아내려고 할 때 생명의 위협을 당하는 어려움을 겪었다. 전쟁은 가족에게 극적이고 끔찍한 경험이었다. 전쟁 뒤 사업은 완전히 파괴되었고 두 형제에게는 회사의 기초가 되는 아버지의 인맥 자료 외에는 거의 남은 것이 없었다—하지만 이 자료의 중요성은 과소평가해서는 안 된다.

그들의 아버지는 유명하고 사람들에게 신뢰를 받았고 특히 유럽과 미국에 좋은 인맥을 갖고 있었기 때문이다. 그 결과 필리핀 기업들은 추엘릭 형제가 재기할 때 그들의 도움을 받았고, F. E. 추엘릭은 번창했다.

마셜계획(Marshall Plan)을 활용하다

전쟁 후의 무역은 전쟁 전의 무역과 비교할 때 조심스러운 시기였다. 스테판은 아버지와 달리 모험적이지 않았다. 하지만 모험을 할 필요도 거의 없었다. 모든 국가들이 전쟁으로 초토화되었고, 물품 부족 사태는 이 기업의 회복의 씨앗이 되었다. 우선 추엘릭 형제는 손에 닿는 것은 무엇이든지 거래하면서 마셜계획에 필요한 물품을 구매하는 기업으로서 미국인들과 중요한 연결고리 역할을 담당했다. 마셜계획은 뜻밖의 선물이었다. 그것을 통해 추엘릭 형제는 미국과 물품 부족으로 시달리는 여러 국가와 좋은 관계를 발전시켰다.

하지만 필리핀 정부는 곧 외환 및 수입 규제 제도를 도입했고 추엘릭 형제는 말레이시아와 태국을 이용해 사업을 확장했다. 그들은 또한 수익이 적은 사업을 없애고 동물 사료제조뿐만 아니라 의약품, 의료용 물품과 보험에 집중하기 시작하면서 1953년 골드 코인 그룹(Gold Coin Group)을 출범시켰다. 그들은 대규모 거래를 통해 경쟁자들보다 우위를 유지할 수 있었다―특히 의약품 분야에서 규모는 경쟁자들에게 진입장벽 역할을 한다. 이 그룹은 1980년대 중요한 기업 인수를 시작하여 그 이후 10년 동안 계속 지속되었다. 스테판 추엘릭이 이 회사의 행운은 "이 지역의 놀라운 성장 덕분이었다."고 말하지만 틀림없이 경영진의 좋은 의사결정 탓도 있었을 것이다. 오늘날 추엘릭 그룹은 아시아에서 선도적인 의료서비스 제공자이며 농업 분야에서도 산업을 선도하는 기업을 보유하고 있다.

극단적인 신중함

추엘릭 그룹이 사업을 하는 국가에서 우상이 된 스테판은 이제 나이가 구십대로 박식한 구식 신사가 되어 추엘릭 그룹을 경영하진 않지만 계속 추엘릭 그룹을 이끌고 있다. 추엘릭 가문의 대 원로인 그는 모나코 주재 필리핀 명예 총영사이자 필리핀 대통령의 국제자문위원회 위원이다. 또한 최대 및 최고 수준의 고대 중국 도자기 컬렉션 중 하나로서 10억 달러 가치를 지닌 메이잉탕(Meiyintang) 콜렉션(그의 동생인 고(故) 길버트의 상속자들과 함께)을 공동 소유하고 있다. 그가 태어났을 때 사람들은 증기선을 타고 아시아로 갔고 텔렉스로 소식을 전했다—그는 여객기, 이동전화, 인터넷이 발명되는 것을 지켜보았다. 그는 아시아와 태평양지역에서 의약품과 의약용품 유통을 혁신시켰다.

하지만 이 모든 것에도 불구하고 추엘릭 그룹은 비교적 투명하지 않다. 비밀을 선호하는 많은 무역회사가 있는 국가에서 이 기업은 가장 덜 알려지고 가장 신중한 기업일지도 모른다. SF1 텔레비전(스위스의 BBC에 해당)에서 매주 방송되는 스위스의 기업 관련 유명 프로그램인 '에코'(Eco)의 편집자 마리우스 보른(Marius Born)은 이 그룹에 대해 전혀 들어본 적이 없다고 시인했다. 스위스가 아니라면, 19개국에 만 명 이상의 직원, 연간 수입액 120억 달러, 쥐리히에서 20분 정도 떨어진 곳에 여러 사무소를 둔 기업이 거의 백 년 동안 사업 활동하면서 어떻게 사람들의 눈에 띄지 않을 수 있을까?

비합리적인 시장에서 길을 찾다

지금까지 19세기와 20세기 초 스위스 무역회사의 역사를 간략하게 살펴보았다. 이것은 스위스의 특징인 모험과 끈기를 분명하게 보여준다. 아울러 국제 원자재 무역의 근대적 발전상을 인상적으로 보여준다. 국제 원자재 무역을 통해 스위스에 본사를 둔 기업들은 독보적인 위치를 차지하게 되었다. 신흥국가들이 산업화되면서 원자재에 대한 놀라운 수요를 유발했고 원자재 무역은 매우 중요한 전략적인 의미를 갖게 되었다. 이것은 종종 가능할 것 같지 않은 파트너들을 연결하는 거래로써 독립적이고 신뢰할 수 있으며, 교섭 능력과 신중함을 갖춘 중개인이 수행할 필요가 있다. 이것은 스위스인 유전자에 들어 있는 특징이다.

　이렇게 작은 나라가 어떻게 원자재 무역에서 이렇게 중요한 위치를 갖게 되었을까? 분명히 19세기의 개척자들은 원자재 무역을 했다. 하지만 단 두 곳을 제외하고, 이 무역회사들 중 어느 곳도 근대 원자재 무역의 발판을 확보할 수 없었다. 1877년 로잔에서 설립되었고 이른바 국제 곡물 무역의 '다섯 자매' 중 하나였던 앙드레사(André & Cie)가 2001년 파산했다. 파산 이유 중 하나는 가족 기업 모델의 아주 일반적인 약점 중 하나인 부실한 승계계획이었다. 가족 기업 모델은 필수적인 추진력과 재능을 갖춘 후계자를 찾기 힘들다(부분적으로는 기업 창업은 기업 경영보다 훨씬 더 큰 보람이 있기 때문이다). 앙드레의 실패는 또한 원자재 사업의 내재적인 위험을 잘 보여준다. 가격, 특히 곡물 가격은 극단적일 정도로 유동적이며 가뭄이나 홍수처럼 예측할 수 없는 사건에 영향을 받는다. 예를 들어, 놀랍게도 옥수수 가격이 2008년 7월에서

2010년 6월까지 65% 하락했다—2011년 6월에는 200% 상승했다. 존 메이나드 케인즈(John Maynard Keynes)는 이것을 '시장은 당신이나 내가 이해할 수 있는 것보다 훨씬 더 오랫동안 비합리적이다.' 라는 말로 잘 표현했다.

세계적인 지배력을 가진 스위스 무역기업 중 하나는 폴카르트 그룹의 커피 사업 부분이었다. 커피 사업 부분은 빈터투어의 Erb 그룹에 매각되어 추크에서 볼카페 홀딩(Volcafe Holding)으로 운영되다가 2004년 영국의 맨(E. D. & F. Man)에 인수되었다. 볼카페는 더 이상 스위스 기업이 아니지만 이 회사는 스위스에서 설립되어 성장했다. 이 기업의 세계 커피무역 점유율은 약 13%로 함부르크의 노이만 그룹(Neumann Group) 다음으로 2위다.

2세기 동안의 면화 무역

탁월한 스위스 무역 기업의 두 번째 예는 그 뿌리가 18세기로 거슬러 올라간다. 1788년 카스파르 가일링거(Kaspar Geilinger)와 크리스토퍼 블룸(Christoph Blum)이 빈터투어에 면화 무역 기업인 가일링거 & 블룸을 설립했다. 그 당시 스위스는 강한 섬유산업 덕분에 유럽 대륙에서 최대 면화 수입국이었다. 1823년 회사 설립자의 사위인 요한 카스파르 라인하르트(Johann Caspar Reinhart)가 이 회사의 동업자가 되어 미국과 이집트에서 대리점 활동에 집중했다.

오늘날 파울 라인하르트 AG로 명칭이 바뀐 이 회사의 세계 면화 시장 점유율은 약 5%이며 세계 주요 면화 거래기업 6곳 중 한 곳이다. 하지만 빈터투어의 본사와 해외 지점에는 고작 125명(대리점과 다른 회사의 소규모 지분을 포함시키지 않았다)의 직원이 근무하며 서아프리카와 중앙아시아, 브라질, 미국에서 면화를 구매하여 주로 아시아와 터키로 운송한다. 스위스는 직접적인 소비자로서는 별 의미가 없다. 지금은 빈터투어 근방 젠호프에 뷸러 방직공장 단 한 곳만 남아있는데 아직도 파울 라인하르트에서 면화를 공급받는다.

최고의 기업가

오늘날의 원자재 무역 분야 사업가들은 스위스에 탄생하지 않았고, 몇 십 년 동안 스위스에 머물렀을 뿐이다. 그간의 사정을 설명하려면 한 사람에 대한 이야기를 하지 않을 수 없다. 스위스가 지금껏 본 가장 대담한 기업가인 마크 리치(Marc Rich)다. 리치는 현대 원자재 무역의 설계자로 널리 인정받는다. 그는 스위스가 석유, 금속, 광물을 거래하는 선도적인 세계 중심지가 되도록 도와주었다.

리치는 1934년 벨기에 유대인 가정에서 마르셀 데이비드 라이크(Marcell David Reich)로 태어났다. 1940년 히틀러 군대가 벨기에를 침략했을 때 그의 가족은 나치의 박해를 피해 미국으로 도피했다. 1947년 그들은 미국 시민권을 얻고 성을 리치(Rich)로 바꾸었다. 뉴욕 퀸즈 지구에서 리치의 아버지는 귀금속, 자동차 부품, 담배, 황마 포대를 판매했다.

1954년 리치는 필립 브러더스(Philipp Brothers)라는 금속 무역회사에서 견습 직원으로 경력을 쌓기 시작했다. 그는 20년 동안 그곳에서 일한 뒤 상사와 불화한 뒤 회사를 떠났다. 그는 핀쿠스 그린과 함께 자신의 원자재 무역회사인 마크 리치 회사(Marc Rich & Co.)를 스위스의 소도시 추크에 세웠다. 스위스의 중립성은 정치적 지뢰 지대와 같은 국제 원자재 무역 분야에서 결정적인 장점이었다. 하지만 그가 추크를 선택한 이유는 부분적으로는 우연의 일치였다—그곳은 필립 브러더스가 유럽 본사를 설립하려고 결정했던 장소였다. 이 한 번의 선택으로 그 이후 추크는 전 세계 원자재 무역의 성지가 되었다—다른 스위스 도시들도 이와 비슷하게 세금이 낮고 중심적인 입지를 갖고 있다. 하지만 추크는 취리히에서 불과 30분 정도 떨어졌다는 이점이 있어 추크에 기반을 둔 회사는 두 도시에서 잘 교육받은 직원들을 선발할 수 있다.

600억 달러짜리 회사를 키우는 방법

리치는 다른 사람들이 보지 못하는 기회를 볼 줄 아는 재능을 타고 났다. 그가 세운 기업은 연간 수입액이 300억 달러, 128개국에서 사업 활동을 펼치고 있으며, 최고위 정부 관리와 친밀한 관계를 맺고 있다. 글렌코어(Glencore)는 자신의 출발점인 마크 리치와 거리를 두려고 하지만 사실 이 회사는 리치의 자녀와 같다. 글렌코어는 그가 직접 선택한 부하직원들에 의해 같은 유형의 사업을 같은 방식으로 수행한다. 엑스트라타(Xstrata)와 합병하기 이전에도 글렌코어의 연간 수입은 1,449억 달러였고 회사의 시가총액은 300억 달러 이상으로 그들이 1990년대 초 마크 리치에게 이 회사를 인수할 때 경영진이 지불한 총액의 약 60배에 달했다.

리치는 이 원자재 무역 제국을 어떻게 구축했을까? 그는 경쟁자들보다 무엇을 더 잘 또는 다르게 했던 걸까? 글렌코어와 엑스트라타는 어떻게 발전했을까? 그들은 리치의 원래 의도에서 얼마나 다르게 발전했을까? 글렌코어와 엑스트라타는 세계 원자재 시장에 어떤 영향을 미쳤을까? 두 회사는 시장 지배력을 유지할 수 있을까? 원자재 분야는 스위스 경제에 얼마나 중요하며, 그 중요성은 지속될 것인가? 지금부터 이 질문들에 대한 대답을 찾아보려고 한다.

근본적으로 바뀐 세계

리치는 인류에게 알려진 부의 가장 중요한 재분배 과정에서 유리한 위치를 포착했다. 2차 세계 대전 뒤 제조 기업들이 시장과 (철광석과 석탄 같은) 원재료 공급처 근처에서 비교적 소규모로 기초 산업 자재—특히 철—을 생산하여 국내에 판매하는 방식에서 아무리 멀리 있든지 상관없이 세계에서 가장 생산성이 높은 광산에서 철광석과 석탄을 초대형 선박을 통해 거대한 해안 산업기지로 수송하는 방식으로 점차 그리고 근본적으로 바뀌었다. 거대 산업 기지의 생산제품—전선, 철판, 쇠막대기, 대들보—이 세계 시장에 공급되어 현지 기업들을 약화시켰다.

제조업에 사용된 다른 금속들, 특히 구리와 아연도 이러한 변화를 겪었다. 점차 모든 중요한 제조업 생산품들이 이런 패턴을 따랐다. 예를 들어 과거 자동차는 시장 근처에서 생산되었지만 이제는 전 세계로 수송된다. 식량조차도 1900년대 초에 세계화되지 않았다. 호주, 캐나다, 미국, 아르헨티나와 같은 주요 식량 생산국들이 기본적인 곡물을 수출했지만 제국과 식민지간의 특별한 호혜관계와 같은 다양한 형태의 보호주의 형태가 존재했다. 지금은 유지곡물, 과일, 채소, 꽃, 생선과 같은 물품들도 엄청난 규모로 세계적으로 이동한다. 이러한 변화 때문에 중개인들은 차익 거래를 하고 이전에는 상상도 못했던 규모로 계약을 성사시킬 필요성이 생겼다. 리치는 이런 변화에 적극적으로 뛰어들었다. 그는 기업가로서 금수 조치와 제재에 대해 참지 못하는 모습을 보인다면 고객들의 마음을 얻을 수 있다는 것을 알았다.

'빅 세븐'의 힘을 깨다

1973년 대니얼 예긴(Daniel Yergin)은 퓰리처상을 수상한 자신의 책 「상: 석유, 돈, 권력을 향한 원대한 추구(The Prize: The Epic Quest for Oil, Money, and Power)」에서 세계 석유자원의 절대 대수는 BP, 엑슨, 쉘, 텍사코를 포함한 이른바 '빅 세븐' 석유회사가 소유하거나 통제한다고 지적했다. 지금 이 회사들은 세계 석유 공급량의 10% 미만을 통제하며 중동 국가, 아프리카, 러시아, 베네수엘라가 이를 대체했다. 이와 비슷한 변화가 산업용 금속과 같은 다른 천연자원에서도 이루어졌다. 천연자원이 발견되는 국가들은 일반적으로 가난하고 조세 수입이 거의 없었다. 그들은 수세기 동안의 식민지 통치 또는 지배에서 벗어났고 독립이 옳다는 것을 입증해야 한다는 압박을 받았다. 리치는 이런 국가의 관리들이 더 이상 '빅 세븐'과 거래할 필요가 없다는 것을 설득할 기회를 보았다. 리치는 구매자와 함께 중개인 역할을 하면서 거대 기업들을 회피할 수 있었다—이것은 개발도상국에 더 많은 이익을 제공했고 석유 생산자에 대한 의존성을 낮추었다. 이를 통해 거대한 부가 이동했고 커다란 중개 기회가 창출되었다.

리치는 이런 변화가 다가오는 것을 보았다. 그는 그것을 보았을 뿐만 아니라 그런 변화가 일어나도록 도왔다.

그의 사업방식은 단순했다. 그는 천연자원이 풍부한 국가들의 기업가와 정치지도자와 긴밀한 관계를 쌓았다. 기존 원자재 거래 창구들은 부패의 위험 때문에 천연자원에 대한 접근을 제한했다. 그는 국가의 위험 수준이 최고일 때 경쟁자들이 더 안전한 국가에서 지불하는 수준보다 훨씬 낮은 가격으로 구매할 수 있다고 보았다. 내전, 쿠데타, 자연 재해는 대부분의 사람들을 겁먹게 만들었지만 리치는 무역의 기회로 보았다. 1970년대 그는 앙골라, 쿠바, 에콰도르, 이란, 자메이카, 나이지리아의 흔들리는 정권과 수익성 높은 장기 공급 계약을 맺었다. 리치는 "그들은 돈을 원했고 나는 그들의 천연자원을 원했다"고 말했다. 그는 이런 필요성을 인식했고 그의 회사는 가능할 것 같지 않은 기관들을 중개하면서 번창했다. 여기에는 서로 아무런 관계도 없고, 때로 —적어도 공식적으로는— 상대방의 존재를 알지 못하는 기업, 특정 서비스를 제공하는 정부기관, 정부가 포함되었다. 리치가 중개한 기관 중에는 구소련, 중국, 쿠바, 앙골라, 부룬디, 남아프리카공화국, 이란의 왕—이 왕은 1979년에 폐위되었다—과 혁명지도자 아야톨라 호메이니가 포함되었다. 리치는 1970년대 이란이 비밀 파이프라인을 통해 이스라엘에 석유를 공급하도록 주선했는데, 이는 그의 놀라운 무역 중개 재능, 네트워킹 기술을 입증해준다.

지저분하지만 수익성이 좋은 사업

이러한 밀접한 관계는 말들은 많지만 입증되지 않은 뇌물죄를 범할 길을 열어주었다. 하버드 경영대 교수 제프 존스(Geoff Jones)는 "정부

관리가 자신의 월급보다 훨씬 더 큰 금액에 대한 결정권을 가질 때 부패는 항상 발생할 것"이라고 말한다. 스위스 프라이빗뱅킹은 숨을 수 있는 장막과 이러한 뇌물을 전달하는 통로를 제공했다. 뇌물에 관하여 대니얼 암만(Daniel Amman)은 마크 리치의 전기「석유왕(The King of Oil)」에서(177-8페이지) 이렇게 썼다.

> 비록 리치가 이런 방식의 (또는 다른 방식의) 뇌물에 구체적으로 개입하지 않았을지라도 그는 과거에 자신이 그것을 허락했다는 점을 부인하지 않는다. 그는 "뇌물은 다른 사람들이 그 사업을 이행하려는 가격과 동일한 가격으로 사업을 하기 위해 지급되었다. 뇌물은 구매하는 국가나 판매하는 국가의 해당 정부에 불리한 대가가 아니었다."고 주장한다.

뇌물이 그 당시 일반적인 관행이었고 사업의 필수적인 부분이었다는 점에 유의할 필요가 있다. 외국 관리에게 뇌물을 주는 것은 1977년 해외부정지급방지법이 통과되기 전까지 미국에서 합법이었다. 스위스에서는 2000년까지 합법적인 행위였다.

원자재 무역은 스위스 산업에서 가장 은밀한 분야이기 때문에 뇌물의 규모를 파악하기는 어렵다.

돈에 철저한 사업가

'트레이더(trader)'가 등장한 것은 호황기인 1980년대와 1990년대였다. 이 트레이더는 오늘날의 헤지펀드 산업을 낳았다. 마크 리치사(Marc Rich & Co)는 백만장자들을 생산하는 공장처럼 되었다. 각 트레이더는 금속을 할당하고 거래 계정을 갖고 있었다. 그래서 각 트레이더는 사실상 이익 책임 단위(profit center)였다. 트레이더들은 예를 들어 아연에 대한 매수 주문을 내고 미리 구매자들을 한 줄로 세울 수 있다. 그러나 시장이 비효율적이기 때문에 트레이더들은 구매 의지가 더 강한 구매자를 찾거나 원자재 수요가 올라갈 것을 알고 더 보유하다가 더 높은 가격에 팔 수 있다. 마크 리치 회사의 사업방식은 아주 단순했다. 내가 마크 리치에게 무엇이 '짜릿한 쾌감을' 주는지 묻자 그의 대답 역시 단순했다. "나는 돈 버는 것을 즐깁니다." 리치는 '돈 버는 법'을 아는 성공적인 트레이더에게 보상하고 돈을 잃은 사람들은 해고했다. 매니 와이스와 같은 트레이더들은 이 회사에서 승진했다가 추락했다. 그들은 돈을 벌 때는 영웅이었다가 돈을 잃자 급격하게 영광의 자리에서 추락했다.

리치는 오케스트라의 지휘자처럼 행동했다. 그는 많은 트레이더를 감독하면서 전체적인 위험을 관리했다. 그에게 어떤 것이 위험인지 묻자 그는 "우리가 돈을 벌지 못할 가능성이 있는 것이 위험이다."고 대답했다. 유능한 사람을 중심으로 사업 활동을 분리하는 이런 방식은 '자기계좌거래(proprietary trading)로 알려졌다. 이것은 오늘날의 헤지펀드 산업의 특징을 보여주는 모델이다. 마크 리치 회사와 비슷한 기업인 커모디티이즈 코퍼레이션(Commodities Corporation)은 루이스 베이컨, 브루스 코브너, 폴 투더 존스와 같은 많은 뛰어난 트레이더를 배출했다. 이들은 나중에 세계에서 가장 성공한 헤지펀드 관리자가 되었다.

시간이 흐르면서 리치의 사업 모델은 무역 중개 활동에 많은 부수적인 서비스를 추가시켰다. 금융, 보험, 관세신고, 해운, 전 세계의 가장 중요한 항구의 임시보관과 같은 서비스 덕분에 그는 고객들에게 더 소중한 존재가 되어 각 거래마다 더 많은 부가가치를 얻을 수 있었다. 오늘날 마크 리치 회사의 계승자인 글렌코어는 170척의 선박, 6만 톤의 보관 창고, 전 세계 항구에 75개의 저장 사일로를 보유하고 있다.

스위스는 이런 종류의 풀 서비스 원자재 무역을 위한 이상적인 환경을 제공한다. 스위스는 값비싼 소송에 우호적이지 않은 단순하고 효과적인 법률체계를 갖고 있으며, 물론 많은 개발도상국의 법률체계보다 더 신뢰할 수 있다. 스위스는 공시 사항을 상대적으로 거의 요구하지 않음으로써 개인 기업과 개인에게 두꺼운 비밀의 장막을 제공하기 때문에 수익을 은닉하기 더 쉽다―그리고 경쟁자들을 끌어들이는 것을 피할 수 있다. 세금은 낮고 스위스 은행들은 대규모 계약의 열쇠가 되는 최저수준의 자본비용과 풍부한 금융을 제공한다. 스위스는 또한 오랫동안 놀라운 물류역량을 보유해왔다. 세계 최대 해운회사 중 세 곳―단자스(Danzas), 퀴네+나겔(Kuehne+Nagel), 판알피나(Panalpina)―이 스위스에 본사를 두고 있다(10장을 보라).

광산을 사지 그래?

리치 제국 건설의 다음 단계는 그가 광산을 구매하여 안정적인 공급원과 재주문―그리고 배타적인 마케팅 권리―을 확보하기로 결정한 것이었다. 이것은 리치가 떠난 뒤 글렌코어가 공격적으로 추구한 정책이었다.

그러나 1990년대 초 당시 마크 리치 회사는 개인 기업이었고, 이 회사의 동업자들이 매우 부유했지만 광산 매입은 그들의 자산을 초과하는 수준이었다. 1993년 리치는 이 문제를 해결하기 위해 UBS의 도움을 받아 상장된 스위스 회사인 주델렉트라(Sudelektra)의 지배 지분을 확보했다. 1926년에 설립된 주델렉트라는 남미지역에서 전기 공급 사업을 적극적으로 펼쳤다. 그러나 리치는 이 회사에서 전기 공급 사업을 없애고 광산을 매입하는 수단으로 이용했다. 그는 이 회사의 이름을 엑스트라타(Xtrata)로 바꾸었다. 그의 아이디어는 광산을 매입하기 위해 상장 회사를 이용하여 일반 투자자로부터 낮은 비용으로 자금을 조달하는 한편 마크 리치의 동업자들이 아주 능숙한 거래 수완을 발휘하여 광산을 체계적으로 매입하는 것이었다. 광산을 매입할 때마다 엑스트라타는 배타적인 마케팅 권리를 지배 주주인 마크 리치 회사에 양도하여 장기계약 위탁판매 방식으로 생산물을 판매했다. 이것은 은행에게도 매력적인 모델이었는데, 마크 리치 회사와의 부담스러운 신용거래에 따른 위험 비용이 줄기 때문이었다.

일상적인 이해 충돌

이것은 이해 충돌을 일으켜 2012년 합병 때까지 지속되었다. 예를 들어, 글렌코어는 2008년 엑스트라타를 실제적으로 지배할 수 있는 주식지분을 브라질 자원개발회사 발레(Vale)에 처분하려고 시도했지만 이 거래는 동의를 얻지 못했다. 추정컨대, 글렌코어의 마케팅 권리를 엑스트라타의 소유권과 분리하기 어려웠기 때문이었을 것이다.

1992년 마크 리치 회사는 세계 최대의 원자재 무역기업이 되었다. 막대한 부는 주목을 받기 십상이고 마크 리치도 예외가 아니었다.

양 전선 사이에서 그런 방식으로 움직이는 사람이 목표물이 되는 것은 당연할 것이다. 1980년대 초 야심만만한 지방 검사(나중에 뉴욕

시장이 되었다)였던 루돌프 줄리아니가 리치를 반대하는 운동을 벌이기 시작하면서 그를 가격 규제와, 적과의 무역금지 규정을 위반한 혐의로 기소했다—여기서 적은 아야톨라 호메이니다. 그는 이란 왕을 축출한 뒤 테헤란의 미국대사관에 군대를 보내 급습하고 미국 시민을 인질로 잡았다. 또한 줄리아니는 조세법 위반을 언급하면서 미국 시민이 외국에서 살고 일하는 경우에도 세금을 부과할 수 있는 미국 조세제도의 특별한 특징을 이용했다. 기소 내용에 따르면 리치는 325년의 징역형을 받을 위험이 있었다. 몇 개월 뒤 그는 특정 서류를 공개하기를 거부했다는 이유로 매일 5만 달러의 벌금을 내야만 했다.

호주의 금광. 마크 리치사의 광산 매입 결정은 엑스트라타가 만들어지는 계기가 되었다.

법률보다 한발 앞서다

1983년 리치는 스위스로 도피하여 사실상 수감자가 되었다. 미국 당국은 세계 모든 곳까지 그를 추적할 수 있었기 때문이다. 리치는 오랫동안 FBI의 '지명수배자' 명단에 포함되었다. 그러나 스위스 법에서는 리치의 활동은 불법이 아니기 때문에 스위스는 그를 미국에 인도하지 않았다.

역사에는 적진에서 수익이 높은 무역 기회를 약삭빠르게 포착한 기업가들이 많다. 정확히 이러한 환경조건 때문에 최대의 보상을 받는다. 스위스 섬유 기업인 리터(Rieter)는 남미의 면화를 북해를 경유해 러시아로 몰래 들여옴으로써 영국 제품에 대한 나폴레옹의 불매조치를 회피했다―면화는 러시아의 오데사를 거쳐 이스탄불, 그 다음 빈터투어로 왔다. 스위스 제약 산업 역사는 인도와 중국의 제약 산업이 지난 세대에서 그랬듯이 프랑스에서 특허기술을 사실상 불법 복제하는 방식으로 시작되었다. 금융 분야에서 아마도 가장 존경받는 이름인 로스차일드(Rothschild)는 런던 시장에 의도적으로 웰링턴 공작이 워털루 전투에서 패하여 매우 낮은 가격으로 주식을 살 수 있다는 거짓 정보를 유포하여 부를 축적했다―며칠 뒤 실제로는 나폴레옹이 패했다는 소식이 당도했을 때 주식 가격은 급등했다.

대통령의 사면

리치 소송 사건에 대한 재판이 열리지 않다가 2001년 클린턴 대통령이 임기가 끝나기 직전에 그를 사면하여 논란을 불러일으켰다. 그러나 엄청난 논란 속에서 리치는 기업 활동에 부정적인 영향을 미치는 일반인들의 맹렬한 비판에 직면했다. 리치의 핵심 부하직원 중 하나인 빌리 슈트로토테는 나쁜 여론에 대응하기 위해 홍보활동을 해야 한다고 주장했다. 완전히 유형이 다른 두 사람은 심하게 충돌했다. 리치는 유대인으로 타고난 트레이더였다. 그는 풍족한 삶을 좋아했고 플레이보이 같았다. 슈트로토테는 튜턴 혈통의 독일인으로 협상보다는 문제 해결을 더 선호했다.

리치는 천성적으로 수줍어했고 혼자서 자신의 상처를 핥는 것을 더 좋아했다. 그는 슈트로토테의 홍보활동 권고에 반대했다. 슈트로토테는 취리히 대학에서 여론의 비판이 마크 리치사의 사업에 얼마나 부정적인 영향을 미치는지에 대해 연설했다—다음 날 그는 리치를 몰아내려고 시도했다는 이유로 해고되었다. 리치는 슈트로토테의 사무실을 '대기실'로 바꾸어 그를 기억에서 지우고 자신이 힘이 있음을 과시했다.

리치의 큰 실수

그러나 그 직후 리치는 사업상 중대한 실수를 저질렀다. 1992년 그는 아연 시장을 장악하려고 시도했다가 실패해 1억 7천 2백만 달러를 날렸다. 그러자 마크 리치사는 반대자들과 음모자들로 가득해지더니 흔들리기 시작했다. 슈트로토테는 리치의 오랜 동업자 중 하나인 알렉 헥클에게 일 년 뒤에는 회사 가치가 바닥으로 떨어질 테니 지금 매각하는 게 더 낫다고 설득했다. 그는 순순히 동의했고 리치도 그랬다. 리치는 그가 가진 51%의 지분을 4억 8천만 달러에 회사 경영진에게 팔았다(그리고 나중에 회사를 재평가한 뒤 추가로 1억 2천만 달러를 받았다.) 많은 사람이 당대의 가장 훌륭한 트레이더로 간주하는 사람이

마크 리치, 세계 최고 원자재 회사의 설립자
이 회사는 나중에 글렌코어와 엑스트라타로 이어졌다.

보기에 이것은 최고의 거래가 아니었다. 18년 뒤 글렌코어―회사의
주인이 바뀐 뒤 회사명을 바꾸었다―의 가치는 100배 이상이 되었다.
슈트로토테는 다시 최고경영자로 복귀했고 이 회사는 그 뒤 리치의
이름을 없앴다.

현재 글렌코어의 최고경영자 이반 글라센버그는 학교에서 곧장
이 기업에 입사하기로 결정한 또 다른 리치 추종자였다. 세계 최대
원자재 무역회사였기 때문이었다. 그의 아버지는 유대인 망명자로
리투아니아에서 남아프리카공화국으로 이주했다. 그래서 그는 리치와
공통점이 있다. 리치는 글라센버그가 매우 유능하다는 것을 알고 그가
자신의 재능을 더욱 발전시키도록 도와주었다. 그는 회사의 홍콩 지사,
그 다음 북경 지사를 운영하다가 추크로 돌아와 석탄 사업을 개발했다.
석탄 사업은 이 회사에서 가장 크고 가장 많은 수익을 내는 사업부가
되었다. 경보 경기 우승자였던 글라센버그는 매우 경쟁적이며 어리석은
사람들을 참지 못한다―그는 마크 리치와 글렌코어의 직원들이
일반적으로 그렇듯이 출신은 보잘것없지만 세상 물정에 밝고 충실하고
성공에 굶주린 트레이더의 전형이다.

엄청난 돈을 벌고 그리고 잃다

원자재 무역은 항상 변동성이 심하고 예측하기 어려운 사업이다.
트레이더들은 시장의 예기치 않은 부침에 따라 일순간 번성했다가
사라졌다. 인간의 본성은 가격이 급격히 오르면 기회를 놓칠까 두려워
시장에 뛰어든다. 확신이 최고조일 때 트레이더들은 '투기' 행태를
보이면서 다른 사람의 돈을 이용하여 구매하기 시작한다―그리고 이런

글렌코어의 최고경영자이자 마크 리치의 제자인 이반 글라센버그는 글렌코어의 공격적인 중개 문화를 전형적으로 보여준다.

행태가 누적되면 버블이 형성되고 결국 터지게 된다. 트레이더의 묘지에는 많은 돈을 벌었다가 곧장 날려버린 사람들로 가득하다.

지난 세기 동안 원자재 가격—평균적으로—은 인플레이션을 따라가지 못하고 실질 가격으로는 떨어졌다. 원자재 거래시장은 제대로 보상을 제공하지 못했기 때문에 가장 똑똑한 인재를 끌어들이지 못했다. 슈트로토테와 글라센버그는 원자재 시장의 변동을 너무나 잘 알았고, 아연 예측 실패로 인한 심각한 손해를 직접 목격했다. 알코올 중독에서 회복한 사람들처럼 그들은 다시는 투기에 손대지 않고, 단순하고 이윤이 적으며 거래 계약을 맺기 전 모든 판매자가 구매자와 만나야 하는 대규모 중개활동에 집중했다. 열쇠는 더 많은 양을 확보하는 것이었는데 이것이 엑스트라타의 과제였다.

엑스트라타 제국

이 일을 하기 위해 영입한 인물은 믹 데이비스(Mick Davis)다. 그는 냉철하고 현실적인 경영자로서 공격적으로 일을 추진하는 것을 좋아했다. 데이비스는 그 직전에 호주의 BHP와 경쟁사인 빌리톤(Billiton)과의 280억 달러 합병을 감독했다. 이것은 그때까지 이 산업에서 이루어진 최대 규모의 합병으로서 큰 성공으로 간주되었다. 데이비스의 오랜 학교 친구인 글라센버그는 그를 최고경영자로 영입했다. 데이비스는 회계사로서 훈련을 받았고 남아프리카공화국의 광산 항구인 포트엘리자베스 출신이었다. 그래서 그는 광산 회사들의 내부 사정을 잘 알았다. 데이비스의 지도 아래 엑스트라타는 세계 곳곳의 광산 회사를 매입하여 합병함으로써 제국을 구축해나갔다. 지난 10년 동안 공격적인 인수 활동을 통해 엑스트라타의 연간 수입이 50배 이상 늘었다. 인수 기업에는 아르헨티나, 볼리비아, 페루의 아연 광산, 콩고, 잠비아, 필리핀제도의 구리 광산, 이탈리아와 카자흐스탄의 납 광산, 남아프리카공화국, 콜롬비아의 석탄 광산이 포함된다.

글렌코어와 엑스트라타의 회장인 슈트로토테는 데이비스가 엑스트라타의 활에 줄을 추가할 때마다 군침을 흘렸다. 그는 글렌코어가 광산의 수명이 다할 때까지 광물을 많은 이윤을 남기며 판매할 독점적 권리를 가진 것을 알았기 때문이었다—누워서 떡먹기처럼 쉽게 돈을 벌 수 있었다. 305억 달러에 달하는 엑스트라타의 연간 수입 중 절대 다수는 글렌코어를 통해 이루어졌고, 매번 수익률은 최고 수준이었다. 엑스트라타의 수익은 2011년 글렌코어의 전체 수익 중 약 30%에 해당되어, 이 기업의 중개사업 수익의 상당한 부분을 차지하였다.

하지만 리치, 슈트로토테, 글라센버그가 엑스트라타를 설립할 때 감안하지 못한 점은 세계 원자재 상품 가격이 역사상 유례없이 가장 많이 상승하고 가장 오랜 기간 유지되기 시작했다는 것이었다.

이런 호황은 마크 리치의 동업자들뿐만 아니라 처음에 주델렉트라에 많은 돈을 공급한 일반 투자자들이 엄청난 돈을 벌게 되었다는 뜻이었다. 데이비스가 부임한 2001년 엑스트라타의 시가총액은 10억 달러였고 앵글로 아메리칸(Anglo American), BHP,

리오 틴토(Rio Tinto)와 같은 거대 기업과 비교할 때 엑스트라타는 보잘것없는 기업으로 간주되었다. 지금 엑스트라타의 가치는 360억 파운드—놀랍게도 4천% 증가했다—이며 동종 업계에서 가장 두렵고 존경받는 기업으로 간주된다.

주식시장의 힘

데이비스의 공격적인 확장과 원자재 가격의 상승으로 엑스트라타는 글렌코어가 지금껏 예상한 것보다 더 강력해졌다—글렌코어 자체보다 시가 총액이 더 커졌다. 엑스트라타는 계속해서 앵글로 아메리칸, 리오 틴토와 같은 고루한 경쟁자들보다 더 빠르고 민첩하다는 것을 입증했다. 또한 데이비스는 스트로토테에게 없었던 것을 갖고 있었다—주식 시장 상장을 통해 추가적인 기업 쇼핑에 필요한 현금을 조달했다. 그 결과 엑스트라타의 규모와 힘이 글렌코어보다 계속 앞지를 수 있었을

것이다. 데이비스 역시 금융지구인 시티 오브 런던(City of London)에 많은 추종자를 갖게 되었는데, 그는 그곳 사람들에게 공개적이고 투명한 방식으로 뛰어난 수익을 제공한 반면, 글렌코어의 지도자들은 스위스의 비밀주의 배후에서 엑스트라타에 편승하여 수익을 올리고 있었다.

글렌코어가 자체적으로 광산 자산을 인수하여 엑스트라타와 경쟁하려고 했기 때문에 추가적으로 갈등이 발생했다. 글렌코어는 엑스트라타의 지분 34.5%뿐만 아니라, 세계 최대 알루미늄 광산기업 루살(Rusal)의 지분 9%, 미나라 리소스(Minara Resources)의 지분 70%, 카탕가(Katanga) 광산의 지분 74%, 센추리 알루미늄(Century Aluminum)의 44%를 소유했다. 모든 회사가 엑스트라타와 경쟁했다—그리고 이 회사들은 상장 기업들이었다. 글렌코어는 또한 아메리카, 아시아, 중동, 아프리카, 남미지역에 다양한 비상장 기업에 대한 소유권을 갖고 있었다.

마지막 결전의 시간

2008년 글렌코어가 엑스트라타의 지분을 발레(Vale)에 매각하여 부채를 줄이려고 할 때 긴장이 발생했다. 그러나 양측은 조건에 합의할 수 없었다. 글렌코어는 분명히 엑스트라타의 본래 존재 목적인 광산자원을 판매할 수 있는 포괄적인 권리를 계속 보유하려고 했다. 그래서 거래는 성사되지 못했다.

그 해 닥친 세계금융 위기는 글렌코어의 연약한 자본 토대를 노출시켰다. 2008년 12월 스탠더드 & 푸어스는 글렌코어의 신용등급을 BBB로 낮추었고—가장 낮은 등급으로 '정크' 수준이다—이것은 글렌코어의 채권자들을 깜짝 놀라게 했다. 특히 2009년 수입이 40% 곤두박질 쳤을 때 충격을 주었다. 글렌코어가 필요한 재원을 확보하기 위해 지불해야 했던 대가는 엄청났고, 글렌코어의 기업공개(IPO)에 앞서 투자분석 보고서들은 이른바 '최대예상손실액(value at risk)'를 이용하여 이 회사가 단순한 하루 동안의 원자재 가격 변동으로 전년도의 어느 날이든 하루에 42.5백만 달러의 손해를 볼 수도 있었다고 밝혔다. 이 손실액은 골드만삭스의 일일 총 위험보다 더 크다. 당연히 글렌코어는 은행과 채권자들로부터 기업을 공개하여 고정자본을 확보하라는 압력을 받았다.

고릴라가 태어나다

기업 공개는 결국 회사의 사업 비밀 중 일부를 공개하는 것을 의미했다. 예를 들어, 글렌코어의 기업공개 일환으로 제출하는 공식 문서를 통해 다양한 원자재 상품시장에서 자사의 시장 지배력이 드러났고, 글렌코어와 엑스트라타의 합병은 사실상 마크 리치가 설립한 제국을 다시 통합했다. 통합된 그룹은 즉시 여전히 규제되지 않은 시장에서 시가총액 약 880억 달러의 '고릴라'가 되었고, 그 당시 세계 원자재 수요는 공급을 훨씬 압도하기 시작했다. 글렌코어와 엑스트라타는 원자재 시장에서 가장 매력적인 상품 종류와 보유량을 가진 것으로 평가되었다. 이 모든 것은 이 그룹의 미래에 좋은 징조였다. 이 통합 그룹은 석탄, 아연, 납에서 1위로서, 각각의 시장점유율은 11%, 12%, 8%이며 구리와 니켈 시장에서도 큰 점유율을 갖고 있다. 지하자원 탐사에서 중개 사업까지 수직적으로 통합한 기업은 이 그룹이 유일하다.

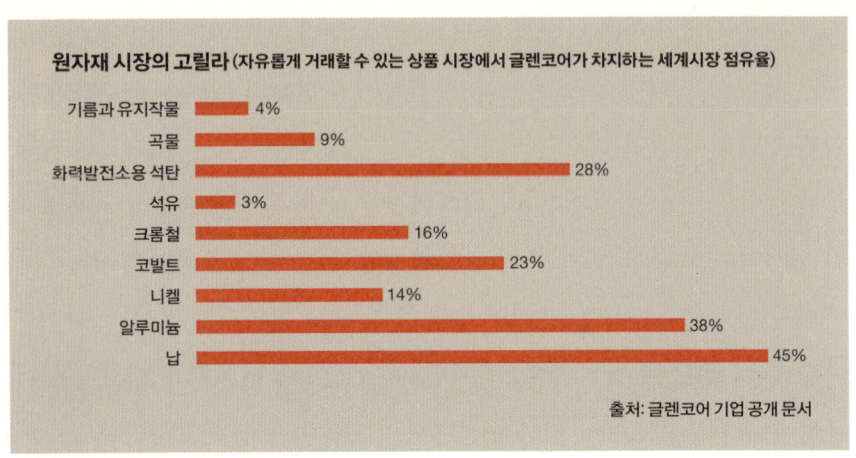

이 모든 것이 시작된 계기는 한 사람이 필립 브러더스가 추크에 세운 유럽 사무소에서 근무할 당시 상사와 사이가 틀어져 그곳에 자신의 사무실을 내기로 결심했기 때문이었다. 마크 리치는 대부분의 경력 기간 동안 일반인들과 시장으로부터 사기꾼, 한량, 탈세범, 도망자 취급을 받았다. 오늘날 글렌코어와 엑스트라타는 경제적, 정치적 의미가 훨씬 더 커진 천연자원 시장에서 가장 영향력이 큰 기업이다. 이 야심차고 이해하기 어려운 인물에 대한 사람들의 시각이 어떻든지, 이것은 아무것도 없는 중개자로 시작한 전직 망명자에게 엄청난 성취다. 늦어도 두 세대가 지나지 않아 스위스인들은 그를 위대한 기업가 중 한 사람으로 회고할지도 모른다.

잘 보이지 않는 또 다른 거대기업들

글렌코어, 엑스트라타와 함께 다른 많은 원자재 무역기업이 추크에 본사를 두고 있다. 예를 들어 세계최대 철강 중개기업(영국 소유의 스템코어)의 일부인 스템코어 유럽(Stemcore Europe), 1993년 네덜란드에 처음 설립된 정유기업 페트로플러스 홀딩(Petroplus Holding)이 있다. 그밖에 언급할 만한 회사로는 러시아의 가스프롬과 밀접한 관계가 있는 천연가스 중개회사인 로스우크레네르고(RosUkrEnergo), 그리고 비밀리에 전 세계적으로 활동하는 금속 중개 회사인 움코어(Umcor)도 취리히에 본사가 있다.

추크 다음 두 번째로 스위스의 원자재 중개 중심 도시는 제네바다. 이곳은 세계 최대 석유 중개기업(그리고 최대 규모의 원자재 중개기업)인 비톨(Vitol)의 소재지며, 이 회사의 2009년 공식 총매출액은 1,430억 달러였다. 거의 알려지지 않았지만, 이 회사는 4백만 배럴 이상의 원유와 석유 제품을 매일 국제시장으로 수송하며, 글렌코어보다 매출액이 약간 더 많다. 하지만 비톨의 제네바 본사 직원은 약 100명에 지나지 않으며 전 세계에서 근무하는 직원은 약 800명이다. 이 회사는 로테르담에 주요 사무실을 운영한다(이것은 1966년 네덜란드 사업가들이 설립했다). 휴스턴, 싱가포르, 런던에도 중요한 사무소를 두고 있다. 스위스의 3위 원자재 중개 기업인 군보르 그룹(Gunvor Group) 역시 제네바에 본사가 있다. 이 회사는 세계에서 네 번째로 큰 원유 중개회사로 주로 러시아 석유를 판매한다. 제네바에 소재한 또 다른 세계적인 석유 중개 기업은 머큐리아(Mercuria)다. 미니애폴리스 소재 미국 거대 농업기업 카길(Cargill)의 제네바 자회사인 카길 인터내셔널(Cargill International)은 원유, 석탄, 전기뿐만 아니라 곡물, 식용 기름, 설탕의 세계적 거래에서 중심적인 물류 기업이며, 매출액 기준으로 스위스에서 여덟 번째로 큰 기업이다.

지원 전문기업들

전 세계에서 활동하는 거대 기업들의 본사가 어디에 있든지 그들에게 서비스를 제공하는 전문 기업들이 있다. 그중 가장 흥미로운 전문 기업은 SGS(Société Générale de Surveillance)일 것이다. 이 회사는 제품의 검사와 인증이라는 본질적으로 스위스적인 기능을 수행한다—독립성, 신뢰성, 품질이 매우 중요한 사업영역이다. SGS는 세계 최대 규모의 독립적인 검사 및 인증 기업으로서 영국의 인터텍 테스팅 서비스(Intertek Testing Services), 프랑스의 뷰로 베리타스(Bureau Veritas)보다 앞서 설립되었다. 이 기업은 1878년 라트비아 출신 헨리 골드스턱(Henri Goldstuck)과 보헤미아 출신 요한 하인츠(Johann Hainzé)가 로엔(Rouen)에 골드스턱-하인츠사(Goldstuck-Hainzé & Cie)라는 이름으로 설립했다. 그들은 처음에는 유럽 곡물 중개상들을 상대로 곡물 검사 서비스를 제공했지만 곧 전 세계로 확대되었다. 1차 세계 대전 동안 이 기업은 독일과 거래를 할 동안 프랑스에서 블랙리스트에 포함되었다. 1915년 본사를 중립국인 스위스로 이전했다—이에 비해 마크 리치 회사는 약 70년 후에 이전했다. 1919년 9월 23일 SGS가 공식적으로 설립되었다.

지난 세기 동안 이 회사는 제조, 화학, 석유, 천연가스 분야 검사로 활동 범위를 넓혔고, 1981년 주식시장에 상장되었다. 오늘날 SGS는 원자재 상품, 투자 시설물, 소비재, 농산물의 품질과 수량에 독립적인 검사를 수행하여 산업 표준, 공식적인 요구조건, 통상조약에 부합하는지 확인해준다. 산업 공정과 안전 조치에 대해서도 인증한다. 최근에는 환경기술 분야의 검사가 증가하고 있다. 예를 들어, SGS는 중국에 풍력발전기의 회전 날개를 검사하는 최대 규모의 시설을 건설하고 있다. 이 회사는 90개국에 6만5천 명의 직원을 두고 있지만 여전히 뿌리 깊이 스위스 기업으로서 제네바에서 가장 많은 인력을 고용하는 회사다.

부의 창출자들

원자재 중개무역은 스위스 GDP의 3%를 차지하며 관광 분야보다 더 큰 비중이다. 2010년 스위스를 통한 중개무역량이 1조 달러를 넘어서 그 해 스위스 GDP의 약 두 배에 달한다는 사실은 중개무역 규모 이상을 말해준다. 중개무역은 스위스에서 가장 빠르게 성장하는 경제 분야이며 스위스 정부의 가장 귀중한 조세수입원이다.

마크 리치 회사, 글렌코어, 엑스트라타는 지난 수십 년 동안 스위스와 세계에서 가장 큰 부의 원천이었다. 비교하자면, 이 회사들을 통해 발생한 부의 총규모는 암젠(Amgen), 아마존(Amazon), 이베이(eBay)와 같은 회사들의 보다 화려한 사업들이 창출하는 부의 총규모보다 더 크다.

이런 부를 창출하는 데 기여한 기업가들은 스위스에서 최대 납세자들이다. 마크 리치는 세계에서 가장 부유한 사람 중 하나다. 이반 글라센버그가 보유한 글렌코어 지분의 가치는 대략 100억 스위스프랑이다. 기업공개 이전 윌리 슈트로토테가 보유한 글렌코어 지분의 가치는 60억 스위스프랑이었다(그는 보유지분의 상당 부분 또는 전부를 매각한 것 같다). 글렌코어는 485명의 자사 경영진들 중 다수에게 '백만장자를 만드는 공장'과 같다.

이런 부는 기업가들의 직접적인 영향권 밖으로 퍼져간다. 스위스의 원자재 분야는 자체적으로 지속되는 '클러스터' 상태(이 표현을 처음 사용한 사람은 하버드경영대학 교수 마이클 포터다)다.

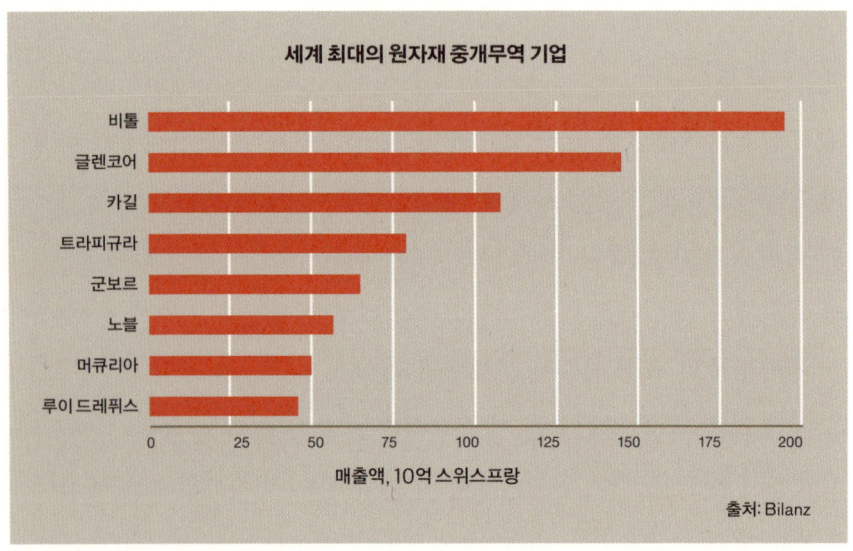

독점의 종말이 다가오다

규제가 없는 상황에서(천연자원은 규제가 느슨한 국가에 존재하고, 경쟁은 세계적 차원에서 벌어진다) 글렌코어는 거의 독점적 지위를 누렸다. 그러나 글렌코어가 점차 희소해지는 자원의 많은 부분을 통제할 때 정치적인 압력이 증가할까?

지금까지 글렌코어는 동반자 관계 속에서 번영했지만 이제는 부를 창출한 사람들이 결국 은퇴하고 지분을 매각하여 대표주주-고용인-의 지위를 그만두고 신탁 관리 구조가 될 가능성이 있다—이 구조는 부의 창출보다는 사업을 관리하는 데 더 적합하다.

세계 중개무역은 항상 스위스 경제의 한 부분으로서 기업들은 신중한 분별력을 갖고 사업을 운영했다. 이 부분의 중요성은 엄청나지만 향후 전망은 좋지 않다. 무역 통계가 그 이유 중 하나를 살짝 보여준다. 예를 들어 스위스는 세계 원두 생산량의 약 1%만 수입하지만 세계 커피 무역의 60-70%를 스위스 소재 기업들이 처리한다. 또한 스위스 무역 회사들은 대부분 어떤 주식시장에도 상장되어 있지 않고 실제로 어떤 실적도 공표하지 않는다.

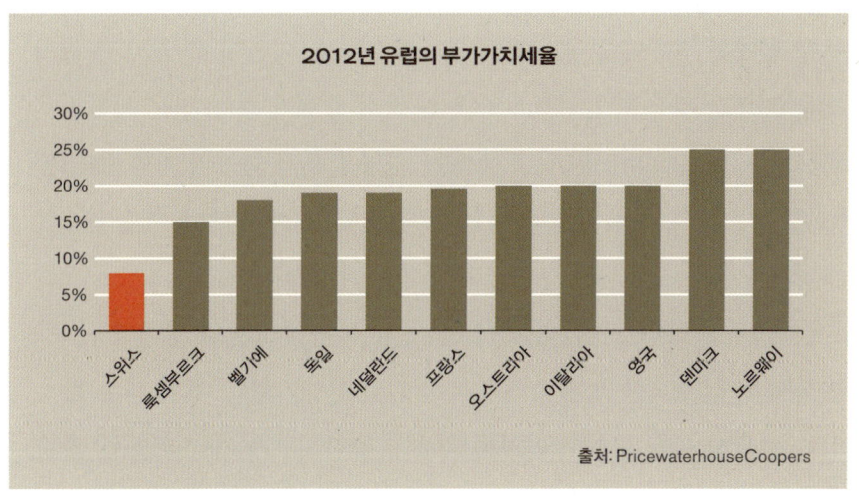

용케 헤쳐 나오다

스위스의 비밀주의 장막 뒤에서 글렌코어와 다른 무역회사들은 스위스의 프라이빗뱅킹 분야처럼 다른 사람들이 할 수 없는 것을 용케 수행해왔다. 경제 분석가, 언론인, 블로거들에 의해 철저한 조사를 받는 공개 기업으로서 글렌코어의 자유는 줄어들 것이며 이것은 수익성에 영향을 미칠 수 있다. 그러나 글렌코어의 주식 상장과 공적인 조사가 성공적으로 이루어진다면 다른 무역 기업들도 은폐의 장막을 폐기할 수도 있다.

비록 스위스가 물리적 재화를 거의 볼 수 없는 중심지이긴 하지만 세계 무역 중심지라는 스위스의 강력한 지위가 바뀔 가능성은 없다. 무역이 스위스에서 번영하는 것은 놀라운 일이 아니다. 스위스는 오랫동안 국제 무역에 종사하는 기업이 번영하는 데 필요한 조건을 정확히 갖추고 있었기 때문이다. 이를테면 스위스 은행과의 밀접한 관계 속에서 경쟁력 있는 비용으로 신용대출을 이용할 수 있고, 통화가 매우 놀라울 정도로 안정적이며 외환 관리 규제가 없다. 전문 서비스 회사인 KPMG에 따르면, 스위스에서 원자재 무역 회사의 소득세율은 8%로 낮고 금융 활동에 대해서는 실제 세율은 1%로 낮다. 아울러 부가가치세율―8%―은 단연코 유럽에서 가장 낮다.

〈파이낸셜 타임스〉에 따르면 스위스는 석유를 포함한 에너지 원자재 상품의 가장 중요한 세계 중심지로서 런던을 능가한다. 세계 원유와 석유 제품의 35%, 그리고 러시아 석유 수출량의 75%가 스위스를 통해 거래된다. 스위스는 곡물, 유지작물, 커피(세계 시장 점유율 50%), 설탕(세계시장 점유율 50%)의 최대 거래 중심지다. 또한 귀금속의 세계적 주요 거래 중심지이기도 하다. 세계 철강 생산량의 10%가 스위스를 통해 거래된다.

2011년 스위스의 최대 무역기업					
	1950	1970	1980	2000	2011
엑스트라타(1990년)					
매출-백만 스위스프랑	–	–	16	598	31,676
고용자수-전체	–	–	4	4,000	39,643
고용자수-스위스 지역	–	–	4	15	25
글렌코어(1994년)					
매출-백만 스위스프랑	–	–	–	–	174,060
고용자수-전체	–	–	–	–	61,000
고용자수-스위스 지역	–	–	–	–	680
DKSH(2002년)					
매출-백만 스위스프랑	–	–	–	4,700	7,340
고용자수-전체	–	–	–	13,330	24,342
고용자수-스위스 지역	–	–	–	100	120

이 표는 이용 가능한 수치를 보여준다. 수치는 반올림 또는 반내림하였다. DKSH의 이전 회사들의 시작은 19세기 중반으로 거슬러 올라간다. 글렌코어처럼 스위스에 기반을 둔 원자재 무역 회사 중 다수는 매출액이나 고용자수에 대한 자료를 공개하지 않는다.

출처: 〈포춘〉

이상적인 입지의 혜택

이런 놀라운 실적은 단순히 스위스를 통한 무역 거래를 지원하기 위한 금융 인센티브의 결과만이 아니다. 스위스—미국과 아시아의 표준시간대 사이에 있다—는 이상적인 입지를 갖고 있다. 상위 3개 세계적 검사 기업 중 2개가 스위스에 본사를 두고 있다. 또한 몇몇 선도적인 다국적 운송 회사들의 본사가 스위스에 있다. 세계 일반 화물의 22%가 스위스를 통해 관리된다. 아울러 높은 생활수준(최고

주요 연혁

1800년 이전

1788	카스파르 가일링거와 크리스토프 블룸이 빈터투어에 게일링거 & 블룸을 설립하여 파울 라인하르트의 전신이 되나.

1800-99년

1815	BHG와 유니언 트레이드 컴퍼니(UTC)의 중심이 된 바젤복음선교회를 설립하다.
1828	바젤선교회의 선교사들이 지금의 가나인 골드코스트에 상륙하다.
1851	잘로몬, 요한 게오르그 폴카르트가 빈터투어와 봄베이에 폴카르트 브라더스사 설립하다.
1864	일본-스위스 통상조약. 카스파르 브렌발트가 일본을 여행하다.
1865	카스파르 브렌발트와 헤르만 지버가 지버 & 브렌발트사 설립하다.
1878	에두아르트 안톤 켈러가 마닐라에 E. A. 켈러사를 설립하다.
1887	빌헬름 하인리히 디텔름이 W. H. 디텔름사를 설립하다.

1900-99년

1912	폴카르트 브라더스의 소유권이 라인하르트 가문에게로 이전되다.
1917	바젤무역회사(BHG) 설립하다.
1921	B. 빌헬름 프레이스베르크가 UTC를 설립하다.
1926	주델렉트라가 설립되다.
1974	마크 리치가 추크에 마크 리치사를 설립하다.
1994	글렌코어가 출범하다.
1999	주델렉트라가 회사명을 엑스트라타로 바꾸다.

2000년 이후

2002	DKSH가 출범하다.
2012	글렌코어와 엑스트라타의 합병이 제안되다.
2012	DKSH가 30억 스위스프랑 규모의 주식을 공모하다.

수준의 국제 학교, 뛰어난 의료시스템, 낮은 범죄율, 강력한 환경보호 규제)은 인재를 끌어들이고 유지하는데 도움을 준다. 그 결과 스위스는 다문화 환경으로서 외국인 비율이 22%다—이것은 무역산업에 매우 중요하다.

사실, 다른 분야에 비해 무역이 스위스 기업의 세계주의적 특성을 더 잘 보여준다고 주장할 수 있다. 스위스에게 무역은 단순한 사업이 아니라 고용과 조세수입의 원천이기도 하다. 무역은 스위스의 기풍이자 정신이다.

5장 비밀 계좌—엄청난 수익

— 볼테르는 "스위스 은행가가 밖으로 뛰어나가는 걸 보면 그를 따라가라. 그곳에서 반드시 돈을 벌 테니까."라고 말했다.

스위스 은행의 수익률이 높은 주된 이유는 막대한 재산 소유자들이 해외에 보유한 7.7조 달러(추정액)의 4분의 1을 관리하기 때문이다. 그 결과, 금융 서비스 분야(은행업무, 내체 투사와 보험)는 스위스 경제의 최대 분야 중 하나로서 GDP의 약 11%를 차지한다— 이에 비해 프랑스, 독일, 미국은 4-5%, 영국은 9%를 차지한다. 스위스에는 약 320개의 은행이 있으며 스위스보다 규모가 더 큰 여러 국가들보다 은행이 훨씬 더 많다. 예를 들어 스위스 인구의 약 4배 규모인 캐나다에는 은행이 100개도 채 되지 않으며 그중 대부분은 규모가 크지 않다.

대부분의 스위스 은행들은 특별할 것이 없고 논란의 대상도 아니다. 다양한 소규모 신용협동조합과 정부 출자의 모기지 은행(주립 은행)이 은행 업무를 수행하고, 예금을 수신하여 돈을 신중하게 지역 기업과 개인에게 대출함으로써 경제가 원활하게 돌아가게 한다. 아울러 자본 시장의 중개자 역할도 한다. 스위스 은행의 놀랍고도 특별한 성공 요소는 이른바 프라이빗 뱅킹(private banking) 사업이다. 이것은 역설적이게도 은행의 본래 업무는 아니다. 이 사업을 개척한 프랑스계 스위스인들은 이것을 재산 관리(gestion de fortune)라고 부른다. 오늘날 스위스 은행은 5.5조 스위스프랑의 재산을 관리하며* 이를 통해 약

[*] 스위스 뱅킹, "스위스 금융중심지의 경제적 의미", 2011년 7월.

600억 스위스프랑의 수입을 창출한다. 이것은 미국에서 가장 많은 수익을 내는 4개 회사—엑슨 모빌, 마이크로소프트, 월마트 스토어, 프록터 & 갬블—의 수익을 합친 것과 맞먹는다.

어마어마한 돈

스위스에서 프라이빗뱅킹 사업의 중요성은 이 사업의 일차적인 목적인 재산관리 역할을 훨씬 초월한다. 스위스의 자산관리자에게 흘러들어온 엄청난 자본 덕분에 소수의 스위스 은행들은 아주 놀라운 방식으로 성장하여 발전했다. 스위스의 많은 산업 분야와 마찬가지로, 스위스 최대 은행의 금융인들은 수십 년 전에 자신들이 작은 국내 시장에서 벗어나 더 넓은 세계시장에서 경쟁할 수 있는 강점과 자원을 갖고 있다는 사실을 알았다. 그들은 아마 달리 선택의 여지가 없었을 것이다. 2차 세계대전 이후 관리할 자산의 유입이 너무 많아져 스위스에서 처리하기 힘들게 되었다. 그 당시 은행 계좌 정보를 기밀로 유지했기 때문에 정확한 수치는 파악하기 어렵지만 한 권위 있는 출처에 따르면 스위스 은행들은 1945년 부유한 고객들이 맡긴 1,980억 스위스프랑을 보유, 관리했다. 오늘날에는 5.5조 스위스프랑을 보유하고 있는데 이는 스위스 GDP의 약 11배에 달하는 금액이다.

이것은 크레디트 스위스, 유니온 뱅크 오브 스위스(UBS), 스위스 뱅크 코퍼레이션(SBC)이 20세기 후반기에 일류 종합금융기관으로 부상하는 배경이 되었다.* 이 세 은행은 2차 세계 대전 이후에 국내 소매 지점망을 갖춘 상업은행으로 시작했다. 자산관리 사업부를 설립한 이 세 은행들은 상대적으로 큰 규모와 스위스 방문객들에 대한 노출 빈도 덕분에 스위스로 유입되는 자산의 많은 부분을 관리하게 되었다.

스위스 금융의 최근 역사는 주로 크레디트 스위스, UBS 그리고 프라이빗뱅킹을 전문적으로 취급하는 몇몇 스위스 최대 은행들이 세계시장에 진출하기 위한 노력의 역사다. 그들의 과제는 고도로 복잡한 사업방식을 배우는 것뿐만 아니라 과거에 익숙한 것들, 특히 은행 비밀주의와 관련하여 훨씬 높은 투명성을 요구하는 국제 규정과 관례에 적응하는 것이었다. 주식중개인에 대한 부실한 감독의 결과로 2011년 UBS가 입은 230억 달러의 손실을 포함하여 매우 중대한 실수가 발생했다. 스위스에서 금융 위기가 발생하지 않은 것은 오로지 자산관리사업의 놀라운 수익성과 스위스의 엄청난 자본능력 덕분이다.

오늘날 대형 은행들은 급변하는 시장 환경에서 그들의 지위에 대해 다시 생각해야 한다. 한편으로 그들은 자산의 안전한 피난처를 찾는 외국인들에게 엄청난 매력을 가까스로 유지하고 있다. 하지만 다른 한편으로 이 사업은 점점 더 경쟁이 치열해지고 있고, 은행들이 세계 투자금융이라는 더 복잡하고 경쟁적인 세계로 진출하면서 엇갈린 결과들이 나타났다.

---

[*] 세 개의 스위스 대형 은행의 이름과 약어는 수많은 혼란의 원천이다. 특히 이 은행들은 가장 자주 언급되는 세 가지 언어에 따라 모두 다르다. 이 장에서는 단순화하기 위해 세 은행을 영어 이름과 약어로 나타낼 것이다. UBS는 유니언 뱅크 오브 스위츨런드(Union Bank of Switzerland)를 가리키며, UBS는 1998년 유니언 뱅크 오브 스위츨런드와 스위스 뱅크 코퍼레이션(SBC)가 합병되어 만들어진 은행이다.

대마불사 또는 구제하기에 너무 큰

스위스 국내 상황은 그동안 힘든 적응 과정을 통해 한결 편안해졌다—앞으로도 계속 그럴 것이다. 다른 산업과 달리 스위스의 은행시스템은 단순히 고용, 세금, 수익의 원천만은 아니다. 은행 시스템은 경제의 혈관 역할을 담당하고 거래 금융, 모기지 대출, 외환, 기타 서비스를 통해 구매자에게서 판매자로, 소비자에게서 생산자로 가는 중요한 자금 이동을 관리한다. 아울러 이 시스템을 통해 스위스의 화폐정책이 시행된다. 요약하면, 금융 서비스 산업의 역할과 그런 역할 실패에 따른 잠재적 위험은 엄청나다. 이런 위험은 스위스와 몇몇 다른 국가처럼 금융 서비스 산업이 국가 경제에서 차지하는 비중이 매우 큰 경우 더 증가한다. 가장 최근에 발생한 심각한 금융위기 때 2개의 스위스 최대 은행들이 4조 스위스 프랑의 자산을 통합했다. 이 은행들의 자산 가치 중 불과 5%가 신용불량 상태가 되자 2,000억 스위스프랑의 손실이 발생했다. 이것은 스위스 GDP의 절반에 해당하는 수준이었다. 2,000억 스위스프랑의 손실은 은행 자산의 약 40분의 1에 해당하는 주식 자본을 완전히 날려버려 파산 상태에 빠지게 만들었다.

이것은 2007-08년 금융 위기 때 UBS에 일어난 일이다. 이 은행 자산 중 많은 부분이 생각보다 훨씬 더 많이 가치가 떨어졌고 은행은 어쩔 수 없이 450억 스위스프랑을 결손 처리해야 했다. 이것은 이 은행의 자산 기초를 심각하게 훼손시켜 파산에 직면했지만 UBS가 스위스 금융시스템과 경제에 중요하기 때문에 스위스 국립은행은 구제하기로 결정할 수밖에 없었다. 다른 국가에서도 대형 은행에 대한 유사한 정부 구제조치가 시행되었는데—몇 가지 예를 들자면, 영국의 로이드 은행과 로열 뱅크 오브 스코틀랜드, 미국의 시티뱅크—경제학자와 공공정책 결정자들은 이에 대해 상당한 우려를 표명했다. 잉글랜드 은행 총재 머빈 킹(Mervyn King)은 2009년 널리 알려진 연설에서 이렇게 인정했다. "은행들이 대마불사를 생각한다면, 그들은 너무 크다." 달리 말하면, 대형 은행들이 경제와 금융 시스템에 너무 중요하기 때문에 파산시키지 않는다면, 은행 책임자들로 하여금 신중하게 만드는 가장 중요한 시장 원리가 작동하지 않게 될 것이다. 따라서 오늘날 다음과 같은 질문이 규제당국자들을 괴롭힌다. 금융시스템이 안전하게 유지되도록 시장의 힘이 작동하지 않는다면 무엇으로 그렇게 할 것인가?

비밀주의의 문제

스위스 사람에게 특히 불편한 두 번째 문제는 은행의 비밀주의다. 많은 사람에게 은행 비밀주의는 관료적 독재자들의 부패에서부터 2차 세계대전 동안 개인적, 공적인 자산의 약탈, 전 세계의 부유한 사람들과 기업의 탈세에 이르기까지 각종 불법을 감추는 비밀계좌를 유지하는 검은 사업으로 간주된다. 스위스 정부는 이런 이미지와 싸워왔고, 최근 은행들이 무아마르 카다피와 다른 전직 아프리카와 중동 지도자들의 소유 자산을 일시적으로 동결하도록 명령했다.

오늘날 은행 비밀주의 장벽은 더 이상 스위스 금융의 특별한 이점이 되지 못할 정도로 무너졌다. 스위스은행협회는 1978년부터 '고객 알기' 정책을 실행하고 있으며, 은행들에게 계좌가 비록 비밀계좌일지라도 누가 실소유주인지 반드시 알아야 한다고 요구한다. 2004년 이것은 정부의 규제사항이 되었다. 2009년 스위스 정부는 외국인 계좌 소유자의 세금 사기와 탈세를 구분하지 않기로 했다(이전에는 탈세는 범죄가 아니었기 때문에 외국 정부와의 협력조약 범위에 포함되지 않았다). 하지만 은행 비밀주의는 스위스의 오랜 전통이다. 지금까지 롤렉스(Rolex)와 같이 유명하지만 고도로 비밀을 유지하는 스위스 기업에 대해 알려진 것이 거의 없다. 불과 한 세대 전까지 만해도, 바젤에서는 로슈(Roche)의 연례보고서에 나오는 유일한 숫자는 그 해의 연도뿐이라는 농담이 있었다. 스위스은행협회 전 회장 게오르그 크레이어(Georg Krayer)는 이런 종류의 비밀주의는 즉각적인 의사소통 시대에 더 이상 가능하지 않다고 믿는다. "인터넷을 점점 더 많이 사용함에 따라 우리가 보호할 수 있는 유일한 개인적인 비밀은 우리의 주머니와 마음속에 있는 것뿐이다"라고 그는 말한다. 하지만 그 이외의 개인적인 비밀은 여전히 보호된다. 최근 은행거래에서 스위스 밖에 거주하는 스위스 은행 고객들은 원천징수세액을 납부하는 한 본국 정부에 자신의 이름을 제공하지 않을 수 있다.*

중요한 산업의 미래에 관한 모든 논쟁과 마찬가지로 해결책을 찾으려면 과거에 대한 철저한 지식이 필요하다. 이 장은 스위스 금융 산업이 어떻게 생겨났고, 대형화와 높은 수익성을 내게 된 요인을 살펴본다. 그 다음 스위스인들이 지난 수십 년 동안 세계 금융을 뒤흔든 극적인 변화에 어떻게 잘 적응했는지, 그리고 스위스 금융의 미래 전망이 어떤지 알아본다.

[*] 〈이코노미스트〉지의 은행 및 보험 담당 특파원이며 이 장의 몇몇 검토자 중 한 명인 조나단 로젠탈(Jonathan Rosenthal)의 주해.

스위스 금융은 어떻게 생겨났는가?

스위스는 유럽 중앙에 위치해 있어 로마 제국 시대부터 중세 시대까지 중요한 무역로였다. 어떠한 노동을 하지 않고 단순히 시간의 경과에 따라 돈으로 돈을 번다('이자')는 생각은 성서의 고리대금업(본래 교회에 따르면 높은 이자뿐만 아니라 모든 이자가 포함되었다) 금지에 따라 신성모독적인 것으로 간주되었다. 르네상스 시기에 비로소 피렌체의 양모 무역상들이 자신의 상품을 미리 할인하여 판매하는 방식으로 고리대금업 법률을 회피했다―이 차액은 사실상 이자였다. 1387년 제네바의 주교 애드히마르 파브리(Adhemar Fabri)는 '합리적인 제약 조건을 지키는 조건으로' 제네바의 은행가들이 이자를 받고 돈을 빌려주는 것을 허용했다.

그와 더불어 제네바는 리옹과 잘 연결되었기 때문에 점차 더 중요해졌고, 주요 유럽 거래 시장으로서 인기가 높아졌다. 자금이 운반되고 돈이 전달되고 외환 거래와 신용거래가 허용되었다. 상인들이 돈을 축적하게 되면서 그들은 은행가로 바뀌었다. 이와 같은 오랜 금융 관행은 심지어 칼뱅이 금융을 하나의 상업으로 정당화하도록 영향을 미쳤다. 더 중요한 점은 종교개혁이 처음으로 부의 축적을 허용되는 것으로 결정했다는 것이다―사실, 부의 축적은 성실한 노동의 긍정적인 표지이자 소명의 성취로 간주되었다. 그 이전 사람들은 그럭저럭 생계를 유지할 정도로만 일했고, 생애를 마칠 때 남는 재산은 가톨릭교회에 기부했다. 따라서 부를 축적해야할 동기가 없었고 은행도 필요 없었다. 그러나 18세기 들어 섬유와 시계 무역이 번성하고 용병들이 유럽의 잦은 전쟁에서 벌어들인 수입을 본국에 송금한 덕분에―그리고 높은 저축률 덕분에—스위스에 자본이 축적되기 시작했다. 스위스 국내에는 투자 기회가 거의 없었기 때문에 초기 스위스 투자자들은 해외로 눈을 돌렸다(대부분의 다른 국가들은 국내에 상당히 많이 투자했다). 기록에 따르면 스위스의 주들은 주로 오스트리아, 영국, 프랑스 정부의 채권과 인도의 플랜테이션에 투자했다.

독립은 스위스 금융의 기초다

제네바와 마찬가지로, 스위스의 나머지 지역의 사회경제시스템도 초기부터 바젤, 장크트갈렌, 베른, 취리히를 포함한 무역 중심지에 의해 규정되었다. 이들 각 도시는 복잡한 도시국가 경제로 발전하였고 금융을 포함한 독자적이고 서로 다른 사회경제시스템이 있었다. 프린스턴대학의 유명한 경제역사가 헤럴드 제임스(Harold James)는 스위스가 치열한 독립 유지 노력과 더불어—유럽의 다른 곳처럼—군주국, 교회, 공화국을 강화하는 영향권에 빨려 들어가기를 거부했기 때문에 유럽에서 가장 잘 보존된 '도시국가'시스템을 갖고 있다고 생각한다. 번영하는 스위스 금융의 토대를 놓는 데에는 유럽의 다른 지역을 형성하는 힘들 속에서도 독립을 유지하려는 스위스의 노력이 유용했다.

1550년대 많은 위그노가 종교적 박해를 피해 프랑스를 떠나 정치적 중립을 표방하는 여러 스위스 도시의 보호 장벽 안에 정착했다. 그들은 뛰어난 시계제조 기술을 스위스로 가져왔을 뿐만 아니라 화학 기업과 은행을 설립했다. 위그노들은 이상적인 이민자들이었다. 잘 훈련되고 근면하고 신중하고, 서로에게 매우 충실했다—그리고 해외에 아주 넓은 인맥을 갖고 있었다(그들 중 다수는 읽을 수 있었는데 이것은 그들에게 특별한 경쟁력을 부여했다). 그들은 사업이 필연적으로 금융으로 이어지는 시기에 중요한 상인이 되었다. 핏텟(Pictet, 1805년), 롬바르드 오디에르 다리에르 핸트시(Lombard Odier Darier Hentsch, 1796년), 미라보(Mirabaud, 1819년), 보르디에(Bordier, 1844년)와 같은 제네바의 은행들은 모두 개신교 이민자들에게서 시작되었다.

제네바의 은행가들은 네널란드 서인도 회사, 잉글랜드 은행, 왕립 거울제조회사(유럽 최초의 산업 기업인 생고뱅, St Gobain)와 다른 많은 벤처 기업들의 자금을 지원했다. 은행가들은 신뢰성, 신인성(dependability), 상업적 수완에 대한 평판을 얻게 되면서 각료와 왕들의 자문관으로 각광을 받게 되었다—일부는 각료로 임명되었다. 루이지애나 거래 협상을 수행한 뒤 알버트 갤러틴(Albert Gallatin)은 가장 장수한 미국 재무장관이 되었다. 자크 넥커는 루이 16세의 재무장관이 되었다.

투자 은행가들이 인기를 얻었을 때

베른은 오랜 세기 동안 지금의 스위스 지역 내에서 단연코 가장 부유한 국가였다. 베른의 과두 정치 가문들은 스위스의 일부를 지배했을 뿐만 아니라 오늘날 우리가 국제 투자금융이라고 부르는 것을 가장 먼저 시작한 사람들이었다. 그 중 가장 중요한 은행으로서 1745년에 설립된 머쿠아드(Marcuard)는 특히 오스트리아 제국(마리아 테레사), 네덜란드 국가, 독일 왕국들 중 일부, 영국 왕과 덴마크 왕을 위해 채권을 발행했으며, 상트페테르부르크에서 발파라이소에 이르기까지 지점망을 유지했다. 이 투자은행의 역할은 대출을 가능하게 하는 베른의 부에 기초했다. 1798년 베른이 나폴레옹에 패한 뒤 이 은행의 국제적 영향력은 감소했고 많은 사업 활동은 새롭게 떠오르는 로스차일드 가문에 의해 잠식당했다. 머쿠아드는 1918년 크레디트 스위스에 매각되었고 이를 통해 크레디트 스위스는 베른주로 사업을 확장할 수 있었다. 안드레이 & 머쿠아드라는 이름을 붙인 이 은행의 프랑스 지점은 이집트 주지사들의 금융기관으로 유명하게 되었다.

바젤 역시 중요한 상업 도시였다. 라인강에 위치해 있고 양옆에 그 당시 중요한 산업지역이었던 알자스와 오늘날의 바덴-뷔르템베르크 지역이 있었다. 제네바에서처럼 프랑스 위그노들은 바젤의 산업과 상업을 구축하는데 중요했다. 바젤 역시 난민의 피난처라는 평판을 들었고 논쟁적인 주제에 관한 정치적 토론에 불을 붙이는 반항적인 지하세력으로 유명했다. 스위스에서 에라스무스의 저작이 출판되면서 종교개혁에 불을 붙였다(그는 바젤에 살았고 그의 작품은 그가 죽을 때까지 그곳에서 출판되었다). 하버드 대학 도서관장이자 출판역사 분야의 개척자인 로버트 단톤(Robert Darnton)은 바젤과 제네바가 암스테르담과 함께 '언더그라운드' 출판의 가장 중요한 중심지로 평가되었다고 생각한다.* 1840년 바젤에는 16개의 민간 은행이 늘어나는 상업 활동에 서비스를 제공했다. 드레퓌스, 라 로슈(La Roche), 자라진(Sarasin)을 포함한 몇몇 은행은 지금도 존재한다.

장크트갈렌은 17세기와 18세기에 번영하는 면화-리넨 직조 산업을

[*]　　로버트 단턴, 「혁명 전 프랑스의 금지된 베스트셀러」, W. W. Norton, 1996.

기초로 대단히 번창했다. 남-북과 동-서를 잇는 두 개의 통상로에 위치한 이 도시의 전략적 입지는 도시 근처에 운송회사의 설립을 예고했다. 1741년 카스파르 칠리(Caspar Zyli)는 아버지의 사업을 떠나 장크트갈렌에서 자신의 운송회사를 설립했다. 그의 회사—민간 은행 베겔린사(Wegelin & Co)가 되었다—는 운송서비스뿐만 아니라 대출과 당좌예금서비스를 제공했다. 그래서 1741년은 베겔린사의 창립연도로 간주된다. 금융 산업은 지역의 실크와 자수 산업이 성장하면서 번창했고, 재앙이 밀어닥친(6장에 설명되어 있다) 2012년 초까지 이 회사는 장크트갈렌에서 가장 오래된 은행이었다. 베겔린사와 비슷하게 수익성이 좋은 섬유 무역의 성장을 배경으로 란 & 보드머(Rahn & Bodmer)도 1750년 취리히에 설립되었다.

해외의 위기와 안전한 국내

추가적인 발전을 위해서는 대출에 관한 사회적 관습에 변화가 필요했다. 신사에 대한 스위스적 개념은 자신의 재산에 맞추어 살고 힘든 시기를 견디기 위해 저축하는 것이었다—산악 지역에 적합한 인생관이다. 기업가들은 외부의 대출에 의존하는 상태를 경멸했고 스스로 자금을 조달하려고 했다. 그들은 많은 자본을 필요로 하지도 않았다. 스위스 산업—다른 유럽 국가들처럼—은 비용이 거의 들지 않거나 돈이 있을 때 구매할 수 있는 손이나 수력을 동력으로 이용하는 방직기나 직조기를 가진 공예가, 장인, 농부들에 의해 시작되었다. 그들은 대부분 처음에는 농부였으며, 할 일이 없는 긴 겨울 동안 장인으로서 부업을 하다가 점차 독립하게 되었다. 수익이 나서 규모를 확장할 수 있을 때에 직원과 장비를 추가했다. 산업 혁명이 시작되면서 기계는 전기 덕분에 더 복잡하고 비싸고 강력해졌다. 수작업에 대한 기계의 비교우위가 곧 확실해졌다. 그 결과 경제적 부가 빠르게 축적되면서 스위스 사업가들은 대출에 대한 거부감이 완화되었다. 스위스 산업은 19세기 후반기에 꽃피기 시작했다(네슬레사가 1867년, 마기사가 1870년, 브라운 보베리사가 1891년에 각각 설립되었다). 검소한 사람들의 저축 덕분에 자본을 더 많이 이용할 수 있었고, 국내 기업이 발전하면서 중요한 중개자로서 은행이 필요하게 되었다.

유럽의 전쟁은 스위스에 호재였다

그러나 스위스 금융의 놀라운 성공은 국내 경제의 성장보다는 다른 유럽 국가들의 실패와 더 많은 관련이 있었다. 유럽의 정치 갈등은 중세 시대부터 2차 세계대전까지 사실상 끊임없이 벌어졌다. 유럽의 군주들은 전쟁을 벌였고, 흔히 야심만만한 전쟁에 자금을 조달하기 위해 화폐를 발행해야 했다. 부는 양날의 검처럼 위협적이었다. 즉 패배한 국가는 자산이 손실되고 승리한 국가는 초인플레이션이 발생했다. 하버드대학 교수 케네스 로고프(Kenneth Rogoff)와 메릴랜드대학 교수 카르멘 라인하트(Carmen Reinhart)는 그들의 책 「이번엔 다르다(This Time is Different: Eight Centuries of Financial Folly」에서 역사에서 발생한 정치적, 경제적 실패의 엄청난 횟수와 강도를 제시했다. 1800년에서 1945년 사이 127회의 채무불이행이 발생했고 평균 6년 동안 지속되었다. 그리고 1945년 이후 새로운 정치 지형이 유럽에서 결정되는 동안 이런 양상은 다른 단계로 넘어갔다.

1946년 이후 유럽 바깥 지역에서는 168회의 채무불이행이 발생했고 그럴 때마다 돈은 스위스 금융시스템에서 도피처를 찾았다. 스위스 은행 금고에 유입된 부의 상당부분은 나무의 나이테와 비슷했는데, 나이테의 폭은 매 시즌의 성장을 나타낸다.

그러므로 스위스 금융은 경기순환 주기와 반대된다. 해외에서 문제가 발생하면 스위스 금융 산업은 혜택을 본다. 아래 그래프를 보면 1900-2004년 사이 세계의 상당수 지역이 채무불이행, 급격한 인플레이션, 또는 두 가지 모두를 경험한 것이 나타난다.

1880년에서 1955년까지 살았던 한 독일 기업가를 상상해보자. 그는 나폴레옹 3세가 몰락한 뒤 10년도 못 되어 태어났고 두 차례의 세계대전(그리고 냉전)을 겪었고. 바이마르 공화국의 몰락 이후

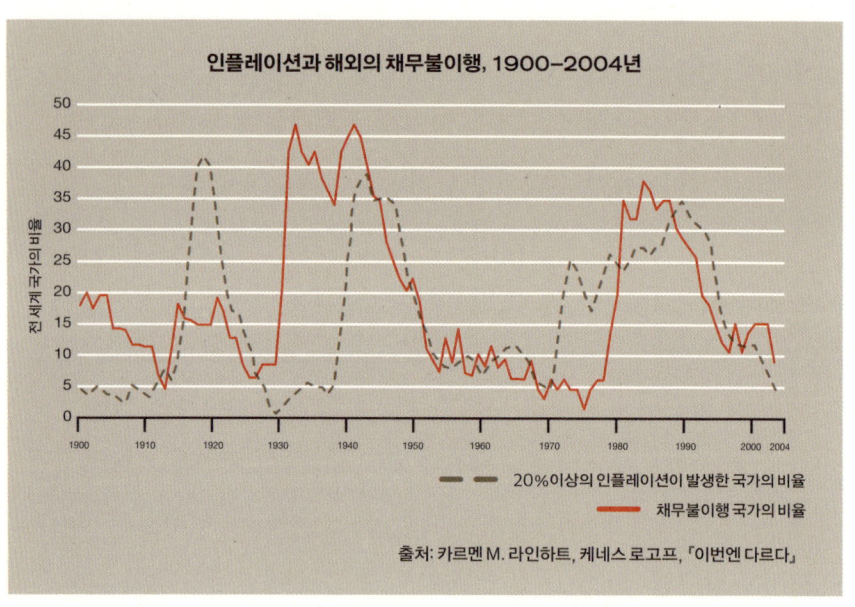

파괴적인 인플레이션을 목격했을 것이다. 그가 스위스처럼 안전하고 안정적인 장소에 자산의 일부를 보관하고 싶은 것은 당연하다.

이러한 신중함과 안정성은 개인 은행(private bank)의 법적 구조에도 포함되었다. 일반적으로 기업법에서 법인화의 주요 목적은 주주의 책임을 제한하는 것이다. 그러나 스위스의 개인 은행은 다른 곳과 마찬가지로 '동업자들'로 구성되며, 동업자들은 무한 책임을 진다―즉 그들은 은행의 의무를 이행하기 위해 필요할 경우 법적으로 개인의 자산 전체를 제공해야 한다. 물론 이런 이유로 극도의 신중함이 요구된다. 1900년, 이런 법적 형태를 가진 개인 은행이 700개가 있었다. 지금은 호팅거사(Hottinger & Cie), 라 로슈사(La Roche & Co), 롬바르드 오디에르 다리에르 핸트시사(Lombard Odier Darier Hentsch & Cie), 미라보사(Mirabaud & Cie), 핏텟(Pictet), 란 & 보드머(Rahn & Bodmer), 베겔린사(Wegelin & Co)를 포함하여 14개 은행만이 이런 형태를 유지하고 있다.

14개 개인은행 중 최대 은행은 핏텟(Pictet)이다. 이 은행은 전체 개인은행 총자산의 약 40%를 관리한다. 1960년대 이후 이 은행은 가까스로 전통적 가치와 혁신적 접근방법을 결합하여 시장에서 몇 가지 새로운 트렌드―즉 보험회사, 연금 펀드, 뮤추얼 펀드와 같은 기관투자자의 등장, 글로벌 관리자의 필요성 증가, 초고액 자산가들의 종합 금융계획 수요(패밀리 오피스)―를 찾아 사업을 확장시켰다. 또한 전 세계도처에서 독립적인 자산 관리자의 중요성이 점점 커지고 있음을 인식하고 500명 이상의 자산관리자와 함께 일한다.

이 은행은 1980년대 말 신흥시장 투자를 통해 뮤추얼 펀드 영역을

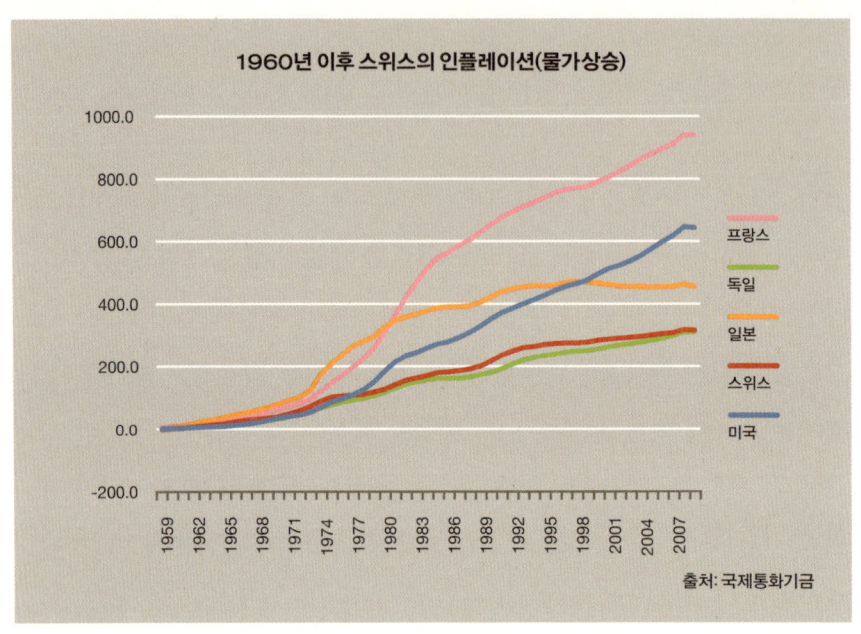

새롭게 개척했으며, 1994년 바이오테크놀로지 펀드를 설립하고 2000년에는 세계최초로 물 산업에 투자하는 펀드를 출범시켰다. 1990년대 중반부터 지금까지 이 은행이 관리하는 자산은 다섯 배 증가하여 3,300억 스위스프랑을 넘어섰다. 30년 동안 은행 직원도 300명에서 3천 명으로 폭발적으로 늘어났다. 하지만 이 은행은 다른 대형 펀드관리자나 투자 은행이 경험한 각종 스캔들을 겪지 않았다. 이것은 이 회사의 칼뱅주의적 정신과 가족이라는 가치관이 반영된 덕분일 것이다.

픽텟의 동업자들은 가족 휴가를 함께 보낼 수 있을 것 같은 사람들을 동료 동업자로 선택한다고 말한다. 직원 이직률은 금융 분야 치고는 비교적 낮으며 어려움 없이 경영진과 동업자를 새롭게 갱신할 수 있었다. 핏텟은 제네바에서 사람들이 선호하는 기업으로 평가받는다. 동업자들이 은행의 활동에 대해 무한 책임을 함께 진다는 사실은 주주가 소유한 일부 대형 은행이 최근에 그랬던 것보다 확실히 위험에 더 신중하게 만들었다. 핏텟에는 불량 주식 중개인이나 쓰레기에 불과한 거대한 자산 포트폴리오는 없다. 아마도 하나의 로프에 몸을 연결하고 등반하는 산악등반 팀의 다음과 규칙이 이 회사에도 그대로 적용될 것이다. '각 사람은 자신이 추락하면 다른 사람들에 의해 구조되거나 함께 낭떠러지로 떨어진다는 것을 안다.'

통화정책

세계 금융에서 스위스의 '특별한 장점'—불안정한 세계에서 바위처럼 안정된 금융—은 짧은 시간에 생긴 것도 아니고 계획적으로 만들어낸 것도 아니었다. 크레이어가 말하듯이, 스위스는 기본적으로 중앙은행은 물론 중앙정부에 의한 통치를 결코 원하지 않았으며 도시 국가를 선호했다. 바젤 시민들은 취리히, 베른, 또는 제네바와 커다란 친밀감을 느끼지 않으며, 관계는 일방적인 것이 아니라 상호적이었다. 그러나 점차 크고 공격적인 이웃국가에 둘러싸이면서 그들은 방어를 위해 연합함으로써 이익을 얻을 수 있다는 것을 깨달았다. 가장 자부심이 강한 제네바는 스위스의 주들, 특히 베른주와 협약을 맺지 않았다면 독립적인 도시로 살아남지 못했을 것이다. 이런 측면에서 1500-1800년 사이의 제네바 역사는 불가피하게 스위스 역사의 일부이다. 시장에서 양배추를 사는 농부처럼 도시 국가들은 자신이 발견할 수 있는 가장 값싼 '사회 계약'을 구매하고, 최대한의 이익을 얻기 위한 대가로

↑ 핏텟의 동업자들은 소유자로서 행동하며—그들은 실제 기업 소유자다—
신중한 자산 관리자로서 스캔들과 중대한 실수를 범하지 않는 훌륭한 성과를 올렸다.

개인적인 자유와 책임을 조금 양도했다. 자립이라는 개념—여기서
책임은 최소한의 공통분모와 최대의 혜택으로 계승된다—은 항상
스위스 공화제의 독특한 특징이었으며 지금도 그렇다. 하향식
통치체제를 가진 프랑스, 독일, 영국과 달리 스위스는 대부분의
영역에서 상향식 사회다.

그러나 국방 이외 드물지만 분권화의 예외사항도 있었는데 그것이
바로 통화다. 스위스는 1848년 공화제로 출범했을 때 319종의 주화가
비슷한 정도로 많은 은행들에 의해 주조되었다. 그 결과 스위스
연방 헌법(1848년)은 주화 주조권을 연방정부에 이전했으며 1850년
스위스프랑이 도입되었고, 프랑스의 도량형을 따르며, 프랑스의 은화

[*]   스위스는 1865-1926년 동안 라틴통화동맹의 회원국가였다(프랑스,
이탈리아, 벨기에, 나중에 그리스가 참여했다). 이 시기 동안 이 동맹국 지역
전체에서 자유롭게 통용되는 동일한 주화를 만들었다.

등가 기준을 사용했다.* 나중에는 거래량의 증가와 주화 측정량의 비일관성 때문에 지폐가 주화를 대체했다. 그러나 이것은 문제를 해결하지 못했다. 모든 은행이 통화의 단순한 대체물로 자신의 지폐를 발행할 수 있었기 때문이었다. 통화의 이용가능성은 발행 은행의 신뢰성에 좌우되었다. 이를 해결하기 위해 스위스국립은행(SNB)이 1907년에 설립되었다. 독립적인 스위스인들이 새롭고 중앙집중적이고 확실치 않은 것에 상당한 권한을 양보한 것은 대단한 비약이었다. 그러나 그것은 가장 필요한 것이었다. 그 당시 200종류 이상의 지폐가 사용되었고 35개 주와 개인은행이 자체적으로 화폐를 인쇄할 수 있어 지폐가 주화보다 2.4배 더 많았다(2억 4천 3백만 스위스프랑 대 1억 스위스프랑).

↑ 1923년 독일에서 아이들이 지폐 뭉치를 갖고 놀고 있다. 스위스국립은행은 세계에서 가장 오랫동안 통화가치를 유지하고 있다―세계의 부를 스위스 은행에 끌어 모으는 매력 중 하나다.

채무불이행이 없는 중앙은행

스위스국립은행(SNB) 설립 이전의 화폐 발행 은행 중 어느 곳도 채무불이행을 선언한 적이 없다는 점은 주목할 만하다. SNB는 딱 한 번 프랑화의 교환을 중단한 적이 있다(1차 세계대전 동안). 이것은 아마도 의무를 철저히 이행해야 한다는 의식이 스위스에서 매우 중요하기 때문일 것이다―세계 어느 국가보다 더욱 중요시될 것이다. 그럼에도 1973년 석유수출국기구(OPEC)의 석유수출금지로 하루

만에 석유가격이 70% 상승하고 달러가 폭락한 사건, 1977년의 치아소(Chiasso) 스캔들*, 2008년 이후 세계 시장의 혼란에 이르기까지 SNB는 험난한 시간을 거쳤다.

SNB의 전 총재 프리츠 로이트빌러(Fritz Leutwiler)는 1979년 달러 위기 때 한 기자로부터 힘든 상황을 개인적으로 어떻게 느끼는지 질문을 받고 이렇게 대답했다. "SNB 총재와 행복은 함께 할 수 없는 두 가지 상태입니다." 그는 나중에 비슷한 유머와 겸손한 태도로 "SNB에서 일할 때 훌륭한 점 중 하나는 사람들이 내 전화에 응답을 한다는 점입니다"라고 말했다.

브레턴우즈 회담과 고정 환율 포기 이후 스위스프랑 가치는 미국 달러화에 비해 두 배 상승했고 미국 주식 시장의 가치는 1973-1978년 동안 절반으로 줄었다—외국인들은 스위스프랑을 보유한 것 외에 아무것도 하지 않았는데도 자산이 400% 더 늘어났다. 그 결과 스위스프랑화를 보유하려는 외국인의 관심이 엄청나게 늘어나 SNB는 지난 몇 십 년 동안 몇 차례 자본 유입을 막기 위해 마이너스 이자율을 부과했다(1971년, 1977-79년). 2011년 SNB는 돈의 유입을 막기 위해 사실상 스위스프랑화를 평가 절하했다. 통화는 부를 보존하는 중요한 수단이 되기 때문에 자금이 계속 유입되고 있다. 다음 페이지의 도표는 시간 경과에 따른 스위스프랑의 가치를 다른 통화와 비교하여 보여준다.

[*] 크레디트 스위스 치아소 지사의 고위 경영자가 은행의 안정을 위협할 정도로 많은 돈을 빼돌리다가 잡혔다. 그 당시 SNB 책임자였던 프리츠 로이트빌러(Fritz Leutwiler)는 23억 스위스프랑의 손실을 만회하고 신뢰를 회복하기 위해 은행 앞으로 '보증 신용장'을 발행했다.

비밀주의의 비결

스위스의 금융 비밀주의 정책은 개인적인 영역을 국가의 억압으로부터 보호하려는 선의의 원칙에서 비롯되었다. 스위스는 개인의 행복이 국가에 의해 좌우되는 두려움에서 벗어나기 위해 고국을 떠나는 정치적 난민들의 피난처로서 오랜 인도적인 역사를 갖고 있다. 한 가지 예는 많은 위그노들을 죽음과 박해로 내몬 프랑스의 낭트칙령 철회 이후 위그노가 스위스로 대량 유입된 것이다. 이민자였던 니콜라스 하이예크는 "스위스의 위대한 가치는 스위스가 난민들에게 사람과 돈의 피난처를 제공한 것"이라고 강조했다. 이를 위한 가장 좋은 방법은 신중함이다. 핏텟, 미라보, 란 & 보드머과 같은 스위스 개인은행들은 사무소 간판에 이름 전체가 아니라 첫 글자만 기록하고 고객들은 건물

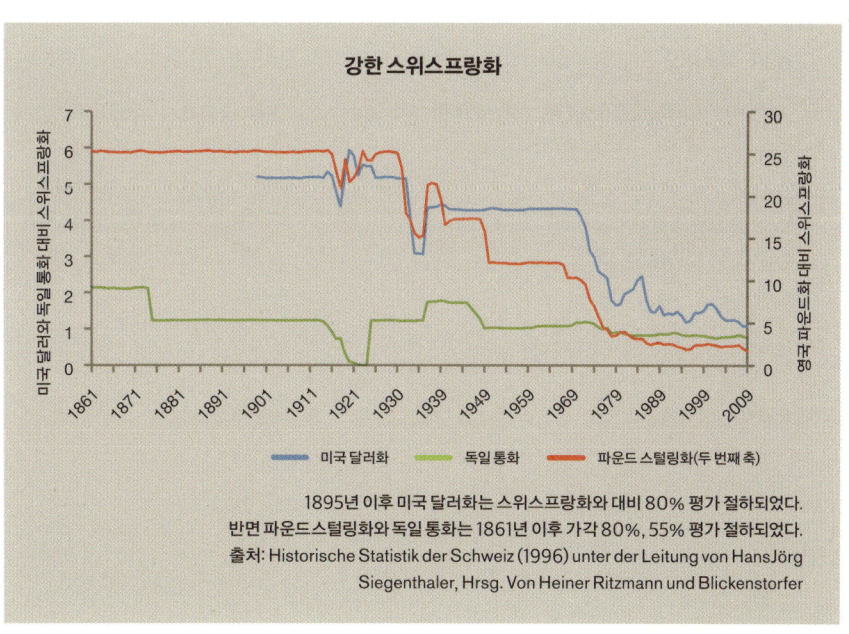

1895년 이후 미국 달러화는 스위스프랑화와 대비 80% 평가 절하되었다. 반면 파운드스털링화와 독일 통화는 1861년 이후 각각 80%, 55% 평가 절하되었다.
출처: Historische Statistik der Schweiz (1996) unter der Leitung von HansJörg Siegenthaler, Hrsg. Von Heiner Ritzmann und Blickenstorfer

뒤쪽의 위장된 출입구를 이용할 수 있었다. 2차 세계대전 이후 스위스
개인은행업계의 거물이었던 한스 베어(Hans Baer)는 전기에서 이렇게
말했다. "고객은 꼬냑 술병을 제시하면서 자신을 소개할 수도 있었다.
'내 이름은 헤네시입니다. 나는 더 이상 말하고 싶지 않군요. 여기 30만
달러가 있습니다.' 우리는 그 돈을 기꺼이 받고 우리에 대한 신뢰에
감사했다."

신중함의 원칙은 스위스 문화에 매우 깊이 스며있어 1934년
이전까지는 연방 차원에서 그것을 법제화할 필요가 없었다. 1932년 10월
26일 프랑스 경찰이 바슬러 핸델스방크(Basler Handelsbank)(바젤의
가장 유력한 가문들—가이기(Geigy), 이즐린(Iselin), 라 로슈(La Roche),
쾨클랭(Koechlin), 슈텔린(Staelhelin)—의 소유)의 부행장을 체포하여

불태환 화폐제도가 시작된 이후: 브레턴우즈체제 이후부터 지금까지

스위스프랑 대 통화, 1973년 1월-2012년 7월까지	%변화	연간 %변화
미국	282%	3.5%
영국	477%	4.6%
독일(마르크화/유로화)	90%	1.7%
이탈리아(리라화/유로화)	927%	6.2%
노르웨이	250%	3.3%
브라질	224×10^{12}%	107.4%
멕시코	354×10^{3}%	23.3%
남아프리카공화국	3.628%	9.7%
인도네시아	7.431%	11.7%

1972년 브레턴우즈체제가 붕괴된 후 스위스프랑 표시 현금 형태로 자산을 보유한 투자자는
이 분석에 따라 자산을 얻었을(또는 잃었을) 것이다. 이 결과는 국가가 시행하는 금융정책의
상대적 규율을 보여주는 지표이기도 하다.
출처: 스위스국립은행, 세계은행 WDI 지표, 저자의 계산

이 은행을 프랑스 관료들의 탈세를 도와준 혐의로 기소했다. 경찰은 오늘날 가치기준으로 100억 스위스프랑을 은행에 맡긴 것으로 추정되는 2천 명의 프랑스 고객 명단을 제시했다. 부행장은 교도소에 수감되었고 은행의 자산은 몰수되어 스위스에 큰 파장을 불러일으켰다. 많은 외국인 고객들이 자산을 이동시키면서 스위스 은행에서 예금 인출 사태가 벌어졌다. 1934년 11월 8일 스위스 의회는 결국 은행 및 저축은행에 관한 연방법을 통과시켰다.

↑ 스위스 은행의 안전금고

이 법의 47조는 은행의 비밀주의 원칙을 법제화했다. 탈세는 스위스 법에서는 경범죄에 해당할 뿐이기 때문에 이를테면 단지 소득의 과소신고 혐의를 받는 사람의 계좌정보는 47조에 의해 보호를 받았다. 아울러 스위스 당국은 범죄인 공조 조약을 존중하여 외국 정부의 세금 사기 혐의를 추적할 때 증거가 없는 탈세 혐의인 경우 협조하지 않는다. 예를 들어, 스위스에 거주하는 외국인들이 본국에서 탈세 혐의를 받은 경우 본국으로 송환되지 않는다. 이런 방침을 가장 잘 보여주는 유명한 사례는 원자재 무역거래상 마크 리치다.

신중함의 어두운 측면

스위스의 프라이빗뱅킹 고객 중 어느 정도가 불법적인 이유, 즉 외국의 세금당국자들이 법적 '조사'를 벌이게 되는 사유 때문에 비밀주의 특권을 이용하는지 알기 어렵다. 베어(Baer)는 죽기 전에 쓴 전기에서 '나는 절세와 탈세의 차이점이 무엇인지 확실히 모르겠다.'고 말해 독자들을 놀라게 했다.

그러나 확실한 것은 세간의 주목을 받은 많은 외국인이 스위스의 규정을 합리적인 한도 이상으로 확대하여 불법 소득을 은폐하는 데 이용한다는 것이다. 널리 알려진 몇몇 사례들 때문에 스위스는 이 제도를 더 엄격하게 운영하게 되었다. 1997년 연방법원은 은행들에게 불법적인 여지가 있는 돈을 돌려주라고 명령하였고, 처음으로 '정치적인 인물이 고객인 경우 다르게 처리될 수 있다.'고 판결하였다. 2011년 2월, 불법자산 반환법이 제정되어 특히 '사법제도의 문제 때문에 요청 당사국에서 상호지원 요청을 하지 못할 경우에도' 동결 자산을 본국으로 더 쉽게 반환할 수 있게 되었다.*

은행들에게 해명을 요구하다

1990년대 초 스위스 은행들은 훨씬 더 나쁜 행위에 대해 국제적으로 심층조사를 받게 되었다. 홀로코스트 피해자가 된 사람들이 1930년대 스위스 은행에 맡긴 돈을 돌려주는 데 미온적이었기 때문이었다. 은행들은 20년 전 합법적인 재산 상속권자를 결정하는 합의가 이루어졌다고 생각했다. 분노가 치솟았고 세계 유대인 회의(World Jewish Congress)는 캠페인을 벌이면서 스위스 은행들에 10억 달러 이상을 청구하는 소송을 제기했다. 1998년, 그들은 UBS와 크레디트 스위스가

[*] www.eda.admin.ch/eda/en/home/recent/media/single.html?id=37478을 보라.

12억 5천만 달러를 지급하는 합의서에 동의했다. 2008년 현재, 불과 4,600명의 계좌 소유자가 돈을 받았을 뿐인데도 벌써 10억 달러가 지급되었다. 이 금액 중 대부분은 강제노역자를 포함한 다른 부류의 피해자들에게 제공되었다.*

그 이후 많은 사건들이 스위스 금융의 비밀주의를 더 약화시켰고 이제는 거의 폐기되기 직전인 것처럼 보인다. 오랫동안 망설여오던 스위스 금융시장 감독기관인 FINMA는 2009년 2월 UBS에 계좌를 가진 4,450명의 미국인에 관한 자료를 미국 국세청에 넘겼다(UBS는 미국 정부에 7억 8천만 달러의 벌금을 냈으며 해외 미국인 고객들의 예금 수신을 중단했다). 스위스 관리들은 미국 당국이 스위스 은행을 파괴할 수 있는 법적 조치를 준비하는 것이 명확할 때에만 대응했다. 스위스 연방법원은 나중에 FINMA의 결정이 불법이라고 판결했지만 때는 너무 늦었다. 난공불락의 장벽처럼 여겨지는 스위스 금융 비밀주의는 다시 구멍이 생겼고, 스위스 금융에 대한 평판은 추락했다. 이것이 비밀주의 원칙을 파괴하는 데 기여한 유일한 사례는 아니다. 2007년 독일 조세당국은 리히텐슈타인의 정보원에게서 몇 장의 CD를 샀는데, 알프스 지역의 조세피난처 리히텐슈타인에 돈을 은닉한 독일인

[*] 스위스 뱅크 코퍼레이션(이제는 UBS)의 전 CEO 발터 프레너는 이른바 '휴면' 계좌를 다루는 스위스의 업무처리방식이 여전히 불충분하다고 생각한다. 미국과 다른 선진국들의 경우 휴면 계좌는 소유자를 찾지 못하거나 소유자가 나타나지 않는 경우 일정 기간이 지난 후 중앙으로 모아서 정부로 넘긴다. 스위스에는 중앙 보고 기능이 없고 계좌는 스위스의 최초 은행에서 무기한 관리된다―이에 따라 상속자들은 계좌를 조사하기 위해 접근할 수 없고 부적절하게 처리되기 쉽다.

탈세범에 관한 자료를 훔쳐서 복사한 것이었다. 줄리언 어산지(Julian Assange)의 위키리크스가 뱅크 줄리어스 베어(Bank Julius Baer)가 케이만 군도에 보유한 계좌에 관한 정보―해고에 불만을 품은 직원이 제공했다―를 공개했을 때 상당한 주목을 받았다. 2011년 스위스는 독일 국민의 스위스 은행 계좌에서 총 납부세액을 인출하여 독일로 송금하기로 독일과 조세협정을 체결했다. 다른 국가와의 협정이 계속 이어질 것으로 보인다. 2012년 초 베겔린사(Wegelin & Co)는 미국 정부의 기소 위협에 직면하여 사실상 사업을 접었다. 베겔린은 이전의 UBS의 미국인 고객들을 유인하려고 시도했던 소수의 스위스 은행 중의 하나였다.*

스위스 글로벌 은행의 부상

산업화, 기업의 번성, 은행의 비밀주의, 강한 스위스 통화는 금융 분야의 성장에 기여했으며 그 결과 강한 금융 대기업이 등장했다. 스위스 도시국가의 자율적인 구조는 산업혁명에 의해 약화되었다. 철도의 등장과 대량생산 추세는 힘을 주변부에서 중앙으로 집중시키고 강화했다. 전국을 대상으로 사업 활동하는 몇몇 대형 은행이 출현했다―

[*] 되돌아보면, 베겔린의 거침없는 최고경영자이자 스위스 은행 비밀주의의 확고한 주창자인 콘라트 훔머(Konrad Hummer)가 직원에게 UBS가 불법적으로 지원한 고객과 계약을 맺도록 허가한 것은 이상한 것처럼 보인다. UBS는 불법 사실을 인정하고 그로 인해 벌금을 부과 받았다. 훔머는 나중에 스위스의 가장 권위 있는 신문 〈노이에 취르허 차이퉁〉 회장직에서 사임했다. 베겔린 사건은 스위스 은행이 미국에 물리적 실체를 갖지 않는 한 미국 정부의 탈세자 추적을 무시할 수 있는 방어막을 파괴했다. 실제로 이 고객들이 미국 증권이나 달러를 거래했다면 미국의 기소에 취약했을 것이다.

예를 들면 크레디트 스위스, UBS, 스위스 뱅크 코퍼레이션이 있다. 크레디트 스위스는 스위스 기업 역사에서 가장 중요한 선구적인 기업가인 알프레드 에셔(Alfred Escher)가 설립했다. 젊은 나이에도 불구하고 에셔는 취리히 출신의 동시대인 저자이자 팸플릿 제작자인 고트프리드 켈러가 묘사했듯이 '중대하고 광범위한 업무를 다루는 공직'에 뛰어들었다. 그는 종종 사무실에서 산더미 같은 서류에 둘러싸여 밤을 새웠다. 1855년 그는 과도한 업무로 망가져 주 정부의 공직에서 사임했다. 하지만 에셔는 완전히 망가진 것은 아니었다. 그는 그 당시 가장 모험적인 사업 분야에 과감히 투신하여 스위스 북동철도회사(Nordostbahn) 이사회의 회장이 되었다. 그 당시 철도 건설은 유럽 전체의 경제 발전의 추진력이었다. 에셔는 이것을 알고 스위스 국가위원회(Swiss National Council)에 유럽의 철도 노선이 스위스를 우회한다면 스위스의 미래는 '은자의 공동체와 같은 슬픈 모습'이 될 것이라고 경고했다. 그러나 철도망을 건설할 충분한 자본이 없었기 때문에 에셔는 취리히에 스위스 크레디트 인스티튜션(Schweizerische Kreditanstalt or SKA)을 설립하여 '자본 대출의 증기기관'으로 만들었다.(SKA는 이제 전 세계에 크레디트 스위스로 알려져 있다)

스위스를 산업국가로 건설한 돈

영업을 시작한 첫 해 말에 북동철도회사의 주식은 크레디트 스위스의 증권 포트폴리오의 4분의 1을 차지했다—위험이 엄청나게 집중되었다. 아울러 이 은행은 '자기 책임 하에 제조 회사나 다른 분야의 회사를 설립하고 운영하고, 기존 회사나 새로 만든 회사의 지분을 매수하여 회사 경영에서 참여하거나 완전히 떠맡아 경영하기' 시작했다. 실제로 이 신생 은행은 스위스 최초의 벤처투자 기업이었으며 매우 큰 영향력을 발휘했다. 1857년 에셔가 최고경영자로 있을 당시 크레디트 스위스는 스위스 재보험 및 연금 기관(Swiss Reinsurance and Pensions Institution, 오늘날의 스위스 라이프, Swiss Life)을 설립했다. 그리고 1863년 스위스 재보험회사(오늘날의 스위스 리, Swiss Re)를 설립했다. 또한 게오르그 피셔(Georg Fischer), 에셔 비스(Escher Wyss), 브라운 보베리사(Brown Boveri & Cie), 앵글로-스위스 연유회사(Anglo-Swiss Condensed Milk Company, 나중에 네슬레와 합병되었다)와 같은 주요 제조 기업의 지분을 취득했다. 산업적 방식으로 생산된 식품의 시장 잠재력을 본 에셔의 은행은 마기와 초콜릿 제조사 스프륀글리에 자금을 미리 대출해주었다. 모든 것을 고려해볼 때 에셔는 다른 누구보다도 스위스를 현대적인 기업국가로 만든 사람이었다.

   UBS에서 에셔에 비견할만한 사람은 알프레드 쉐퍼(Alfred Schaefer)였다. 그는 에셔보다 1세기 지난 뒤에 나타났다. 그 당시 슈바이처리셰 방크게셀샤프트(Schweizerische Bankgesellschaft)—Union Bank of Switzerland(UBS)—라고 불리던 은행이 스위스 최대 은행으로 부상한 것은 1941년이었다. 그해 쉐퍼는 두 명으로 구성된 이사회 일원으로 선출되었다. 지식인이자 전략가인 쉐퍼는 스위스 금융 황금기에 가장 영향력 있는 인물이었을 것이다. 그가 은행을 경영하던 동안(1953-76년) UBS의 대차대조표는 100배 증가했고 직원은 500명에서 1만 2천명으로 늘어났다. 매달 새로운 지점이 문을 열었고

1945-1960년 동안 20개의 은행을 인수했다. 이런 성공은 부분적으로는 쉐퍼가 준수한 엄격한 규율 덕분이었다. 이러한 규율 준수는 스위스군의 중령 출신이며 1930년대 대공황에 대한 기억을 가진 그의 배경에서 비롯되었다. 대공황 때 이 은행은 주식자본금을 1억 스위스프랑에서 4천만 스위스프랑으로 줄일 수밖에 없었다. 그 이후 쉐퍼는 한 푼의 돈에 대해서도 주의를 기울였다. 회의 때 시가를 피우는 것이 금지되었고 카라페 와인(carafe wine)만 허용되었다. 이사회 모임의 점심 메뉴는 4 스위스프랑 이상은 절대 허용되지 않았다. 쉐퍼에는 매력적이고 멋진 모습도 있었다. 그가 미국 법무부장관 로버트 케네디를 워싱턴에서 만날 때, 케네디가 탁자 위에 발을 올리는 것을 보고 매우 놀랐다. 그는 똑같은 행동으로 반응했다—잠시 뒤 UBS는 2차 세계대전 동안 자사와 히틀러의 제3제국의 거래에 관해 미국과 화해했다. 그는 스웨덴의 마르쿠스 발렌베리(Marcus Wallenberg), 도이치방크의 헤르만 아브스(Hermann Abs), 독일의 보쉬(Bosch) 제국을 포함한 당대의 가장

알프레드 쉐퍼 박사(1905-86)는 1941년 UBS의 은행장이 되었다. 그는 20년 이상 UBS를 경영하면서 스위스 은행들 중 가장 영향력 있는 은행으로 만들었다.

중요한 사람들과 밀접한 관계를 맺었다. 또한 그를 계승할 뛰어난 인재를 선발하는 선견지명도 갖고 있었다.

아웃사이더의 등장

전후 스위스 금융의 세 번째 핵심적인 인물은 라이너 거트(Rainer Gut)다. 추크 주립 은행장의 아들인 그는 많은 측면에서 아웃사이더였다. 그는 가톨릭교인(그가 초등학교에 다닐 때 개신교인과 가톨릭교인으로 학급을 나누었다)이었고, 취리히가 아니라 추크 출신이었다. 게다가 그는 미국에서 명성을 얻었고 결국 크레디트 스위스 미국 지점에 입사했다. 그 뒤 그는 유명한 투자 은행인 라자드(Lazard)의 젊은 동업자가 되었다. 1973년 크레디트 스위스는 그를 다시 관리 이사로 고용하여 국제 증권사업 분야를 확장하는 과제를 맡겼다. 크레디트 스위스는 치아소(Chiasso) 스캔들로 돈을 잃고 고위 경영진들을 해고했기 때문에 알려지지 않은 이 이방인을 위한 길이 열려 있었다. 거트는 뉴욕과 런던에서 벌어지는 일을 직접 경험했다. 그곳의 금융 중심이 전통적인 대출에서 자본 시장의 위탁 업무로 빠르게 바뀌고 있었다. 그는 스위스가 '기차를 놓치고 있다고' 확신했다. 스위스프랑화 표시 채권의 선도적인 발행회사인 크레디트 스위스는 1974년 미국의 대형 증권사인 화이트 웰드(White Weld)와 제휴를 맺었다. 이 제휴를 통해 이 회사는 월스트리트의 문을 열었다. 이 두 회사의 합작 벤처회사인 크레디트 스위스 화이트 웰드 역시 런던시장에 진출하여, 한스외르크 루돌프(Hans-Jörg Rudloff)의 지도하에 점차 그 당시 새로운 유로화 표시 채권 시장에서 선도적인 위치로 올라갔다.

만만치 않은 미국 금융계

1978년 크레디트 스위스는 투자은행인 퍼스트 보스턴(First Boston)의 지분 25%를 획득했다. 1988년 지분을 늘려서 은행명을 크레디트 스위스 퍼스트 보스턴으로 바꾸었다. 그러나 스위스 금융이 미국과 런던에서 다양한 도전에 계속 직면하게 될 것을 보여주는 신호가 나타났다. 1990년 크레디트 스위스 는 이 합작 벤처기업을 구제하기 위해 어쩔 수 없이 20억 스위스프랑을 투입한 뒤 지배주주가 되었다. 이것은 개방적인 대규모 자본 시장의 저돌적이고 불안정한 세계에서 한때 스위스 은행가들이 누렸던 안정적이고 높은 수익을 앞으로는 달성하기 어렵다는 신호였다. 오늘날까지 영국, 일본, 독일 은행을 포함하여 많은 은행들이 수십 년 동안 시도했지만 외국계 은행 중에서 미국 투자 금융업에서 지속적으로 성공을 거둔 기업은 거의 없다.

안타깝게도 1980년대 스위스 금융 시장 여건 역시 대형 은행들에게 더 어려워지기 시작했다. 그 당시까지 고정적이고 수익이 높은 가격 카르텔 시스템이 작동하여 유력한 은행들을 보호하고 고객과 인재들을 놓고 벌이는 경쟁을 막았다. 이를테면, 일단 어떤 고객이 UBS의 고객이라고 간주되면 그 고객을 가로채는 것은 나쁜 행동으로 보았기 때문에 가격이나 서비스 경쟁이 거의 없었다. 직장 경력은 평생 고용에 맞추어져 있었고, 근무하던 은행을 떠나 경쟁사에 가는 것은 수치스러운 일이었다. 승진은 업무 실적보다는 근무 연수, 가족 관계, 정치 및 군사 분야의 인맥에 따라 이루어졌다. 고위 경영진은 가장 낮은 직급의 관리자보다 약 10-15배의 임금을 받았다. 그리고 UBS 전 최고경영자 페테르 우플리(Peter Wuffli)에 따르면, 고위경영진들은 사외 이사를 맡거나 내부자 거래(불법적인 것도 아니며 도덕적으로 막지도 않았다)를 통해 수입을 늘릴 수 있었다. 경영진 중에서 대학 학위를 받은 사람은 거의 없었고, 지도력은 보통 스위스 군대 시스템에 기초했는데 위계질서가 엄격하고 상부의 의사결정은 투명하지 않았다. 아래 직급의 직원들은 일반적으로 어둠 속에 가려져 있었다—비록 그들이 돌아가는 사정을 안다 해도 위계질서 상 '아래'로부터의 비판은 막혀 있었다. 이것은 쉐퍼, 홀자치(Holzach), 젠(Senn), 슈투더(Studer)가 최고경영자로서 UBS를 이끌던 시기에 특히 그랬다. 한스 외르크 루돌프(바클레이스의 스위스인 은행장)에 따르면 UBS의 고위 경영진의 거의 모든 사람이 스위스 북동부 지역의 같은 연대 출신이었다.

힘든 시기를 대비해 수익을 숨기다

다른 스위스 기업처럼 이 은행도 이른바 '비자금'을 쌓기 위해 이익을 숨기기 위해 최선을 다했다. 힘든 시기에 이용할 수 있는 자원을 확보하는 것은 절제와 신중함이라는 스위스인의 사고방식에서 비롯된 행동이었다. 그러나 투명하지 않기 때문에 기업들이 실제로 얼마나 제대로 또는 나쁘게 비자금을 사용하는지 거의 아무도 모른다. 많은 사람이 비자금에 관심을 갖지도 않았다—스위스 기업들의 지분은 통상 확실하게 자리를 잡은 가문이나, 주주의 가치를 최대화하기보다 세금을 최소화하는 것을 주목적으로 하는 기관들이 소유했다.

　이 모든 것은 1980년대 드러나기 시작했다. 소유자가 경영하는 기업들은 점차 위탁 경영 기업이 되고 익명의 주주들에 의해 소유되면서 경영진과 소유주 간에 갈등이 발생했다. 아울러 부는 개인에서

기관(연금펀드, 뮤추얼 펀드, 보험회사)으로 이동했고, 힘의 이동과
전문 경영인의 증가는 투자자 행동주의의 증가로 이어졌다. 그러나
가장 큰 변화는 해외 경쟁에 대한 대응에서 비롯되었다. 즉 스위스의
탈규제에 이어 영국의 탈규제가 뒤를 이었다. 국제 회계 기준과 더 높은
투명성을 수용하게 되면서 고객들은 더 많은 것을 요구하게 되었다.
스위스 은행들은 새로운 현실에 눈을 뜨게 되었고 그들은 우선 다른
은행들과 비교하게 되었다. 수입의 질과 증가가 기업의 성공을 평가하는
핵심 지표로서 대차대조표의 중요성을 대체했다. 기업 재무는 장기
신용관계에서 거래에 기초한 자본 시장으로 이동했고 기업 가치는
블룸버그 스크린에 실시간으로 게시되었다.

스위스의 자산 버블

스위스 경제에도 고통스러운 변화가 발생했다. 1985년부터 스위스에
도입된 의무 직장 연금은 처음에는 금융 산업 전반에 상당한 성장을
제공했다. 1980년대 스위스의 금융 분야는 연평균 6.8% 성장했고
모든 은행의 총 대차대조표는 1980년 4,890억 스위스프랑에서 1990년
1조 820억 스위스프랑으로 늘었다. 1991년 스위스는 592개의 은행을
자랑했는데 은행 지점 수는 4,264개, 직원은 12만 명이었고 스위스
총부가가치의 10%를 창출했다. 그러나 막대한 규모의 금융 유동성이
주택에 몰리면서 1980년대 후반—버블이 불가피하게 터질 때까지—
이미 과대평가된 스위스 자산 시장의 가격이 급격히 상승했다. 그
뒤 수년 동안 은행들은 500억 스위스프랑 이상을 자산 관련 손실로
처리해야 했다. 은행 카르텔의 붕괴와 함께 자산 붕괴는 대대적인

합병으로 이어졌다. 스위스 지역 은행의 3분의 2가 사라졌고, 더 많은 은행들이 주요 은행들의 산하로 피했다. 1980년대 초 SBC, UBS, 크레디트 스위스, 뱅크 류(Bank Leu), 폴크스방크(Volksbank) 등 5개의 대형 은행이 있었다. 2000년대에는 단 두 곳만 남았다―SBC와 UBS의 합병으로 탄생한 UBS 그리고 크레디트 스위스. 국내 시장에서 유일한 승자들은 라이파이젠(Raiffeisen)으로 알려진 매우 보수적인 신용협동조합과 두 개의 (주로 정부가 출자한) 주립 은행이었다.

더 개방적이고 글로벌한 시대 분위기에서 경영진들이 외부에서 영입되었다. 처음에는 이것은 영국이나 미국의 경험 많은 은행가들, 이를테면 금융 실무 경험은 거의 없지만 하버드대학의 경영학 석사학위로 무장한 맥킨지 출신의 컨설턴트들을 의미했다. 새로운 고용-해고 방식이 주로 사회적 배경, 관계, 충성심, 성실에 기초한 경영진 선발이라는 옛 관행을 대체했다. 새로운 경영자에는 맥킨지 스위스의 천부적인 재능을 지닌 전 최고경영자 루카스 뮈레만(Lukas Mühlemann), 맥킨지의 스위스 금융 업무 책임자로서 1994년 SBC에 합류한 페테르 우플리가 포함되었다.*

---

[*] 루카스 뮈레만은 나중에 스위스 언론 매체의 맹렬한 비판에 굴복하고 오스발트 그뤼벨로 교체되었다. 스위스 언론의 변덕스러운 속성―다른 국가에서도 마찬가지지만, 흔히 영웅을 만들어놓고 나중에 파괴한다―을 평론하면서 그는 말했다. "나는 그들[대중매체]이 그 당시 나에 대해 생각한 것처럼 결코 훌륭하지 않았고, 그들이 지금 나에 대해 생각하는 것만큼 나쁘지 않다."

SBC: 동네 약골에서 전국 챔피언으로

SBC는 스위스 종합금융의 현대화를 이끄는 뜻밖의 추진력이었다. 이 은행은 바젤의 세련된 엘리트들이 운영하는 회사로 세 개의 대형 은행 중 가장 규모가 작았다. 그러던 중 이 은행의 최고경영자 발터 프레너(Walter Frehner)가 1990년대 초 '비전 2000'이라는 대담한 계획에 착수했다. 그 당시 SBC는 스위스 정부처럼 운영되었다. 최고경영자는 순환제로 임명되었기 때문에 장기적인 과제나 계획이 없었다. 경영진이 새로운 방침을 승인하지 않으면 그들은 새로운 최고경영자가 올 때까지 가만히 기다리는 수밖에 없었다. 그 결과 SBC는 세 은행 중 가장 미약했으며 UBS와 크레디트 스위스에 의해 점차 밀려나게 되었다. 프레너는 SBC의 사업을 면밀하게 연구한 뒤 이렇게 결론을 내렸다. "우리는 어떤 핵심 사업 분야에서도 선도자가 아니다. 기껏해야 우리는 '모방자'일뿐이다. 아울러, 우리는 어디에서 돈을 버는지 또는 잃는지 제대로 이해하지 못하고 있다."

이것은 SBC가 스위스에서 가장 굼뜨고 유약한 은행에서 가장 민첩하고 유력한 은행으로 놀랍게 변하는 계기가 되었다. SBC는 탄탄한 지역 기반을 버리고 사업을 기능적으로 조직하고 이익-손실 책임을 사업 책임자에게 돌렸다. 목표를 설정하고 보고체계는 목표 달성 정도를 평가하는 방식으로 만들었다. SBC는 각각의 핵심 사업 분야에서 '모방자'보다는 선도자가 되기 위해 '구축 또는 매입한다.'는 의사결정을 내렸다. 이 모든 것을 수행하기 위해 다른 기술을 가진 두 명의 새로운 배우—마르셀 오스펠(Marcel Ospel)과 페테르 우플리—가 스위스 금융 무대에 등장했다.

최고의 스위스인 콤비

오스펠은 바젤 출신의 재능 있고 카리스마가 넘치는 은행가였다. 그는 SBC에 입사하여 승진하고 메릴린치에서 중요한 국제 경험을 얻었다. 그는 프레너의 오른팔로서 SBC의 약한 경쟁력을 강화하는 임무를 맡았다. 우플리는 취리히에서 맥킨지 금융 업무를 맡고 있어서 그의 빈틈없는 지성과 냉철한 판단력으로 오스펠과 균형을 맞추었다. 오스펠은 시카고의 파생 금융상품 회사인 오코너 & 어소시에이트(O'Connor & Associates)와 협력 관계를 맺었다. 오코너의 동업자들은 금융인들이 아니라 파생 금융상품을 증권시장에 도입하려는 최신 유행을 따르는 수학자들과 엔지니어들이었다. 선물 계약 형태의 파생상품은 오래전부터 헤징(hedging)을 목적으로 상품과 통화시장에 도입되었지만, 이제 개발되고 있는 파생상품은 주식, 채권, 다른 유가 증권에 대한 투자자의 레버리지(그리고 위험)를 엄청나게 증가시킬 수 있는 수단이었다. 현재의 추정에 따르면, 파생금융 상품은 기본 투자금의 시가 총액의 7배에 해당하며, 이는 금융가가 같은 사과를 일곱 번 베어 물 수 있다는 뜻이다.

    오스펠은 기회를 감지하고 2년 동안 시카고의 오코너 사무실에 진을 치고 지내면서 사람들과 사업 활동을 파악했다. 그는 오코너가 SBC에 필요한 기술을 가지고 있다고 확신했다. 오코너의 동업자들은 SBC의 대차대조표의 내용과 규모에 대해 군침을 흘렸다. 오코너 경영진에게 깊은 인상을 받은 프레너와 오스펠은 오코너 경영진의 지원을 포함하여 오코너 전체를 인수하기로 결정했다. 이에 따라 데이비드 솔로, 에드 마운트, 앤디 시실리아노와 같은 오코너의 핵심 인물들은 SBC에서 중요한 직책을 맡게 되었다. 나중에 SBC와 UBS가 합병했을 때 오코너 경영진들은 UBS에서 중요한 직책을 맡았다. 알려졌다시피 오코너의 '운동화를 신은' 젊은 은행가들은 위계질서에 대해 전혀 몰랐기 때문에 스위스 은행의 신성한 문들을 통해 새로운 문화를 들여왔다. "23세의 관리자가 10명의 동료들 앞에서 52세의 관리자의 의견에 반대할 수 있었습니다. 바젤에서는 결코 있을 수 없는 일이었죠."라고 우플리는 설명했다. 파생금융 상품은 스위스인이 경쟁할 기회를 거의 갖지 못했고, 따라서 실제로 그것을 이해할 수조차 없었던 사업 분야다. 이것은 스위스 지역 바깥의 금융이 스위스 인적 자원 인프라를 어떻게 성장시켰는지, 그리고 외국인들을 주요 직책에 고용할 수밖에 없었는지 보여주는 중요한 첫 번째 사례다. 그리고 이런 추세는 지금도 계속되고 있다.

보스턴과 런던의 회사를 사들이다

1995년 오스펠은 SBC가 시카고 자산 관리회사인 브린슨 파트너스(Brinson Partners)를 인수하는 작업을 주도했고 우플리는 기관 펀드 관리자를 관리하는 부서로 이동했다. 그 다음 SBC의 큰 성과는 런던의 전통적인 상업은행인 워버그(S. G. Warburg)를 인수한 최초의 스위스 은행이 된 것이었다. 런던 자본시장의 거대 회사인 워버그는 기업금융 사업에서 수익성 문제로 고전하고 있었다. 니콜라스 리슨(Nicolas Leeson) 때문에 베어링 은행이 망하자 모든 독립적인 상업은행의 재원조달 비용이 치솟았다. 메릴린치와 골드만삭스와 같은 이른바 "주요" 대형 글로벌 기업이 런던의 최고 인재와 고객을 가로챘다.* SBC는 워버그 인수를 통해 절실히 필요했던 주식 판매, 조사, 기업 금융에 관한 역량을 확보했고, 또한 가장 중요한 국제자본시장인 런던에서 강한 입지를 확보하게 되었다.** 오코너와 마찬가지로 워버그는 사내 문화를 국제화하고 은행의 전문지식을 향상시킬 수 있는 최고의 인재를 SBC에 제공했다.

통상적인 사업의 종말

이제 SBC는 점차 스위스 은행 중 가장 빠르게 부상하는 스타로 간주되었다. SBC의 도약은 경쟁자들에게도 알려졌다. 1986년 UBS은 탄탄한 입지를 가진 런던 중개 및 펀드 관리회사인 필립스 & 드루(Philips & Drew)를 인수했다. 그러나 철저하게 스위스적인 UBS는 가장 빠르게 움직이는 국제 금융시장에 관심을 두지 않다가 곧 변화의 물결을 맞이했다. 변화의 시행자는 유능한 취리히 중개업자 마르틴 에브너(Martin Ebner)였다. 그는 1980년대 잠들어 있는 취리히 시장에서

[*] 니얼 퍼거슨의 전기 『하이 파이낸셔 – 지그문트 바르부르크의 삶과 시대』에서 지적했듯이, 영국 금융시장은 1987년 고정 위탁수수료와 런던주식거래소의 주식매매업자와 주식중개업자의 분리를 폐지하는 이른바 '빅뱅' 규제완화 이후 완전히 뒤집어졌다. 클라인보르트 벤슨(Kleinwort Benson), 함브로스(Hambros), 모건 그렌펠(Morgan Grenfell), 워버그(Warburg) 등 대부분의 선도적인 독립 기업들은 결국 굴복하고 합병되어 더 세계적 규모로 경쟁하는 기업이 되었다. 돌이켜볼 때, 이 합병의 실제 생존 기업들은 독립적인 자문을 제공하는 데 집중한 로스차일드 & 선스(N. M. Rothschild & Sons)와 라자드 브라더스(Lazard Brothers)였다는 사실을 알면 흥미롭다.

[**] 자산관리 분야는 거래의 일부가 아니었다 — 머큐리 자산관리는 분사되어 결국 유럽의 메릴린치 자산관리사업의 핵심이 되었다.

새로운 독자적인 세력이 될 기회를 포착했다. 에브너는 자신의 중개 회사인 BZ 뱅크를 설립하고, 대형 기관에게 협정수수료로 대규모 거래를 제공하겠다고 제안하여 가격 카르텔을 부수었다. 얼마 뒤 그는 펀드관리자가 되었고, 산업가이자 정치가인 크리스토퍼 블로흐, 전직 중앙은행장인 커트 쉴트크네히트(Kurt Schiltknecht)의 지원을 받아 스위스 기업 이사들이 주주를 위해 성과를 개선하도록 압력을 넣기 시작했다. 에브너의 영향력은 UBS와 SBC의 합병을 추진하는 중요한 요인이 되었다. 에브너가 관리하는 펀드는 UBS의 대주주가 되었고, 에브너는 UBS가 투자금융 사업부를 해체하고 프라이빗뱅킹에 집중해야 한다고 주장했다. 이 아이디어는 전통적이고 둔감한 UBS 이사들에게 환영받지 못했지만 1990년대 중반에는 그들의 반대는 점점 허망한 것처럼 보였다.* 1996년 초 크레디트 스위스의 라이너 거트는 UBS의 문제점을 감지하고 그 당시 최고경영자였던 니콜라스 젠에게 접근하여 합병할 의사가 있는지 확인했다. 당연히 그는 합병할 뜻이 없었다.

이런 사실을 모른 채, 자칫 낙오될 가능성이 있다고 생각한 SBC의 프레너는 그 이전인 1995년에 젠에게 가서 UBS의 합병 파트너로 SBC를 원하는지 물어본 적이 있었다. UBS와 SBC는 문화가 비슷하고, 스위스

[*] 역설적이게도, 에브너는 많은 주식지분을 확보하려고 은행 대출을 이용했는데 은행이 대출상환을 요구하는 바람에 2002년 무너졌다. 그는 어쩔 수 없이 자신의 투자금에 대한 관리권을 포기해야 했고 그 이후로 세간의 이목을 피했다. 에브너의 모험을 즐기는 경력에 대한 판단은 매우 명확하다. 그는 처음에는 상당히 유능했지만, 한 장기적인 관찰자에 따르면 "그는 결국 고친 것보다 부순 것이 더 많았다."

시계 산업처럼 복잡한 금융 구조조정을 함께 성공적으로 이루어냈다.
두 회사는 지난날 더욱 공격적인 크레디트 스위스에게 압박을 받고
있다고 느꼈고 거트는 지도자라기보다 황제에 가깝다는 평판을 얻고
있었다. 그러나 젠이 SBC와의 합병에 긍정적일 때 그는 곧 은퇴할
예정이어서 합병의 시너지 효과를 누리는데 필요한 직원 감축을 감당할
여력이 없었다.

생존을 위한 합병

이 때 UBS는 언론에 거트의 의도를 흘려 크레디트 스위스를 피하려고
했지만 얼마 뒤 파생금융 사업을 잘못 관리하여 더 큰 문제에 봉착했다.
새로운 최고경영자인 마티스 카비알라베타(Mathis Cabiallavetta)가
SBC의 오스펠을 한 회의에서 만나 그들이 합병에 대해 다시 살펴보고
있다고 말했다. 나중에 결정된 합병 비율은 60:40으로 주주 입장에서는
UBS에 유리하지만 경영진 입장에는 SBC에 유리했으며, 새로운
은행명은 UBS로 했다. UBS의 문제는 결코 끝나지 않았다. 1998년 가을,
합병 은행은 미국 헤지펀드인 롱텀캐피털매니지먼트(LTCM)가 무너질
때 수십 억 달러의 손실을 입었다. 이 문제의 근원은 카비알라베타가
UBS의 파생상품관리 책임자로 재직하던 시절부터 시작되었다.
카비알라베타는 어쩔 수 없이 사임하고 오스펠에게 자리를 내주었다.
오스펠은 이 기회를 이용하여 UBS 경영진 후보를 정리하고 오코니와
SBC 출신의 동료들로 교체했다. 알렉스 크라우너가 UBS 은행장이
되었다.

　이제 스위스 금융에서 최고 기업은 UBS와 크레디트 스위스 단 두

개만 남았다.* 이 두 회사는 글로벌 시장에서 가장 크고 가장 똑똑한 금융기업들에 맞서 싸우는 활동에 확고하게 초점을 맞추었다—그들은 이미 그것을 입증하는 흔적을 갖고 있었다. 그 사이 그들이 경쟁하는 사업 분야는 엄청나게 복잡해졌다. 예를 들어 UBS의 1980년 연례보고서는 15페이지로 구성되었는데 각주가 조금 포함되어 있었다. 하지만 2011년 연례보고서는 430페이지 분량에 몇 페이지를 제외하고 대부분 상세한 각주가 달려 있었다. 그 중 많은 경우 이른바 '재무제표에 드러나지 않는 내용'을 다루고, '최대예상손실액'과 같은 대중적이지만 이해하기 어려운 방법론이 서술되어 있었다.**

현대화의 대가

UBS에 의해 거절당한 크레디트 스위스의 거트가 은퇴하고 뮈레만이 빠르게 움직이는 은행의 최고경영자를 맡았다. 맥킨지의 전 컨설턴트였던 그는 1994-1996년까지 스위스 르네상스 컴퍼니의 최고경영자였다. 그는 이 회사를 성공적으로 구조 조정해 스위스 리(Swiss Re)로 만들었다. 뮈레만은 크레디트 스위스 그룹을 최고의

---

[*] 크레디트 스위스는 1993년, 이전에 스위스에서 네 번째로 큰 은행이었던 SVB를 인수했다.

[**] 스위스 기득권층이 LTCM 위기 이후 UBS 회장으로 영입한 노바티스 전 회장 알렉스 크라우어(Alex Krauer)는 "더 많은 정보가 더 훌륭한 이해를 의미하지 않는다."는 재미있는 말을 했다. 워렌 버핏도 이와 비슷한 말을 했다. "찰리 [멍거]와 내가 주요 은행의 파생상품 영업활동을 자세히 설명하는 길고 복잡한 각주를 다 읽고 나서, 우리가 이해하는 것이라곤 위험이 어느 정도인지, 은행이 위험을 얼마나 감수하는지 우리가 이해하지 못한다는 점뿐이다."

↑ 미국 코네티컷주 스탬포드의 UBS 거래소

글로벌 기업으로 탈바꿈시키려고 했다. 그의 첫 번째 조치 중 하나는 전통적인 취리히 사람들에게는 실망스럽게도 'Schweizerische Kreditanstalt'라는 회사명을 버리고 국내와 해외에 크레디트 스위스라는 이름으로 알리는 것이었다. 그는 크레디트 스위스가 종합금융 서비스를 제공하고 투자금융 분야에서 선도적인 위치를 구축해야 한다고 확신했다. 투자금융 사업에서 크레디트 스위스는 신흥시장과 '신경제' 호황 시장에서 자신의 입지를 확대했다. 캘리포니아 소재 지사를 통해 가장 수익성이 좋은 시장에서 급속히 발전하는 기술과 닷컴 분야의 주식을 상장하고 기업을 인수했다. 이 두 사업전략은 일시적으로 성공했지만 결국은 효과적이지 못했다. 프라이빗뱅킹과 달리 투자금융 사업은 경기 순환적이어서 경기가 바뀌면 이익은 손실로 전환된다. 이른바 '방카슈랑스' 전략—은행과 보험을 겸업하는 것—에 대해 말하자면, 시너지 효과는 환상이었고 서로의 문화는 매우 다른 것으로 드러났다. 2001-2002년의 주식 시장 붕괴가 모든 보험회사의 금융 자산에 위험한 영향을 미쳤을 때 크레디트 스위스가 1997년에 인수한 빈터투어 보험 사업부는 자산이라기보다 부채에 더 가깝다는 것이 밝혀졌고 그룹 전체가 거의 침몰할 뻔 했다. 2002년 뮈레만은 업계 최고의 미국 투자은행 도널드슨, 러프킨 & 젠레트를 200억 달러라는 과도한 가격으로 인수했다가 실패한 뒤 최고경영자에서 물러났다.*

변화를 강제하려면 아웃사이더가 필요하다

취리히의 기성 사회를 대변하는 스위스 리(Swiss Re)의 발터 키엘홀츠가 뮈레만을 계승했지만 일상적인 기업 운영은 주요 스위스 은행을 경영한 최초의 외국인인 오스발트 그뤼벨(Oswald Grübel)이 맡았다. 그뤼벨은 기존 스위스 금융계에서 괴짜였다. 그는 동독 출신의 고아로 금융 경력을 대부분 런던과 뉴욕에서 보냈다. 그는 금융 업무의 모든 분야를 철저히 이해했으며 현실적인 경영 방식을 사용했다. 그는 이렇게 말했다. "30년 동안의 호황장세 덕분에 은행에 좋은 관리자가 거의 없다는 사실이 드러나지 않았다—좋은 시기는 관리자가 저지른 실수의 흔적을 덮고 힘든 결정을 내릴 필요가 없게 만들었다." 그뤼벨은 크레디트 스위스를 계속 호전시키면서 시장의 신뢰를 회복했다.

그룹을 구조조정 한 뒤 최고경영자의 역할은 투자 금융인 브래디 더건(Brady Dougan)에게 넘어갔다. 더건은 미국인이지만 철저하게 스위스적인 방식—신중함과 인내—으로 회사를 경영했다. 그는 특별히

---

[*] 행복감에 사로잡힌 사람은 뮈레만뿐이 아니었다—오스펠은 2000년 180억 달러를 투자하여 UBS를 위해 페인 베버(Paine Webber)를 인수했다.

높은 보수 때문에 대중으로부터 많은 비판을 받았지만 결국 성공했다. 더건 아래에서 크레디트 스위스는 2007-09년의 위기 때 정부 지원 없이, 부분적으로는 빈터투어의 매각에 따른 자금 지원 덕분이었지만 대체로 탁월한 위기관리 덕분에 무사히 극복했다. (아마도 스위스 정부가 UBS를 구제하지 않았다면 크레디트 스위스 역시 전반적인 위험 때문에 구제 금융을 신청했을 것이다.) 크레디트 스위스는 확실히 UBS보다 더 나았다—한동안 프라이빗뱅킹 업무가 UBS의 절반에 불과했음에도 시가총액 측면에서 더 나았다. 그러나 UBS와 마찬가지로 회사의 자본을 늘리기 위해 외국인 투자자를 끌어들일 수밖에 없었다. 또한 UBS와 마찬가지로 크레디트 스위스는 주로 아시아와 중동지역에서 자발적인 투자자를 찾았다. 싱가포르 인베스트 코퍼레이션은 UBS의 지분 8%를 받는 조건으로 UBS에 110억 스위스프랑의 자본금을 투자했다. 이로 인해 어떤 사람들은 UBS가 '유니언 뱅크 오브 싱가포르(Union Bank of Singapore)를 나타낸다고 농담을 했다. 반면 크레디트 스위스는 자본준비금을 완화하기 위해 가장 오랜 주주인 올라얀 그룹(Olayan Group)과 카타르 국부펀드를 이용했다.

UBS의 굴욕

그러나 리먼(Lehman) 금융 위기 사태 이후 가장 큰 타격을 받은 곳은 스위스 금융에서 자타가 공인하는 거대 금융기업인 UBS였다. 그것도 가장 공개적이고 굴욕적인 방식으로 타격을 받았다. 2003-2008년의 금융 호황기에는 점점 더 많은 높은 평가를 받는 '인재들'—딜러와 애널리스트—이 은행의 자산관리부서에서 헤지 펀드로 이동했다.

그들은 이 사업 분야에서 고용주를 위해 놀라운 수익을 창출했고 그에 상응하는 연봉을 받을 수 있었다. 2005년 UBS 투자은행의 미국인 은행장 존 코스타스는 이 은행의 수십 억 달러를 이용해 UBS 소유 헤지펀드사인 딜런 리드 자산관리회사를 세웠다—그렇게 하는 바람에 스위스 최대 은행은 거의 파산 직전의 상황이 되었다. 이 새로운 펀드는 기본적으로 서브프라임 모기지 증권을 이용해 입지를 구축했다—UBS에 남았던 'B팀'은 대규모 매입과 함께 코스타스의 성공적인 전략을 모방했다. 2007년 축제가 멈추었을 때 UBS는 가장 많은 서브프라임 증권을 보유한 은행 중 하나였고, 이 때문에 레버리지 수준이 매우 높았다. UBS가 서브프라임 부채 위기에 빠져들 때 대차대조표상의 금액은 2조 달러였고, 레버리지 수준은 40배가 넘었다. UBS는 최고 신용등급 덕분에 자본조달 비용이 남들이 부러워할 만큼 낮았다. 이 회사의 수익 창출 방식은 간단했다. 낮은 비용으로 엄청난 돈을 빌려서 아주 적은 가산 금리가 붙은 서브프라임 모기지에 돈을 재투자하는 것이었다. 이 적은 가산 금리도 40배가 되면 막대한 수익이 되었고, 채권 투자로 돈을 버는 것만큼 쉬웠다—이 투자회사의 신용등급이 AAA라는 평가를 신뢰할 수 있는 동안 그랬다. UBS는 사실상 높은 레버리지를 가진 '헤지펀드'가 되었고, 지난날처럼 조심스럽고 신중한 은행이 되기보다는 손쉽고 저렴한 비용으로 자본을 이용할 수 있는 능력을 활용했다. 프레너는 금융시장 붕괴 후—UBS가 성공을 거둬 막강한 위치에 오른 후 몰락한 것을 본 뒤— 이렇게 말했다. "나는 오랫동안 시장에서 일했습니다. 상황이 매우 나빠지면 유동성이 고갈되고 신용등급이 무의미하게 된다는 것을 압니다."

UBS가 최근 경험한 금융 위기는 LTCM의 몰락 이후 거의 파산할 뻔 했던 기억을 생생하게 떠올렸다. 로저 로웬스타인은 「천재가 실패할 때When Genius Failed」에서 LTCM의 몰락을 "작은 이익을 얻으려다 커다란 위험에 봉착하는" 금융전략 탓이라고 했다.

결국 정부 지원이 불가피하게 되다

2007년 말 UBS는 사업을 지속하기 위해 스위스 정부에 지원을 요청하게 되었다. 몇 번의 감자와 증자, 2008년 봄 오스펠의 사임 후 스위스 연방정부는 중앙은행과 함께 심사숙고한 종합적인 조치와 함께 구제금융을 제공했다. 2008년 10월 16일 스위스국립은행은 특별 목적 법인 스타브펀드(StabFund)를 설립해 UBS의 판매 불가능한 서브프라임 투자금액 600억 달러를 인수했다. 실제로는 정부의 구제금융 보증금액 중 387억 달러는 파산한 UBS가 인수했고, 이중 200억 스위스프랑은 2010년 가을에 상환했다. (2011년 7월, 스위스국립은행 슈타브펀드의 신용대출금은 총 80억 스위스프랑이었다.)

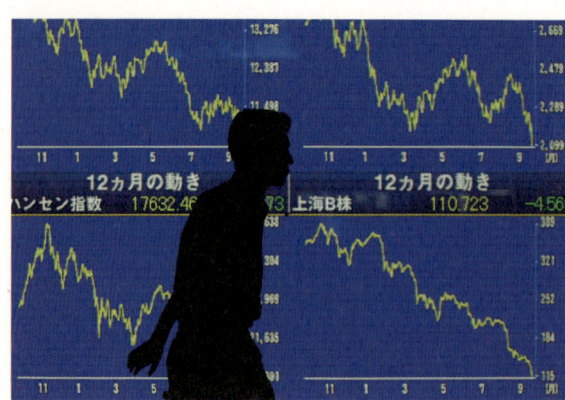

2008년 금융위기로 파산위기에 몰린 UBS는 스위스 정부에 지원을 요구했다.

이른 시기인 2009년 스위스 연방은 구제금융 조치를 완전히 종료할 수 있었다―이 조치를 통해 연방정부는 초기 투자금 60억 스위스프랑에서 12억 스위스프랑의 수익을 얻었다. 다른 국가의 구제금융 조치와 비교할 때 스위스는 아주 가볍게 위기를 극복했으며 스위스 은행 중 한 곳도 무너지지 않았다. 실제로 UBS 위기 사태에 대한 스위스의 대응―'나쁜' 은행과 '좋은' 은행을 분리하고 손실액을 솔직하게 밝힘―은 모범적인 사례로 널리 찬사를 받았다. 금융 위기로 영향을 받은 대부분의 유럽 은행은 대차대조표를 감추고 자사의 자산을 시장에 공개하여 손실액을 솔직하게 밝히지 않았다―그 결과 초저금리임에도 불구하고 대출이 제한되었다. 이는 경제 회복이 부진한 이유로 종종 회자되었다.

위기에서 회생한 UBS는 그뤼벨에게 은퇴 생활을 접고 회사에 복귀하여 바로 세워달라고 요청했다. 사람들로부터 존경과 두려움을 함께 불러일으키는 이 독일인 은행가는 예전에 크레디트 스위스를 회복시킨 전력이 있었다. 그뤼벨은 2009년 2월 UBS의 최고경영자를 맡았고, 가까스로 2008년 210억 스위스프랑의 적자에서 2010년 75억 스위스프랑의 흑자로 반전시켰다. 그러나 그의 성공은 오래가지 못했다. 2011년 불법거래 행위 때문에 20억 스위스프랑 이상의 적자가 발생했고, 그뤼벨은 사임했다.

수십 억 달러의 가치가 있는 소규모 사업

금융 위기와 스위스 은행의 비밀주의 약화에도 불구하고 많은 기업가가 스위스에서 훌륭한 금융 기업을 설립하여 경영하고 있고, 많은 외국계 은행이 주요 지점을 계속 유지하고 있다―이것은 부유한 외국인들에게 스위스가 지속적으로 매력을 갖고 있다는 증거다.

1992년 라이너-마르크 프레이(Rainer-Marc Frey)는 그의 소규모 금융기업 RMF와 함께 전 세계의 기관 투자자들을 위한 '펀드 중의 펀드'를 전문적으로 취급하는 펀드 기업을 설립했다. 그는 10년 뒤 자신의 회사를 13억 스위스프랑에 영국의 맨 그룹(Man Group)에 매각하고 그 수익금을 투자 회사인 호라이즌21(Horizon21)에 투자했다. 그의 투자 덕분에 오늘날 슈비츠주의 작은 도시 페피콘은 헤지펀드의 세계적 중심지가 되었다. 한편, 추크시에서 알프레드 갠트너, 어스 비에틀리스바흐(Urs Wietlisbach), 마르셀 에르니는 1996년 파트너스 그룹을 설립하기 시작했는데 고객의 돈을 주로 사모펀드에 투자했다. 회사의 가치는 지금 약 40억 스위스프랑이며 이 분야의 선두주자로 평가된다. 그들과 다른 회사들은 추크를 사모펀드 분야를 선도하는 세계적 중심지로 바꾸었다. 레토 링거(Retto Ringger)는 1995년 취리히에 지속가능한자산관리회사(SAM)를 설립하여 지속 가능한 투자 분야의 개척자에서 선도자로 발전했다.

자산관리사업이 시작된 제네바 지역에서는 유능한 기업가 베흐나흐 사브헤(Bernard Sabrier)가 이니제스총(Unigestion)을 설립하여 헤지펀드와 사모펀드를 전문적으로 취급했다. 요아킴 고착(Joachim Gotchalk)는 로잔에 또 다른 선도적인 펀드관리 그룹인 고텍스(Gottex)를 창립했다.

파트너스 그룹(Partners Group):
보잘것없는 시작에서 세계적인 성공까지

스위스 중앙지역의 바아르와 추크라는 작은 두 도시 사이 경계지역은 알프스 산맥에서 내려다보이는 곳으로 세계금융의 중심지와 거리가 멀다. 이곳에서 글로벌 사모투자 전문기업 파트너스 그룹은 투자자들을 대신해 910억 미국달러를 조용히 관리한다. 이 기업은 어스 비에틀리스바흐, 알프레드 갠트너, 마르셀 에르니가 1998년에 설립했다. 이 기업은 노련한 수완으로 매력적인 사모펀드를 만들어 이익을 창출함으로써 명성을 쌓았다. 세 명의 기업가들은 시장 수요를 파악했다. 유럽의 사모펀드 산업은 잠재적 성장 가능성이 컸지만 그 당시는 미미했고, 대부분의 유럽 기관투자자들은 여전히 규제적인 요구사항과 제한사항은 물론 그들의 까다로운 투자기준에 적합한 상품을 찾고 있었다. 파트너스 그룹은 혁신적인 맞춤식 상품을 개발하여 브랜드 이미지를 쌓았고, 그 결과 많은 투자자들이 처음으로 그들의 포트폴리오에 사모펀드 투자를 추가하게 되었다. 이 기업이 이룬 최초 혁신에는 사모사채, 상장 사모시장상품(listed private markets vehicles), 준(準) 유동성 상장 사모시장상품(semi-liquid listed private markets vehicles)이 포함되며, 이들은 전통적으로 비유동적인 사모투자 시장에서 일정 정도의 유동성을 제공한다. 세월이 흐르면서 파트너스 그룹은 기업전략을 계속 발전시켜 새로운 자산 분야, 예를 들어 사모대출펀드, 사모부동산 및 인프라 투자로 사업을 확대하고, 고객의 돈을 펀드에 투자하는 대신 직접 기업과 부동산에 투자하는 방향으로 전환하여 표준화된 맞춤식 투자 솔루션을 제공했다.

   2006년, 파트너스 그룹은 자사의 투자 성공전략에 더 폭넓은 고객들을 참여시킬 준비를 갖추었고, 그해 3월 24일, 최초의 글로벌 사모투자운용사가 되어 SLX 스위스 증권거래소에 상장되었다. 오늘날 파트너스 그룹은 세계를 선도하는 사모투자운용사 중 하나이며, 기업공개 때 20억 스위스프랑 미만이었던 기업가치가 2019년 200억 스위스프랑 이상으로 성장했다. 2006년 이후 이 기업의 주가는 미국 사모투자기업 아폴로 글로벌 매니지먼트, 블랙스톤, 칼라일 그룹, KKR을 비롯한 동종 상장기업들의 주가보다 계속 더 높았고, 수준 높은 기업 관리기준, 혁신적인 투자 상품 제공, 탄탄하고 신뢰할만한 사업관계, 탁월한 고객중심 운영 능력이라는 기업의 근본 가치를 견지하고 있다.

   오늘날에도 파트너스 그룹의 글로벌 본사과 최대 규모의 사무실이 바아르-추크에 여전히 있지만, 이 기업은 사업지역을 확대해 유럽, 아시아, 중동, 북미, 남미 지역에 총 20개의 사무소를 두고 있다. 전세계적으로 이 기업의 직원은 1300명이 넘는다. 이 기업에 소속된 수백 명의 투자 전문가와 산업 전문가들은 투자대상 기업과 협력하여 장기적인 성장 능력을 구축하여 투자자들에게 지속적인 수익을 창출한다.

   성공적인 기업인 파트너스 그룹의 창립자들은 파트너십, 기업가정신, 리더십, 탁월성, 열정이라는 기업의 핵심가치 덕분에 사업이 지속적으로 성장해왔다고 확신한다. 지금까지 이 핵심가치들이 모든 조직 차원에서 기업의 정체성으로 깊이 뿌리내렸다―이 기업의 투자전문가들이 투자대상 기업과 협력하는 방식에서부터 이 기업의 사무실에 이르기까지 말이다. 2019년 이 기업은 콜로라도 덴버 근처에 이 기업의 미국 본사 역할을 하는 새로운 사무소를 개장했으며, 이곳의 주변 풍경은 이 기업의 뿌리가 있는 스위스의 산들과 비슷하다. 사무실은 일부러 산업시대의 향수를 불러일으키는 건축양식으로 지었는데, 그곳의 직원들과 '가치를 만든다'(구매하는 것이 아니라)는 파트너스 그룹의 정신을 본질적으로 이어준다.

화폐 제조 기업

크레디트 스위스, 스위스 리(Swiss Re), UBS와 같은 이름은 전 세계에서 나쁜 평판을 얻었지만, 신중, 정확, 신뢰를 특징으로 하는 스위스의 특별한 금융 생태계 덕분에 수많은 스위스 기업들이 등장했다. 사람들이 모르게 조용히 움직이는―대부분의 사람들은 알지 못한다―이 기업들의 역량은 많은 스위스 기업들이 각각의 틈새시장을 지배하도록 도와주었다.

예를 들어, 바젤이 있는 MAT는 JP 모건과 같은 기업들에게 ATM기기 제공서비스와 금 보관 시설을 공급한다. 또한 이 회사는 가치 있는 예술품(신고하지 않은 돈으로 익명으로 구매할 수 있는 소수의 자산 중 하나)을 수송, 보관하는 선도적인 전문회사로 자리매김 했다. 오렐 퓌슬리(Orell Füessli)는 약 500년 전인 1519년에 '정부 공인 인쇄기업'으로 설립되었으며 종교개혁의 불꽃을 지폈던 츠빙글리의 논쟁적인 사상을 유포하는데 매우 중요한 역할을 했다. 이 기업은 나중에 주식 증서와 같이 보안에 민감한 문서를 생산하는 전문회사가 되었고, 지금은 스위스 국립은행의 은행권을 만드는 유일한 회사다. 로잔의 KBA 노타시스(Notasys)는 말 그대로 "돈을 만든다." 이 회사는 전 세계 중앙은행들의 지폐 인쇄기계를 제작하는 선도 기업이다.

탁월한 스위스 보안 기업들의 불명료하고 신중한 클러스터 안에서 또 다른 중요한 연결고리는 벤처기업 SICPA이다. 이 회사는 모리스 아몬이 로잔에서 농업과 식품 산업에 필요한 제조공장을 설립한 1927년에 설립되었다. 1943년 모리스의 두 아들 중 하나가 SICPA의 최초 보안잉크를 페스타화 지폐 생산용으로 스페인에 공급하면서 보안잉크 사업 분야에 기초를 놓았다. 그 이후 수십 년 동안 SICPA는 유럽에서 입지를 넓혀 지폐 인쇄용 잉크를 거의 독점적으로 생산하는 기업이 되었다.

1960년대 많은 신생국이 건국되면서 새로운 화폐 제조 수요가 발생했으며, 그에 따라 많은 화폐 제조 기업이 설립되었다. 세계무역이 점진적으로 자유화하고 인쇄기술이 지속적으로 발전하면서 균일한 지폐 품질 기준이 필요하게 되었다. SICPA는 선도적으로 새로운 인쇄 품질기준을 채택하여 가혹한 기후조건과 다양한 문화 속에서도 유통되기에 적합한 지폐를 만들었다. 이 기업의 품질기준은 전 세계 지폐 인쇄 기업에 의해 채택되었고 오늘날에도 유용하다.

SICPA는 끊임없이 기술 혁신에 투자하여 고도로 전문화된 지폐 인쇄 시장에서 세계적 차원의 경쟁력을 유지하고 있다. 대표적인 기술혁신 사례는 광학적 효과가 있는 잉크, OVI®였다. SICPA 연구팀은 지폐를 바라보는 각도에 따라 색이 바뀌는 잉크를 만드는 새로운 기술을 발견했는데, 이는 매우 강력한 보안 기술로 입증되었다. 1987년 최초로 화폐에 적용된 이 기술은 지폐 보안에서 가장 중요하며, 대다수 전 세계의 여권과 신분증을 보호한다. 2006년 SICPA는 또 다른 기술혁신을 이루어냈다. 차세대 광학적 보안잉크인 SPARK®은 동적 효과(dynamic effect)와 색의 변화를 결합하여 지폐와 신분증의 위조를 막아준다. 오늘날 물질재료에 기반한 보안 분야에서 SICPA의 폭넓은 포트폴리오는 지폐 인쇄용 잉크로부터 바니시 도료와 도난방지 시스템용 솔루션에 이르기까지 다양하다.

 20세기 말부터 이 기업은 한 단계 더 나아가 물질재료 기반 보안기술에 첨단 디지털 기술을 결합하여 이력추적 보안시스템을 만들었다. 아울러 지속적으로 최신 과학기술을 활용하는 방법을 개발하여 여러 국제기구로부터 인정받은 SICPA는 맞춤식 솔루션과 서비스를 통해 정부기관이 제조부터 판매점까지의 이력 추적과 회계 조정, 공급망 관리를 가능하게 했다. SICPA 시스템은 가령 소비세 부과 대상이 되는 주류, 담배, 탄화수소와 같은 상품의 불법 거래에 의한 정부의 조세수입 손실을 막아주며, 보건과 환경 분야의 폭넓은 정책 목표를 지원한다. 또한 제조 기업들은 이 시스템을 이용해 제품을 보호하고 정품 확인을 해줌으로써 소비자들의 관심을 끌 수 있다.

 제품 보호를 위해 초기에는 물리적 또는 화학적인 표시 방법을 사용했지만 이제 고유한 디지털 식별번호가 부여된다. 보안 디지털 플랫폼을 이용하면 제품을 확인 및 추적할 수 있고, 유통과정도 점검할 수 있다. 첨단 기계학습 알고리즘 덕분에 현장에서 수집한 자료를 분석하여 불법 활동을 신속하게 감지하고, 법정에서 인정하는 증거에 근거하여 단속 및 처벌함으로써 시민과 소비자를 보호할 수 있다.

보안과 이력추적 기술이 신분증 보호, 보안 거래, 정품 인증 분야로 확대 적용됨에 따라 SICPA는 정부, 중앙은행, 고도의 보안이 요구되는 인쇄 기업 및 산업에 대한 신뢰받는 조언자로서 그 역할이 강화되었다. 이 기업의 성공 비결은 두말할 것도 없이 제품의 우수성, 신뢰할 수 있는 파트너십, 소비자 보호, 혁신 정신, 분권화된 독립성…, 그리고 절대적인 신중함을 결합하는 스위스인의 특성에 기인한다.

부를 창출하는 자산관리

1995년 시티뱅크의 스위스 프라이빗뱅킹 영업담당 전 책임자였던 장 피에르 쿠오니(Jean Pierre Cuoni)는 취리히에 EFG를 설립하였고 나중에 주식시장에 상장했다. 이 회사는 전 세계에 프라이빗뱅킹 분야에서 빠르게 성장하여 30개 국가에 2,400명의 직원을 두고 있다. 쿠오니와 그의 동료직원들은 브레턴우즈협정의 여파로 무역이 대폭 위축될 때 거의 우연히 시티뱅크의 자산관리 업무를 시작했다. 그 당시 시티뱅크는 스위스프랑화를 유럽에서 활동하는 미국 기업에 대출해주었다. 대출자들은 스위스프랑화 대출의 매우 낮은 이자율 덕분에 이익을 얻었다. 환율이 고정되어 있었기 때문에 그들은 통화 위험을 걱정하지 않아도 되었다. 그러나 브레턴우즈체제의 붕괴로 환율이 변동하기 시작하자 시티뱅크 제네바 지점의 이 소규모 사업은 더 이상 지속할 수 없었고 쿠오니와 동료직원들은 실직했다. 그러나 쿠오니는 시티뱅크가 시티뱅크 네트워크에 포함된 고액 자산가들, 특히 중동지역 자산가에게 서비스를 제공할 것을 설득했다. 이 서비스 사업은 오늘날 스위스에 관리하는 자산 총액이 총 1,400억 달러에 달하는 세계적인 사업으로 성장했다. 이것은 1972년 제네바에서 자신과 스위스인 동료 직원들의 일자리를 만들어야 했던 사람에게 생각보다 괜찮았다.

자산 관리는 이탈리아어를 사용하는 티치노주에서도 번창했다. 15,000명의 사람이 이곳의 은행과 신탁분야에서 일하는데 관리하는 자산은 4천억 스위스프랑으로 추정된다. 이 중 적지 않은 자산이 이탈리아에서 들어온다. 이 분야는 티치노주에 매우 중요하며 주 지역총생산량의 17%를 차지하는데 스위스 전체 평균보다 매우 높은 수준이다.

이와 같은 전문적인 금융 서비스는 엄청나게 성장했다. 1995-2006년 사이 스위스 금융 산업 중 이 분야의 고용자수는 50% 이상 증가하여 약 63,000명에 이른다. 이는 보험 분야 종사자 수보다 많은 것이며, 은행 분야 종사자 수가 8% 감소된 것을 만회하고 남는다.

스위스에 주요 지점을 둔 외국계 은행들 중에는 널리 알려진 HSBC, 시티그룹, 바클레이스, 코우트(Coutts)가 있다. 어쩌다보니 코우트란 회사명을 누설하고 말았다. 코우트는 영국 왕실 가문을 포함한 매우 부유한 가문들에게만 알려져 있는 이름이다. 이 은행들이 스위스에 오게 된 주된 이유는 스위스적인 감각으로 자산 관리 서비스를 제공하기 위해서이다. 그동안 그들은 스위스 자산관리 시장에 진출하여 이 부분의 경쟁을 심화시키고 자산관리자들의 연봉을 압박했다. 몇몇 사례에서 보듯이 외국계 은행은 스위스 소재 은행을 인수했다. 에드먼드 사프라의 무역개발은행이 1983년 아메리칸 익스프레스에 매각되었을 때처럼 말이다. HSBC는 한때 자산관리 분야에서 최고였지만, 지금은

UBS와 크레디트 스위스를 이어 관리하는 자산의 규모가 세 번째로 많다. 그러나 대부분의 외국계 은행은 비밀주의가 약화되면서 스위스 진출의 가치를 재검토하고 있다.

격변의 10년의 대가를 헤아리다

오랫동안 스위스 은행의 핵심 사업은 개인 자산관리였다. 지난 수십 년 동안 스위스 은행가들은 부유한 개인들에게 탁월한 정치적 안정, 강한 통화, 낮은 물가상승률, 낮은 실질세율, 그리고 다른 국가 정부의 어리석은 판단과 방탕한 성향을 회피하는 피난처를 제공했다. 지금까지 부유한 개인들은 스위스 은행들이 자산관리로 엄청난 이익을 얻는 것을 못마땅하게 여기지 않았다. 또한 스위스 최대 은행들이 때로 그런 이익을 이용해 글로벌 종합은행의 대열에 들어서려고 어설프게 시도할 때도 불평하지 않았다. 크레디트 스위스나 UBS도 해외에서 그다지 성공을 거두지 못했다. 예를 들어 지난 7년 동안 UBS의 세전 누적 이익을 살펴보면, UBS의 투자 은행은 400억 스위스프랑의 손실을 입었고, 반면 이 회사의 국내 자산관리 사업은 500억 스위스프랑을 벌었다. 선택의 기로에 봉착했다거나 곧 중대한 상황 변화가 있을 것이라고 말하는 것은 항상 위험하다. 작고한 경제학자 루디거 도른부슈(Rudiger Dornbusch)는 이렇게 지적했다. "상황이 바뀌려면 지금 당신이 생각하는 것보다 시간이 더 오래 걸린다. 하지만 일단 일어난 다음에는 당신이 지금껏 생각한 것보다 빨리 변화가 일어난다."

지금까지 평판이 손상되었다는 증거는 거의 없지만 2008년 UBS 구제금융은 신중함과 안정성이라는 스위스 이미지를 손상시켰다.

그리고 UBS의 2011년 불법거래 사태는 많은 부유한 고객들을 심란하게 만들었다는 신호들이 있다. 이런 실패로 오래된 장점이 사라지면서 스위스 은행들이 어떤 식이든 사업 모델을 바꾸어야 할 때가 왔다. 해외의 정치적 위험이 감소하고 있어 스위스 은행은 정치적 이유로 인한 지속적인 부의 유입에 더 이상 의존할 수 없다. 스위스프랑화는 아직도 다른 통화에 비해 안전한 피난처를 제공하고 있지만 어느 곳에서든 스위스프랑화를 살 수 있다—스위스 은행 계좌를 보유할 필요가 없다.*

한편, 많은 정부가 상당히 많은 부채를 갖고 있어 부채 상환에 필요한 추가 세금 수입이 절실하다. 따라서 스위스 은행들은 더 이상 탈세에 대해 다소 자유방임주의적인 태도를 취할 수 없다. 게다가 과학기술의 발달로 정부는 탈세범을 더 쉽게 적발할 것이다.

스위스 은행들은 고객이 낸 수수료만큼 일을 하는가?

투명성이 더 개선되면 스위스 은행들의 성과와 수수료를 다른 경쟁사들과 더 쉽게 비교할 수 있다. 스위스 은행들은 자산 관리 고객들로부터 매년 자산의 1.2-2%의 수수료를 받았다. 그러나 고객이 같은 서비스에 대해 비 스위스 은행에 50-80% 더 저렴한 수수료를 지불한다면 이런 상황은 더 힘들어질 것이다. 저수익 환경—암울한 수준의 실질 이자율을 고려할 때—에서 고객들의 위험 수용 범위가 작아지고 비용을 더 면밀하게 따져볼 가능성이 더 높아질 것이다.

[*] 2011년 말, 신용 위기가 시작되자 스위스 프랑화는 24% 평가 절상되었다. 또 다시 부를 위한 안전한 피난처로서 스위스 프랑화의 지위가 입증되었다.

새로운 고객들을 끌어들이는 것도 더 어려워질 것이기 때문에 고객 유치 비용이 올라갈 것이다. 앞으로 수입이 줄어든다는 점을 고려할 때 은행들은 당연히 비용을 크게 감축할 필요가 있을 것이다.

그러나 많은 산업 국가, 특히 유럽의 부채 증가는 지난 2년 동안 스위스가 지닌 안정성의 가치를 증가시켰다. 그래서 또 다시 외부문제 때문에 스위스 은행이 호황을 맞이할 수도 있다.

한편, 투자 은행 분야의 경우 대형 스위스 은행들이 계속 큰 존재감을 유지하기는 어렵다. 2008년 금융위기는 투자 금융이 일반적으로 수익성 변동이 심해 매우 위험한 사업임을 보여주었다. 아울러 2011년 UBS의 불법거래 사태로 인해 위험 요소가 강화되었다. 스위스국립은행은 은행에 투자금융 활동을 뒷받침할 자본을 더 많이 보유하라고 요구했다—이로 인해 은행의 수익은 불가피하게 낮아진다. 2011년 가을, 스위스 의회는 대마불사 문제를 해결하기 위한 새로운 법률을 통과시켜 두 개의 대형 은행이 훨씬 더 많은 자본을 보유하도록 강제하였다.

위험 줄이기

스위스 내 자산관리 수익이 감소하고 투자 은행 간 경쟁이 치열해지면 경영진은 어떤 사업이 더 희소해지는 자본으로 지속적인 수익을 창출할 수 있는지 다시 검토할 것이다. 그들은 핵심 자산관리 고객을 지원하는 사업들이 가장 위험이 적다고 생각할 가능성이 있다. 그중에는 증권사업도 있고, 자본이 거의 필요 없고 따라서 위험도 적은 몇 가지 다른 분야, 예를 들면 인수 및 합병 자문서비스 분야도 있다.

이 모든 것은 스위스 경제에서 스위스 금융의 상대적 중요성이 축소됨을 가리킨다—스위스에게 전적으로 부정적인 것이 아닐 수도 있다. 한편으로, 스테판 슈미트하이니가 예측하듯이 금융의 비중이 다음 세대에 절반으로 준다면 스위스가 더 균형 잡힌 경제를 유지할 수 있을 것이다. 이런 견해를 갖는 사람은 슈미트하이니만이 아니다. UBS의 일종의 '최후의 승자'*인 요에르크 할러(Juerg Haller)는 스위스의 프라이빗뱅킹은 지난 세대에 노다지였고—본질적으로 닷컴 버블과 비슷한 버블— 앞으로도 좋은 사업이 되겠지만 사업 규모가 상당히 축소되고 수익성도 더 낮아질 것이라고 생각한다.

수익이 발생하는 자산관리

전 세계적으로 개인들의 보유 자산이 급격히 증가할 전망이기 때문에 어디에선가 그것을 관리할 필요가 있다. 성장과 수익이 줄어든다 해도 프라이빗뱅킹은 앞으로도 기본적으로 좋은 사업이며, 스위스는 상당한 경험, 언어 능력, 국제적인 사고방식 측면에서 우위를 점하고 있다.

프라이빗뱅킹 역시 자본이 거의 필요 없는 이유는 보통 (대차대조표와 상관없이) 고객의 자산을 보유하기 때문이다. UBS의 전 최고경영자 페테르 우플리는 "프라이빗뱅킹이 소매 금융, 기업 금융, 자산관리, 투자 금융을 포함한 모든 금융사업 중 약 30%라는 가장

---

[*] 할러(Haller)는 '전쟁으로 잔뼈가 굵은' 군인이다. 그는 1990년대 신용 위기 이후 UBS의 구조조정을 이끌었고 LTCM 대실패에서 살아남았다. 그는 SBC의 전 UBS 경영진 제거 작업에도 불구하고 경영진으로 계속 남았다. 그는 UBS 라틴아메리카를 경영했으며, 가장 최근에는 서브프라임 신용 위기 이후 UBS의 구조조정을 감독했다.

높고 가장 일정한 자본수익률을 올릴 수 있다"고 말했다. 현재 가장 열띤 논쟁거리 중 하나는 스위스 대형 은행이 프라이빗뱅킹에만 초점을 맞추고 보다 경쟁적이고 위험이 큰 투자 금융을 접을 것인가이다.

UBS와 크레디트 스위스는 종합금융 모델을 통해 대형고객들에게 거래, 대출, 보관, 자본 시장에서 규모의 수익을 제공할 수 있다—반면 픗텟과 같은 개인은행은 그렇게 할 수 없다—고 주장해왔다. 그들은 또한 주요 기업가들과 제조기업과의 관계가 대형 종합은행만이 제공할 수 있는 다양한 기회를 줄 것이라고 주장한다. 이런 논리는 한때 설득력 있는 것처럼 보였지만 최근의 실패 때문에 지금은 점차 진부한 주장처럼 보인다. 종합금융은 너무 복잡해서 조직 내의 모든 사람이 다른 모든 사람을 지원해야 하는 문제가 있다. 골드만삭스, J. P. 모건과 같은 소수의 은행들은 신입사원 모집 때부터 직원들에게 팀워크와 자부심의 문화를 심어줄 수 있는 것 같다. 그러나 UBS와 크레디트 스위스의 투자금융 문화의 특징은 역사적으로 월스트리트 내부의 경쟁적인 '성과주의적' 접근방식에 더 가깝다.

개인적 책임의 문제

어쨌든 종합금융 논쟁은 이익을 추구하는 기관과 경제순환시스템의 중요한 구성요소라는 은행의 이중적인 역할에 내재된 갈등을 보여준다. 스위스의 일반 시민들이 스위스 대형은행들의 투자금융 사업이 스위스의 이미지나 금융을 위태롭게 한다면 그것을 어느 정도 허용할지 분명하지 않다.

자본 문제를 떠나서 장크트갈렌 대학 교수 조르지오 베어(Giorgio

Behr)는 경영진이 개인 자산을 담보물로 제공하여 자기의 실수를 책임져야 하며 개인은행의 기원과 기업가 정신의 기풍을 되살려야 한다고 생각한다. 베어는 이것이 기관 문제를 근절하는데 자본 요구액 증가보다 더 유용할 것이라고 본다—특히 투자금융 분야에서 심각한데, 다른 사람들의 돈을 이용해 아주 쉽게 거대한 제국이 세워지고 파괴된다. 베어뿐만 아니라 많은 기업가는 그들이 손실과 이득에 똑같이 노출되는 반면, 은행가는 호황기에 돈을 벌고 침체기에는 세금으로 구제받아야 하는 이유를 이해하기 힘들어한다.

베어뿐만 아니라 많은 금융 학자들이 대형은행을 효과적이면서도 안전하게 만드는 방법을 찾으려고 노력한다. 하지만 최근의 세계 금융위기 이후 수년이 지났지만 아직도 그 방법에 대한 합의점을 찾지 못하고 있다. 아마 가장 중요하고 간단한 아이디어는 은행이 자기 자본을 더 많이 보유하도록 요구하는 일일 것이다—달리 말하며 레버리지를 줄이는 것이다. 스위스국립은행은 이 대책을 강력하게 시행해 세계 최고의 자기자본 비율을 요구했다. 그러나 이것은 은행 입장으로선 수익성에 심각한 영향을 미치는 값비싼 해결책이다.

영국 연구 그룹이 가장 최근 제시한 또 다른 아이디어로는 종합은행의 상업 금융과 투자 금융 분리를 의무화하는 것이다. 이 아이디어는 상업금융—즉 경제 순환의 필수적인 측면—을 변동이 심한 투자금융 측면의 잠재적 문제에서 분리하는 것이다. 또 다른 제안은 의사나 변호사처럼 은행이 정해진 기준을 준수하거나 그렇지 않으면 영업을 금지시키는 것이다. 그러나 의사나 변호사와 달리 기관의 실패에 대해 개인에게 책임을 묻는 것은 훨씬 더 어렵다. 따라서 이것이 지나치게 위험한 행동을 막을 수 있을지 확실하지 않다. 다른 아이디어들로는 이사회를 강화하는 것과 관련된다. 대부분의 실패는 임원들의 낙관주의나 과대망상에 대해 충분히 견제하지 못한데서 비롯된 것이 분명하기 때문이다.

금융은 '자연 자원'인가?

스위스의 경우 아마 또 다른 더 건설적인 접근방법이 있는 것 같다. 금융은 말하자면 다른 국가의 석유와 비슷한 희소하고 귀중한 '자연 자원'이라는 개념에서 출발하는 것이다. 무엇보다도, 스위스 금융—아마 관광을 제외한 스위스의 다른 산업과 달리—이 발전한 이유는 '스위스'이기 때문이다.* 스위스국립은행의 성과, 수세기 동안의 스위스의 중립주의, 외국 정부의 재난, 에셔, 쉐퍼, 홀자치(Holzach), 로이터빌러(Leutwiler)와 같은 낮은 연봉을 받고도 열심히 일하는 사람들의 업적이 없었다면 금융 분야는 지금과 같은 수익을 올리지 못했을 것이다. 스위스는 노르웨이의 모범을 따를 수 있을 것이다. 세계 최대의 국부펀드 중 하나인 노르웨이 정부 연금은 석유와 가스에서 벌어들이는 수입을 투자하고 이 자원들이 고갈될 시기를 대비하여

---

[*] 네슬레의 전 최고재무책임자 레토 도메니코니(Reto Domeniconi)는 이렇게 말한다— 네슬레의 브베 본사의 가치는 단지 1스위스프랑에 불과하며, 이 회사는 수익성이나 고객 충성도의 추락 없이 싱가포르나 미국으로 쉽게 이전할 수 있다. 핏텟, 줄리어스 베어와 같은 부류의 회사들은 본사를 이전할 경우 완전한 붕괴는 아니더라도 상당히 더 불리하다. 자산관리의 수익성이 다른 시장보다 2-3배 더 높다는 사실과 함께, 이것은 자산관리 시장의 가치는 기업들의 성취의 결과라기보다 '국고(national treasury)'와 더 관련이 있음을 시사한다.

저축한다. 스위스도 이와 비슷한 것을 만들어 은행 수익에 대해 특별 '자연자원' 세금을 징수하여, 스위스와 스위스의 금융 산업이 끌어들인 수많은 고객들처럼 '위기' 대비용으로 유보금을 쌓아둘 수 있을 것이다.

보험 산업 역시 발전했다

스위스는 세계 보험 사업의 선도적인 중심지다. 스위스 리는 독일의 뮌헨 리(Munich Re)를 이어 세계에서 두 번째로 큰 재보험사다. 취리히 금융서비스(Zurich Financial Services)는 전 세계 상위 5대 직접보험사에 속한다. 스위스 보험 산업은 최근에 형성되었음에도 그동안 성공과 위기극복 측면에서 놀라운 모습을 보여주었다. 수십 년 동안 스위스 보험업계에는 자본이 부족한 전문화된 지역 보험사가 다양하게 산재했다—1861년 5월 어느 날 밤 이후에는 달라졌다.

　이 날 밤에 글라루스—그 당시 스위스 동부의 분주한 산업도시였다—의 마구간 건물에 화재가 발생했다. 삽시간에 불길이 도시 전체로 번져 그 불빛이 150km 떨어진 바젤에서도 볼 수 있었다. 다음 날 도시의 3분의 2가 잿더미로 변했고 3천 명이 집을 잃고 피해액은 그 당시 돈으로 엄청난 수준인 천만 스위스프랑이었다. 이 사건으로 대규모 재난 위험에 대비하는 보험 산업의 필요성이 대두되었다—그리고 그것도 즉시 필요했다. 보험은 재난 발생 가능성이 희박하고 예측 불가능하며 피해가 막대한 경우 특히 가치가 있다.

2011년 스위스 최대 금융기관

	1950	1970	1980	2000	2011
UBS(1998년)					
총자산-백만 스위스프랑	5,058	58,318	424,568	1,087,123	1,366,000
고용자수-전체	6,330	17,900	43,180	71,080	64,820
고용자수-스위스 지역	2,820	9,710	37,000	30,100	28,100
크레디트 스위스(1856년)					
총자산-백만 스위스프랑	2,265	28,032	125,767	987,433	1,229,000
고용자수-전체	2,390	6,540	16,100	80,540	49,700
고용자수-스위스 지역	2,290	6,410	14,700	28,240	20,900
스위스 리(1863년)					
총보험금-백만 스위스프랑	568	2,151	4,777	26,057	28,803
고용자수-전체	410	820	na	9,590	10,788
고용자수-스위스 지역	na	na	1,320	2,840	3,490
취리히(1872년)					
총보험금-백만 스위스프랑	298	1,860	12,417	57,288	50,200
고용자수-전체	na	na	33,980	65,000	52,648
고용자수-스위스 지역	na	na	na	8,000	7,600

출처: 〈포춘〉

신뢰 문제의 해결

크레디트 스위스의 창립자이자 19세기 스위스 경제의 건축자 알프레드 에셔가 등장한다. 에셔는 신뢰 문제를 인식한 뛰어난 심리학자이기도 했다. 그는 '재보험사'인 크레디트 스위스를 통해 알려지지 않은 회사인 스위스 생명보험 및 연금 회사―오늘날의 스위스 라이프(Swiss Life)에 초기 자본을 제공했다. 글라루스 화재의 여파로 나중에 스위스 리가 될 보험사뿐만 아니라 스위스 취리히 마린 보험(Swiss Marine Insurance Company of Zurich), 스위스 빈터투어 재해보험(Swiss Accident Insurance Corporation of Winterthur)을 포함하여 더 중요한 기업들이 설립되었다. 위의 취리히와 빈터투어 보험사는 나중에 스위스에서 가장 중요한 소매 보험그룹으로 성장했다.

스위스는 유럽 국가 최초로 상세한 보험 법률을 제정하고 1886년에 규제 기관을 설립했다. 스위스 보험 분야의 규제와 관행은 굉장히 엄격하며, 보험료가 비싸고 카르텔 형성을 장려한다. 이것이 1990년대까지 스위스 보험 산업의 특징이었다.

이것은 2차 세계대전이 끝난 뒤 수년간의 호황기 때 바뀌기 시작했다. 그리고 일련의 천문학적인 보험금 청구가 보험 산업을 재편하기 시작했다. 세베소(Seveso, 1976년)와 보팔(Bhopal, 1984년)의 화학물질 유출, 1986년의 체르노빌과 슈바이처할레의 재난, 1989년 엑슨 발데즈호 석유 유출로 인해 사실상의 세계 대형보험시장에서 보험기업 인수합병이 거의 끝없이 계속되었고 새로운 보험사가 등장했다. 이런 대형 사고들은 직접 보험사로 하여금 스스로 감당할 수 없는 이른바 '예측하기 어려운' 위험을 스위스 리와 같은 재보험사에 떠넘기게 하였다. 스위스 보험사들은 더 나아가 국제화하고 새롭고 복잡한 위험 평가 절차를 개발했다. 1863년에 설립된 스위스 리는 지금 허리케인, 지진, 석유 유출을 포함한 다양한 종류의 대형 재난 위험 전문가와 더불어 20개국에 만 명 이상의 직원을 두고 있다. 보험 산업 연구자들은 스위스 보험사의 위험평가 능력이 오랜 성공의 이유라고 믿는다. 취리히 마린 보험사가 (영국 보험신문에 따르면) 1929년 세계 최대의 순수 사고 및 책임 보험 회사가 되고, 스위스 리가 20세기 후반 세계에서 두 번째로 큰 재보험사인 로이드 오브 런던(Lloyds of London)을 인수한 것은 바로 이러한 보험 기술 덕분이었다.

유행의 희생자

그러나 스위스 리를 포함한 스위스 보험사들은 1980년대와 1990년대 방카슈랑스(은행업과 보험업을 겸업하는 것)에서 비롯된 시너지라는 유행하던 개념에 사로잡혔다. 예를 들어 빈터투어 보험사는 크레디트 스위스의 일부가 되었고 반면 취리히 마린 보험사는 일련의 야심 찬 기업 인수를 시작했다. 보험사들은 기업 규모와 수익을 경쟁하기 시작하면서 생각할 수 있는 모든 금융 서비스를 제공할 수 있는 회사를 만들려고 노력했다. 그 결과 양립할 수 없는 사업을 융합하려다가 값비싼 대가(그리고 위험)를 치렀다.

이 개념은 문제점이 많다. 고객의 요구와 그것에 대응하기 위해 필요한 문화는 매우 다르다. 수익 역시 다르다. 카르텔은 보험사들의 자본수익률이 낮다는 사실을 오랫동안 은폐시켰다. 이런 사실은 경쟁의 증가와 2011년 닷컴 버블 붕괴에 따른 주식 시장 위기로 드러났다. 스위스 최대 보험사들은 아직도 변화된 상황에 적응 중이다.

하지만 여전히 놀라운 점은 스위스 보험 산업이 지금도 크다는 것이다. 스위스 보험 산업은 주요 외국시장에서 자신의 입지를 계속 확대하고 있으며 2008년 보험료 수입 1,760억 스위스프랑 중 약 70%가 해외에서 발생했다. 보험 산업은 스위스 GDP의 5% 이상을 차지하며,

스위스 경제에서 가장 큰 6개 분야 중 하나다. 그동안 일부 나쁜 경영진과 특별한 금융 쇼크가 있었지만 신뢰의 금융이라는 스위스의 브랜드가 신뢰가 가장 중요한 산업에서 큰 가치가 있다는 점은 아직도 여전하다.

6장 수익을 창출하는 섬유산업

―호르겐(Horgen)은 오늘날 세계 산업계에서 큰 비중을 지닌 지명은 아니다. 지금 이곳은 고요할 정도로 평온한 취리히 외곽지역일 뿐이다. 많은 연봉을 받는 임원들이 집을 짓고 싶어 하는 쾌적한 시골이다―현지 관광사무소에 따르면, '사람들이 평화롭고 고요하게 쉴 수 있는 곳'이다. 하지만 100여 년 전 호르겐은 스위스의 산업 중심지 중 하나였다. 산업 생산시설이 엄청나게 집중되어 수십 년 동안 미국은 이곳에 특별 영사관을 유지해야 한다는 의무감을 느꼈다.

한때 스위스를 세계 섬유 산업의 중심지로 만들었던 입지와 비용 측면의 이점은 사라졌고, 대량 섬유생산은 임금이 낮고 관련 기술을 쉽게 이용할 수 있는 국가로 이동했다. 그러나 그런 도전은 종종 창의적인 대응으로 이어진다. 오늘날 새로운 세대의 스위스 섬유산업이 등장하여 고부가 가치의 산업용 틈새시장과 고급 브랜드 섬유제품 분야에서 성공을 거두고 있다.

  스위스 섬유산업 이야기는 많은 분야에서 스위스의 성공과 실패를 결정했던 요인들과 같은 내용이다. 여기에는 이웃 국가의 정치적, 종교적 박해로 인해 쫓겨난 인재의 유입, 준비된 수력 자원, 중대한 시기에 상대적으로 값싼 노동력, 신기술로 인한 혼란에도 불구하고 해외 혁신적인 기술 도입, 그리고 보호무역주의와 자유무역체제(스위스는 섬유제조업이 번성하는 시기에 이 두 가지를 옹호했다)의 이익과 위험이 포함된다.

섬유산업에서 경제적 기적이 시작되다

↑ 우아하고 감각적인 포갈(Fogal)의 양말은 스위스의 상대적으로 높은 생산비를 충분히 상쇄할 수 있을 정도로 매력적이었다.

그러나 섬유산업은 스위스 산업 역사에서 독특한 위치를 갖는다. 섬유산업은 스위스의 산업 변화의 초석을 놓았다. 섬유산업 이야기에 대한 지식 없이는 스위스의 경제·기적을 이해할 수 없다. 섬유산업은 방직, 직조, 수공예 자수에서 시작되었다—흔히 선대제 방식(상인이 수공업자에게 원료나 도구, 임금을 지불하고 제품을 생산하게 하는 방식: 옮긴이)으로 가사 노동자 네트워크에 의해 이루어졌다. 이런 작업이 자동화되면서 결국 수공업에서 산업으로 바뀌었고 이는 엔지니어링 분야가 출현하는 기회가 되었고 나중에 세계적인 선두주자로 성장했다. 예를 들어, 방직 기업인 에셔 비스(Escher Wyss)는 19세기 초 섬유기계 제조 기업으로 바뀌었다. 아울러 리터(Rieter) 가문은 방직 사업 투자에서 직조기 제조로 바꾸었다. 1830년대 이전 이 회사는 자체적으로 주조공장을 세워 섬유산업 이외의 산업 기계로 다각화하기 시작했다. 몇 십 년 뒤 자우러(Saurer)는 자사의 최초 제품인 자수 기계 제조에서 상용 차량 제조로 바꾸었다. 돌이켜 보면, 이러한 연쇄적인 발전이 필연적인 것처럼 보일 수도 있지만 섬유생산이 중요한 산업이었던 다른 많은 국가에서는 이렇게 되지 않았다.

가내 사업에 국제적인 산업으로

스위스 섬유제조의 기원은 중세 시대로 거슬러 올라간다. 중세 유럽의 많은 지역과 마찬가지로 양모와 린넨의 직조 장인들이 스위스의 수많은 마을과 도시에서 일했다. 이런 재료를 이용한 직물 제조는 많은 기술이 필요하지 않고 숙련된 노동력과 꾸준한 국내 수요만 있으면 가능했다. 그러나 새로운 재료가 시장에 등장했다—이 재료는 섬유사업을 말 그대로 가내수공업에서 산업으로 바꾸고 스위스 최초의 산업적 대량생산의 토대를 놓았다.

15세기에 이탈리아와 남부 독일에서 도입된 면화 섬유는 전통적인 양모와 린넨의 대체물로 쉽게 받아들여지지 않았다. 그러나 이런 상황은 18세기 초에 획기적으로 바뀌었다. 프랑스 위그노 망명자들이 훌륭한 방직기술과 모슬린(muslin) 직조기술을 취리히에 전하면서 면화 거래가 이웃 주와 스위스 동부지역으로 급격히 확산되었다. 1721년 장크트갈렌에서 위그노 후손 이민자인 페테 비옹(Peter Bion)은 면화로 실과 천을 만든 최초의 사람이었고 이를 통해 이 지역 산업적 섬유 제조의 기초를 놓았다.

위그노는 이미 13세기부터 실크 직물을 생산하고 거래하는 전통이 있던 취리히를 피난처로 삼아 찾아온 최초의 이민자가 아니었다. 이 개신교 도시는 종교개혁으로 위협받던 신앙을 지키려다 박해를 받아온 티치노와 이탈리아 북부에서 이미 몇몇 가족을 받아들였다. 이로 인해 16세기 독일어를 사용하는 스위스 지역에서 실크 원단이 생산되었다—그러나 이민자들이 직접 거래하는 것은 금지되었다. 1565년이 되어서야 비로소 취리히 당국자들이 길드의 보호주의를 폐지하고 에반젤리스타 자니노(Evangelista Zanino)가 뽕나무를 키워 리마트(Limmat) 강변에서 처음 실크 공장을 운영하는 것을 허용했다.

취리히 대 바젤

그러나 취리히의 초기 실크 제조는 확실히 전(前) 산업적인 사업 활동이었다. 전(前) 봉건적인 스위스의 많은 사업과 마찬가지로 구체제 하에서 실크 거래는 엄격하게 규제되었다. 예를 들어 1717년부터 실크는 취리히에 거주하는 상인의 주문에 의해서만 직조할 수 있도록 규제되었다. 시기심에 찬 취리히는 자신의 우위를 지키려고 이웃한 빈터투어의 실크 공장을 폐쇄하도록 강요했다.

취리히와 더불어 바젤 역시 실크 제조의 중심지로서의 권리를 주장했다. 그곳의 성공 요인 역시 진취성, 편리한 금융, 좋은 교통, '가내 노동' 네트워크 이용 가능성이었다. 18세기 말까지 실크와 면화의 거래는 가내 노동 시스템을 기초로 이루어졌고, 취리히와 바젤의 기업들—나중에는 장크트갈렌도—는 많은 가내 노동자를 고용했다. 전성기 때 취리히의 실크 장인들은 도시와 인근지역에서 1,500대 이상의 베틀을 계약하여 운영하였다. 면화 생산 역시 많은 사람에게 일자리와 임금을 제공했다. 1770년경 이 산업은 취리히, 아르가우, 스위스 동부 지역을 중심으로 10만 명 이상의 노동자를 고용했다.

산업혁명에 의한 갑작스러운 방향전환

그러나 스위스의 선도적 위치—18세기 후반의 영국 같은 경쟁자들보다 앞섰다—는 미약한 토대 위에 구축된 것이었다. 실크 장인들은 기술발전에 방심했고 최초의 기계식 베틀이 영국에서 사용되자 깜짝 놀라며 불쾌하게 여겼다. 하루아침에 스위스인은 더 나은 생산성을 가진 경쟁자를 만나게 되었다. 곧 영국 섬유는 가격과 품질 면에서 타의 추종을 불허할 정도가 되었다. 그리하여 새로운 산업에서 종종 나타나는 시장점유율 경쟁에서 스위스는 출발점 수준으로 떨어졌다. 이러한 경제적 어려움은 스위스 도처에서 발생한 정치적 불안과 맞물렸다. 프랑스 혁명군이 1798년 스위스로 진군하자 기존 권력구조가 해체되었다. 통치자들은 퇴위당하고 길드는 힘을 잃었다. 1830년 부르주아 혁명이 일어나고 1848년 제정된 스위스 최초의 헌법에 무역과 상업의 자유가 기본권으로 포함된 뒤에야 스위스의 기업, 상인, 산업가들은 자신의 권리를 다시 주장하기 시작했다.

기계화의 시작

19세기 초—나폴레옹 전쟁이 전 유럽을 휩쓸 당시—는 상상하기 힘들 정도의 사업 기회를 제공했다. 기업가적 마인드를 가진 사람들은 기존 시스템이 끝나고 기계화를 더 이상 막을 수 없다는 것을 깨달았다. 최초의 기계식 방직 공장이 1801년 장크트갈렌의 수도원에 설립되었을 때 산업혁명이 마침내 스위스에 도래했다.

빈터투어에 설치된 44대의 방직 기계는 복잡한 동력전달 시스템을 활용한 수력으로 가동되었고 그 공장은 기술적인 기적으로 여겨졌다. 그 결과 이 지역에서 손으로 직접 짜는 방직 사업은 완전히 파괴되었다. 8천 명의 남녀 가내 노동자들이 생계수단을 잃었고 두려움과 빈곤이 널리 확산되었다. 그러나 이 공장은 스위스 경제 역사에서 이정표였다.

그 이후 공장들이 모든 지역에 건설되었다. 노동력은 값싸고, 강과 시내는 풍부한 동력을 제공했으며 대륙 시스템은 영국 상품을 몰아냈고 영국 섬유 제조사의 경쟁력이 상당히 약해졌다. 1830년 스위스에는 40만 개의 면화 굴대와 천 대 이상의 방직기가 운영되었다—일부는 우회로를 통해 영국에서 수입되었고(영국은 1843년까지 섬유 기계의 수출을 금지했다), 일부는 지역에서 기계를 복제하여 만들었다. 역사가 한스 마르틴 구블러(Hans Martin Gubler)가 "가장 중요하고 획기적인 산업 집중"으로 기술한 상황이 취리히 동쪽 구릉 지역에서 발생했다. 나폴레옹이 최종적으로 패배한 해인 1815년 무렵 뵈치콘과 우스터라는 도시에 엄청난 호황이 발생했다. 10년 뒤 아바크 강변 10km 지역에만 10개의 방직 및 직조 공장이 있었다.

불타는 기계

산업화는 급격한 성장과 사회적 혼란을 발생시켰다. 실제로 가내공업이 흔했던 취리히의 구릉 지역에서는 산업화로 인해 많은 가정이 파괴되었다. 많은 지역에서 기계화된 새로운 생산방식의 도입에 항의하는 사태가 벌어졌다. 1832년 11월 22일 아침, 오베루스터(Oberuster)라는 도시에서 300명의 군중이 코로디 & 피스터(Korrodi & Pfister) 방직 공장 밖에 모였다. 공장 노동자들은 도망갔고 군중들이 돌을 던져 창문이 산산조각 났다. 공장 건물로 짚과 덤불을 날라다 불을 붙이자 기계식 직조공장이 화염에 휩싸였다. 당국자들은 깜짝 놀랍고 공권력의 개입은 늦었다. '우스터의 화재'로 인해 15년 동안 이 지역에서 기계식 직조 공장이 새로 건설되지 않았다—그러나 타격을 받은 가내 직조공들은 자신의 운명을 개선할 수 없었을 뿐만 아니라 공장 소유자들도 봉기에 위협을 느끼지 않았다. 면화 산업은 계속 확장되어 1866년에는 160만 개 이상의 굴대와 약 만5천 개의 방직공장이 운영되었다. 스위스는 유럽의 최대 섬유 생산국 중 하나가 되었고 원면 조달과 완제품 판매에서 국제적으로 중요한 국가가 되었다.

느린 혁신

실크 무역 사업도 번창했다—1824년부터 1842년까지 취리히주의 제조기업 수는 17개에서 68개로 증가했고 바젤의 실크 무역과 실크 리본은 1847년 이 도시와 인근 주의 수입 중 약 20%를 차지했다. 19세기 중반 스위스는 세계 최대의 실크 생산국이었다. 그러나 산업화의 도래는 면화 산업에서 발생한 상황과 달리 실크 제조사들에게 확실히 쉽지 않은 상황을 제공했다. 초기의 기계 설비는 조야하고 심하게 움직였고 그에 비해 실크 실은 너무 가늘었다. 1824년 유럽 최초의 기계식 실크 방직 공장이 바젤에 설립되었지만 1860년이 되어서야 비로소 취리히의 발명가 에밀 취러(Emil Zürrer)가 영국에서 방직 기계를 수입하여 그것을 실크 제조용으로 개조하여 가동하는데 성공했다. 하지만 이러한 획기적인 변화 이후에도 기계화는 진행 속도가 더뎠다. 1881년 취리히 실크 거래에 사용된 방직기의 10분의 1만이 기계화되었고 가내 작업 시스템은 거의 19세기 말까지 지속되었다.

    이와 대조적으로, 규모는 더 작지만 섬유와 마찬가지로 전통적인 수공예인 자수가 초기에 산업화로부터 많은 혜택을 입었다. 자수의 역사는 자수 기계의 개발과 긴밀히 연결된다―물론 자수공예가들이 1800년 이전부터 장크트갈렌에서 일했다는 증거가 있지만 말이다. 1830년경 독일인 조슈아 헤일만(Joshua Heilmann)이 장크트갈렌에서 이른바 손으로 작동시키는 자수기계를 최초로 만들었다. 이 기계의 성공은 대부분 아르본의 자우어 기업 덕분이지만 자유 무역의 시작과 패션의 영향 역시 일정한 역할을 했다. 상류계층과 왕실에서는 자수를 놓은 의복을 세련된 것으로 여겼다. 장크트갈렌에서 생산된 레이스(lace)의 수요가 급격히 늘자 그에 따라 생산도 증가했다―1880년 미국 수출액만 연간 2천1백만 스위스프랑이었고, 오늘날까지 장크트갈렌의 도시경관은 자수 산업의 이익, 활기찬 아르 누보(Art Nouveau, 19세기 말-20세기 초에 유행한 건축 및 장식 예술 양식: 옮긴이), 네오 르네상스 빌딩으로 만들어진다. 장크트갈렌의 자수는 가격 압력이 증가하고 있긴 하지만 아직도 세계 시장에서 자신의 위치를 유지하고 있다.

↑ 포스터 로너(Foster Rohner)가 제작한 '고급 봉제' 자수.
이 회사는 가족 소유 기업으로 100년 이상 활발한 사업을 펼치고 있다.

산업적 규모, 산업적 이익

19세기 말과 20세기 초 산업 형태의 섬유 산업이 발전하면서 기업들은 규모의 경제를 추구하기 시작했다. 그들은 국제화하면서 무역협회와 제조기업 카르텔을 조직하기 시작했다. 예를 들어 젊은 취리히 실크 상인인 에밀 스텔리 히르트(Emil Stehli-Hirt)는 리옹, 파리, 런던, 뉴욕으로 여행하면서 그곳의 훌륭한 실크 거래소와 관계를 맺었고, 이것이 국제적 확장의 토대가 되었다. 1920년 스텔리사(Stehli & Co)는 북미에 두 개의 실크 직조 공장을 운영했는데 1,800대의 직조기와 3대의 합사기(doubling frame)를 가동했다. 주변 유럽국가에도 지사도 개설되었다. 이탈리아의 제르미냐가(Germignaga)에는 실크 방직공장, 독일의 에어칭엔(Erzingen)에는 직조 공장이 세워졌다. 슈바르첸바흐(Schwarzenbach), 스튄치(Stünzi) 지버 & 베얼리(Sieber & Wehrli)와 같은 다른 실크 제조 기업들도 스위스 국경 밖으로 과감히 진출했다. 아울러 섬유산업은 스위스 내에서도 성장했다. 19세기 말엽 호르겐—'작은 리옹'으로 알려졌다—에만 천 명 이상을 고용하는 실크 제조업체가 10곳이 있었다.

한편, 취리히에서 실크 산업의 선두주자들은 자신들의 이익을 대변하는 단일 조직을 만들려고 생각을 했다. 이 일은 1848년 스위스 연방국가의 설립이 계기가 되었다. 연방국가 설립은 스위스 경제생활을 대대적으로 혁신했다. 이제 많은 분야에서 최종 결정권을 쥔 곳은 도시나 주가 아니라 중앙정부가 되었다. 통화가 표준화되었고 상품 거래는 자유화되었다. 그 이전 수 년 동안 생각할 수 없었던 일이 현실이 되었다—스위스는 이제 단일 경제권이 되었다.

조직의 힘

이러한 실크 경제권 형성을 돕고 이 산업의 이해를 대변하기 위해 일단의 사업가들이 1854년 힘을 결집해 취리히주 실크산업협회를 만들었다. 스위스의 다른 산업 분야에서는 이렇게 빨리 공동의 이익을 위해 조직을 갖춰 정치에 개입한 곳은 없었다. 그러나 이 유명한 조직은 처음부터 중요한 자체 내부 사업도 수행했다. 이 협회는 끊어질 수 있는 실이나 잘못 염색된 타래나 천을 공급한 동업자들에 대한 손해배상 청구를 재판하는 중재 법원을 세웠고 직원 훈련과 개발 사업을 시행했다—그 당시로서는 완전히 새로운 것이었다. 1881년 협회는 취리히 실크 직조학교를 설립했다.

거의 이와 동시에 면화 방직회사들도 실크 제조회사가 경쟁자일 뿐만 아니라 공통의 이해를 갖고 있다는 점을 인식했다. 면화 방직회사들이 힘을 모으게 된 이유는 공급자들에 대한 불만 때문이었다. 공급자들은 가령 모래를 넣거나 표시된 것보다 질이 낮은 면화를 섞는 등 비정상적인 방법으로 면화 뭉치의 무게를 늘렸다. 1874년 공급자의 고객들은 그런 행태에 진절머리가 났다. 그들은 원료 구입의 표준 조건에 합의하고 공급자들이 의무를 엄격히 이행하게 했다. 그 결과 스위스에서 사실상 최초의 카르텔이 만들어졌다. 이것은 대단히 성공을 거두었고 이 합의에 참여하는 회사들이 더 늘어나 스위스 면화방직기업연합회가 탄생했다. 그리고 이 연합회는 1879년 스위스 무역 및 산업협회(the Vorort)의 창립 회원이 되었다. 이 협회는 수십 년 동안 스위스에서 선도적인 정치세력이었다(2003년 명칭을 이코노미스위스(Economisuisse)로 바꾸었다).

↑ 1860년경 카스파르와 요한네스 호네거(Caspar and Johannes Honegger) 형제들이 취리히 근교 힌빌 근처 발트에 스위스 최초의 섬유공장을 설립했다 (이 사진은 1913년 모습). 이 공장은 곧 이탈리아 북부의 번성하는 섬유산업의 중요한 공급자가 되었다. 힌빌은 '스위스의 맨체스터'로 알려졌다

초기 섬유제조업자들은 돈을 빌리기 위해 간청해야 했다

섬유산업 호황은 위험을 감수할 준비가 된 개인들에 의해 이루어졌다—그리고 이것은 스위스 상업계의 보수적인 배경으로 볼 때 일반적인 특징이 아니었으며, 도시의 길드와 농촌 사람들은 새로운 것에 대해 의구심을 갖고 바라보았다. 상대적으로 적은 계층만이 산업화가 주는 기회를 알아보았다. 이들은 주로 주변 지역 넘어 확장된 상거래 관계를 맺은 상인들과, 가내수공업자와 장인들보다 경제적 자극에 더 민감한 감각을 지닌 집밖에서 일하는 사업가들이었다. 공장과 대규모 관련 시설을 짓고 운영하려면 장인의 공방이나 무역 사업보다 훨씬 더 많은 자본이 필요했다. 초기 섬유제조업자들은 때로 자신의 사업에 전 재산을 다 걸었다.

예를 들어, 1901년 아탈(Aathal)에 자신의 이름을 붙인 방직 공장을 성공적으로 설립한 프리츠 스트라이프 메틀러(Fritz Streiff-Mettler)는 제조업자가 되기로 결심할 때 은행에 3만 스위스프랑 밖에 없었다. 그는 매물로 나온 공장—별채와 토지를 포함하여—을 매입할 기회를 놓치고 싶지 않았다—하지만 공장 가격은 130만 스위스프랑이었다. 스트라이프 메틀러는 어머니와 처갓집에서 돈을 빌리고 보증과 서약과 주택담보대출을 이용해 가까스로 공장을 매입하여 사업을 시작했다—빚이 많은 회사였다. 또 다른 위험 감수자는 '방직 기업의 왕'으로 알려진 하인리히 쿤츠(Heinrich Kunz)였다. 소규모 사업가인 그의 아버지는 아들에게 적절한 학교교육을 제공한 뒤 알자스의 면화 방직공장이 제공하는 직업훈련소로 보냈다. 직업훈련에서 돌아온 그는 뵈치콘의 임대 공장시설에서 소규모 방직 공장을 시작했고 1816년에 우스터의 자기 소유 건물로 이전했다—그는 4만 2천 스위스프랑을 주고 이 건물을 지었다. 아버지와 함께 운영한 사업은 마치 로켓 같았다. 그의 아버지가 1825년에 사망했을 때 53만 스위스프랑을 유산으로 남겼다. 쿤츠는 지금까지 보지 못한 규모로 사업을 확장하는데 그 돈을 사용했다. 그는 하나씩 하나씩 새로운 기업을 세우거나 인수했다. 19세기 중엽 그의 기업 제국은 글라루스주의 린탈에서 아르가우 주의 빈디슈(Windisch)까지 확장되었고 8곳의 생산 공장에 15만 개의 방적기를 자랑했다. 그가 죽었을 때—자녀가 없었다—기업의 가치는 그 당시로서는 깜짝 놀랄 수준인 1,800만 스위스프랑이었다. 그가 '방직 기업의 왕'으로 성공한 것은 좋은 교육과 초기의 적절한 재정 상황 그리고 탁월한 사업 능력과 지칠 줄 모르는 에너지 덕분이었다.

야만적인 작업현장

그러나 유럽의 다른 국가와 마찬가지로 스위스의 방직 기업에는 어두운 면도 있었다. 쿤츠와 같은 공장 소유주는 철권으로 공장을 운영했다. 그의 공장의 좌우명은 '쓰러질 때까지 일하라'였다. 이것은 아이들에게도 적용되었다—1836년 학교 감독관의 보고서가 보여주듯이 끔찍한 결과가 발생했다. 감독관이 교실을 둘러보니 "6-9세의 아이들이 자고 있었는데 그들은 자정부터 다음 날 아침 6시까지 공장에서 일을 해야 했기 때문이다."

그러나 산업화의 초기 시기 쿤츠의 '직원 관리'방식은 일반적인 현상이었다. 경제 방정식에서 노동 요인은 거의 가치가 없었다. 공장 소유주들은 노동자들을 중세 영주들이 한때 농노들에게 했던 것처럼 다루었다. 그에 따라 노동자들의 생활 조건은 가혹했다. 칼 마르크스는 위대한 저작「자본론」에서 "노동은 우리의 삶을 황폐화시켰다."고 말했다. 영국과 독일에서도 사회적 긴장이 격렬한 갈등으로 이어졌다. 종종 그랬듯이 스위스는 상황이 덜 심각했다. 산업적 상황에 대한 사회적 반대가 단호했지만—우스터 화재 사건을 제외하면—비폭력적이었고, 의사나 성직자와 같은 전문가들이 종종 앞장서서 산업 개혁을 요구했다.

깨지기 위해 만들어진 규칙

개혁이 불가피하다는 사실이 당국자들에게 서서히 분명해졌다. 취리히 주정부는 1837년 선도적인 조치를 취해 학령기 아동을 보호하는 명령을 선포했다. 처음에는 효과가 제한적이었다—쿤츠와 같은 사람들은 명령을 그냥 무시했다. 마침내 정부는 쿤츠와 다른 제조업자들에게 벌금을 부과했고—하지만 벌금액수는 8스위스프랑으로 너무 작았다—이것은 획기적인 변화였다. 처음으로 주정부는 적어도 원칙적으로는 사회적 책무를 어기면 대가가 따른다는 점을 제조업자들에게 분명히 주지시켰다.

    스위스의 다른 지역에서도 섬유 산업계의 거물들의 행동이 점차 비판의 대상이 되었다. 산업화가 일찍 시작된 글라루스주에서 프리돌린 슐러(Fridolin Schuler)라는 의사가 다른 사람들과 함께 학대 행위를 공개적으로 맹렬히 비난했다. 1856년 이 그룹은 12세 미만의 아이들에게 공장 노동을 금지하도록 지역 당국자들을 설득했다. 1864년 글라루스는 스위스 연방에서 공장법(Factory Act)을 도입한 최초의 주가 되었다. 이 법은 아동 노동을 폐지하고 성인의 노동을 제한하며 공장 내 안전조치를 규정했다. 불과 4년 뒤 공장법은 바젤란트에서도 시행되었다. 스위스 동부지역과 아르가우에서도 비슷한 노력이 이루어졌다. 스위스 전역에서 규제의 표준화를 요구하는 목소리가 점차 커졌다. 1877년 연방의회는 최초의 연방 공장법을 통과시켰다. 이 법은 공장 노동시간을 1일 11시간으로 제한하고 14세 이하 아동의 고용을 금지했다.

야콥 슐렙퍼(Jakob Schlapfer)사가 제조한 섬유로 만든 옷을 입은 모델.

노동은 번영을 의미하지 않았다

이러한 정부 규제는 섬유와 다른 산업에서 지나친 특정한 요소들을 폐지했지만 산업 노동자의 삶은 결코 편하지 않았다. 일반적으로 가장의 수입은 한 가정에 필요한 금액의 50-70%에 불과했다—예를 들어, 1875년 바젤란트의 실크 리본 직조공은 일 년에 약 900스위스프랑을 벌었다. 이것은 가족이 생활하기 위해 그의 아내와 아이들도 반드시 노동을 해야 한다는 의미였다. 19세기의 마지막 4분기에 점차 임금체계의 일부가 된 '부유층'은 환영할만한 개선이었다. 공장 소유주들은 싸구려 숙박시설, 임대 토지, 음식을 제공했고 때로 노동자를 위한 '병실'도 세웠다. 스위스의 많은 초기 산업화 지역에는 하숙집—훗날의 공공주택 사업의 전신—이 요즘도 이 시기의 증거로 남아있다.

그러나 사장이 제공한 복지는 기본적으로 노동자들을 기업에 최대한 단단히 붙잡아 두어야 할 필요성 때문이었다—그런 필요성이 점차 커졌다. 19세기 후반 이후로 새로 급격하게 확장하는 산업들(특히 시계, 금속, 엔지니어링)이 노동력을 두고 섬유산업과 경쟁했다. 점차 사람들이 산업이 덜 발전한 다른 스위스 지역에서 공장으로 유입되었고 나중에는 외국인 노동자들이 오기 시작했다. 기업가들은 그들에게 일자리뿐만 아니라 새 집을 제공했다.

19세기 말엽 적어도 8만 명이 스위스 섬유산업에 종사했으며 1910년에는 10만 명 이상이 일했다. 20세기에는 의류산업도 확장되어 1950년대 초 약 4만3천 명이 이 분야에서 일했다. 그러나 이것은 절정기의 수치였고 20세기 후반에는 지속적으로 감소했는데 특히 지금 섬유산업 종사자는 만 명도 안 된다. 스위스는 대량생산 산업의 상대적 이점이 점차 사라지고 있다. 유일한 생존 방법은 고급 시장으로 확실하게 이동하는 것이다.

이미 기울고 있었던 산업

돌아보면, 섬유산업의 침체는 초기 단계에서 시작되었음을 알 수 있다. 1888년부터 1911년까지 스위스의 방적사와 섬유 수출액은 주로 세계 무역보호주의가 증가하면서 30% 감소했다. 하지만 국내 섬유시장은 국내 수요 증가와 외국 섬유에 대한 보호관세 때문에 아직 좋은 상황이었고 종사자도 늘고 있었다―보호무역주의에 관해서라면 스위스는 다른 작은 국가에 비해 결코 뒤지지 않았다. 모든 시장이 사실상 봉쇄되었다. 1차 세계대전 이전 5년 동안 면화 제품의 국제 무역량은 약 50% 감소했다. 하지만 같은 기간 세계 면화제품 생산량은 약 3분의 1정도 증가했다.

전쟁과 비명의 시기였던 20세기의 첫 25년 동안 외국 수입에 대한 보호주의는 경제적 생존을 보장하는 유일한 처방으로 널리 간주되었고 국경은 더욱 더 단단히 봉쇄되었다. 1920년대 초 스위스는 섬유 생산량의 약 절반을 해외에 판매할 수 있었다. 1950년 섬유 수출 비율이 20%로 주저앉았다. 섬유산업은 해외 무역에서 지배적인 지위를 잃었고 국내에서도 그 중요성을 급격히 상실했다. 1888년 모든 공장노동자의 18%가 섬유 산업을 통해 생계를 유지한 반면 1929년 이 수치는 7%로 떨어졌고 1952년에는 4%에 불과했다. 산업 성장과 개발의 초점이 섬유산업이 탄생을 도왔던 두 가지 새롭고 역동적인 산업으로 이동했다.

그것은 기계 공학(공장 기계 생산에 의해 힘입었다)과 제약(염색 제조에서 성장했다)이었다. 이러한 변화는 오랫동안 긴밀한 연결을 통해 이루어졌다. 19세기에 섬유산업과 공장에 설치하는 섬유 기계 사이에는 탄탄한 관계가 형성되었다. 이런 유익한 관계는 20세기의 마지막 25년까지 지속되었다.

투자가 더 이상 충분하지 않을 때

이러한 긴밀한 연결 덕분에 이루어진 섬유 기계 분야의 기술발전은 섬유 생산성을 더 크게 높였고 공장 소유주들은 비싼 남자 노동자들을 더 값싼 여성으로 대체하거나 완전 자동화할 수 있었다. 아울러 생산이 더욱 자본집약적으로 바뀌면서 에너지가 더 많이 소비되었다. 1890년대부터 60년 동안 공장 당 평균 마력수는 200에서 800으로 증가했다―그리고 방직 공장의 노동력은 13,500명으로 30% 감소했다. 20세기 후반 더 효율적인 신세대 공정에 대한 재투자가 다시 필요해졌다. 자본비용의 추가 투자는 많은 소규모 방직 공장이 인수되거나 퇴출된다는 의미였다. 대기업은 더 쉽게 이런 변화를 헤쳐 나가면서 새로운 공장에 투자하고 생산량을 확대했다. 아직도 운영 중인 대부분의 기업들은 똑같은 공식―전문 장비 재투자, 생산량 증가와 단위비용 감소―을 신뢰한다.

추월당한 스위스

그러나 투자 총액은 증가하지 않았다. 외국 경쟁사들이 끊임없이 성장하면서 특히 신흥국가에서 매우 낮은 비용으로 생산할 수 있게

↑ 2008년 미국 대통령 취임식. 미셸 오바마는 포스터 로너(Forster Rohner)사의 섬유로 만든 옷을 입었다.

되었다. 신흥국들은 스위스나 다른 유럽국가에서 아직 사용할 수 있는 중고 기계를 들여와 충분한 설비를 갖추었다. 그들은 자본비용을 절약한 반면 노동비용은 스위스보다 훨씬 낮다.

예를 들어 파키스탄의 경우 평균 노동비용이 스위스의 50분의 1에 불과하다. 아울러 노동규제도 더 느슨하여 신흥국 기업들은 훨씬 더 오랫동안 기계를 가동할 수 있다. 예를 들어 대만의 섬유 공장은 일 년에 8,500시간 또는 1일당 23.3시간 가동할 수 있는 반면 스위스에서는 안전과 노동시간에 관한 규정이 더 엄격하여 대만보다 가동시간이 40% 더 적다.

대부분의 스위스 방직 기업과 섬유 생산 기업에게 경고 소리가 너무 늦게 울렸다. 1980년부터 1990년까지 생산량이 느리지만 꾸준히 감소하다가 급격히 하락하기 시작했다. 2000년 방직기업과 섬유 생산 기업들의 생산량은 10년 전보다 75% 감소했고 오늘날 섬유 분야는 산업 전체 고용자수의 2%도 차지하지 않는다. 간단히 말하면 스위스에서 섬유를 대량 생산하던 시대는 끝났다.

소수의 생존자들

대량생산이 종말을 고했지만 많은 틈새시장과 고부가 고급 섬유사업은 결코 끝나지 않았다. 그와 반대로, 특히 고급제품에 대한 놀라운 수요 증가와 고급 시장에 대한 높은 시장 장벽 덕분에 많은 기업이 번창하고 있다. 이 분야에서 가장 큰 성공을 거둔 많은 기업은 이전에 섬유기업이었지만 고급 패션 브랜드로 자리매김했거나 전문적인 산업 틈새시장에 진출한 회사들이다. 그 한 예는 취리히에 본사를 둔 실크 생산기업인 패브릭 프런트라인(Fabric Frontline)이다. 이 기업은 비비안 웨스트우드(Vivienne Westwood)와 같은 유명한 디자이너에게 제품을 공급한다.

장크트갈렌의 자수는 패션 브랜드 개발에 필요한 비옥한 토양을 제공했다. 이 자수는 유명 디자이너들의 패션업계와 긴밀한 관계를 맺고 있었다. 장크트갈렌의 자수는 파리와 로마의 최고 패션 의류점이 만드는 값비싼 고급 의류의 원재료이다—아르마니, 디올, 프라다, 웅가로, 지방시는 장크트갈렌 자수 회사의 고객들이다. 오래지 않아 이 회사들 중 일부는 스스로 패션의 창조자가 되었다—비쇼프 텍스타일, 크리스티앙 피슈바흐, 포스터 로너, 야콥 슐레퍼, 유니언, 필텍스 등이 그 예다. 2009년 1월 버락 오바마 미국 대통령 취임식 때 그의 아내 미셸 여사는 포스터 로너의 섬유로 만든 옷을 입었다. 그러나 아마 가장 유명한 패션 기업은 아크리스(Akris)일 것이다. 1922년 앨리스 크리엠러 슈크(Alice Kriemler-Schoch)가 설립한 이 회사는 지금은 그녀의 손자들인 알베르트와 페터가 운영하고 있다. 이 기업은 유명인사와 세계 곳곳의 주요 인사들이 주요 고객이다—전 미 국무부장관 콘돌리자 라이스, 모나코의 왕자 알베르와 약혼한 샤를린 위트스톡이 대표적인 고객이다.

란제리, 스포츠, 패션

↑ 높은 생산 비용 때문에 스위스 섬유제조회사들은 전문적인 틈새시장으로 진출하게 되었다. 란탈 텍스타일(구 란젠탈)은 상업용 항공기에 사용되는 안전하고 튼튼한 직물을 만든다.

란제리 분야의 경우, 막스 켈렌베르그(Max Kellenberg)와 한스 요아킴 파머스(Hans Joachim Palmers)가 1941년에 '깔리다(calida)' 브랜드를 설립했다. 한스 파머스는 오스트리아 섬유 제조 기업들을 소유한 파머스 가문의 자손이다. 깔리다는 1946년 니트 의류 기업인 주르제(Sursee)에 매각되었고 그 후 회사명이 다시 깔리다로 바뀌었다. 깔리다는 20세기 말 4년 동안 큰 손실을 겪는 등 확실히 힘든 시기를 겪고 있었지만 2003년에 반전에 성공했다. 2005년에는 프랑스 란제리 브랜드인 오바드(Aubade)를 인수했다. 이 그룹은 이 두 브랜드의 이미지를 바꾸는 데 성공했고 지금은 1,300명의 직원이 세계 곳곳에서 일한다. 스위스에도 훨씬 더 큰 란제리 제조 기업이 있다. 이 기업은 1886년 바덴-뷔템베르그 지역에서 설립되었으며 1902년 이후 트라이엄프(Triumph)로 알려졌다. 스위스의 바트추르차흐에 본사가 있다. 섬유산업에서 성장한 또 다른 선도적인 브랜드 기업으로 마무트(Mammut)가 있다. 이 기업은 아웃도어 스포츠 의류와 장비 분야에서 선도적인 세계적 공급업체 중 하나다. 그리고 스트렐슨 오브 스위츠랜드(Strellson of Switzerland)는 취리히에 소재한 코트 제조 기업으로 한때 어려움을 겪었지만 지금은 42개 국가에 고급 패션 의류를 판매한다. 포갈(Fogal)은 1923년 취리히에서 양말 상점으로 출발했지만 수십 년이 지나면서 국제적으로 존경받는 브랜드로 성장했다.

또한 이와 비슷한 변화에 성공한 순수 섬유 기업들도 있다. 그 중 하나인 란젠탈은 가구용 직물을 생산한다. 1950년경 이 기업의 최고 경영진은 국내 안락의자와 소파에 사용되는 포근하고 느슨한 덮개는 성공적인 장기 성장의 기초가 되지 못한다는 점을 깨달았다. 1886년 란젠탈을 설립한 사람의 후손인 빌리 바우만은 버스, 열차, 특히 항공기에 사용되는 고품질의 방염 섬유를 제고하는 사업에 진출하고자 결정했다. 1954년 이 회사는 최초의 고객─네덜란드 항공사인 KLM─과 계약을 맺었다. 오늘날의 회사명인 란탈 텍스타일은 대기업은 아니지만(직원은 약 400명, 매출액은 8천6백만 스위스프랑이다), 전 세계의 300개 이상의 항공사와 주요 항공기 제조회사, 좌석 제조회사를 고객으로 두고 있으며, 첨단 기술 섬유 분야를 선도하고 있다.

이와 같이 고도로 전문적인 섬유에 집중하는 전략은 다른 섬유회사들이 성공적으로 채택하고 있는 생존 방법이다. 이에 대한 좋은 사례는 세파르 그룹(Sefar Group)이다. 이 그룹의 뿌리는 취리히에서 가장 먼저 실크를 제조한 보드머(Bodmer)가문으로 거슬러 올라간다. 이 가문은 16세기에 피드먼트에서 이민 와서 취리히에 정착했다. 오늘날 세파르는 실크 스크린 인쇄 및 여과, 음향, 전자, 식품 제조, 의료, 제약, 다른 분야에 사용되는 고도의 전문적인 직물을 생산한다. 직원은 2,100명, 2010년 매출액은 3억 6천만 스위스프랑이었다.

섬유가 전체 산업 경제로 이어지다

스위스 섬유 산업의 운명은 다른 선진 산업 국가들이 직면한 것과 크게 다르지 않다. 근대 시기 섬유산업은 기본적으로 선구적인 산업으로서 오늘날 계속 번창하고 있는 다른 자본집약적, 기술 중심 산업의 토대를 놓았다. 방직회사와 직조회사들의 수요가 없었다면 스위스의 기계공학 기술은 그렇게 빨리 그리고 많이 발전하지 못했을 것이다. 섬유 회사들은 한층 더 치열해진 경쟁 시장에서 외국 경쟁사와 맞서기 위해 훨씬 더 효율적인 기계를 필요로 했다. 또한 강력한 스위스 제약 산업이 오늘날처럼 강한 것은 섬유처리 공정과 합성 염색에 대한 수요 덕분에 이런 공정과 화학약품을 제공하는 공급자들이 빠르게 발전할 수 있었기 때문이었다. 색을 합성하여 재생산하는 능력 덕분에 화학에 대한 지식과 다양한 색조와 강도를 생산하기 위한 구성성분의 수정 방법에 대한 지식이 크게 발전했다. 이것은 플라스틱, 제약, 공업 화학을 포함한 다른 많은 상업적 적용분야의 뿌리가 되었다.

시대를 이끈 산업

무엇보다도, 섬유는 무역을 촉발하는 데 도움이 되었다. 산업적 부의 집중과 국제적 무역관계 축적의 초기 사례로서, 르네상스 이래로 섬유 기업의 소유주들은 섬유제품을 포함한 모든 종류의 상품을 취급하는 스위스 무역기업의 재정 후원자이자 실행자였다.

그러나 근대 경제 형성에 중요한 역할을 했다는 사실이 섬유 기업의 생존을 보장하지 않는다. 섬유의 대량생산 경제는 제조 기업들이 훨씬 더 낮은 생산비용을 추구하게 만든다—그리고 스위스의 노동비용과 규제 비용은 전혀 낮지 않다. 돌이켜보면, 대부분의 선진 경제와 마찬가지로 스위스에서 기본적으로 저부가 가치 제품의 대량 생산이 사라진 것은 불가피한 일이었다. 대량생산 섬유를 대체한 고부가 가치 섬유 사업은 자본집약적이고 재투자 비율이 높으며 고급 브랜드 보호를 통해 수익을 창출한다. 고부가치 섬유사업이 앞으로 실패할 것이라는 어떠한 징후도 없다.

2011년 스위스 최대 섬유 회사

	1950	1970	1980	2000	2011
세파르 그룹(1830년)					
매출-백만 스위스프랑	na	na	177	295	350
고용자수-전체	na	na	1,150	1,500	2,100
고용자수-스위스 지역	na	na	900	800	830
깔리다(1941년)					
매출-백만 스위스프랑	na	na	na	200	213
고용자수-전체	na	na	na	1,330	1,340
고용자수-스위스 지역	na	na	na	520	390
란탈 텍스타일(1886년)					
매출-백만 스위스프랑	2	7	20	121	86
고용자수-전체	40	115	200	450	400
고용자수-스위스 지역	40	115	180	320	340

이 표는 지난 60년 동안 주요 스위스 섬유 및 의류회사의 매출액과 고용자수(총계와 스위스 지역)를 보여준다. 이 수치는 이용 가능한 자료들이다(자료를 이용할 수 없는 경우 na로 표시했다). 괄호 속 연도는 회사(또는 그 전신)의 설립연도를 나타낸다. 매출액과 고용자수는 반올림 또는 반내림한 수치이며 일부의 경우 연도별로 편차가 날 수 있다. 아크리스, 피셔바흐, 마무트와 같은 몇몇 주요 회사들은 어떤 수치도 발표하지 않는다.
출처: 〈포춘〉

주요 연혁

1800년 이전

1565	취리히 당국자들은 에반젤리스타 자니노가 뽕나무를 심고 실크제조 공장을 운영하도록 허가하다. 이 회사는 곧 베르드뮐러 형제에게 인수되다.
1721	장크트갈렌에서 페테 비옹이 최초로 면화 섬유에서 실을 상업적으로 생산하다.
1770	스위스는 면화 생산에서 유럽을 주도하고 이 산업에 10만 명이 종사하다.

1800-99년

1802	스위스 최초의 공장 하르트 방직 공장이 빈터투어에서 가동을 시작하다.
1830	실크 제조업자 하인리히 보드머의 지도로 피에르 앙뜨완느 뒤푸르가 탈(Thal)에서 훌륭한 천을 생산하기 시작하다. 오늘날 세파르 그룹의 전신.
1831	우스터의 화재: 취리히 오버란트 출신 가내수공업자들이 방직공장에 불을 지르다.
1847	카스파르 호네거가 (취리히주) 뢰티에서 직조 기계를 만드는 공장을 세우다.
1859	대표적인 방직 공장 소유주이자 '방직 기업의 왕'이라고 불리는 하인리히 쿤츠가 사망하다.
1862	카스파르 타너가 딘티콘에서 로프 공장을 시작하다. 마무트의 전신.
1866	루돌프 슈엘러가 자신의 이름을 딴 샤프하우젠에서 소모사 방직 공장을 세우도록 돕다.
1874	선도적인 면화 방직회사들이 원면 구매의 표준 조건에 합의하다—스위스 최초의 카르텔
1886	가구용 천 제조회사 란젠탈(지금의 란탈 텍스타일)이 설립되다.

1900-99년

1922	아크리스가 장크트갈렌에서 설립되다.
1923	레온 포갈이 취리히 리마트카이에서 첫 양말 상점을 열다.
1941	'깔리다' 브랜드가 출시되다.
1984	'스트렐슨' 브랜드가 출시되다.

2000년 이후

2009	필립 게이둘이 포갈의 양말 패션 체인을 인수하다.

7장 작은 기적들: 놀라운 의료기술

—스위스의 거대 기업은 보통 눈에 잘 띄는 기업—예를 들어 네슬레, 로슈, 크레디트 스위스—으로 전 세계 사람들에게 익숙하다. 호텔 그룹 리츠(Ritz)와 같은 스위스 회사는 한 가지 이상의 언어권에서 탁월함을 의미하는 동의어가 되었다. 하지만 세계를 제패하는 많은 기업들이 심지어 스위스 일반 대중에게도 사실상 눈에 잘 띄지 않은 채 큰 성공을 거두고 있는 분야들도 있다. 그 중 가장 놀라운 분야는 의료기술이다. 소노바(Sonova)나 신세스(Synthes)와 같은 이름을 아는 사람이 거의 없지만 이 기업들은 그들이 경쟁하는 산업 분야를 지배해왔다.

스위스에는 약 740개의 의료기술 제조 기업이 있다. 치과 연구소, 도매업, 마케팅과 같은 관련 활동을 포함한다면 그 수는 3,700개가 넘는다. 의료기술 제조 기업은 스위스 전역에 퍼져 있지만 특히 베른, 졸로투른, 티치노, 취리히 근교에 분포한다. 이들 중 대부분은 소규모이며 틈새시장을 점유하거나 전문화된 부품을 공급한다. 다른 회사들은 틈새시장 기업 또는 공급자로 출발했지만 급격히 성장했다. 소노바, 테칸(Tecan), 슈나이더와 같은 기업은 차고에서 시작한 기업이 어떻게 시장의 강자로 성장했는지 보여준다.

스위스의 의료기술

스위스 산업 역사는 19세기로 거슬러 올라가지만 이 분야는 지난 수십 년 동안 첨단기술이 점차 의료 행위에서 중요한 역할을 수행하면서 실제적인 성장이 이루어졌다. 〈2010년 스위스 의료기술 산업 보고서〉에 따르면, 스위스에서 이 산업은 2010년 10%, 2011년 12% 각각 성장하고 부가가치는 국내총생산의 2%를 차지할 것으로 예상된다. 2010년 스위스에서 약 4만 9천 명이 이 산업에 종사했다—전체 노동인구의 1.4%다. 의료기술 분야는 매우 큰 비중을 차지하는 분야다. 스위스의 총 경제규모는 유럽연합 경제규모의 약 3%에 불과하다. 유럽 전체의 의료기술 산업 일자리 10개 중 1개가 스위스에 있다.

    이러한 탁월한 성과를 설명하는 한 요인은 스위스에 의료 기술로 바뀔 수 있는 전문 기술이 이미 존재했다는 것이다—명백한 사례는 스위스 시계 산업 기술인데, 시계 산업은 정밀 제조 및 소형화를 강조한다. 그래서 1950년대 스위스 정형외과 의사들이 전통적인 깁스를 사용하지 않고 골절을 치료할 수 있는 임플란트 구조물 공급자를 찾을 때 그들은 발덴부르크의 엔지니어이자 시계기술자인 라인하르트 스트라우만(Reinhard Straumann)에게 도움을 요청했다. 라인하르트는 기차 안에서 사업을 시작해 결국 그의 회사는 정형외과 의료제품의 선도적인 공급자가 되었다.

    의료기술 사업의 매우 급격한 성장과 성공 이면에는 많은 다른 내적 요인들이 있다. 그중 하나는 스위스인들의, 특히 이론 과학자와 응용 과학자, 엔지니어, 과학적인 사고방식을 지닌 사업가들의 공동작업 능력이다. 또 다른 요인은 스위스 제약 기업들이 20세기 초에 이미 성취한 탁월함이다. 즉 의료기술 공동사업을 투자와 성장을 위한 자연스러운 통로로 만든 것이다(제약 회사들은 탄탄한 의료기술 기업을 소유하고 있다. 이 중 최대 기업은 로슈의 진단사업부다).

그러나 무엇보다도 의료기술 산업의 이야기는 비전을 품고 자신의 발명품이나 다른 사람의 혁신을 수익을 창출하는 사업으로 바꾸려고 노력한 개인들—연구자, 과학자, 사업가(때로 한 사람이 이런 세 가지 능력을 함께 갖고 있다)—의 이야기다.

의료 기술

의료 기술의 성장은 근대에 본격적으로 시작되었다—그러나 실은 그 뿌리는 오래전부터 있었다. 의학 역사에서 위대한 전환점 중 하나가 약 천 년 전에 발생했다. 1163년 투르공의회 이후 가톨릭교회는 성직자의 모든 수술 행위를 금지했다. 이때부터 신체 치료와 영적 치료가 구분되었고 의약품과 의료행위는 기능공의 영역이 되었다. 이것은 외과 의사들이 수술을 할때 필요한 도구의 제작이 장인의 일이 되었다는 뜻이었다. 이 일은 스위스의 고도로 숙련된 장인이 잘 할 수 있는 것이었다.

스위스 의료 기술의 상업적 시작은 적어도 4세기로 거슬러 올라간다. 이때부터 외과 의사들은 칼 제작자들과 협력하여 외과 수술 도구를 만들었다. 그런 외과 의사 중 한 사람인 빌헬름 파브리(Wilhelm Fabry)는 베른과 보(Vaud)에서 일했는데 1595년 환자의 눈에 생긴 종양을 수술하는 도구를 고안했다. 그는 두개골 모양에 맞게 납으로 거푸집을 만든 다음 칼 제작자에게 도구를 다듬게 했다. 또 다른 개척자는 역시 보 출신인 장 앙드레 브넬(Jean-Andre Venel)인데 몽펠리에서 수술과 의약품을 공부하고 파리에서 더 완벽한 지식을 쌓았다. 스위스와 해외에서 근무한 후 1780년 보주의 한 도시인 오르베(Orbe)에 세계 최초의 정형외과 진료소를 열었다. 브넬의 환자는 척주만곡이나 내반족이 있는 아이들이었는데 이를 치료하기 위해 코르셋과 다리 죔쇠를 만들었다.

공예 기술에서 과학으로

공교롭게도, 브넬은 프랑스 장인들에게서 필요한 기술을 찾았지만 다른 방향에서도 지식 이전이 이루어졌다—또 다른 스위스인의 예로, 조셉 샤리에르(Charriére, Joseph-Frédéric-Benoît)는 1820년 칼 장인에게 도제 교육을 받기 위해 프랑스로 이주했다가 그곳에서 수술 도구와 기구 제작 기업을 설립했다. 샤리에르는 기존 도구를 개량하거나 새로운 도구를 발명하는 특별한 재능을 갖고 있었다. 그가 만든 도구는 복잡한 메커니즘과 소재의 특성 면에서 특별했다. 20년이 못 되어 '메종 샤리에르(Maison Charriére)'라는 이름이 전문가들 사이에게 탁월함의 대명사가 되었고, 그가 죽을 무렵 샤리에르의 의료 도구는 세계적으로 유명하게 되었다(그의 이름은 지금도 비뇨기과 검사 도구의 직경 치수 단위로 사용된다).

19세기에 들어서 비로소 의료기술이 산업적, 기술적 혁명에 힘입어 공예 기술에서 과학적인 산업으로 나아가기 시작했다. 그런 활동의 중심지는 베른이었다. 노벨상 수상자 테오도어 코허(Theodor Kocher)는 그곳의 외과 교수였는데 1872년 인젤 병원의 외과진료 책임자로 임명되었다. 코허가 발명한 많은 도구들 중에 지금도 그의 이름을 따라 부르는 동맥 클립이 있다—잠글 수 있는 한 쌍의 겸자로 끝부분에는 대각선 방향으로 홈이 있는 턱과 톱니 모양의 이빨이 있다. 코허는 의료 도구를 생산하기 위해 재능 있는 기술자들과 협력했다. 1882년 코허의 클립은 베른의 기구 제작자 게오르그 고틀롭 클뢰퍼(Georg Gottlob Klöpfer)가 제조했고 1895년부터는 모리스 쉐러(Maurice Schaerer)가 설립한 기업이 '코허를 따라서'라는 슬로건을 내걸고 많은 의료 도구를 시장에 내놓았다.

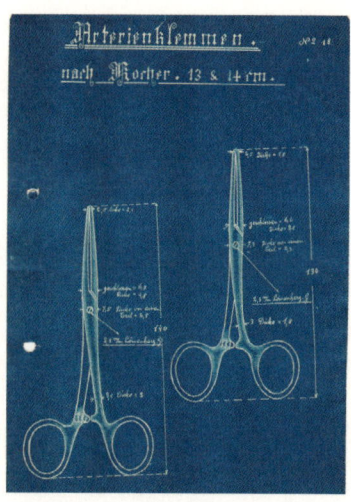

↖ 소독약, 외과수술과 감염 관련 분야의 개척자 테오도어 코허는 1909년 노벨의학상을 수상했다.

↑ 1914년 테오도어 코허가 설계한 동맥 겸자.

유럽 기술 중심지로 부상한 베른

쉐러사가 생산한 제품의 범위는 공방에서 산업 활동으로의 급격한 변화를 말해준다. 수술에 관한 코허의 중요한 저작 5판이 1907년 출간되었을 때 그 당시 로잔과 브뤼셀에 지사를 두었던 쉐러사는 자사의 기술 게시판에 코허의 전체 의료기구 목록을 실었다. 지속적으로 혁신을 추구하던 이 회사는 코허의 조수이자 나중에 후계자가 된 프리츠

드쿼르벵(Fritz de Quervain)의 개량된 수술대 개발을 지원하고 이 혁신을 브뤼셀에서 개최된 제1회 국제외과학술회의에서 발표했다. 드쿼르벵은 쉐러사를 설득해 병원용 살균 장비를 만들었는데 이 회사에서 두 번째로 중요한 사업 영역으로 발전했다. 이 회사는 오늘날에도 쉐러 메디칼이라는 이름으로 존속하며 수술대와 다른 전문 의료 기구를 생산하여 90개국에 수출하는 선도적인 기업이다.

  20세기의 전환기에 코허가 일으킨 불꽃 덕분에 베른은 의료기술의 온상이 되었다. 이 시기에 등장한 중요한 인물은 내과 교수인 헤르만 잘리(Hermann Sahli)였다. 그는 1888-1929년까지 인젤 병원의 진료 책임자였다. 잘리는 맥박을 분석하고 혈압을 측정하는 새로운 기구를 개발했다. 또한 베른의 기업 호츠(C. Hotz)가 1886년부터 생산해 온 헤모글로빈 분석용 혈색소계를 개량했다. 1930년 4만 대의 잘리 혈색소계가 전 세계에서 사용되었고 1960년에는 이 기구가 없는 일반병원을 거의 찾아보기 어려웠다.

쏟아진 발명품

베른은 또한 안과 분야에서 가장 앞서 있었다. 안과 교수이자 1876-1903년까지 인젤 병원 안과 진료 책임자였던 에른스트 플뤼거(Ernst Pflüger)는 헤르만 & 피스터(Hermann & Pfister)의 기계 공방의 공동 소유주였던 동서와의 관계를 활용하여 시력을 검사하는 기구를 만드는 기업을 설립했다. 1889년 안경 제조기업 뷰키(Buchi) 출신의 한 견습생이 헤르만 & 피스터에 합류했다. 그의 이름은 알프레드 스트레이트(Alfred Streit)였다. 뛰어난 발명가였던 그는 1906년 전기를 이용하여 각막을 환히 비추어 각막굴절과 굴절률을 측정할 수 있는 개량된 각막계를 만들어 국제적인 주목을 받았다. 1913년 헤르만 & 피스터는 약 1,000대의 각막계를 판매했다―그 당시에 이렇게 복잡한 도구의 판매량치고는 상당히 많은 것이었다. 1차 세계대전 이후 이 회사는 스트레이트의 사위인 빌헬름 해그(Wilhelm Haag)에 인수되고 회사명을 해그-스트레이트로 바꾼 뒤 더 혁신적인 제품을 시장에 내놓았다. 의학계는 특히 가시범위를 측정하는 세극등 현미경과 안압을 측정하는 안압계를 만든 해그에게 감사한다.

    이런 예들은 20세기 초반 십여 년 동안 의료기술 분야가 얼마나 확장되었는지를 보여준다. 이것은 산업혁명이 기술혁명으로 발전하면서 의료의 전문화와 소재와 제조 기술의 정교화가 더욱 진행된 덕분이었다. 스위스에서 이런 발전이 이루어지게 된 몇 가지 요인들이 있다. 첫째, 코허와 같은 소수 권위자들의 탐구정신이 있었다. 코허는 19세기 후반 근대 의학(특히 외과) 발전에 의해 제기되었던 기술적 문제에 전혀 구애받지 않았던 전문기술자 계층을 대표했다―사실, 그들은 기술적 해결책을 항상 찾을 수 있다고 생각했다. 둘째, 스위스인에게는 엔지니어링 분야에 타고난 재능이 있었다. 특히 소형 장치나 상당한 정밀성과 세밀함이 요구되는 분야에서 그랬다. 셋째, 노련한 발명가들의 과감한 결단과 기업가적 정신이 있었다. 그들은 이런 아이디어를 제품으로 바꾸었다. 하지만 이러한 혁신적인 정신이 모두 실제 대기업이 된 것이 아니었다. 시장은 너무 나뉘어져 있었고 제품 역시 너무 전문적인 것이었다. 발전 단계와 시장의 규모 때문에 먼저 일정한 임계치를 넘어선 뒤에야 대기업이 등장할 수 있었다. 2차 세계대전이 지난 후에 이런 조건이 충족되었다. 생활수준이 향상되면서 국민총생산액에서 보건에 소비되는 비중이 유례없이 증가했고, 소재와 소형화 분야의 새로운 발전을 통해 완전히 새로운 차원의 상업적 기회가 제공되었다.

이 기회를 포착한 취리히의 한 회사는 그 이후 보청기 시장 분야에서 세계적 선두주자가 되었다. 일렉트로아우쿠스티크(AG fur Elektroakustik)는 1940년대 취리히에서 스위스인, 벨기에인, 프랑스인이 공동 파트너로 시작했다. 그들이 처음 내놓은 보청기는 '투리쿰'이라는 브랜드명으로 팔렸다(로마제국 시대에 취리히의 지명이었다). 이 기구는 기술적으로 경쟁력이 있었지만 사업은 천천히 발전했다. 이 회사는 유일한 보청기 생산기업이 아니었다—1950년대 후반 스위스에는 6개의 보청기 브랜드가 있었고, 독일과 덴마크에는 그 두 배의 회사가 있었다. 영국에는 20개 이상의 보청기 회사가 있었다. 일렉트로아우쿠스티크를 포함한 이런 회사들은 근본적인 기술적 문제에 봉착했다. 즉 배터리로 가동되는 밸브 증폭기의 부피와 무게였다. 보청기 이용자들은 보청기를 귀에 걸거나 가슴에 위치한 주머니에 넣어야 했다.

획기적인 변화를 일으킨 트랜지스터

1950년대 초 트랜지스터가 개발되면서 획기적인 변화가 일어났다. 일렉트로아우쿠스티크는 밸브를 트랜지스터로 대체할 수 있을뿐더러 아주 작고 가벼워서 트랜지스터와 전기 공급 장치를 안경테에 장착할 수 있다는 사실을 알았다. 다음 아이디어는 스피커를 안경에 장착하는 대신 진동소자를 설치해 증폭된 소리를 뼈를 통해 귀로 전달하는 것이었다. 이런 아이디어들은 좋았다—그러나 실제 결과는 그렇지 못했다. 귀 뒤에 장착된 보청기는 거대한 바나나처럼 보였고 모듈 시스템은 계속적으로 대량생산에 실패했다. 아울러 플라스틱 부품들이 자주 망가졌다. 1960년대 초 이 회사의 이사들은 할 만큼 했다고 판단했다. 그들은 제조를 중단하기로 결정하고 부품 공급자들을 상대로 소송을 제기했다. 이 회사에 남은 것이라곤 상점 하나뿐이었다. 일렉트로아우쿠스티크의 주식은 에른스트 리히스(Ernst Rihs)에 무상으로 제공되었다. 그는 이사회로부터 소송사건을 계속 진행한 다음 회사를 청산하라는 지시를 받았다. 그러나 리히스는 제품을 신뢰했다—그의 자부심은 상처를 받았다. 그는 안경형 보청기라는 아이디어가 좋을뿐더러 그것을 생산할 수 있다는 것을 세상에 보여주고 싶었다. 리히스는 회사의 모든 지분을 매입했다. 바로 그때 운 좋게도 베다 디텔름(Beda Diethelm)이 그의 방문을 두드렸다.

    디텔름은 경쟁자인 보머(Bommer)와 함께 보청기 설계자와 기술자로서 고위직급으로 일했다. 그러나 그는 사장과 사이가 틀어져 독자적인 보청기 회사를 설립했다. 그 뒤 그는 2년 동안 다양한 새로운 기기를 개발했지만 그것을 생산할 돈이 부족했다. 그는 일렉트로아우쿠스티크를 청산하기 위해 남아 있는 주식을 매각할 계획이라는 소문을 들은 뒤 리히스를 방문했다. 합의는 신속하게 이루어졌다. 리히스는 디텔름이 새로 고안한 제품을 생산하지 말고 기존 부품을 이용해 새로운 디자인의 안경형 보청기를 만들자고 설득했다. 디텔름은 혼신을 다해 일했고 에른스트 리히스의 아들 앤디가 기업에 합류하는 것을 환영했다. 새로 설계한 보청기용 안경에

'비사톤(Visaton)'이라는 이름을 붙였다. '공장'은 취리히의 피카딜리 시네마 위 허름한 아파트에 지나지 않았지만, 가벼운 플라스틱 부품을 사용하여 기능에 문제가 없는 안경형 보청기를 생산할 수 있다는 것을 보여주기에 충분했다—이것은 또한 회사가 플라스틱 부품을 공급받는 업체를 상대로 낸 소송에서 승소하는 데 도움이 되었다.

대기업들과 대결하다

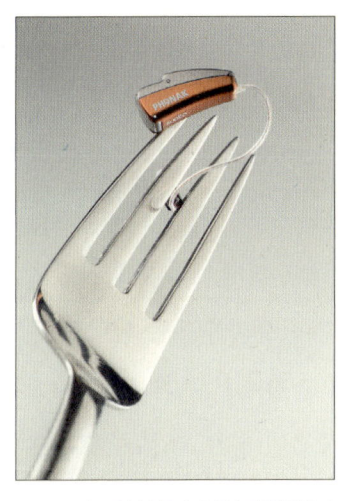

↑ 포낙 보청기. 스위스의 정밀성과 소형제품 공학기술은 시계 산업에서 시작되었고 그 후 보청기와 같은 다른 분야로 확산되었다.

비사톤을 이어 1960년대 말 포넷(Phonet)이라는 이름으로 통합 교환시스템을 갖춘 귀걸이형 보청기가 나왔다. 이 전자기기는 소리 수신 신호의 강도에 따라 증폭을 조절할 수 있는데 그 당시로서는 완전히 새로운 것이었다. 이런 혁신 이전에는 보청기 소리는 특정한 데시벨 수준으로 맞춰져 있었다. 그래서 시끄러운 야외 환경에서는 소리가 너무 낮고 보다 조용한 실내 환경에서는 너무 컸다. 이러한 소리 조절 기능이 인기를 얻으면서 사업이 점차 성장하기 시작했다. 이 회사는 프랑스, 독일, 미국, 일본으로 제품을 수출하기 시작했다. 지멘스, 필립스와 같은 거대 기업과 경쟁할 수 있는 획기적인 돌파구는 1970년대 초 심각하게 청력이 손상당한 아이들을 위한 제품인 슈퍼프런트(Superfront)을 통해 마련되었다. 난청 아동들이 일반 학교에 다닐 수 있도록 교사의 말이 무선으로 소형 FM 수신기에 전달된 다음

이 수신기에서 케이블을 통해 보청기에 소리가 전달된다. 슈퍼프런트는 베스트셀러가 되었고 회사—일렉트로아우쿠스티크가 너무 구식 같다고 생각했다—는 회사명을 포낙으로 바꾸었다.

보청기의 디지털 혁명

디지털 오디오 기술의 등장은 이 사업을 극적으로 바꾸었다. 보청기를 개인의 특별한 청각장애 상태에 따라 맞춤식으로 제작할 수 있게 되었다. 일반적으로, 나이가 많은 사람들은 고주파 신호를 듣는 능력이 떨어진다. 그래서 새로운 보청기는 고주파 신호를 증폭하도록 프로그램할 수 있다. 포낙은 처음에는 이 분야를 주도하지 못했지만 곧 프로그램이 가능한 디지털 보청기 제품을 만들어 경쟁자들을 능가할 수 있었다. 이 제품은 다양한 환경에 맞추어 증폭 주파수대를 선택할 수 있었다. 이런 기능은 예를 들어 파티장이나 술집에서 주변 소음을 걸러내는데 어려움을 겪는 노인들에게 특히 중요했다. 또 다른 새로운 발전은 임플란트였다. 포낙은 이를 전담할 자회사를 로잔에 설립했다.

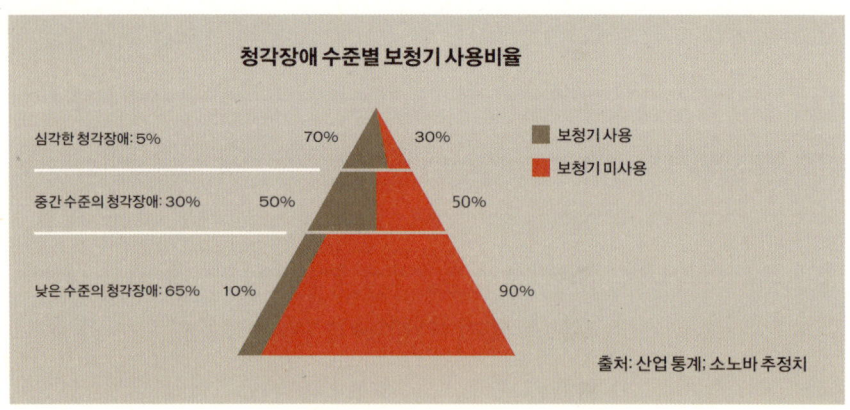

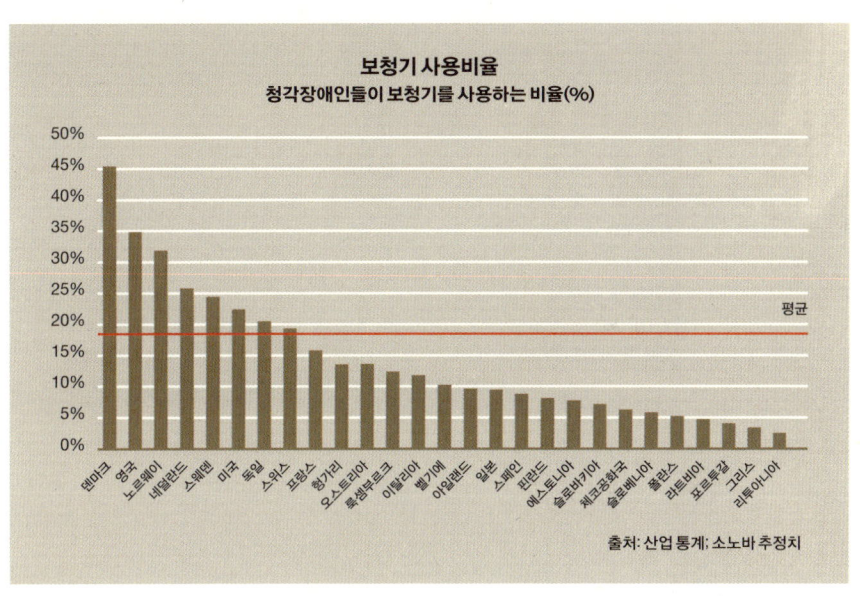

　　이러한 발전과 함께 소형화에 큰 변화가 일어났다. 포낙은 스위스 시계 산업에 전문기술, 특히 소형 DC 모터 기술을 요청했다. 많은 사람들이 보청기를 착용할 때 남의 시선을 의식한다. 그래서 보청기를 귀 뒤로 조심스럽게 감추는 능력이 마케팅에서 결정적으로 유리한 요소가 되었다. 포낙은 세계 인구의 20%가 자신의 청각 장애를 알지 못하거나 그것을 인정하지 않으려 하기 때문에 교정하지 못한 채로 있다고 추정한다.

　　1990년대 초 포낙은 추가적인 성장에 필요한 재원을 마련하고 이미 제기된 승계 문제를 해결하기 위해 주식시장 상장을 준비했다. 포낙의 승계 결정 문제는 세 가문―앤디 리히스 가문, 그의 형제 한스 우엘리 리히스 가문, 베다 디텔름 가문―이 관련되어 있어서 쉽지 않았다.

⁑ 1995년 포낙(Ponak AG) 경영위원회

1994년의 주식 시장 상장은 성공적이었다. 그 이후 기업의 역사는 그만큼 성공적이지 않았다. 외부에 영입한 첫 최고경영자인 페터 플루거(Peter Pfluger)는 수십 년 간 이어온 개방적인 회사 문화와 맞지 않았다. 그 결과 이 회사 상황이 그다지 나쁘지 않았지만 제품 개발이 기대에 미치지 못했고 우수한 사람들이 많이 회사를 떠났다. 결국 포낙은 이완된 회사 분위기에 활기를 불어넣을 후보자로 지멘스의 보청기 사업부를 운영한 경험이 있는 발렌틴 샤페로*(Valentin Charpero)를 찾았다. 샤페로의 지휘 아래 회사 상황이 다시 좋아지고

[*] 2011년 3월 16일 수익 경고가 나타나기 전까지 소노바의 경영책임자들은 소노바 주식과 옵션거래를 위한 시의적절한 내부 보도정지 기간을 설정하지 못했다. 이 사건의 결과와 그것이 회사에 미친 결과로 인해 최고경영자 발렌틴 샤페로, 최고재무책임자 올리버 워커가 2011년 3월 30일 사임했다. 루카스 브라운슈바일러(Lukas Braunschweiler)가 2011년 11월 1일자로 소노바 최고경영자로 임명되었다. 이 과도기 동안 알렉산더 초케(소노바 소매 기업의 수장)가 임시 최고경영자로 일했다.

획기적인 제품들을 출시하면서 중국과 베트남에 생산 공장을 세웠다.

외관은 소리만큼 중요하다

오늘날 이 기업—2007년 지주회사명을 소노바(Sonova)로 바꾸었다—은 세계 최대 보청기 생산기업으로서 시장점유율이 25% 이상이며 2011/2012년 매출액은 16억 2천만 스위스프랑이다. 1980년 소노바의 매출액은 약 2천만 스위스프랑이었으며 2010년까지 매년 20.5%라는 엄청난 성장률을 기록했다. 이에 비해 세계 인구(잠재 고객수를 추정하는 대략적인 대리지표)는 같은 기간 매년 1.4% 성장했다. 포낙은 몇몇 분야에서 동종 기업(지멘스, 오티콘)보다 앞선다. 하나는 '전달'기술로, 한쪽 귀의 청력을 완전히 상실한 사람들을 위한 시스템이다. 이 시스템을 적용한 보청기는 청력을 상실한 귀로 들어오는 소리를 포착하여 다른 쪽 귀로 전달한다. 경쟁사들이 선을 사용하여 이 기술을 구현하지만 포낙은 시장에서 유일하게 무선 전달기술을 적용한다. 포낙이 선도하는 또 다른 분야는 방수 보청기다—포낙은 최대 3개월 동안 귀 속에 착용할 수 있는 모델을 선보였다. 소노바의 현재 포트폴리오에는 무선 통신과 무선 기술뿐만 아니라 청각 시스템과 임플란트 솔루션이 포함된다. 인구학적 변화와 현대의 '소음이 많은' 생활방식 때문에 청각 장애를 겪는 사람이 늘고 있지만 청각 장애에 대한 어떤 선입견이 여전히 존재한다. 그래서 보청기의 외관과 느낌이 기술적 완벽함만큼이나 중요해지고 있다. 이런 요소를 모두 통합하는 것이 소노바 전략의 핵심이다. 포낙은 스와치에서 힌트를 얻어 패션을 중시하는 사람들을 위해 다양한 색상과 소재(예를 들어 크롬)를 사용하여 보청기를 만든다. 지금까지 보청기 디자인의 주요 목표는 기기를 보이지 않게 만드는 것이었다. 포낙은 게임의 판도를 바꾸고 있다.

소노바는 전 세계에 8천 명 이상의 직원을 두고 있지만 아직도 기본적으로 스위스 기업이다. 거의 모든 연구 및 개발, 마케팅 조직이 스위스에 있고, 부품의 상당량을 스위스에서 제조한다.

아이디어와 강한 신념

소노바 이야기는 이 분야 스위스 기술 회사들의 역사를 전형적으로 보여준다—이 회사들은 흔히 한 사람의 아이디어와 강한 신념으로 시작했을 뿐 그밖에는 별다른 것이 없었다. 그러나 스위스 기업 역사에서 크게 부각되는 또 다른 주제가 있다. 그것은 협력의 중요성이다. 많은 스위스 기업이 선천적인 또는 후천적인 뼈와 근육 손상의 원인 규명, 검사, 예방, 치료를 담당하는 정형외과 분야에서 오랫동안 사업 활동을 벌였는데, 이 중 많은 기업이 일련의 중요한 협력을 통해 설립되었다.

스위스 기술 회사들이 정형외과 기술에 참여하게 된 것은 1950년대 말부터다. 스위스 외과의사와 정형외과 의사 그룹은 석고를 이용한 골절 치료 대신 임플란트를 통해 치료해야 한다고 확신하게 되었다. 1958년 다보스에서 그들은 AO로 알려지게 된 비공식 연구그룹을 창립했는데, 정형외과 문제를 다루는 과학자와 외과 의사들이 모이는 일종의 클럽이었다. AO는 스위스 정형외과 역사의 이정표가 되었다. 이 모임의 이사회는 170명 이상의 전 세계의 유명한 트라우마 외과의사로 구성된다. 전 세계의 외과 의사들이 다보스에 모여 외과 의료도구와 임플란트 분야의 새로운 발전에 관한 토론회에 참여한다. AO은 지금도 외과의사들에게 최신 정보를 제공하며, 새로운 기술과 임플란트의 임상적 성공에 관한 권위 있는 기관이다.

시계제조공의 기술

외과 의사인 모리스 뮐러(Maurice Müller)는 정형외과 수술에 필요한 다양한 도구를 생산할 수 있는 기업을 찾던 중 1958년 베틀라치에서 우연히 로마(RoMa)라는 엔지니어링 기업을 만났다. 이 기업의 소유주인 37세의 로베르트 마티스(Robert Mathys)는 즉시 스테인리스 스틸을 이용하여 임플란트와 도구를 제조하는 데 자신의 노하우를 활용할 기회가 왔다고 생각했다. AO 역시 라인하르트 스트라우만이 1954년에 설립한 연구소에 정형외과 재료들에 대해 여러 문제를 제기했다. 스트라우만의 회사는 부식되지 않는 합금을 전문적으로 취급했다. 마티스와 함께 그는 두 번째 정형외과 제품 공급자가 되었다.

스트라우만은 1920년 스위스 시계제조 산업에

↗ 모리스 에드먼트 뮐러, 혁신적인 정형외과 기술을 개척한 스위스인.

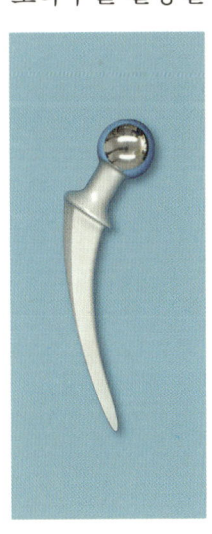

← 1966년 뮐러가 만든 최초의 보철 소켓

필요한 새로운 합금 개발 연구를 시작했다. 이 합금들은 나중에 롤렉스, IWC와 같은 유명 기업이 생산한 시계에 사용되었고, 특히 새로운 스프링 형태를 개발하는 데 중요했다. 그 뒤 스트라우만은 스키 점프 장비용 합금 생산을 비롯한 여러 적용 방법을 시도했다. 1960년에 이르러 비로소 그의 아들 프리츠 스트라우만이 합금들을 몸속 뼈 고정용으로 사용하기 시작했다. 그는 1974년 최초로 치과용 임플란트를 생산하여 베른 대학에서 임상시험을 성공적으로 마쳤다. 1990년 프리츠가 사망하자 그의 아버지가 약 40년 전에 설립한 회사에 큰 변화가 생겼다. 그 당시 스트라우만 가문은 경영자 매수 방식으로 회사를 매각하기로 결정했다.

치료 과정

그러나 토마스 스트라우만(프리츠 스트라우만의 아들)은 이 회사의

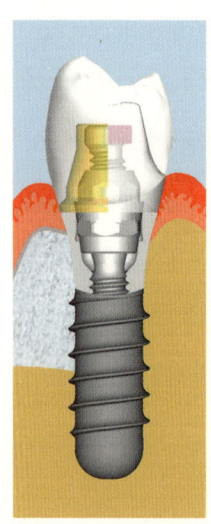

↑ 스트라우만 치과용 임플란트 도면

작지만 전도유망한 치과 임플란트 사업을 포기하는 대신 이 사업부의 두 번째 경영자 매수를 주도했다. 스트라우만이라는 회사명을 사용하던 기업은 인스티튜트 스트라우만으로 바뀌었다. 그 당시 20대 중반이었던 젊은 스트라우만의 지휘 아래 회사는 치과용 임플란트 시스템 전문 생산에 다시 집중했다. 스트라우만은 치과용 임플란트 시술의 주요 문제점―즉 장기간 치료와 뼈가 임플란트와 유착되는 데 필요한 회복기간―해결에 착수했다.

경쟁사들의 임플란트 시스템을 사용할 경우 24주라는 긴 시간이 걸렸다. 1990년 중반, 스트라우만은 회복기간을 12주로 줄였다. 그 다음 1997년 SLA 임플란트 시스템 출시로 새로운 전기를 달성했다. SLA—모래분사(sandblasted), 굵은 모래(large grits), 산 부식(acid-etched)의 약자—는 임플란트와 뼈의 유착 시간을 단 6-8주로 줄였고, 그로 인해 이 회사는 그 당시 치과용 임플란트 기술의 선두주자가 되었다.

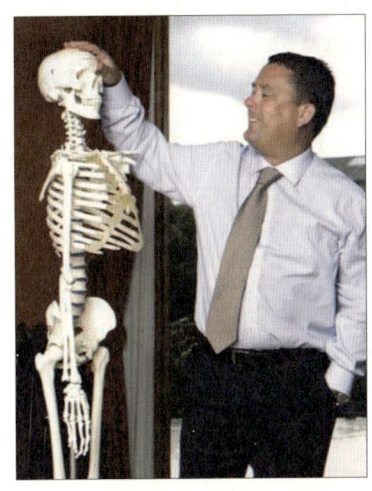

↑ 토마스 스트라우만. 스트라우만 기업은 새로운 고수익 치과용 임플란트 분야를 선도한다. 그는 기업을 성숙했지만 기업가로서의 능력을 증명했다.

바젤에 본사를 둔 이 회사는 오랫동안 사업 확장 노력을 펼쳐왔다. 이런 노력의 일환으로 1998년 기업을 공개하여 스위스 주식거래소에 주식을 상장했다. 2000년대 초 스트라우만은 또 다른 잠재 시장을 찾아냈다. 그것은 치주염이나 다른 질환으로 상실된 부드러운 조직과 단단한 조직의 재생에 사용할 수 있는 바이오소재다. 뼈 지지 구조물 재건은 성공적인 임플란트 시술에 필수적인 요소였다.

오늘날 스트라우만은 80%라는 엄청난 수익을 올리며—높은 스위스 임금과 강한 통화라는 불리한 조건에도 불구하고—20% 이상의 자기자본수익률을 꾸준히 달성하고 있다. 1998년 기업 공개 이후 매출액이 매년 17% 증가했다. (1998년 매출액은 1억 1천만 스위스프랑, 2010년은 7억 3천 8백만 스위스프랑이었다). 의료기술 분야에서 이러한 실적은 오로지 탁월한 혁신을 통해서만 이룰 수 있다.

치과용 임플란트 시장전망은 매우 놀랍다. 선진국의 노령인구가 상당히 증가할 것이다.* 다른 한편으로 브라질, 인도, 중국과 같은 새로운 시장이 이제 막 치아 치료를 고려하기 시작했고 점차 치료비 지불 능력도 나아질 것이다.

찬리(Charnley) 혁명

스트라우만 회사가 처음 의료기술 분야에 진입했던 그 무렵 정형외과 제품 분야에 또 다른 혁신이 나타났다. 영국 외과의사 존 찬리(John Charnley)가 근대적인 고관절 대체물을 개발한 것이다. 그는 스테인리스 스틸과 폴리에틸렌을 이용하여 신세대 보철 관절을 발명했다. 1959년 그는 고관절 대체물을 고정하기 위한 뼈시멘트를 사용했다—이 획기적인 시도로 그는 작위를 수여받았다. 1962년 모리스 밀러와 장크트갈렌 병원에서 근무하는 그의 동료 베른하르트 베버(Bernhard Weber)는 찬리의 객원 외과의사로서 자격을 얻었고 그의 수술 기법에서 영감을 받았다. 그 뒤 그들은 배운 것을 시술하면서 마티스(Mathys)사를 세워 체계적으로 의료 도구를 개발했다. 마티스사는 비교적 소규모여서 추가로 동업자를 찾는 중 베버와 밀러는 빈터투어의 대형 엔지니어링 기업인 슐처(Sulzer)를 방문했고, 최종적으로 고관절 대체물은 슐처 고관절로 알려지게 되었다.

[*] 미국의 인구는 노령화되고 있으며 그에 따라 치아 상실 환자가 많아졌다. 치료를 받은 환자들은 유지 작업이 필요할 가능성이 더 많다(전통적인 치료법으로 치료한 사람들은 대부분 그렇다). 대부분의 사람들은 일생 동안 한 개 이상의 치아를 상실하고 그 때마다 치료과정을 다시 받는다. 미국 인구의 45-55%가 치아를 상실한다. 치료를 받은 사람들 중 15-20%가 임플란트 치료를 받는다.

정형외과 붐

뮐러는 뛰어난 외과의사일뿐 아니라 훌륭한 사업가이도 했다. 1965년 그는 프로텍(Protek) 재단을 세워 고관절 대체물 개발을 추진했다. 2년 뒤 그는 슐처와 마티스가 생산한 임플란트를 최대한 효과적으로 판매하기 위해 프로텍을 기업으로 출범시켰다. 그러는 동안 그의 동료 베버는 독자적인 길을 걸어 1968년 (추크주에 있는) 캄(Cham)에 알로프로(Allopro)를 설립했다. 이 회사는 나중에 최초로 시멘트를 사용하지 않고 티타늄 합금으로 만든 샤프트가 있는 인공관절—그로 인해 알레르기 반응 위험이 줄었다—을 발명하는데 중요한 역할을 했다.

이러한 선구적인 붐은 1960년대와 1970년대 정형외과의 급속한 발전을 반영했다. 1970년 의료기술은 슐처 기업 내 독립적인 사업부서가 되었고 프로텍은 베른 대학 정형외과 분야의 훈련, 연구, 문서화 작업을 지원했던 모리스 뮐러 재단에 재정을 제공할 수 있을 정도로 사업이 잘 되었다. 한편, 1960년대 초부터 지리적인 시장 분리에 합의했던 마티스와 스트라우만은 큰 성공을 거두고 있었다. 그들은 사업을 해외로 확장하여 골접합 임플란트 제품의 선도적인 국제적 공급자로서의 위치를 확보했다.

아울러 슐처는 이 산업을 강화하기 위한 전략을 결정했지만 생산 실패로 상업적 곤경을 겪으면서 성공하지 못했다.

하나의 작은 실수에 대한 대가

1988년 슐처는 알로프로를 인수했다. 다음 해에는 미국 기업 인터메딕스(Intermedics)뿐만 아니라 프로텍도 사들였다. 10년 뒤 척추 임플란트 제품을 전문으로 생산하는 미국의 스파인테크(Spine-Tech)를 인수하여 다시 회사를 확장했다. 1999년 그 당시 슐처 메디카(Sulzer Medica)로 불리던 텍사스 공장에서 생산과정에서 나온 윤활유 찌꺼기가 임플란트의 다공성 표면을 오염시켜 여러 임상사례에서 임플란트 주변의 뼈 성장을 막았다. 1997년부터 주식 시장에 상장되었던 이 회사는 총 수십억 달러에 달하는 집단소송에 휘말렸다. 재정 손실을 막기 위해 슐처는 원고들과 법정 밖에서 합의하고 그들에게 총 7억 8천만 달러를 지급했다. 그러나 이 회사는 손상당한 평판을 회복할 수 없었고 1년 뒤 미국의 선도적인 정형외과 제품 기업인 짐머(Zimmer)에 32억 달러에 매각되었다.

슐처의 실패는 스위스 정형외과 제품 분야의 일반적인 성공 이야기 중 쓰라린 부분이다. 그러나 많은 다른 회사들은 계속 번창하고 있다. 골접합 사업부의 경영진 매수 이후 스트라텍 메디컬(Stratec Medical)을 설립한 스트라우만은 남아 있는 사업조직을 구강조직 재생과 치과용 임플란트에 다시 집중시켰다. 오늘날 이 회사의 연매출액은 7억 4천만 스위스프랑, 직원 수는 1,500명이다. 또한 치과용 임플란트 시장의 20%를 차지하는 지배적인 시장점유율을 확고하고 있다—시장점유율이 바이오멧, 노벨 바이오케어, 짐머 같은 기업보다 앞선다.

한스외르크 비스(Hansjörg Wyss): 놀라운 기업가 정신

마티스는 정형외과 사업부를 한 부분으로 유지하다가 1996년 마티스 메디지날테크닉(Mathys Medizinaltechnik)으로 바꾸고 마티스 정형외과라는 이름으로 제품을 판매하기 시작했다. 2002년 이 회사는 독일 기업 케라메드(Keramed)를 인수하여 자체적으로 세라믹을 개발하는 소수의 정형외과 제조기업 중 하나가 되었다. 그러나 얼마 뒤 한스외르크 비스가 이 회사를 운영하게 되었다. 그는 스트라우만의 미국 기업인 신세스 USA(Synthes USA)를 위기에서 구하고 결국 매입한 사업적 마인드를 갖춘 경영자였다.

비스는 지난 세기에 스위스에서 가장 성공한 기업가 중 한 사람이었다. 그는 보잘것없는 배경 출신으로 베른의 빵집 위 온수나 냉장고도 없는 작은 아파트에서 성장했다. 그의 아버지는 피트니 보웨스(Pitney Bowes)에서 기계식 계산기를 팔았고 한스외르크는 ETH에서 공학 공부 학비를 대기 위해 학생 신분으로 〈노이에 취르허 차이퉁(Neue Zurcher Zeitung)〉 신문의 스포츠란을 맡았다. 하버드 경영대학을 최초로 졸업(1965년)한 스위스인 중의 한 사람인 그는

한스외르크 비스는 스위스 정형외과 산업을 강화하고 확장했다. 그 과정에서 스위스에서 가장 성공적이고 부유한 기업가 중 한 사람이 되었다. 또한 스위스에서 가장 관대한 인도주의자 중 한 사람이며 역사상 하버드대에 가장 많은 돈을 기부한 사람이다.

크라이슬러에 입사하여 파키스탄, 터키, 필리핀에서 플랜트 엔지니어로 근무했다. 크라이슬러가 미국 이외 지역에서 기업을 세우는 데 열의가 없는 것에 매우 실망한 그는 몬산토로 이직했지만 거대 기업의 관료주의에 또 다시 실망했다. 그는 스위스로 돌아가는 긴 비행 여정 중 우연히 마티스의 소유주 옆자리에 앉게 되었다. 목적지에 도착할 무렵 그는 주식 지분을 받는 조건으로 마티스의 흔들리는 미국 사업을 반전시키기로 합의했다.

비스는 미국이 거대하고 성장하는 시장임을 감지했다. 마티스는 적절한 제품을 보유하고 있지만 잘못된 마케팅 방식을 사용했다. 비스의 나머지 직업 경력은 미국 시장을 정복하고 스위스 정형외과 산업을 강화하면서 경쟁자들을 하나씩 인수하는 이야기다—아직도 그는 실제적으로 지배주주로 남아있다.*

이름 없는 일본인 천재들

비스는 자신이 '탁월하지 않지만 신뢰할만하고 유능한 사람들'이라고 말한 사람들에게 대부분의 사업 활동을 위임했지만 디자인이나 생산만큼은 그의 승인이 필요했다. 회사의 이름 없는 영웅은 일본인

[*] 비스가 자신의 회사를 스트라텍 메디컬과 합병하여 신세스-스트라텍을 설립했을 때 그의 전 공동설립자 모리스 뮐러는 더욱 골칫거리가 되었었다. 모리스 뮐러는 비스를 '의학 이론을 상업화'했다고 비난했다. 그러나 비스는 상업적 사명을 가진 사람이었고 2005년 그는 신세스-스트라텍, 미국스파인 솔루션(인공 추간원판 전문기업), 마티스 메디지날테크닉의 뼈 인공합성 사업부를 합병하였다. 2006년 새로 탄생한 20억 달러 가치의 회사는 회사명을 신세스로 바꾸고, 1950년대부터 시작된 옛 AO의 이름과 환자들을 사용할 수 있는 권리를 매입했는데 이것은 틀림없이 AO의 주요인물인 뮐러에겐 쓰라린 고통이었을 것이다.

교수 케이 아베(Kei Abe)였다. 그는 최선을 다해 거의 30년 동안 새로운 디자인을 내놓았다. 아베는 많은 산업 분야에서 일한 경험이 있었는데 전 세계 2천 개 공장을 자세히 조사하고 많은 공장에 새로운 사고—'적기생산'방식과 같은 개념—를 제시했다. 그런 공장 중 하나는 도요타인데 그는 이 회사에 '적기' 생산 시스템을 확립했다. 비스에 따르면, 아베는 "지속적으로 제조방식을 변화시키고 기계에 관한 새로운 아이디어와 개념을 도입하면 항상 새로운 기술 분야에서 선두에 설 수 있고 장치 산업에서 최고의 이윤을 창출할 수 있다."라고 주장함으로써 신세스(Synthes)를 도왔다.

 종합 전략에 대해 언급할 때 비스는 "경쟁자들은 우리가 미쳤다고 생각했지만 이것은 [기업]을 한 발자국 더 앞서게 하고 10% 더 높은 이윤을 제공한다."고 말한다. 고객을 끌어들이기 위해 비스는 미국과 그 외 지역의 외과 의사들을 다보스의 AO으로 초청하여 가장 발전된 수술 기법과 신세스의 제품을 결합시킬 수 있게 했다. 그는 여름철 일주일 동안 다보스를 방문한 세계에서 가장 유명한 외과 의사들과 어울렸다. 이때는 이를테면 의사들이 위스콘신주 메디슨의 외과 진료실의 지루한 일상생활을 벗어나는 즐거운 시간이었다. 이 전략은 효과가 있었다. 1980년 이래 신세스의 평균 매출액 증가율은 매년 21%였다(여기에는 1999년 스트라텍 메디칼, 2004년 마티스 메디지날테크닉의 인수도 포함된다)

정말 엄청난 210억 달러

2011년 비스는 신세스를 존슨 & 존슨에 213억 달러에 매각했다—그는 이 회사의 절반을 소유하고 있기 때문에 이 매각 거래가 미 연방공정거래위원회의 승인을 받으면 100억 달러 이상의 자산을 얻게 될 예정이다.* 그는 빵집 위에서 성장한 사람치고는 엄청난 성공을 거두었지만 여전히 중고 오펠 스테이션 왜건을 몰고 다니고, 취리히를 방문할 때면 누이가 사는 방 두 개짜리 아파트에서 머문다.

신세스와 같은 거대 기업이 계속 확장하는데도 신생 기업이 등장해 경쟁할 여지가 여전히 많다는 것은 정형외과 사업이 지속적인 활력을 갖고 있다는 표시다. 지난 20년 동안 정형외과 보철물 업계 사례로는 플러스 엔도프로세틱(Plus Endoprothetik)과 인트라플란트(Intraplant)가 있다. 이 두 회사는 결국 프리시전 임플란트(Precision Implants)와 합쳐져 플러스 오소페딕스(Plus Orthopaedics)가 되어 유럽 최대의 순수

[*] 당대 자수성가한 스위스 최고 부자였던 비스는 인도주의 활동을 목표로 삼아 자신을 탈바꿈시켰다. 그는 하버드대 비스 생물학기반 공학연구소(Biologically Inspired Engineering)를 설립하기 위해 1억2천5백만 달러를 기부하여 하버드대 역사상 최대 단일 기부자로 인정받았다(쉬운 일이 아니다). 그리고 이름이 암시하듯이, 그는 과학자와 사업가 사이의 공동협력을 가로막는 장벽을 없애고 실제적인 혁신을 장려하려고 노력했다. 그는 하버드대가 그의 기부에 상응하는 매칭 펀드를 조성하도록 하는 특별한 계약을 체결했다. 이런 일은 이전에는 없던 일이었다. 비스는 또한 유명한 스위스 미술품 수집가이자 아트 바젤의 창립자 에른스트 바이엘러의 구원자가 되었다. 비스는 이 재단의 적자를 메꾸기 위해 장기적인 재원을 제공하기로 합의했다. 단, 이 재단이 법인 관리 정책을 세우고 유능한 관리자를 영입하고 성공을 보장할 수 있는 계획을 수립한다는 조건을 붙였다(13장을 보라). 한편, 비스 재단은 미국에서 엄청난 토지를 매입하여 그것을 정부 보호 아래 두었다. 이런 노력 덕분에 몬타나와 유타와 같은 지역에서 4백40만 에이크(17,800km^2)의 땅이 국립공원지구로 지정되었다.

관절 대체물 제조사가 되었고, 2007년 영국 의료기술 기업인 스미스 & 네퓨(Smith & Nephew)에 인수되었다. 의학 진단 분야의 또 다른 성공 이야기는 테칸(Tecan)이다. 이 회사는 바이오약품 제조, 법의학, 임상 진단 분야의 자동 실험 장비는 물론 실험 측정 및 분석기기를 생산한다. 창업 초기에 흔들렸지만 지금은 실험 기기 분야의 세계적인 선두주자가 되었다. 2010년 테칸의 전 세계 직원 수는 12,800명, 매출액은 3억 7천 60만 스위스프랑이었다.

틈새시장, 주요 수익원

빌리 미셸(Willy Michel)은 지난 20년 동안 빠르게 발전하는 두 가지 다른 틈새 의료기술 시장에서 탁월한 기업을 세웠다. 그 중 하나인 입소메드(Ypsomed)는 자가 주사기기 전문 기업으로 연간 매출액이 2억 7천만 스위스프랑이 넘는다. 또 다른 기업인 디세트로닉(Disetronic)은 약물 주입기기 전문 기업으로 2003년 로슈에 인수되었다.

 이것은 거대 그룹들이 의료 분야에 뛰어들고 있음을 상기시켜준다. 로슈의 진단 사업부는 체외 진단 분야(다양한 질병과 건강 상태를 파악하기 위한 혈액 및 소변 분석)의 세계적 선두주자가 되었다. 로슈 진단사업부가 독립적인 회사가 된다면 스위스의 다른 모든 의료기술 기업의 전망이 완전히 어두워질 것이다. 2009년 이 사업부의 매출액은 이미 100억 달러 장벽을 깬 것으로 추정되었다. 이것은 이 사업부가 400억 달러로 추정되는 체외 진단 시장 전체의 약 4분의 1을 장악하고 있다는 의미다.

격렬한 경쟁에도 번창하다

오늘날 전 세계 의료기술의 연간 매출액은 약 3,360억 달러에 달한다.*
이 이유만으로도 이 산업 분야 진출은 확장과 다각화를 추구하는 가장
강력한 다국적 기업들에게 매력적인 선택이 되었다. 그러나 이 분야에는
다른 매력요소도 많다. 예를 들면 빠른 기술 변화, 최소한의 보호무역
장벽 영향, 일자리 창출, 최소한의 환경 영향, 훌륭한 신제품의 세계시장
진출 보장 등이다.

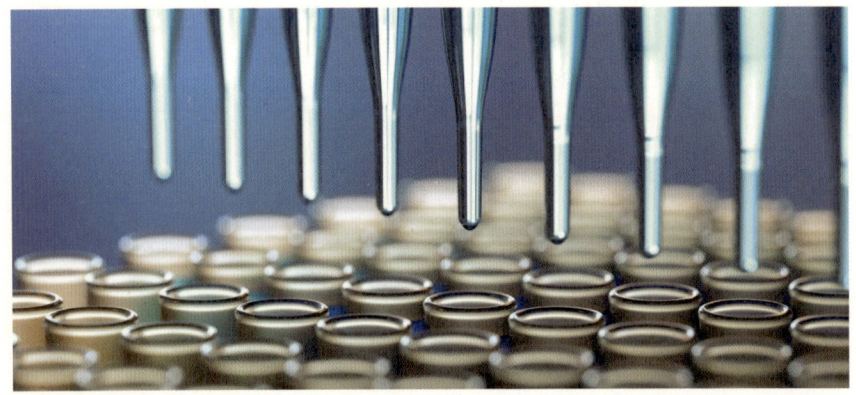

↑ 테칸 그룹이 만든 자동 소량 액체 핸들러

이런 환경에서 혹자는 비록 스위스 기업들이 지난 2세기 동안 많은
의료기술 분야의 개척자였다 해도 스위스 최대 기업들 외에 모든
기업이 앞으로 완전히 사라질 것이라고 예상할지도 모른다. 그러나
우리가 보았듯이 스위스 기업들은 여전히 주요 기업이며 임박한 쇠퇴

---

[*] 출처: Channel NewsAsia, '아시아에서 성장하는 의료기술산업(MedTech industry growing in Asia)', by Nurul Syuhaida, quoting a study by Frost & Sullivan.

징후는 보이지 않는다. 이와 반대로 스위스 제조 기업들은 임플란트, 보청기, 진단 장비, 실험실 도구와 최소 침습 수술 기기 분야에서 세계적인 선도주자다. 앞서 언급했듯이 소노바는 보청기 분야에서 세계 선두주자이며 스트라우만은 치과용 임플란트에서 세계 1위다. 신세스는 외상후 임플란트 분야에서 단연 세계 1위 기업이다(이 분야 매출액이 회사 전체 매출액의 3분의 2를 차지한다). 만약 이 사업부가 척추 의료제품 사업부와 합친다면 신세스는 의료기술 산업 전체에서 세계적인 선두주자다(같은 제품군을 내놓는 경쟁 기업이 없다).

스위스인들이 의료기술 분야에 필요한 특징을 많이 보여준다는 것은 분명하다—품질에 대한 몰두, 투자 의지, 사업 환경 변화에 대한 신속한 적응. 그러나 다른 국가 사람들도 이런 특징을 갖고 있다. 스위스의 산업 문화가 가진 더욱 남다른 특징은 정밀 기기(시계)의 개발 및 생산 그리고 소형화의 오랜 경험이다. 많은 사람들은 가령 일본인들도 이런 특징을 갖고 있음을 인정하겠지만 일본은 의료기술의 주요 주자가 아니다.

기술, 과학, 사업이 만나는 곳

아마도 가장 결정적인 요인은 스위스인들의 국제적인 사고방식일 것이다. 앞서 보았듯이, 정형외과나 보청기, 진단 분야 어느 것이든 의료기술 개발의 핵심 요소 중 하나는 과학자, 엔지니어, 의학 전문가를 찾아서 그들이 함께 일하게 만드는 것이다. 스위스인들은 AO 시절부터 지금까지 ETH와 EPFL와 같은 교육기관의 지원을 받아 의욕적으로 세계 최고의 인재를 끌어 모을 수 있었다.

이와 마찬가지로 이런 차원에서—빠르게 변화하는 분야의 사업과 기술 리더십—스위스인들은 외국 기업을 흔쾌히 환영하며, 스위스 기업이 외국인에게 매각되는 것이나 외국 인재가 국내로 들어오고 국내 인재가 외국으로 나가는 것을 전혀 꺼려하지 않는다. 이것은 모두 성장과 개선의 한 부분이며, 어느 누구도 이것에 의문을 제기하지 않는다.

왜 그럴까? 매일 이익이 증가하고 있기 때문이다. 1990년대 중반 이후 스위스 의료기술 분야의 수출 비중은 스위스 산업 전체 평균치보다 한층 더 빨리 증가하여 약 90%에 이르렀다. 오늘날 이 산업은 스위스의 유형 수출품의 5% 이상, 그리고 상품과 서비스 전체 수출액의 3.2%를 차지한다. 따라서 불과 수십 년 만에 이 산업은 소리 없이 제약 산업이나 식품 산업과 비교할 만한 경제력을 갖게 되었다.

의료기술은 작은 국가에 유리한 분야일 수도 있다. 물류 측면에서 보면 기업가와 의료기술 전문가가 긴밀하게 협력하기 쉽다. 국가 전체가 마치 산업단지 같다. 이 산업의 제품은 크기가 소형이고, 이른바 '스위스 규모'라고 불리는 비교적 적은 생산시설에서 소박하게 만들 수 있다. 그리고 이것은 사회적 상황으로 이어진다. 스위스의 모든 기업 지도자는 사업에 관심을 둘뿐만 아니라 사회 통합을 유지할 책임도 있다는 것을 안다.

굴복을 거부한 사례

슈나이더는 아마추어 발명가이자 심장병 전문의 안드레아스 롤란트 그륀치히(Andreas Roland Grüntzig)의 작품을 상업화한 작은 회사다. 그륀치히는 축소된 관상동맥을 확장해주는 장치인 풍선 카데터를 최초로 개발했는데, 환자는 완전 마취상태에서 시술하는 혈관 우회수술을 피할 수 있었다. 스위스 기업가 휴고 슈나이더는 취리히 근교 비티콘의 차고에서 손으로 풍선 카데터를 만들기 시작했다. 그는 나중에 슈나이더 메딘탁의 경영권을 오스트리아 태생의 헬리안네 카네파(Heliane Canepa)에게 넘겼다. 그녀는 회사 직원이 5명에 불과했던 1980년부터 이 회사를 운영했다. 카데터 시장이 급속히 확장되면서 메딘탁은 번창하여 곧 전세계 기업 거래 레이더 화면에 등록되었다. 1984년 미국의 거대 제약기업 화이자가 이 회사를 4천만

2011년 스위스 최대 의료기술 기업

	1950	1970	1980	2000	2011
신세스(1975년)					
매출-백만 스위스프랑	-	-	na	790	3,900
고용자수-전체	-	-	na	3,000	10,700
고용자수-스위스 지역	-	-	na	1,000	2,800
소노바(1947년)					
매출-백만 스위스프랑	<1	c. 1	51	460	1,548
고용자수-전체	20	30	320	2,930	7,856
고용자수-스위스 지역	20	30	250	730	1,030
노벨바이오케어(1981년)					
매출-백만 스위스프랑	-	-	c. 120	375	569
고용자수-전체	-	-	na	1,170	2,472
고용자수-스위스 지역	-	-	na	c. 10	c. 100

이 표는 주요 스위스 의료기술 기업의 매출액과 고용자수(총계와 스위스 지역)를 보여준다. 이 수치는 이용 가능한 자료들이다. (자료를 이용할 수 없는 경우 na로 표시했다). 괄호 속 연도는 회사(또는 그 전신)의 설립연도를 나타낸다. 매출액과 고용자수는 반올림 또는 반내림한 수치다. 소노바는 일렉트로아쿠스틱의 이름으로, 스트라우만은 포르슝스인스티튜트의 이름으로 각각 설립되었다. 공학박사 R. 스트라우만과 입소메드는 1984년에 설립된 디세트로닉에서 성장했다.

출처: 〈포춘〉

주요 연혁

1800년 이전

1780	장 앙드레 브넬이 오르베에 세계 최초로 정형외과 진료소를 개설하다.

1800-99년

1820	조셉 샤리에르가 파리로 이주하고 그곳에서 메종 샤리에르를 설립하다.
1872	테오도르 코허가 베른의 인젤 병원에 외과 진료 책임자로 임명되다.

1900-99년

1902	헤르만 잘리의 혈색소계가 세계 표준이 되다.
1946	로베르트 마티스가 마티스의 전신인 1인 기업 로마(RoMa)를 설립하다.
1947	포낙/소노바의 전신인 일렉트로아쿠스틱이 취리히에 설립되다.
1954	라인하르트 스트라우만이 스트라우만 그룹의 핵심인 동명의 연구소를 설립하다.
1958	모리스 E. 뮐러와 다른 사람들이 AO를 시작하다(고관절 대체물(마티스, 신세스, 슐처 메디지날테그닉)의 토대).
1970	의료기술이 슐처 내에서 독립적인 사업부가 되고, 슐처 메디카의 핵심이 되다(1989년).
1975	한스외르크 비스가 스트라우만의 미국 기업을 분리 인수하여 신세스 USA를 만들다.
1980	테칸 설립.
1981	노벨파르마의 창립, 나중에 노벨바이오케어가 되었다.
1984	부르크도르프에 디세트로닉이 설립되다.
1990	스트라우만 그룹이 스트라텍 메디칼과 스트라우만 임플란트 회사를 설립하다.
1998	로슈 다이아그노스틱스가 베링거 만하임을 인수한 후 로슈 그룹의 독립적인 사업부로 탄생하다.

2000년 이후

2003	디세트로닉으로부터 분사된 입소메드가 설립되다.
2011	비스가 시세스를 존슨&존슨에 매각하다.

스위스프랑에 인수했다. 카데터 수요가 상당히 많았기 때문에 카네파는 취리히 북쪽 20km 지점의 뷜라치에 있는 특별 사무소와 공장 단지에 이전 배치되었다. 1988년 카네파는 미국 자매 회사의 경영도 맡았다. 그때까지 이 회사의 매출액은 수억 스위스프랑이었고 보통 1억 스위스프랑 이상의 이익을 기록했다. 10년 동안 모든 것이 잘 돌아갔지만 1998년 화이자는 자신의 핵심사업인 제약분야에 집중하기로 결정하고 슈나이더 메딘탁을 포함한 다른 회사를 매각했다. 화이자는 카네파의 경영자 매수 제안을 거절하고 30억 스위스프랑에 보스턴 사이언티픽에 매각했다. 이 회사는 1999년 모든 생산 장비를 아일랜드로 옮기고 뷜라치 공장을 폐쇄했으며 그 결과 550명의 일자리가 사라졌다.

　화이자의 경솔한 결정에 스위스 언론이 격렬한 반응을 보였고 카네파는 숙련되고 열정적인 노동력을 갖춘 훌륭한 건물에 관심이 있는 사람을 찾으려고 여러 곳을 수소문했다. 그녀는 베를린의 바이오트로닉을 찾아냈다. 가정에서 건강을 모니터하는 소형 전자기기를 제조하는 이 회사로 인해 스위스 의료기술 산업에 새로운 장이 열렸다.

8장 스위스의 강력한 기계 산업

— 새로운 시대가 18세기 유럽에서 시작되었다— 노동, 자본 시장, 기술이 결합되어 최저 생활수준의 농촌경제가 도시화되고, 인간의 활동방식을 조직화된 산업경제로 극적이고도 영구적으로 바꾸어놓았다. 연쇄적인 복잡한 인과관계로 얽혀진 산업화 과정에는 많은 요인이 기여했다. 사람들은 점차 도시로 이주하고 새로운 형태의 에너지가 이용되며, 새로운 교통수단이 도입되고 축적된 자본이 투자에 이용되었다. 새로운 시대를 전형적으로 보여주고 또 가능하게 만든 것은 기계였다.

다른 유럽 국가들이 18세기 초에 산업의 변화를 유발한 기계를 처음 개발하기 시작했다. 스위스는 이 기계 시대에 눈에 띄는 기술이나 발명을 거의 내놓지 못했다. 그러나 스위스는 놀라울 정도로 빠르게 그것을 따라잡았다. 일단 따라잡은 뒤부터 스위스는 산업혁명 후반기 내내 선두주자였다—많은 전문적인 틈새시장에서 선두주자의 지위를 계속 유지하고 있다.

스위스 엔지니어링 이야기는 투쟁, 승리, 적응의 이야기다.

수입된 혁명

취리히주 의원 요한 카스파르 히르첼(Johann Caspar Hirzel)이 1760년 "우리는 더 저렴한 가격으로 솜씨 좋게 모방품을 만드는 것 이외 어떤 발명품도 자랑스럽게 내세울 것이 없다."라는 언급을 통해 스위스의 1단계 산업혁명 상황을 분명히 지적했다. 스위스의 산업혁명은 영국에서 일차적으로 이루어진 산업 발전의 끝자락을 꽉 붙드는 것에서 시작되었다—혁신보다는 모방이었다. 찰스 브라운은 슐처에서 일하기 위해 빈터투어에 도착했을 때 제임스 와트의 증기기관 설계도를 갖고 왔다. 산도스(Sandoz, 지금의 노바티스)는 프랑스의 지적재산권 보호 조치를 피해 스위스의 초기 제약 산업을 북돋웠다. 사실, 오랫동안 스위스인들은 아이디어와 산업적 발명품 보호에 대해 아무런 의식이 없었다—아마 그들은 산업적 변화를 일으키는 요소들이 부족하다고 생각했을 것이다.

그러나 스위스인들이 모방자에서 혁신자로 발전한 뒤—그들은 이것을 매우 빨리 이루어냈다—지적재산권 보호가 장애물이 아니라 이점이 되었다. 스위스 혁신가들이 기계공학과 같은 기술집약적 산업을 선도하기 시작하면서 스위스의 발명가들이 점차 자신의 제품에 대해 해외 특허를 받았다. 그런 다음에 그들은 자신의 발명품을 고국으로 다시 갖고 왔다. 드디어 1887년, 최초의 반대가 있은 뒤 스위스의 유권자들이 특허법 제정에 찬성했다(특허법은 1907년에야 비로소 화학 분야에 적용되었고 섬유 분야는 1957년에 적용되었다). 스위스가 그렇게 한 것은 확실히 적절했다. 왜냐하면 시간이 지나면서 특허권 보호가 필요했기 때문이다. 미국에서 발전하여 유럽의 큰 국가들이 적용한 저비용 대량생산 기술로 경쟁하는 것이 점점 어려워지자 스위스는 혁신을 통해 탁월한 제품을 만드는 것 외에 달리 선택의 여지가 없었다. 이 전략은 오늘날에도 스위스 엔지니어링 분야에 널리 적용된다. 그러나—앞으로 보겠지만—이것은 지속적인 '적자생존 경쟁'이다. 한 때의 이점은 흔히 일시적이기 때문이다. 거의 언제나 치열한 경쟁이

발생하거나 더 낮은 비용의 대안이 등장한다. 스위스의 미래 성공
여부는 이러한 끊임없는 경쟁에서 어떻게 이기느냐에 달려있다.

특허권에 신경 쓰지 마라

섬유 산업은 스위스 산업 발전의 핵심 요소였다. 섬유는 18세기 말
기술발전이 절실했던 산업 분야였다. 스위스인들은 이미 제품 역량을
구축하고 광범위한 국제적 마케팅 네트워크의 기초를 놓았으며,
실크와 자수 분야에서 좋은 평가를 받았다. 그러나 산업혁명 초기
수십 년 동안 섬유사업을 기계를 이용한 산업으로 바꾸는 혁신은
대부분 영국에서 시작됐다. 1738년 버밍햄의 루이스 폴(Lewis Paul)이
방직기계를 발명했다. 1760년경 제임스 하그리브스(James Hargreaves)는
'다축방적기'를 생산했고 1769년 리처드 아크라이트(Richard
Arkwright)는 이것을 개선했다. 스위스에는 수학자 레온하르트
오일러(Leonhard Euler)같은 혁신가들이 있었다. 그의 터빈 이론은
20세기 수력 기관 계산에도 적용되었다.* 이론을 일하는 산업 기계로
바꾸고 엄청난 이익을 창출한 것은 영국인이었다. 20세기 중반의
일본인과 수십 년 뒤의 중국인처럼 스위스인들은 특허권자에 대해 큰
걱정하지 않고 외국의 기계를 복제하는 법을 배웠다. 이런 방식으로
수십 년의 분투 끝에 그들은 섬유 기계의 기술 발전에서 선도적인

---

[*] 바젤 태생의 오일러는 대수학, 기하학, 미적분학에 중요한 공헌을 했다. 노벨
물리학상 수상자 리처드 파인만(Richard Feynman)은 오일러가 발견한 상수('e')를
"수학역사상 가장 놀라운 공식"이라고 묘사했다.

위치를 차지했다.

스위스의 기계 시대는 섬유생산자들이 자체적으로 사용하기 위해 방직기와 직조기를 생산하면서 시작되었다. 그 뒤 그들은 기계 공급자들보다 자신들이 기계를 더 잘 만들 수 있고, 또한 기계를 판매하면 더 많은 이익을 올릴 수 있다는 것을 알았다. 실크 상인의 아들 한스 카스파르 에셔(Hans Caspar Escher)와 같은 사람은 은행가인 잘로몬 폰 비스(Salomon von Wyss)와 함께 1805년 취리히에 면화 방직 회사 에셔 비스(Escher Wyss)를 설립했다. 스위스군 장교였던 에셔는 영국 엔지니어가 건설한 장크트갈렌 방직 회사를 방문했는데 그곳에는 스위스 최초의 방직 기계가 1800년부터 가동되고 있었다. 에셔는 영국 최고의 학교에서 기계공학을 공부했기 때문에 최신 기술을 잘 알았다. 그는 장크트갈렌 회사에서 기계를 빌려 작센에서 온 기술자와 함께 자체적으로 사용하기 위해 그것을 복제했다(그는 몇 차례 프랑스 답사여행을 통해 금속처리에 관한 지식도 모았다). 그는 이 지식을 자신의 공장에 적용하여 이른 시기인 1810년에 그의 방직 공장에는 5,232개의 굴대가 전속력으로 돌아갔다.

대단히 사업가적인 결정

그는 직원 12명 중 3분의 1만 있어도 기계를 계속 가동할 수 있었다. 그런 환경에서 에셔는 장기적인 사업 결정을 내렸다. 잉여 인력을 해고하는 대신 다른 섬유 제조업체에 판매할 방직 기계를 만드는 일에 투입했다. 이러한 영리한 결정으로 두려움의 대상이던 경쟁자들이 갑자기 소중한 고객이 되었다. 다음해 그의 아들 알베르트 에셔가 기계제조 공장을 설립하고 곧 기계류를 수출했다.

빈터투어의 리터 가문도 비슷한 길을 따랐다. 1795년 리터 회사는 무역회사로 설립되었다가 1810년 몇몇 방직회사의 지분을 획득했다. 이 회사들에게 장비를 지원하기 위해 창업주의 아들인 하인리히 리터가 엔지니어링 공작소를 세웠는데 곧 기계류를 만드는 공장으로 성장했다. 1826년 그는 자체적으로 직조기를 만들기 시작했고, 영국에서 산업 스파이활동과 자신의 개선점을 합쳐 기계를 개발했다. 1829년 그는 산업 엔지니어링의 필수적인 선결조건을 구축했다—자신의 제철 공장을 세웠다. 다음 세대의 리터 가문은 섬유 산업 이외에도 기계류에 대한 수요가 있다는 것을 알고 다각화하기 시작했다. 초기의 생산품이었던 직조기와 자수 기계에 더하여 동력 전달장치, 나중에는 발전기, 터빈, 엔진을 추가했다. 리터의 다각화는 이제는 제품의 엔지니어링 지식이 고객과의 관계나 유통 가능성보다 더 중요한 시대임을 보여주었다.

모방자에서 혁신가로

제철 공장이 엔지니어링 분야에서의 성공의 선결조건이라는 점을 파악한 것은 리터 가문만이 아니었다. 스위스는 상대적으로 자연자원이 빈약하지만 보통 품질의 철광석은 18세기부터 이미 이용했다. 용광로와 제철소는 19세기 초에 나타나기 시작했다. 샤프하우젠에서 요한 콘라트 피셔(Johann Conrad Fischer)가 자신의 구리 대장간에서 주강(cast steel)을 생산하려고 시도했다—그는 영국 밖에서 그렇게 한 최초의 인물이다. 피셔는 영국을 장기간 방문한 결과 1845년 마침내 주강을 만들어냈다.

또 다른 놀라운 개척자는 카스파르 호네거(Caspar Honegger)다. 1804년에 태어난 그는 소규모 자작농 가정에서 병약한 다섯째 자녀로 성장했다. 그는 소년 시절부터 아버지가 세운 작은 방직 공장에서 일했다. 15세 때 감독자가 되었고 17세 때 기술관리자가 되었다. 그가 처음 수입한 직조기를 보고 그것의 기술적 결함을 즉시 파악하여 직조기를 개량하는 일을 착수했다. 기술 훈련을 전혀 받지 않았는데도 그는 시행착오를 거듭하며 마침내 1842년 호네거 직조기를 만들었다—그 당시 최고의 직조기였다. 1848-1867년 호네거의 회사는 3만 대의 직조기를 제작했으며 1850년대 그들은 영국 모델을 대부분 대체했다. 스위스 모방자들은 30-40년 만에 세계 최고의 기계를 제조하는 혁신가가 되었다.

산업에는 항상 동력이 필요하다

증기 기관은 방직기계 도입 이후 불과 50년 만에 두 번째로 경제를 완전히 바꾼 근본적인 기술혁신이었다. 증기 기관이 없었다면 필수적인 원재료를 수송하는 열차도 없고, 노동력을 절감하는 생산 시설에 동력을 제공하는 기계도 없었을 것이다. 그러나 증기기관은 늦게 스위스에 도입되었다. 스위스에는 증기 기관을 움직이는 데 필수적인 원료인 석탄이 없었다. 스위스의 석탄 부재(그리고 대단치 않은 철광석 매장량)는 또한 제철 산업의 발전을 가로막았다. 왜냐하면 금속과 합금을 주조하여 중공업용 철을 생산하려면 석탄의 높은 열이 필요했기 때문이다.

석탄이 없었기 때문에 스위스의 초기 산업 개척자들은 대체 동력원을 찾았다. 이는 훗날 스위스가 자본주의 최대의 강적인 노동조합과 환경오염을 피하는 데 기여했다.

산이 있는 곳에 물이 있는 법이다. 스위스는 둘 다 풍부하다. 알프스 산맥이 품은 물은 산맥 꼭대기부터 사방으로 퍼져가는 수많은 계곡을 따라 세차게 흐른다. 취리히 오버란트의 아바흐에서부터 노이하우젠 근처의 라인 폭포 또는 제네바의 론까지 거의 모든 곳의 공장 소유주들은 수력을 이용했다. 처음에는 그들은 이것을 더 효율적으로 만들려고 했다. 예를 들어 1834년 에셔 비스가 전력 생산량을 늘리기 위해 전력전달 장치가 부착된 수차를 개발했다. 이것은 수력 발전 터빈 제조의 시작이었으며 수십 년 동안 이 회사의 전문분야였다. 오늘날 스위스 에너지 수요량의 56%는 수력발전에 의해 충당된다—세계에서 가장 높은 비율이다.

결국 증기기관으로 바꿀 수밖에 없었다

그러나 수차는 훨씬 더 커져가는 공장에 필요한 충분한 동력을 공급하지 못했다. 그래서 에셔 비스는 증기 기관을 개발하기 시작했다. 처음에는 영국 엔지니어의 도움을 받았다. 이 회사는 훨씬 더 나아가 마침 같은 시기에 제작하기 시작한 철로 만든 배에 이 동력장치를 설치했다. 이 배는 엔진부터 선실의 커튼까지 완벽한 설비를 갖추어 인도되었다. 최초의 배는 스위스의 대형 호수에서 사용하기 위해 개발되었지만 이 사업은 곧 세계적으로 유명한 전문 사업부로 성장하여 함부르크, 로테르담, 글래스고, 오슬로의 선박제조회사와 경쟁했다—하지만 오늘날 에셔 비스가 이 분야에서 성공했음을 보여주는 유일한 증거는 쉬프바흐(선박건조 건물)라 불리는 취리히의 극장뿐이다.

증기기관은 세상의 판도를 바꾸는 혁신이었다. 요한 야콥 슐처(Johann Jakob Sulzer)는 1849년 처음 영국을 여행할 때 증기기관의 중요성을 인식했다. 금속 제품 분야에서 활발한 활동을 펼치던 빈터투어 가문의 일원이었던 슐처는 아버지의 지시를 받아 제철 기술을 배우기 위해 그의 형제 잘로몬과 함께 프랑스와 독일로 갔다. 그가 영국에 있을 때 스위스 산업에 놀라운 영향을 미칠 한 사람을 뽑았다. 그가 바로 엔지니어 찰스 브라운(Charles Brown)이었다.

브라운은 런던 항구의 중심에 있는 템스강 울위치에서 성장했으며

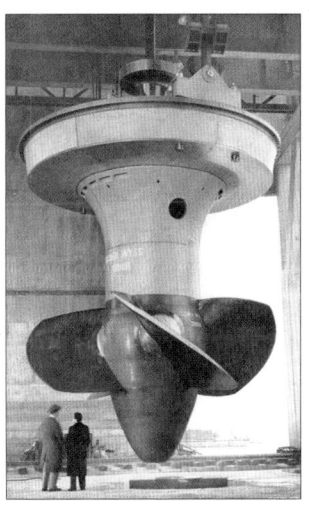

←⋯ 1892년 슐처에셔 비스가 빈터투어의 조선소에서 만든 소형선박.

↑ 비르스펠덴의 슐처 공장에서 만든 카플란 수력 터빈. 터빈의 무게는 320톤이다.

6년 동안 증기기관 제조 분야에서 훈련을 받았다. 그가 1851년
빈터투어에 도착했을 때 나이가 24세였다. 그는 자신의 영국인
고용주에게서 훔친 증기기관 설계도를 갖고 왔다. 단순한 절도에
만족하지 못한 브라운은 즉시 슐처의 작업실, 제철공장, 보일러
제조 부분을 확대하여 완전한 증기기관 공장으로 만들었다.
1854년 이 회사는 처음으로 3마력 증기 기관을 생산했다. 1867년
파리세계박람회에 브라운의 획기적인 발명품이 전시되었다―밸브
증기기관이었다. 또 다시 스위스인들은 모방자를 졸업하고 창조자가
되었다. 이런 돌풍으로 최초로 상을 받았으며 슐처 형제는 전 세계적인
평판을 얻었다. 20년 동안 브라운은 이 회사에서 일했으며 회사의
직원은 50명에서 1,000명으로 20배 증가했다.

영국인은 더 잘 알아야 했다

그러나 증기기관의 동력은 스위스 엔지니어링 분야를 이끄는 유일한
발전이 아니었다―자우러(Saurer) 회사의 놀라운 성장 이야기가 이런
사실을 분명히 보여준다. 이 기업의 재산은 수동 기계에 기초했다.
프란츠 자우러(Franz Saurer)는 농부의 아들로 1853년 자신의
제철공장을 시작했다. 그는 정원용 가구와 침대 틀을 제조했다.
1861년 그는 아르본에서 직조기와 자수 기계를 만드는 한 사업가의
미망인과 결혼했다. 장크트갈렌의 자수공들은 오랜 동안 수작업을
산업적 생산으로 대체하려고 노력해왔지만 성공하지 못했다. 그것은
기술적으로 불가능해 보였다―1866년 프란츠 자우러가 아들 아돌프를
맨체스터의 렌 & 홉킨슨(Wren & Hopkinson) 기업에 보냈는데 그는

그곳에서 수동 자수 기계 제조 과정을 보았다.

아버지의 제철공장으로 돌아온 아돌프는 그가 생각한 아이디어를 실행에 옮겼다. 3년 뒤 아르본 작업실에서 첫 기계를 내놓았다. 1870년 프란츠 자우러와 그의 두 아들 아돌프와 안톤이 운영하는 이 기업은 99개의 수동 자수 기계를 출시했다. 다시 3년 뒤 277대를 판매했는데 이중 3분의 1이 해외로 판매되었다. 프란츠 사후 아돌프가 기업을 물려받아 새로운 기술적 업적을 달성했다. 1889년 이 회사는 파리 세계박람회에서 금메달을 받았고 1900년 다음 전시회에서 자우러는 증기의 힘으로 움직이는 양면 편직기로 최고상을 받았다. 아돌프가 1920년에 죽었을 때 아르본의 이 기업은 약 3천 명을 고용했으며 수십 년 동안 섬유 기계와 차량 제조 분야에서 계속 선두 자리를 지켰다.

찰스 브라운의 창의적인 사고

러시아의 주요 경제학자 니콜라이 콘드라티예프(Nikolai Kondratiev)에 따르면 근본적인 혁신은 종종 장기적인 경제 주기를 유발한다. 이러한 혁신 중 하나가 증기기관이었다. 앞서 보았듯이 이 분야에서 스위스 엔지니어들은 불과 얼마 지나지 않아 세계적인 선두주자가 되었다. 이와 반대로 그 다음 주요 혁신―전기 동력화―에서 스위스는 처음부터 이 분야를 만들고 주도했다. 이를 위해 스위스는 다시 찰스 브라운의 천재성을 활용했다.

1871년 브라운은 슐처를 세계를 선도하는 근대적인 기계 생산 기업으로 바꾸었다. 그 뒤 그는 새로운 것을 만들기로 결심하고 슐처를 떠나 스위스 기관차 및 엔진 공장(Swiss Locomotive and Engine Factory)을 경영했다. 이 기업은 비츠나우에서 리기까지 가파른 산악지형을 1,800m 운행하는 톱니바퀴 열차를 최초로 개발하였다.* 1884년 브라운은 다시 취리히 근처 기계 공구 제조업체 오엘리콘(Oerlikon)으로 이직했다. 1863년에 설립된 이 회사는 처음으로 고철을 가공했으며 목재 가공 기계를 만들었다.

    브라운이 합류한 후 오엘리콘은 전력 생산과 배전에 관심을 기울였다. 이것은 그 당시 첨단 과학 혁신의 핵심이었다. 독일 엔지니어 베르너 폰 지멘스가 1867년 전자석을 발명했지만 고압전류를 멀리 전달하는 문제를 해결할 수 없었다. 오엘리콘에서 브라운은 이 문제를 해결하려고 전기사업부를 만들었다. 브라운은 불과 몇 달 뒤 새로운 일자리 때문에 고국으로 돌아갔지만 그와 비슷한 유능한 인재를 데리고 왔다―그의 아들인 21세의 찰스 E. L. 브라운이었다.

한 명의 찰스 브라운만으로는 충분하지 않았다

젊은 브라운은 오엘리콘에서 사업부 책임자로 빠르게 승진했다. 그는 그 직위를 맡은 지 불과 2년 만에 지멘스를 좌절시켰던 문제를 해결했다. 1886년 그는 크리그스테튼의 한 강에 설치된 작은 수력발전소에서 졸로투른까지 약 8km의 전선을 깔았다. 그의 목표는 65%의 효율로 선반 기계를 가동하는 것이었다. "만약 이 일이 제대로 된다면, 나는 성공한

[*]   이 열차에는 선로의 슬리퍼스(sleepers)에 장착된 톱니가 새겨진 레일과 맞물리는 톱니바퀴가 장착되어 있어 열차가 가파른 경사에서 미끄러지지 않고 운행할 수 있다. 이 발명품 덕분에 관광객들은 스위스의 웅장한 산악 풍경을 즐기고 새로운 스키 스포츠를 알렸다.

것입니다." 브라운은 한 사업 동료에게 이렇게 썼다. 그때까지 어느 누구도 그와 비슷한 일을 해내지 못했기 때문이었다.

그런 상황에서 그는 75%의 효율—산업계가 놀랐다—을 달성했다. 게다가, 그는 송전하기 어려운 직류 전류를 이용해 그것을 해냈다. 그는 전송 손실을 줄이기 위해 곧 교류전류로 바꾸어 자신이 직접 설계한 발전기로 50볼트 전류를 생산하고 변압기를 이용해 15,000볼트로 전압을 올렸다. 전선의 다른 한쪽 끝에서 다시 전압을 50볼트로 낮추었다. 그는 1891년 이 시스템을 제1회 프랑크푸르트 전기박람회에 내놓았다. 이를 위해 그는 라우펜의 수력발전소에서 프랑크푸르트의 네카르강까지 160km 이상의 거리에 고압 전선을 설치했다. 많은 관중 앞에서 그는 1,000개의 전구를 동시에 켰고, 전류의 기원을 떠올리게 하는 인공폭포를 만들었다. 단번에 이 젊은 엔지니어는 세계적 명성을 얻었다.

변덕스러운 영국인과 한결같은 스위스인

장거리 에너지 전달 가능성이 입증되면서 이 도전이 실행 가능한 사업이 되었다. 브라운은 엔지니어링 천재였는지 모르지만 사업에는 거의 관심이 없었다. 그의 엔지니어링 작업의 사업 측면 파트너는 1885년 엔지니어로서 업무 경험을 쌓기 위해 오엘리콘에 들어온 발터 보베리(Walter Boveri)였다. 보베리의 아들은 나중에 이렇게 썼다. "브라운은 하나의 인격 안에 활력, 이기주의, 낭만주의가 합쳐진 사람이었다. 그는 뛰어난 지성에도 불구하고 '돈키오테'적인 분위기가 강했다." 브라운이 획기적인 기술을 추구하는(또는 가상의 적과 싸우는)동안, 보베리는 고객을 유치하고 사업자금을 모으고 직원을 관리했다.

　브라운과 보베리는 곧 직원으로 일하는 것이 지겨워져 브라운의 공학기술과 보베리의 사업적 수완을 결합할 수 있는 독립적인 기업을 세우는 꿈을 꾸었다. 안타깝게도 아무도 젊은 두 기업가(각각 24세와 26세)에게 필요한 50만 스위스프랑—오늘날로 치면 약 천만 스위스프랑—을 빌려주지 않았다. 그들은 1890년 이전까지 이 문제를 해결하지 못했다. 그 해 보베리는 취리히의 실크 제조업자 콘라트 바우만을 만나 그의 딸 빅트아르와 결혼했다. 보베리는 장인으로부터 창업 자본을 얻어 작은 온천 도시 바덴에 브라운 보베리라는 회사를 설립할 수 있었다. 창업한 지 불과 5년 뒤 이 회사는 바덴에서 긴요한 1,000개의 일자리를 제공했다(이 도시는 빈터투어에서 바덴을 거쳐 제네바까지 운행할 예정이던 철도회사가 파산하면서 경제적으로 타격을 받았다).*

[*]　19세기 취리히는 주로 크레디트 스위스의 설립자 알프레드 에서가 주도한 새로운 철도 덕분에 산업 중심지로서 지배력을 갖고 있었다. 이것 때문에 상당한 경쟁과 질투심이 생겼고 그 결과 빈터투어의 노력으로 취리히를 피해 스위스 국경을 넘는 통로를 만드는 철도가 건설되었다(콘스탄스, 빈터투어, 바덴, 초핑겐, 제네바). 이 철도의 건설 재원은 바덴을 포함한 지방 정부가 채권발행을 통해 조달했지만 힘든 시기가 닥치자 완공할 수 없었다. 정부당국은 새로운 철도의 혜택도 누리지 못하고 채권을 상환해야 했다. 경제를 건설하기 위한 필사적인 노력의 일환으로 바덴의 시장 칼 피스터는 젊은 브라운과 보베리에게 큼직한 재산권을 무료로 제공했다. 아울러 (에너지원으로 사용하도록) 림맷 강을 무료로 이용할 수 있는 권리를 주고, 이 회사가 아직 설립되기도 전에 전기 터빈을 최초로 주문했다. 그 당시 바덴의 인구는 3,800명이었다. 브라운 보베리는 그 후 바덴에서만 2만 명 이상을 고용했다. 이것은 시장들도 기업가적일 수 있다는 점을 보여주었다.

대조적인 성격에 대한 연구

브라운 보베리의 성공은 한 사람의 창의성과 또 다른 사람의 사업 감각이 결합한 결과였다. 그러나 브라운과 보베리는 기질적으로 서로 잘 맞지 않았다—브라운은 학교 운동장에서 외바퀴 자전거를 타고 묘기를 부리거나, 베일을 쓰고 춤추는 소녀처럼 옷을 입고 축제날 밤에 나타나 바덴 사람들을 당황스럽게 만드는 진짜 괴짜였다. 1911년 48세 때 그는 비용 관리 문제로 파트너와 사이가 틀어져 이사회

↑ 최초의 브라운 보베리 회사 주식(1900년). 가족 소유 기업들은 생산과 확장에 필요한 많은 자본을 마련하기 위해 은행을 이용하거나 주식을 발행해야 했다.

회장직을 사임했다. 세계 여러 곳을 여행한 뒤 그는 티치노에서 행복한 은퇴생활을 보내다가 1924년에 사망했다. 그러나 보베리는 이 회사를 세계에 전기를 보급하는 데 기여하는 국제적인 기업으로 성장시켰다. 보베리는 회사의 사업적 성과에 결코 만족하지 않았으며, 브라운과 달리 그가 사망한 지 6개월 만에 불행하게 죽었다.

브라운 보베리는 스위스 엔지니어링의 전기 시대에 마지막으로 설립된 거대 기업이었다. 그러나 전기가 스위스인들이 선도하는 기술로 급속히 부상한 덕분에 많은 다른 기업들도 성장하여 번영을 누렸다. 그중 한 예는 모터-콜럼버스(Motor-Columbus)다. 브라운 보베리의 발전을 쫓아서 스위스는 스위스 곳곳에서 전기를 열심히 생산했다. 그러나 전기 설비를 만드는 것은 자본이 많이 소요되는데 스위스의

대부분 지역은 여전히 가난했다. 해결책은 새로운 회사 형태였다. 산업적 기업이나 은행이 아니라 이 둘을 합친 형태였다. 모터 주식회사(나중에 합병되어 모터-콜럼버스가 된다)는 발전소의 재원조달, 건설, 관리에 참여했다. 발터 보베리는 이사회 회장이었고 모터-콜럼버스가 짓고 관리하는 모든 새로운 발전소는 브라운 보베리의 장비를 사용했다.

브라운 보베리가 전부가 아니었다

같은 기간 또 다른 엔지니어 기업이 번창하기 시작했다. 19세기 초 부허 인더스트리(Bucher Industries)—오늘날 기계와 차량 제조 분야의 세계적 기업—는 무르첼른(Murzeln)이라는 마을의 대장간에서 탄생했다. 오늘날 이 기업의 직원 수는 약 7,200명이며 그중 90%는 스위스 밖에서 근무한다. 이 회사의 연간 매출액은 21억 스위스프랑이다. 20세기 말 요세프 밥스트(Joseph Bobst)는 인쇄 산업용 장비를 만드는 기업을 로잔에 설립했다. 거기로부터 접이식 상자와 골판지 제조 분야의 장비 및 서비스를 공급하는 세계적인 기업 밥스트 그룹이 성장했다. 이 그룹의 직원은 5,500명, 연간 매출액은 10억 스위스프랑이다. 또 다른 10억 스위스프랑 기업으로 암만 그룹(Ammann Group)이 있다. 이 기업은 5세대 동안 도로건설용 아스팔트 가공에 필요한 기계, 시스템, 서비스를 제조 및 판매해왔다.

세계화의 뿌리

세계 시장에서 경쟁이 증가하면서 19세기 후반에는 획기적인 혁신보다는 제품을 이해할 수 있고 비용에 대한 인식이 있는 기술자와 국제 시장에 대한 인식을 갖춘 관리자가 요구되었다. 스위스 기업들은 부분적으로는 19세기 후반의 경제정책의 결과로 해외로 사업 활동을 확대하기 시작했다. 예를 들어 프랑스는 1871년 새로운 독일 제국에 패배한 뒤 높은 관세장벽을 세웠다. 1873년 주식시장 붕괴 이후 위기 속에서 다른 국가들도 프랑스 정책을 따랐고 점점 심해지는 경쟁에 직면하여 계속 관세를 인상했다. 제조 기업들의 유일한 대응책은 해외 생산을 확대하는 것이다. 보호무역주의 정책은 역설적이게도 스위스가 초기에 외국 시장의 현지 제조 기업으로 자리를 잡게 했고, 그 결과 세계화의 선두 주자가 될 수 있게 했다.

1840년, 성공적인 방직기계 제조업자인 알베르트 에셔는 비엔나에서 그의 아버지에게 쓴 편지에서 스위스 기계 시장의 포화상태가 임박했음을 우려했다. 이것은 스위스 기업들에게 세계화의 필요성을 알려주는 초기 신호였다. 그들은 다소 시작이 늦었지만 세계 도처에 지사를 설립하기 시작했다. 아울러 점점 복잡해지는 사업 활동을 위해 자본을 축적하고 발명품의 특허권을 확보하여 국제적인 기업을 보호했다.

밀라노에서 모스크바, 고베, 카이로까지

에셔가 우려했던 그 해, 에셔 비스는 인접 국가들의 시장을 차지하기 시작했다. 현지에서 방직기를 만들고 판매하기 위해 취리히에 소재한 이 기업은 비엔나 근처 리스도르프에 오스트리아 자회사를 설립했다. 그리고 독일 라벤스부르크에도 또 다른 자회사를 세웠다. 게오르그 피셔(Georg Fischer)는 이미 오스트리아에 두 개의 제철소를 설립했고 독일 관세를 회피하기 위해 스위스 국경 바로 건너편 독일 바덴-뷔텐베르크 징겐에 분공장(branch factory)을 세웠다. 1881년 슐처는 라인강 근처 루트비히스하펜에 자회사를 세워 세계를 선도하는 증기기관을 제작했다. 또한 밀라노에서부터 모스크바, 카이로, 심지어 일본 고베에 이르기까지 판매사무소를 열었다. 독일인 루돌프 디젤과 협력한 결과 최초의 슐처 디젤 엔진이 1898년 제작되었다. 이 엔진은 처음에는 선박에 장착되었고 곧 또 다른 히트 수출품이 되었다. 몇 년이 못 되어 거의 모든 중고 선박이 슐처 엔진을 동력원으로 사용했다. 처음부터 발터 보베리는 내심 브라운 보베리를 국제적인 기업으로 생각했다. 1900년 그의 회사는 만하임에 직원 규모 400명의 자회사를 만들어 운영하기 시작했다. 이 자회사는 곧 바덴에 있는 모회사를 추월했다. 1차 세계 대전 이전 슐처는 파리, 밀라노, 오슬로, 비엔나에 추가로 자회사를 세웠다.

노동조합의 등장

국제 사회의 압력이 또한 스위스 산업 형성에 영향을 미쳤다. 노동과 자본이 서로 대립하기 시작한 것이다. 1888년 노동자들이 스위스 금속노동조합을 결성했다. 이 단체는 스위스노동조합총연맹에 가입했다. 1899년 브라운 보베리에서 최초의 파업이 발생했다. 1905년부터 다른 회사들에서 빈번하게 조업 중단이 발생했다. 전쟁에 휘말리지 않는 스위스조차도 심각한 물자 부족사태가 발생한 1차 세계대전 동안, 파업이 심화되다가 드디어 1918년 총파업이 발생했다.
　파업 노동자들은 1일 8시간, 주 48시간 노동을 확보하는 데 성공했다.

그러나 1차 세계대전 후 경제가 침체되면서 노동운동이 쇠퇴했다. 1920년 시계 산업 노동자들이 가입되어 있던 금속노동조합은 조합원의 절반을 잃었다. 노동조합들이 1925년 국민투표에서 승리하여 '예외적' 조치로 주 최대 54시간 노동제 도입을 저지했음에도 금속노동자의 대표인 콘라트 일그는 나중에 많은 경우 외국의 경쟁자들이 스위스기업보다 40% 낮게 입찰할 수 있다는 고용주들의 주장을 반박하기 어렵다고 인정하며 파업에 반대했다.

  독일 나치즘의 등장으로 계급 간의 적이 갑자기 생존투쟁의 장에서는 같은 편이 되었기 때문에 스위스에서 긴장이 더욱 완화되었다. 이러한 초기의 사회적 동반자관계는 스위스의 전형적인 대타협—1938년 산업 '평화협약'—으로 나타났다. 일그와 고용주 연맹 회장 에른스트 뒤비는 다른 세 명의 노동조합 대표와 함께 '스위스 엔지니어링과 금속 산업의 유지와 지속적인 발전에 종사하는 모든 사람의 이익을 위해 산업평화를 유지하도록 노력한다.'는 협정에 서명했다. 이 협정은 산업 협약이라는 아이디어를 제시했으며, 많은 문제를 국가의 개입 없이 민법 하에서 동반자 관계정신으로 해결하는 분위기를 조성했다.

중립의 이익과 고통

2차 세계대전은 스위스의 몇몇 경제 분야에 붐을 가져왔다. 스위스는 중립국이기 때문에 유럽의 분열로 인한 무역 제한에서 이익을 얻을 수 있었다. 스위스 기업들은 전쟁의 공포로 방해받지 않았기 때문에 신뢰할 수 있는 공급자였다. 아울러 그들은 사실상의 중개인 역할도 했다. 그들은 경쟁사의 공급 중단이나, 적국의 제품을 거부하는 고객 덕분에 이익을 얻었다. 전쟁은 또한 인재와 자본의 이주에서 비롯되는 기회를 제공했다. 비록 모든 스위스 기업이 이로부터 이익을 얻지 못했다고 해도 말이다. 로슈는 유능한 유대인 난민 화학자들을 환영했지만 산도스, 시바, 가이기(오늘날의 노바티스)는 보복에 대한 두려움 때문에 그들을 거부했다. 로슈 역사상 가장 많은 수익을 창출한 발견 중 두 가지는 바륨과 비타민C였다―이 두 가지는 스위스로 이주하여 난민 신분으로 일했던 유대인이 발명했다.

그러나 장기적으로 전쟁과 그것이 제공하는 도전과 기회에 대한 스위스 기업의 대응은 스위스가 오랜 동안 인도주의적 노력을 기울여 왔다는 점을 고려할 때 국가의 평판에 오점을 남겨 스위스인들의 의식에 계속 고통을 주었다. '스위스인들은 한 주에 6일 동안 나치를 위해 일하고, 일요일에는 연합군의 승리를 위해 기도한다.'는 한 외국인의 논평은 그 당시 스위스 엔지니어링 산업이 했던 역할에 관해 연합군의 시각을 요약적으로 보여주었다. 이것은 많은 스위스 기업들에 대한

[*] 하지만 국가 전체가 비난을 받아야 하는 것이 아니다. 에곤 젠더 인터내셔널(Egon Zehnder International, 지금은 세계 최대의 파견인력 서비스 기업)의 스위스인 설립자 에곤 젠더는 윈스턴 처칠이 1944년 12월 3일 앤서니 에든에게 스위스가 2차 세계대전에서 해야 할 역할에 대해 했던 말을 기록한 쪽지를 지갑에 넣어 갖고 다닌다. "모든 중립국가들 중 스위스는 다른 국가와 구별되는 탁월함이 있습니다. 스위스는 끔찍할 정도로 분열된 국가들과 우리를 연결해주는 유일한 국제적 힘입니다. 스위스가 자국의 생존을 위해 우리가 바라는 상업적 우위를 우리에게 제공하든지 아니면 독일인에게 너무 많이 제공하든지 무슨 상관입니까? 스위스는 민주국가이며 산악 속에서 스스로 방어력을 갖추고 자유를 대변하고 있습니다. 깊이 생각해보면 스위스는 인종문제에도 불구하고 대체로 우리 편입니다."

상당히 공정한 묘사다. 확실히 일부 기업들은 독일의 상황에 대해 충분히 알면서도 나치와 열심히 계속 거래하여 비난을 자초했다.*

오엘리콘-뷔엘레의 어두운 이야기

오엘리콘-뷔엘레 만큼 중립주의와 인도주의 국가라는 스위스의 평판에 많은 손상을 입힌 기업도 없다. 1924년 초 에밀 뷔엘레라는 독일인이 독일 엔지니어링 기업 마쉬넨파브릭 마그데부르크(Maschinenfabrik Magdeburg)의 특사 자격으로 곤경에 처한 오엘리콘 기계 공구 공장을 방문했다. 이 독일 회사가 오엘리콘을 인수했고 뷔엘레가 오엘리콘을 다시 가동시키면서 청산회사인 지바흐(Seebach)의 자산을 통합했다. 지바흐는 1차 세계대전을 종식시킨 베르사유 조약에 따라 허가된 소규모 독일 군대인 국가방위군을 위해 보병용 야포를 개발한 기업이었다. 1929년 뷔엘레는 은행가인 장인의 도움을 받아 오엘리콘의 주식 대부분을 인수했고 1937년 이 회사를 완전히 인수했다. 처음에는 그는 중립국인 스위스에서부터 호전적인 국가에 이르기까지 모든 국가에 총기를 판매해 전쟁에서 많은 이익을 얻었다.

그러나 1940년 스위스 연방의회는 뷔엘레에 독일군에게만 무기를 공급할 수 있다고 명령했다(그 결과 영국은 아무런 로열티도 없이 오엘리콘 총기를 35,000정, 미국은 146,000정을 각각 제조했다). 전쟁 뒤 오엘리콘의 매출액은 이전 수준보다 불과 10% 감소했지만 냉전시대에는 곧 양진영에 무기를 공급하기 시작했고, 탈식민지화의 여파로 새롭게 탄생한 동남아시아와 아프리카의 국가들에게도 무기를 판매했다. 1970년 뷔엘레의 아들인 디터는 남아프리카공화국, 나이지리아를

포함한 여러 국가에 불법적으로 무기를 공급하고 '최종 사용자
인증서'를 위조한 혐의로 연방법원에서 재판을 받았다. 그는 집행유예와
벌금, 보호관찰 3년을 선고받았다.

모든 사람을 위한 공급자들

전후 몇 년 동안 세계 엔지니어링 산업의 대량 시장 분야가 크게
성장했지만 대량 시장 생산은 절대 스위스가 강점을 갖춘 분야가
아니었다. 스위스 기업들은 특히 자동차 산업에 대한 공급자로서의
중요한 지위를 점차 확보했다. 반면 브라운 보베리, 슐처, 에셔 비스와
같이 오래된 스위스 기업들은 확실히 믿을 수 있는 기술로 전쟁으로
파괴된 유럽의 재건에 기여했다.

그 결과 엔지니어링 분야의 수출액은 엄청난 속도로 증가했다—예를
들어 1960년대 동안 매년 증가율이 16%였고, 60년대 말에는 엔지니어링
산업이 스위스 수출액의 3분의 1을 차지했다. 이 산업은 스위스 경제의
초석이 되었고 수출액으로 따지면 화학 산업과 시계 산업을 합친
것보다 더 많았다. 50만 명—스위스 노동인구의 6분의 1—이 종사하는
엔지니어링 분야는 스위스에서 가장 많은 노동자를 고용하는 산업이다.

기계 산업은 일반적으로 '기복이 심한' 분야다. 경제 주기가 상승할
때 주문이 늘어나기 시작한다. 제조 기업들이 수요 증가에 맞추기
위해 생산 능력을 증가시키기 위해 준비하기 때문이다. 그 다음 경기
하강의 기미가 보이기 시작하면 생산 기업들이 생산능력 증대를 미루기
때문에 주문이 줄어든다. 보통 이런 경기 하강 주기에는 기업들이
비용을 줄여야만 하는데 이렇게 하는 가장 빠른 방법은 관련 기업들을

합병하여 과잉 생산 능력을 줄이는 것이다.

강한 스위스프랑화는 지속적인 압박을 의미한다

1960년대는 외국과의 경쟁이 증가하고 엔지니어링 산업의 성격이 반드시 스위스에게 유리하다고 볼 수 있는 방향으로 바뀌어가는 시기였다. 스위스 기업들은 합병의 필요성을 이해했다. 1961년 슐처는 SLM 빈터투어를 인수했고, 1969년에는 바젤에 있는 부르크하르트 엔지니어링 회사도 인수했다. 결국 슐처는 에서 비스도 인수했다. 1967년 브라운 보베리는 (한때 브라운 가문의 아버지와 아들이 운영했던) 오엘리콘을 인수했고 1969년에는 제네바에 소재한 쉐쉐홍(Sécheron)을 사들였다. 이런 합병은 스위스 엔지니어링 분야를 더 강하게 만들었지만 여전히 해결해야 할 근본적인 도전들이 남아있었다. 스위스 프랑화 가치의 상승은 지속적으로 수익성에 악영향을 미쳤고, 특히 1971년 고정 환율인 브레턴우즈체제가 붕괴되면서 스위스프랑화의 가치가 급증한 후 더욱 그랬다. 그러나 가장 큰 문제는 먼저는 일본, 나중에는 미국에 대한 기술적 우위를 상실한 것이었다. 특히 일본은 자동화, 지속적인 개선과, 린 생산(lean production) 기법을 이용하여 대량 생산, 저비용 고품질을 결합하는 방식으로 산업 생산과정에서 혁신을 선도했다. 높은 생산비용-고품질 모델을 가진 스위스는 현재 상태를 유지하려고 안간힘을 썼다.

1975-6년의 경제 위기는 다른 어떤 경제개발협력기구(OECD) 회원국보다 스위스에 큰 영향을 미쳤다. 스위스는 주로 건설 분야와 엔지니어링 분야에서 30만 개—스위스 노동력의 약 10%—의 일자리를

잃었다. 호황기 동안 경쟁력 향상에 실패한 대가는 혹독했다. 1960년대 말까지 스위스 산업은 다른 국가로부터의 값싼 노동력을 받아들였고, 노후화된 생산 설비를 교체하는 대신 확대했다. 그 결과 생산성이 다른 국가들보다 매우 느리게 증가했다.

컴퓨팅: 상실한 기회

엔지니어링 산업은 국내 생산의 경쟁력 저하로 외국인 노동자의 유입이 중단되고, 그 대신 경쟁사를 인수하거나 자회사를 확대하는 방식으로 스위스에서 다른 국가로 일자리가 이전되었다. 그러나 이것은 핵심적인 문제를 해결하는 데 거의 도움이 되지 않았다. 핵심 문제는 스위스 엔지니어들이 기술적 우위를 잃어버렸고 특히 설계 및 제조 과정의 자동화를 위한

↑ 브라운 보베리가 1977년에 생산한 증기 터빈. 이 터빈은 직경이 7m로 그 당시 세계에서 가장 컸다.

컴퓨터 혁명의 기회를 붙잡는 데 실패했다는 것이다. 이러한 실패는 섬유 기계 분야에서 사실상의 붕괴로 이어진 세계 산업의 변화와 맞물렸다. 1970년대 말 스위스는 여전히 기계류 생산국으로서 서독에 이어 2위 자리를(그리고 직조기 분야에서는 세계 선두였다) 유지했지만, 1980년대 초 매출액이 정체되면서 시장점유율이 감소하기 시작했다. 제조업은 신흥경제국으로 이전되었고 그곳에서 생산기업들은 경쟁력을 확보하기 위해 오래된 기계를 가동하고 저임금 노동자에 의존했다. 일부 스위스 기업들은 시장점유율을 높이기 위해 열심히 노력했다—예를

들어, 슐처는 세계적 선두주자인 최첨단 섬유기계 제조사 뤼티(Rüti)를 인수했다. 2001년 빈터투어 회사는 어쩔 수 없이 자사의 섬유기계 사업부를 이탈리아 기업에 매각했다.

ABB의 놀라운 성장과 몰락, 그리고 구제

한편, 스위스 기계 산업의 대표기업 브라운 보베리 역시 곤경에 빠졌다. 이 회사는 확고한 평판을 유지했지만 현실에 안주하면서 액정과 같은 자사의 많은 사내 발명품을 이용하는 데 실패했다. 이 회사가 내놓은 해결책은 세계적인 주목을 끌 수 있는 획기적인 것이었다. 1988년 브라운 보베리는 세계시장에서 제너럴 일렉트릭(GE)이나 지멘스와 경쟁하기 위해 스웨덴의 ASEA 그룹과 합병해 ABB를 만들었다. 이것은 유럽 역사상 최대의 국제적 합병으로서 세계를 선도하는 대형

↑ 1988년 스웨덴의 ASEA와 브라운 보베리(BBC) 간의 합병계약 서명으로 ABB(Asea Brown Boveri)가 탄생했다.

전기설비 제조 기업이 탄생했다. 이 두 회사는 총매출액이 150억 달러, 140개국에서 16만 명이 일했다.* 스웨덴과 스위스는 모두 유럽연합에 가입하지 않았기 때문에 유럽통합으로 소규모 미가입국으로서 그들의 입지가 취약해질까 두려워했다. ASEA는 마케팅 역량으로 유명했고, 브라운 보베리는 연구 기술 역량으로 높은 평가를 받았다. 이 시기는 또한 GE의 유명한 최고경영자 잭 웰치의 시대이기도 했다. 그는 자본재 판매에서 비롯된 현금 흐름에서 이익을 얻기 위해 거대한 금융서비스 사업—사실상의 GE 소유 은행—을 개발하여 엔지니어링 지형을 바꾸고 있었다.

바네빅(Barnevik)의 야망

ABB도 유명한 인물인 퍼시 바네빅을 새로운 경영자로 영입했다. 그 당시 ASEA의 로봇 회사를 발전시킨 스웨덴의 야심 있는 선구자로 평가받은 그는 조직의 유기적인 성장이 잘 이루어지지 않는 회사를 물려받았다. 그는 신속하고 확실한 의사결정을 내릴 수 있도록 회사를 설계했다. 영어를 기업의 공식 언어로 채택하고 새로운 기업 이미지를 만들었다. 더 중요한 것으로, 바네빅은 ABB의 관리 평가 및 인센티브 방식을 바꾸었다. 5,000개의 독립적인 사업부서(profit center, 비용과 수익에 대한 책임을 지는 회사의 단위: 옮긴이)를 만들어 성과에 대한 책임을 최대한 낮은 단위까지 확산시켰다. 각 사업부서는 약 50명으로 구성되며 책임자는 목표 설정과 달성에 대해 전적인 책임을 지닌 기업가로

[*] 출처:IMD Business School case study, 'ABB (A): The Barnevik Era'.

간주되었다. 본사 직원은 150명으로 줄여 경영학계를 놀라게 하였다.

바네빅은 엄청난 야망을 갖고 있었다. 10%의 수익률과 25%의 자기자본수익률을 목표로 설정한 그는 기업 인수를 통한 대대적인 확장을 시작하여 최고경영자로 재직하는 동안 240건의 기업 인수 계약을 체결했다.

1990년대 대부분 시기 동안 ABB는 세계에서 가장 높은 찬사를 받는 기업 중 하나가 되었다. 바네빅은 세계경제포럼의 스타였으며 여러 비즈니스 잡지의 표지를 장식했다. 1995년 그는 권위 있는 올해의 EU 최고경영자상을 수상했다. 이 시기 동안 ABB의 매출액은 175억 달러에서 338억 달러로 증가했으며 회사의 주식가치는 다섯 배 증가했다. 1998년 초, 상황은 더할 나위 없이 좋았고 ABB가 곧 닥칠 위기에 대비하지 않았다는 사실을 안 사람은 거의 없었다.

이면에 숨겨진 약점

박수갈채에도 불구하고 이 회사는 여전히 자본집약적인 기업으로 수익률이 낮았다. 1997년 투자 자본 수익률은 2%가 되지 않았고 영업 이익은 매출액 대비 3.6%에 불과했다. ABB가 실제로 갖고 있는 것은 부채였다. 이 회사의 자산 330억 스위스프랑은 부풀려져 있었고 주식 형태로 조달된 자산은 60억 스위스프랑에 불과했다. 바네빅는 대대적인 기업 인수에 필요한 자금을 부채로 조달했다. 게다가, 조달된 자금의 많은 부분은 단기자금이었고 대규모 신용대출 시장과 그룹의 신용등급에 의존했다.

이 시점에서 괴란 린달(Göran Lindahl)이 바네빅을 이어 최고경영자가 되어 ABB의 발전 사업─현금을 안정적으로 창출하는 몇몇 사업 중 하나─를 처분하는 파멸적인 결정을 내렸다. 1999년 세계 경제가 침체되자 신규 주문이 완전히 말라붙었고, ABB는 영업 손실을 겪고 현금 흐름에 문제가 발생하기 시작했다. 수요 감소 문제뿐만 아니라, ABB는 이탈리아와 같은 고비용 국가에서 제품을 생산하여 상당히 임금이 낮은 국가에 판매하고 있었다. 설상가상으로 이 회사는 바네빅이 인수한 회사 중 하나인 컴버스천 레온하르트 오일러 엔지니어링(Combustion Leonhard Euler Engineering)을 상대로 한 석면 클레임 때문에 미국에서 집단소송 가능성에 직면해 있었다. 아울러, 확장기 동안 잘 돌아가는 것처럼 보였던 분산되고 느슨한 기업 구조는 급격한 경기하강에 대처하기에 적합하지 않았다.

　마침 이 시기에 스테판 슈미트하이니(Stephan Schmidheiny)가 자신의 ABB 주식 지분을 마틴 에브너(Martin Ebner)에게 팔았다. 마틴은 1990년대 초 UBS를 매우 효과적으로 공격했던 주주 활동가였다. 에브너는 자신의 주식 지분을 11%까지 늘렸고 곧 UBS에서 했던 것과 상당히 같은 방식으로 ABB의 이사들을 없애기 시작했다.

무자비한 신용대출 시장

2002년 신용대출 시장이 기업에 대한 신뢰를 잃기 시작했다. 4월 ABB는 분기 수입이 전년 대비 30%로 감소했다고 발표했다. 석면 관련 클레임이 2002년 6월에 111,000건으로 폭증했고 ABB는 이미 지난 10년 동안 8억 1천 2백만 달러를 지출했다. 이것은 '블랙홀'처럼 보였다. 시장은 실망스러운 실적과 불확실성을 모두 좋아하지 않는다. 공개 시장에서

ABB의 자본 비용은 2002년 1월 2.5%에서 10개월 뒤 40%로 급증했다.

두 개의 핵심 사업 활동—산업자동화 기술과 전기 전송 및 배전—에 집중하려는 린달의 시도는 실패로 드러났고 그의 후계자인 위르겐 센터맨(Jörgan Centerman)은 ABB를 '고객중심' 회사로 재조직하려는 린달의 노력이 실패했다고 보았다.* 그 당시 ABB 이사회에 합류했던 에브너가 이사회 회장이었던 바네빅과 린달을 이사회에 보고하지 않고 연금과 기타 다른 고액의 퇴직금을 수령했다는 이유로 기소하자 회사의 평판은 심각한 타격을 입었다. 불과 몇 년 전에 스웨덴과 스위스의 가치관과 강점을 결합하여 모범적인 다문화 기업 합병으로 찬사를 받았던 이 회사는 곧 파산할 듯이 비틀거렸고 주식 가격은 폭락했다.**

숲속에서 길을 잃은 거인

이런 상황은 위르겐 도르만과 페터 포저가 회사를 경영할 무대를 마련해주었다. 독일인 도르만은 회흐스트(Hoechst)와 롱프랑(Rhone Poulenc)을 합병하여 아벤티스(Aventis, 나중에 사노피(Sanofi)와 합병되었다)를 만드는데 성공하여 명성을 얻었다. 쉘의 최고재무책임자 포저는 바덴에서 성장한 스위스인으로 그의 아버지는 브라운 보베리에서 일했었다. 도르만은 ABB의 이사였고 2001년 바네빅이 강제로 밀려난 뒤 이사회 회장으로 임명되었다.

[*] 바네빅은 린달의 새로운 조치에 대해 매우 비판적이었다고 한다. 그는 동료에게 이렇게 말했다. "그는 ABB 기업의 3분의 1을 팔고 나머지를 갖고 어떻게 해야 할지 몰랐다."
[**] 5장 각주 13을 보라.

도르만과 포저는 ABB의 생존이 얼마나 빨리 신뢰를 회복하는가에 달려 있다는 것을 알았다. 지금은 쉘의 최고경영자인 포저는 이렇게 말한다. "2002년 회사에 합류했을 때 ABB에는 심각한 전략적 문제가 있었다." 바네빅과 린트할이 경영하던 시기에 전력 생산과 교통 수송과 같이 가장 매력적인 현금 흐름을 창출하던 사업들을 매각했다. ABB는 당시 GE 캐피털을 모방하여 자사 제품 구매 자금을 지원하는 전방 통합(forward integrated) 회사가 되었다. 이를 위해서 대규모 신용대출 시장에서 훨씬 더 많은 재원조달이 필요했고, 만기 불일치가 발생하기 시작했다. 발전소는 이익 회수 기간이 길지만 은행은 예고 없이

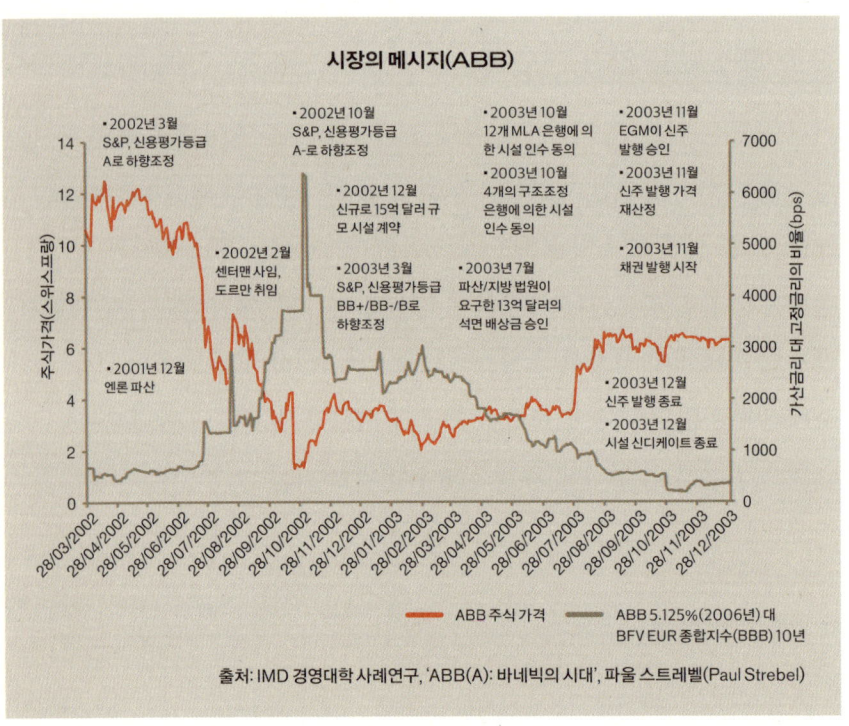

신용대출금을 회수할 수 있다. ABB의 조직은 6천 개 이상의 사업부로 나누어져 있으며, 지역 기업으로 발전하지 못했다. 포저의 말에 따르면 "기업들이 공통의 문화 없이 곳곳에 흩어져 있었고, 의사 결정은 가까운 개인 관계에 따라 이루어졌다… 우리는 넓기만 하고 깊이는 얕았다." 2002년 석면 위기 때 커뮤니케이션 책임자였던 비외른 에드룬트(Björn Edlund)는 훨씬 더 비판적이었다. "우리는 아무것도 모르는 사람들에게 인도되는 무식한 사람들이었다."

'무익함의 우주'에서 탈출하기

도르만은 가장 유능한 사람을 찾아서 재배치하고 그들에게 권한을 위임하기 시작했다. ABB 직원 중에서 인재를 발굴했다. 도르만은 집행위원회를 11개에서 5개로 줄였다. 그는 디네쉬 팔리발과 페터 스미츠에게 핵심 사업부의 운영권을 위임했다. 포저는 신용평가 등급 회복과 주주 관리 업무를 맡았다. 성격 좋은 스코틀랜드인 게리 스틸은 혼란 상태인 인적 자원을 관리했다.* 도르만은 계속해서 회사를 통제하면서 진로를 안내하고 레이저처럼 신속한 업무 집행에 초점을 맞추었다. 스틸에 따르면 "도르만은 흥미롭지만 쓸모없는 것들이 가득한 우주에서 중요하고 실행 가능한 것을 뽑아내는 놀라운 능력을 갖고

[*] 스틸은 쉘에서 나와 그 당시 '유럽 최고 기업'으로 묘사되던 기업에 입사했다. 그는 금요일 ABB의 제의를 수락하고 월요일 그의 상사인 최고경영자 위르겐 센터만이 해고되었다는 것을 알았다. 스틸은 ABB가 바네빅의 인도 하에 폭발적으로 성장한 것을 '거짓 성장'이라고 말한다. 스틸은 계속해서 ABB의 부실기업 회생팀에 남아 있는 유일한 구성원이다.

↑ 위르겐 도르만은 ABB를 파산에서 구원하고 성공적인 반전을 이루어 명성을 얻었다. 회사의 회복 과정을 매주 기록한 그의 비망록은 추종자들에게 영감을 주었다.

↑ ABB의 무뚝뚝한 최고재무책임자 페터 포저는 채권자와 주주들의 신뢰를 다시 회복했다. 어느 날 저녁, 파산 직전의 상황에서 그는 열쇠꾸러미를 사무실 탁자 위에 던지며 모인 은행가들에게 회사의 부채를 재협상하는 데 동의하지 않는다면 내일 아침에 그들이 회사를 운영해야 할 것이라고 말했다. 은행가들은 주저했고 ABB는 회복되었다. 포저는 나중에 쉘의 최고재무책임자가 되었다.

있었다." 가장 기억에 남는 도르만의 말은 "무엇을 해결해야 하며 그것을 해결할 힘을 누가 갖고 있는가?"이다.

도르만이 항상 옳았던 것은 아니었다. 그는 씁쓸하게 웃으며 이렇게 회상한다. "그 당시 인사 결정 중 70%는 옳았지만 30%는 실수였다. 나는 이 잘못된 판단에 대해 책임을 지고 나의 실수를 발견하자마자 공정한 방법으로 사람들을 교체하는 조치를 내렸다." 전반적으로, 이 과정은 매우 성공적이었다. 그는 "생존 여부가 걸려 있을 때 사람들이 얼마나 빨리 결속할 수 있는지 놀라울 따름이다."라고 말한다.

회사 소유 비행기를 매각할 시간

포저는 말한다. "도르만은 상징적인 조치에 매우 능했습니다. 그는 재빨리 임원용 식사 공간을 없애고, 회사 소유의 비행기를 매각하고, 그의 전임자들처럼 운전사가 딸린 리무진을 타는 대신 대중교통이나 택시를 이용하는 모습을 보여주었죠."

코네티컷에서 도르만과 처음 만날 때 50명의 고위 경영진들은 자신이 맡은 사업을 도르만에게 보고하려고 오전 8시에 파워포인트 자료를 발표하기 위해 준비했다. 도르만은 그들의 발표를 중단시키며 발표 자료를 이미 읽었기 때문에 이 시간을 활용하여 경영진이 5천만 달러의 비용을 절감하는 방법을 찾아보는 것이 훨씬 더 유익할 것이라 말했다. 그는 회의를 연기하고 나중에 만날 것을 제안했다. 도르만은 다른 방으로 가서 〈파이낸셜 타임즈〉와 〈FAZ〉를 읽었다. 경영진은 오후 3시에 5천만 달러의 비용을 절감하는 방법을 찾았다. 한 경영자가 '취리히는 비용절감을 허용하지 않을 것이기 때문에' 추가로 비용을 절감하는 것은 불가능하다며 불평했을 때, 도르만은 이렇게 대답했다. "우리 회사 전화번호부에 '취리히'라는 사람이 있는지 모르겠습니다. 그가 누구인지 찾아보고 처리합시다."

금요일 편지: 불편한 독서

18개월 만에 도르만은 석면 위기를 해결하고 에너지와 석유화학 분야의 비핵심 사업을 처분했다. 그러는 동안 포저는 일련의 재원조달을 통해 40억 달러를 어렵게 모아 ABB의 대차대조표와 신용평가 등급을 강화했다.*

ABB의 반전 성공에는 몇 가지 요인이 있었다. 도르만은 이렇게 회고한다. "대단한 결단력과 신속한 의사결정이 있었고, 우리는 신뢰할만한 소수의 사람들과 함께 일했다. 토론은 거의 없었고 과감하게 행동했다. 우리는 인기 없는 의사결정을 내리고 신속하게 실행하기 위해

'철면피'가 필요했다."

　도르만은 노동자, 고객, 주주, 공급자, 일반 대중에게 ABB의 문제를 숨기지 않고 공개적으로 발표했다. 15개월간의 위기 동안 매주 그는 ABB의 도전들과 진행 상황, 또는 문제를 극복하는 것을 가로막는 문제점에 대해 솔직하고 있는 그대로 간단히 발표했다. 이른바 '금요일 편지'를 읽을 때 그 편지가 솔직하고 간결하며, 자애로운 아버지 같은 태도로 과거보다는 미래에 초점을 맞추었고 비난보다는 책임을 강조한다는 인상이 두드러졌다. 한결같이 목표를 전면에 내세우면서도 겸손과 현실적인 태도로 한계를 인정했다.

　[*] 당시 ABB의 법무 자문위원이자 회사 총무부장(그리고 지금은 홀심과 네슬레의 이사)이었던 비트 헤스는 ABB의 석면 문제에 대한 해결책을 필사적으로 찾았다. 그는 미국 최고 법률사무소 몇 곳을 조사한 뒤 마침내 다우케미칼의 법률 자문위원이던 존 스크리븐과 시카고의 커크랜드 & 엘리스의 파트너 데이비드 버닉으로부터 유망한 아이디어를 얻었다. 이전에는 사소한 소송에서 단 한 번 사용된 적이 있는 그들의 제안은 한 원고측 변호사를 이용하여 모든 손해배상 청구인과 최종적인 해결책을 조율하는 것이었다. ABB은 미국에서 가장 저명한 집단행동 전문 변호사인 조 라이스에게 갔다. 공교롭게도, 원고측 변호사중 하나가 ABB의 뜻을 따라주었다. 회사는 그와 해결책을 협상한 다음, ABB가 승소할 수 있을 정도로 충분히 많은 수의 원고를 대변하는 다른 변호사를 설득한다면 2천만 달러를 주겠다고 합의했다. 헤스에 따르면 계속 이어진 흥정—서로를 아주 잘 아는 변호사들 사이에—은 마치 영화 같았다. 협상의 핵심내용은 석면 배상청구의 수와 규모가 ABB의 지불능력을 위협한다는 것이었다. ABB 팀—비터 보저와 비트 헤스—과 원고측 변호사들 간의 주요 회의 하루 전날 우연히 〈파이낸셜 타임스〉에 실린 한 기사는 이 회사의 몰락을 예상했다. 변호사들은 경험을 통해 파산절차를 밟는 와중에 다른 여러 채권자들과 거래를 하는 것보다 생존 가능한 기업과 해결책을 찾는 것이 훨씬 더 낫다는 것을 알았다. 라이스는 필요한 과반수를 신속하게 확보했다.

'열정이 현실 안주보다 더 낫다'

사람들은 '어떻게 이런 일이 우리에게 있을 수 있는가'라고 말하며 수치스러워하며 당황했다.

많은 에너지가 있었지만 모두 부정적인 것이었다. 에드룬트는 이렇게 말했다. "도르만은 열정이 현실 안주보다 더 낫다는 것을 알고 이러한 부정적인 힘을 ABB에게 명성을 안겨준 거대한 고전압 AC-DC 터빈과 같은 긍정적인 행동으로 바꾸기 위해 필사적으로 노력했다."

편지는 효과가 있었고 열광적으로 추종하는 사람들이 생겼다. 스틸은 노스캐롤라이나주의 한 공장 관리자를 기억한다. 이 관리자는 처음 30주 동안의 편지를 비닐로 코팅하여 공장에 설치된 커피머신 옆에 나란히 진열하여 모든 직원이 볼 수 있는 이야기 게시판을 만들었다. 노스캐롤라이나에서 상파울로, 오사카, 만하임, 취리히까지 모든 사람이 도르만의 편지를 자신의 이야기라고 생각했다.

임박한 파산

쇼서도 일련의 문제를 안고 있었다. 바네빅 이전 스위스 산업과 금융은 강력한 밀착 관계가 형성되어 있었지만 이제는 ABB와 은행들이 독자적인 길을 걸었다. 포저는 가장 절망적이었던 시기를 회상한다. ABB는 2002년, 6시간이 지나면 파산할 상황이었다. 취리히 시간으로 오후 5시였다. ABB는 뉴욕 시간으로 오후 5시까지 석면 소송 사건에 대해 합의를 해야 했다. 스위스 시간으로 오후 10시—ABB가 공식적으로 파산을 선언해야만 하는 최종 시한까지 불과 1시간 전—석면 소송 집단을 대표하는 집행위원단 중 두 사람이 합의를 하지 않으려고 했다―포저는 일어서서 그의 사무실 열쇠를 탁자에 던졌다. 그리고 방에서 걸어 나가면서 변호사들에게 다음 날 아침이면 그들이 ABB를 경영해야할 것이라고 말했다. 그들은 ABB의 파산 가능성을 인식하고는 순순히 합의했다. 다음 날 해가 떴을 때 ABB는 이 '블랙홀' 같은 법적 책임에 따른 무한한 불확실성을 좋은 조건으로 해결했다. 그런 뒤 포저는 더욱 탄탄한 기반 위에서 은행들과 대화를 재개할 수 있었다.

도르만은 2007년 퇴직했다. 포저는 2004년 쉘로 다시 돌아가 2009년 최고경영자에 임명되었다. ABB는 2010년 25억 6천만 달러의 이익을 기록했다. 2011년 이 회사의 주가는 16.47스위스프랑으로 낮을 때는 1.40스위스프랑이었다. 무디스의 평가에 따르면, 이 회사의 채권 신용등급은 정크 수준에서 A2로 회복되었다.

ABB의 회복은 1970년대 시계 산업의 구조조정 이래 스위스에서 가장 중요한 반전이었다.

항상 번창하는 중소기업들

스위스 엔지니어링 분야의 대기업이 최근 몇 십 년 동안 때에 따라 상대적인 침체와 회복을 반복했다면 중소기업들은 성장하여 틈새시장을 지배해온 성공 이야기가 많다. 그 중 하나는 기술자 발터 리스트(Walter Reist)이다. 그는 1955년 취리히 신문을 인쇄하는 인쇄기에 필요한 컨베이어 시스템을 자체 개발하기 시작했다. 그가 취리히 근교 힌빌에 1957년에 설립한 페라그사(Ferag)는 계속해서 이 사업 분야를 장악했다. 오늘날 세계 신문과 잡지 대부분이 페라그 장비의 도움을 받아 생산된다. 인쇄 사업이 사양길로 접어들면서 리스트는 자신의 컨베이어 기술을 다른 산업에 사용할 수 있는 방법에 대해 생각하고 있다.

우츠빌의 뷔엘레는 파스타 생산 기계뿐만 아니라 밀가루 제조 기계 시장을 장악하고 있다. 이 회사는 140개국 이상에서 사업을 펼치며 직원은 약 8천 명, 연간 매출은 20억 스위스프랑이다. 핀란드의 바르질라(Wartsila)에게 인수된 빈터투어의 슐처는 저속 디젤 엔진을 개발 및 생산하여 세계의 대다수 대형 컨테이너 선박에 공급했다. 후속 엔진 모델은 세계 최대의 피스톤 방식 엔진으로 높이 13.5m, 길이 27.3m, 무게 2,300톤인데 최대 규모의 14개 실린더가 장착된다(109,000 제동마력(80.08MW)를 생산한다).

장크트갈렌의 우츠빌 근처 어느 곳에서도 밀이 자라지 않는다. 빈터투어에서 가장 깊은 수심은 2m도 되지 않는다. 그러나 이런 상황은 스위스 기업이 곡식을 수십억 명을 위한 식품, 특히 파스타를 만들거나, 세계 최대의 선박이 대양을 횡단하게 하는 제품을 생산하는 것을 막지 못했다.

스위스 주방에서 만든 패스트푸드

1911년 빌리 피퍼(Willi Pieper)와 그의 아들 미사엘(Michael)이 프랑케(Franke) 배관회사를 설립했다. 이 회사는 1946년부터 주방을 만들어왔고 지금은 전 세계의 맥도날드 상점에 주방 설비를 제공하는 세계적인 기업으로 성장했다. 1989년 피터 스풀러(Peter Spuhler)는 전혀 자기 자본이 없이 투르가우에서 소규모 철도차량 제조기업인 스타들러(Stadler)를 인수했다. 그 이후 이 회사는 경량 철도 기관차

제조 분야에서 수십 억 스위스프랑의 매출을 올리고 있다. 사람들에게 거의 알려지지 않은 커피 기계 제조업체 두 곳이 있다. 루체른주의 서모플랜(Thermoplan)은 스타벅스에 장비를 공급하며, 콘스탄스 호수 주변 호만손에 있는 유그스터/프리스마그(Eugster/Frismag)는 다양한 브랜드명으로 전 세계에서 팔리는 기계를 제조한다.

지금까지 이 장에서 살펴보았듯이 스위스의 모험적인 기계 기업들은 말과 인간의 손을 대체하고 더 나아가 물을 전기로 바꾸는 분야에서 선구자들이었다. 그 중 가장 성공적인 기계 기업은 사람을 이동시키는 분야에서 세계적 선두주자가 되었다. '쉰들러'라는 이 회사는 전 세계의

↖ 엘리베이터를 작동하는 사람이 필요했던 1920년의 '쉰들러 소년'

↑ 쉰들러는 이른바 '홀 콜(hall call) 목적지 시스템'을 발명했다. 이 시스템은 탑승자가 선택한 목적지를 종합하여 최적의 경로를 제시한다.

엘리베이터와 에스컬레이터에서 볼 수 있다. 1874년 산이 많고 그림처럼 아름다운 루체른 지역에 로베르트 쉰들러(Robert Schindler)라는 가족 기업으로 설립된 이 회사는 1977년 이후 4세대인 알프레드 N. 쉰들러, 루크 보나르트(Luc Bonnard), 알프레드 스포르(Sporr, 지금은 은퇴했다)가 이끌어왔다. 오늘날 쉰들러는 전 세계에서 매일 10억 명을 이동시킨다.

다른 스위스 기업과 마찬가지로 쉰들러는 큰 연못의 작은 물고기로 시작했다. 회장인 알프레드 쉰들러가 지적하듯이 "피라미가 성공하려면 뛰어나고, 남과는 다르고 더 빨라야 한다." 새로운 기준을 지속적으로 세우는 유일한 주자만이 생존할 수 있다. 소규모 국내 시장 때문에 지리적 확장은 항상 쉰들러가 성공하게 된 핵심 요인이었다. 쉰들러는 1906년 베를린에 최초의 자회사를 설립했고 1913년 상트페테르부르크에 공장을 세웠다. 영업점은 1937년 브라질, 1976년 홍콩으로 확장되었다. 1980년 쉰들러는 중국 정부와 최초의 산업 합작 벤처기업을 설립했다. 이 회사는 지금 100개국 이상에서 44,000명의 직원이 일하는 세계적인 엘리베이터 공급자로서 이 분야에서 미국 소재 선두주자인 오티스(Otis) 다음으로 세계 2위다. 2011년 말 쉰들러의 스위스 주식거래소 주식 가치는 133억 스위스프랑이며 1980년 이후 60배 이상 증가하여 연평균 성장률이 14%에 이른다. 이 산업계에는 '오티스'라는 회사명과 관련하여 현 상황을 잘 보여주는 농담이 있다. 사람들은 우스갯소리로 오티스가 '우리의 골칫거리는 쉰들러(Our Trouble is Schindler)'를 의미한다고 말한다.

↕ 쉰들러는 1980년 모든 외국 기업 중 최초로 중국 정부와 합작 벤처 기업 설립에 서명했다. 오늘날, 중국은 이 회사의 가장 중요한 시장이 되었고 쉰들러는 중국 시장에서 선두주자다.

쉰들러의 발전

쉰들러는 다음 4단계를 거치며 세계적인 성공을 거두었다.

1. 회사 설립 직후는 신생 기업이 자신의 역량을 충분히 활용할 수 있을지를 놓고 고민하는 시기였다. 이런 고민을 통해 회사는 철도 차량, 공구, 은행 금고, 공장 로봇을 포함한 다양한 분야로 다각화하게 되었다.
2. 쉰들러는 핵심 사업 분야에서 원하는 목표를 달성하고 지속 가능한 성장을 준비하기 위해 1980년대 수익이 나지만 비핵심 사업 단위 15개를 처분했다. 이것은 상당한 기업가적 용기가 요구되는 전략이었다. 이러한 처분으로 기업 구조가 단순화되어 회사의 핵심 시장인 엘리베이터, 에스컬레이터, 무빙 워크에 집중할 수 있었다.

3. 1990년대 쉰들러의 다음 목표는 아시아, 유럽, 아메리카 대륙에 세 곳의 강력한 거점을 세워서 성장하는 시장 지역과 그 주변지역으로 사업을 확대하는 것이었다. 지금까지 이 회사는 60개 이상의 회사를 인수했는데 그 중에는 웨스팅하우스(미국)의 엘리베이터 사업부, 하우샨(독일), 아틀라스(브라질), 사우디 엘리베이터(사우디아라비아), 앤디노 엘리베이터스(콜롬비아)가 포함된다. 이러한 확장으로 쉰들러는 경제 주기의 상승기와 하강기에 균형을 맞출 뿐만 아니라 고객과 더 가깝고 지속적인 관계를 맺고 전 세계 영업점에서 생존에 필요한 목표를 달성할 수 있었다.

4. 결국, 새로운 천년이 시작될 즈음 쉰들러 그룹은 자체적으로 성장한 회사와 인수한 회사로 구성된 거대 기업 집단이 되었다. 하지만 이 둘은 완전히 통합되지 않았다. 규모 확장에 따른 이점은 계열사의 제품과 공정의 다양성 때문에 대부분 상쇄되었다. 이 회사의 전통적인 강점(가령, 기존 제품의 지속적인 개선)이나 획기적인 혁신도 이 기업이 세계적인 경쟁력을 유지하는 데 충분하지 않았다. 기업의 복잡성—이 시기에 핵심 사업 내에 존재했다—을 단순화할 필요성이 분명히 있었다. 이질적인 집단은 기본적으로 개선될 수 없다는 오래된 격언에 따라 기업 전체를 '건설적으로 해체'하고 계획에 따라 새롭게 구축해야 했다.

최근 쉰들러의 특징은 회사의 글로벌 제품 구성을 과감하게 합리화하고 '견적에서 현금지급'에 이르는 표준화된 업무과정을 채택하는 것이었다. 쉰들러는 거대한 회사 규모 덕분에 시너지 효과와 규모의 경제를 탐색할 수 있었다.

  쉰들러는 항상 일관되게 다음과 같은 네 가지 핵심 원칙을 적용해왔다—관리할 수 있는 성장을 보장하기 위한 대차대조표에 관한 황금률. 안전과 품질의 초석인 직원에 대한 지속적인 투자. 명확히 정의된 전략을 확고하게 실행하기 위한 인내와 집요함. 안정적이고 지속적인 사업을 위한 토대를 제공하는 일관된 가치와 높은 윤리 기준.

  그러나 쉰들러의 성공의 특징이자 생존 열쇠는 항상 혁신이었다. 쉰들러는 다양한 기술적 혁신과 업계를 완전히 재편하는 획기적인 기술을 처음 도입했다. 예를 들어, 건물 꼭대기에 기계실을 설치할 필요가 없는 기계실이 없는 엘리베이터, 높이와 공간 절감, 쇠를 사용하지 않은 견인 로프, 모든 탑승자에게 가장 빠른 이동 시간을 제공하기 위해 여러 엘리베이터의 최적 배치를 지속적으로 계산하는 이른바 '홀 콜' 목적지 시스템 등이다.

  오늘날 쉰들러는 시장에서 자사가 차지하는 위치와 전반적인 시장 전망을 고려할 때 지속적으로 성장할 수 있는 좋은 입지를 구축했다고 생각한다. 엘리베이터는 40년 이상 장기적인 서비스 상품이기 때문에 쉰들러의 후속 서비스 사업은 계속 성장할 것이다. 전 세계에서 도시화와 인프라 개발도 증가하고 있다. 최근의 세계적 추세와 맞물려 아시아-태평양 지역에서 주문량이 가장 많이 증가하고 있다. 하나의 사례만 들자면 중국에서 이 회사는 중국 북부의 창춘에서 남부의 광저우까지 연결하는 국가철도시스템에 350개 이상의 최신 에스컬레이터를 제공하고 있다.

  이런 목록을 열거하자면, 산업단지, 공항, 쇼핑센터 등 계속 이어진다.

이 중에서 필리핀의 막티(Makti)에 세워진 줄릭(Zullig) 업무빌딩이 있다(4장을 보라). 그러나 주요 개발 사업이든, 가정의 엘리베이터이든, 쉰들러는 빠르게 성장하고 점점 노령화되고 도시로 인구가 집중되는 사회에서 높은 성능과 최대한 깨끗한 에너지를 적게 소비하고, 더 먼 거리의 이동시간을 크게 절감할 수 있는, 안전한 도시 이동시스템에 대한 수요가 지속적으로 늘어갈 것으로 생각한다.

틈새시장 기술: 좋은 위치

엔지니어링 산업 분야에서 대량 생산 시장은 19세기와 20세기에 변화의 시대를 선도했던 많은 유럽 기업과 미국 기업의 손을 떠났다. 아직 남아 있는 대기업들은 자본 집약적인 첨단기술 시장이나 틈새시장에서 활동한다. 역설적이게도, 이런 추세는 스위스 엔지니어링 산업에 강점으로 작용했다. 스위스 기업들은 틈새시장 기술과 제품에 집중한 덕분에 중국과 다른 개발도상국들에 소재한 새로운 경쟁 기업들의 날카로운 공격을 가까스로 피해왔다. 그 결과 스위스는 제조업 기반의 활기를 유지할 수 있는 위치를 차지하고 있지만 다른 서구 국가들은 아웃소싱이 많이 일어나는 분야에서 주도권을 다시 확보하기 위해 분투하고 있다. 인텔의 전 최고경영자인 앤디 그로브(Andy Grove)는 최근 아웃소싱되는 노하우는 절대 본국으로 돌아오지 않을 것이라고 지적했다. 그로브는 배터리를 사례로 들었다. 미국은 예전에 세계 배터리 공급량의 85%를 생산했지만 지금은 전혀 생산하지 않는다—리튬 배터리가 아이패드, 자동차에서부터 전기면도기까지 다양한 제품에서 에너지를 저장하고 전달하는 중요한 원천이 된 이 시기에 말이다.

지금까지 보았듯이 스위스는 오랜 기간 동안 간청하고, 빌리고, 훔치고, 혁신한 결과 기계 분야(그리고 다른 분야)에서 선도적인 위치를 확보했다. 따라서 스위스인들이 '연구 및 개발'을 가장 신중하고 소중하게 취급하는 것은 충분히 이해할만하다.

혁신의 대학

연구 및 개발은 기술 전문대학, 취리히와 로잔의 공과대학과 연계된 스위스의 놀라운 직업 및 전문 교육훈련 시스템을 통해 주로 이루어진다. 대학들은 글로벌 기업이─신흥경제권이든

↑ 쉰들러는 세계 최대 에스컬레이터 생산 기업이며, 개발도상국들의 급속한 도시화에 따른 혜택을 얻을 수 있는 좋은 위치에 있다. 런던 로이드 빌딩에 설치된 에스컬레이터.

선진 경제권이든 상관없이─탁월한 엔지니어링 역량을 유지하는 데 매우 중요한 교육훈련을 제공한다. ABB는 자사의 스위스 공장에서 세계 도처의 수백 개 자사 공장 중에서 가장 수익률이 높은 제품을 생산한다고 말한다. 카리스마가 있고 현실에도 밝은 ABB의 새 최고경영자인 조 호간(Joe Hogan)은 말한다. "대부분의 혁신은 교실이 아니라 현장에서 일어난다. 스위스의 도제교육은 다른 국가보다 높은 3단계다. 게다가, 그들은 품질에 전적으로 몰두하는 유전자를 갖고 있는

것 같다."

　스위스의 엔지니어링 교육 전통은 오래전부터 시작되었다. 이 교육을 가장 열정적으로 시작한 곳은 1855년에 설립된 취리히 공과대학이다. 1911년 이후 이 대학은 국립기술대학(취리히 ETH)로 불린다. 이 대학은 스위스의 엔지니어링과 과학에 대한 평판을 전 세계에 확산시키는데 거의 모든 다른 대학보다 더 많이 기여했다. (또한 로잔 전문학교(Ecole Speciale de Lausanne)도 중요한데, 이 사립학교는 1853년부터 엔지니어링을 교육시켰으며 나중에 로잔대학교 공과대학으로 편입되었다.) 패트릭 애비셔(Patrick Aebischer)가 이끄는 로잔 연방공과대학교(EPFL)는 논문발표와 재원모금액 기준으로 세계 기술대학 중에서 '떠오르는 별'이다.

아주 긴 노벨상 수상자 목록

'공과대학'의 설립은 스위스에 정말 요긴한 것이었다. 처음부터 공과대학은 산업의 요구에 맞추어 최고의 수준—스위스의 세계적인 상징으로 발전했다—을 유지하면서도 실무적이고 실용적인 감각을 키웠다. 설립 이래로 국내에서 성장한 인재뿐만 아니라 유명한 외국 연구자들도 끌어들였다. 젊은 외국 엔지니어들은 높은 수준의 스위스 엔지니어를 인정하게 되었고 초기 몇 년 동안 스위스 엔지니어 산업에 대해 좋은 평판을 확산하는 데 크게 기여했다. 스위스 공과대학이 배출한 21개의 노벨상 수상자 중 대다수는 외국인이다—X선 발견자 빌헬름 뢴트겐부터 알베르트 아인슈타인, 볼프강 파울리, 블라디미르 프렐로그, 리하르트 에른스트, 쿠르트 뷔트리히.

그들의 획기적인 업적은 스위스의 과학과 엔지니어의 위상을 높이는 데 기여했다. ETH와 EPFL의 교수진 중 절반 이상이 외국인이다.

아직도 최고는 아니다

그러나 스위스 산업을 유지하기에는 잘 교육받은 수준 높은 전문가만으로는 충분하지 않다―스위스의 강점을 이용할 수 있는 성공적인 사업가들도 필요하다. 수십 년 동안의 상대적인 침체기 이후 엔지니어 산업에 남아 있는 소수의 대기업의 지속적인 강점과 함께 중소기업의 부활이 이 분야의 새로운 단계의 성장을 만들어내고 있는 징후를 나타내고 있다. 다른 개발도상국의 발전 추세를 뿌리치면서 스위스 엔지니어링 산업의 고용자수가 최근 몇 년 동안 증가해왔다. 2002년 수십 년 만에 처음으로 총고용자수가 30만 명 아래로 떨어져 저점을 찍은 뒤 2008년 다시 반등해 34만 명에 이르렀다.

스위스의 인재는 본국인이거나 이민자일 수 있지만 고객들은 거의 모두 외국인이다. 엔지니어링고용자협회 전 회장이자 경제장관인 요한 슈나이더 암만은 말한다. "수출 비중이 80%인 스위스 엔지니어링 산업은 세계의 현안 문제에 대한 해결책을 제공하기 위해 일관되게 고객의 요구에 초점을 맞추어야 한다." 암만에 따르면, 세계인구의 85%가 산업화의 초기 단계인 후진국에 살고 있어 '회복과 확장의 시기가 우리 앞에 놓여 있다.'

스위스의 노벨상 수상자

테오도어 코허	의학	1909년
알프레드 베르너	화학	1913년
샤를 에두아르 기욤	물리학	1920년
알베르트 아인슈타인*	물리학	1921년
파울 카러	화학	1937년
레오폴드 루지치카*	화학	1939년
파울 헤르만 뮐러	의학	1948년
발터 루돌프 헤스	의학	1949년
타데우시 라이히슈타인	의학	1950년
펠릭스 블로흐	물리학	1952년
다니엘 보베	의학	1957년
블라디미르 프렐로그*	화학	1975년
베르너 아르버	의학	1978년
조르주 J. F. 쾰러*	의학	1984년
하인리히 로러	물리학	1986년
카를 알렉산더 뮐러	물리학	1987년
리하르트 R. 에른스트	화학	1991년
에드먼드 H. 피셔*	의학	1992년
롤프 M. 칭커나겔	의학	1996년
쿠르트 뷔트리히	화학	2002년

*스위스 태생이 아님

2011년 스위스 최대 엔지니어링 기업

	1950	1970	1980	2000	2011
ABB(1891년)					
매출-백만 스위스프랑	na	na	26,668	39,044	37,990
고용자수-전체	na	na	215,150	160,820	133,600
고용자수-스위스 지역	na	na	c. 4,300	c. 5,400	c. 7,000
쉰들러(1874년)					
매출-백만 스위스프랑	na	778	3,680	8,530	7,854
고용자수-전체	na	20,900	31,990	43,330	43,685
고용자수-스위스 지역	na	c. 6,600	6,270	5,400	4,160
술처(1834년)					
매출-백만 스위스프랑	25	930	6,228	5,736	3,578
고용자수-전체	na	35,040	33,520	22,100	17,002
고용자수-스위스 지역	c. 7000	20,160	15,830	6,210	1,130
게오르그 피셔(1802년)					
매출-백만 스위스프랑	21	1,040	2,538	3,903	3,638
고용자수-전체	c. 7500	c. 20,000	15,230	14,660	13,606
고용자수-스위스 지역	3,770	10,200	5,380	3,200	2,620
리터(1795년)					
매출-백만 스위스프랑	na	221	1,780	2,931	1,001
고용자수-전체	na	c. 3,000	10,470	12,230	4,695
고용자수-스위스 지역	na	c. 3,000	3,520	2,050	1,650

이 표는 지난 60년 동안 주요 스위스 엔지니어링 회사의 매출액과 고용자수(총계와 스위스 지역)를 보여준다. 이 수치는 이용 가능한 자료들이다(자료를 이용할 수 없는 경우 na로 표시했다). 괄호 속 연도는 회사(또는 그 전신)의 설립연도를 나타낸다. 매출액과 고용자수는 반올림 또는 반내림한 수치이거나, 때로 추정치이며, 일부의 경우 연도별로 편차가 날 수 있다. ABB의 경우 매출액은 일반적인 환율을 적용해 미국달러에서 스위스프랑으로 바꾸었다. 술처의 1950년 국내 고용자수는 게브뤼더 술처의 고용자만 반영했다. 리터의 1970년 매출액은 자회사를 제외한 리터 주식회사의 수치다.

출처: 〈포춘〉

주요 연혁

1800년 이전

1795	요한 야곱 리터는 면화와 수입 식품을 거래하는 기업을 설립하다. 훗날 리터 엔지니어링 회사가 된다.

1800-99년

1805	한스 에셔와 잘로몬 폰 비스가 에셔, 비스사를 설립하다.
1807	하인리히 부셔-바이스는 니더베닝겐의 마을 대장간을 매입하다. 훗날 부셔 인더스트리가 된다.
1810	루트비히 폰 롤이 스위스 최초로 용광로를 만들다.
1834	요한과 잘로몬 술처가 빈터투어에 제철소를 세우다.
1842	카스파르 호네거가 호네거 직조기를 만들다.
1853	프란츠 자우러가 장크트갈렌에 주조공장을 세우다.
1853	슈바이체리셰 바곤 패브릭이 샤프하우젠에 설립되다. 훗날 SIG가 된다.
1855	취리히에 폴리테크니쿰이 설립되다. 나중에 국립공과대학인 취리히 ETH가 된다.
1871	빈터투어에 SLM이 설립되다.
1874	쉰들러가 설립되다.
1890	조셉 밥스트가 로잔에서 인쇄기기를 만드는 기업을 시작하다. 나중에 밥스트 그룹이 된다.
1891	찰스 E. 브라운과 발터 보베리가 브라운 보베리사(BBC)를 설립하다.
1896	리하르트 타일러, 알더리치 지르위카르트가 일렉트로테크니셰 인스티튜트 타일러사를 설립하다. 나중에 란디스 & 지르사로 발전하다.

1900-99년

1918	스위스에서 총파업이 발생하다.
1937	엔지니어링 업계에서 '평화협약'을 체결하다.
1937	에밀 뷔엘레가 오엘리콘 기계-공구 공장을 인수하여 군수기업인 오엘리콘-뷔엘레가 시작되다.
1957	발터 리스트가 인쇄기기를 제조하는 페라그를 설립하다.
1961	술처가 SLM을 인수하여 스위스 엔지니어링 산업의 합병 바람이 불기 시작하다.
1988	BBC와 스웨덴 기업 ASEA가 합병하여 ABB가 탄생하다.

2000년 이후

2009	아텔(Atel)과 EOS가 합병하여 알피크(Alpiq) 그룹이 탄생하다.

9장 제약 산업: 지식 판매

— 산업혁명을 생각할 때 우리는 순수하게 노동력을 보충하거나 대체하여 기본 물품을 만드는 생산성을 획기적으로 높인 기계와 새로운 형태의 에너지의 발달을 떠올리는 경향이 있다. 그러나 19세기 말, 완전히 다른 혁명이 활짝 꽃피었다. 과학자들은 실험실에서 완전히 새로운 제품을 만들어냈다. 어떤 면에서 이 제품들은— 염료, 비료, 살충제, 의약품, 화장품, 플라스틱— 아주 오래된 기술적인 문제를 해결할 만병통치약 같았다. 또한 이 제품들은 기존 화학약품과 의약품보다 더 싸거나 탁월한 대체재였다. 그런가 하면 지금까지 아무도 몰랐던 필요를 채워주었고 곧 과학자들과 그들의 후원자들에게 상상하기 힘든 부를 안겨주었다.

경제 역사의 기이한 우연으로 이 혁명은 먼저 독일과 스위스에서 일어났다. 19세기 후반기 대영제국과 이에는 못 미치지만 프랑스가 바다를 지배했다. 그래서 독일과 스위스를 포함한 다른 국가들에게 목재, 오일, 금속, 연료와 같은 필수품의 가격과 안정적 확보는 예측하기 힘든 시장과 전쟁 상황에 따라 크게 좌우되었다. 그래서 그들은 대체재와 다른 원천을 찾기 위해 집중적인 노력을 기울였다.

창조의 순간

어떤 산업이 언제, 어디에서 형성되었는지 정확히 말하기는 어렵다. 그러나 근대 화학 산업이 1856년 부활절 런던의 빈곤한 이스트엔드 지역 옥탑방에서 시작되었다는 것은 확실하다. 그곳에서 젊은 화학자 윌리엄 퍼킨(William Perkin)이 최초의 합성 아닐린 염료인 모베인(Mauveine)을 우연히 발견했다.

역설적이게도, 합성염료에 대한 아이디어는 식민지 국가에서 풍부한 천연염료를 확보할 수 있었던 영국 산업계로서는 그다지 큰 관심사가 아니었다. 그러나 섬유산업이 발달한 스위스와 다른 유럽 국가들에게는 하늘이 보내준 선물이 될 가능성이 있었다. 한동안 스위스의 실험실에서는 이 염료를 여러 유용한 산업과 의약품에 적용하였다.

멋진 제약 산업

이 중요한 발견은 화학 혁명에서 계속 탄생하는 제품들의 세 가지 놀라운 특징을 잘 보여준다. 첫째, 이 제품들은 흔히 기존 제품을 단순히 대체하기보다 스스로 수요를 창출한다. 예를 들어 바륨(Valium)은 어떤 것을 대체한 것이 아니라 이른바 최초의 획기적인 의약품이자 당대 가장 성공한 제품이 되었다. 이 약품을 발견한 로슈는 이 약품으로 약 20년 동안 10억 달러 이상의 매출을 올렸다.

둘째, 개발은 흔히 결합을 통해 이루어진다. 대부분의 발견은 또 다른 가능성을 열어주었고, 매번 반복할 때마다 기회는 기하급수적으로 확대될 수 있다. 러시아 화학자 드미트리 멘델레프(Dmitri Mendeleev)가 1869년 주기율표를 만들었을 때 이 지식혁명은 수세기 전 마젤란과 콜럼버스의 지리적 발견과 같았다. 지구의 화학원소가 구체적으로 제시되자 가장 야심차고 유능한 과학자들이 원소간의 친화성과 결합 특성이 어떻게 유용한 새로운 화합물―새로운 색깔, 향기, 화장품, 의약품―을 만들 수 있는지 이해하려고 경쟁했다. 주기율표에서 빠진

부분—즉 최초의 탐험가들에게 있어 미지의 바다와 같다—은 호기심을 불러일으켰고, 아직 발견되지 않은 원소들의 특성을 정확히 예측할 수 있는 틀을 제공했다.

과학자들이 지배하는 곳

셋째, 과학자들은 비록 특이하긴 하지만 신이 되었다. 탁월한 미국 생화학자인 미국 국립과학원 회원인 윌리엄 루터(William Rutter)는 말했다. "화학자는 평생 자신이 틀렸다는 것을 입증하고, 또 자신의 가설이 옳다는 것이 입증될 날을 기다리며 보낼 수 있다. 흔히 적용 방법을 살짝만 바꾸거나, 언뜻 보기에 중요하지 않은 부작용을 제대로 관찰함으로써 새롭고 가치 있는 것을 발견할 수도 있다." 1986년 노벨 물리학상 수상자 게르트 비니히(Gerd Binnig)가 주사터널링현미경(scanning tunnelling microscope)을 만들기 위해 걸어왔던 불확실하고 힘든 여정을 이렇게 설명한다. "콜럼버스가 유럽에서 아메리카로 항해를 떠나는 것과 같습니다. 바다를 횡단하는 동안 그는 자신이 어디에 있는지, 목적지에 실제로 가까이 다가왔는지 전혀 모릅니다. 과학자들은 자신의 직관, 신념, 인내, 행운에 의지해야 하죠. 새벽 3시경에 나는 혼자 실험실에서 온갖 방법을 시도했습니다. 그 중 어느 것도 효과가 없었는데 갑자기 탐침 끝에 있는 원자가 보였습니다. 그것은 원자 수준의 해상도 이미지였습니다. 웃어야할지, 울어야할지 모르겠더군요. 그것은 나의 과학자 인생에서 가장 중요한 순간이었습니다. 노벨위원회에서 전화를 받을 때보다 훨씬 더 감명 깊었습니다."

과학자들과 그들의 발견물들—우리 시대에 전자공학과 컴퓨터공학 분야까지 널리 확산되었다—은 전례 없이 다양한 상업적 기회를 제공했고, 이전에 아무도 상상하지 못했던 이익을 창출할 수 있는 영역을 확대했다. 그리고 '지적재산권' 개념이 새로운 의미와 중요성을 갖게 되었다.*

스위스 최대의 수출품

처음부터 스위스인들은 이 혁명의 주요 수혜자였다. 오늘날 노바티스(Novartis)와 로슈(Roche)의 총 기업 가치는 2,260억 스위스프랑이지만 스위스 최우수 기업인 네슬레의 기업 가치는 1,610억 스위스프랑이다. 아울러 제약 및 제약 사업은 계속 탄탄한 모습을 보이고 있다.

2010년 스위스의 화학 및 제약 제품 수출액은 스위스 시계나 기계 산업의 수출액보다 두 배가 넘는 760억 스위스프랑이며, 지금까지 스위스의 가장 귀중한 산업이다. 이 분야는 식료품, 시계, 기계 산업을 합친 것보다 더 많은 돈을 연구 및 개발에 투자한다.

당연한 일이겠지만, 스위스에서 가장 부유한 사람들 중 최고 순위는

---

[*] 자연에서 일상적으로 만들어지는 화합물의 인공합성물질에 대해 특허권을 부여한다는 개념은 19세기에 논란이 많았다. 각국은 자신의 법률체계를 놓고 씨름했다. 이 멋진 주제에 대한 권위 있는 논의를 알고 싶다면 Graham Dutfield, 「지적재산권과 생명과학 산업: 과거, 현재, 미래(Intellectual Property Rights and the Life Science Industries: Past, Present and Future)」(Singapore, World Scientific, 2009)을 보라.

이 분야에 종사하는 사람들이 많다. 예를 들면 베르타렐리, 블로허, 호프만, 오에리, 산도스가 있다. 그들의 활동은 종종 사람들을 깜짝 놀라게 한다—에르네스토 베르타렐리가 후원하고 선장을 맡은 요트 알링기(Alinghi)가 2003년 아메리카컵에서 우승했다. 이것은 바다가 없는 내륙국가가 최초로 우승한 것이었다.

독일어가 과학의 중심이었을 때

대부분의 사람들은 19세기와 20세기에 독일이 화학의 세계적 중심이었고, 독일어가 이 분야의 공통언어였다는 사실을 모른다. 2차 세계대전까지 화학 교과서들은 모두 독일어로 되어 있었다. 머크, 바이엘, 쉐링 푸라우, 화이자, 스미스클라인 비첨을 비롯하여 영국과 미국의 가장 중요한 제약 회사들의 다수가 독일의 과학 기술에 그 기원을 두고 있다. 많은 일본 의학 용어는 독일 의학 용어를 음역한 것인데, 이것은 일본이 독일 과학에 몰두해 있었던 시기를 보여준다.

과학의 많은 부분은 지식을 추구하고 널리 교환하는 활동으로 이루어진다. 스위스인들은 비밀스러운 경향이 있음에도 국제적인 협력에 익숙하고 보통 몇 가지 외국어를 구사했다. 스위스

제약기업의 자산

시장가치,10억 스위스프랑		비중,%
네슬레	161.77	24.6
노바티스	128.09	19.5
로슈	98.43	15.0
UBS	38.11	5.8
ABB	35.30	5.4
취리히	26.14	4.0
CS그룹	25.37	3.9
리치몬트	23.33	3.6
신젠타	22.27	3.4
트랜스오션	15.61	2.4

출처: 스위스 주식거래소

과학자들은 새로운 발견을 널리 발표하는 데 좋은 파트너가 되었다. 그들은 스위스의 편리한 입지와 이웃 국가로부터 동료 과학자들을 끌어들이기에 좋은 환경을 이용할 수 있었다.

전통을 계승하는 스위스

과학 혁명의 속도가 붙으면서 ETH와 취리히 대학은 최고의 교수진을 갖추고 독일어권의 전통적인 화학—화학이 1970년대 말 화학적 화합물에서 분자생물학과 생명공학기술로 중심이 이동하기 전까지의 연구 분야—에서 최첨단을 걷고 있는 것으로 간주되었다.

　스위스는 보건의료 분야에도 오랜 전통이 있다. 로마 시대부터 스위스는 자연을 이용한 치료—온천과 클리닉을 갖춘 깨끗하고 신뢰할 수 있는 곳—를 할 수 있는 곳으로 여겨져, 부유한 유럽 방문자들이 건강과 에너지를 회복하기 위해 몰려들었다. '의학의 르네상스'로 묘사되는 15세기 의학에 화학물질과 광물질을 처음 이용한 사람은 스위스인 파라켈수스(Paracelsus)였다. 스위스 국기—색을 반전시켰다—는 세계적인 전문 의료 활동의 상징인 국제적십자사의 깃발에 영감을 주었다.

아름다운 우연

많은 발명이 그렇듯이 아닐린 염료의 발견도 우연이었다. 퍼킨은 유일한 말라리아 치료제로 알려진 퀴닌—많은 비용을 들여 남미의 나무껍질에서 추출해야 한다—을 인공 합성하려고 시도하고 있었다. 자주색 인공 염료인 모베인이 세계에 등장하는 길은 결코 간단하지 않았다. 먼저 퍼킨은 모베인이 섬유 염색이 가장 귀하게 대접 받던 시대에 짙은 자주색을 빨리 물들일 수 있는 염료를 제공해주었기 때문에 많은 수익을 얻었다. 또한 그는 계속 더 많은 인공 염료를 발견했지만 영국인이나 프랑스인들은 이 새로운 발견물들이 제공하는 기회를 포착하지 못했다. 이때 국내 인공 염료에서부터 세계적인 의약품에 이르기까지 그 가능성을 발전시키는 역할은 이 화학물질의 산업적 잠재력을 볼 수 있고 특히 제한이나 환경 규제 없이 기업을 운영할 수 있는 자유를 가진 사람들에게 주어졌다. 그들은 바로 독일인과 스위스인들이었다.

염료와 의약품은 화학적 관련성이 있었기 때문에 염료 물질들이 의약품과 다른 유용한 응용 제품 생산의 출발점이 될 수 있다는 사실이 명백해졌다. 아닐린 염료는 항균제와 항암 치료제를 포함한 많은 치료제의 선행물질임이 밝혀졌다(아닐린 염료 자체는 발암물질로 밝혀졌기 때문에 역설적인 발전이었다).

염료에서 의약품에 이르는 짧은 길

이 기간 동안 바젤의 4개 화학 및 제약 대기업의 기초가 마련되었다. 이중 첫째 기업은 요한 야콥 뮐러 팩(Johann Jacob Müller-Pack)이 설립한 가이기(Geigy)다. 뮐러 팩은 바젤 소재 화학, 염료, 제약 무역상인 J. R. 가이기와 함께 1857년 염료용 목재 공장을 세웠다. 2년 뒤 알렉산더 클라벨(Alexander Clavel)은 자신의 바젤 실크 염색 공장에서 푹크신 또는 마젠타 염료를 생산했다. 1873년 클라벨은 신생 기업인 빈드셰들러 & 부슈(Bindshedler & Busch)에 매각되었고

10년 뒤 시바(Ciba)가 되었다. 그리고 2년 뒤 케른 & 산도스(Kern & Sandoz)가 염료를 만들기 위해 설립되었다.

 19세기 말 무렵 제약이 좋은 사업이 될 것이라는 점이 분명해지고 있었다. 1896년 바젤에 설립된 F. 호프만 라 로슈는 처음부터 제약에 집중하는 최초의 회사가 되었고 1898년에 지롤린(Sirolin)이라는 기침약을 출시했다. 곧 시바가 그 뒤를 이어 안티피린(회호스트가 특허를 낸 해열제)을 생산했으며 거의 동시에 듀란트 & 휴그닌(Huguenin)이 소염제인 살롤(Salol)을 개발했다. 이 약품은 바젤 회사가 만든 최초의 알레르기 약품이었다. 1890년대 산도스도 제약 기초 물질을 생산하기 시작했다. 산도스는 협력기업으로서 안티피린을 제조했는데 독감 유행기에는 전 세계적으로 이 약품에 대한 수요가 엄청났다. 또한 특허권으로 보호받지 않는 복제약품도 생산했다. 산업적인 위험 증가에 대처하고 제품 개발과 관련된 재원을 확보하기 위해 가족 소유 기업들이 책임이 제한된 주식회사로 차례로 전환되었다. 1884년 빈드셰들러 & 부슈(Bindschedler & Busch)는 시바가 되었고 산도스는 1895년, 가이기는 1901년에 각각 주식 시장에 상장되었다.

 돌이켜보면, 이 기간은 화학 기업과 제약 기업들이 서로를 능가하기 위해 노력하고, 공정한 수단 또는 부정행위로 일확천금을 벌려는 사람들로 들끓었던 시기였다. 예를 들면, 특별한 치료 효과나 탈모 회복 등 신뢰하기 힘든 주장들이 넘쳐났다. 소비자들은 이런 주장이 타당한지, 오도하는 것인지, 단순한 사기인지 구별하기 어려웠다. 새로 출현한 과학과 화합물에 관한 규제 기준이나 감독 부재로 의심과 불신의 환경이 만들어졌다.

로베르트 빈드셰들러는 안티피린 판매를 좌우하던 회호스트와의
계약을 위반하여 1900년 사기로 유죄 선고를 받고 이듬해 교도소에서
죽었다. 뮐러 팩은 어떤 일로 벌금을 부과 받았으며, 시바 공장 근처에서
중독 증상으로 고통당하는 가족에게 연금과 다른 보상금을 지불해야만
했다. 또 바젤시는 이 회사에 유독성 폐기물이 라인강으로 배출되는
것을 막기 위한 시설을 설치하는 비용을 부과하기도 했다.

↑ 1914년 바젤의 시바 제약연구소

스위스 산업 역사에서 자주 그랬듯이, 이러한 주식회사들은 스위스 국경 밖에서 큰 혼란이 발생하고 난 후에야 화학물질을 의약품으로 바꾸는 기업들에게 열린 국제적 기회를 충분히 활용하기 시작했다. 연합국들이 1차 세계대전 초기에 독일을 봉쇄했을 때 스위스는 많은 시장에서 그 틈새를 메우고 급격하게 가격이 오른 약품과 염료 분야에서 큰 수익을 올렸다. 이
전쟁으로 소독제, 진통제, 진정제, 해열제에 대한 수요가 엄청나게
늘어났다. 1913-1920년 동안 스위스의 화학 분야 수출액은 7배
늘어났다. 산도스의 매출액은 1914년 6백만 스위스프랑에서 1917년 3천
7백만 스위스프랑으로 비약했다.

스위스의 경쟁 모델

1918년에 찾아온 평화로 다시 가격 경쟁이 예고되었다. 세 개의 최대 기업—시바, 가이기, 산도스—은 바슬러 IG라는 카르텔을 만들어 대응하여 이 시장을 재빨리 지배했다. 세 기업이 법적으로는 여전히 독립되어 있었지만 서로 긴밀하게 조율된 투자와 확장 계획을 만들었고, 아울러 공동 구매, 가격 담합, 심지어 엄격하게 사전에 결정된 공식에 따라 이익을 공유하기도 했다. 이러한 행동의 주요 목적은 가격을 유지하고 독일의 대대적인 물량 공세를 방어하는 것이었다. 그런가하면 한편으로 유럽의 염료산업은 미국 경쟁자들로부터 압력을 받자 1929년부터 1939년까지 독일, 프랑스, 스위스를 포함한 3자 카르텔을 형성하여 단결했다.

제품 개발은 1930년대 중반까지 느렸다. 실제적으로 새로 발견된 화학물질은 적었다. 연구 중심 제약 산업은 특히 독일 이외의 지역에는 거의 존재하지 않았다. 이용할 수 있는 대부분의 약품은 오늘날의 의사, 약사, 환자들에게 원시적인 것으로 간주될 수 있었다. 의학 전문 언론인 제임스 르 파누(James Le Fanu)에 따르면, "새로 의사 자격을 얻어 1930년대 개업한 의사는 10여 가지의 입증된 약품으로 매일 만나는 수많은 다양한 질병을 치료했다…. 30년 후 같은 의사가 은퇴할 즈음에는 10여 가지의 의약품이 2천 가지 이상으로 늘어났다."*

전형적인 패턴을 따라서 스위스 기업들은 해외 판매와 마케팅 자회사를 이용해 국제 마케팅을 시작했다. 그러나 1920년 무렵 이후부터

[*] 르 파누(1999), 206.

많은 국가가 보호주의를 확대하면서 해외 제조 활동이 촉진되었다. 1차 세계 대전 이전 차르 체제의 러시아는 로슈의 최대 시장이었다. 그러나 1920년경 이후로 많은 국가의 보호주의 강화로 수출이 위협받았고 해외 제조 활동이 촉진되었다. 로슈는 갑자기 러시아 시장이 사라지면서 파산지경까지 갔다. 예를 들어 시바의 경우 총 염료생산의 해외 비율이 1914년 16%에서 1932년 70%까지 증가했다. 1925년 바젤 상공회의소는 처음으로 바젤의 화학 산업이 노동자의 절반 이상을 해외에서 고용한다고 밝혔다. 같은 기간 동안 이 세 기업들의 활동에서 제약 비중이 크게 늘어났다(가이기는 예외다. 이 회사는 1940년까지 제약 분야에 진출하지 않았다).

뉴저지 피난민

염료 기업과 제약 기업은 점진적이긴 하지만 확실하게 나눠지고 있었고 국제 시장에서 후자의 비중이 점점 커졌다. 1939년 스위스 제약 회사들에서 일하는 16,500명의 노동자 중 불과 3분의 1만이 스위스에서 일했다. 이 중 가장 국제적인 회사는 로슈였다. 1940년 이 기업은 사업본부를 대서양을 건너 맨해튼에서 몇 마일 떨어지지 않은 뉴저지 근교 너틀리로 이전했다. 이곳에는 스위스가 나치 독일에 굴복할 경우를 대비해 바젤의 본사와 똑같은 이미지의 빌딩이 세워졌다. 로슈 그룹 이사회장인 에밀 C. 바렐—그의 아내는 유대인이었다—은 미국으로 그의 가족을 이주시켰다. 그 당시 스위스가 독일군의 심각한 침략 위협 아래 놓여 있었음에도 불구하고 바젤 시민들은 이러한 조치를 패배주의자들의 도피로 간주했다.

이러한 이주는 또한 독일과 여러 지역에서 억압을 받는 유대인을 향한 로슈의 동정적인 태도에서 자극받았을지도 모른다. 로슈는 유능한 독일계 유대인 과학자들을 많이 고용하여 그들을 뉴저지에 배치했다. 이곳에서 그들은 평화와 안전이 보장된 가운데 연구 프로젝트를 수행할 수 있었다. 한편, 시바, 가이기, 산도스는 독일의 보복이 두려워 유대인을 고용하지 않았다.

로슈의 아주 유명한 관용

2차 세계대전 이전과 이후에 이 선도적인 회사는 의약품 연구에 많은 돈을 폭넓게 투자했는데 종종 실제적인 응용에 대한 고려도 거의 하지 않았다. 특히 기초 연구를 위한 자금 지원에서 로슈의 관용은 매우 유명했다. 그러나 소수의 성공적인 제품군의 발견과 개발 덕분에 모든 스위스 화학 및 제약 대기업은 2차 세계대전 이후에 매출액이 다시 크게 늘어났다.

가장 놀라운 성공 사례는 로슈가 비타민을 생산했을 때 일어났다. 비타민의 시작은 1905년 가족과 함께 취리히로 이주한 폴란드계 유대인 타데우시 라이히슈타인(Tadeus Reichstein)의 발견에서 비롯되었다. 라이히슈타인은 취리히의 ETH에서 조교수가 되어 가장 단순한 장비만 갖추어진 지하 연구실에서 연구했다. 여기서 그는 학생들의 도움을 받아 비타민C를 합성하는데 성공했다. 1933년 그는 합성 과정을 특허 출현하고 특허권을 로슈에 판매했다. 로슈의 연구책임자 마르쿠스 구젠하임의 첫 반응은 싸늘했지만 점차 신물질의 의학적 유효성을 알아보았고, 결국 이것과 관계를 맺는 일생일대의 선택을 했다.

갑자기 모든 것과 결합된 비타민

제약 산업에서 비타민C의 인기는 신제품을 통한 새로운 시장 창출이라는 지금까지 매우 익숙하지 않은 기법을 보여주는 중요한 사례가 되었다. 로슈는 네슬레와 공동으로 네스트로빗(Nestrovit)이라는 우유 유제(乳劑)뿐만 아니라 '비타민이 첨가된' 초콜릿을 시장에 출시했다. 이 유제는 건강증진 음료로 판매되었고 특히 아이들(그리고 어머니들)에게 인기가 있었다. 이런 방식으로 로슈는 비타민C를 이용하여 질병예방 제품 시장을 새롭게 창출했다. 수많은 비타민C 응용 효과가 광고되었다—한때 기적적인 암 치료제로 홍보되기도 했다. 오늘날 매년 전 세계 합성 비타민C(아스코르브산) 시장 규모는 11만 톤 정도다. 로슈는 영양학자들이 비타민을 중요하게 평가하는 덕분에 수익을 얻었다(일부 국가에서는 흰 빵에 비타민을 첨가한다—실제로 영국에서는 흰 빵에 비타민을 추가하지 않고 판매하는 것은 불법이다). 로슈는 계속해서 합성 비타민 A, B1, B2, K1 시장에서 세계적인 주도권을 확보했다. 수십 년 동안 비타민C는 로슈 그룹의 대들보였다. 그러나 1990년대 미국과 유럽에서 불법적인 가격 고정 혐의로 약 320억 스위스프랑의 벌금형을 받고, 때마침 중국의 값싼 제품이 비타민 서장을 어느 때보다 크게 장악하면서 매출이 급락했다. 2002년 로슈는 자사의 비타민과 정제화학 제품 사업부를 네덜란드 생명과학 그룹인 DSM에 매각했다.

육체 치료와 정신 치료

사회에 큰 영향을—아주 다른 방식이긴 하지만—미친 또 다른 스위스 의약품은 리세르그산 디에틸아미드(LSD)였다. 1930년대 화학자인 알베르트 호프만(Albert Hofmann)은 산도스에서 맥각균의 식물 염기(alkaloids)들을 부분적으로 인공 합성하는 연구를 하고 있었다. 그는 호흡과 혈액순환을 자극하는 각성제를 찾고 있었다. 산도스는 식물 염기로 이미 성공을 거두었다. 출산 시 출혈을 방지하기 위해 에르고타민에서 개발한 어떤 물질이 편두통에도 효과가 있는 것으로 밝혀졌다. 호프만은 자신이 발견한 물질을 순환 자극제로서 효과를 테스트 하던 중 1950년대와 60년대 사회적 변화에 큰 역할을 했던 환각을 경험했다. 이 효과는 미국 심리학자이자 작가인 티모시 리어리에 의해 분석되어 발표되어, 1960년대의 반문화 운동 촉진에 도움을

↑ DDT의 화학 구조

⋯→ 파울 뮐러는 가이기에 있을 동안 DDT를 발견했다. 이 살충제는 처음에는 기적으로 간주되었다.

제공했다. 과학적 측면에서 LSD는 뇌의 신경전달물질에 대한 연구라는 새로운 지평을 여는 데 도움을 주었고, 향정신약 개발의 토대들 중 하나로 평가된다.

역사를 만든(그리고 악명이 높은) 또 다른 화학물질은 DDT로 더 잘 알려진 디클로로디페닐트리클로로에탄이었다. J. R. 가이기의 연구원이었던 파울 헤르만 뮐러는 1939년 우연히 DDT의 살충 효과를 발견하고 그 공로로 1948년 노벨상을 받았다. (그는 이 화학물질을 흰색 염료물질로 개발하여 여름휴가 동안 그것을 자신의 사무실에 두었다. 그가 돌아와 보니 사무실에 파리 몇 마리가 죽어 있었다.)* DDT는 1942년부터 게사롤과 노이시드라는 브랜드명으로 판매되었고, 감자 수확물 보호와 이를 제거하는 용도에 이르기까지 모든 곳에 사용되었다. DDT는 농산물 수확량을 크게 향상하는 획기적인 화학물질이었다. 많은 다른 과학자들도 살충제를 연구했지만 뮐러의 획기적인 연구결과는 특별했다. DDT는 섭취가 아니라 접촉에 기초한 최초의 살충제이기 때문이었다. 독성 작용이 빠르고 오래 지속되며 광범위한 곤충에 효과적이었다. 그리고 냄새가 약간 나긴 했지만 값쌌다. 그 결과 2차 세계대전 때 미국과 나치 독일로 막대한 양이 수출되었다.

DDT 재앙

전후 수 년 동안 DDT는 단순한 살충제가 아니었다─전 세계에서 개발 정책 수단이었다. 유엔은 DDT의 획기적인 힘을 인정하고

[*] 당시 J.R. 가이기의 재무담당자 J.F. 가이기의 말이다.

말라리아를 박멸하기 위해 전 세계에 이 화학약품을 배포했다.* 또한 DDT는 가이기에 엄청난 재정적 성공을 가져다주었다—1950년부터 1970년까지 가이기의 매출은 DDT 덕분에 20배 증가했다—같은 기간 시바의 매출액은 단지 7배, 산도스의 매출액은 10배 각각 증가했다. 그러나 1962년 이 모든 상황이 갑자기 바뀌었다. 레이첼 카슨이 베스트셀러「침묵의 봄」에서 DDT를 농촌 지역 야생생물 감소의 주범이라고 지목했다. 무엇보다 DDT는 많은 조류의 알 껍질을 약화시켜 전체 개체 수 유지를 위태롭게 했다. 몇 년 만에 DDT는 야생생물과 환경을 위협하는 농약 부작용의 상징이 되었다. 1972년 DDT는 미국에서 사용 금지되었고 그 후 많은 국가에서도 금지되었다.**

어둠 속에서 포커를 치는 것처럼

가이기는 1960년대 말에 DDT 생산을 중단했지만 제초제 아트라진으로 훨씬 더 큰 성공을 거두었다. 이 제초제는 1960년대와 70년대에 미국 곡창지대 전체에서 사용되었다.

역설적으로 뮐러는 1948년 12월 11일 노벨상 수상 강연에서 이러한 약품 개발에 대해 경고했다. "오늘날 특정한 기초 물질과 화학식은 특정

---

[*]   말라리아는 지금도 세계에서 가장 치료하기 힘든 질병 중 하나다. 세계보건기구의 2010년 세계 말라리아 보고서에 따르면, 그해 2억 2천 5백 명의 말라리아 환자가 발생하여 약 781,000명이 사망했다. 전 세계 사망자수의 2.23%에 해당한다.

[**]   그러나 2006년 미국국제개발처(USAID)는 일부 아프리카 국가에서 말라리아 퇴치를 위해 DDT의 실내 잔류분무를 승인했다.

생리 활동을 자극하는 것으로 알려져 있습니다. 하지만 이런 결과에도 불구하고 우리는 특정 체질에서 예상되는 생리활동을 신뢰할만한 수준으로 예측하는 능력이 크게 부족합니다. 달리 말하면, 지금까지 체질과 약물 작용 간의 관계를 설명하지 못하고 있습니다."

대대적인 사회 변화를 일으킨 또 다른 발견은 레오 스턴바흐(Leo Sternbach)에 의해 이루어졌다. 1908년에 태어난 폴란드계 유대인인 스턴바흐는 로슈의 도움으로 나치 치하에서 탈출했다. 1941년 그는 로슈의 사장 에밀 바렐을 따라 미국으로 이주하여 그곳에서 로슈의 연구를 도왔다. 1954년 호프만-라 로슈는 고국에서 재정적인 어려움에 처하였고, 효과적인 신경안정제를 개발하기 위해 미국의 월리스 제약회사와 경쟁을 벌였다. 월리스는 이미 밀타운이라는 알약을 출시했다. 이 약은 흥분한 사람들을 진정시키는 데 상당히 효과가 있었다. 스턴바흐는 월리스의 특허를 피할 정도로 충분히 다르면서도 밀타운만큼 좋거나 더 나은 화합물을 발견해야했다.

크라쿠프 대학에 다닐 때 스턴바흐는 벤조디아제핀이라는 화합물 종류를 연구했다. 그는 이 화합물로 인공 염료를 만들 수 있다고 생각했다. 또한 이 화합물이 중추신경계에 영향을 미칠 수도 있지 않을까 의심했다. 그는 대학 시절 노트를 오랜만에 다시 꺼내어 2년 넘게 40종의 화합물을 실험했지만 모두 의학적으로 효과가 없었다. 그는 무익한 연구를 중단하고 항생제를 개발하라는 지시를 받았다.

Ro 5-0690이 인생을 바꿀 수 있다

그러나 1956년 오랜 세월 인내하며 심층 연구를 하던 스턴바흐는 운 좋게도 화합물을 발견했다. 그런데 그것은 염료나 항생제와 전혀 상관없는 물질이었다. 또 다른 벤조디아제핀을 만지작거리던 그는 메틸아민으로 화학 처리하여 흰색 결정 가루를 만들었고 이것을 Ro 5-0690이라고 불렀다.

이 화합물의 다양한 변종을 실험용 쥐에 주사하자 인턴 학생 중 하나가 쥐의 꼬리가 아래로 축 처지는 것을 발견했다—그리고 이 물질이 진정 효과를 있다고 결론을 내렸다. 이 가루는 실험용 쥐를 이용하여 체계적으로 시험해본 결과 쥐들은 보상물을 얻기 위해 더 이상 가파른 경사로를 달리지 않거나, 의식이 혼미해져 굴러 떨어지거나, 마치 치열한 생존경쟁이 존재하지 않은 것처럼 아래에서 기분 좋게 기민하게

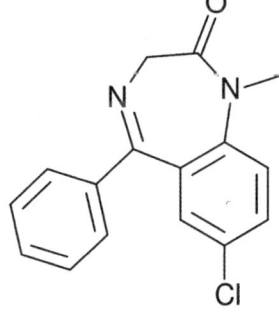

↑ 디아제팜(바륨)의 화학 구조

← 레오 스턴바흐는 제약 역사상 최초의 블록버스터 약품인 바륨을 발명했다.

이리저리 달렸다. 나중에 동물과 인간에게 시험해보니 약물을 투여한 고양이와 개는 느긋한 상태가 되었고 불안 증세를 보이는 노인들은 어떤 명확한 부작용 없이 진정되었다.

리브리엄이라는 이 새로운 약품은 1960년에 사용 승인을 받았다. 3년 뒤 스턴바흐는 약효는 몇 배 더 강하면서도 더 단순한 구조의 화합물을 개발하여 바륨이라고 불렀다. 이것은 깜짝 놀랄 정도로 대중화되었다. 1969-1983년 사이 이 약품은 미국에서 가장 많이 처방되었고, 최고로 많이 처방된 1978년에는 23억 개의 알약이 판매되었다. 바륨은 이른바 최초의 블록버스터 약품이었고 연간 매출액은 10억 달러를 넘었다.

사회를 진정시키다

바륨은 향정신성 의약품 시장을 완전히 바꾸고 숭배의 대상이 되었다. 이 약품은 롤링 스톤즈가 '마더스 리틀 헬퍼'(Mother's Little Helper)'라는 노래를 통해 그 이름을 영구적으로 남겼다. 엘리자베스 테일러는 위스키 잭 대니얼스와 함께 이 약을 먹었다고 말했다. 엘비스 프레슬리는 강박적인 복용자였다. 스턴바흐는 과도한 복용에 관한 우려를 신속하게 방어했다. 그는 "이 약물의 자살 및 이혼 방지 효과를 생각해보라."고 말했다.

한동안 바륨은 로슈의 화폐 제조기였다. 그러나 이것 역시 결국 DDT와 같은 운명을 맞았다. 바륨은 처음 의심했던 수준보다 훨씬 더 중독성이 있는 것으로 드러났기 때문이었다.

이런 발견들은 호프만-라 로슈가 거대 제약 기업으로 탈바꿈하는 데 도움을 주었고 스턴바흐는 의문의 여지없이 당대 가장 많은 성과를 낸 과학자였다. 1973년 그가 은퇴할 때 로슈의 특허권 중 5분의 1에 해당되는 230건이 그의 이름으로 등록되었다. 그는 특허권을 양도하는 대가로 각각에 대해 단돈 1달러를 받았으며, 그가 충분한 자격이 있다고 판단할 정도까지 이익을 창출한 발명에 대해 1만 달러의 상금을 몇 번 받았다. 그러나 진정한 과학자는 돈이 아니라 성취를 위해 일한다. 무엇보다도, 로슈는 그와 그의 아내를 나치 독일에서 뉴저지로 안전하게 이주시키기 위해 많은 돈과 노력을 기울였고, 이것은 그에게 값을 매길 수 없을 만큼 소중한 것이었다.*

지보단 SA 설립자 레온 지보단(1875-1936). 지보단과 필메니쉬는 모두 스위스 기업으로서 세계의 향료와 조미료 산업을 지배하고 있다. 이 회사들은 향수, 세탁세제, 치약, 청량음료, 그 외 수백 종류의 제품에 필요한 향료를 공급한다.

어두워진 과학의 별

1970년대 초 비타민C, DDT, 바륨과 같은 제품 덕분에 '화학 의약품'은 스위스의 가장 중요한 산업이었다. 하지만 핵에너지와 화학물질과 같은 과학적 진보에 대한 사회의 태도에 큰 변화가 생겼다. 인간의 활동이 환경에 미치는 부정적인 영향이 점점 더 가시화되었기 때문이었다. 밀라노 근처 세베스의 로슈 자회사 소유의 ICSEMA 공장에서 유독성 다이옥신이 사고로 유출되고, 바젤 근처 산도스의

[*] 출처: 이코노미스트, '레오 스턴바흐: 바륨의 발명자 레오 스턴바흐, 향년 97세로 9월 28일 사망하다', 2005년 10월 13일자.

슈바이처할러 공장에서 살충제와 수은이 누출된 뒤 경고벨 소리가 울렸다.

하지만 이런 사건 이전에도 산업계는 향후 새로운 도전이 대두될 것임을 이미 인식하고, 위험을 분산하기 위해 산업을 재편하고 있었다. 1970년 시바와 가이기는 합병 발표를 통해 사람들을 크게 놀라게 했다. 이 회사들은 이 산업이 생화학, 분자생물학, 면역학 분야에서 심각한 연구과제에 직면할 것임을 알았다. 이 '바젤 결혼식'은 곧 올바른 변화로 판명되었다. 폭넓은 지리적, 분야별 다각화로 완화되어 다른 분야보다 심하지 않지만 1974-75년의 오일쇼크 이후 전후 최초로 경기침체가 스위스 화학-의약품 산업계를 강타했기 때문이었다. 경기침체는 염료, 화학 원료, 플라스틱, 첨가물을 공급하고 사용하는 기업에 심각한 영향을 미친 반면 의약품과 농약을 만드는 기업들은 대부분 그 태풍을 이겨낼 수 있었다.

↑ 필메니쉬의 향수 장인 알베르토 모릴라스는 아르마니, 불가리, 캘빈클라인, 까르티에, 구찌, 베르사체와 같은 대표적인 브랜드를 위해 가장 유명한 향기를 만들었다. 조향사들은 그가 손에 쥐고 있는 기구를 이용해 다양하게 조합된 향의 냄새를 맡는다.

그리고 알약으로는 충분하지 않았다

현금이 두둑한 상황이었지만 추가적인 발견이 계속될 것인지 우려한 스위스 제약 기업들은 사업 다각화를 시작했다. 로슈는 확장지향적 사고를 가진 금융 마술사 아돌프 잔(Adolf Jann)의 지도 아래 리브리움과 바륨에서 얻은 막대한 이익을 새로운 사업 분야에 투자하기 시작했다. 1963년 로슈는 조미료와 향료 생산기업 지보단을 인수하고 1968년 분석 및 진단 장비 사업 분야에 진출했다. 로슈 다이어그노스틱스(Roche Diagnostics)는 독립 기업이었다면 스위스 최대 의료기술 기업이 되었을 것이다. 산도스는 훨씬 더 모험적이었다. 이 기업은 1967년 완더(Wander)를 인수하여 식품 사업에 진출했고, 그리고 1978년에 롤란드 크리스프브래드와 뤼커롤을 인수했다. 또한 1977년 피트니스 클럽 체인점 존 발렌타인을 인수했다. 그리고 1985년부터 미국과 일본의 마스터 빌더스, 스위스의 메이나디에를 인수하여 건설 산업용 화학 분야에 진출했다.

산도스 역시 제약 산업이 비대해져 생산성이 낮다는 것을 감지하고 제약 분야에서 공격적인 행보를 보였다. 1968년 입사한 마크 모렛은 바젤과 제약 산업에는 낯설었다. 그는 스위스의 프랑스어권 출신으로 네슬레에서 교육을 받았고, 과학자라기보다 경제학자에 가까웠다. 1981년부터 경영위원회 회장으로서 그는 엄격한 비용절감 프로그램을 실행하여 900개의 일자리를 없애고 고위 경영진을 거의 모두 교체했다.

그와 함께 일하면서 그의 사업방식을 지켜본 어떤 사람은 이렇게 말했다. "모렛은 금기를 깨고 비용 절감과 효율성 증대가 가능하다는 것을 보여주었다. 그 당시 제약 산업은 느리고 비생산적이었다. 회사의 점심시간은 12시부터 3시 반까지 지속되었고 많은 포도주를 마시고 담배를 피웠다. 모렛은 이것을 가차 없이 축소했다. 그는 이 조치로 인기가 떨어지고 바젤의 상류사회에서 영구히 배척될 수 있다는 점을 받아들였다." 그 당시 상당한 당혹감을 불러일으켰지만, 그의 과감한 비용관리로 인해 미래 번영의 토대가 마련되었다.

생명공학의 획기적인 발견

생명공학 분야에서 사상 최초의 획기적인 발견은 1943년에 시작된 진균 배양에서 추출한 페니실린이었다. 1950년대 이후 비타민, 아미노산, 효소도 생명공학 기술로 생산되었다. 1953년 영국인 프랜시스 크릭과 미국인 제임스 왓슨이 유전분자인 DNA 구조를 규명한 사건은 새로운 생물학으로 가는 이정표였다. 베른 출신의 유능한 화학자 루돌프 지그너(Rudolf Signer)가 이 발견에 중요한 기여를 했다는 사실은 잘 알려져 있지 않다.

이중 나선구조를 확인하기 15년 전인 1938년 지그너는 DNA의 존재를 확인하고 설명했다. 그리고 이 물질을 매우 순수한 형태로 추출하는 기법을 개발했다. 과학계에서 이것은 '베른의 만나'로 알려져 있다. 1950년 런던에 갔을 때 지그너는 그의 '만나' 15g을 모리스 윌킨스에 선물로 주었다. 윌킨스는 1962년 크릭, 왓슨과 함께 DNA 구조를 해독한 공로로 노벨 생리의학상을 받았다. 윌킨스가 그의 동료 로절린드 프랭클린과 함께 X선 플레이트를 만들 수 있었던 것은 지그너의 고도로 순수한 DNA 덕분이었다―크릭과 왓슨은 이 X선 플레이트가 없어 이중 나선 모델을 제시할 수 없었다. DNA 구조 확인 덕분에 1960년대 유전 암호를 풀 수 있게 되었고, 1970년대 유전자 기술이 탄생하게 되었다.

첫 번째 질문: 생명공학은 사업이 될 수 있는가?

이와 같은 현대 생물학의 근본적인 발전은 대학에 엄청난 지적 변화를 일으켜 새로운 연구 문화가 성장했다. 분자생물학자들은 다양한 의학 분야, 특히 면역학 분야로 진출했다. 처음에는 제약기업들은 이러한 새로운 기회의 경제적 가능성을 제대로 인식하지 못했다―그들은 생명공학의 과학적 중요성을 알고 있었지만 말이다. 그럼에도, 오래전부터 기초 연구에 자금을 아낌없이 투자하던 로슈는 1971년 노벨상 수상자 닐스 카이 에르네가 다른 노벨상 수상자와 함께 이끄는 바젤의 새로운 면역학 연구소에 자금을 지원했다. 그들 중 한 명인 게오르게스 쾰러는 1970년대 중반 단일 클론의 항체를 생산하는 방법을 발견했다. 로슈는 이 기술의 상업적 가치를 과소평가하여 참여한 연구자도, 관련 업계도 아무런 특허를 등록하지 않았다. 관련 업계는 치료와 진단 측면에서 상당히 중요했고 추가 연구 가능성도 있었던 이 기술의 응용을 포기했다. 바젤 연구소가 성취한 많은 발견이 새로운 상업적 제품으로 이어지지 않았다는 사실은 그 당시 연구 문화를 고려할 때 충분히 이해할만하다. '전통적인' 화학을 연구한 산업적 연구자들은 학문적인 환경에서 성장한 '새로운' 생물학자와 거의 대화를 하지 않았다. 아울러 바젤의 제약 산업은 생명공학의 경제적 가능성을 활용하기 이전에 먼저 사고방식을 완전히 바꾸어야만 했다.

새로운 세대의 연구중심 기업

이러한 근시안적 사고에서 예외적인 놀라운 사례는 산도스의 연구진이 희귀한 펩티드인 시클로스포린A의 놀라운 특성을 발견한 것이다. 이 연구는 1970년에 시작되었다. 그 해 한스 페터 프레이가 노르웨이 북부에서 휴가를 보낼 때 토양 샘플을 채취했다. 집으로 돌아온 프레이는 그 샘플들을 동료에게 보내 시험해보게 했다. 그 당시 산도스는 약물 발견 프로그램의 일환으로 포괄적인 천연물질 조사를 하고 있었다. 그때까지 의학계에서 대부분의 획기적인 발견은 자연을 모방하는 것에서 비롯되었다. 퀴닌과 아스피린은 인공합성되기 전에는 나무껍질에서 추출되었다. 그러나 알렉산더 플레밍이 페니실륨 곰팡이가 강력한 항세균제를 분비한다는 사실을 발견했을 때부터 자연을 조사하여 가장 효과적인 치료용 복합물질을 만드는 경주가 시작되었다.

프레이가 채취한 노르웨이 토양은 산도스의 여러 연구소에서 약 50회 테스트가 실시되었다. 하르트만 슈텔린과 장 프랑수아 보렐이 샘플 중 하나에서 유효 성분인 시클로스포린A를 찾아내는 데 크게 기여했다. 이 물질은 면역작용 억제기능이 있었다. 그 당시 면역 억제는 뜨거운 주제였다. 1967년 12월 크리스천 버나드 박사는 케이프타운에서 최초로 인간 심장이식 수술을 시행하여 세계적인 주목을 받았다. 그러나 이 환자는 수술 뒤 불과 18일 만에 면역체계의 자연스러운 감염 방어체계를 억제하기 위해 사용된 약물 때문에 폐렴이 발생하여 사망했다. 이런 부정적인 결과 때문에 산도스 경영진은 자사 연구소에서 나온 결과물을 거의 폐기할 뻔했다. 1973년 그들은 시클로스포린A를 개발하는데 필요한 엄청난 투자비가 장기 이식의 잠재적인 상업적 이익보다 더 크다고 발표했다. 다른 사전 임상시험에서 시클로스포린A가 류머티스성 관절염에 치료 가능성이 있다고 나타나면서 비로소 임상 시험 진행이 분명해졌다.

  1976년 보렐과 슈텔린이 학회에서 이 약물에 대해 최초로 발표했다. 보렐의 강연—1976년 5월 영국 면역학회에서—은 케임브리지 대학의 장기이식 담당 의사들과 런던의 후원 그룹들의 즉각적인 관심을 불러일으켰다. 임상시험은 성공적이었고, 지금은 샌디뮨이라는 브랜드명으로 잘 알려진 스클로스포린A는 1983년 미국 식품의약품관리국(FDA)에서 승인을 받았다.

↖. 샤를 바이스만 교수는 스위스에서 분자 수준의 생물학 분야를 개척했다. 그는 바이오젠을 공동 설립하여 유전공학 의약품 인터페론을 생산했으며, 로슈가 생명공학 산업에서 선도적인 위치에 서는데 중요한 역할을 했다.

↑ 알파 인터페론의 화학 구조.

  한때 의학적으로 불가능했던 안정적인 장기이식은 이제 흔해졌고 매년 생명을 구하는 수만 건의 수술이 이루어진다. 샌디뮨의 판매액은 이식 수술 횟수와 함께 급증하였고, 특허권이 주요 시장에서 만료되기 전인 2000년에 정점에 이르러 20억 스위스프랑을 기록했다. 이제 이식된 장기의 중위(median) 생존 기간은 수십 년에 이른다.

산도스 연구진과 별개로, 이런 변화의 중심적인 인물은 헝가리 태생의 스위스인 의사이자 화학자인 샤를 바이스만이었다. 그는 1967년 취리히 대학 분자생물학 연구소 책임자를 맡았다. 나중에 그는 유기체의 유전자를 의도적으로 수정하여 유전적 기능을 이끌어내는 역유전학 기술을 개발했다. 1979년 그와 그의 동료는 의도적으로 유전물질을 바꾸어 인터페론―바이러스성 감염을 막는 핵심 기능을 수행하는 것으로 알려진 활성물질로, 보통 포유류 세포에서만 생산된다―을 만들어 내도록 박테리아를 프로그래밍 하는데 최초로 성공했다. 이를 통해 바이스만은 이전에 너무 비싸서 실제로 이용할 수 없었던 물질을 생산하는 비용을 대폭 낮추었다. 1978년 그는 제네바에 기반을 둔 바이오젠(오늘날의 바이오젠 아이덱)을 공동 설립하여 그의 연구 결과를 이용해 엄청난 수익을 거두었다.* 바이스만과 같은 과학자들은 신세대 바이오 연구자들의 전형이다. 그들은 1970년대 이후로 자신의 지식을 이용해 새로운 사업 창출에 기여했다.

  그러나 바이오젠은 일반적인 법칙이 아니라 예외다. 스위스인들은 대체로 대학이나 최고 기업 안으로 생명공학의 발전을 수용하려 하지 않고 정통 화학 분야의 성취에 안주하기를 더 선호한다. 바이스만은 이렇게 말했다. "70년대 후반 나는 스위스 제약 회사들이 새로운

---

[*] 바이오젠은 샤를 바이스만, 필립 샤프, 발터 길버트가 제네바 근처 메이린에 설립했다. 샤프와 길버트는 나중에 노벨상을 수상했다. 많은 이가 바이스만 역시 노벨상을 받았어야 했다고 말한다. 바이오젠은 유전기술을 이용해 재조합 단백질을 개발하는 최초의 기업이며 생명공학 역사상 가장 성공한 기업 중 하나가 되었다.

유전공학 기술에 관심을 갖게 하려고 노력했지만 전혀 관심을 갖지 않았죠. 바이오젠을 설립했을 때 우리가 재정지원을 받은 유일한 곳은 요에르크 가이기(가이기 가문 출신)였습니다. 그리고 나는 그 돈이 그의 호주머니에서 나왔다고 믿습니다."

로슈의 오류

바륨과 비타민C의 발견 이후 로슈에는 현실 안주의 시대가 시작되었다. 이 기업의 연구자들은 엄청난 자부심을 가졌고, 노벨상을 수상할 가능성이 없는 일에는 콧방귀를 뀌었다. 그리고 상업적 가치가 없는 것은 실험실에서 사라졌다. 설상가상으로, 황금 거위 바륨에 대한 특허권은 곧 만료될 예정이었다. 믿기 힘들겠지만 1978년 이 회사는 파산 직전이었고, 훨씬 더 믿기 힘들게도, 회사는 보험회사 임원, 고전음악 작곡가, 영리한 금융엔지니어에 의해 위기에서 벗어나게 되었다.

그 당시, 작곡자이자 오케스트라 지휘자, 저명한 예술 후원자였던 파울 자허는 로슈를 지배하는 호프만-라 로슈의 공식 지도자였다. 취리히 보험사의 이사회 회장 겸 최고경영자인 프리츠 거버는 깊이 잠자는 기업에 생기를 불어넣는 능력으로 널리 찬사를 받고 있었다. 그는 또한 스위스군의 대령이었다. 이들 중 누구도 화학, 제약, 과학 연구에 대해 그다지 아는 것이 없었다. 그러나 자허는 필사적이었다. 그와 거버는 취리히의 바우 오 락(Baur au Lac) 호텔에서 만나기로 했다. 거버는 군사 기동훈련을 하다가 곧장 군복을 입은 채로 달려와 일을 맡기로 합의했다.

거버는 무뚝뚝하고 솔직하며 검소한 전형적인 스위스인 관리자다.

그는 위계질서와 담을 쌓고 타부서와 소통하지 않는 집단을 싫어한다. 그는 한때 인터뷰에서 "미래를 평가하는 것은 매우 어렵습니다. 이것은 직위를 불문하고 기여할 수 있는 무언가를 가진 모든 사람의 말에 항상 귀를 기울여야 한다는 의미입니다. 나는 상향식 접근방식을 신뢰합니다. 그러나 누군가 앞장서 인도하길 원한다면 한 명의 지도자가 있어야 합니다."라고 말했다.

먼저 수익이 있어야 나중에 상도 탈 수 있다

거버는 수상 경력이 있는 로슈의 연구자들을 그다지 대단하게 여기지 않았다. 회사에 부임한 그는 연구자들에게 판매할 수 있는 것을 열심히 찾게 했다. 그는 우연히 항생제를 떠올리게 되었다. 항생제의 장점은 약효가 8시간 동안 유지되는 알약에 비해 한 번의 주사로 하루 종일 약효가 유지된다는 것이었다. 이것은 바쁜 업무에 시달리는 병원 직원과 고통당하는 환자들에게 꼭 필요했다. 항생제는 곧 로슈의 최고 판매상품이 되었고 새로운 전략을 개발할 수 있는 중요한 시간과 필요한 재원을 제공했다.

거버는 우연히 취리히 대학 면역학 연구책임자이자 바이오젠 공동설립자인 샤를 바이스만의 인터뷰 내용을 읽고 생명공학 분야에 무언가 특별한 일이 일어나고 있는 것을 감지했다. 그는 그 다음 주 바이스만에게 전화를 하여 점심 식사에 초대했다. 점심 식사를 마친 뒤 거버는 로슈를 생명공학계의 선두주자로 도약시키기 위해 회사의 연구부서 책임자를 맡아달라고 제의했다. 바이스만은 관심이 있었지만 수용할 수 없었다. 바이오젠의 공동설립자인 그는 이해관계가 상충되기

프리츠 거버는 탁월한 능력을 발휘하여 취리히 보험사와 로슈를 크게 성공시켰다. 그는 제약 산업에 대해 거의 몰랐지만 오늘날 로슈의 수익 중 대부분이 그가 시작한 인수활동에서 비롯되었다.

때문에 경쟁자의 직원으로 일할 수 없었다. 거버는 이런 문제를 해소하기 위해 로슈의 이사직을 제의하여 평생에 걸친 협력과 우정을 쌓을 수 있는 토대를 마련해주었다.

거버가 로슈를 위해 성공적으로 발굴한 또 다른 뛰어난 인재는 헨리 마이어였다. 그는 여러 국제기구와 투자 은행에서 일한 경험이 있었다. 마이어는 곧 이 회사의 자본 구조를 다시 구축하여 스위스 기업계에서 전설적인 위치를 갖게 되었다. 1980년대 로슈는 스위스 주식시장에서 공격적인 투자기업이 되었고 종종 제약 산업보다 자본 투자로 더 많은 돈을 벌었다.* 거버는 이런 전략의 위험성을 알고 파울 자허에게 보유 주식을 분산하는 것이 현명할 것이라고 강하게 권고했다.

[*] 1980년대와 1990년대 로슈의 눈부신 금융 거래는 결코 완전하게 설명되지 못했다. 그 중에는 호황기 스위스 시장에서 주식 지분 매입 강조, 참여 주식에 대한 콜옵션 판매, 마틴 에브너의 BZ 뱅크와의 강한 관계 유지가 포함된다. 절정기에 로슈는 주식에 300억 스위스프랑을 투자했다. 이것은 모두 주식시장이 침체에 빠져든 20세기 말에 쓴맛을 보았다. 마이어는 지보단 자회사 사장직을 사임했고 이 회사는 투자 계정에서 엄청난 손실을 감수해야만 했다.

최고의 신기술을 구매하다

로슈의 사업 활동 자금이 다시 확보되자 거버는 놀라운 기업 인수활동을 펼치기 시작했다. 회고해볼 때, 그는 어떻게 해서든 매우 저렴한 가격으로 기업을 인수하려고 노력했다. 나중에 바이스만이 이렇게 평가했다. "거버는 법조인이고 보험업계 출신임에도 로슈의 최고경영자가 되었을 때 새로운 기술에 대한 초자연적인 감각을 보여주었고, 대부분의 이사들의 조언을 물리치고 제넨텍(Genentech)을 인수하고, 세투스(Cetus)와 베링거 다이어그노스틱스 (Boehringer diagnostics)로부터 중합효소연쇄반응(PCR) 특허권을 사들여 회사를 살렸다."

거버의 가장 극적인 성공은 1990년 샌프란시스코 연구 회사인 제넨텍의 지분 60%를 매입한 것이었다. 이 회사는 1976년부터 계속해서 획기적인 연구 성과를 보여주었는데 초기에는 상업적 성공은 별로 거두지 못했다. 제넨텍을 소유한 비전통적인 과학자들은 1980년에 기업을 공개했고 주당 35달러에 발행된 주식은 한 시간 만에 88달러로 치솟았다. 그러나 그 후 몇 년 동안 주식 가격이 크게 떨어졌다. 이 회사는 시장성이 있는 의료제품으로 성공을 거두었음에도 회사의 시장가치는 1987년 주식 시장 붕괴 때 더 떨어졌다. 사람들은 생명공학 기술 붐이 끝났다고 예측했지만 거버는 이 기회를 포착했다. 그는 유럽과 미국에 있는 로슈의 연구자들이 전통적인 사고에 빠져 있다고 보고, 내부 경쟁을 통해 그들에게 충격을 주려고 했다. 이와 더불어 로슈 내부에는 유럽 대중 사이에 연구를 적대시하는 경향이 커져간다는 생각이 있었다. 이런 인식은 스위스에서 화학과 제약 분야를 대상으로 몇 차례 국민투표 실시를 통해 표출되었다.*

제넨텍: 수익 창출 파이프라인

↑ 제넨텍의 설립자이자 전 최고경영자 로버트 스완슨. 로슈는 1990년 20억 달러를 투자해 제넨텍의 지분 60%를 매입했고, 2009년 470억 달러를 투자해 나머지 지분 40%를 인수했다. 로슈는 바륨의 특허기간이 만료되어 가고 자사의 연구소에서 새로운 특허가 거의 나오지 않자 점점 시대에 뒤처지게 되었다. 거버의 시의적절한 제넨텍 및 다른 여러 기업 인수를 통해 로슈는 다시 세계에서 가장 성공적인 제약 기업이 되었다.

제넨텍은 인간 인슐린, 인터페론, 인간 성장호르몬, TPA, 그리고 최근에는 아바스틴을 개발하는데 성공했다. 새로운 기업 인수 문화를 약화시키길 원하지 않던 바젤의 경영진들은 의도적으로 제넨텍에 계속 재량권을 부여하며 기본적으로 금융 투자 대상으로 대했다. 이 투자는 상상하지 못할 정도의 수익을 안겨주었다. 로슈는 단번에 제약 산업계에서 가장 뛰어난 인재들과 가장 유망한 제품의 개발 창구를 확보했다. 오늘날 로슈의 제약 부문 수입은 대부분 제넨텍이 개발한 의약품 덕분이다.

로슈의 선견지명을 보여주는 또 다른 예는 재무적인 곤경에 빠진 세투스로부터 1991년 PCR를 인수한 것이었다. 중합효소연쇄반응(PCR)은 작은 DNA 조각에서 뽑아낸 자료를

---

[*] 스위스 유권자들은 유전자 기술에서 동물 시험이나 실험을 완전히 금지하자는 요구를 결국 거부했다. 예를 들면 1998년 유전적 개입에 대한 폭넓은 금지를 요구하는 유전자 보호 계획이 거부되었다.

증폭하여 DNA를 식별하는 기술이다. 이 기술은 정확성이 높기 때문에 인간면역결핍바이러스(HIV)나 간염과 같은 질병을 유전자 수준에서 찾아내는 데 중요한 역할을 하게 되었다. 또한 법의학 조사에서 DNA 조각으로 신원을 확인할 때 사용된다.*

중력에 대한 특허권을 확보하는 편이 낫다

의료 진단 산업이 이 기술의 중요성을 이해하면서 로슈는 중세 시대 고트하르트 고갯길에서 세금을 받던 통행료 징수원처럼 이 기술의 사용자들에게 사용료를 받게 되었다. 결국 로슈는 1997년 110억 달러를 투자하여 베링거 만하임을 인수했다. 베링거가 매각에 합의한 주된 이유는 이 기술의 중요성을 인정했기 때문이었다. 베링거의 진단사업부 책임자 프리츠 스텔러는 실망스러워하며 이렇게 말했다. "분자생물학에서 PCR 특허권을 보유한 것은 물리학에서 중력에 대한 특허권을 얻은 것과 같다." 이 이야기는 전체 생산 공정이나 하나의 제품에 대한 지적재산권이 아니라 필수적인 수단에 대한 지적재산권 확보의 중요성을 잘 보여준다. 이 수단은 다른 공정이나 수많은 제품들을 가능하게 하거나 가로막기도 한다.

최근 로슈는 1990년 처음 투자할 때보다 33배 더 많은 470억 달러를 투자하여 제넨텍의 나머지 지분 40%를 인수했다. 이 인수

---

[*] PCR를 발견한 과학계의 기피인물 카리 물리스는 나중에 노벨상을 수상했다. 그의 책 「지뢰지대에서 벌거벗고 춤추기(Dancing Naked in a Minefield)」는 그의 발견이 우연히 이루어졌음을 보여준다.

자금을 마련하느라 로슈의 장기 부채가 상당히 증가했으며, 사실상 1896년의 회사 설립 이후 축적해온 유보수익금 전부에 해당하는 450억 스위스프랑의 주식을 처분했다.

관여 방식이 '재량권 부여' 방식 못지않게 효과적일까?

많은 산업 연구자들은 제넨텍이 로슈와 완전히 하나가 되었을 때에도 과거의 '재량권 부여' 방식 때처럼 뛰어난 성과를 거둘 수 있을지 관심을 집중하고 있다. 카이론(Chiron)의 설립자이자 명성이 높은 미국국립과학원 회원인 윌리엄 루터(William Rutter)는 "혁신적인 과학과 각종 위원회, 기업 지배, 비용 절감은 보통 잘 조화되지 않는다."고 경고한다. 시간만이 진실을 말해줄 것이다.

노바티스의 전 이사이기도 한 루터는 거버의 로슈 재직 기간은 놀라웠지만 덜 인정받았다고 생각한다. "거버는 제약 산업계의 아주 중요한 인물이었다. 심지어 스위스 내에서도 대부분의 사람들이 이것을 제대로 모르는 것이 놀라운 따름이다."

로슈의 시장가치는 거버와 바이스만이 1978년에 취임할 때 63억 스위스프랑이었다. 거버가 회장직에서 물러날 때 이 회사의 시장가치는 1,110억 스위스프랑이었다. 이 상승기 때 주식을 계속 보유한 사람들은 17배 이상 상승했다.

승계 계획: 스위스의 약점

거버의 놀라운 경력에서 유일한 흠은 유능한 후계자를 길러내지 못한 것이었다. 로슈의 시장가치가 1998년과 거의 같은 수준이었을 때 프란츠 후머가 거버를 이어 최고경영자가 되었다. 취리히 보험사에서 거버의 후계자였던 롤프 휘피는 잘못된 기업 인수로 기업을 과도하게 확장했기 때문에 결국 실패로 끝났다.

거버는 한때 자조적인 경영관리에 관한 책을 써보라는 제안을 받았지만 이렇게 말하며 사양했다. "사실 나는 자조적인 경영 방법을 다른 사람에게 가르치는 법을 모릅니다."

과학과 예술은 상반되는 것으로, 과학은 설명에 기초하고 예술은 느낌에 기초한다. 거버는 확실히 과학자라기보다 예술가에 더 가까웠던 것 같다.

시바-가이기는 로슈와는 다른 접근방법을 사용했다. 시바-가이기는 기업 인수를 피하고 내부 연구 조직을 생명공학으로 재편하려고 노력했다. 1983년 이 회사는 특히 종양학을 연구한 바젤 태생의 의사 알렉스 매터를 영입했다. 산도스에서 일한 화학자의 아들인 매터는 이전에 로슈와 미국 제약 기업 쉐링-플라우에서 일하다가 바젤로 돌아왔다. 그는 호르몬 치료제에서부터 비스포스포네이트(bisphosphonate)라는 화합물에 이르는 다양한 분야를 서로 연결시켰다.

한 연구 프로그램이 난해한 효소군인 단백질 키나아제(kinases) 연구에 집중했다. 이 연구는 실패할 위험이 매우 높았다. 키나아제가 특별한 관심의 대상이 된 것은 결함이 있는 변형 키나아제가 암 세포에서 특별히 나타나는 통제되지 않는 세포 확산을 촉발하기 때문이다. 하지만 그 당시 소수의 단백질 키나아제밖에 알려지지 않았기 때문에 암 표적 치료제에 대한 매터의 꿈은 근거가 희박했다.

매터의 연구진이 발견한 일련의 유망한 화합물은 임상 전 테스트에서 실패했고 시바-가이기의 연구 담당 경영진은 인내심을 잃기 시작했다. 7년 동안 발견한 수백 가지의 화합물이 실패한 뒤, 연구진은 마침내 백혈구 암인 만성 골수성 백혈병(CML)에 영향을 미치는 것으로 보이는 STI-571이라는 화합물을 인공 합성했다. 그러나 CML은 매년 미국과 유럽에서 약 만 명 정도의 사람에게만 발병한다. 마케팅 담당 임원은 상업적 가능성에 의문을 제기하면서 최고 연매출액이 수억 달러일 것으로 추정했다.

1996년 반독점 당국자들이 시바-가이기와 산도스가 진행 중인 합병에 대해 검토할 때 매터는 자신의 키나아제 가설을 입증할 마지막 기회를 얻어 STI-571에 대한 임상 시험을 진행했다. 합병이 성사되어 새로운 노바티스가 약품 개발 프로그램을 정리할 때, STI-571은 쉽게 폐기될 수 있었다. 노바티스의 전 의약품 연구담당 책임자인 파울 헤링(Paul Herrling)은 STI-571의 성공에 자신이 중요하게 기여한 점은 그것을 폐기하지 않은 것이라고 농담조로 말한다.

1998년 6월에 시작된 초기 단계의 임상 시험이 즉시 성공을 거두었다. 소문이 재빨리 퍼졌고 PCL 환자들은 임상 시험에 참여하겠다고 아우성을 쳤고, 노바티스에 생산량을 늘리고 정부 당국에는 지금 미국에서는 글리벡(Gleevec)으로 불리는 이 약품의 승인 과정을 단축하라는 압력이 거세졌다. 글리벡은 2001년 5월 미국 식품의약품국 역사상 가장 빠른 심사과정을 거친 뒤 공식 승인을 받았다. 이 약품은 암을 죽이는 '마법의 탄알'이라는 문구와 함께 〈타임〉지 표지에 실렸다. 시바-가이기의 마케팅 담당자들의 신중한 기대와 달리 당혹스럽게도,

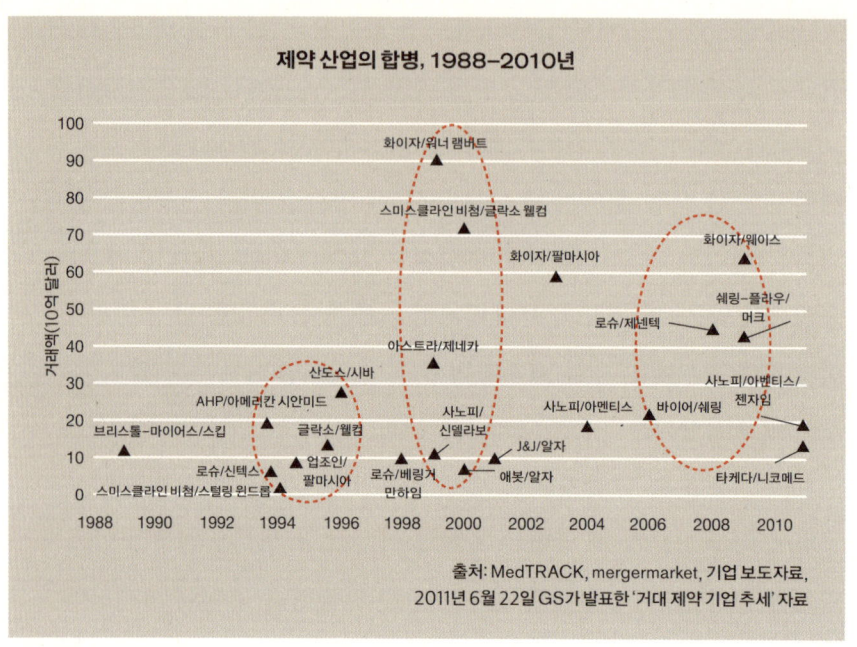

이제 이 약품은 10가지 다른 암의 치료제로 인정받아 전 세계에서 2010년 41억 달러어치가 판매되었다.

세기의 합병

1996년 시바-가이기와 산도스가 합병하여 노바티스가 탄생한 사건(세계 기업 역사상 최대의 합병이며, 세계 제약 산업에 영향을 미친 일련의 합병 중의 하나)은 모든 사람을 놀라게 했다. 스위스 라디오에서 이 소식을 전한 아나운서는 이 뉴스가 가짜가 아니라고 강조해야 했다. 합병과 마찬가지로 놀라운 사실은 합병된 그룹의 최고 경영자로 다니엘 바젤라(Danial Vasella)가 선택된 것이었다. 전문의인 그는 산도스 제약사업부를 이끌었지만 직접적인 제약 산업 경험은 10년도 채 안 되었다.

10년 안 된 경험으로 세계 제약 산업계에서 슈퍼스타가 된 바젤라는 아동기 때 결핵과 수막염을 앓았고 10세 때 누이가 암으로 죽는 것을 지켜보았다. 이런 경험이 그를 의사의 길로 이끌었고 그는 20대에 베른 대학의 수석 레지던트가 되었다. 그러나 그는 사업에도 관심을 가져 1988년 개업의를 포기하고 산도스로 이직했다.

바젤라는 그 당시 산도스의 회장인 마크 모렛의 조카와 결혼했고, 모렛은 바젤라가 마음에 들었던 것 같다. 1994년 바젤라는 크게 성공을 거두고 있는 산도스 제약사업부의 책임자가 되어 노바티스에서 최고위직에 오를 유리한 위치를 점했다. 수개 월 만에 그는 과감하게 회사를 새롭게 만들기 시작하여 몇 가지 거대한 사업부를 없앴다.

노바티스의 공업화학사업부는 1997년 시바 스페셜티 케미칼스(Ciba Speciality Chemicals)로 분리되었다가 2009년 독일 거대 기업 바스프(BASF)에 인수되었다. 2000년 노바티스는 농업화학사업부를 분리하여 이것을 아스트라제네카(AstraZeneca)의 농업용 화학사업부와 합병하여 신젠타를 만들었다. 이 회사는 성장하여 몬산토를 이어 세계에서 두 번째로 큰 농화학기업이

다니엘 바젤라는 제약 산업계에서 가장 성공한 경영자로 널리 인정받고 있다.

되었고, 또한 생명공학을 이용한 식물 보호 분야의 선도 기업이 되었다. 시바-가이기와 합병하기 직전 산도스는 자사의 대규모 산업 화학 생산 부문을 분리하여 독립 회사로 주식 시장에 상장하여 66억 스위스프랑의 기업인 클라리언트(Clariant)를 탄생시켰다.

막대한 연구비를 삭감하다

노바티스가 탄생한 요인은 제약 산업이 세계적 차원에서 경쟁하고 연구비 지출 위험이 크게 증가했기 때문이었다. 신약을 개발하는 데 10-15년이 걸리며 보통 10억 스위스프랑 이상의 비용이 든다―게다가 수익이 난다는 보장이 없다. 모든 증명 과정을 극복한 10개 신약제품 중 단 두 개만이 실제 수익을 낸다. 투자자들은 이것을 잘 알고 있기 때문에 1996년 3월 7일 아침, 합병 소식이 발표되자 두 회사의 주가가 몇 시간 만에 25% 상승했다. 합병에 따른 이런 합리화와 비용절감은 대대적인 감원조치로 이어졌다. 합병 후 몇 년 동안 전 세계적으로 두 그룹에 속한

신젠타는 생명 공학을 사용하여 농업 생산량을 최적화하는 데 앞장서고 있다.

13만 명의 직원 중 만 명의 직원이 일자리를 잃었다. 사라진 일자리 중 3,500개가 바젤에 있었다.

  그러나 노바티스에 남은 사람들은 매우 의기양양했다. 샌디뮨, 글리벡과 같은 약품을 보유한 이 회사는 세계 제약업계에서 중심적인 위치를 차지했고, 1999년에 최고경영자와 이사회 회장을 겸직하게 된 바젤라는 선도적인 역할을 맡았다. 그는 연구개발에 막대한 돈을 투자하여 글리벡을 지원하고, 2003년 이에 관하여 「마법의 총알(Magic Bullet)」이라는 책도 썼다. 다음 해 그는 〈타임〉지가 선정한 '세계에서 가장 영향력이 큰 100인'에 선정되었다. 〈파이낸셜타임스〉의 독자들은 그를 지난 25년간 유럽에서 가장 영향력이 큰 기업 지도자에 선정했다. 그는 계속해서 다양한 찬사를 받았다. 그는 또한 바젤에 위치한 노바티스 업무단지를 '위대한 건축가 박물관'으로 바꾸었다.

  바젤 제약 업계의 합병과 합리화에 따른 부차적인 혜택은 많은 새로운 중소기업이 탄생한 것이다. 미래의 희망을 품고 자라난 신생 기업들이 이제 일반 대중은 잘 모르지만 제약업계에서 잘 알려진 기업으로 성장했으며, 연구 분야의 틈새시장을 차지하거나 고도로 전문적인 보조 서비스를 제공한다.

  한 예를 들자면 1997년 설립된 진데이터(Genedata)는 유럽, 미국, 일본의 6개 지역에 100명의 잘 훈련된 과학자들을 고용하여 생명공학 정보기술 분야에서 선구적인 연구를 수행하고 있다. 이 회사는 복잡하고 막대한 분량의 연구자료 세트를 관리하는 소프트웨어를 개발했다. 그러나 이런 신생 기업들 중 특히 두드러진 한 기업은 마르틴과 장 폴 클로젤 부부에 의해 시작되었다. 그들은 로슈의 연구실험실에서

12년 간 일한 뒤 1997년 액텔리언을 설립했다. 4년 간의 힘든 시간을 거친
뒤 이 회사는 2001년 획기적인 돌파구를 마련했다. 그 해 폐고혈압 경구
치료제인 트라클리어가 미국에서, 그리고 1년 뒤 EU에서 승인을 받았다.
클로젤 부부는 그들이 개발했던 두 가지 의약품 조제용 물질에 관한
연구가 계속 진행되지 않자 로슈를 떠났다. 액텔리언은 이제 25개국에서
2,300명을 고용하며 2010년 매출액은 19억 3천만 스위스프랑이었다.
이것은 빠르게 성장하는 생명공학 산업에서 세계적으로 가장 성공한
이야기 중 하나다.

꼭 기억해야 할 제약 기업이 또 있다—전에는 스위스 기업이었지만
지금은 독일 기업이다. 세로노(Serono)는 독일의 머크에 인수되기 전
스위스에서 세 번째로 큰 제약 기업이었다. 이 기업의 이야기는 다소
특이하다.

진정한 틈새시장 제품

19세기 말 의사이자 대학교수였던 체사레 세로노(Cesare Serono)가
토리노에 세로노의약품연구소(Istituto Farmacologico Serono)를
설립했다. 1906년 그는 본사를 로마로 이전하고 천연물질에서 추출한
치료제와 강장제를 판매했다. 그 때 피에트로 베르타렐리가 입사해
나중에 최고경영자까지 승진했다. 1950년대 그가 경영을 맡은 뒤
세로노는 여성의 소변에서 성호르몬을 추출하기 시작했다. 1962년부터
이 호르몬이 자연 임신—나중에는 인공 임신—을 위한 여성의 배란을
촉진하는 데 사용되었다. 난소의 노화가 호르몬 형성을 방해하면
신체가 생식 호르몬을 과도하게 많이 생산하기 때문에 여성의 소변에

포함된 호르몬 함량은 폐경기 이후에 최고 수준에 이른다. 지나치게 많은 호르몬은 소변과 함께 배출되지만 농도가 상당히 낮아 엄청난 양의 소변을 수집해야 한다—매년 노인 여성으로부터 수백만 리터의 소변을 수집한다. 수녀원은 이런 작업에 가장 적합한 곳이며 수녀들은 이 특별한 원재료의 주요 공급원이다. 1970년대 베르타렐리의 아들 파비오는 바티칸이 자신의 지분을 매각한 후 로마에 있던 기업을 가족 소유 기업으로 만들었다. 1977년 그는 본사를 제네바로 이전하였고 1980년대 수녀들의 소변을 대체할 수 있는 방법을 찾았다. 그것은 유전

↖ 파비오 베르타렐리는 인간의 임신과 관련된 화학 기업을 인수했다. 지금은 세로노라고 불리는 이 회사는 그의 아버지가 수녀원에서 소변을 수집하여 생식호르몬 추출을 통해 발전시킨 것이었다.

↑ 파비오의 아들인 에르네스토 베르타렐리는 세계 최고 부자 중 한 사람이다. 그는 2003년 스위스를 대표하여 아메리칸컵에서 우승했다. 이것은 사면이 육지로 둘러싸인 국가의 요트팀이 받은 최초의 우승이었다.

공학기술을 생식호르몬 제조에 적용하는 것이었다.

    1996년 베르타렐리 가문의 3대 자손인 파비오의 아들 에르네스토가 이 회사를 물려받아 최고경영자가 되었다. 그는 계속 회사를 성장시켜 2007년 머크에 회사를 매각했다—이 매각으로 에르네스토는 세계 최고의 부자 반열에 올랐다.

    이 그룹의 제약사업부는 머크-세로노라고 개명한 후 본사를 계속 제네바에 두고 있다. 이 회사는 제네바 호수 주변에 있는 연구중심 제약기업 단지의 중심이 되었고 로잔의 EPFL과도 가까워 많은 혜택을 얻고 있다. 머크-세로노는 제약 산업에 유리한 스위스의 입지—특허권 보호, 혁신에 우호적인 분위기, 상대적으로 진보적인 의료시스템, 장기적인 연구 활동을 지원하는 정책, 연구비와 생산비를 충분히 회수할 수 있는 의료제품 가격 보장이 포함된다—를 활용한 국제적인 협력(이 경우는 독일과 이탈리아)의 좋은 사례다. 머크-세로노는 종양, 신경퇴행성질환, 면역체계를 공격하는 감염병 분야에 매년 10억 유로 이상을 투자한다.

제약 산업: 여전히 거대 기업이 주도하는 산업

스위스의 제약 산업과 화학 산업이 섬유산업의 주변부에서 출발해 세계에서 가장 중요한 산업 중 하나인 이 분야의 표준을 정하는 산업으로 성장하는 데 2백 년이 걸렸다. 2009년 스위스의 상위 10대 화학 및 제약 기업은 전 세계에서 31만 명을 고용하고 약 1,500억 스위스프랑 어치의 제품을 수출했다. 상위 5대 글로벌 기업 중 2곳—노바티스와 로슈—은 스위스에 본사를 두고 있다(다른 세 곳은 미국의 화이자, 프랑스의 사노피-아벤티스, 영국의 글락소스미스클라인이다). J. P. 모건의 연구에 따르면, 2014년 블록버스터 제품이 된 9개 제품 중 3개가 로슈, 1개가 노바티스에서 개발한 것이다. 게다가, 노바티스와 로슈는 2005년부터 출시된 조제용 물질을 가장 많이 판매한 기업 명단에서 선두를 차지한다—이 시기의 의약품 연구와 개발은 더 복잡하고 훨씬 더 규제가 심하고, 비용도 더 많이 소요되었다. 이로 보건대 로슈와 노바티스는 타사보다 더 빨리 신약물질을 판매 가능한 제품으로 만든다고 결론을 내릴 수 있다.

제약 산업 분야에서 스위스의 큰 장점 중 하나는 생명공학 연구단지뿐만 아니라 신생 기업, 다국적 대기업, 선도적인 대학이 매우 근접해 있다는 것이다. 이것은 새로운 기업이 설립될 가능성이 높은 비옥한 토양이 된다. 그러나 핵심적인 역할은 이 분야의 거대 기업인 노바티스와 로슈가 수행한다.

세계적 범위의 제약 산업

노바티스—공교롭게도 로슈의 의결권 주식의 약 3분의 1을 보유하고 있다—는 2011년 140개국에서 약 12만 4천 명을 고용하여 590억 스위스프랑의 매출을 올렸다. 21세기 초부터 이 기업은 과학과 세계의 다양한 지역에서 가장 긴급한 의학적 필요를 연결하기 위해 끊임없이 노력해왔다. 노바티스는 다른 회사들보다 빨리 제네릭 의약품(generic product, 상표를 등록하지 않고 일반명으로 판매하는 의약품: 옮긴이) 시장에 진출했으며, 2005년 헥셀과 에온 랩스를 인수한 덕분에 산도스—이전에 회사명이었지만 이제는 노바티스의 제네릭 의약품 사업부를 지칭한다—는 제네릭 의약품 시장에서 이스라엘 기업 테바(Teva)에 이어 세계 2위 기업이다.

노바티스는 2010년 세계 최대 안과 의약품 생산기업 알콘의 인수를 발표하면서 사업의 다각화 전략을 계속 추구하고 있다. 노바티스는 매출액 1 스위스프랑당 17센트를 세계적인 네트워크로 조직된 연구개발 사업에 투자한다. 또한 2002년 연구 본부를 매사추세츠주 케임브리지로 이전했으며, 2009년부터 중국 상하이에 최대 규모의 제약 연구개발 센터를 짓고 있다. 노바티스는 싱가포르에 노바티스 열대질환연구소(NITD)를 설립하여 뎅기열과 약물 내성 결핵 연구에 집중하고 있다.

8만 명의 직원 고용과 연매출액 약 500억 스위스프랑을 달성한

↑
바젤의 노바티스 업무단지. 이곳의 건물을 설계한 유명한 건축가들 중에는 디이너 & 디이너, 피터 미르클리, 세지마 가즈요, 아돌프 크리샤니츠, 프랭크 O. 게리, 안도 다다오, 데이비드 치퍼필드, 헤르초크 & 드 뫼롱이 있다.

로슈는 특히 제약 분야에서 평균 이상으로 성장해왔다. 이것은 주로 아바스틴과 같은 암 치료제, 잠재적인 돼지 독감에 대한 공포 이후 2009년에 전 세계적으로 수요가 발생한 신종플루 백신 타미플루 덕분이었다.

↑ 바젤 로슈 연구소의 타미플루 생산. 로슈는 '조류 독감' 유행을 막는 데 도움을 주는 백신을 공급한다.

두 가지 해결책, 모두 옳았다

스위스 제약 산업은 세계적 차원의 경쟁 속에서 오랫동안 성공을 거두며 발전해왔다. 로슈와 노바티스는 지난 세대 동안 다른 기업들보다 변화된 상황을 더 잘 헤쳐 오면서도 한편으로는 전혀 다른 경로를 따랐다. 이 두 가지 모두 옳았다. 로슈는 혁신에 집중하면서도 사실상 세계 최대 생명공학 기업이 되었다. 또한 의료 전달체계를 개선하기 위해 진단과 치료를 통합하려고 노력하고 있다. 노바티스는 제네릭 의약품과 눈 관리와 같은 다양한 사업 분야를 가진 존슨 & 존슨(Johnson & Johnson)과 매우 비슷하게 더욱 다각화하는 전략을 추구하고 있다. 이 두 전략은 모두 성공적이었다.

그러나 이제 새로운 도전들이 대두하고 있다. 노바티스가 어느 정도는 이 중 일부 도전들을 만들어낸 측면이 있다. 오늘날 보통 사람들은 주로 의약품의 놀라운 발전 덕분에 2-3세대 전보다 두 배 정도 오래 산다. 장수에 대한 논쟁이 있지만 이러한 의약품 발전이 잠재수명 자체를

늘리지 않는다고 일반적으로 추정한다. 의약품은 더 많은 사람이 오래
살 수 있도록 해줄 뿐이다. 이것 자체가 중대한 질문을 제기한다. 우리는
정말 95세까지 살기 원하는가? 누가 그에 대한 비용을 감당할 것인가?
그러나 잠재수명이 증가하고 있다는 증거가 있다.

사라진 개척지

인간의 잠재 수명과 마찬가지로 혁신의 개척지도 무한하지 않다. 의약품
매출 증가세는 감소하여 매년 증가율이 5%로 떨어질 것으로 예상된다.
이는 1990년대 경험한 증가율의 절반, 2차 세계대전 이후 연평균
증가율의 4분의 1에도 미치지 못하는 수준이다.

    그럼에도 차기 블록버스터 의약품의 발견은 과학자들과 그들이
일하는 기업에게 여전히 단 하나의 가장 중요한 성취 척도이다. 그러나
이것은 점점 더 많은 비용이 들고 어려워지고 있다. 미국 연방 의약품
규제 당국인 식품의약품국(FDA)이 승인한 의약품 수는 급격하게
감소했고, 의약품이 개발 과정을 성공적으로 마치는데 소요되는 평균
비용은 13억 달러다. 의약품과 최초의 모방의약품 사이의 시차는
수년에서 수개월로 줄어들었다. 개발 비용을 회수할 수 있는 신약이
10개 중 1개 이하라는 사실은 그다지 놀랄 일이 아니다. 광고가 허용되는
의약품의 경우 광고비가 폭증했다. 미국에서 화이자는 2009년 1조
1천억 달러를 광고비로 지출하여 최대 텔레비전 광고주였던 프록터 &
갬블을 무색하게 만들었다. FDA는 부정한 특허 기간 연장을 강력하게
단속하고, 경쟁자의 약품을 똑같이 만들어('모방' 제품) 우월한 판매
능력을 동원하여 수익을 올리는 행위를 막고 있다. 전 FDA 국장

데이비드 케슬러는 노바티스와 로슈에 높은 점수를 주었다. "스위스 제약 기업들은 과학과 혁신에 진지한 태도로 임하고, 실질적인 의학적 유익이 있는 약품에 대해 신중하게 승인을 신청하고 모방을 하지 않는다."

노년의 질병

무엇이 '유익'인지에 대한 논쟁이 늘고 있다. 인간은 나이가 들수록 생명을 위협하지 않지만 점차 삶을 불편하게 만드는 여러 질병에 걸리기 쉽다. 요즘 대다수의 연구는 관절염, 비만, 우울증, 치매, 성기능 저하와 같은 노화와 관련된 질환을 완화하는 데 집중하고 있다.

과학의 핵심은 예측 가능성이다. 하지만 역설적이게도, 탄탄하고

↑ 미국 뉴햄프셔 포츠머스의 론자 바이로직스(Lonza Biologics)가 보유한 2만 리터 용량의 생물반응장치. 론자는 세계 제약 산업계에서 의약품 활성 원료와 바이오시밀러 제조분야 선두 기업이다.

올바른 과학에 투자한다 해도 그로 인해 최종적으로 보상을 받을 가능성은 매우 낮다. 오랜 세월 누적된 총체적인 증거를 고려할 때 의약품 연구는 대부분의 투자자가 대부분의 돈과 시간을 날리는 복권과 비슷하다.

    심지어 성공하더라도 불행해질 수 있다. 로슈에 따르면, 암 치료제 아바스틴 개발 비용은 25억 달러이고 그로 인한 연간매출액은 90억 달러다. 하지만 환자 1인당 매년 암 치료제 비용으로 10만 달러 이상을 지출하고도 고작 6개월 정도 수명을 연장한다면 이 치료제의 효과와 가격에 대해 깊은 의문이 제기된다. 말기 환자들이 일시적인 생명 연장을 바라며 약품을 구입하려고 빚을 져야한다면 대기업은 도덕적인 딜레마에 빠질 수밖에 없다.

의료적 필요가 충족되지 않은 세계

미국은 1980년 이후 의료비가 300% 증가한 반면, 주로 시장의 실패로 설명되는 요인 때문에 의료비를 지불할 능력은 실질임금 기준으로 11% 감소했다.* 개인의 평생 의료비 지출액의 75%가 생애 마지막 5년에 지출되기 때문에 추가로 의료비 증가 압력이 상당할 것으로 예상된다. 그러나 환자들이 의존하는 의료비 지불 시스템들은 의료비 증가를 감당하기 위해 분투하고 있다—의료 시스템을 공급하는 산업들은 이윤에 대한 추가적인 압박이 불가피할 것으로 예상된다. 아울러 세계

[*]   Naissance Capital, 「시장의 성공과 시장의 실패(Market Successes and Market Failures)」, 17 October 2011

2011년 스위스 최대 제약 및 화학 기업

	1950	1970	1980	2000	2011
로슈(1896년)					
매출-백만 스위스프랑	21281	3,833	9,670	28,672	42,531
고용자수-전체	4,450	30,250	52,690	64,760	80,129
고용자수-스위스 지역	1,380	5,650	10,880	8,660	9,880
노바티스(1996년)					
매출-백만 스위스프랑	13,628	9,701	32,070	35,805	51,828
고용자수-전체	na	98,950	146,780	67,650	123,686
고용자수-스위스 지역	15,010	26,580	28,880	8,100	12,000
신젠타(2000년)					
매출-백만 스위스프랑	-	-	-	6,846	13,268
고용자수-전체	-	-	-	c. 23,000	26,333
고용자수-스위스 지역	-	-	-	2,630	2,880
클라리언트(1995년)					
매출-백만 스위스프랑	-	-	-	10,583	7,370
고용자수-전체	-	-	-	31,550	22,149
고용자수-스위스 지역	-	-	-	1,460	1,420
론자(1897년)					
매출-백만 스위스프랑	16	252	1,212	1,703	2,692
고용사수-전체	na	3,160	4,370	5,990	9,641
고용자수-스위스 지역	na	na	na	na	3,090
필메니쉬(1895년)					
매출-백만 스위스프랑	na	na	895	1,801	2,661
고용자수-전체	na	na	na	4,140	5,810
고용자수-스위스 지역	na	na	na	1,270	1,710

이 표는 지난 60년 동안 스위스의 주요 화학 및 제약 기업의 매출액과 고용자수(총계와 스위스 지역)를 보여준다. 이 수치는 이용 가능한 자료들이다(자료를 이용할 수 없는 경우 na로 표시했다). 괄호 속 연도는 회사(또는 그 전신)의 설립연도를 나타낸다. 매출액과 고용자수는 반올림 또는 반내림한 수치이거나, 때로 추정치이며, 일부의 경우 1년 전 또는 후의 자료일 수 있다. 노바티스의 경우 1950년, 1970년, 1990년 수치는 시바, 가이기(또는 시바-가이기), 산도즈의 수치를 모두 합산한 것이다. 지보단은 2000년까지 로슈에 소속된 기업이었기 때문에 표시하지 않았다.

출처: 〈포춘〉

주요 연혁

1800년 이전

1758	요한 루돌프 가이기가 바젤에서 약국을 개업하다.
1778	빈터투어에서 스위스 최초의 화학 기업 클라이스 & 지글러(Clais & Ziegler)가 설립되다.

1800-99년

1859	알렉산더 클라벨이 바젤에서 타르를 기초로 한 염료 제조를 시작하다. 여기에서 시바가 탄생했다.
1886	산도스의 전신인 케른 & 산도스가 설립되다.
1895	레옹 지보단이 베르니에르에 향료 회사를 설립하다. 이 회사가 지보단 필리페 슈트가 되어 나중에 제네바에서 필메니쉬를 설립하다.
1896	테오도르 코허가 베른의 인젤 병원에 외과 진료 책임자로 임명되다.

1900-99년

1918	시바, 가이기, 산도스가 바젤러 IG 카르텔을 만들다.
1933	산도스, 시바, 로슈, 반더가 제약산업협회를 결성하다.
1936	홀츠베르주커룽스(Holzverzuckerungs)가 설립되어 엠스 강변 도맷에서 지역 목재 폐기물에서 알코올을 생산하다. 이것은 나중에 엠스 케미가 된다.
1940	로슈가 사업 본부를 뉴저지 너틀리로 이전하다.
1960	리브리엄(그리고 1963년의 바륨)이 로슈의 성장에 엄청난 발판이 되다.
1967	산도스가 베른의 반더를 인수하다.
1970	시바와 가이기가 합병되어 시바-가이기가 되다.
1976	밀라노 근처 로슈의 세베소 공장에서 유독성 다이옥신이 유출되는 사고가 발생하다.
1977	아레스-세로노가 본사를 제네바로 이전하고 스위스 제약 산업에서 3위 기업이 되다. 그 이후 2007년에 머크에 매각되다.
1986	슈바이츠할레의 산도스 공장에 엄청난 화재가 발생하다.
1990	로슈가 샌프란시스코의 제넨텍 지분 60%를 매입하고 2009년에는 완전히 인수하다.
1995	산도스가 대규모 공업화학 생산 부분을 새로운 회사인 클라리언트로 분리하고 주식시장에 상장하다.
1996	시바-가이기, 산도스가 합병하여 노바티스가 탄생하다.
1997	장 폴 클로젤과 마르티네 클로젤이 액텔리언을 설립하다.

2000년 이후

2000	노바티스의 농화학 사업부와 아스트라제네카가 합병하여 신젠타가 탄생하다.
2002	노바티스가 자사의 업무단지 프로젝트를 발표하다.

인구의 85%가 거주하는 개발도상국에도 비슷한 의료적 필요가 있지만 아직 의료보험체계가 마련되어 있지 않다. 의료적 필요가 충족되지 않은 거대한 시장이 기다리고 있지만 의료비 지불능력이 문제가 될 것이다.

노바티스의 다니엘 바젤라는 이러한 변화하는 상황에 대처하기 위해 의료 산업이 나누어져야 한다고 생각한다. 한편으로, 기업들은 기술을 빌리거나 기존 기술을 이용하여 대량의 저수익 의약품을 생산해야 한다. 다른 한편으로 혁신 역량을 실제적인 돌파구를 마련할 수 있는 의약품에 집중해야 한다. 개발비용은 제한된 의료비 지불능력에 맞추어 낮아져야 한다. 로슈의 세베린 슈완은 제약 기업들이 계속 종양학, 신경과학과 같은 미답지역에 초점을 맞춘 연구 중심 모델을 따르고, 아울러 진단과 치료를 통합하는 전략으로 경쟁력을 창출해야 한다고 생각한다.

노바티스와 로슈는 지금까지 다른 경쟁사들에 비해 더 큰 성공을 거두었다. 그러나 해수면은 더 이상 빨리 상승하지 않고 모든 배를 띄우지도 않을 것이다. 앞으로 썰물이 빠질 때 이 기업들이 시장에 의해 선택받을지 버림받을지 지켜볼 일이다.

10장 스위스 교통: 완벽한 이동성

― 고대 유럽세계는 오늘날 이탈리아에 속하는 스위스 남부, 지중해의 섬들, 그리스가 포함되었다. 그러나 중세 유럽은 북쪽 지역의 독일, 프랑스, 그리고 네덜란드, 벨기에를 포함한 유럽 북서지역(Low Countries), 영국이 포함되었다. 수세기 동안 스위스는 사실상 두 세계 사이에 있는 높은 벽으로 둘러싸인 관문이었다― 그러나 이 관문은 상인들과 군대가 반드시 통과해야 하는 통로였다. 북유럽과 남유럽의 주요 경제 중심지 간에 상품이 활발하게 교환되었다―물품들은 좁은 알프스 고갯길을 통해 힘들게 수송해야 했다. 고갯길로 가는 도로에 인접한 아주 외딴 계곡 마을들도 먼 나라에서 온 여행자들과 상품을 접하면서 상당한 이익을 거두었다. 이 소득은 최초의 스위스 주들의 독립에 기여했다. 유럽의 가장 중요한 상업중심지를 연결하는 통로라는 스위스의 입지는 스위스의 번영에 매우 중요했다.

스위스인들이 운명적으로 물건을 운반해야 하는 이유

바클레이스 캐피털의 스위스인 회장 한스외르크 루돌프는 스위스인들이 특별히 두 가지 일, 즉 정밀 엔지니어링과 복잡한 물류 분야에 천부적 재능을 타고 났다고 말한다. 따라서 스위스에 세계를 선도하는 세 개의 운송기업이 있다는 것은 놀라운 일이 아니다. 놀라운 점은 과거에 짐을 나르던 말, 중세 전쟁터에서 보여준 스위스인들의 솜씨, 오늘날의 교통 및 물류 기업 간에는 역사적인 연결 관계가 없다는 것이다. 판알피나(Panalpina)와 같은 회사명이 교통의 나라라는 과거 스위스의 역할을 보여주긴 하지만 오늘날 스위스에 본사를 둔 글로벌 물류 그룹들은 상당히 근대적인 현상인 19세기 스위스 경제를 바꾼 급속한 산업화에 그 뿌리를 두고 있다. 스위스는 인프라 개발, 특히 주로 국제 무역 수요에 따른 철도, 도로, 해운 분야에서 놀라운 발전을 경험했다. 그 뒤, 화물운송 회사들은 국내 시장이 작아 처음에는 인근 지역, 그 다음에는 국제적 범위, 마지막으로 세계적 범위로 나아갔다.

물류는 경기에 민감한 사업이기 때문에 스위스 물류 기업들은 그동안 좌절과 어려움을 겪었다. 그러나 생존한 기업들은 이제 글로벌 기업이 되어 세계 최고의 운송회사가 되었다.

나무다리로 시작되다

13세기 한 주교가 알프스를 남북으로 횡단한 여정에 대해 언급하면서 장크트 고트하르트 고개(St Gotthard Pass)를 넘어가는 길은 "내 평생 걸어본 길 중에서 가장 험했다."라고 썼다. 그는 아마도 쉘레넨 고게(Schollenen Gorge)를 지칭하는 것 같다. 이 고개는 악마의 다리라는 부서지기 쉬운 나무다리가 세워진 13세기 초까지 통행이 불가능했다. 이 다리는 자주 홍수 때 휩쓸려갔다. 그러나 장크트 고트하르트는 매우 좋은 교역로였다. 그 이유는 이 지역이 중앙에 위치해 있고, 또 산줄기를 하나만 넘으면 되는 알프스에서 몇 안 되는 지역 중 하나여서 계속 다리가 다시 건설되었기 때문이었다. 16세기에 나무다리가 돌다리로 교체되어 스위스와 남북 교역에서 중요한 통행로로서 입지가 강화되었다.

중세 유럽에서 통행세는 지방의 중요한 수입원이었기 때문에 지방 권력자들은 전력을 다해 엄격하게 통행세를 거두었다. 통행료는 옛 스위스 연방을 설립한 주들에게 중요한 수입원을 제공했다—그리고 1291년 형성된 동맹의 독립성을 보장하는 재정적 토대였다.

장거리 알프스 횡단 교통로는 스위스 도시들과 국제 무역 네트워크를 연결해주었고, 산악의 고갯길에 대한 통제권을 통해 안정적인 수입과 영향력을 확보할 수 있었다. 육상도로—항구와 달리—는 상당한 불편과 비용을 치르지 않고는 다른 것으로 대체할 수 없었다. 수세기 동안 유럽 북부와 유럽 남부의 상품 교류는 알프스 산 고갯길을 이용했고 그중 대부분을 스위스 주들이 소유했다. 이와 같이 13세기와 산업화 시작 직전까지 장크트 고트하르트 고개는 거의 신비스러운 통행로이자 스위스의 희박한 천연자원 중 하나였다.

말, 노새, 당나귀, 심지어 소까지 상품 수송에 이용되었다. 14세기부터 등짐 말이 상업적 수송수단이 되었다. 지역 행정단위—보통 교구나 자치 도시—는 교통로를 관리할 책임이 있었다. 농부들은 두 번째 직업으로서 각 도로 구간마다 등짐 말 수송대를 조직하여 운송서비스를 제공했으며, 등짐 말 운송 권리를 거래하는 경우도 있었다. 19세기 초까지 여전히 가축을 이용한 수송이 경제적으로 중요했다. 그 후 두 가지가 운송사업의 성격을 바꾸었다. 첫째, 통행과 교역이 자유화되었다—1848년 헌법은 국가적으로 중요한 도로와 교량에 대한 감독 책임을 연방정부로 이전하고 모든 통행료를 폐지했다. 둘째, 알프스 횡단철도 건설로 교통로로서의 스위스의 역할이 완전히 바뀌었다.

그런데 철도는 어디에 있는가?

오늘날 잘 갖추어진 스위스 철도체계를 고려할 때 스위스의 철도 건설이 다른 유럽 국가들보다 뒤늦게 이루어졌다는 사실을 알면 놀랄지도 모르겠다. 하지만 마침내 철도 건설이 시작되자 그 변화의 속도는 엄청났다.

18세기 중반 산업혁명 초기 단계부터 영국에서는 운하와 고속도로가 급속하게 확대되었다. 뒤이어 19세기 초 철도가 도입되었는데, 로버트 스티븐슨이 1829년 '로켓' 증기기관차를 발명하여 효율적인 동력원을 제공함으로써 교통 혁명이 일어났다. 스위스의 이웃 국가인 프랑스, 독일, 오스트리아에서는 1830년대 말부터 광범위한 철도망이 존재했다.

스위스는 19세기 후반기부터 비로소 주요 철도사업이 시행되었다. 최초의 철도는 1844년 이웃 국가에서 스위스로 들어오는 노선이 건설되었다. 알자스 철도의 2.4km 구간이 프랑스 국경에서 바젤시까지 건설되었다. 바젤 이후 철도망의 확장을 주도하는 곳은 취리히였다. 이것은 오늘날의 크레디트 스위스와 스위스라이프의 설립자이자 정치가, 선구적인 기업가인 알프레드 에셔의 노력 덕분이었다. 스위스 내에 건설된 최초의 철도 구간은 1847년 취리히와 바덴 사이에 개통되었다—하지만 7년 동안 이 노선은(겨우 19km) 다른 노선과 연결되지 않고 고립된 노선으로 남아있었다.

신속하고 맹렬한 따라잡기

1855년 철도건설 붐이 시작되었다. 1852년 탄생한 연방정부가 통과시킨 법안이 건설 열기의 시발점이 되었다. 이 법은 철도의 건설과 운영을 민간 운영자에게 맡기고 그 허가권을 각 주에 일임했다. 스위스 초기 정부는 철도 투자를 자체적으로 감당할 재원이 없었고 민간 기업가들은 두 번 허가를 받지 않아도 되었다. 기업가들은 주로 외국 자본을 조달하여 엄청난 속도로 철도노선을 하나씩 건설했다. 1880년 오늘날 스위스 철도 노선의 절반에 해당하는 2,400km가 건설되었다. 30년 만에 스위스의 철도 연장은 이웃 유럽 국가들을 따라잡았을 뿐만 아니라 오히려 능가하였고, 1890년 유럽에서 가장 조밀한 철도망을 갖게 되었다.

철도망의 가장 인상적인 부분—해외에서 많은 찬사를 받는다—은 단연 장크트 고트하르트 철도다. 이 철도 노선은 수십 년 간의 정치적 논쟁을 거친 뒤 1869년 연방의회에서 건설하기로 합의했다. 장크트 고트하르트 노선을 건설하기로 결정한 중요한 요인은 이탈리아가 군주국으로 통일되고 북독일 연합이 설립되었기 때문이었다. 이 두 국가는 라인 지방과 이탈리아 북부를 연결하기를 원했고 그에 대한 대가를 지불할 용의가 있었다.

철도의 실질 비용

스위스 북부와 남부를 연결하기가 엄청나게 어렵지만, 핵심은 고쉐넨과 아이롤로를 연결하는 약 14km의 터널이었다. 입찰을 붙인 결과 제네바 출신 기업가 루이 파브르가 단 8년 만에 이 터널을 완공하기로 약속했다. 지나치게 야심찬 건설 일정을 맞추려고 시도하던 파브르는 과로로 사망했지만, 장크트 고트하르트 노선은 2년 뒤인 1882년 마침내 개통되었다. 국내외에서 이 사업은 '세기의 성취'라며 환호를 받았고 때로 1896년 수에즈 운하 개통과 비교되기도 했다. 이와 비슷한 초대형 사업인 신알프스 횡단철도노선(New Alpine Transversal Rail Route)이 완공된 것은 백 년 이상이 지난 뒤였다. 약 54km 길이의 새로운 고트하르트 베이스 터널(세계에서 가장 긴 터널)의 두 끝이 2010년 완전히 연결되었다.

그러나 철도교통의 놀라운 증가 속도가 침체되기 시작했다. 너무 많은 회사들이 과도하게 빨리 설립되었고, 1861년 스위스 철도 회사의 5분의 4가 경제적 곤경에 빠졌다. 1870-71년의 프랑코-프러시아 전쟁 동안 여러 민간 철도의 운영을 조정하는 문제가 대두되었다. 그 결과 1872년 새로 제정된 법은 철도노선 허가 권한과 철도 건설 및 운영, 운행 시간과 요금에 대한 기본원칙을 수립할 권한을 연방정부에게만 주었다. 1898년에 실시된 국민투표를 통해 스위스인들은 정부가 5개 최대 철도회사를 매입하는 것에 찬성했다. 이를 기반으로 스위스연방철도(SBB)가 1902년 설립되었고, 지금까지 스위스 정부는 스위스 철도산업의 최대주주로 남아 있다. SBB가 1999년 주식회사로 전환되었지만 주식의 100%를 국가가 소유한다.

자본주의의 핵심은 연결

19세기 후반기 스위스에 부설된 많은 철도 노선은 이전에 분리되었던 스위스의 각 지방을 연결했다. 규모나 복잡성에서 유례가 없는 철도노선은 권력과 산업의 중심을 강변에 위치한 바젤, 제네바, 장크트갈렌에서 취리히, 빈터투어, 베른으로 옮겼고, 원료와 상품, 사람의 이동을 통해 비교할 수 없는 수준과 빈도로 상거래가 이루어지게 했다. 이로 인해 오늘날까지 지속되고 있는 새로운 근대 자본주의 시스템의 기초가 놓였다.

    19세기 초의 스위스 농업경제는 비교적 단순했다. 스위스의 대부분 지역에 있는 기업은 흔히 가족이 소유한 독립적인 지역 기업이었다. 여기에는 농장, 상점, 수공예 상점, 소규모 제조기업, 섬유와 같은 다양한 지역 산업체가 포함되었다. 19세기 중엽 철도의 등장은 근대 대기업의 출현을 촉진하고, 기업이 그전까지 해오던 사업방식을 붕괴시켰다. 철도 운영의 규모와 복잡성 때문에 철도 산업은 새로 출범한 스위스 연방공화국이 모든 종류의 중앙집권적인 권력체제, 특히 완전히 새로운 권력체제를 본래부터 마뜩찮게 여기는 주와 지역 도시로부터 관리 책임을 넘겨받아 운영하는 능력을 보여줄 첫 번째 시험장이었다.

    연구와 공학기술에서부터 운행시간, 회계에 이르는 업무의 다양성과 범위 때문에 전례 없는 규모의 조직이 필요했다. 이 새로운 산업을 지원하는 시스템—경영, 재무, 사업 분석, 물류—을 통해 오늘날 많은 스위스 기업의 특징인 인프라, 팀워크, 세부내용에 대한 관심, 효율성, 시간 엄수가 정착되었다. 철도체계는 가장 많은 찬사를 받는 스위스의 특징 중 하나가 되었고 공공재원 배분에서 최고 우선순위를 차지한다.

먼저 강이 흐르게 하라

철도망이 빠르게 확대되면서 스위스 산업은 상품을 더 신속하게 세계 시장으로 운송할 수 있게 되었다. 그러나 철도만으로는 충분하지 않았다. 라인강 해운이 중요한 역할을 하였는데, 라인강 운송기업에서 성장한 기업들 중 최소한 한 기업은 오늘날 전 세계에서 활약하는 물류기업이 되었다.

↑ 클라인위닝겐 바젤에 위치한 라인강 항구—
스위스가 갖지 못한 바다 항구

바젤은 오늘날 라인강 해운의 선두에 있지만 초기에는 화물운송이 그다지 중요하지 않았다. 바젤과 보름스 사이의 라인강 상류의 강한 물살과 많은 지류 때문에 돛단배와 마차에 의한 화물운송 시대에는 단지 한 방향—하류 방향—으로만 운송할 수 있었다. 그러나 1817년 강 상류 지역에서 개선 사업이 시작되었다. 이 대형 사업은 이후 60년 동안 완료되지 않았지만, 1838년에 바젤에서 스트라스부르까지 화물을 양방향으로—천천히—운송할 수 있게 되었다.

1844년 운영에 들어간 알자스 철도는 처음에는 느린 라인강 바지선에서 엄청난 화물을 빼앗았지만 19세기 말엽 산업화가 가속화되면서 철도용량이 한계에 이르렀다. 그 결과 스위스 바지선 협동조합이 결성되어 대부분 일반인이 소유한 가스 및 전력 기업들의 지원을 받았다. 이 기업들은 벌크 석탄 화물을 안정적으로 운송할 방법이 필요했기 때문이다. 바젤의 라인강 도크 확충과 함께 해운이 더 중요해졌다. 철도의 도전에도 불구하고 라인강 해운은 벌크 화학물질,

곡물, 자갈, 모래, 목재와 같은 중량화물 운송에 경쟁력이 있었다.

침몰되지 않은 바지선 사업

1, 2차 세계대전 사이 기간에 철도가 공격적인 화물 요금을 도입하자, 바지선협동조합은 포워딩(forwarding, 전문적으로 운송 업무를 대행하는 것: 옮긴이)분야로 사업을 확대하여 반격에 나섰다. 1938년 바지선협동조합은 오래 전에 설립된 바젤 화물 운송대행기업인 한스 임 오베르스텍(Hans Im Obersteg)을 인수하여 명칭을 스위스해운회사(Swiss Shipping Company)로 바꾸었고 모터로 움직이는 화물선에 투자하였다. 이 화물선은 줄로 당겨 이동하는 기존의 바지선보다 이동능력이 훨씬 더 좋았다.

2차 세계대전 동안 스위스해운은 런던과 뉴욕에서 사무소를 개설하고 대양을 항해하기 시작했다. 전쟁이 끝나자 SR(스위스해운회사로 알려져 있었다)은 사업 범위를 항공화물로 확대했다. 라인강 해운 사업은 침체기로 들어섰지만 국제화물 운송대행업은 붐이 일기 시작했다. 1954년 이 기업은 알피나(Alpina)라는 하나의 브랜드로 화물 운송대행업에 집중했다. 1960년 이 그룹은 판알피나(Panalpina)로 개명했다.

초기에 판알피나는 소유권자 외에는 거의 공통점이 없이 독자적으로 운영되는 기업들의 단순한 연합체에 지나지 않았다. 성장은 상당부분 우연과 기회에 달렸다. 예를 들어, 1954년 나이지리아에 지사가 설립되어 아프리카에서 가장 인구가 많은 국가에서 선도적인 화물운송대행업체가 되었다. 이것은 비아프란(Biafran War) 전쟁이 끝난 1970년대 초 석유 호황이 시작되었을 때 유리한 입지를 제공했고, 판알피나는 재빨리 석유 시추 장비와 플랫폼을 주도적으로 운송하게 되었다.

판알피나와 '사회적 자본' 운동

유럽 서부로의 확장은 쉽지 않았다. 성공과 실패는 주로 인맥과 각 지사 관리자의 역량에 달려 있었다. 여기에는 유능하고 진취적인 성격이 포함되지만 대부분 그들은 동료들과 함께 조직화된 기업에 쉽게 마음을 붙이는 그런 종류의 사람이 아니었다. 자신의 과제를 달성하는 데 특별히 성공한 한 사람은 오스트리아의 발터 슈나이더(Walter Schneider)였다. 1967년 그는 판알피나의 오스트리아 자회사와 이 자회사의 가장 강력한 경쟁자인 지드란트 그룹(Südland Group)이 합병되어 오스트리아 화물 시장에서 선도적인 위치를 확보하기를 원했다. 판알피나 이사회는 합병할 경우 위험이 상당히 집중된다며 거부했다. 그러나 슈나이더는 스위스 기업가로서 1960년부터 국제 화물 운송대행업에 투자했던 에른스트 괴너(Ernst Göhner)의 도움과 자금 지원에 힘입어 합병을 진행시키기로 결심했다.

이로써 괴너와 판알피나의 오랜 관계가 시작되었다. 괴너는 스위스에 기능적이고 모듈화된 주택 건설을 통한 '사회적 자본' 개념에 대한 열렬한 지지자였다―한때 에른스트 괴너 기업은 스위스의 모든 건설 활동의 약 6분의 1을 담당했다. 그러나 이 회사가 국제적인 그룹으로 성장한 것은 그가 판알피나에 투자한 덕분이었다―괴너 기업은 1971년 대부분 일렉트로와트에 매각되었다. 매각 수입금 1억 7천만

스위스프랑은 자선 목적의 에른스트 괴너 재단의 기초가 되었고,
아울러 1970년대 초 판알피나의 유일한 주주가 되었다.

계약 물류(contract logistics) 현상

1970년대 중반까지 판알피나는 전통적인 유럽 및 대서양 횡단 화물에
집중했다. 1974년 석유 위기 이후의 경기침체 때문에 이 기업은
석유수출국기구(OPEC) 국가와 개발도상국가, 그 이후 미국 대륙,
동남아시아, 중국으로 새로운 시장을 확대해야 했다. 이 네트워크는
결국 '계약 물류'의 기초가 되었다. 이것은 1990년대 성공의 공식이
되었다. 예를 들어, 이 서비스는 15개국 이상에서 부품을 가져와 4개의
다른 공장에서 노트북 컴퓨터를 조립하여 전 세계 600개 이상의
판매점에 완제품을 운송해야하는 전자제품 기업의 관심을 끌었다.
판알피나는 이와 같은 생산과 유통과정을 지원하기 위해 필요한 모든
복잡한 물류 프로그램을 개발했다. 이 서비스는 또한 기업이 잉여
재고자산을 보유하지 않는 적기 생산(just-in-time production)이라는
빡빡한 일정을 충족시켰다. 많은 대기업들이 이러한 물류업무를
아웃소싱하기 시작했다. 예를 들어 BMW는 싱가포르에서 만든 예비
부품을 중국의 조립공장과 판매망에 공급하는 업무를 판알피나에
맡겼다. 폭스바겐은 이 회사에 멕시코에서 신세대 비틀 자동차 조립을
위해 멕시코와 유럽 사이의 운송과 물류체계 구축 업무를 의뢰했다.

판알피나는 이와 같은 거래로 지속적으로 높은 수익을 창출했고,
2005년 스위스 주식시장에 상장되었다. 이 기업의 재정적 성공은
부분적으로는 이 회사의 인프라를 합리화한 결과이기도 하다. 이

↑ 판알피나의 화물운송 비행기

회사의 투자액의 상당부분이 트럭, 선박, 항공기 구입이 아니라 직원, 시장, 정보기술을 개발하는데 투입되었다. 그러나 2007년 판알피나는 미국 사법부가 이 회사에 중요한 나이지리아 사업과 관련하여 반독점법 위반으로 기소하면서 심각한 곤경에 빠졌다. 판알피나는 석유 시추 플랫폼을 수입하여 나이지리아 관세청을 통해 통관할 때 '부정기적 추가 납부방식'(acceleration payment)으로 관세를 지불했으며, 그리고 2008년 나이지리아에서 완전히 철수했다는 사실을 인정했다.

워털루 전투에서 탄생한 기업

또 다른 세계적으로 활동하는 물류기업 단자스—아쉽게도 지금은 이 브랜드명은 더 이상 사용되지 않는다—는 바젤에서 생겨났다. 이 화물운송대행 기업의 설립은 1815년 워털루에서 나폴레옹이 패배하면서 시작되었다. 워털루 전투가 끝나고 프랑스군에서 중위로 제대한 루이 단자스가 고향인 생루이(바젤 근방)로 돌아와 미셸 레베끄의 물류기업에 들어갔다. 미셸은 곧 27세의 단자스에게 사업 파트너가 돼 달라고 요청했다. 단자스, 레베끄 그리고 미넷이 이끄는 기업은 번창했고, 단자스의 아들 에밀 쥘이 이 회사를 인수한 뒤 회사 소재지를 바젤로 이전했다. 그 뒤 1872년 그는 취리히를 시작으로 스위스 지점망을 구축했다.

단자스는 1878년 화물운송대리점주인 로렌 베르칭거(Raurent Werzinger)에게 소유권이 넘어갔지만 명성이 높은 회사명은 계속 유지되었다. 곧이어 이 회사는 스위스 우편, 전신, 전화국의 국제 우편, 특히 24시간 이내 런던으로 화물을 운송하는 업무를 처리하는 계약을 따냈다. 외교관 출신의 베르칭거 가문은 1차 세계대전의 어려운 시기에 이 회사를 성공적으로 운영하였고, 1차 세계대전과 2차 세계대전 사이 기간에는 독일 북부 항구에서 출발하는 해상 화물과 이탈리아로 가는 화물을 운송하여 수익을 올렸다. 2차 세계대전 때는 중립국인 포르투갈에 본사를 두고 사업을 가까스로 유지할 수 있었다. 이것은 주로 리스본의 관리자 한스 해트 덕분이었다―그는 나중에 이 회사의 최고경영자가 되었다. 해트와 그의 아들은 1950년대부터 전 세계에 자회사 네트워크를 구축했다. 뉴욕, 라틴아메리카에도 사무실을 열었다. 1979년부터 데이비스 린더의 지휘 아래 국제화를 지속하여 1980년 영국 기업 젠트란스코를 인수하고, 호주, 벨기에, 네덜란드, 오스트리아, 헝가리, 일본, 대만에 기업을 설립하거나 인수했다. 1989년 단자스는 36개국과 미국의 41개 주에서 사업 활동을 벌였다.

단자스, 성장과 변화의 희생자

1990년대 초, 기업 인수 열풍 이후의 많은 기업들과 마찬가지로 단자스는 많은 기업 인수 활동을 중단하고 내실화할 필요가 있었다. 기업 구조조정이 시작되고 기업 활동의 강조점이 유럽에서 북미와 동아시아로 바뀌었다. 그러나 1990년대 역시 유럽 물류기업에는 도전적인 시기였다. 유럽연합(EU)이 도입한 규제가 유럽의 화물 운송체계를 근본적으로 바꾸었기 때문이다. 〈월스트리트 저널〉이 1990년 단자스가 유럽 물류기업 중 생존 기업이 될 것이라고 예상했지만 단자스는 분산된 조직(100개 이상의 소규모 기업과 광범위한 중앙집권적 경영) 때문에 취약해졌고 곧 매출액이 급감했다. 기업 재구조화 작업이 뒤따랐지만 성장은 미미했다.

1998년 12월, 국가 소유의 독일 우편 및 전신 서비스 제공자 도이치 포스트는 단자스에 150억 스위스프랑을 지불하고 인수하겠다는 공식 제의를 했다. 단자스는 제안을 받아들이는 것 외 달리 대안이 없었다.

그 당시 단자스의 직원은 1만 6천 명, 매출액은 70억 스위스프랑이었다. 도이치 포스트가 스웨덴, 네덜란드, 미국에서 추가로 물류기업을 인수하면서 곧 단자스는 성장했다. 그러나 2006년 모든 도이치 포스트 소유의 물류 브랜드—DHL, 도이치 포스트 유로익스프레스, 단자스—는 단일한 DHL 브랜드로 합병되었고, 단자스라는 이름은 탄생한 지 약 2세기만에 사라졌다.

세계 최고 기업이 되는 방법

단자스가 결국 독일인의 손으로 들어가는 동안 또 다른 물류 대기업이 반대 방향으로 가는 여정을 시작했다. 독일에 뿌리를 둔 퀴네+나겔은 2009년 100개 이상의 국가에 5만 5천 명의 직원을 두고 있으며 연매출이 170억 스위스프랑을 넘었다. ABB와 함께 이 기업은 A. T. 커니(Kearney)가 선정한 세계 최고 25개 기업에 이름을 올린 두 개의 스위스 기업 중 하나다. 이 거대 물류기업은 1890년 아우구스트 퀴네(August Kuehne)와 프리드리히 나겔(Friedrich Nagel)이 브레멘에서 설립했다.

산림관리원의 아들인 퀴네는 1855년에 태어났다. 그는 도제교육을 마친 후 1870년대 중반 경기 침체기에 해고되었다. 그 뒤 그는 브레멘의 화물운송대행기업인 프리드리히 나우만에서 선적 사무원으로 일하기 시작했다. 그는 이 기업에서 사업 파트너로 성장하여 나우만의 딸과 약혼했지만 그녀는 결혼식을 앞두고 갑자기 사망했고, 나중에 나우만과도 사이가 나빠졌다. 1890년 그는 나우만의 회사를 떠나, 나우만의 회사에서 화물운송대리점을 운영하던 프리드리히 나겔을 사업 파트너로 삼아 함께 회사를 설립했다. 그들은 불과 3만 마르크의 영업 자본을 마련하고, 1890년 7월 1일 지방 신문인 〈브레멘 나흐리흐텐(Bremen Nachrichten)〉에 "화물운송대행과 위탁 회사인 퀴네 & 나겔 회사가 브레멘과 브레머하펜에 설립되었다"는 광고를 냈다.

가장 중요한 것은 시간엄수

처음 이 기업은 독일의 북해 항구에서 본사를 두고 최초의 지점은 1903년 함부르크에 개설했다. 화물운송대행 기업의 핵심적인 부가가치 창출 요소는 비용을 절감하기 위해 여러 고객들의 화물을 하나로 묶어 운송수단에 만재하여 동일한 목적지로 운송하는 것이다. 위험요인은 철도 운행 시간을 맞추기 위해 때로 만재 화물량의 절반만 싣고 가야하는 것이다. 퀴네+나겔 은 정확한 운송일정을 지켜—이것은 회사가 추가 비용을 감수한다는 뜻이었다—고객들의 신뢰를 얻었다.

두 차례의 세계대전으로 해상무역이 붕괴되었음에도 사업은 반세기 동안 매우 잘 운영되었다. 2차 세계대전 후 이 기업은 호황과 불황의 순환주기를 극복하기 위해 항공화물로 사업을 다각화했다. 몇 년 뒤 퀴네+나겔은 캐나다, 중동, 베네룩스 3국으로 사업 범위를 확대했다. 1959년 자매 회사가 스위스에 설립되었다. 이 자매 회사에서 오랫동안 일한 최고경영자 클라우스 미사엘 퀴네가 1975년 퀴네+나겔 인터내셔널을 설립했다. 그러나 그 이전에도 이 회사는 전통적인 독일 화물운송대행사업자에서 세계에서 가장 역동적인 기업들 중 하나인 통합 물류서비스제공자로 부지런히 변신했다.

투자는 곧 위험

이 회사는 여러 차례 새로운 기준을 제시했다. 예를 들어, 이 회사는 화물운송대행 기업 최초로 1965년 전산자료처리(EDP) 시스템을

1938년 브레멘 항구의 퀴네+나겔 소유 창고에서 화물을 적재하는 모습. 성공의 열쇠는 고객의 운송 주문을 취합하여 화물 적재 용량을 최대한 활용하는 것이었다.

설치했다. 1995년에는 전 세계 배송 화물을 추적하는 통합 소프트웨어 시스템을 개발했다. 불과 3년 뒤 고객들은 인터넷을 통해 실시간으로 자신의 화물을 추적할 수 있게 되었다. 예를 들어 레비 스트라우스는 중국에서 생산되어 런던으로 운송되는 청바지의 정확한 위치를 알 수 있었다. 이러한 개선으로 이 회사는 재고 수준과 영업 자본 투자액을 상당히 줄일 수 있었다. 널리 인정되듯이, 퀴네+나겔의 지속적인 성장 전략에는 어느 정도 위험이 내포되었다. 1970년대 초기 선박을 소유하는 위험하고 모험적인 사업에 약 5천만 달러를 투자했다. 1981년 당시 8,500명의 직원을 고용했던 이 기업은 회사 주식의 50%를 영국의 거대 복합기업인 론로(Lonrho)에 매각해야 했다. 그러나 퀴네는 최고경영자로 계속 남아서 론로 회장이자 그 당시 영국 사업계에서 가장 큰 논란의 중심인물이었던 롤랜드 '타이니(Tiny)' 로우랜드와 함께 일했다. 퀴네는 이 역할을 통해 유럽연합의 인터넷 시장을 대비해 자신의 회사를 준비시켰고 1988년 '미스터 유럽(Mr. Europe)'이라는 호칭을 얻었다. 그는 인터넷 사업을 크게 성공시켜 1992년 론로가 보유했던 주식을 모두 다시 매입했다.

최초의 중국 진출

지속적인 확장 전략의 일환으로 이 회사는 전 세계에서 대대적으로 기업을 인수하기 시작하면서 스위스에서도

퀴네+나겔의 미사엘 퀴네

페로비아스페드(Ferroviasped)를 사들였다. 그러나 가장 중요한 것은 2004년 퀴네+나겔이 상하이에 100% 소유한 자회사를 설립하는 것을 허가받은 최초의 국제물류 기업이 되었다는 것이다. 불과 1년 뒤 사업 허가 지역이 중국 전체로 확대되었다. 2011년 칼 게르난트가 퀴네를 이어 이사회 회장이 되었고, 그 무렵 회사는 세계 물류 사업의 대부분의 영역에서 '빅3' 중 하나로 성장했으며, 해상화물에서는 세계적인 선두주자였다.

도이치 포스트 DHL, DB 쉥커와 함께 퀴네+나겔은 세계에서 가장 긴 운송서비스 거리와 가장 폭넓은 서비스 포트폴리오를 갖춘 세계 상위 3대 회사에 포함된다. 이 회사의 글로벌 정보기술 조직의 예산은 2억 5천만 스위스프랑이며, 1,000명의 정보기술 전문가와 830명의 무역 파트너가 함께 일한다. (이 조직의 데이터 역량은 탁월하다. 그들은 문서 창고에 2억 6천만 건의 자료, 그리고 데이터 창고에 3테라바이트의

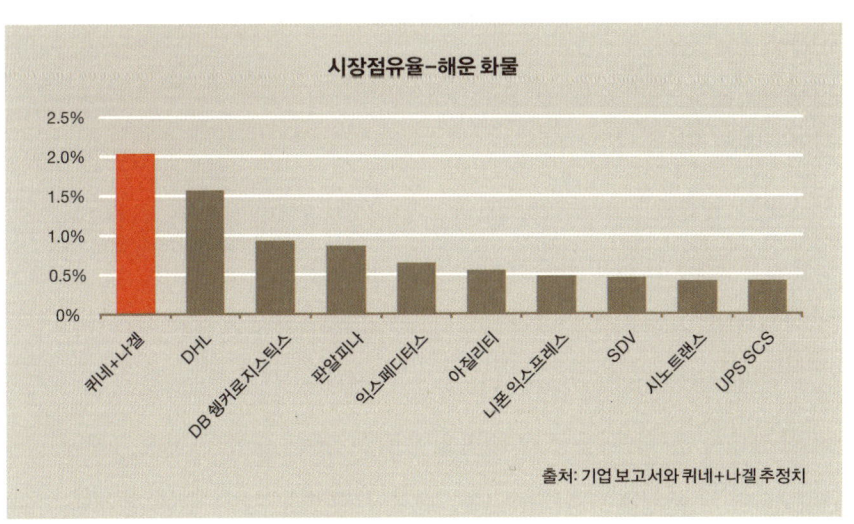

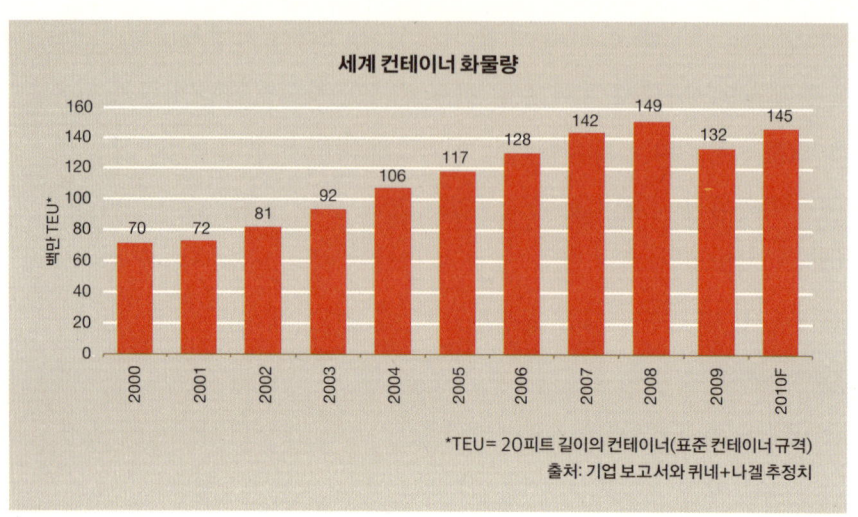

정보를 보관한다.)

퀴네+나겔은 2009년 시장점유율 기준(매출액 기준)으로 세계적인 선도 기업이었다(앞 페이지 도표를 보라). 이 기업이 발표한 자료에 따르면, 지난 10년 동안 컨테이너 화물량이 두 배 증가하였다(위 도표를 보라).

길을 잃은 항공사

판알피나, 단자스, 퀴네+나겔은 작은 국가가 세계적 차원에서 사업을 운영하는 물류회사의 성공적인 본거지가 될 수 있음을 보여준다. 그러나 이 기업들은 스위스만큼이나 자신을 국제적인 회사로 본다. 하지만 국적 항공사인 스위스에어(Swissair)는 그렇지 않다. 스위스에어의 '스위스다움'은 이 항공사의 목표에 포함된 필수 항목이었다. 그래서 2001년 이 항공사가 무너졌을 때 스위스인의 자존감은 깊은 상처를 받았다.

스위스 물류와 항공을 연결할 때 물류 기업들은 협소한 국내 시장으로 인해 거의 처음부터 더 큰 시장을 바라볼 수밖에 없었다. 항공기는 장거리를 운항할 수 있도록 설계되지만 스위스에는 장거리 항공노선이 없다. 게다가, 항공여객이 점차 대량 운송 시장이 되면서 국내 항공 시장이 작은 스위스에어로서는 초기 단계부터 자신을 스위스에 본사를 둔 국제 항공 운송회사로 간주할 수밖에 없었다.

다른 산업 국가들의 많은 항공사와 마찬가지로, 스위스에어의 출발은 허세를 부리는 기업가들과 낭만적인 비행사들이 이용하면서부터다. 그들은 1920년대 이리저리 궁리하다가 결국 1931년에 정부의 지원 아래 힘을 합쳐 스위스에어를 설립하였다. 스위스에어는 항공기 13대, 항공기 조종사 10명을 포함한 64명의 직원으로 출발했다.

항공기 승무원 서비스 개시

첫 해 스위스에어는 미국 록히드사로부터 고속 오리온 항공기 2대를 구입하여 유럽항공의 선두주자가 되었다. 미국에서 도입된 추가적인 혁신은 스위스에어에 또 다른 경쟁 우위를 제공했다—넬리 디너(Nelly Diener)로 불린 항공 스튜어디스는 승객들을 보살피는 '하늘의 여주인'으로서 항공사의 평판을 향상시키는데 상당히 기여했다. 그러나 유럽의 상업 항공은 2차 세계대전 동안 거의 완전히 답보상태였다.

전후 초기 항공 운송 산업의 회복은 느렸고, 영국 통화가 3분의 1로 평가 절하된 1949년 9월 스털링화 위기가 닥쳤을 때 스위스에어는 단거리 유럽 영업모델이 위험하다는 점을 깨달았다. 이 항공사는 장거리

↑ 스위스에어의 스튜어디스는 스위스에어와 스위스를
대표할 수 있는 능력을 평가해 신중하게 선발되었다.

노선에 투자할 필요가 있었고 그러기 위해서 정부의 도움이 필요했다. 스위스 연방정부는 1,500만 달러를 투자하여 장거리 여객기 DC-6B 2대를 구입하여 스위스에어에 임대해주었다. 그 대가로 스위스에어는 자사 주식의 액면 가치를 30% 줄였다. 아울러 새로운 고위 임원진이 임명되었다. 그때부터 두 사람—전 언론인 발터 베르히톨트(Walter Berchtold)와 섬유산업가 루돌프 헤베르라인(Heberlein)—이 이 항공사에 중요한 영향을 미쳤다. 그들은 유능하고 열정적인 팀을 이루어 전후 수 년 간의 불확실성을 제거하고, 숨 가쁘긴 했지만 20년 동안 지속적인 성장을 만들어냈다.

하늘의 대형은행

스위스에어는 유럽의 선도적인 항공사 중 하나로 성장하여 새로운 기종의 항공기를 먼저 구입하는 항공사가 되었다. 이 항공사는

↑ 1947년 스위스에어 포스터. 이 항공사는 스위스의 '하늘을 나는 대사관'으로 알려졌고 상당한 국가적 자부심의 원천이었다. 스위스에어가 2001년 무너졌을 때 스위스인들은 크게 당황스러워했지만 현재 이 회사는 **루프트한자** 네트워크의 일부로 다시 잘 운영되고 있다.

대출금뿐만 아니라 엄격한 감가상각 정책으로 높은 투자비용을 충당했다. 항공기는 10년이 되면 잔존가치 수준(고정자산의 내용연수가 만료되는 시점에 남아 있는 자산 가치: 옮긴이)으로 감가상각 되지만 훌륭한 유지관리와 정기적 부품교체 덕분에 항공기의 실제 가치는 여전히 높고, 때로 최초 구매가격보다 더 높은 가격으로 팔린다. 이러한 비밀적립금(hidden reserves)과 함께 스위스에어는 항공운송사업의 막대한 자본 수요를 어떻게 해서든 통제하여 종종 '하늘을 나는 은행'이라고 불렸다.

2차 세계대전 이전에 이미 시작된 높은 서비스 수준은 호황기 동안 더욱 발전했다. 항공여행이 훨씬 더 표준화되면서 스위스에어는 더욱 특별한 항공사가 되었다. 시계제조업과 엔지니어링 산업과 마찬가지로, 스위스에어는 정확, 신뢰, 청결에 대한 확고한 평판을 매우 중시했고, 1960년대와 1970년대 세계에서 가장 우수하고 가장 인기 있는 항공사 중 하나가 되었다. 해마다 새로운 노선이 개설되어 매출액은 1957-1967년 사이 4배 증가했고, 직원도 1960년에 7천 명 이상에서 1980년 약 15,000명으로 증가했다.

그러나 항공여행은 변동성이 높은 사업이다. 아르민 발텐스베일러(Armin Baltensweiler)가 최고경영자로 있을 때 스위스에어는 1973년 석유 위기와 미국 국내노선 자유화 이후 발생한 가격 전쟁이라는 도전에 직면했다. 스위스에어는 불가피하게도 임금 비용이 높았기 때문에 사업을 계속하기 위해 다른 비용을 여러 차례 삭감해야 했다. 가장 큰 도전은 유럽의 규제 변화에서 비롯되었다. 1980년대 말 유럽연합이 회원국가의 항공교통에 대한 규제를 풀기로 결정할 때, 스위스는 이 자유화된 시장에서 제외되었다(1992년 12월 스위스 유권자들은 유럽경제지역(EEA)에 가입하는 안건을 근소한 표차로 부결시켰다). 스위스에어는 미국항공사 델타, 스칸디나비아 에어라인 시스템(SAS)과 협력을 통해 시장을 확대하려고 노력했는데, 이것은 네덜란드 항공사 KLM, 오스트리아 항공사 AUA를 추가하여 네 방향 동맹(알카자르 프로젝트)으로 발전했다. 그러나 이 협상은 스위스에어의 과도한 요구―'경제적 애국주의' 집단에 의해 자극받았다―때문에 실패했다. 그리하여 스위스에어는 점증하는 글로벌 경쟁에 맞설 방어책을 구축할 기회를 잃었다.

파산의 충격

협력이 불가능하자 스위스에어는 기업 인수를 시도했다. 이 회사는 여러 유럽 항공사의 주식을 매입했지만, 그 회사들은 결코 우량주가 아니었고 스위스에어는 모든 손실을 스스로 감당해야 했기 때문에 인수 전략은 급격한 현금 감소를 의미했다. 설상가상으로 1998년 비극적인 사고가 발생했다. 뉴욕에서 제네바로 가던 스위스에어 소속 MD-11 여객기가 캐나다 노바스코샤주 핼리팩스 근방 대서양으로 추락하여 여객기에 탑승한 229명의 승객과 승무원이 모두 사망했다. 테러리스트들이 2001년 9월 11일 뉴욕과 워싱턴을 공격하여 대서양 횡단 항공여행에 엄청난 재난을 초래하고 난 후 스위스에어의 운명은 봉인되었다. 그해 10월, 70년 동안 대부분 성공적으로 운영되었던 스위스에어는 운영을 중단했다.

스위스에어의 파산은 스위스 시민들에게 충격을 주었고, '필츠(Filz)'(양모와 같이 광택이 없는 재료로 촘촘하게 직조한 천인 펠트(felt)를 뜻하는 독일어)로 알려진 스위스 엘리트들의 경영방법과 기업지배 방식에 대해 상당한 논쟁이 발생했다. 이것은 공통의 군대 경험과 서로 연결된 기업 이사회 이사직을 통해 발전된 스위스의 엘리트 산업가들과 은행가들 사이의 친밀한 관계를 의미한다. 스위스에어의 이사회는 스위스의 정치, 산업, 금융 분야의 훌륭한 사람들로 구성되었다. 이런 이사회의 장점은 신뢰와 빠른 의사소통이었는데, 이런 조직에서는 유대감에 의해 일이 좌우된다. 단점은 '집단 사고'와 복잡한 상호의존성으로 인한 중대한 이익 갈등이었다. 스위스에어의 위기가 최고조에 달했을 때 많은 이들이 이사회가 회사에 최선의 이익이 되는 방향으로 행동하지 못했고 이미 시간이 늦었다고 느꼈다.

탈규제와 왜곡

다양한 구조적 요인이 스위스에어의 몰락에 영향을 미쳤다. 그중 하나는 유럽 연합의 항공시장 탈규제였다. 이것은 이지제트, 라이언에어와 같은 저가항공사로 인한 치열한 경쟁을 유발했다.

아울러 각국 정부의 '국적항공사' 지원으로 지속적으로 경쟁이 왜곡되었다. 스위스에어와 같은 오래전부터 운영된 항공사들은 신생 항공사들보다 높은 비용구조를 갖고 있다. 또한 공항에서 혼잡이 증가하면서 가장 인기 있는 이륙 및 착륙 슬롯을 확보하는 것이 매우 중요해졌다. 스위스에어는 유럽의 주요 수도에서 이런 슬롯을 기대할 만큼 강한 지위에 있지 않았다. 맥킨지 보고서는 스위스에어와 같은 기업이 당면한 곤경에 대한 한 가지 자료를 발표했다. 이 보고서는 항공 산업 전체가 1980년부터 2000년까지 금전적 손실을 본 것으로 추정했다. 이 기간 동안 미국에서만 43개 항공사가 미국의 기업 파산절차 관련 조항인 챕터 11에 따라 파산 보호를 신청했다.

난기류를 헤치고 대성공을 거둔 유럽 항공사 중 하나

스위스에어(Swissair)가 '불시착'한 직후, 지역 항공사 크로스에어(Crossair)를 바탕으로 새로운 국적 항공사를 설립하려는 계획이 마련되었다. 하지만 새로운 '스위스항공(SWISS)'이 항공기 132대를 보유하고 2002년 3월 31일에 취항하려면 숱한 고비를 넘어야 했다. 무엇보다도 운항 노선과 운송권, 슬롯(Slot, 공항이 항공사에 할당하는 시간대별 비행기 발착 횟수_옮긴이)을 획득해야 했고, 기존 스위스에어와 크로스에어 직원들로 구성된 인력의 다양한 이해관계를 하나로 통합해야 했다.

창립 첫해에는 보유 자금이 부족했던 데다가 항공 가격마저 상승하면서 경영이 힘겨웠다. 항공사 측은 경쟁이 치열한 업계에서 선택권을 늘리기 위해 항공기 보유 규모를 축소하고, 취항 노선을 최대한 능률적으로 변경하고, 직원 수를 대폭 감축했다. 하지만 2005년에 독일의 루프트한자(Lufthansa) 그룹과 합병한 후에야 기대했던 변화가 찾아왔다. 스위스항공은 새로운 기내 상품에 투자하고 매력적인 장거리 노선을 새로 확보하여 2006년 말에 처음으로 수익을 냈다. 그해 연수익은 2억 3,100만 유로였다. 초기 혼란을 잘 넘긴 스위스항공은 안정적으로 경영을 이어갔고, 계속해서 성장할 수 있었다.

 스위스는 전 세계에 상품을 수출하고 서비스를 제공하는 국가이기에 항공업을 굉장히 중요하게 여긴다. 국적 항공사인 스위스항공이 국가 경쟁력에 기여하는 방법은 단순히 수출입 상품 운송만이 아니다. 스위스항공은 스위스의 산업과 국민을 전 세계와 이어주기까지 한다. 이는 경쟁력 있는 운송 노선을 확보하고, 다양한 언어를 구사할 수 있는 직원 9천여 명을 고용한 덕분이다. 스위스항공 직원의 70%는 스위스 시민이며, 이들은 서로 다른 언어를 사용하는 스위스 각 지방에서 골고루 채용되었다. 그 덕분에 스위스항공은 스위스에서 가장 매력적인 직장 중 한 곳으로 꼽힌다. 항공사가 유럽이나 다른 대륙에 새로운 취항지를 확보하는 일이 중간 규모나 대규모 중소기업 하나를 설립하는 일과 마찬가지라는 사실을 고려해보면, 스위스항공이 경제에 미친 영향은 훨씬 더 분명해진다.

 스위스항공은 전 세계를 누비는 국제 항공사지만, 스위스라는 뿌리를 절대 잊지 않으며 가능한 한 언제나 유명한 '스위스성' 혹은 '스위스 캐릭터'를 활용한다. 예를 들어, 고객은 기내에서 제공되는 상품이나 공항 내 라운지에 비치된 가구에서 '스위스'를 느낄 수 있다. 또한,

스위스항공은 국내 행사를 후원하고 국내 스포츠 협회와 오랫동안 협력해왔기 때문에 문화와 수준 높은 스포츠에도 크게 이바지하고 있다. 스위스항공은 스위스와 전 세계의 여러 자선 단체와도 협력한다. 이런 사회적 사업의 주요 목표는 아동과 청소년을 지원하는 것이다.

　스위스항공이 이렇게 성공할 줄 예상했던 사람은 많지 않았다. 그러나 2002년 스위스항공이 설립될 당시에 불가능할 것 같았던 일들은 이제 현실이 되었다. 스위스항공은 2018 회계연도에 영업 이익이 16% 증가해서 6억 3,600만 스위스프랑의 수익을 냈다. 회사 창립 이래 가장 높은 기록이었다. 게다가 스위스항공은 운송 승객수에서도 신기록을 세웠다. 스위스항공은 약 1,800만 명을 운송했고, 약 14만 5,000회 비행했다. 스위스항공은 재정 상태가 튼튼하고 높은 수익을 올린 덕분에 항공기와 서비스, 상품에 새로 투자할 수 있다. 이런 투자는 스위스가 학업, 취업, 관광하기에 매력적인 나라가 되는 데 긍정적인 영향을 미칠 것이다. 스위스항공은 창립하고 10여 년 동안 최신 항공기를 구매하는 데 80억 스위스프랑을 투자했고, 오늘날 유럽에서 가장 현대적이고 효율적인 항공기를 보유하고 있다(스위스항공이 보유한 비행기의 연식은 평균 9.5년이다). 또 이렇게 꾸준히 최신 항공기에 투자한 덕분에 2002년 이후로 연료 소비율을 29% 낮출 수 있었다. 이는 경제적, 환경적 면에서 굉장히 긍정적인 발전이다.

　스위스항공은 지난 몇 년간 분명히 성공을 거두었다. 하지만 미래 스위스 항공업의 발전 역시 흥미로운 주제가 될 것이다. 현재 유럽의 영공과 공항에 대한 감시 능력에는 한계가 있으며, 이 한계는 항공업계의 주요 장애물로 작용한다. 이 사실을 고려해볼 때 스위스항공의 전반적인 영업 환경은 과거와 마찬가지로 앞으로도 어려울 것 같다. 분명한 해결책이 빠르게 강구되지 않는다면, 과부하가 걸린 항공 인프라와 경쟁이 치열한 업계는 끊임없이 충돌을 빚을 것이다. 스위스항공이 적절한 속도로 성장하고 허브 공항인 취리히 국제공항에서 장기간 안정적으로 운항하려면 정치권이 분명히 힘을 보태줘야 한다. 이것 하나는 명백하다. 스위스항공이 없다면 스위스는 세계의 다른 중심들과 결코 연결되지 못할 것이다.

왜 스위스인가?

스위스는 한때 그리고 지금도 어느 정도 북쪽과 남쪽을 이어주는 교통로였지만 오늘날 훨씬 더 그렇다. 시작은 미미했지만—그리고 상당한 도전에도 불구하고—스위스인은 교통의 핵심 분야에서 탁월했다. 스위스 철도연장은 4,800km가 조금 넘고, 스위스 국토 1,000평방마일당 노선 길이는 약 300km로 유럽에서 철도망이 가장 조밀하다. 이와 마찬가지로, 스위스 항공사를 자회사로 둔 루프트한자의 성공은 스위스 밖의 국제선 노선이 아직도 수익성이 있음을 보여준다.

그러나 다시 말하지만, 실제적인 성과는 스위스 국내가 아니라 해외에서 이루어졌다. 판알피나, 단자스, 퀴네+나겔은 3대 거대 운송기업이다. 이들은 세계를 연결하는 주요 교통로인 도로, 철도, 해상, 항공 부분에서 두루 경쟁력을 보유하고 있다. 이 기업들은 상품 운송은 물론 고객의 사업 확장에 따른 재고자산 관리에서도 필수적인 요소가 되었다.

스위스에는 특정 틈새시장을 지배하는 작고 알려지지 않은 기업들도 있다. 1945년 설립된 바젤의 MAT 교통은 예술품, 귀금속, 현금, 영화와 같은 고부가가치 상품의 운송 및 보관 시장을 지배한다. 뉴욕의 메트로폴리탄 미술 박물관이나 영국의 테이트 갤러리가 예술작품 중 일부를 해외 박물관에 임대할 때 중요한 고려사항은 작품을 안전하게 지키고 보호하는 것이다. 이 회사는 최근 투자자들의 맹렬한 요구에 따라 금 보관시설을 관리하는 업무를 J. P. 모건으로부터 위탁받았다.

무역로

출발지	목적지	세계무역량, % 2015년	연평균성장률, %(2010-2015년)
아시아	아시아	27.3	8
아시아	유럽	12.7	6.8
아시아	북미(멕시코 제외)	11.6	7.1
유럽	아시아	7.8	6.6
북미	아시아	7.2	8.3
유럽	북미	2.5	3.8
아시아	남미(멕시코 포함)	2.4	7.2
유럽	아프리카	2.0	4.3
남미	북미	2.0	4.3
북미	유럽	1.9	4.9
남미	유럽	1.7	3.6
북미	남미(멕시코 포함)	1.7	4.8
유럽	중동	1.6	5.2
남미	남미	1	3.9
남미	아시아	1	6.4
유럽	남미	0.9	4
합계		85.3	6.8

출처: 회사 보고서, 퀴네+나겔 추정치

교통 및 통신비용의 하락 1930-2000년

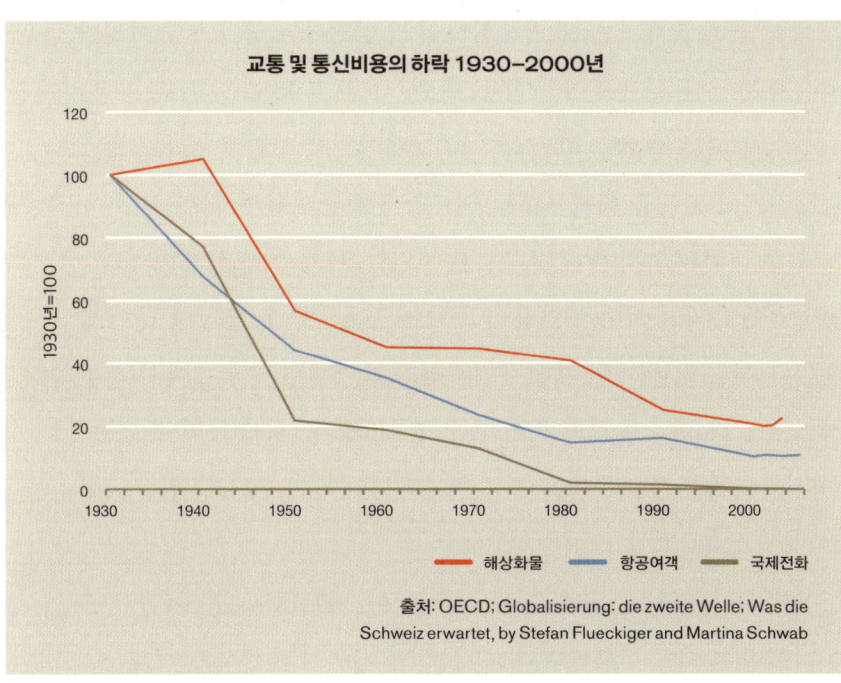

출처: OECD; Globalisierung: die zweite Welle; Was die Schweiz erwartet, by Stefan Flueckiger and Martina Schwab

2011년 스위스 최대 운송 기업

	1950	1970	1980	2000	2011
퀴네+나겔(1890년)					
매출-백만 스위스프랑	na	na	na	8,247	19,596
고용자수-전체	na	na	na	13,770	63,110
고용자수-스위스 지역	na	na	na	280	470
판알피나(1935년)					
매출-백만 스위스프랑	na	na	c. 3,000	5,373	6,499
고용자수-전체	na	na	9,060	11,590	15,051
고용자수-스위스 지역	na	na	na	na	740

이 표는 이용 가능한 수치를 보여준다(그렇지 않은 경우 na로 표시). 수치는 반올림 또는 반내림했다.
출처: 〈포춘〉

세계 최대 원자재 상품 거래회사인 글렌코어는 점차 물류회사가 되어가고 있다. 글렌코어는 석유, 아연, 석탄, 그 외 다양한 다른 원자재의 구매와 판매를 주선할 뿐만 아니라 자체적으로 선단을 소유 또는 임대하거나 고객을 위해 세관, 보험, 창고를 관리한다.

운송 사업의 전망은 긍정적으로 보인다. 세계 무역은 세계화의 일차적인 수혜자이며 무역량이 증가하고 운송비도 상당히 낮아질 것이다. 아울러 세계의 보호무역주의가 줄어들면서 국내에서 생산하여 해외로 운송하는 방식의 수익성이 개선되었다. (평균 무역 관세는 1985년 이래 비OECD국가에서 28%에서 14%로, OECD국가들에서 8%에서 3%로 각각 낮아졌다.)

판알피나, 단자스, 퀴네+나겔, 글렌코어, 매트(Matt)는 바젤, 추크, 취리히에 본사를 두고 있지만, 원했다면 어렵지 않게 런던, 뉴저지, 또는 싱가포르에 본사를 둘 수도 있었을 것이다. 이들이 스위스에 본사를 둔 이유는 한스외르크 루돌프가 옳게 말했듯이 스위스인이 물류에 뛰어나기 때문이다.

주요 연혁

1800년 이전

1230	나무로 만든 악마의 다리가 쉘레넨에 건설되어 장크트 고트하르트 고갯길이 중요한 대중교통로가 되다.
1750	베른이 스위스를 가로지르는 도로를 만들다. 알프스를 넘어가는 교통로들이 처음으로 개설되다.

1800-99년

1847	취리히에서 바덴까지 연결하는 스위스 국내 철도노선이 개통되다.
1852	연방의회가 상업적 운영자들에게 철도망을 개방하다.
1870	프랑코-프러시아 전쟁 때 단자스, 리베끄 & 미넷의 본사가 프랑스에서 바젤로 이전하다.
1882	장크트 고트하르트 철도터널이 개통되다.
1890	독일 브레멘에서 아우구스트 퀴네와 프리드리히 나겔이 퀴네+나겔의 기초를 놓다.

1900-99년

1902	스위스 연방철도가 설립되다.
1904	판알피나의 전신인 바젤 상류지역 운항협회가 설립되다.
1919	항공사진 출판사 미틀홀츠(Mittelholzer & Co)와 스위스 최초의 항공회사 페신저 플라이츠(Passenger Flights)가 취리히에서 설립되다. 1920년 경쟁사인 에드 아스트라(Ad Astra)와 합병된다.
1925	또 다른 항공사인 발에어(Balair)가 바젤에서 설립되다.
1931	발에어와 애드 아스트라가 합병하여 스위스에어가 되다.
1975	알프레드 퀴네가 슈비츠주에서 퀴네+나겔 인터내셔널을 설립하다.
1999	독일 우정기관 도이치 포스트가 단자스를 인수하다.

2000년 이후

2001	스위스에어가 파산하다.
2002	스위스에어의 파산 이후 스위스가 설립되다. 2005년 루프트한자에 매각되다.
2006	단자스 브랜드명이 사라지다.
2010	두 개의 터널 구멍이 관통하여 새로운 장크트 고트하르트 베이스 터널의 굴착작업이 완료되다.
2017	새로운 터널에 통행이 시작되다.

11장 벽돌과 회반죽

— 스위스의 도전은 항상 스위스가 주변부에 있다는 점이었다. 정치적으로 스위스는 유럽의 가장자리에 놓여 있다. 스위스는 1515년 이래로 유럽 대륙의 정치 구도와 갈등에 참여하지 않았다. 지리학적으로는 유럽의 중앙에 놓여있지만 계곡과 산봉우리로 대표되는 스위스의 험한 자연경관 때문에 항상 통행하기 힘들었다. 역사적으로 보면 스위스를 통과하는 통행과 무역은 대부분 편리성보다는 불가피한 경우였다. 그러나 필요는 발명의 어머니다. 자연이 자유로운 이동에 엄청난 장벽이 된다는 바로 그 사실 때문에 스위스인은 엔지니어와 건축 혁신가를 배출한 뛰어난 민족이 되었다. 다른 사람들이 도로나 철도를 생각할 때 스위스인은 터널과 교량을 생각한다. 스위스 철도망(총연장 4,800km 이상)에는 8천 개 이상의 교량과 총길이 457km에 달하는 740개의 터널이 포함된다. 도로 총연장은 70,985km이며 이중 고속도로 연장은 1,755km, 터널구간은 198km다.

근대 스위스의 인프라 시설을 구축하는 집중적인 건설 사업은 두 개의 대기업의 초석이 되었다. 이 기업들은 세계 도처에서 건축재료 분야에서 선도적인 위치를 차지한다. 홀심(Holcim)과 시카(Sika)가 바로 그 대기업이다. 일차적인 건설 분야—이 놀라운 네트워크의 설계자와 건설자들—가 스위스 국내 시장에 주로 집중하고 외부의 세계 시장에서 거의 알려져 있지 않지만, 세계 곳곳, 특히 미국 도시 고층건물에 흔적을 남긴 이주 스위스인들도 많다. 뉴욕, 보스턴, 샌프란시스코는 스위스가 배출한 도시공학자들의 비전이 없었다면 오늘날과 같은 모습을 갖지 못했을 것이다.

국가를 건설하기에 너무 늦은 경우란 없다

스위스는 일찍부터 산업화가 진행되었지만 철도, 수로, 간선도로와 같은 중요한 인프라 건설 사업은 대부분의 다른 유럽 국가들보다 늦게 시작되었다. 한 가지 중요한 예외는 놀라운 수자원 개발 분야다. 홍수 통제와 농지 확보를 목적으로 취리히 호수와 발렌 호수 사이의 린스강 운하 건설 사업은 1807년과 1816년 사이에 대부분 이루어졌다. 이 사업이 스위스 역사에 특별한 위치를 차지하는 이유는 근대 스위스 연방 설립 이전 약 50년 동안 스위스 전체 수입을 오로지 한 지역에만 혜택을 제공하는 수자원 개발 사업에 투입했기 때문이다. 린스 운하사업은 건설이 진행될 동안 애국주의와 이해관계의 통합(pooling of interests)의 실물교육 사례로 언급되었다. 이 사업은 베른의 엔지니어 안드레아스 란츠가 1783년에 작성한 초기 계획에서 시작되었다. 이 계획에 따르면, 린스강의 물줄기를 돌려 발렌 호수로 흘러가게 한 다음 운하를 파서 그것을 취리히 호수까지 연장시키는 것이었다. 오늘날까지도 린스 운하사업은 자연을 극복한 기술의 승리로 간주된다.

먼저, 지도를 만들다

스위스 건설 활동은 마침내 본격적으로 시작되자 폭발적으로 증가했다. 먼저 철도 건설이 시작되어 14km의 장크트 고트하르트 터널 개통으로 정점에 이르렀다. 이 터널 굴착—양쪽 끝에서 동시에 터널 굴착이 진행되었다—은 매우 정확한 지형측량이 없었다면 이루어질 수 없었을 것이다.

대축적 지형도 제작은 18세기 초 프랑스에서 처음 시도되었다.

천문학자 자끄 카시니(Jacques Cassini)와 그의 후계자들은 전 국토를 대상으로 삼각측량 조사를 실시했다. 또 다른 지도 제작 사업은 18세기 후반기 영국, 덴마크, 프러시아, 작센에서 시행되었다. 프랑스의 지도 제작방식이 표준으로 간주되다가 제네바 태생의 엔지니어이자 나중에 장군이 된 기욤 앙리 뒤푸르(Guillaume-Henri Dufour)가 지도 제작의 새로운 표준을 제시했다. 스위스 지형 측량 사업은 1822년 시작되었고, 이것은 1848년 근대 스위스 연방이 설립되기 전 유일하게 스위스 전체에 걸친 학술조사 사업이었다. 병참 담당 장군인 뒤푸르는 연방의회가 배정한 사업자금이 항상 충분하지 않았음에도 1832년 이 사업을 맡아 맹렬하게 추진했다.

그의 지시에 따라 지형학자들은 모든 계곡을 자세하게 조사하고 수많은 알프스 산봉우리를 올랐는데 종종 지역 주민들은 그들을 의심의 눈길로 바라보았다. 1845년 최초로 1:10만 축척지도—제네바 지역—가 출간되자 즉시 주목을 받았다. 사람들은 세부 내용의 정확성과 정밀도뿐만 아니라 제도 기법에도 놀랐다. 뒤푸르는 울퉁불퉁한 스위스 지형을 표현하기 위해 그때까지 알려지지 않았던 기술을 채택했는데, 북동쪽에서 보이지 않은 광원이 비추고 있는 것처럼 지형을 묘사하기 위해 음영기법을 사용하여 3차원적으로 표현하여 지도를 더 쉽게 판독할 수 있게 했다. 뒤푸르에게 이것은 단순히 과학적, 수학적 프로젝트가 아니라 예술 작업이었다. 지형을 동일하게 표현함으로써 그는 종교적, 정치적, 경제적 차이를 없앴고 신생 국가의 정체성을 형성하는 데 크게 기여했다. 나머지 지역의 지도가 출간되면서 그들은 수많은 국제적인 상을 받았다. 1883년 취리히에서 개최된 스위스

전국박람회에 이 지도가 눈에 잘 띄는 장소에 전시되었다는 사실은
이 지도가 스위스인의 국민의식에 중요한 영향을 미쳤음을 보여준다.
처음부터 지도제작은 모든 거주민에 접근하여 정밀하게 조사해야
하는 민주적인 사업이었다. 오늘날, 최근 베른에 다시 복원된 연방의회
건물에는 구리로 만든 원판으로 인쇄한 뒤푸르 지도가 방문객 구역
로비에 걸려 있다.

긴급하게 필요한 엔지니어

1855년 취리히 폴리테크니쿰(지금은 국립 기술대학 또는 ETH,
스위스의 MIT에 해당한다)이 설립될 때까지 야심 찬 엔지니어들은
외국에서 교육을 받거나 스스로 독학해야 했다. 그래서 1850년대
철도망이 급속하게 확장될 때 자격을 갖춘 엔지니어들이 주로 다른
국가에서 스위스로 들어왔다. 여기에는 두 명의 영국인 헨리 스윈번과
로버트 스티븐슨이 포함되었다. 1850년 연방의회는 그들에게 대략적인
철도망 계획 수립을 의뢰했다. ETH 최초의 공학교수는 역시 외국인인
칼 쿨만(독일인)이었다. 그는 '도식 역학'이라고 부르는, 하중과 응력을
효율적으로 계산하는 실용적인 방법을 고안했다. 이것은 엔지니어들이
단순하지만 포괄적으로 소통할 수 있는 그래픽 표현방식을 사용했다.
이것은 철 구조물 건설에서 더 과감한 설계를 가능하게 해주고
아울러 '창의적인' 제도기법의 기초를 제공했다. 이를 통해 스위스
엔지니어들은 교량 구조의 아름다움을 위해 미적 감각을 추가함으로써
분석과 자연과학에 기초한 전통적인 이론을 개선했다.

세기가 바뀌는 시기에 ETH가 배출한 학생 중 뛰어난 한

사람인 오스마르 헤르만 암만(Othmar Hermann Ammann)은 미국
국가과학훈장을 받은 최초의 건설 엔지니어였다. 그는 수상할 때 이렇게
말했다. "성공의 길은 각고의 노력, 용기, 인내를 두려워하지 않는 모든
이들에게 열려 있다." 각고의 노력, 용기, 인내는 이 스위스인이 실제로
보여준 특성이었다. 그는 샤프하우젠 근처에서 태어나 1902년 ETH에서
도시공학을 전공했다. 1904년 2년 동안 일할 계획으로 미국으로
갔다—하지만 그는 이후의 일생을 미국에서 보냈다. 지금 그가 만든
교량은 뉴욕과 많은 다른 도시의 스카이라인의 일부가 되어 있다.

조지 워싱턴교를 건설한 사람

암만이 미국을 선택한 이유는 20세기 초 거대한 인프라 사업이 미국에서
시작되고 있었기 때문이었다. 원래 그의 의도는 장대 교량 건설
분야에서 경험을 쌓으려는 것이었다. 그러나 곧 그는 오스트리아 태생의
엔지니어 구스타프 린덴탈(Gustav Lindenthal) 밑에서 주요 사업들을
함께 수행하였고 빠르게 승진했다. 뉴욕의 이스터 리버 위에 놓인 305m
길이의 헬 게이트 교량을 건설할 때 그는 린덴탈의 부수석 엔지니어였다.
1차 세계대전이 끝나고 1년 뒤 허드슨강 교량건설 사업—맨해튼과
뉴저지를 연결하는 교량—이 뉴욕 엔지니어들에게 주어졌다. 그들
중에는 암만도 있었다. 암만은 그의 고용주이자 멘토인 린덴탈과 완전히
다른 관점을 갖고 있었다. 린덴탈은 57번가 끝부분에 20개 차선과 12개
철도 선로를 갖춘 기념비적인 2층짜리 현수교 교량을 건설할 것을
제안했다.

그러나 암만은 허드슨강 북쪽 강둑이 더 좁아지는 179번가 끝부분에

뉴욕의 조지 워싱턴교.
오스마르 H. 암만이 설계 및
건축하고 1931년 10월 24일
개통되었다.

교량을 건설하는 계획을 제시했다. 암만의 계획은 더욱 야심찬 것이었다. 길이가 1,042m 이상 되는 교량은 그때까지 건설된 모든 현수교(1883년 개통된 브루클린교는 478m였다)보다 두 배 이상 길었다.

격렬한 논쟁 이후 암만이 승리했다. 그의 제안이 더 현실적이고 무엇보다 재원조달이 쉬웠기 때문이었다. 암만은 사이가 나빠져 린덴탈과 결별했지만 1925년 뉴욕 및 뉴저지 항만국에 의해 교량건설 엔지니어로 임명되었고, 불과 2년 만에 허드슨교의 기초석이 놓였다. 이 교량은 1931년에 완공되어 조지 워싱턴교라고 개명되었으며, 그 당시 53세의 엔지니어로서는 획기적인 업적을 세운 그는 20세기 가장 중요한 교량 건설자라는 평판을 얻게 되었다. 그는 샌프란시스코의 금문교 건설에서 자문 엔지니어로 일했고 뉴욕 및 뉴저지 항만국을 위해 뉴욕시와 주변 지역을 연결하는 모든 주요 교량을 건설했다. 1939년

공식 은퇴 뒤 암만은 계속 일을 했으며, 고령의 나이에 뉴욕 브루클린
구역과 스태튼 섬을 연결하는 베라자노 네로스교를 건설함으로써
엔지니어로서의 경력을 탁월하게 마무리했다. 길이가 1,279m인 이
교량은 1964년 개통되었을 때 세계에서 가장 긴 현수교였다.

철근 콘크리트를 생각하다

암만과 대조적으로, 같은 시기의 또 다른 ETH 졸업생인 로베르
마야르(Robert Maillart)는 스위스를 떠나지 않았다. 그가 1894년
졸업했을 때 강화 콘크리트가 불과 2년 전에 특허출원 되었다. 프랑스인
건설엔지니어 프랑수와 에네비끄(Francois Hennebique)는 철근의
인장강도와 콘크리트의 압력 저상을 결합하는 혁명적인 시스템을
개발했으며, 1894년 루체른주 애쉴츠마트에 세계 최초로 강화 콘크리트
교량을 건설했다. 젊은 마야르에게 이와 같은 새롭고 실용적인 재료는,
필요한 경우 어떤 형태로든 만들 수 있었는데, 일종의 계시였다—그리고
강화콘크리트가 이미 시장에 출시되었지만 어떤 도시공학자도 이
재료의 특성을 활용하기 전에 그가 경력을 시작한 것은 행운이었다.
마야르는 이 재료에 대한 정확한 감각을 발전시켜 교량 디자인을 예술적
형태로 바꾸고 일생 동안 교량의 아치를 최대한 가늘게 만들려고
노력했다. 그가 만든 교량의 길이는 아주 길지 않았지만 형태는 유례가
없을 정도로 우아하고 자원을 효율적으로 사용했다. 그가 건설한
최초의 주요 작품인 취리히 질(Sihl)강에 놓인 슈타우파처교는 1899년에
완성되었는데 아직도 벽돌이 강화콘크리트를 덮고 있다. 그러나
그가 그 다음 주츠에 건설한 교량은 콘크리트를 그대로 드러냈다.

마야르는 콘크리트를 전문적으로 시공하는 자신의 건설회사를 통해 사업적으로도 성공을 거두고 독일, 스페인, 러시아까지 사업 활동을 넓혔다. 그와 그의 가족이 1914년 1차 세계대전 발발 때 러시아에 발이 묶인 뒤 상황이 바뀌었다. 2년 뒤, 그의 아내가 사망하고 스위스에 있던 그의 회사는 도산하고 그가 러시아에서 수행하던 사업들은 1917년 10월 혁명으로 완전히 사라졌다.

완벽을 향한 여정

마야르는 1919년 스위스로 돌아와서 제네바에 정착한 뒤 처음부터 다시 시작해야했다. 그때부터 그는 금욕과 은둔의 삶을 살면서 건축공학과 콘크리트 교량의 지속적인 개선에 전적으로 몰두했다. 1930년 마야르는 그리슨스의 슈이에르스에 살지나토벨교를 완공했다. 이 교량의 길은 90m로 가는 격자 모양이며 콘크리트의 미학적 품격을 잘 보여준다. 이 교량은 전 세계 전문가들로부터 격찬을 받았으며, 1991년 미국도시공학회는 역대 콘크리트 교량으로서는 최초로 국제도시공학 주요 건축물로 지정했다. 마야르는 생애 마지막 10년 동안 자신이 건설하는 다른 교량들을 완벽하게 만들려고 했다. 그는 저렴한 건설비용과 높은 미학적 품격을 결합하고 이른바 '스위스' 양식, 즉 경제적이고, 극적이지 않으며 주변 지형과 조화를 이루는 양식으로 교량을 건설했다.

마야르 이후 크리스티앙 멘(Christian Menn)이 1927년 베른주에서 태어났다. 1957년 그는 쿠르에 도시공학사무소를 설립하여 그가 ETH 취리히의 구조공학 교수가 된 1971년까지 계속 교량설계에 집중했다.

1991년 그는 ETH를 떠나 계속 컨설턴트 엔지니어로서 일했다. ETH에서 '퇴직'한 이후 그가 수행한 더 유명한 프로젝트 중 하나는 1998년 완공한 클로스터스 근처 수니베르그교였다. 멘이 설계한 이 교량은 2001년 국제교량및구조공학협회가 수여하는 우수구조물상을 받았다. 멘은 세계 최대의 사장교이자 보스턴의 아이콘인 보스턴의 자킴 벙커 힐 메모리얼교(Zakim Bunker Hill Memorial Bridge)의 개념 설계를 담당했다.

↑ 크리스티앙 멘, 20세기 중반 선도적인 도시공학자.

현대 세계를 만든 재료들

콘크리트는 이전에 홀더방크(Holderbank)로 알려진 스위스의 홀심 그룹(Holcim Group)에 경제적 토대를 제공한다. 이 기업은 건축자재 산업 분야에서 가장 중요한 요소인 시멘트 부문의 세계 시장 선도자다. 홀심은 자연자원이 빈곤한 스위스에서 풍부한 자연자원인 석회석을 개발한다. 제네바에서 샤프하우젠까지 스위스 북부를 활 모양으로 가로지르는 쥐라산맥 대부분이 석회석으로 이루어져 있다.

석회석은 점토와 혼합하여 높은 고온(1,450℃)의 가마에서 태운 다음 곱게 갈면 시멘트가 된다. 아르가우주의 작은 마을 홀더방크는 시멘트 제조에 이상적인 환경을 제공한다. 이 마을은 쥐라 산맥의 남쪽 기슭에 위치하며 1858년 철도로 연결되었다. 19세기 말 스위스에 이미 몇몇 시멘트 공장이 건설되었지만 세계적인 명성을 얻은 것은 아르가우 포트

↕ 크리스티앙 멘이 설계하여 1980년에 완공한 간터교. 이 교량은 브리그 남쪽에 있으며 길이가 678m다. 스위스의 험한 지형적 장애 때문에 스위스 엔지니어들은 자기 직업에서 최고 전문가가 되었다.

란트시멘트패브릭(Portlandcementfabrik) 뿐이었다. 이 회사는 가격 경쟁과 외국 경쟁자들의 스위스 시장 진출로 시멘트 산업이 어렵던 시기인 1913년에 설립되었다. 그렇지만 1차 세계대전 이후 그 당시 초현대적인 홀더방크 시멘트 기업은 일련의 기업 인수와 합병, 역동적인 리더십 넉분에 빠르게 성상했나.

아마 이 회사의 미래에 가장 결정적인 순간은 1914년—공장이 가동된 지 불과 1년 만에—일 것이다. 기업 인수 뒤 공동 소유자이자 인수된 기업의 회장인 에른스트 슈미트하이니가 홀더방크 이사회에 참여했다.

시멘트는 정치의 중심이다

슈미트하이니는 벽돌 제조분야에 활발하게 활동하던 기업가 가문 출신이었지만 일찍부터 콘크리트가 벽돌 생산을 위협할 것임을

이집트의 푸아드 왕(옆면)이 1933년 4월 카이로 투라레 카이에서 스위스 산업 개척자 에른스트 슈미트하이니를 만나고 있다.

깨달았다. 사실 시멘트 시장은 꾸준히 성장했지만 전체 건설 무역과 마찬가지로 경제적 위기에 영향을 많이 받았다. 시멘트 공장을 건설하려면 초기에 많은 투자가 필요하다. 고가의 가마들을 최대한 집중적으로 사용해야 한다.* 수익은 생산능력이 부족할 때 아주 좋지만 이럴 경우 경쟁자들이 공급을 확대하게 된다. 경제활동이 축소되면 수익이 급속하게 떨어진다. 따라서 장기적인 지구력이 매우 중요하다. 합작 투자, 소수 주식 지분, 기업 인수 방식을 제외하면 기존 시장에서 성장하기란 어렵다. 따라서 세계 시멘트 산업은 결국 몇몇 기업에 집중된다. 건설은 수요와 공급 측면 모두 지역 사업이기 때문에 개인적인 관계가 중요한 역할을 한다. 건설 사업은 흔히 지역의 결정에 의해 시작되며 시멘트, 골재, 벽돌, 그 이외 다른 건축자재는

[*] 시멘트 가마는 포틀란트와 다른 유형의 수경성 시멘트 제조에 사용된다. 탄산칼슘은 이산화규소를 함유한 광물질과 반응하여 규산칼슘 혼합물이 된다. 시멘트 가마는 이러한 생산 과정의 핵심이며 시멘트 공장의 생산 용량을 정의할 때 이용된다.

자재의 가격보다 운송비가 상대적으로 비싸다. 건축 자재 회사가 글로벌 기업이 되려면 지역 사업장을 묶어 연합체를 구축해야 한다. 어떤 사람도 슈미트하이니만큼 이런 상황을 부지런히 활용한 사람은 없다. 1921년부터 그는 홀더방크 경영이사회 회장이었고 주식지분을 매입하여 벨기에, 독일, 프랑스, 네덜란드, 오스트리아의 건축 자재 기업을 인수하는 정책을 적극적으로 추구했다. 스위스에서 기업과 소유권 간의 상호관계는 이미 발전 단계에 있었고, 1910년 설립된 E.G. 포틀란트로 알려진 기업이 스위스 국내 시장을 대부분 지배한 상황이었다.

운명적인 연결

1920년 슈미트하이니는 또 다른 스위스 기업인 에테르니트-베르케의 지분을 획득했다. 섬유 시멘트는 시멘트와 석면 섬유소로 만든 합성 재료였는데 섬유소가 저렴한 강화제 역할을 하여 인장 강도를 개선했다. 에테르니트(Eternit)는 또한 기후에 매우 강해 수명도 길었다. 슈미트하이니는 이 새로운 합성물질을 다양한 응용분야에서 시멘트를 대체할 더 우수하고 저렴한 재료로 보았다. (물론 그 당시 석면이 건강에 미치는 악영향은 알려지지 않았다.) 슈미트하이니는 에테르니트 사업을 확대하고 국제화하기 시작했다. 유럽 국가들에서의 생산은 이 재료 발명가(오스트리아 산업가 루트비히 햇섹)로부터 공식적으로 허가를 받은 공장에 한정되었기 때문에 슈미트하이니는 기업 인수와 주식 보유를 통해 시장 지배권을 재빨리 확립할 수 있었다. 1920년대 말 홀더방크는 최초로 해외투자를 통해 현대식 시멘트 공장을 카이로 남부에 건설했으며, 이어서 1929년에 레바논에서 기업을 인수했다.

   20세기에 건설된 알프스 산맥의 댐들과 자동차 도로망은 엄청난 양의 콘크리트를 소비했다(280m 높이의 그랑데 디쌍스(Grande Dixence) 댐에만 6백만 m^3의 콘크리트가 사용되었다). 그러나 대공황 시기에는 수요가 위축되었고 슈미트하이니가 1935년 시나이 사막에서 비행기 추락사고로 사망하자 그의 아들들이 파산 위기에 처한 회사를 물려받았다. 에른스트 슈미트하이니 주니어와 그의 형제 막스가 회사 업무에 착수해 기업을 강화하고 처음부터 확장에 초점을 맞춘 전략을 추구했다. 2차 세계대전 이후 대부분의 선진국에서 시작된 건설 붐은 그들에게 엄청난 기회를 제공했다. 1950년대 홀더방크의 스위스 시장 매출액은 기업 전체 매출액에서 적은 비중을 차지했다.

가문의 기초

건축 자재 분야에서 슈미트하이니 가문은 지배적인 지위를 확보했다. 에른스트와 막스는 함께 홀더방크와 에테르니트를 지배했지만 에른스트는 시멘트 분야에, 막스는 섬유시멘트 분야에 더 많이 관여했다. 반면 그들의 사촌 페터는 가족기업인 벽돌 제조회사를 계속 경영했다(취리히 벽돌 제조 공장은 스위스 최대 생산자가 되었고 나중에 이 기업은 콘제타로 성장했다. 콘제타는 스위스 지주회사로 공장과 기계류, 발포 고무 재료, 코팅, 부동산, 그리고 스포츠 용품—마무트를 소유하고 있다—등의 분야에서 국제적으로 매우 폭넓게 사업을 벌이고 있다).

   헌신적인 기업가 정신 이외 슈미트하이니 가문의 특징은 지역

사회에 대한 책임감이었다. 슈미트하이니에게 경제적 부는 책임을 의미했다. 예를 들어 1차 세계대전 동안 에른스트는 스위스 국가 배상국 책임자로서 일당 30 스위스프랑을 받고 일했으며, 강대국들과의 협상을 통해 스위스가 필수적인 원자재를 공급받을 수 있도록 했다. 1936년 야콥 2세는 취리히 엔지니어링 그룹 에서 비스(Escher Wyss)를 이끌어 파멸의 위기에서 구했다. 막스는 정치에 입문하여 처음에는 발가흐 시의원에 당선되었고 그 이후 장크트갈렌 주 의회에 진출했고, 마침내 1959-1963년까지 국회의원을 역임했다(여기서 자신이 인정했듯이 그는 매우 지루했다). 막스의 아들 토마스 슈미트하이니는 스위스 청년들에게 기업가 정신과 경제학의 중요성에 대한 인식을 높이기 위해 설립된 에른스트 슈미트하이니 재단의 이사장이다.

위험한 인턴교육

홀더방크가 성장하면서 원자재 공급처, 에너지 공급, 운송 노선에 근접한 새로운 장소를 찾았다. 1937년 남아프리카에 공장을 설립했다가 그 뒤 1950년에 북미로 이전하여 미국의 거대한 공장과 함께 거대한 시멘트 공장들을 퀘벡시 근처에 세웠다. 이어서 브라질, 콜롬비아, 베네수엘라, 중앙아메리카의 국가들에 거대한 공장 시설 네트워크가 건설되었다. 1970년대 중반, 막스 슈미트하이니는 질서정연하게 4대로 경영권을 승계하는 작업을 진행했다. 가문의 전통에 따라 그의 아들인 토마스와 스테판이 밑에서부터 건설 자재 사업을 배웠다. 토마스는 페루의 홀더방크에서 교대 감독관으로 일하다가 나중에는 멕시코의 공장 관리자로 일했다. 스테판은 브라질의 섬유시멘트 공장에서 인턴으로 일하면서 그 당시 이 재료의 위험성을 잘 모르는 상태에서 이 재료를 담은 포대를 운반했다. 1975년 토마스는 지주회사의 경영이사회 이사로 임명되었고 차츰 그룹의 지배권을 확보했다. 같은 해 스테판은 에테르니트의 경영권을 인수받아 이사회 이사가 되었고 1976년 에테르니트 그룹의 최고책임자로 임명되었다.

철의 장막이 사라진 뒤 토마스 슈미트하이니는 즉시 홀더방크를 동부 유럽으로 진출시키고, 1993년 동아시아, 특히 베트남에 공장을 건설하여 이 지역으로도 확장했다. 1990년대 후반 금융 위기 후 신흥시장으로의 확장은 더 심화되었다. 특히 주요 시장 진입이 2005년에 시작된 인도는 사업의 중요한 축이 되었다—홀심(이 기업은 2001년에 회사명을 바꾸었다)은 인도에서 두 번째로 큰 생산기업이다. 슈미트하이니가 경영권을 넘겨받을 때 홀심의 아시아 사업 활동은 미미했다. 2009년 한 세대가 지난 뒤 아시아태평양 지역은 순매출액의 30%를 차지할 정도로 성장했는데, 유럽시장 매출액보다 약간 적고, 북미와 남미 지역의 매출액을 합한 것과 거의 같다.

홀심의 최대 주주이자 에른스트 슈미트하이니의 손자 토마스 슈미트하이니. 그가 최고경영자로 재직하는 동안 홀심은 공격적으로 아시아로 진출했으며 지금 세계 최대의 시멘트 제조회사다. 홀심은 신중한 태도, 신뢰성, 장기 계획, 스위스 국민의 충성도 덕분에 확실한 스위스 기업으로 간주된다.

더 이상 기적의 섬유가 아니다

그러나 스테판 슈미트하이니가 에테르니트를 넘겨받고 곧 자신이 독이 든 성배를 물려받았다는 것을 알았다.

미국 미주리주 생트 주느비에브에 있는 홀심 시멘트 공장은 2010년에 완공되었다.

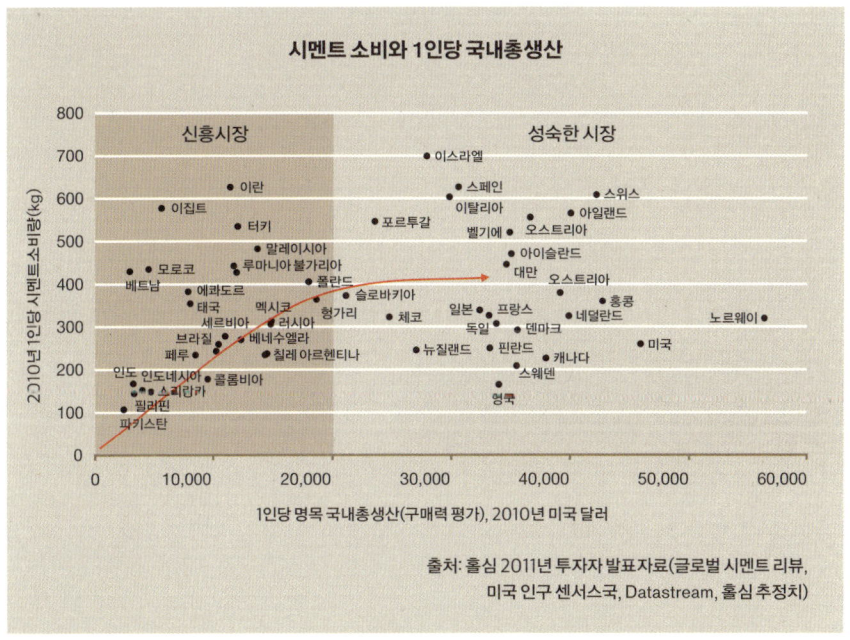

그 독은 한때 '기적의 섬유'라고 불리었던 석면으로, 이것은 치명적인 폐질환인 석면증을 일으켰다. 미국에서 1970년대 초부터 석면 산업에 대항하는 법적 소송이 이미 진행 중이었다. 처음에는 슈미트하이니는 석면 문제를 바르게 처리하면 석면 산업을 완전히 포기해야 하는 상황은 피할 수 있다는 희망을 가졌다. 그는 대체재에 대한 집중적인 연구를 의뢰했지만 대체는 어려웠다. 석면 섬유는 모든 에테르니트 제품에 사용할 수 있는 반면 대체제의 경우 각 제품마다 별도의 제조방법이 필요했다. 이런 이유로 슈미트하이니는 1980년대 초 에테르니트에서 완전히 철수하기로 결정했다. 그는 차례차례 모든 에테르니트 공장과 지분을 매각했고, 1989년 그의 형제 토마스가 니더루넨에 있던 최초의 에테르니트 공장 경영을 인수했다. 1년 뒤 석면은 스위스에서 금지되었다.

단순성과 힘

그 뒤 스테판은 산업과 금융 분야에 적극적으로 투자하여 상당한 성공을 거두었고 슈미트하이니 가문은 20세기의 마지막 25년 동안 스위스 산업 엘리트의 정점에 있었다. 1980년대 당시 세 개의 스위스 주요 은행(크레디트 스위스, 스위스 방크 코퍼레이션, UBS)은 이 가문의 구성원을 이사로 임명했다. 스테판은 스위스 시계산업 구제와 ASEA와 브라운 보베리의 합병을 포함한 1980년대 스위스에서 진행된 가장 중요한 구조조정에서 매우 중요하고 건설적인 역할을 담당했다(2장과 8장을 보라).

    토마스는 2001년과 2003년 집행위원회 회장과 이사회에서 각각 물러났다. 마르쿠스 아커만(Markus Akermann)이 2002년 최고경영자가 되었고 롤프 조이론(Rolf Soiron)이 2003년 이사회 회장이 되었다. 홀심은 핵심 사업에 여전히 충실하며 1990년대 이후 세계 최대 시멘트 제조

기업이며, 5개 대륙에 자회사와 여러 회사의 소수 주식지분을 보유하고 있다. 2009년 이 그룹은 2,000개의 사업장에 8만 명의 직원이 근무하며 순매출액이 211억 스위스프랑, 영업이익은 28억 스위스랑이었다. 하지만 그룹 본사—이전에는 요나에 있었지만(지주회사는 아직도 이곳에 있다) 지금은 취리히에 있다—는 회사 소유의 건물이 아니라 단순하고 소박한 업무빌딩을 임대하여 사용하고 있다.

첨가제와 접착제의 제국

에른스트 슈미트하이니가 홀더방크에 입사하기 불과 몇 년 전인 1910년, 오스트리아 포르알베르크 지역 출신의 기업가 카스파르 빙클러(Kaspar Winkler)가 완전히 다른 건축 자재 시장에서 자신의 운을 시험했다. 1889년 취리히로 이주한 빙클러는 취리히가 폭발적으로 성장하면서 곧 벽돌공으로 취업했다. 그가 기업을 설립하면서 처음 한 시도—티치노의 채석장에서 화강암 석재를 매입하여 취리히 건설회사에 공급하는 일—는 곧 실패했다. 새로운 사업 분야를 찾던 빙클러는 시멘트나 콘크리트와 혼합하여 특정한 방식으로 그 특성을 바꿀 수 있는 화학 첨가제에 손을 대기 시작했다. 1910년 동업자인 화학 전문가와 함께 취리히에 카스파르 빙클러 주식회사(Kaspar Winkler & Co)를 설립했다. 이 회사는 '시카-1'라는 제품을 개발했는데 이것은 규산염화칼슘 용액으로 모르타르와 섞으면 방수기능을 제공했다.

처음에는 판매가 매우 부진했지만 1918년 돌파구가 마련되었다. 루체른에서 키아쏘에 이르는 장크트 고트하르트 철도노선 전철화 공사를 하면서 30년 전에 건설된 모든 터널에 방수 공사가 포함된

↑ 시카는 1910년 방수기능이 있는 모르타르를 개발했다. 이것은 20세기 전반기에 알프스 산맥을 관통하는 많은 도로와 철도 터널을 건설할 때 결정적으로 중요했다.

↖ 시카 설립자, 카스파르 빙클러(1872-1951)

것이었다. 터널은 총 67개로 터널 표면적은 약 57,150m^2였다. 카스파르 빙클러 사는 '시카-3'과 '시카-4'를 350톤을 공급하여 45만 스위스프랑(오늘날의 가격으로 약 4백만 스위스프랑)의 매출을 거두었다.

느리지만 꾸준한 확장

성공을 거둔 빙클러는 곧이어 해외로 확장하기 시작했다. 또 다시 초기 몇 년은 부진했다. 그는 자사 제품의 라이선스 판매에 실패했고, 독일 남부 두어머스하임에 1921년 처음 세운 자회사의 성과는 별로 신통치 않았다(독일 경제가 침체 상태였고 1차 세계대전 뒤 초인플레이션이 발생한 결과였다). 그러나 1925년 그는 사업 경험이 많은 건설 엔지니어 한 사람을 고용하고 런던, 밀라노, 파리의 여러 회사에 투자함으로써 사업을 확장하는 데 크게 성공했다. 나중에 그의 사위인 프리츠 쉥커(Fritz Schenker)가 회사에 합류했을 때 이 확장 과정은 더욱 가속화되어 스페인, 폴란드, 체코슬로바키아, 일본, 브라질에 지사를 설립했다. 런던의 자회사는 캐나다, 호주, 인도, 그리고 아프리카의 몇몇 식민지에 또 다른 자회사를 설립했다. 1930년 빙클러와 쉥커는 전 세계의 많은 사업 활동을 시카 홀딩스 아래로 통합하고 본사를 글라루스에 두었다. 이 제품의 이름은 이제 이 회사의 이름이 되었지만 그 당시에는 다양한 종류의 화학제품이 콘크리트용 밀폐제나 첨가제로 개발되었다.

시카 그룹에게 2차 세계대전은 엄청난 수요의 원천이었다. 특히 스위스 알프스 산맥의 방어 진지용 벙커 건설로 방수제와 콘크리트 액화제에 대한 막대한 수요가 창출되었고, 외국의 자회사들은 추축국(2차 세계대전 당시 독일, 이탈리아, 일본을 일컬음: 옮긴이)이든 이에 대항하는 동맹국이든 상관없이 각국에서 동일한 수요가 발생했다. 전쟁이 끝난 뒤 시카는 유럽의 경제호황으로 혜택을 보면서 여러 외국 자회사를 설립했다. 그러나 시카는 이미 검증된 제품에 집착하면서 초기에는 연구개발에 거의 투자하지 않았다. 그러나 전문 화학제품을 취급하는 회사로서 위험을 지리적으로 다변화하는 것만으로는 충분하지 않다는 점이 점차 분명해졌다. 또한 제품 범위를 지속적으로 확대할 필요도 있었다. 1950년대 말 시카는 연구 활동을 강화하고 1962년 인공 레진을 생산하기 시작했다. 그리하여 이 회사는 매입한 다양한 제품을 단순히 혼합하는 기업이 아니라 진정한 화학기업으로 탈바꿈했다.

대대적인 성공을 거둔 제품

매우 분주한 해외 확장에도 불구하고 시카는 중견기업 규모를 유지했다. 1960년 회사 창립 50주년 때 전체 그룹의 매출은 5천만 스위스프랑이었다. 그 해 쉥커의 사위 로무알트 버카르트(Romuald Burkard)가 그룹의 운영을 맡았다. 그는 제품군을 다양화하고 무엇보다도 플라스틱 밀폐 펠트와 1968년 자체적으로 개발하여 1970년대 세계 시장을 휩쓴 혁신적인 단일 성분 밀폐제인 시카플렉스에 역량을 쏟았다. 그의 노력은 좋은 성과를 낳았다. 1970-1975년 시카는 세계 석유 위기 때 몇 가지 문제에 봉착했다. 시카의 자동차 산업 진출(슈트트가르트에 위치한 레흘러 케미(Lechler Chemie)를 1982년에 인수했다)에 필요한 재원은 유일하게 다목적 접착제인 시카플렉스의 성공에서 비롯되었다. 이런 방식으로 시카는 경제주기에 영향을 받는 건설 산업에 대한 의존도를 낮출 수 있게 되었다.

시카는 이제 세계적인 기업이 되었고(1989년 매출액은 10억 스위스프랑이 넘었다) 그에 맞추어 경영구조도 바꾸었다. 버카르트와 쉥커 가문이 회사 지분의 54%를 보유하고 있지만 그들은 회사의 경영권을 포기했으며, 1990년대 중반부터 시카는 계속 성장하고 있다.

글로벌 성장 패턴을 추구하다

홀심과 마찬가지로, 시카는 다른 국가와 사업적 관계를 구축함으로 회사의 성장을 가속화했다. 2000-2010년까지 시카는 40개 이상의 중소기업을 인수했다. 지금은 전 세계 74개국에서 사업 활동을 수행하며 120개 생산 공장을 두고 있다.

시카는 신흥국가의 놀라운 성장에 참여하고 있다. 이들 국가에서 거둔 수입은 1980년 1억 1백만 스위스프랑에서 2010년 1조 5,660억 스위스프랑으로 증가했다. 2030년까지 중국에서만 시카의 콘크리트 처리제품이 필요한 인프라 건설 사업에 20조 달러가 지출될 것이다. 현재로선 콘크리트의 30%만이 처리되고 있어 잠재적 시장성이 상당하다. 게다가 수자원 보존에 관한 관심이 증가하고 있는 상황에서 시카는 저수지, 댐, 파이프, 하수처리시설에 필요한 방수처리 분야에서 세계적 선두주자이다.

2010년 본사를 추크주 바르로 이전한 시카는 직원 13,500명, 매출액 44억 스위스프랑, 순이익 2억 2천 6백만 스위스프랑이다.

다수의 세계 최고수준의 공급자들

20세기 스위스 건설 산업은 대체로 뛰어난 도시공학자들과 두 개의 건축자재 대기업인 홀심과 시카 덕분에 세계적 수준으로 발전했다. 그러나 전문적인 틈새시장에서 국제적인 중요성을 지닌 소규모 회사들도 다수 존재한다. 그들 중 하나가 오프트링겐에 위치한 오미아(Omya)다. 이 회사는 탄산칼슘에서 특히 재료를 충전하거나 페인트 안료에 사용되는 산업용 광물을 생산한다. 이 기업은 1884년 오프트링겐의 고트프리트 플러스(Gottfried Pluss)가 설립한 퍼티 제조 공장에서 시작했지만 오늘날에는 50개국의 100개 이상의 장소에서 6천 명 이상의 직원이 일하며 2009년 매출액은 37억 스위스프랑이었다. 게베리트(Geberit)는 위생설비 분야에서 국제적인 명성을 얻고 있는데 19세기 카스파르 멜키오르 알베르트 게베르트가 1874년 라퍼스빌에서 배관 기업을 시작했을 때와는 전혀 딴판이다. 오늘날 이 회사는 41개국에서 사업을 수행하며 5,600명이 약 22억 스위스프랑의 매출액을 올리고 있다. 세 번째 사례는 바르에 기반을 둔 바닥 깔개와 접착제 제조기업인 포르보 홀딩(Forbo Holding)이다. 이 회사는 산업용 전력 송전기술과 경량 컨베이어벨트에도 참여하고 있다. 이 회사는 1928년 독일, 스웨덴, 스위스에 소재한 세 개의 리놀륨 제조회사가 합쳐 콘티넨탈 리놀륨 유니언이라는 이름으로 설립되었다. 나중에 새로운 사업이 개발되거나 기업 인수를 통해 통합되었고 1974년에 회사명을 포르보로 바꾸었다. 2009년 이 회사는 35개국에 약 6천 명의 직원을 두었으며 매출액은 약 18억 스위스프랑이었다.

  건설 산업을 주력 사업 분야로 삼은 스위스 회사는 국제적인 수준으로 발전하지 못했다. 스위스 최대 건설회사 임플레니아(Implenia)는 1886년 이 기업의 전신인 바티그룹(Batigroup)에서 시작되었다. 바티그룹은 1872년에 설립된 콘라트 초케와 합병되어 임플레니아가 되었다. 그러나 이 합병 뒤에도 이 기업은 여전히 대형 국제 건설그룹에 비해 소규모였으며 전적으로 국내 시장에만 거의 집중했다. 그럼에도 건설 산업은 스위스 경제에 매우 중요하다. 2009년 스위스 건설 산업은 약 8만 명을 고용했는데 홀심의 전 세계 직원 수와 비슷했다. 스위스에는 약 9,700개의 도시개발 업체가 있는데 모두 합쳐 55,700명을 고용하고 있다. 이 회사들 중 몇몇은 국제적으로 활동하며 그들의 총수입은 약 90억 스위스프랑이다. 스위스 건설 산업은 외국인 노동자들의 주요 고용자다.

"부동산 자산 사모투자기업"

외국 기업가들이 스위스에 대해 안정과 매력을 느끼는 분야로 상업용 및 주거용 부동산이 포함된다. 니콜라스 하이에크(Nicolas Hayek)의 뒤를 이어 또 다른 레바논 출신 이민자 압달라 차틸라(Abdallah Chatila)가 1980년대 제노바에 정착했다. 차틸라 가문은 유명한 보석딜러지만 압달라는 레바논의 부동산 사업으로 재산을 모았다.

2015년 차틸라는 제노바에서 종합 부동산 기업 m3을 인수했다. 그는 1950년대 설립된 이 기업을 "부동산 자산 관리기업"으로 탈바꿈시켜, 제노바의 빌딩, 아파트, 빌라, 최고급 숙박시설을 구입하고 관리하려는 자산 투자자와 소유자에게 맞춤식 컨설팅을 제공했다. 독일어를 사용하는 지역에 사는 스위스 고객들은 이 기업의 취리히 본사를 통해 제노바 부동산 시장에 관한 동일한 전문지식을 이용할 수 있다.

차틸라는 m3 고객들이 스위스와 해외에 위치한 판매 및 임대용 최고급 부동산에 투자할 수 있도록 전설적인 존 테일러의 고급 부동산 그룹과 제휴관계를 맺었다. 존 테일러는 프랑스 캅 페라(Cap Ferrat)의 빌라 레오폴드와 런던의 원 하이드 파크(One Hyde Park), 그리고 메게브와 그슈타트의 정말 아름다운 샬레와 같은 상징적이고 특별한 부동산 보유로 유명하다.

요한 페스탈로치와 뤽 호프만과 같이 부유한 스위스 후원자들의 전통을 따라 차틸라는 m3를 환경, 경제, 사회적 책임을 비롯한 넓은 범위의 지속 가능한 개발 운동에 앞장섰다. m3은 노숙자, 독거인, 기타 곤경에 처한 사람들에게 음식, 주거, 상담을 제공하는 제노바 "까르푸 휴이(Carrefour-rue)" 협회를 지원한다. 또한 주거시설이 절실한 사람들에게 건축허가가 보류된 일부 부동산을 제공한다.

압달라 차틸라는 레바논인의 역동성과 재능을 혁신, 전문성, 근면, 인간에 대한 관심이라는 스위스의 가치와 결합하는데 성공했다. 또한 그는 제노바에 수익성이 좋은 일류 부동산 기업을 설립하여 전 세계 고객들에게 좋은 서비스를 제공한다.

절약 법칙을 따르다

1920년대와 1930년대는 도시공학의 '황금시대'였다. 특히 많은 교량이 건설된 스위스에서 도시공학자들은 그 당시 선도적인 건축자들에 의해 열광적인 반응을 불러일으킨 스타일을 개발했다. 그들은 특히 형태, 기능, 디자인의 통합을 높이 평가했다. 중세의 고딕건축 양식과 비교되었다. 스위스 태생 건축가 르코르뷔지에(Le Corbusier)가 뉴욕을 방문했을 때 암만의 조지워싱턴교를 높이 평가하고 1923년에 발표한 성명서 〈건축에 관하여〉에서 이렇게 썼다. "절약의 법칙을 따르고 계산에 의해 지배되는 공학자는 우리를 우주 법칙과 조화를 이루게 한다. 그는 조화를 성취한다." 외딴 알프스 계곡에 건설되어 스위스의 전력 자급을 가능하게 해준 대형 수력발전용 댐에 대해서도 찬탄이 이어졌다. 댐은 근대 계몽 국가의 상징이 되었다. 그림젤 댐(1932년 완공)과 스위스 발레주 발 드 디스에 있는 댐(1935년 완공)은 높은 수준의 계획, 물류, 실행력이 필요한 거대한 사업이었다. 대대적인 댐 건설 시대는 2차 세계대전 이후에 도래했다. 1950-1970년 사이 24개의 수력발전용 댐—각각의 높이는 99m이상이다—이 건설되었다. 이중 1965년에 완공된 그랑데 디썽스는 그 당시 세계에서 가장 높은 댐이었다.

    스위스 에너지 정책의 목표는 에너지 독립을 이루는 것이다. 스위스 에너지 용량 확대에 주로 참여하는 두 회사는 1895년에 일렉트로방크(Elektrobank)라는 이름으로 설립된 일렉트로바트(Elektrowatt)와, 베를린의 AEG(종합전력회사), 크레디트 스위스(그 당시에는 본래 이름인 슈바이처리셰 크레디트안스탈트로 알려졌다), 19세기 말 금융회사로 시작한 모터-콜럼버스가 합작하여 설립한 합작기업이었다.

거대한 전력기업

전쟁, 경제 위기, 통화 제한으로 인해 일렉트로방크는 계속해서 자신을 변신시킬 수밖에 없었다. 1920년 부가적인 사업으로 시작한 기술 사업부는 1941년 완전히 성장한 도시공학 사업부가 되었다. 전쟁 동안 이 기업은 모부아상, 매트마르크, 알불라-랜트바세르, 게쉔알프의 발전소를 포함한 대형 수력발전소를 계획하기 시작했다. 1965년 이 사업부는 일렉트로바트로 분사하여 스위스 최대 도시공학 기업으로 성장했다.

    일렉트로바트는 스위스와 해외에서 발전소를 설계하고 건설했다. 그 중 터키의 아타튀르크 댐(1992년 완공)과 카라카야 댐(1987년 완공)이 포함된다. 그러나 1950년대 말 스위스의 발전소 계획 수립은 이미 절정기를 지났기 때문에 ―처음은 아니었다― 회사는 새로운 방향을 타개해야 했다. 일렉트로바트는 수압실을 만든 경험을 터널 건설에 적용했다. 한편, 모터-콜럼버스는 특히 카이저아우크스트에 건설 예정이었던 발전소―정치적 논쟁 이후 1988년에 포기되었다―를 포함하여 핵발전소 설계 사업에 종사했다(모터-콜럼버스는 결국 알피크 그룹에 흡수되었다).

1960년 스위스 연방의회가 결정한 총 1,830km 길이의 국가 고속도로망 건설 사업은 스위스 엔지니어에게 충분한 일거리를 제공했다. 이것은 2차 세계대전 이후 스위스 최대의 토목사업이었다―하지만 그 당시에는 이 사업이 시작된 지 50년이 지난 오늘날에도 사업이 완공되지 않을 것이라고 아무도 상상하지 못했다. 철도 건설과 마찬가지로, 스위스의 고속도로 건설은 다른 국가에 비해 상당히 뒤쳐졌다. 미국, 이탈리아, 독일의 고속도로는 수십 년 전부터 운영되었다. 스위스에서 그 과정은 예전에 철도에서 그랬듯이 주 및 도시의 포괄적인 자치권과 함께 체커판과 같은 정치 지형 때문에 한층 더 어려웠다. 그 결과 연방 정부당국은 계획 수립에 훨씬 더 철저했다. 스위스 고속도로망은 전국적으로 균형이 잡혀 있고 모든 지역을 고려한다.

종합 엔지니어링에 대한 요구

도시공학 사업 체계가 최근 수십 년 동안 극적으로 바뀌었고, 매단계마다 환경과 다른 영향을 감안해야 했다. 스위스 엔지니어들은 이미 대형 프로젝트에 대한 가장 세심하고 종합적인 관리방식으로 명성을 얻었다. 가장 분명한 사례는 신알프스횡단철도노선(NEAT 또는 NRLA)이다. 1940년대 시작된 이 사업은 열차가 속도를 늦추는 급한 경사도나 급커브가 없이 스위스의 알프스 산맥 기슭에서 곧장 고속으로 산맥을 횡단할 수 있게 하는 것이었다. 이 아이디어는 그런 철도노선이 유럽의 화주들에게 가장 매력적인 교통수단이 될 것이며 그 결과 고속도로에 대한 교통 수요 압력이 사라질 것이라고 보았다. 이 사업은 기술적으로, 재정적으로 힘든 일이었고 알프스 산맥을 관통하는 긴 터널이 필요했다. 그래서 이 사업은 계속 연기되었다. 그러나 1980년대 트럭 교통량 때문에 높은 알프스 계곡의 혼잡이 심각해지자 이 사업이 더욱 설득력을 얻게 되었다. 일반 대중의 압력에 대응하기 위해 스위스 당국은 알프스를 통행하는 트럭의 이동과 중량을 제한했다. 그렇게 하자 이웃 국가들이 분노했다. 독일과 이탈리아는 통행 제한 때문에 애를 태우고, 한편 프랑스와 오스트리아는 화주들이 화물 통행을 스위스에서 두 나라에 포함된, 이미 혼잡한 알프스 도로로 우회시킨다고 불평했다.

이 사업은 결국 1980년대 말에 혁신적인 방법으로 시작되었다. 계획 당국이 그때까지 시장을 지배해온 일렉트로바트와 모터-콜럼버스같은 주요 엔지니어링 회사에 의존하는 대신 스위스 도시공학 종사자들에 기초한 광범위한 사업방식으로 대체되었다. 1981년 설립된 젊은 기업인 에른스트 바슬러 & 파트너스(Ernst Basler & Partners)가 주도하고 조율하는 사업추진 기구가 설립되었다. 20년 이상 일관성을 유지하며 두 개의 기본 터널—장크트 고트하르트와 뢰취베르크 고개 아래—에 대한 계획을 수립하고, 아울러 새로운 기술 지식을 제공했다.

1993년 공사가 시작되었다. 두 개의 터널은 공사기간을 단축하기 위해 다섯 지점에서 동시에 굴착했다. 그러나 NEAT의 가장 위대한 성과는 터널 굴착이 아니라 장기간의 복잡하고 위임된 의사결정 과정을 지닌 정부체계 안에서 공사과정을 유연하게 관리하고, 아울러 새로운 기술을 계획적으로 개발하여 사업에 참여한 도시공학자들에게 제시했다는 점이다.

스위스인의 공식: 인내, 장기간, 고도의 민감함

스위스 건설 및 관련 산업의 역사는 우리가 다른 분야에서 보았던 것과 같은 패턴을 따른다. 초기의 야심찬 소수의 기업가나 전문가들이 등장하여 나중에 세계적 규모의 기업으로 발전한다. 건설 분야에서 홀심과 시카는 세계적인 대기업이다. 어떤 기업들은 틈새시장에서

↑ 장크트 고트하르트 고개 아래 57km길이의 터널인 신알프스횡단철도노선(NEAT) 공사에서 폭발물을 폭발시키기 전에 설치한 지지구조물. 터널 공사비는 240억 달러이며 스위스 역사상 공사비가 가장 많다.

고도로 전문적이거나 필수적인 제품이나 서비스를 제공한다.
   이 기업들은 초기 단계부터 스위스 시장 밖으로 진출하려고 노력했으며 해외에서 더 큰 성공을 거두었다―암만의 사례처럼 더 큰 전문적인 영역이건, 홀심과 시카, 게베리트, 그리고 그 외 다른 기업들처럼 발전하는 글로벌 사업에서건 말이다. 대부분의 경우 그들은 기술과 시장의 변화에 매우 민감하게 반응하면서 성공적으로 적응했다.

2011년 스위스 최대 건축자재 회사

	1950	1970	1980	2000	2011
홀심(1912년)					
매출-백만 스위스프랑	na	1,203	5,247	14,012	20,744
고용자수-전체	na	9,700	29,560	44,320	80,967
고용자수-스위스 지역	na	1,390	2,380	2,780	2,040
시카(1910년)					
매출-백만 스위스프랑	na	213	1,100	1,998	4,556
고용자수-전체	na	2,480	6,240	7,870	14,368
고용자수-스위스 지역	na	na	1,080	1,060	1,900

이 표는 스위스 최대 건설자재 회사 두 곳의 매출액과 고용자수(총계와 스위스 지역)를 보여준다. 이 수치는 이용 가능한 자료이다(자료를 이용할 수 없는 경우 na로 표시했다). 괄호 속 연도는 회사(또는 그 전신)의 설립연도를 나타낸다. 매출액과 고용자수는 반올림 또는 반내림한 수치이거나, 때로 일부의 경우 1년 전 또는 후의 자료일 수 있다. 홀심은 아르가우이셰 포틀란트 시멘트패브릭이라는 이름으로, 시카는 카스파르 빙클러주식회사라는 이름으로 각각 설립되었다. 스위스 최대 건설회사 임플레니아는 2006년 몇 개 회사가 합병하여 설립되었기 때문에 매출액과 이익에 관한 과거 자료는 이용할 수 없다. 스위스 최대 도시공학 기업들의 규모는 홀심과 시카보다 훨씬 작기 때문에 이 표에서 제시하지 않았다.

출처: 〈포춘〉

    그들은 모두 오래된 기업으로서 역경에 대해 인내심을 갖고 바라보고, 자본집약적이고 경기순환에 민감한 사업 특성상 좋은 시기와 나쁜 시기가 있다는 것을 안다. 대부분 그들은 소유자가 경영을 맡는 구조이며 일부는 기업 소유권이 3-4대까지 내려가기도 하지만 활력과 추진력이 상실된 증거는 보이지 않는다. 그들의 경영진은 장기간 근무하며 내부에서 승진되는 경향이 있다. 홀심의 최고경영자 마르쿠스 아커만은 33년 동안 이 회사에서 일했다. 내부자들은 세계 곳곳의 시멘트 시장에 대한 그의 지식이 엄청나기 때문에 백과사전 같다고 농담을 한다.

이것은 미국이나 영국 같이 더 크고 더 다양한 국가에 속한 사람들보다 스위스인들의 사고방식에 더 적합한 공식이다—만약 공식이라고 말할 수 있다면 말이다. 그러나 이 성공적인 공식이 미래에도 지속될 것이라는 증거는 없다.

주요 연혁

1800-99년

1807	발덴 호수와 취리히 호수 사이를 흐르는 린스강 운하공사를 시작하다.
1822	스위스 지도제작을 위한 뒤푸르의 조사가 시작되다.
1874	카스파르 게베르트가 라퍼스빌에서 배관 사업을 시작하다. 이것이 게베리트의 전신이 된다.
1884	고트프리트 플리스가 오프트링겐에 퍼티 제조공장을 설립하다. 이것이 오미아의 전신이 된다.
1895	일렉트리셰 운터네분겐 방크(전력회사를 위한 은행)가 설립되다. 이것이 일렉트로바트의 전신이 되다(1946년에 개명).

1900-99년

1904	교량 엔지니어 오스마르 헤르만 암만이 미국에서 경력을 쌓기 시작하다.
1910	카스파르 윙클러가 취리히에 동명의 기업을 설립하다. 나중에 이것이 시카가 되다. 방수 모르타르를 발명하다.
1913	아르가우이셰 포틀란트시멘트패브릭이 홀더방크에서 영업을 시작하다. 나중에 홀심으로 이름을 바꾸다.
1912-22	시카 제품으로 장크트 고트하르트 철도 터널 방수공사를 시행하다.
1928	콘티넨탈 리놀륨이 설립되다. 이것이 포르보의 전신이 되다.
1930	선구적인 교량 건설 공사인 로베르 마야르의 살지나토벨교가 개통되다.
1957	막스 프리슈(Max Frisch)가 그의 연극 〈호모 파베르(Homo Faber)〉에서 지칠 줄 모르는 엔지니어에 영원성을 부여하다.
1957	크리스티앙 멘이 쿠어에 도시공학 기업을 설립하다.
1960	스위스 고속도로망 건설이 시작되다.
1965	일렉트로바트의 도시공학사업부가 독립 회사로 분사하다.
1967	그랑데 디쌍스 수력발전 댐 공사가 시작되다. 그 당시 가장 높은 댐이었다.
1993	신알프스횡단철도노선(NEAT)의 터널 공사가 시작되다.

2000년 이후

2006	바티그룹과 초케(Zschokke)가 합병되어 임플레니아 건설회사가 탄생하다.

12장 슈퍼컴퓨터에서 마우스까지

― 모든 위대한 문명은 계산과 함께 시작되었다. 또한 복잡하고 시간이 걸리는 계산을 간편하게 하려고 처음에는 여러 가지 도구를 만들고, 결국 기계까지 개발했다― 도구와 기계는 오늘날의 거대한 소프트웨어와 하드웨어 산업으로 발전했다. 스위스의 혁신자, 설계자, 사업가들은 근대 최고의 산업성장 이야기에 기여해왔다― 하지만 그들의 노력은 자주 중단되고 일관성이 없었다. 여러 차례 스위스 정보기술자와 기계제작자들은 선두에서 일하다가 결국 다시 격렬한 경쟁과 기술 산업의 정신없이 빠른 변화속도 앞에서 다시 잊히곤 했다. 하지만 특히 소프트웨어 산업에서 생존자들이 있었고 더 나아가 성공 이야기도 있었다. 또한 스위스가 지속적으로 성장하고 엄청난 수익성이 있는 '소프트웨어' 분야에서 중요한 역할을 할 것임을 보여 주는 신호들도 있다.

'백만장자'를 향한 오랜 기다림

계산 분야에 성공적인 혁신을 이룬 최초의 스위스인은 아마도 1552년에 태어난 요스트 뷔르기(Jost Bürgi)일 것이다. 그는 27세 때 시계 제조와 기구 제작자로서 헤세 지역 통치자의 신하가 되었다. 그는 통치자의 천문대 기구를 관리하고 개선하는 책임을 맡았고 천문학적 계산을 더 쉽게 하려고 세계 최초로 로그(logarithms) 체계를 고안했다. 안타깝게도 그는 이것을 즉시 발표하지 않았다―스위스에서 반복적으로 나타나는 패턴이다. 그래서 로그 개념은 스코틀랜드 수학자 존 네이피어(John Napier)의 공로가 되었다. 네이피어는 1614년 로그 개념을 논문으로 발표했다.

거의 3세기가 지난 뒤 스위스에서 계산 도구 분야에서 특별한 인재가 다시 등장했다. 오토 스타이거(Otto Steiger)는 장크트갈렌 출신의 19세기 발명가로 '사칙연산 기계'를 개발했다. 이 기계는 기본적인 사칙연산—덧셈, 뺄셈, 곱셈, 나눗셈—을 수행할 수 있었다. 1899년 스타이거는 산업가인 한스 에글리(Hans Egli)를 설득해 취리히의 공장에서 이 기계를 많이 생산하여 '백만장자'라는 제품명으로 판매하기 시작했다. 경쟁 제품들—사실상 거의 모든 제품이 1642년 프랑스의 철학자이자 발명가인 블레즈 파스칼이 발명한 기계에서 비롯된 것이었다—을 능가하는 이 제품의 장점은 작동방법이 비교적 단순하다는 것이었다.

스위스가 외면한 과학기술

9년 뒤, 에글리의 정밀기술 공장은 어빈 얀츠(Erwin Jahnz)라는 스위스인이 개발한 더 간편한 사칙연산기계를 생산하기 시작했다. 최초의 이른바 '마다스' 계산기는 순수하게 기계식이었으며 열쇠와 구불구불한 손잡이로 작동시켰다. 후속 모델들은 전기로 작동했으며 1950년대 중반까지 훨씬 더 정교한 버전이 생산되었다. 그러나 이런 계산기와 별도로, 스위스는 20세기 전반기에 정보기술 발전과 사실상 관련이 없었다. 1950년까지 아무런 진보도 이루어지지 않았다. 그해 취리히 ETH의 수학 교수 에두아르트 슈티펠(Eduard Stiefel)이 독일인 개척자 콘라트 추제(Konrad Zuse)가 고안한 Z4 프로그램 계산기에 관심을 갖고 기계를 임대하여 취리히에 설치했다.

추제는 1942년에 Z4(전기적 중계로 작동되었다)를 개발했으며 2차 세계대전이 끝날 무렵 그가 베를린에서 도피할 때 이 기계를 갖고 나왔다. 1950년 Z4보다 100배 이상 더 빠른 속도로 계산하는, 밸브로 작동하는 전자계산기가 나왔지만 이것들은 일회용 견본 제품으로 미국과 영국에만 있었고, ETH의 예산 범위를 훨씬 능가했다. 슈티펠이 수입하여 자신의 필요에 맞게 개선한 Z4는 유럽 대륙의 대학에 설치된 최초의 계산기였다. 이 계산기는 엄청나게 많이 활용되었다. 1950-1955년 동안 이 기계는 산업 기업뿐만 아니라 다양한 ETH의 학과에서 수행하는 55개 프로젝트에 사용되었다. Z4가 지원한 가장 놀라운 프로젝트 중 하나는 1951-1965년 동안 발레에서 건설된 280m 높이의 그랑데 디쌍스 댐 건설이었는데, Z4는 이 프로젝트에서 응력 계산 문제를 해결했다.

범용 컴퓨터 제작

슈티펠과 그의 조수 하인츠 루티스하우저(Heinz Rutishauser)가 Z4를 이용해 수행한 연구는 근본적인 발견과 새로운 계산방법으로 이어졌다. 루티스하우저의 가장 중요한 기여는 초기 컴파일러—기록된 프로그램 코드를 컴퓨터가 처리할 수 있는 0과 1의 이진법 기계어로 바꾸어주는 장치—를 개발한 것이었다. 하지만 슈티펠은 곧 응용수학 연구소에도 컴퓨터가 필요하다는 점을 깨달았다. 1950년 공개 시장에서 컴퓨터를 구매할 수 없었기 때문에 그는 직접 만들 수밖에 없었다.

슈티펠의 목표는 ETH의 학자뿐만 아니라 스위스의 산업 기업도 사용할 수 있는 범용 컴퓨터를 만드는 것이었다. 그러나

ERMETH—ETH 전자컴퓨터—라는 그의 야심 찬 프로젝트는 대학 당국으로부터 지원은 고사하고 아무런 공감도 받지 못했다. 그는 이에 굴하지 않고 1954년 ERMETH를 만들기 시작했다. 이 작업은 1955년 여름—ETH 백주년 기념에 맞추어—에 완료할 계획이었지만 예기치 못한 문제가 발생하여 지연되었다. 첫째, 루티스하우저가 건강 문제로 고투를 벌였고, 이 프로젝트의 기술 책임자 암브로스 스파이저(Ambros Speiser)는 IBM으로 이직하여 스위스에 세운 새로운 연구실의 초대 책임자가 되었다(그가 거부할 수 없는 제안이었다). 그래서 스위스 국내에서 최초로 제작된 컴퓨터 ERMETH는 또 다시 2년 동안 운영되지 못했다. 이 새로운 장치는 전기 기계방식의 Z4보다 100배 더 강력했으며, 물리학과 기술 분야의 문제를 해결하는 데 처음 사용되었다. 하지만 곧 의학과 생물학을 포함하여 새로운 응용 분야가 추가되었다. ERMETH는 1963년까지 계속 운영되다가 미국의 컨트롤 데이터 코퍼레이션에서 만든 훨씬 더 빠른 기계로 대체되었다.

IBM이 주목하다

ETH의 컴퓨터 연구 사업은 IBM이 1956년 스위스에 자사의 유럽연구소를 세우도록 자극할 만큼 상당히 중요했다. 이 연구소는 요즘도 계속 운영되고 있으며 지금까지 4명의 노벨상 수상자를 배출했다. 이 시기는 컴퓨터—처음에는 하드웨어 분야였지만 차차 소프트웨어 분야도—를 시작한 스위스로서는 중대한 시점이었다. ETH 출신의 두 사람—하인츠 루티스하우저와 니클라우스 비르트(Niklaus Wirth)— 이 특히 중요하다. 비르트는 1959년 전기공학자로 졸업한 뒤 수년 동안 미국 대학에서 컴퓨터를 연구하고서 1967년 스위스로 돌아왔다. 1950년대 중반부터 루티스하우저는 프로그래밍 언어인 알골(Algol, 알고리듬 언어의 준말)을 개발하는 데 중요한 역할을 했다. 알골은 비르트에 의해 한층 더 발전했다. 비르트는 빠르게 승진하여 ETH 컴퓨터학교 교수가 되었다. 1970년 그는 파스칼이라는 새로운 프로그래밍 언어를 발표했다. 이 언어는 명확한 구조와 단순한 규칙 덕분에 프로그래밍 교육에 안성맞춤이었다. 이후 수년 동안 파스칼은 프로그래밍 교육 분야에서 세계에서 가장 인기 있는 언어 중 하나가 되었다―특히 ETH 컴퓨터 시스템 연구소는 이 언어를 사실상 무료로 배포했기 때문이었다.

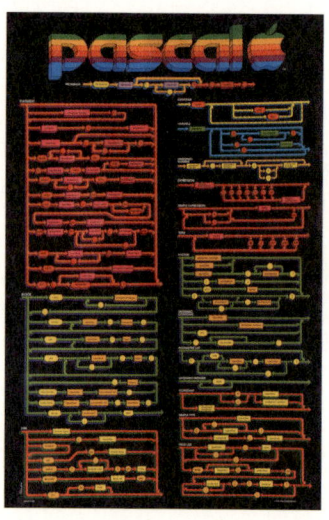

←⋯ 니클라우스 비르트는 1970년 취리히의 ETH에서 소프트웨어 언어인 파스칼을 개발했다.

↥ 애플 II 컴퓨터에서 파스칼을 사용할 수 있음을 홍보하는 애플사 광고

놀랍게도, 스위스의 어떤 사람도 프로그래밍 언어를 사업적으로 응용하여 상업 제품으로 만들 생각을 하지 못했다. 이것은 프랑스 출신 미국인 필리페 칸(Philippe Kahn)에 의해 이루어졌다. 그는 ETH와 취리히 콘서바토리움에서 공부한 뒤 미국으로 돌아가 소프트웨어 기업 볼랜드(Borland)를 설립했다. 이 기업은 최초의 제품 중 하나인 터보-파스칼을 출시했는데, 그 당시 마이크로컴퓨터 맞춤용으로 개발된 완벽한 개발 환경이었다. 볼랜드는 이 제품으로 엄청난 성공을 거두었고 1980년대 IBM 개인용 컴퓨터(1981년 출시)에서 사용되는 컴퓨터 프로그램의 절반 이상이 터보-파스칼로 만들어진 것으로 추정된다.

아이디어에서 시장으로 가는 길은 멀다

스위스의 정보통신 기술혁신에서 일반적인 실패는 상업화할 능력이 없다는 것이다. 특히 하드웨어 분야에서 그런 것 같다. 두드러진 예는 스위스인 장 호에르니(Jean Hoerni)가 발명한 트랜지스터 제조에 필요한 실리콘 플래너 기술이다. 오엘리콘 콘트라브스(Oerlikon Contraves)와 같은 스위스 회사들은 이 기술을 이용하여 칩 기반 디지털 무기유도시스템을 만들었다. 하지만 콘트라브스는 이 기술의 잠재적 가능성을 활용하지 못했으며 칩 기반 마이크로컴퓨터 개발의 결정적 과정은 인텔, 모토롤라, 록웰과 같은 미국 기업에 의해 이루어졌다.

스위스의 슈퍼컴퓨터 역사 역시 교훈적이다. 이 이야기와 관련 있는 사람은 졸로투른 출신의 농부의 아들인 안톤 군칭거(Anton Gunzinger)였다. 그는 1990년 ETH에서 과학기술 분야에서 박사학위를 받았다. 그는 병렬식 컴퓨터에 관한 박사학위 논문으로 ETH 혁신상과,

↖ 1990년대 슈퍼컴퓨터 기가부스터의 개발자, 안톤 군칭거.

↑ 작고 비용효율적이면서도 강력한 이른바 '슈퍼컴퓨터'인 기가부스터는 안톤 군칭거의 초기 ETH 분사 회사인 슈퍼컴퓨팅 시스템즈의 첫 제품이었다.

슈퍼컴퓨팅 기업 크레이 리서치(Cray Research)가 고성능 컴퓨팅 분야에 대해 주는 세이무어 크레이상을 받았다. 같은 해 그와 세 명의 동료 연구자들은 MUSIC 병렬식 컴퓨터를 개발했다. 170개의 프로세서를 장착한 이 기계는 초당 연산횟수가 100억 회였다. 그 당시 훨씬 더 강력한 컴퓨터들이 있었지만 그것은 모두 엄청나게 크고 몇 배나 더 비쌌다. 무명의 스위스 컴퓨터 개발자들이 크레이 리서치, IBM, 인텔과 같은 거대 기업이 참여하는 미니애폴리스 슈퍼컴퓨팅 콘퍼런스의 고든 벨 대회에 이 기계를 출품하여 2위를 차지하여 선풍을 일으켰다. 단번에 군칭거는 유명인사가 되었고 ETH는 그를 전기기술연구소 부교수로 임명했다. 1994년 〈타임〉지 편집진들이 그를 21세기에 영향을 미칠 100명에 선정했을 때 군칭거는 명단에 포함된 유일한 스위스인이었다.

자신의 MUSIC 개념을 상업적으로 이용하려고 군칭거는 1993년 슈퍼컴퓨팅 시스템즈(SCS)를 설립했다. 이 회사의 첫 제품은 1995년 출시된 기가부스터라는 매우 합리적인 가격의 고성능컴퓨터였다. 이 컴퓨터는 1.7기가-플롭(달리 말하면 초당 수십 억 번의 부동소수점 연산을 수행했다)의 성능을 보였으며, 크기는 얇은 여행가방 수준이었고, 다른 컴퓨팅 제품들과 달리 불과 450W의 전력을 사용했다―대략적으로 일반 개인용 컴퓨터 2대가 사용한 전력 수준이었다. 기가부스터는 매우 탁월했기 때문에 즉시 10대가 판매되었다. 그러나 스위스산 슈퍼컴퓨터의 성공은 지속되지 못했다. 컴퓨터 운영 소프트웨어를 계속 갱신하는 비용이 소규모 회사의 재원으로는 불가능했기 때문이었다. 대기업에게는 슈퍼컴퓨터가 자사의 명성이 달린 중요한 문제였고 종종 교차 지원과 더 나아가 정부 지원도 받았지만, SCS에는 그와 같은 지원이 없었다. 그래서 군칭거는 사업 목표를 수정했다. 슈퍼컴퓨터를 생산하여 판매하는 대신 개인 고객들을 위한 하드웨어와 소프트웨어 시스템을 개발하는 보다 평범한 사업에 집중했다―예를 들면, 순식간에 컨베이어벨트 위의 감자를 측정하여 적절한 크기의 감자를 선별하는 감자 선별 공장에 필요한 프로세서를 만들었다. 이와 같은 시스템으로 이 회사는 수익을 창출할 수 있는 틈새시장을 찾을 수 있었다. 오늘날 SCS는 70명의 직원이 일하는 평범한 서비스 기업으로 성공적으로 운영되고 있다.

성공할 뻔한 혁명

순수 컴퓨팅 분야의 스위스인 선구자들은 스위스 컴퓨터 산업계의 규모가 작은 탓에 종종 자신의 혁신 기술을 상업화하지 못했다.

통신 산업의 정보기술 분야는 보통 공공기관과 국가 추진 사업 등 국내시장에 너무 많이 집중되었다. 20세기 상당기간 스위스는 이미 세계 최고 밀도의 전화가입자를 유지했음에도 말이다. 이런 상황은 통신 산업에 이상적인 조건을 제공했을 것이다. 게다가 디지털 통신시스템의 가능성은 초기 단계에 인식되었고, 1970년경 텔렉스 통신의 컴퓨터화와 같은 특정 분야의 신기술은 스위스가 세계를 선도했다.

1969년 스위스의 디지털 통신시스템을 완전히 통합하는 야심 찬 사업이 시작되었지만, 이 거대한 사업은 주요 국가추진연구 사업에 전형적으로 나타나는 병폐를 겪었다. 이 사업에 참여해달라고 요청받은 기관들은 가장 적합한 기관이 아니라, 정부의 고용 및 산업 정책에 찬성하는 기업 파트너들이었다. 통합 디지털 통신시스템의 스위스 버전을 만들었어야 했던 이 컨소시엄은 국가 소유의 PTT(우편, 전신, 전화)와 스위스 통신 산업의 3개 최대 기업—하슬러, 알비스 베르케 취리히(나중에 지멘스-알비스가 되었다), 스탠더드 텔레폰 & 라디오로 구성되었다.

아마 불가피하게도, 이 사업은 기술 경쟁에서 뒤쳐졌다. 1983년 이 사업이 공식적으로 포기되었을 때, 2억 2천만 스위스프랑이 헛되이 사라진 상태였다. 유일한 구체적인 결과는 1987년 세 개의 회사가 합병하여 아스콤(Ascom)이 된 것이었다. 이 회사는 오늘날 무선 솔루션, 네트워크 테스팅, 보안 통신 분야에 집중하여 성공을 거두고 있다. 이 회사는 20개국에서 영업활동을 하며 전 세계에 2,100명의 직원이 2010년 5억 7천만 스위스프랑의 매출액을 거두었다.

기염을 토하는 마우스

스위스가 정보기술(IT)과 통신 분야에 취약한 원인으로 흔히 참신한 아이디어가 부족하다는 점이 제시된다. 이와 반대로, 1970년대와 1980년대 초 캘리포니아의 여러 대학에는 참신한 아이디어가 넘쳐났다. 버클리 대학, 스탠포드 대학과 같은 일류 교육기관과 스탠포드 리서치 연구소, 제록스의 팔로알토 연구센터는 컴퓨터 개발의 요람이었다. 스탠포드대학에서 박사후 연구과정을 수행하던 사람들 중에 EFPL 졸업생인 대니얼 보렐(Daniel Borel)과 이탈리아 출신 엔지니어 피에를루이기 자파코스타(Pierluigi Zappacosta)가 있었다. 그들은 유럽으로 돌아와 동업자 관계를 맺고 소프트웨어를 개발했다. 1981년 그들은 일본 기업 리코(Ricoh)로부터 예비타당성 연구를 해달라는 요구를 받았다. 이 연구의 목적은 사용자들이 마우스로 작동할 수 있는 데스크톱 출판 시스템을 만드는 것이었다.

그 당시 컴퓨터 마우스는 시장에 출시되지 않았다. 스탠포드 동창생인 보렐과 자파코스타는 인터넷의 전신인 알파넷(Arpanet)을 이용할 수 있었다. 그들은 이 기술의 선구자들이 누구인지 찾아냈다—예를 들면, EPFL의 마이크로 인포메틱스 연구소 교수인 스위스의 장 다니엘 니코우드(Jean-Daniel Nicoud)였다. 1981년 보렐과 자파코스타는 올리베티의 전 관리자 지아코모 마리니를 새로 영입하여 리코로부터 받은 돈을 이용해 보(Vaud)주의 애플스(Apples)라는 기묘하게 적절한 이름을 지닌 도시에 로지텍을 설립했다. 그들은 그곳에서 니코우드 연구소와 긴밀하게 함께 연구한 결과 순수하게 전기기계식 마우스를 대폭 개선하는데 성공했다. 마우스의 동작은 전자광학 센서에 의해 새로운 방식으로 기록되었고 마우스를 통제하기 위해 처음으로 마이크로프로세서가 사용되었다. 그 결과물이 로지텍(Logitech)의 첫 번째 하드웨어제품인 P4였다. 그 때까지 개발된 컴퓨터 마우스와 달리 P4의 비밀은 하드웨어가 아니라 소프트웨어에 있었다. 이 소프트웨어는 응용 목적에 맞게 정확하게 설계할 수 있었다. 이것으로 소프트웨어 중심 회사인 로지텍은 오랫동안 하드웨어 중심의 경쟁자들보다 우위를 점했다.

'중심적인 기기'가 될 운명

1982년 로지텍은 컴퓨터 마우스 생산 부문을 독자적인 사업부로 구축하기 시작했다. 잠재 고객들은 컴퓨터가 지원하는 설계나 그래픽 분야에서 특별한 애플리케이션을 제공하는 컴퓨터제조사가 압도적이었다. 처음 몇 년 동안 로지텍의 개발 비용은 주로 리코 프로젝트에서 조달되었다. 그러나 이 지원이 1986년에 종료될 즈음 로지텍은 아폴로 컴퓨터와 휴렛 팩커드와 같은 선도적인 제조사의 주문으로 탄탄한 기반 위에 서 있었다. 1984년 애플은 마우스가 모든 애플리케이션에서 중심적인 제어기기가 될 것이라고 예측했다. 이것은 옳은 것으로 드러났지만 그 당시 이 발표는 PC와 PC용 소프트웨어의 제조사들로부터 완전히 무시되었고, 마이크로소프트는 자사 제품에 로지텍의 기술을 통합할 수 있는 기회를 거절했다.

언뜻 보면 불운같이 보이는 것이 로지텍에 행운이 되었다. 마이크로소프트로부터 거절당한 뒤 이 회사는 스스로의 힘으로 최종 소비자 시장을 정복하기로 결정했다. 결정적인 순간이 왔다. 1986년

↖ 로지텍의 공동설립자 다니엘 보렐.

↑ 로지텍이 발명한 무선 마우스는 적외선 기술을 이용한다.

로지텍이 마이크로소프트의 마우스보다 45% 더 싼 가격으로 제품을 출시한 뒤 매출이 급증했다. 1991년 로지텍은 1억 번째의 마우스를 선적하는 축하행사를 열었다. 다음 해 마이크로소프트는 자사 최초로 그래픽 사용자 인터페이스를 시장에 내놓았다. 이것은 세계의 거의 모든 PC 이용자가 마우스를 구매하고 싶어 한다는 의미였다. 처음에는 이것은 로지텍에 엄청난 추가적인 사업 기회를 제공했지만 그 다음에는 어려운 시기가 닥쳐왔다. 동아시아의 저가 경쟁자들이 곧장 새로 창출된 대규모 시장에 밀고 들어왔기 때문이었다.

로지텍은 가차 없는 가격 경쟁으로 몇 가지 힘든 조치를 내리지 않을 수 없었다. 1992년부터 최고경영자를 맡았던 보렐은 제품 범위를 줄이고(스캐너와 카메라가 포함되었다), 아일랜드와 미국의 생산시설을 폐쇄하고 그 대신 중국에 가격 경쟁력이 있는 공장을 짓고 글로벌 본사를 스위스에서 실리콘밸리로 이전하기로 결정했다(로지텍은 유럽지역 본사와 개발부서를 스위스에 유지하고 있다). 1990년대 후반 매출액이 다시 증가하기 시작했다. 새로운 21세기에 들어서 호전 상태가 상당 기간 계속되면서 로지텍은 아무 탈 없이 닷컴위기를 극복했다. 2003년 5억 번째의 마우스가 배송되었다. 이제 이 사업의 많은 부분이 소매시장으로 옮겨갔고, 로지텍은 마이크로소프트, 애플, 소니와 정면으로 승부하는 세계적인 경쟁자가 되었다.

모든 사람이 성공할 수는 없다

오늘날 스위스 서부지역 최대 기업 중 하나인 로지텍의 대단한 성공에 비례하여 스위스 프랑스어권 지역에서 시작된 또 다른 기업은—한때 세계 도처에서 새로운 기준을 제시했던 기업— 엄청나게 쇠퇴하였다. 이 기업은 바로 정밀기술 기업인 파이야르-볼렉스(Paillard-Bolex)다. 시계 제조공, 정비공, 발명가였던 모이즈 파이야르(Moïse Paillard)가 1814년 시계제조 공장으로 설립한 이 회사는 곧 다양한 기계장비를 생산했다. 그 중 '헤르메스'라는 상표로 달고 판매된 타자기와 볼렉스 영화카메라는 세계적인 명성을 얻었다. 16mm 볼렉스 영화카메라는 수십 만 대가 생산되었다. 휴대용 헤르메스 베이비 타자기는 1935년 처음 생산되었는데 다른 타자기보다 저렴하고 편리하면서도 품질이 매우 우수하여 그 당시의 랩톱컴퓨터가 되었다. 스위스는 세계 세 번째 타자기 생산국이 되었고, 어니스트 헤밍웨이, 존 스타인벡, 막스 프리쉬와 같은 작가들은 헤르메스 타자기를 이용해 국제적으로 찬사를 받은 책을 썼다. 1960년대 중반 이 회사는 이베르동과 상트 크루와에 약 6천 명의 직원을 고용했으며 스위스 밖에도 2천 명을 추가로 고용했다.

↑ '헤르메스 베이비' 타자기 앞에 있는 화가 겸 음악가 디터 마이어

그러나 디지털 시대의 등장은 이 회사엔 몰락의 징조였다. 그러나 새로운 열차를 타려고 시도했지만—특히 잉크젯 프린터에 관한 특허를 출원했다—정밀 전기 장비를 전자 장비로 바꾸는 일은 너무나 어려웠다. 1974년 파이야르 볼렉스는 오스트리아 영화장비 제조기업인 유미크(Eumig)에 인수되었다가 1982년 청산되었다. 지금은 소수의 기술자들이 볼렉스 인터내셔널이라는 회사를 운영하고 있으며, 재고 부품을 활용하여 전설적인 볼렉스 카메라를 조립하고 있다.

쿠델스키의 근본적인 변화

로지텍이 정보기술과 통신 분야에서 스위스 유일의 대기업이긴 하지만, 개별적인 첨단기술 틈새시장에서 스위스 기업들은 국제 정상의 위치에 올랐다—그 중 일부는 오랜 역사를 지니고 있다. 이에 대한 좋은 예는 쿠델스키(Kudelski)다. 처음에는 고품질 테이프 녹음기를 생산한 이

기업은 오늘날에는 진정한 정보기술 선두주자가 되었다.

　스테판 쿠델스키는 폴란드 이민자 가족 출신이다. 그는 로잔의 EFPL에서 공부할 때 처음으로 테이프 녹음기를 만들었다. 1951년 그는 회사를 세워 나그라(Nagra) 테이프 녹음기를 개발했는데, 라디오방송 기자용이었다. 이 장비는 1952년 에베레스트산 스위스 등반대에 의해 테스트를 했으며 1953년 아우구스테 피카드가 심해용 잠수정 트리스테를 타고 기록 갱신을 위해 심해 다이빙을 할 때 갖고 들어갔다. 그 해부터 테이프 녹음기는 엄청나게 생산되고 계속 개선되었다. 이 장비는 라디오, 영화, 텔레비전 분야의 전문 용도로 설계되었다. 쿠델스키는 특수한 비밀 업무용, 군사용, 음향측정용 녹음기도 생산했다.

문과 텔레비전에 사용하는 디지털 잠금장치

그러나 1980년대 이 회사는 전략을 근본적으로 바꾸어 스위스에서 시작된 유료 텔레비전 방송을 활용하게 되었다. 쿠델스키는 유료 텔레비전용 암호시스템을 개발하기 시작했다. 1989년 첫 고객은 프랑스 방송사 까날 플러스였다. 그 이후 쿠델스키는 10년 동안 성장했다. 이 사업은 2002년 유럽 텔레비전 산업이 위기를 맞을 동안 고전을 겪었지만 2년 뒤 다시 기록적인 결과를 달성했다. 이 회사는 계속하여 스포츠 스타디움과 같은 공공장소용 접근시스템을 개발했다. 새로운 도전은 디지털 텔레비전과 이동 전화에서 수신하는 텔레비전이었다.

　접근 시스템은 또 다른 스위스 기업 카바(Kaba)에 생존 기회였다. 1862년 프란츠 바우어(Franz Bauer)라는 자물쇠 수리공이 취리히에 금고를 제작하는 공장을 세웠다. 그러나 카바의 진정한 성공 역사는 1934년 아마추어 정비공 프리츠 쇼리(Fritz Schori)가 원래대로 되돌릴 수 있는 열쇠가 있는 실린더 자물쇠를 발명하면서 시작되었다. 바우어는 이 장치에 대한 특허권을 획득했다. 이 회사의 설립자 프란츠 바우어는 '카젠바우어'(금고 제작자)로 널리 알려져 있었기 때문에 자물쇠 상표명을 간단히 줄여 '카바'라고 했다. 오늘날 스위스에 있는 많은 빌딩에는 카바 자물쇠가 설치되어 있다. 바우어의 자물쇠 시스템은 계속 발전하여 정보기술의 영역으로 확장되었다. 오늘날의 열쇠는 고유한 암호 숫자가 담긴 전자 칩을 내장하고 있다. 출입이 허가된 모든 사람들의 숫자가 자물쇠에 저장되기 때문에 중앙 컴퓨터에서 그들을 확인할 수 있다. 따라서 열쇠소지자가 열쇠를 잃어버린 경우 다른 사람이 그 열쇠를 사용하려고 하면 바로 차단할 수 있다. 카바는 보안 산업에서 세계 최대 공급자 중의 하나다. 이 회사는 60개국 이상에서 7,700명의 직원이 일하며 2009/2010년 매출액은 약 11억 스위스프랑이었다.

그리고 스위스에 뿌리를 둔 보안 하드웨어 전문 기업이 하나 더 있다. 바로 도마카바(dormakaba)다.

도마카바: 보안 솔루션 분야에서 150년이 넘는 경험을 쌓다

2015년, 스위스에서 1862년에 설립된 카바(Kaba)와 독일에서 1908년에 설립된 도마(Dorma)가 합병했다. 전통적인 두 기업이 하나가 되면서 출입 제어와 보안 솔루션 및 서비스 업계를 주도하는 세계적인 기업이 탄생했다. 도마카바는 보안 분야에서 150년이 넘는 경험을 자랑한다. 전 세계에서 영업하는 기업 그룹이 성공적으로 발전하는 데 가장 중요한 기반은 스위스의 산업을 오랫동안 지탱해온 기둥, 즉 정밀함과 근면함, 신뢰성이다. 물론 지속적인 혁신도 빼놓을 수 없다. 독일 뒤셀도르프 인근 지역에서 창립한 도마 역시 비슷한 가치를 중요하게 여겼다. 현재 도마카바의 매출액은 대략 30억 스위스프랑이며, 직원 수는 약 1만 6,000명이다. 도마카바는 수많은 파트너사와 협력해서 130곳이 넘는 나라에서 영업하고 있다.

↑ 1887년 만국 박람회에 출품해서 상을 받은 금고.

도마카바의 뿌리 중 스위스의 카바 홀딩(Kaba Holding AG)에 관해서 자세히 알아보자. 이 기업의 성공 이야기는 1862년에 시작된다. 그 당시에도 성공 비결은 스위스의 견고함과 독일의 기술을 결합하는 것이었다. 독일 만하임의 자물쇠 제조업자였던 프란츠 바우어(Franz Bauer)는 취리히에서 금전 등록기 제조사 바우어 AG(Bauer AG)를 설립했다. 그런데 당시 모든 기업이 회계 문서를 불연성 캐비닛에 보관해야 한다는 법률이 제정되었다. 이 새로운 법 때문에 갑자기 금고 수요가 치솟았다.

이렇게 신생 기업에 뜻밖의 행운이 찾아왔다. 그리고 14년 후, 바우어는 세계 시장에 첫발을 내디뎠다. 그는 호화롭게 장식한 금고를 새롭게 제작해서 1878년에 열린 파리 만국 박람회에 출품했다. 이 금고는 안전한 잠금장치 덕분에 박람회에서 상을 탔다.

이후 수십 년 동안 바우어 AG는 혁신적인 제품을 수차례 만들어내기도 했고, 투자에서 실패를 맛보기도 했다. 그런데 1934년, 스위스 엔지니어 프리츠 쇼리(Fritz Schori)가 또 한 번 대성공을 거뒀다. 쇼리는 가역식 열쇠 실린더 자물쇠를 처음으로 발명했다. 이 자물쇠는 실린더에 열쇠를 어느 쪽으로 넣든 사용할 수 있었다. 바우어 AG는 발명 특허를 냈고, 창립자 프란츠 바우어의 별명을 따서 상품명을 지었다. 프란츠 바우어는 '금고 제작자'라는 뜻인 '카사바우어(Kassabauer)' 또는 줄임말 '카바(Kaba)'라고 친근하게 불렸었다. 이렇게 해서 카바가 끝없는 발전을 거듭한 상품군을 제조하는 과정이 시작되었고, 이 사업은 오늘날까지 성공적으로 이어지고 있다.

1950년대 초, 훗날 카바의 협력사가 될 도마가 출입문 자물쇠 사업에 뛰어들었다. 이후 도마는 자물쇠와 출입문에 적용되는 다양한 기술적 해결방안을 수없이 개발하고 개선했다. 1962년에 제작한 최초의 자동문이 대표적인 사례다. 카바와 비슷하게 도마 역시 국제적으로 성공한 기업 그룹이 되었고, 폐쇄문과 파티션, 자동문 시스템, 유리문 부속품 기술 시장에서 확고한 위치를 차지했다.

이와 거의 동시에 카바 그룹은 미국에서 세계 최초의 버튼식 자물쇠를 출시했다. 그리고 1970년대 말부터 혁신적 제품을 잇달아 소개했다. 1982년에는 PC로 통제하는 접근 관리·시간 제어 시스템을 시장에 내놓았다. 1984년에는 금고용 기계전자공학식 번호 자물쇠를, 1986년에는 최초의 전자식 금고 자물쇠를 출시했다.

카바 그룹은 꾸준히 발전을 거듭하면서 상품 전 세대를

변화시켜나갔다. 1980년대 초까지는 가장 일반적이었던 기계적 보안 장치를 제조했지만, 이후에는 기계전자공학식 보안 장치를, 더 나중에는 전자식 보안 장치를 생산했다. 1994년에는 획기적인 상품을 또 하나 내놓았다. 바로 최초의 전파 식별 기술(Radio Frequency Identification) 기반 열쇠였다. 이후 전반적인 관련 기술이 발전하면서 카바는 혁신적인 디지털 상품을 개발했고, 현재 클라우드 기반 보안 솔루션을 개발하는 데까지 이르렀다.

오늘날, 전 세계 어디에서든 건물이나 실내를 드나들 때 자주 도마카바의 제품과 보안 장치를 만날 수 있다. 단순한 문부터 완벽한 폐쇄 시스템까지, 혹은 주문 제작한 출입 시스템이나 완비 공간을 위한 유연한 보안 솔루션까지 도마카바의 제품은 다양하다. 도마카바의 제품 포트폴리오에는 출입문 기술 상품과 보안 솔루션, 시간제 및 임시 출입 통제 시스템, 자동문 시스템, 유리문 부속품, 호텔 출입 시스템, 기계식 자물쇠, 고도 보안 자물쇠, 열쇠 시스템, 실내 공간 구분 등이 포함되어 있다. 포괄적인 보안 서비스 역시 이런 상품들에 못지않게 중요하다.

전 세계의 무수한 고객과 파트너사가 도마카바의 스마트 보안·출입 시스템을 신뢰한다. 도마카바의 고객 가운데는 싱가포르의 마리나 베이 샌즈 호텔, 미국 뉴욕의 원 월드 트레이드 센터, 독일 함부르크의 엘프 필하모니 콘서트홀, 중국 베이징의

←
현대적이고 간편한 출입 관리를 위한
도마카바의 이볼로 스마트 솔루션

갤럭시 소호 사무 건물, 호주 골드코스트의 헤지 애비뉴 레지던스 등이 있다.

도마바카의 성공은 결국 재능 있고 진보적인 전문가들이 성취해낸 결과다. 정밀함과 신뢰성, 근면함 등 스위스가 자랑하는 가치는 도마카바의 성공을 지탱하는 주춧돌이었으며, 앞으로도 그럴 것이다.

도마카바: 데이터와 숫자

전 세계 출입 통제 및 보안 솔루션 업계에서 3대 공급업체 중 하나

전 세계에서 1만 6,000명이상 고용

전 세계 50여 개국에 자회사를 두고 있고, 130여 개국에서 파트너사와 협력

2017/18 회계연도 매출액 대략 30억 스위스프랑 (2018년 6월 30일 데이터)

연구소 자동화

이와 유사하게 정밀 기술에서 전자공학으로 성공적으로 변신한 기업은 오늘날 메틀러 톨레도(Mettler Toledo)로 알려진 메틀러 인스트루멘테(Mettler Instrumente)다. 이 회사는 정밀 저울을 전문적으로 생산한다. 이 회사의 역사는 엔지니어였던 에르하르트 메틀러(Erhard Mettler)가 한 개의 접시가 달린 저울을 대량 생산하기 시작한 1945년에 시작되었다. 1950년대 메틀러의 저울은 1그램의 천만분의 1까지 정확하게 무게를 측정할 수 있었다. 그러나 1970년대 후반 새로 등장한 마이크로프로세서를 저울에 통합하기 시작했다. 이것은 가령 자동 충진 장치와 같은 완전히 새로운 응용으로 이어졌다. 산업 이용자들은 이 장치 덕분에 비용을 크게 절감할 수 있었기

때문에 전체 장비 구입비용을 몇 달만에 회수할 수 있었다. 이 회사는 연구소 자동화 분야에서 새로운 표준을 제시했으며, 기업의 3분의 1에 해당하는 생산라인은 마이크로프로세서 기술을 적용한 소매 거래용 저울을 생산했다. 1980년 메틀러는 기업을 시바-가이기에 매각하고 9년 뒤 미국의 산업용 중량 측정 장비 최대 제조사인 톨레도 스케일 코퍼레이션(Toledo Scale Corporation)을 인수했다. 지금은 AEA 인데스터스가 소유하는 메틀러 톨레도는 2010년 기준 약 1만 명의 직원이 근무하며 매출액은 1조 9,680억 달러다.

  국제적으로 성공을 거두고 활발하게 활동하는 하드웨어 기업으로는 다트와일러 케이블스, 라이힐레 & 데 마싸리, 휴버+슈너가 있다. 하지만 가장 혁신적인 기업 중 하나는 정밀 센서 분야에서 국제적인 선두주자인 바우머 홀딩(Baumer Holding)이다. 이 기업은 1952년 32세의 ETH 엔지니어 헤르베르트 바우머(Herbert Baumer)에 의해 설립되었다. 그는 4년 뒤 기계 동작을 감지하여 그것을 전기 자극으로 바꾸는 마이크로스위치를 개발했다. 1959년 바우머는 마이크로스위치를 전기적으로 정해진 생산과정을 점검하고 제어하는 프로그래밍 제어 시스템으로 통합했다. 곧 세계에서 가장 정확한 정밀 센서가 스위스 프라우엔펠트에서 제작되었다는 소문이 퍼졌다. 바우머는 광학 레이저 센서와 이미지 처리 센서와 같은 혁신 기술로 뛰어난 평판을 얻었다. 오늘날 18개국에 36개 자회사를 둔 바우머 그룹은 자동화된 제조 및 공정용 센서 기술 분야에 선도적인 공급자다. 이 그룹의 직원은 2천 명이며 2010년 매출액은 약 3억 6천만 스위스프랑이었다.

메모리 제조

첨단기술 산업의 중심인 컴퓨터 칩 생산 분야에서 자신의 입지를 세운 스위스 기업들이 있다. 한때 국가의 지원이 매우 중요하고 긍정적인 역할을 했던 적이 있었다. 1985년 통합 시스템 연구소가 ETH에 설립되었다. 이 연구소의 책임자는 오스트리아 출신 이론물리학자 볼프강 피히트너(Wolfgang Fichtner)로 AT&T 벨 연구소에서 일한 경력이 있었다. 이 연구소는 대학 교육기관의 정보기술 연구에 추가 재원을 제공한다는 연방정부의 결정에 따라 막대한 재정지원을 받았다. ETH 취리히는 통합 반도체의 교육과 연구에서 스탠포드, MIT, UC 버클리와 같은 선구적인 대학기관을 따랐다. 피히트너는 학생들이 자신의 칩을 설계하고 그것을 반도체 제조사가 실제로 구현하는 프로그램을 시작했다. 스위스에서 그렇게 할 수 있는 회사는 브라운 보베리(나중에 ABB), 파셀렉(더치 필립스 그룹의 일부), EM 마이크로일렉트로닉(시계제조회사 SMH 소유)이었다. 피히트너와 이런 회사들과의 접촉 덕분에 그의 연구소는 ABB, 모토롤라, 인텔, 내셔널 세미컨덕터, 도시바를 비롯한 선도적인 반도체 회사로부터 개발계약을 체결할 수 있었다. 통합시스템연구소의 성공은 연구소 출범 이후 졸업한 500명 이상의 학생(이중 100명은 박사학위를 받았다)에 의해 입증되었다. 아울러 스위스의 반도체 회사의 숫자가 1985년 3개에서 지금은 약 20개로 증가한 사실도 연구소의 성공을 입증한다. 예를 들어 그런 기업 중 하나인 스위스비트(Swissbit)는 지멘스의 컴퓨터 메모리 제품 사업부를 경영진이 인수하는 방식을 통해 2001년 설립되었다. 이 회사는 연간 6백만 개의 메모리 모듈과 플래시카드를 생산하며

매출액은 6천만 스위스프랑이 넘는다. 이 기업은 메모리 제품을
생산하는 독립 기업으로서는 유럽 최대 규모다.

신경제: 호황, 침체, 회복

이런 사례는 스위스 기업들이 첨단기술인 IT 분야에서 틈새시장을
성공적으로 발견하여 품질 면에서 세계 최고수준에 이르렀음을
보여준다. 그러나 틈새시장 기업들은 글로벌 트렌드를 주도하는 기업이
아니다. 인터넷에 의해 주도되는 기술과 정보 혁명 분야에서 스위스
회사는 여전히 제한된 역할만 수행하고 있다. 1990년대 말 호황기
때 많은 인터넷 선구자들이 '신경제'라는 깃발 아래 아주 인상적인
회사명과 종종 무시무시한 사업모델을 내세우며 우후죽순 생겨났다.
그러나 2000년 3월 닷컴 버블이 갑자기 터지면서 많은 기업들이 주식
중개인의 화면에서 사라졌다. 하나의 예외는 바젤 소프트웨어 기업
데이(Day)였다. 데이 인터렉티브라는 이름으로 신경제 버블의 절정기에
시장에 공개된 뒤 이 기업은 깊은 침체기를 겪었다. 그러나 그 뒤 닷컴
버블에서 생존한 최고의 기업들처럼 이 기업도 다시 상승했다. 2010년
10월, 이 기업은 미국 소프트웨어 거대기업 어도비(Adobe)에게 2억
4천만 달러에 인수되었다.

소프트웨어는 중소 규모의 스위스 기업에게 풍성한 열매를 맺는
비옥한 땅이었다. 그 한 예가 바로 1993년 게오르그 코우키스(George
Koukis)가 제노바에 설립한 소프트웨어 회사 테메노스(Temenos)다.
이 회사의 유일한 제품은 은행에서 사용하는 소프트웨어 프로그램
글로부스였다. 이 제품은 원래 영국에서 다섯 명의 전직 시티뱅크 직원이

개발했으나 몇 차례 소유주가 바뀐 뒤 결국 테메노스에게 왔다. 그 뒤 수년 동안 이 회사는 글로부스 소프트웨어를 논리적으로 개선하고 기능을 확대하여 전 세계 고객들—많은 주요 은행을 포함하여—을 사로잡았다. 오늘날 테메노스는 은행의 통합 IT 시스템 분야에서 선도적인 기업이며 이 회사의 제품들은 120개국의 600개 금융기관에서 사용된다. 테메노스는 금융 소프트웨어 분야에서 입지를 다져온 유일한 스위스 회사가 아니다. BZ 인포매틱 산하에 설립된 ERI 본케어 피노바와 아발록 그룹도 이 분야의 중요한 스위스 회사다.

소프트웨어와 비밀

스위스는 지난 수십 년 동안 소프트웨어 산업에 폭넓게 기여하고 있다. 예를 들어, ELCA 인포매틱은 1968년 로잔 소재 EPFL 졸업생들이 그랑데 디쌍스 수력발전소(오늘날 세계에서 다섯 번째로 높은 댐이다)에 컴퓨터 지원 관리 시스템을 공급하는 사업을 시작하면서 설립됐다. 이 회사는 계속해서 데이터 뱅크에 기반한 프로세스 제어 소프트웨어—그 당시로서는 데이터 처리 분야에서 비교적 새로운 개념이었다—분야로 진출했으며, 베트남에 진출하면서 동아시아로 사업 영역을 확장하였다. 오늘날 ECLA는 로잔, 취리히, 제네바, 베른, 런던, 파리, 마드리드, 호치민에서 약 500명이 일한다. 노저 그룹(Noser Group)은 그다지 국제적이진 않지만 소프트웨어, 시스템 통합, 컨설팅 전문 기업이다. 이 그룹의 이야기는 1984년 빈터투어의 매킨토시 판매점에서 시작되었지만 다양한 기업을 인수한 뒤 이 기업은 스위스, 독일, 캐나다에서 사업을 수행하며, 2010년 약 430명의 직원이 약 8천 5백만 스위스프랑의 매출을 올리고 있다. IT 보안 역시 스위스 기업들에게 작지만 중요한 사업이다. 크립토(Crypto)는 이 분야의 훌륭한 성공 이야기다. 이 기업은 1952년 스웨덴 암호학자 보리스 헤겔린(Boris Haegelin)이 설립하였다. 그는 중립국인 스위스가 이런 민감한 분야를 다루는 기업을 세우기에 이상적인 장소라고 생각했다. 오늘날 크립토는 아주 조심스러운 사업 분야에서 선두주자로 평가받는다. 주요 고객은 군, 첩보기관, 정부기관, 외교기관이다.

불가피한 면이 있지만, 스위스의 소프트웨어 혁신기업들은 시간에 의해 검증을 받아야 하 신생 기업들이다. 이들 중 하나는 2007년 설립된 두들(Doodle)이다. 이 기업은 온라인 스케줄 플래너를 제공하는데 유럽과 미국에서 이용자 수가 급격하게 증가하고 있다. 또 다른 성공적인 신생 기업은 2000년 ETH 졸업생들이 설립한 SVOX이다. 이 회사는 음성 합성과 인식 소프트웨어를 개발한다. 2009년 구글은 SVOX의 음성기술 시스템을 자사 스마트폰에 이용했고 2010년 6월 SVOX는 음성 및 이미지 애플리케이션을 전문적으로 개발하는 미국 소프트웨어 회사 뉘앙스 커뮤니케이션(Nuance Communications)에 8천 7백만 스위스프랑(그 당시 약 1억 2천 5백만 달러)에 매각되었다. 취리히에 있는 이 회사 건물은 뉘앙스 커뮤니케이션의 기술역량 센터가 되었다.

거대 기업들은 어디에 있는가?

이 장에서 보듯이 스위스는 세계 IT와 커뮤니케이션 분야에 상당히 많이 기여하고 있으며 종종 성공을 거두고 있다—하지만 기회를 놓친 경우도 있다. 스위스 산업 분야의 특징인 비교적 작은 규모의 혁신 기업

군집이 분명히 존재하지만, 예를 들어 엔지니어링, 식품 가공, 금융 분야에서 스위스가 탁월하게 이룩한 세계적 성공은 보이지 않는다.

주요 연혁

1800년 이전

1588	요스트 뷔르기가 세계 최초로 로그 체계를 개발하다.

1800-99년

1862	프란츠 바우어가 취리히에 자물쇠와 금고 제작 공장을 설립하다. 이것은 카바의 전신이다.
1856	구스타프 아돌프 하슬러가 1852년 설립된 스위스 내셔널 텔레그라프 워크숍을 인수하다. 여기에서 1909년 하슬러, 1987년 아스콤이 탄생하다.

1900-99년

1915	아돌프 댓와일러가 댓와일러 케이블스를 설립하다.
1920	국가 소유의 스위스 PTT(우편, 전신, 전화)가 설립되다.
1945	에르하르트 메틀러가 메틀러 인스트루멘테를 퀴스나흐트에 설립하다.
1948	빌리 스투터가 레볼스를 설립하다.
1950	에두아르트 슈티펠이 콘라트 추제가 만든 Z4 컴퓨터를 취리히 ETH로 가져오다.
1951	스테판 쿠델스키가 슈소-슈흐-로잔에 동명의 회사를 설립하다.
1952	헤르베르트 바우머가 프라우엔펠트에 바우머 일렉트릭을 세우다.
1955	암브로스 스파이서가 스위스에 새로 설립된 IBM 연구소의 초대 책임자가 되다.
1970	니클라우스 비르트가 새로운 프로그램 언어 파스칼을 만들다.
1981	다니엘 보렐과 동료 졸업생들이 로지텍을 설립하다.
1984	한스 노제르가 노제르 엔지니어링을 설립하다.
1989	메틀러 인스트루멘테가 톨레도 스케일 코퍼레이션을 매입하다. 이 회사는 메틀러 톨레도로 이름을 바꾸다.
1989	모이즈 아사라프가 제네바에서 ERI 본케어를 설립하다.
1990	안톤 군칭거가 병렬식 컴퓨터 MUSIC을 개발하다.

2000년 이후

2004	구글이 취리히에 유럽 연구센터를 개소하다.

왜 스위스는 인터넷 서비스, 컴퓨팅, 통신 분야에서 세계적인 기업을 만들어내지 못했는가? 예를 들어 통신 분야의 혁신 실패 원인에 대해 자주 지적되는 내용은 통신 산업의 국유화다. 미국의 경우 유사 독점 기업인 AT&T가 오래 전인 1984년에 붕괴되어 새로운 기업이 탄생할 공간이 마련되었지만 스위스에서는 1998년까지 이와 같은 일이 일어나지 않았다. 컴퓨터와 대량 판매용 소프트웨어 분야의 경우 스위스의 시장 규모가 작아 고전을 겪었다. 슈퍼컴퓨터나 대량 판매용 애플리케이션과 같은 핵심 사업들이 성공하려면 막대한 선행투자 재원이 필요하다. 스위스의 컴퓨터 분야는 종종 필요한 일종의 교차 보조(수익이 나지 않는 사업을 다른 사업의 수익으로 유지하는 것: 옮긴이)를 제공하기에는 너무 규모가 작다.

미래는 외부의 자극에서 비롯될 수 있다

하지만 스위스는 IT와 통신에 뛰어난 친화성을 갖고 있다. 예를 들어 인구의 80% 이상이 인터넷을 이용한다—이 수치를 뛰어넘는 국가는 소수에 불과하다. 스위스 기업의 IT 이용률은 매우 높은 수준이며 현재 13,500개의 기업이 IT와 커뮤니케이션 기술 분야에서 종사한다. 따라서 이런 산업 분야의 선도적인 국제적 기업들이 스위스를 다양한 업무 측면에서 매력적으로 생각하는 것은 확실히 우연의 일치가 아니다(14장을 보라). 이베이, 구글, 마이크로소프트, IBM, 오렌지, T-시스템즈, 지멘스, 델, EDS, 야후, 로이터스, 휴렛-팩커드와 같은 기업들이 많은 돈을 투자하여 유럽 본사와 판매 및 고객서비스 센터 또는 연구센터를 스위스에 구축하는 이유는 특히 고도의 전문 인력을 끌어 모으고 유지할 수 있기 때문이다. 예를 들어 구글은 취리히에 최대 규모의 해외 연구시설을 갖고 있다. 그런가 하면 휴렛 팩커드는 아주 오래 전인 1959년부터 제네바에 유럽 마케팅 조직을 운영해왔다―그 당시 이 조직은 이 회사가 미국 밖에 설립한 최초의 기관이었다. 스위스 경제 역사에서 종종 그러했듯이, 스위스의 정보 기반 사업의 새로운 물결을 일으키는 것은 정확히 말해 이러한 외부의 자극일지도 모른다.

13장 아름다운 산업: 스위스가 예술 및 건축 분야에서 거둔 성취

— 예술과 건축은 스위스 문화와 현대 스위스 경제의 중요한 요소다. 무엇보다도 스위스는 짧은 기간에 알베르토 자코메티, 파울 클레, 르코르뷔지에를 배출했고, 그리고 세계 최대 현대 미술 박람회를 주최하는 국가다. 현 세대의 스위스 건축가들– 마리오 보타, 자크 헤르초크, 피에르 드 뫼롱, 페터 춤토르– 은 세계 곳곳에 자신의 랜드마크를 심었다. 하지만 스위스인을 포함하여 많은 사람들에게 '스위스 예술'은 모순어법처럼 들린다. 많은 스위스 예술가들, 특히 현대의 예술가들은 자신을 스위스인으로 규정하지 않으려고 했다. 건축가 겸 디자이너 르코르뷔지에는 1930년 프랑스 시민이 되었다. 화가인 클레는 자신을 스위스인 못지않게 독일인으로 여겼다. 조각가 자코메티는 스위스에서 태어나고 죽었지만 그의 가장 중요한 작품 중 다수를 완성한 프랑스에서 평판을 얻었다. 많은 다른 스위스인 예술가들은 세계의 눈으로 볼 때 거의 스위스인이 아닌 것처럼 보인다. 스위스 태생의 19세기 선도적인 화가인 헨리 푸젤리는 20세 이후 그의 모든 삶을 영국에서 보냈다. 바젤 출신의 20세기 현대 화가인 커트 셀리그만은 뉴욕의 현대미술관의 카탈로그에 미국인으로 등록되어 있다. 영향력 있는 미국 영화 제작자이자 사진작가인 로버트 프랭크가 고향인 취리히에서 처음 자신의 예술을 발전시켰다는 사실을 들으면 많은 이들이 놀랄 것이다.

이런 화가와 디자이너들이 만든 작품에 대한 학술적 연구는 이 책의
범위를 넘어선다—하지만 미술과 디자인이 실제 건축에 이용되거나
예술작품이 거래될 때 사업의 영역이 되어 경제의 중요한 일부가 될 수
있다. 그러나 이것들은 전통적인 산업분야처럼 투입과 산출이 명확하게
나타나거나 발표되지 않기 때문에 수량화하기 힘든 분야다. 따라서
스위스의 예술 및 건축 분야에서 주요 인물들의 경제적 영향이 그들의
심미적 영향만큼 제대로 평가될 수 있기를 바라면서 중요한 인물들의
놀라운 성취에 대한 조사 자료를 제공하고자 한다.

균형, 통일성— 그리고 사업

건축과 예술작품 거래는 스위스 특유의 방식으로 스위스 경제에 중요한
일부가 되었다. 스위스는 상향식 접근방법, 균형과 통일을 향한 노력,
확고한 독자적인 접근방법이라는 스위스적 성향을 신중하게 이용했다.
하지만 많은 스위스 문화인들과 그들의 고국과의 모호한 관계는
흥미로운 사실을 보여준다. 스위스가 다소 답답한 환경이라는 의식은
역사적으로 깊은 뿌리를 갖고 있다. 산업화 이전의 스위스에서 예술과
창조적인 건축은 쉽게 제자리를 잡지 못했다. 유럽의 이웃 국가와
반대로 스위스는 자신의 권력과 위신을 높이기 위해 예술에 엄청난 돈을
선뜻 후원하는 왕족들과 왕실이 없었다. 그러한 경박함은 스위스의
사고방식에는 낯선 것이었다. 돈—설령 그런 돈이 있다 해도—은
합리적인 일에 사용되었다. 당연한 일이겠지만, 스위스에서 예술적
기량이 처음 드러난 곳은 미적 가치를 실용적 또는 종교적 디자인으로
신중하게 표현할 수 있는 건축 분야였다.

이탈리아인은 중요한 사람들이었다

16-18세기 동안 가장 중요한 스위스 건축가들은 알프스 산맥 이남 지역인 이탈리아어를 사용하는 티치노주 출신이었으며, 그들의 주요 목적지는 로마였다. 그 중 한 사람인 도메니코 폰타나(Domenico Fontana)는 성베드로 대성당의 책임 건축가였던 미켈란젤로의 후계자였다. 폰타나의 조카 카를로 마데르노가 대성당을 완공했다. 1629년 성베드로 대성당이 봉헌되기 전 마지막 몇 년 동안 또 다른 스위스인 건축가 프란체스코 카스텔리(Francesco Castelli)가 그 현장에서 일했다. 성을 보로미니로 바꾼 그는 퀴리날레 언덕에 로마 바로크 양식의 전형인 산 카를로 알레 콰트로 폰타네 성당을 건축하여 명성을 얻었다.

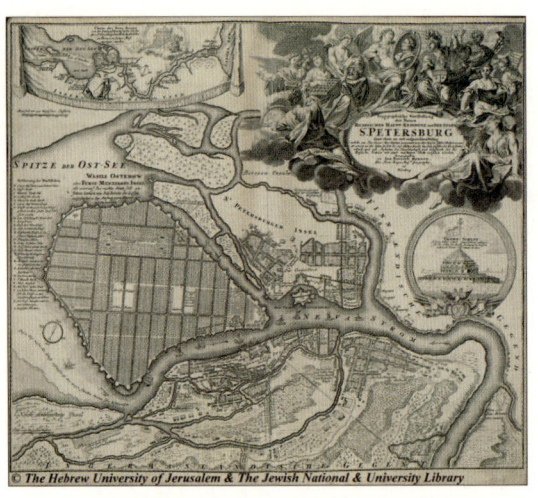

↑ 상트페테르부르크 도시 기본계획은 1720년 스위스 건축가 도메니코 트레지니(1670-1734년)가 설계했다. 표트르 대제의 상트페테르부르크 건설은 러시아에서 가장 큰 건설 사업이었으며 그 당시 세계에서 가장 중요한 도시계획 중 하나였다.

한 세대 뒤 또 다른 이민자인 도메니코 트레지니(Domenico Trezzini)가
누가노 근처 아스타노를 떠나 해외에서 경력을 쌓았다. 로마에서
필수 교육을 받은 뒤 트레지니는 러시아로 갔다. 러시아의 표트르
대제는 그를 새로운 수도인 상트페테르부르크의 설계자로 임명했다.
트레지니는 사망할 때까지 30년 동안 도시를 설계하고 성 베드로
대성당과 성 바울 대성당, 차르 황제의 여름 궁전과 겨울 궁전을 포함한
가장 중요한 건물들을 건축했다. 또한 그는 러시아에 건축학 석사 학위
과정을 도입했다. 스위스에서는 그로부터 150년 후에 이와 동등한
건축가 교육과정이 생겼다.

수요가 많은 건축

1800년경 건축업은 심대한 변화를 겪었다. 부유한 중산층의
등장으로 건축 건수가 엄청나게 많아지고 다양해졌다. 아울러 상업적
가치관과 산업적 생산방법으로 건축 현장에도 효율성이라는 개념이
대두되었다—이제 고객들은 합리적인 기간 내에 투자에 대한 보상을
원했다. 유명한 건축물의 계획과 실행을 위해서는 복잡한 실행계획에
능숙하고 고객이 요구하는 건축양식을 매우 잘 아는 학문적으로 훈련을
받은 건축가가 필요했다.

19세기 후반기, 스위스는 이런 추세에 거의 아무런 기여도 하지
못했다—건축가들은 프랑스와 독일에서 훈련을 받고 당대의
건축양식을 스위스로 도입했다. 그러나 1855년 연방 폴리테크니쿰(훗날
ETH)이 설립되면서 전환점을 맞이했다. 그 당시 설립된 지 얼마 되지
않은 스위스 연방정부는 유명한 독일건축가 고트프리트 젬퍼(Gottfried

Semper)*를 학교로 초빙하는데 성공했다. 그의 가까운 친구인 작곡가 리하르트 바그너와 함께 젬퍼는 1849년 드레스덴의 작센 왕국에 반대하는 5월 봉기에 참여했다. 반란은 진압되었고 젬퍼와 바그너는 체포되지 않기 위해 그 도시를 떠나야 했다. 젬퍼는 파리로 도피했다가 나중에 런던으로 갔고 바그너는 취리히로 갔다. 몇 년 뒤 바그너는 인맥을 이용하여 젬퍼를 새로 설립된 폴리테크니쿰으로 데려왔다. 젬퍼는 도시 중앙이 내려다보이는 언덕에 학교 건물을 설계하는 업무를 위탁받았을 뿐만 아니라 새로운 대학에서 가장 높은 보수를 받는 교수에 임명되었고 연봉이 자그마치 5천 스위스프랑이었다. 젬퍼는 직업 교육이 건축가의 삶에서 중요한 역할을 한다고 믿었고, 이러한 접근방법은 그 이후 ETH에서 계승되었다.

해방의 시간

ETH와 젬퍼 교수 임용 덕분에 스위스는 서서히 유럽 건축계에서 하나의 세력이 되기 시작했다. 그 때는 스위스 도시들이 급속히 성장하는 시기였고 건축가들은 새로운 건축 의뢰를 많이 받았다—기차 역사, 극장, 호텔, 은행, 중앙우체국 사무소. 이런 건물들의 모델은 유럽의 수도, 주로 파리, 뮌헨, 비엔나에 있었지만, 스위스 건축가들은 점차 스위스 특유의 접근방식을 가미하여 그들만의 해석을 내놓기 시작하면서 실현 가능성과 적절한 비용이라는 개념을 제공했다. 점차 전통적인 양식에서 해방된 현대 건축이 등장하기 시작했다.

[*] 젬퍼는 비엔나의 링스트라세도 다시 설계했다.

1915년 ETH의 교수로 임용된 칼 모저(Karl Moser)는 건축 교육을 더 한층 발전시켰다. 모저는 파리와 이탈리아에서 시간을 보내면서 독일 칼스루에의 건축계와 성공적인 동반자 관계를 맺고 국제적인 평판을 얻었다. 그는 바젤의 바디쉐르 철도역사(1913년), 취리히 대학(1918년), 취리히의 쿤스트하우스 미술 갤러리(1910년)의 설계도를 만들었다. 모저는 기능, 형태, 디자인은 불가분의 통일성을 갖추고 형태는 효용성에 의해 결정되어야 한다는 1900년경에 발달한 이른바 '개혁' 양식을 전형적으로 보여준다. 분명히 개혁 양식은 근대 예술 운동과 관련이 있다. 스위스 모더니즘의 특징은 작지만 다양한 국가에서 일상적인 공존을 뒷받침하는 실용적인 관용 철학이다. 아울러 다른 국가에서 나타난 유행에 대한 개방성이 있었다. 모저가 재직할 때 ETH는 젬퍼의 '학문적 건축'을 포기하고 현실적인 건축 설계를 옹호하고 품질과 장인정신을 장려했다.

계몽 도시, 바젤

신중한 스위스인들은 고품질 건축을 서서히 받아들인 반면 순수 시각예술은 그렇지 않았다. 산업화 이전 스위스에서 미술은 그 지위가 미약했다. 종교개혁의 영향으로 종교적 상상이 금지되어 문화 발전이 억제되었고, 특히 스위스 중앙의 주요 마을과 도시들이 그랬다. 수세기 동안 칼뱅과 츠빙글리가 활동했던 지역은 시각예술과는 불편한 관계였다. 이에 대한 하나의 예외는 국경 도시 바젤이었는데, 중세 시대 이래로 이 도시는 외국과의 무역이 번창했다. 1460년 스위스 최초 대학 설립, 종교개혁 시기와 그 이후 종교적 박해로 인한 피난민 유입,

상대적으로 자유로운 기업과 길드 제도는 모두 상인, 실크제작자, 전문 사무직 종사자로 구성된 계몽된 부르주아 과두체제가 출현하는데 도움을 주었는데, 이 계층들은 예술과 학문에 개방적이었다. 따라서 바젤이 스위스 미술품 수집의 탄생지라는 점은 우연의 일치가 아니다. 이런 상황은 인문주의자인 로테르담의 에라스무스가 자신이 수집한 주화, 그림, 드로잉을 바젤 시민인 보니파키우스 아머바흐(Bonifacius Amerbach)에게 유산으로 남겼을 때 처음 탄력을 받았다. 아머바흐는 이 유산을 자신의 것과 합쳤고 그의 아들 바실리우스는 이 수집품을 더 늘렸다. 1661년 바젤시는 9천 굴덴(19,000 스위스프랑)에 이 수집품을 구입하여 상당히 중요한 예술 수집품을 소유한 스위스 최초 도시가 되었다.

그러나 바젤은 예외적인 경우였다. 20세기까지 미술품 수집은 개인의 전유물이었다. 미술품 수집이 활발해지려면 세금으로 규제하지 말아야 한다. 그러나 재단법이 스위스 민법에 포함된 1907년까지 수집가 사후에 이용 가능한 두 가지 대안은 수집품을 팔거나 여러 사람에게 나누어주는 것뿐이었다. 19세기 스위스에는 그런 매매를 담당하는 전문적인 미술품 거래가 없었기 때문에 남은 유일한 대안은 기증이었다. 순수하게 미술작품만을 소장한 스위스 최초의 박물관인 라트 미술관은 1826년에 개관했는데 그 시작은 유증으로 남긴 작품들이었다. 20년 뒤 바젤에는 아우구스티너가세(der Augustinergasse)가 세워졌는데 미술 작품과 함께 역사적인 유물도 전시했다. 지금 스위스에는 미술 수집품이 많지만—대략 65,000명당 미술관이 한 곳이다— 주로 소수의 개인 수집가들의 열정적인 기부 덕택이다.

최고수준의 미술품 수집

19세기와 20세기에 산업의 성공으로 여유 자본이 생겼고 부유한 사람들은 건축과 수집품 전시를 통해 예술적 감수성을 표현하고 국제적인 명성을 얻고 싶어 했다. 빈터투어에는 국제적인 미술품 소장자들이 새로 많이 등장했다. 소장자들은 폴카르트 가문, 라인하르트 가문, 뷜러 가문과 같은 집안 출신이었는데 상업과 섬유산업을 통해 부를 축적한 사람들이었다. 특히 아르투어, 헤디 한루자(Hedy Hahnloser), 리하르트 뷜러, 게오르그, 오스카 라인하르트가 유명했다. 브라운 보베리의 영국인 설립자 시드니 브라운(Sidney Brown)은 바덴에 상당한 미술 수집품을 모았다.

19세기에서 20세기로 전환되던 시기에 흔히 그랬듯이 부르주아 계층은 유럽 대도시, 특히 파리와 뮌헨의 생활방식을 자신의 모델로 삼았다. 이와 관련하여 중요하고 때로 결정적인 촉진자들은 파리에서 일하는 스위스 미술가들이었다. 그 중에서 특히 빈터투어 출신의 쿠나 아미에트, 펠릭스 발로통, 카를 몬타그가 중요하다. 발로통과 몬타그의 중재를 통해 한루자와 뷜러는 인상주의 미술을 스위스에 소개했다. 그들은 또한 정기적인 작품 구매를 통해 두 명의 스위스 화가 조반니 자코메티(조각가 알베르토 자코메티의 아버지)와 페르디난드 호들러를 길러냈다.

처음에 스위스 미술품 수집가들은 프랑스인과 독일인 미술품 거래상에 전적으로 의존했다. 그러나 1907년 충분한 기초가 마련되어 테오도르 피셔(Theodor Fischer)가 루체른에 스위스 최초의 미술품 경매소를 열었다. 1911년경부터 여러 새로운 '미술품 살롱'—갤러리의 전신—이 연이어 취리히에 문을 열면서 독특한 스위스 미술품 시장이 등장하기 시작했다. 최초의 살롱은 요한 어빈 볼펜스베르거(Johann Erwin Wolfensberger)가 열었고, 곧이어 고트프리트 타너, 그리고 구스타프와 레온 볼라그 형제가 그 뒤를 이었다.

미술가와 미술품 거래상을 위한 만남의 장소

지금껏 그랬듯이 세계적인 사건들은 스위스 미술업계에 도움이 되었다. 1차 세계대전 동안 독일과 프랑스 사이에 한때 활발했던 미술품 거래가 완전히 사라졌고, 그 수혜자는 스위스였다. 구매자와 판매자들은 스위스의 제도적, 법적 환경이 이상적이라는 사실을 알았다. 소유권은 안전하고 스위스로 수입된 미술품에 대한 세금은 오로지 무게에 따라 산정되었다. 더 이상 프랑스에 들어갈 수 없는 독일 미술품 거래상들은 점차 스위스로 왔다. 양심적인 전쟁반대론을 펼쳤던 예술가들도 역시 그랬다. 이들 이민자들 중 한 사람은 슈투트가르트 출신의 미술품 거래상으로 직업에 걸맞는 이름을 가진 아우구스트 구테쿤스트(좋은 미술)였다. 그는 1919년 미술사가 아우구스트 클립스테인과 함께 쿠테쿤스트 & 클립스테인(Gutekunst & Klipstein)이라는 거래업체를 설립했다. 2차 세계대전 후 에버하르트 콘펠트(Eberhard Kornfeld)는 이 기업을 인수해 성공적인 경매전문회사로 바꾸었다.

국가사회주의자들이 독일에서 권력을 잡은 1933년에도 스위스 미술 시장은 여전히 확장 중이었다. 박해를 피해 스위스로 온 유대인 난민들 중에 뮌헨 미술 거래상인 프리츠 나단(Fritz Nathan)이 있었다. 그는 1928년부터 오스카 라인하르트에게 미술품 수집에 대해 조언을 해주었던 사람이었다. 나단은 곧 스위스, 독일, 프랑스 사이의 미술품 거래에 핵심적인 위치를 차지했다—그는 1929년 오엘리콘 공구 회사의 대다수 지분을 획득한 에밀 게오르그 뷔엘레(Emil Georg Bührle)의 가장 중요한 조언자가 되었다. 철학, 문학, 역사, 미술사를 공부한 뷔엘레는 평범한 산업가가 아니었다. 한편으로 그는 취리히 공장을 무기 생산 시설로 전환하여 전쟁에서 큰돈을 벌었다. 다른 한편으로 그림, 특히 주로 옛 거장과 인상주의 화가의 작품을 수집했다. 그의 수집품 중 많은 부분이 1947년 이후에 모은 것이었는데 세잔, 반 고흐, 고갱, 모네의 많은 작품이 포함되었다. 1960년대부터 그가 수집한 수백 점의 그림 중 일부를 취리히의 그의 빌라에서 볼 수 있었다. 그러나 뷔엘레는 수집품을 더 많은 일반인들에게 보여주기 위해 취리히 쿤스트하우스(Kunsthaus)가 건물을 증축(영국인 건축가 데이비드 치퍼필드가 설계했다)하도록 자금을 제공했다— 지금 이 건물은 뷔엘레-잘로 불린다.

르코르뷔시에의 영향

모더니즘의 영향이 20세기 첫 수십 년 동안 스위스 건축에 완전히 가시화되었다. 칼 모저의 대도시 리얼리즘은 수 세대의 건축가들에게 영향을 주었고 그들은 몇 십 년이 지난 뒤에도 그의 이름을 언급했다. 아마 이 모더니즘의 가장 유명한 주창자는 샤를 에두아르 잔레그리(Charles-Edouard Jeanneret-Gris)였다—나중에 르코르뷔지에로 이름을 바꾸었다. 그는 라쇼드퐁에서 태어나 그곳의 응용미술학교에 다녔다. 그는 조각가와 조금사(chaser)로 교육을 받았지만 곧 건축으로 바꾸었다. 1차 세계대전 동안 그는 파리로 영구 이전하여 사촌인 피에르 잔레그리와 함께 건축설계사무소를 설립했다.

1918년 르코르뷔지에는 바젤의 금융가 라울 라 로슈(Raoul La Roche)를 만났다. 그는 입체파 미술작품을 수집하고 있는 중이었다. 두 사람 사이에 우정이 발전하여 결국 1923년 빌라 라 로슈를 건축하게 되었다. 라 로슈의 건축 의뢰는 젊은 건축가가 혁명적인 아이디어를 실행할 수 있는 첫 기회였다. 파리의 16번 구역에 있는 이 집은 모더니즘의 상징이 되었고 여전히 건축가들의 순례지다.

새로운 도시를 만들기 위한 열정

하지만 르코르뷔지에의 야심은 부유한 친구들을 위해 개인 주택을 짓는 것 이상이었다. 「르코르뷔지에: 삶」에서 니콜라스 폭스 베버는 '기존 도시의 많은 부분을 없애고' 더 나은 생활조건을 제공하는 아파트를 건설하려는

르코르뷔지에로 더 잘 알려진 샤를 에두아르 잔레그리(1887-1965)는 세계에서 가장 유명한 건축가중 한사람이다.

르코르뷔지에의 바람에 대해 쓴다. 근대 도시에 대한 르코르뷔지에의 비전은 필로티 위에 세워진 크고 장식이 없는 아파트 건물이었다(그는 자동차가 도시 집적에 미치는 영향을 고려한 최초의 건축가 중 하나였다). 그는 근대 건축의 개척자로 간주되긴 하지만 그에 대해 비판자들이 없었던 것은 아니었다. 「미국 대도시들의 죽음과 삶」에서 제인 제이콥은 그의 건축물이 사회발전에 부정적인 영향을 미친다고

주장했다.

르코르뷔지에는 수사적 재능, 공격적이고 논쟁적인 성격, 모든 장식을 제거한 급진적인 건축 덕분에 곧 전위 운동의 선두주자가 되었다. 그는 「건축을 향하여」(1923년), 「도시계획」(1925년), 「새로운 건축의 다섯 가지 원칙」(1927년)과 같은 책을 통해 '새로운 건축'을 위한 근본적인 주장을 제시했다. 그는 도발적인 저작과 설계를 통해 매우 '비스위스적인' 방식으로 행동했다. 그는 스위스를 포함하여 여러 국가의 건축계를 열성적인 지지자와 엄청난 반대자로 양극화시켰다. 그의 건축은 전체주의적 특징을 보였다. 피에르 프레이에 따르면 건축 역사가 르코르뷔지에는 '일종의 공간적 우생학을 주장한 급진적 이론가'였다. 그의 건축의 '전체주의적' 측면은 건축 설계에 대한 '박학다식한' 접근방식에 나타났다. 그는 독학한 건축가일 뿐만 아니라 도시 계획가였다. 그리고 잡지를 창간하고 벽돌 제조 공장을 운영했다. 또한 그는 가구를 포함하여 건축 프로젝트의 상세한 부분을 모두 설계했다.

맹렬한 스위스인

르코르뷔지에의 전투적인 성격은 1927년 제네바에 세워질 새로운 국제연맹 회관 설계 경쟁에서 두드러지게 드러났다. 국제연맹 총회가 임명한 정치가로 구성된 위원회는 긴 토론 끝에 전통적인 미술관 건축 방식의 설계를 선택했다. 그러나 건축 전문가들은 르코르뷔지에의 제안이 다른 모든 377가지의 제안보다 비교할 수 없을 정도로 탁월하다고 생각했다. 그 뒤 선정된 건축가가 르코르뷔지에가 제안한

필수적인 개념 요소를 채택하자 그는 이전의 건축 관련 논쟁에서
보여준 모습보다 더 공격적이고 맹렬하게 비난하는 장광설을 퍼부었다.
이 전위 건축가는 폭넓은 기반을 가진 근대건축국제회의(CIAM)를
창립하여 언론의 관심을 끌었다. 24명의 창립 발기인 건축가 중
4분의 1이 스위스인이었으며 CIAM의 사무총장은 지그프리트
기에디온(Sigfried Giedion)이었다. 그는 프라하 태생이었지만 취리히에
기반을 둔 미술사가이며 그의「공간, 시간, 그리고 건축: 새로운 전통의
성장」(1941년)은 근대 건축에 관한 표준적인 저서가 되었다. CIAM은
같은 생각을 가진 실무자들이 모이는 기관이 되었고 이 운동을 위한
대변자가 되었다. 1933년 제3회 국제회의 참가자들은 '아테네 헌장'을
채택했다. 이것은 옛 도시들의 혼잡을 없애고 합리적인 원칙에 따라
배치하는 가이드라인 프로그램이다.

    스위스 실무자들 역시 새로운 건축을 미국에 소개하는데 도움을
주었다. 제네바 출신 건축가 빌리암 레스카즈(William Lescaze)는
칼 모저(Karl Moser) 아래에서 학위를 받고 1920년에 스위스를 떠나
처음에는 파리로 갔다가 나중에 뉴욕으로 옮겼다. 레스카즈가
필라델피아 세이빙 펀드협회(Philadelphia Saving Fund Society)를 위해
1932년에 건축한 빌딩은 미국 최초의 근대적인 고층건물이었으며
1960년대까지도 미국의 많은 건축가들에게 모범 사례였다.

스위스와 바우하우스

스위스 모더니즘의 발달에 매우 중요한 영향을 미친 것은 1919년
바이마르에 설립된 미술 및 공예 학교인 바우하우스(Bauhaus)였다.

1920년대 동안 야심적인 미술가와 디자이너들이 유럽 곳곳에서 그곳으로 모여들었다. 초기부터 교직원으로 일한 요한네스 이텐(Johannes Itten)은 스위스인 화가이자 색채 이론가로서 첫 4년 동안 교수 기법과 카리스마를 통해 학교를 지배했다. 베른의 사범대학에서 공부한 이텐은 바우하우스의 기초교육 과정을 만들었는데 나중에 독일어권 국가의 많은 응용미술 학교가 채택하였고 지금까지도 교과과정에 포함된다.

    1928년 바젤의 건축가이자 CIAM의 창립회원인 하네스 마이어는 발터 그로피우스를 이어 바우하우스의 책임자가 되었고 이 학교는 그때 라이프치히 북쪽 데사우로 이전했다. 마이어는 건축학과를 설립하고 정치 이념이 이미 깊게 스며든 바우하우스를 더욱 더 좌파로 기울어지게 했다. 이전에 공국의 수도였던 데사우의 보수적인 분위기 속에서 이런 성향은 상당한 긴장을 유발시켰다. 나치당의 부상으로 압박이 더 커지자 마이어는 어쩔 수 없이 1930년에 직책을 사임했다. 그는 모스크바로 갔지만 곧 스탈린주의 체제와 관계가 틀어져 1936년 스위스로 돌아왔다. 마이어는 설계하고 건축할 기회가 거의 없었지만 이론 연구, 건축공모전 참가, 몇 개의 완성한 건축물, 멕시코의 도시계획 교육기관 설립을 통해 건축 발전에 중요한 공헌을 했다. 그는 무엇보다 강력한 설득력을 지닌 소논문과 급진적인 예술 정치로 명성을 얻었다.

특별한 종류의 모더니즘

스위스도 유럽의 다른 지역보다 논쟁이 덜 적대적이었긴 하지만 1930년대 유럽의 양극화된 정치 환경에서 자유롭지 못했다. 모더니즘에

대한 스위스의 특별한 태도는 베르너 외슬린(Werner Oechslin)의 금언인
'절제, 효용, 기념비적 건축물 배제'로 잘 요약된다. 이러한 시도의 가장
중요한 예는 취리히의 국회의사당이다. 이 건물은 1938년 막스 하에펠리,
베르너 모저, 루돌프 스타이거가 다시 건축한 것으로, 동시대 이웃 국가
독일에서 장려되던 지나치게 과장된 파시스트 건축과 정반대의 양식을
보여준다. 하지만 이 건물에 대한 전위 건축가들의 의견은 나뉘었다.
일부는 이 건물이 특별한 스위스적 모더니즘 양식을 구현한 것으로
평가하지만 일부는 이 건물이 '모더니즘을 희석화'하고, 거리에 있는
사람들의 입장을 존중했다는 점에서 싫어했다. 달리 말하면, 이 건물은
모더니즘적인 건축물이면서 스위스적이었다는 것이다.

악명 높은 거래

2차 세계대전 동안 스위스는 지금까지 지속된 지위―국제 미술품
거래 중심지―를 차지했다. 난민들이 보유한 엄청난 금액의 미술품이
스위스로 유입되었다―주로 독일계 유대인 소유의 미술품으로
나치의 손을 피해 잠시 창고나 박물관 저장고에 보관되었다. 그 뒤
추방된 미술품 소유자들과 그들의 생존자들은 새로운 삶에 필요한
돈을 마련하기 위해 그것을 스위스 미술품 시장에서 팔았다. 2001년,
역사학자 장 프랑수아 베르기에르(Jean-Francois Bergier)가 위원장을
맡은 2차 세계대전 기간 스위스에 관한 독립적인 전문가위원회가
발표한 보고서가 보여주었듯이 모든 거래가 합법적인 것은 아니었다.
스위스 시장은 사실상 약탈한 미술품―독일 나치체제와 점령지역에서
강제로 압수한 작품들―을 처분하는 곳으로 이용되기도 했다. 스위스의

공식 관세청 통계에 따르면 히틀러가 집권한 1933년부터 1945년 동안 합법적으로 수입된 미술품의 총 가치는 2천 6백 30만 스위스프랑이었고, 이 중 3분의 1 이상이 독일에서 온 것이었다. 반합법적 시장(grey market)과 암시장의 규모가 어느 정도인지 신뢰할만한 추정치는 없지만 많은 시장 참여자들—박물관, 수집가, 거래상, 경매거래소—이 이런 상황에서 엄청난 이익을 얻은 것은 확실하다. 루체른의 갈레리 피셔(Galerie Fischer)가 악역을 맡았다. 그는 1939년 나치당이 비난한 뒤 몰수한 주요 근대 미술작품인 '퇴폐 예술'에 대한 경매를 열어 세계인들로부터 경멸의 대상이 되었다. 이 갤러리는 또한 난민이 소유한 미술품은 물론 약탈한 미술품도 에밀 뷔엘레를 포함한 스위스인 수집가들에게 많이 판매했다.

그럼에도 2차 세계대전 후 유럽의 나머지 국가들이 폐허 상태였기 때문에 스위스는 국제 미술품 거래에서 선도적인 위치를 잘 유지했다. 때마침 한 사람이 이 일을 했다. 에른스트 바이엘러(Ernst Beyeler)는 바젤에서 평범하게 성장한 뒤 상거래 도제 교육을 받았지만 고서점에 취직했다. 고서점 주인이 1945년 사망하자 바이엘러는 고서점을 매입했지만 그 대금을 지불하기 위해 사실상 모든 재고품을 팔아야 했다. 그는 재고품에서 일본 목판 인쇄물을 발견하여 그것을 팔고 결코 되돌아보지 않았다.*

[*] 바이엘러는 인터뷰에서 서점 오스카 슐로스의 원래 소유주로부터 배운 중요한 교훈을 회상한다. "그는 매우 게으른 세인트버나드 종 개 한 마리를 키우고 있었다. 이 개는 일어나 먹이통으로 걸어가기보다 그냥 굶는 것을 더 좋아했다. 슐로스는 음식을 보면 달려드는 고양이를 가끔 데리고 왔다. 고양이의 이런 행동에

자극받은 늙은 개 역시 먹이를 먹을 수 있게 되었다. 대부분의 사람들은 미술작품을 구매하려는 욕구가 크지 않다. 그들이 특정 작품을 서둘러 구매할 이유가 있겠는가? 그래서 나는 모든 거래 때마다 항상 두 번째 잠재 고객을 찾아내려고 노력했다. 만약 내가 고객을 한 사람만 찾았다면 판매에 성공하지 못했을 것이다. 그러나 두 번째 고객이 진지하게 관심을 보이자 구매자들은 본능적으로 그것을 감지하고 망설이지 않고 작품을 구매했다. 나는 모든 거래를 할 때 고양이를 찾아내려고 했다."

현대 예술의 새로운 물결

스위스에는 높은 수준의 희귀 미술품을 소장한 개인과 박물관이 많다. 이 미술품은 보통 몇 세대 동안 소장되며 좀처럼 판매용으로 내놓지 않는다. 미술품 거래시장에서 일하는 사람들은 종종 그들의 고객과 비슷해졌다. 경매회사 소더비와 크리스티의 직원은 매너가 좋고 옷을 잘 차려 입고 칵테일 파티에서 대화하는 것을 좋아하지만 보통 성과와는 거리가 먼 세대들이었다. 이 경매회사들은 스위스 미술품 거래를 다시 정립하고자 하는 야심 찬 신입직원들을 위한 환경이 아니었다. 그러나 시대가 바뀌고 새로운 참여자들을 위한 무대가 마련되고 있다.

2차 세계대전 후 놀라운 경제성장과 금융시장의 호황 덕분에 새로운 부유층들이 등장했다. 새로 등장한 부자들은 유명한 그림들을 '자랑할 권리'를 추구했다. 그때까지 거실에 걸려 있던 유명 화가들의 희귀한 그림들은 사회적 지위를 인정받을 수 있는 최고의 수단이었다.* 그러나 고전 미술작품의 공급이 제한적이었기 때문에 곧 개인 구매자의

[*] 재미있는 농담이 이런 요점을 잘 보여준다. 35세의 헤지펀드 관리자가 부동산 중개업자와 함께 뉴욕에서 아파트를 찾으면서 최하 2천5백만 달러 가격대의 아파트를 사야한다고 말했다. 중개인은 왜 그 이하 가격은 안 되느냐고 묻자 그가 대답했다. "3천만 달러짜리 그림을 걸어둘만한 적당한 집이 필요하거든요."

재산으로 구입할 수 없게 되었다. 그런 작품들은 돈이 많은 박물관이나 재단의 영역이 되었다. 이런 격차를 메우기 위해 거래상과 갤러리들은 특별한 열정과 기술을 지닌 당대의 전도유망한 예술가들을 홍보하게 되었다. 바이엘러는 최초로 그렇게 한 사람 중 하나로서 신세대 예술가와 긴밀한 관계를 발전시키고, 신중하게 준비한 안내지를 제공하는 수준 높은 전시회를 개최하여 신흥 부자들이 많이 찾게 만들었다.

바이엘러는 당대의 가장 유명한 예술가들과 개인적인 관계를 맺었다. 1957년 그는 프랑스 남부에 있는 피카소의 집을 방문한 뒤 26점—피카소는 바이엘러가 이 미술품을 선택하는 것을 허락했다—의 미술품을 갖고 돌아왔다. 그는 한 동안 뒤뷔페(Dubuffet)의 독점적인 대리인으로 일했으며 칸딘스키의 유산에 대해 그의 미망인과 계약을 맺었다. 그는 프랜시스 베이컨, 로이 리히텐슈타인, 그 이외 몇 사람들을 옹호하며 대변했다. 그는 작품을 수집하여 전시회를 개최하는 것은 물론 갤러리 소유자와 성공적인 거래상으로도 계속 활동했다. 1980년대 초 그는 200여 점의 일류 현대미술 수집품과 일부 다른 재산을 재단으로 넘겼다. 그는 재단을 통해 이탈리아 건축가 렌조 피아노에게 바젤 근교 리헨에 미술관을 짓도록 의뢰했다. 바이엘러 재단은 독일어권 스위스 지역의 다른 미술관보다 더 많은 방문객이 찾아온다.

혁명적인 스타일

바젤은 바이엘러와 같은 거래상들의 고향이자 일터였다. 이 도시의 유권자들은 1967년 국민투표에서 피카소의 그림 두 점을 구입하는데 공공기금의 사용을 승인하여 미술에 대한 매우 호의적인 감정을 나타냈다. 투표는 특별했고 피카소는 너무나 기뻐하며 추가로 자신의 작품 4점을 바젤시에 기증했다. 1970년 6월 바이엘러의 주도하에 두 명의 바젤 미술 거래상과 로렌초 루돌프―개념적 구상을 제시했다―가 간단히 줄여 ART로 알려진 세계 최초의 미술품박람회를 개최하였다. 그 당시 콜로뉴만이 이와 비슷한 행사를 개최했지만 콜로뉴는 참가 기준을 엄격하게 적용하여 독일 갤러리만이 작품을 전시할 수 있었다. 반면 ART는 자유로운 정책을 펼쳐 스위스인과 외국인들의 참여를 장려했다. 게다가, 전시회 날짜를 6월 첫 주로 선택한 것은 고무적인 일이었다. 6월에는 해외, 특히 미국의 많은 갤러리 소유자들과 수집가들이 런던의 소더비와 크리스티 경매에 참가하고, 또 비엔나 비엔날레와 5년마다 카젤에서 개최되는 도큐멘타에 참석하려고 유럽으로 왔다.

작품 발표 방식 역시 혁명적이었다. ART는 미술품을 일반 제품처럼

↑ 바젤의 ART와 마이애미 미술품박람회는 세계에서 가장 중요한 현대 미술품박람다.

↑ 미술사가인 샘 켈러(왼쪽)와 전설적인 미술품 거래상 에른스트 바이엘러(오른쪽).

박람회장에 전시함으로써 금기를 깼다. 하지만 미술에 관심을 가진 일반인들이 보기에 이런 접근방식은 일반인들이 예술의 문턱을 넘지 못하게 막는 미술품 갤러리들의 허세를 없앴다. ART의 주최자들은 새로운 형태의 구매자를 끌어들이고 싶었다―그리고 그들은 성공을 통해 옳았음을 입증했다. 첫해 방문객 수는 16,000명이었다. 2009년 금융위기와 경기 침체에도 불구하고 기록적인 6만장의 입장권이 판매되었다. ART는 그 뒤 시작된 모든 미술품박람회의 모델이 되었고―2000년부터 바젤의 미술사가인 샘 켈러(Sam Keller)의 지도하에―세계 미술과 라이프스타일 기업의 주요 만남 장소가 되었다. 켈러는 마이애미 비치에 이 박람회와 비슷한 행사가 개최되도록 했다. 이 행사는 부유한 미국인들과 남미 예술 애호가들이 열광하는 박람회로 발전했다.

미술품 거래상에게 우호적인 환경

바젤에서 ART가 성장한 배경은 1960년대와 1970년대 동안 미술 시장이 크게 바뀌었기 때문이었다. 미국 팝아트는 미술에 대한 새로운 자의식을 전형적으로 보여주었고, 점차 대중문화의 일부로 간주되었다(비록 가격이 대중시장의 수준과 전혀 달랐음에도 불구하고도 말이다).
처음에는 미국, 그 다음 일본, 나중에는 중국, 인도, 중동에 사는
사람들의 가처분 소득이 늘었다. 이것은 스위스 미술 시장이 급격하게
성장하는데 도움이 되었다. 물론 제도, 법률, 금융 측면의 우호적인
환경이 지속된 것도 도움이 되었다. 미술작품은 1941년 시행된 법에
따라 물품판매세 부과대상이 아니며 수입하거나 수출할 때에도
세금이 면제된다. 2005년 스위스는 문화재 이전법을 도입했다. 이것은
예술작품의 수입과 수출을 규제하며 불법적으로 획득한 보물급
미술품의 거래를 막기 위한 것이다. 이 법률에 근거하여 양자협정이
여러 국가와 체결되었지만 이탈리아와 맺은 협정만이 비준되었다.
1995년부터 부가가치세가 부가되고 있지만 다른 유럽국가에 비해
세율이 낮다. 스위스의 많은 주에서는 상속세가 폐지되었다. 스위스
미술 거래에서 또 다른 중요한 이점은 화가의 재판매 권리가 인정되지
않는다는 것이다. 유럽연합 소속 국가의 화가들은 자기 작품의 재판매
수익금 중 일부를 받을 권리가 있다.

건축과 전쟁은 함께 하지 않는다

미술 시장과 달리 스위스 건축은 2차 세계대전 동안 빈약했다. 외국과의
아이디어 교류는 중단되었고 타협과 지역적 전통주의를 지향하는
경향이 더 강해졌다. 파리의 르코르뷔지에만이 전위 예술이라는
이상에 계속 몰두했고, 전쟁 직후 그는 새로 창설된 유엔의 뉴욕 본부
건물에 대한 최초 디자인을 자신의 설계보드에서 그려내면서 국제적인
돌파구를 마련했다(나중에 건축가들로 구성된 컨소시엄이 세부적인

울리 지크(왼쪽, 오른쪽은 조각품)는 1980년 쉰들러사가 운영하는 모든 해외 기업에 대해 역대 최초로 중국과 합작투자를 협상했다. 그 뒤 그는 중국 주재 스위스 대사를 역임했다. 그는 세계 최대 규모이면서도 가장 포괄적으로 중국 근대 미술품을 수집했으며, 최근 13억 홍콩달러(1억6천3백만 미국달러)에 달하는 1,463점 예술품을 홍콩미술관 M+에 기증했다.

실행계획을 맡았지만 말이다). 1952년 그는 인도 편잡주의 수도인 찬디가르의 신도시계획을 의뢰받았다. 이때 그는 민주주의에 필요한 기관들을 수용하는 주요 건물을 만들었다. 르코르뷔지에의 형태 표현은 결국 창백하고 철저히 현실에 입각한 정육면체에서 벗어나 보다 콘크리트에 대한 감정적이고 조각적인 해석을 지향했다. 그는 프랑스 동부 롱샹 노르트담 뒤 오(NotreDame-du-Haut) 성당을 건축하여 많은 사람으로부터 걸작—종교적, 건축학적 순례 장소—이라는 평가를 받았다.

   스위스에서 모더니즘과 르코르뷔지에 작품을 재발견하려는 노력의 선두에는 베른의 건축가 집단인 아틀리에 5가 있었다. 그들은 1961년 자신들의 최초의 대형 프로젝트인 베른 근처 할렌의 주거지 개발 사업을 통해 단숨에 국제적으로 유명해졌다. 이것은 산림 개간 지역에 위치한 계단식 고밀도 주거단지 개발 사업이었다. 아틀리에 5는 이 사업에서 전쟁 직후의 가정 같은 안락함을 모두 없애버렸다.

르코르뷔지에 이후 세대

1970년대 초 티치노주는 주로 마리오 보타와 나중에 '텐덴차'로 알려진 티치노 출신 건축가 그룹 덕분에 다시 국제 건축업계의 선두주자가 되었다. 보타는 베니스에서 공부한 뒤 1965년(르코르뷔지에가 사망한 해) 잠시 르코르뷔지에와 함께 일했다. 5년 뒤 그는 티치노 멘드리지오에 자신의 건축사무소를 설립했다. 그는 그곳에서 1971년과 1973년에 지은 개인 주택으로 국제적인 주목을 받았다. 많은 비평가들은 1995년 완공된 샌프란시스코 현대미술관과 같은 해에 봉헌된 프랑스 에브리의 대성당을 그의 경력의 정점이라고 평가한다.

보타는 스위스가 여전히 침체되었을 때 국제적인 영향력을 발휘한

↖ 건축가 마리오 보타(Mario Botta).

↑ 마리오 보타가 설계하고 1995년에 개관한 샌프란시스코 현대미술관.

스위스의 유일한 건축가가 아니다. 둘 다 1950년에 태어난 자크 헤르초크(Jacques Herzog)와 피에르 드 뫼롱(Pierre de Meuron)은 ETH를 졸업한 뒤 1978년 바젤에 건축사무소를 세웠다. 처음부터 헤르초크 & 드 뫼롱은 자신들의 건축 작품을 예술작품과 비슷하게 만들기 위해 쥐라 출신의 화가 레미 자우크(Rémy Zaugg)와 함께 일했다. 그들은 역동적인 예술적 협력을 통해 개념 작업과 실제 건축물에 대한 새로운 아이디어를 이끌어냈다.

지성과 감정

헤르초크와 드 뫼롱은 지성인으로 알려져 있지만 그들의 건축물은 항상 강한 감정을 불러일으킨다. 그들은 바젤의 중앙 철도 역사의 플랫폼 위에 있는 가는 구리선으로 완전히 뒤덮인 중앙 신호 박스로 인해 더 많은 대중에게 알려졌다. 그들은 2000년에 런던 템스강 남부에 위치한 거대한 뱅크사이드 발전소를 테이트 모던(Tate Modern)을 위한 미술관으로 개조하여 국제적으로 인정을 받았다. 그 이후 주요 프로젝트가 빠르게 연달아 이어졌고, 지금까지 가장 유명한 것은 2008년에 건축한 29회 베이징 하계 올림픽 주경기장이다. 2001년 그들은 하얏트 재단으로부터 '건축계의 노벨상'으로 인정되는 프리츠커상을 받았다. 그리고 2007년에는 일본예술가협회가 주는 프리미엄 임페리얼 상을 받았다.

바젤 근처 오베르빌 출신인 페터 춤토르(Peter Zumthor)는 다른 경로로 국제적인 성공을 거두었다. 장식장 제작자 교육을 받은 그는 나중에 뉴욕에 있는 프랫 인스티튜트에서 공부한 뒤 스위스로 돌아왔다. 그는 할덴슈타인에 정착한 뒤 실제로 건축가로서 활동했다. 그곳에서 그의 평판은 입에서 입으로 재빨리 퍼졌다. 춤토르는 프로젝트를 수행할 때 많은 시간을 투자한다. 머리와 종이 위에 프로젝트에 대한 아이디어가 떠오를 때까지 충분한 시간을 갖느라 수익성이 좋은 많은 건축 의뢰를 거절한다. 그가 이름붙인 이른바 '느린 건축'의 전형적인 예는 발스의 산악 마을 그리송(Grisons)에 지은 온천장이다. 1996년 완공된 이 온천장을 찾는 방문객 수가 너무

↖ 자크 헤르초크(왼쪽)과 피에르 드 뫼롱(오른쪽). 그들은 헤르초크 & 드 뫼롱의 유명한 팀으로 명성이 높은 프리츠커상을 받았다.

↑ 헤르초크 & 드 뫼롱이 만든 2008년 베이징 올림픽 주경기장 '새 둥지'.

↖ 페터 춤토르. 프리츠커상을 받은 또 다른 스위스 건축가.

← 춤토르가 설계한 발스 온천장의 내부.

많아서 관리자들은 결국 쿼터제를 도입해야 했다. 지금까지 춤토르의 최대 건축물은 2007년 콜로뉴 대교구에 건설된 콜룸바(Kolumba) 미술관이다. 그 후 2년 동안 많지 않은 작업량에도 불구하고 그 역시 프리미엄 임페리얼상과 프리츠커상을 차례로 받았다.

질서와 자유의 균형

춤토르는 1988년 '사물을 보는 방법'이라는 주제의 강연에서 자신의 건축이 추구하는 바를 설명한다. "건축은 공간, 시간, 빛, 온도를 조율하는 예술이다. 건축은 내부와 외부, 사적인 공간과 공적인 공간 사이의 긴장과 에너지를 의식적으로 배치하는 것이다. 건축은 임계점, 전이, 경계를 관리하는 것이다. 결국 우리는 기존의 것과 새로운 발견 사이, 질서와 자유 사이의 균형을 발견해야 한다. 이를 위해서 방황하거나, 거닐거나, 저항하거나, 또는 유혹에 빠져야 할지도 모른다."

헤르초크, 드 뫼롱, 춤토르는 세계에서 가장 유명한 건축가들이다. 그러나 그들의 성공은 전혀 다른 두 가지 사고방식과 작업방식에 기초한다. 직원들의 수가 이러한 차이를 구체적으로 보여준다. 헤르초크 & 드 뫼롱에는 300명 이상이 일하며 유럽과 미국에 사무소를 두고 있다. 반면 춤토르는 알프스산 기슭 작은 마을에서 교회를 개조한 사무실에서 25명의 직원이 일한다.

더 이상 고급품은 없다

이 장은 스위스 건축과 미술품 거래의 영향력이 활동량에 비해 더 크다는 것을 보여준다. 스위스 건축가들은 전 세계에 건물을 세우고,

미술품 거래 분야에서 스위스는 뉴욕, 런던, 파리와 함께 중요한
중심지다. 미술품 시장과 건축 시장은 지난 50년 동안 호황기였다.
1950년대까지 문화 상품은 엘리트를 위한 고급품이었다. 이제는 훨씬 더
폭넓은 사람들이 문화 상품을 찾는다.

　세계 곳곳으로 확장된 문화 산업은 취리히, 바젤, 제네바와 같이
글로벌 연결망을 갖춘 도시에 뿌리 내리는 것을 선호한다. 문화 산업의
생산 모델은 대부분의 다른 분야와 다르다. 이를 테면 문화산업
종사자들은 네트워크 속에서 변화하는 협력적 결합 형태로 종종 평균
이하의 금전적 보상을 받으며 활동한다. 노동과 여가 사이에 뚜렷한
구별이 없는 예술가의 노동윤리는 전체 문화 산업에 널리 퍼져 있으며,
이런 특징은 소규모 독립적인 기업에서 상당히 자주 나타난다.

　스위스 연방통계국에 따르면 2009년 스위스의 건축사무소는
9,800개에 달하며 37,600명이 일한다. 건축사무소의 94%는 직원이
10명 미만이다. 스위스 기술자 및 건축자협회의 추정치에 따르면
2009년 스위스 건축사무소의 총수입은 60억 스위스프랑에 미치지
못한다. 그들의 생산성은 분명히 그리 크지 않으며 증가시키기 어렵다.
설계하는 모든 건축물이 독특하고, 생산 합리화 방법들은 품질을
희생하지 않고는 적용할 수 없기 때문이다. 하지만 소규모 창조적인
기업들의 폭넓은 토대는 스위스가 고도 발전된 건축 설계 문화를 지탱할
수 있음을 보여준다. 스위스는 거의 모든 소도시에 최고 수준의 건축
교육 기관과 훌륭한 건축 관련 직장이 있다. 그리고 이웃 국가들에
비해 폭넓은 경쟁시스템이 있어 건축가들이 발전하도록 끊임없이
자극한다—비전통적인 아이디어를 위한 실험실도 제공한다. 스페인

출신의 산티아고 칼라트라바(Santiago Calatrava)와 같이 국제적으로 유명한 많은 건축가가 스위스에서 경력을 시작한 것은 우연이 아니다— 산티아고는 1980년 취리히에 자신의 첫 번째 건축사무소를 열었다.

창조적 인구의 임계 밀도

지리학자 필립 클라우스(Philipp Klaus)는 자신의 저서「도시, 문화, 혁신(City, Culture and Innovation)」에서 더 넓은 의미에서 문화 산업(즉, 광고, 영화, 문학, 음악, 언론, 그래픽, 건축, 미술 전체)의 경제적 중요성에 대한 대략적인 생각을 제시한다. 그는 2001년 취리히에서만 이 문화산업 분야 종사자 수가 28,560명이라고 추정한다. 이 수치는 취리히 노동인구의 8.4%다.

국가 및 국제 기준으로 볼 때 이것은 높은 비율이며, 취리히—바젤이나 제네바와 같은 소수의 다른 중심지와 함께—가 창조적 네트워크의 임계 밀도에 도달하여 문화 생산과 거래 분야에서 세계적 중요성을 갖게 되었음을 보여주는 수치다. 건축 설계 사업과 미술품 거래 사업은 중요한 특징을 공유한다. 이 분야는 자립하는 힘이 있다. 이를테면 고품질은 고품질을 끌어들이고, 아이디어는 아이디어를 낳는다. 이러한 선순환이 스위스에서 잘 작동하고 있으며, 앞으로도 계속 되지 않을 이유를 찾기 어렵다.

주요 연혁

1800년 이전
1703	도메니코 트레지니가 상트페테르부르크 도시 계획자로 임명되다.

1800-99년
1826	스위스 최초의 미술관 무제 라트가 제네바에서 개관되다.
1837	스위스 엔지니어 및 건축가협회가 설립되다.
1855	고트프리트 젬퍼가 취리히에 새로 설립된 폴리테크니쿰에 부임하다.
1883	최초의 스위스 국가 박람회가 취리히에서 열리다.

1900-99년
1907	루체른에서 테오도르 피셔가 스위스 최초의 미술 경매사무소를 열다.
1915	칼 모저가 취리히 ETH 건축학 교수로 임명되다.
1916	샤를 에두아르 잔레그리(르코르뷔지에)가 스위스를 떠나 파리로 가다.
1928	근대건축국제회의(CIAM)가 설립되다.
1934	에밀 게오르그 뷔엘레가 미술품을 수집하기 시작하다.
1945	에른스트 바이엘러가 바젤에 갤러리를 열다.
1967	국민투표 결과에 따라 바젤은 피카소의 그림 2점을 구매하다.
1970	마리오 보타가 건축사무소를 설립하다.
1970	바젤에서 최초의 미술품 박람회가 개최되다.
1978	자크 헤르초크와 피에르 드 뫼롱이 바젤에 건축사무소를 설립하다.
1979	페터 춤토르가 쿠르 근처 할덴슈타인에 건축사무소를 열다.

2000년 이후
2001	자크 헤르초크와 피에르 드 뫼롱이 건축계의 '노벨상'인 프리츠커상을 받다.
2009	페터 춤토르가 프리츠커상을 받다.

14장 세상에 비치는 한 줄기 빛

이제까지 우리는 스위스의 중요 인물들이 거둔 업적, 스위스의 산업과 은행, 과학, 예술이 거둔 성공을 살펴보면서 스위스가 번영할 수 있었던 원천을 자세히 알아보았다. 그리고 스위스의 독특한 정치 제도 역시 검토해보았다. 굉장히 경제적일 뿐만 아니라 보완성의 원리(subsidiarity, 중앙 정부는 지방 정부가 수행하기 어려운 업무를 보완한다는 원칙_옮긴이)에 충실한 스위스의 정치 시스템은 시민에게 자율적인 권한을 부여하며, 세금 징수와 공공 지출 관리 같은 행정 업무를 가능한 한 가장 낮은 수준까지 지방 정부와 기관에 위임한다.

이렇게 민간 영역과 정부가 맺은 사회적 협약은 장-자크 루소(Jean-Jacques Rousseau)가 1762년 제네바에서 완성한 그 유명한 저서 「사회 계약론(Du Contrat Social)」의 중심축이다.

이 사회 계약에는 상당히 복잡한 문제가 상당수 존재한다. 대체로 민간 영역보다는 공공 영역이 이런 문제들을 훨씬 더 중요하게 여겼다. 그런데 민간 부문은 생산성에 초점을 맞췄던 반면, 공공 부문은 '최대 다수의 최대 행복'이라는 공리성 원리에 따라 정책을 수립하고 시행했기 때문에 이런 문제는 굉장히 중요해졌다. 하버드대학교의 심리학 교수 대니얼 길버트(Daniel Gilbert)는 저서 「행복에 걸려 비틀거리다(Stumbling on Happiness)」에서 조직은 본질상 구체적이고 긴급한 책무에 집중하려고 한다고 지적했다. 그리고 이 경향은 명백히 정당하다고 덧붙였다. 길버트는 우리가 중요하고 시급한 문제(예를 들어

날아오는 창 피하기)를 해결하도록 프로그래밍되어 있다고 믿는다. 그 대신, 우리는 장기적 문제를 해결하는 데 의욕을 느끼기가 정말로 어렵다. 우리 사회의 지도자들, 심지어 가장 유능한 지도자들조차 CO2 배출이나 재정 적자, 다문화 사회에서 사회적 통합의 약화 같은 문제를 해결하는 데 선뜻 나서지 못한다. 세계자연기금(World Wildlife Fund, WWF)의 공동 창립자 룩 호프만(Luc Hoffmann)은 "정치인들은 언제나 뒤처져 있으며, 여론의 동향을 따르기만 하는 데 만족한다. 정치인의 관심사는 주로 지지를 얻는 것이기 때문이다."라며 안타까워했다. 호프만의 의견에 동의하든 아니든, 실제로 여러 복잡한 문제가 엄격하고 철저한 검토에 따른 구체적 판단 대상에서 제외되고 있다. 이런 문제들은 걱정스러울 만큼 많을 뿐만 아니라 심각할 정도로 중대하다(고속도로 같은 문제가 흔한 예다).

최근 산업·상업 활동이 세계화된 이후로 외면받는 심각한 문제의 목록은 훨씬 더 늘어났다. 수익성에 집착하는 세계적 기업의 상품과 서비스는 환경에 영향을 미친다. 기업은 상품과 서비스가 환경에 미치는 영향을 최대한 줄이고자 기업 활동을 조직하지만(혹은 그런 기업 활동을 권장하지만), '외부 효과'라고 불리는 이 영향은 전혀 사소하지 않다. 다양한 유형의 오염, 해양 수산 자원의 남획, 지하수 고갈 등이 대표적인 외부 효과다.

물론, 자선 사업은 언제나 존재했다. 하지만 자선 사업은 대체로 종교 공동체나 종교적 가정에서 시작하고 주도했다. 그런데 지난 세기를 거치면서 이들 기관의 헌신은 힘을 잃었다. 그러는 동안 문제는 훨씬 심각하고 중대해져서 더 적극적인 개입이 필요해졌다.

이런 상황에서 지난 50년 동안 전 세계 선진국에서는 비정부기구(non-governmental organization, NGO)가 우후죽순으로 늘어났다. NGO는 영리를 추구하지 않으며, 자율적이고 자발적으로 운영된다. 그리고 특정한 문제를 해결하기 위한 구체적인 활동을 주도하고, 그들이 지지하는 대의명분에 대중의 관심을 끄는 것을 목표로 삼는다.

이런 조직은 크게 세 가지 종류로 구분할 수 있다. 첫 번째는 자선 NGO(charitable NGO)다. 이런 기구의 목적은 절망적인 상황을 완화하는 것이다. 두 번째는 박애 NGO(philanthropic NGO)다. 이런 기구는 구조적 문제를 해결할 방안에 투자한다. 마지막은 특정한 관심사에 집중하는 조직으로, 조직 내에 정부와 기업, 대중을 참여시키고자 한다. 이 마지막 범주는 글로벌 산업 조직과 규제 기관, 특수 목적 기구 등을 아우르는 굉장히 이질적 단체들로 구성된다. 예를 들어서 국제 표준을 제정하는 NGO가 있다. 이런 NGO 중에서 가장 규모가 큰 세 곳이 스위스 제네바에 본부를 두고 있다. 바로 1865년에 창설된 국제전기통신연합(International Telecommunications Union), 1906년에 창설된 국제전기기술위원회(International Electrotechnical Commission), 1947년에 창설된 국제표준화기구(International Organization for Standardization)다. 통념과는 달리, NGO 세계가 언제나 흔히 말하는 공공의 이익을 위해서 움직이는 것은 아니다…

다양한 비영리 기구가 무수히 존재하는 가운데, 우리는 현실에서 공공의 이익이라는 개념이 여러 의미로 사용된다는 사실을 분명하게 보아왔다. 법률상 이런 조직은 협동조합, 협회, 재단 세 종류로 구분할 수 있다. 하지만 이런 조직의 특성은 상당히 모호해서 명백히 정의하기가 쉽지 않다. 그중 몇 가지만 언급해보자. 이런 조직은 영리를 추구하지 않는다. 또한, 자원봉사자가 이런 조직을 주도한다. 봉사자들은 금전적 기부나 노동으로, 또는 두 방법 모두로 조직에 이바지한다. 그리고 이런 조직은 고유한 구조에 따라 자율적으로 운영되며, 운영 재원은 대개 민간자금이다. 지역 수준에서 활동하는 기구도 있고, 국가 수준에서 활동하는 기구도 있다. 전 세계적 수준에서 활동하는 기구는 갈수록 늘어나고 있다. 이런 조직, 특히 국제적으로 활동하는 조직을 가리키는 말로는 '비정부기구'를 의미하는 용어 'NGO'가 널리 쓰인다. 이 장에서는 '비영리 단체'라는 용어도 함께 사용할 것이다. 이 용어는 NGO뿐만 아니라 국제 연합(United Nations, UN)이나 세계무역기구(World Trade Organization) 같은 정부 간 기구(intergovernmental organization, IGO)까지 아우르기 때문이다. 역사적 이유 때문에 놀라울 만큼 많은 국제 NGO가 스위스, 특히 제네바에 본부를 두고 있다. 독자들은 이 이유가 무엇인지 쉽게 추측할 수 있을 것이다.

그러면 수많은 국제 NGO가 스위스를 본부로 선택한 가장 중요한 이유를 이야기해보자. 바로 스위스가 중립국이기 때문이다. 앞서 살펴보았듯이, 스위스의 중립국 역사는 1515년 마리냐 전투에서 시작되었다. 그리고 1848년에 스위스 헌법이 제정되며 스위스는 중립국 지위를 최종적으로 확정했다. 1920년에 국제연맹이 제네바에 본부를 두기로 정했을 때, 그리고 UN이 제네바에 사무국을 세우기로 정했을 때 중립국이라는 지위가 확실히 결정적 요소로 작용했다. 국제연맹과 UN, 그리고 국제결제은행(Bank for International Settlements, BIS)을 포함한 다른 IGO는 언제나 전 세계의 NGO를 스위스로 끌어당겼다. 예를 들어서, 세계심장연합(World Heart Federation, WHF)은 당연히 세계보건기구(World Health Organization, WHO)와 가까이 있기 위해 제네바에 본부를 두었다. 또 전 세계 축구 경기와 월드컵 같은 대회를 지원·관리하는 국제축구연맹(Fédération Internationale de Football Association, FIFA) 같은 조직이 중립국에 본부를 둬야 한다는 것은 말할 필요도 없다.

여러 국제기구가 스위스에 본부를 두는 중요한 이유가 또 하나 있다. 스위스의 결사체주의 전통이다. 앙시앵 레짐(ancien régime, 프랑스 혁명 이전의 정치, 경제, 사회 구체제를 일컫는 말_옮긴이)의 마지막 시기 이래로 결사체주의는 스위스의 공적 생활을 움직이는 원동력이었다. 예를 들어서 1810년에 창립된 자선 단체인 스위스공리협회(Swiss Public Utility Society)는 지금도 활발하게 활동하고 있다. 국제올림픽위원회(International Olympic Committee, IOC)의 사무총장을 역임했던 변호사 프랑수아 카라(François Carrard)는 단체 결성에 관한 스위스의 법률이 아주 간단하다고 말한다. "어떤 목적으로든 단체를 설립할 수 있습니다. 점심시간에 냅킨에다 설립 결의서를 쓰기만 해도 됩니다. 그 결의서를 등기소에 등록하지 않아도 괜찮습니다." 사실, 세계적인 회계법인 딜로이트(Deloitte)와 KPMG를 포함해 여러 대규모 서비스 조직은 국제적 네트워크를 구성할 때 스위스의 여러 단체를 모델로 삼았다.

1848년에 스위스 연방 국가가 탄생하면서 다양한 정치 단체가 만들어졌다. 요즘과 같은 정당이 아직 존재하지 않았고 연방 구조가 제대로 완성되지 않았던 당시, 이런 정치 단체는 제 나름대로 사회적 역할을 맡았다. 그 이후 새로운 시민 단체의 숫자는 급격히 증가해서 1880년대에 정점에 이르렀다. 1900년쯤에는 인구 300만 명인 나라에서 1,000명당 단체 10개가 존재할 정도였다.

시민 단체는 대개 전국 또는 주 수준에서 활동했고, 전 세계 NGO의 요구에 응하는 법률 체계를 구성했다(지금도 여전히 그렇다). 여기에서 더 나아가 비영리 조직의 사고방식을 거의 본능적으로 이해하는 전문가들이 거대한 집단을 만들도록 이끌었다. 2011년에 스위스의 비영리 조직에 관한 연구가 수행되었다. 이 연구는 작은 정부 조직체를 선호하는 경향과 비영리 단체가 번성하는 현상이 서로 연관되어 있다고 설명한다. "독립성, 개인의 책임감, 개인의 노력은 스위스 정신에 깊이 뿌리를 내린 사회의 주춧돌이며, 사회제도 전체에 반영되어 있다. 이런 요소는 수 세기 동안 시민 사회 영역이 정부와 나란히 발전하도록 이끌었다."*

그 결과, 오늘날 스위스에서는 다양한 비영리 단체가 공적 이익이나 다른 영역의 이익 거의 전체를 대표한다. 스위스에는 국제음악콩쿠르 세계연맹(World Federation of International Music Competitions)이나 세계평화재단(Universal Peace Federation) 등 문화생활의 여러 측면을 다루는 단체도 많다. 이뿐만이 아니다. FIFA와 유럽축구연맹(Union of European Football Associations, UEFA) 같은 스포츠 조직, 아동 보호와

[*] 「비교 관점으로 보는 스위스의 시민 사회 영역(The Swiss Civil Society Sector in a Comparative Perspective)」, Helmig et al., VMI Research Series, vol. 6 (May 2011).

인도주의 활동을 위한 재단인 칠드런 액션(Children Action)과 정의로운 미래를 위한 재단인 공정 미래 재단(Fair Future Foundation) 같은 교육 단체, 국제암연합(International Union Against Cancer)과 WHF 같은 건강 관련 기관, WWF 같은 환경단체, 세계교회협의회(World Council of Churches) 같은 종교 관련 조직, 세계스카우트연맹(Organization of the World Scout Movement) 같은 여가 활동 관련 기관, 프로 인피르미스(Pro Infirmis)와 희망의 전사들(Warriors of Hope) 같은 사회 복지 단체도 있다. 국제 표준을 제정하고 규제하는 가장 큰 NGO 세 곳이 제네바에 본부를 두었다는 사실은 앞서 이야기한 바 있다. 스위스에 본부를 둔 여러 중앙은행 조직도 빼놓고 넘어갈 수 없다. BIS는 '중앙은행의 중앙은행' 본부를 세울 도시로 벨기에의 브뤼셀이나 프랑스의 파리를 제쳐두고 바젤을 선택했다. 로잔은 IOC가 올림픽 게임을 조직하는 곳이 되었다. 다보스는 세계경제포럼(World Economic Forum) 덕분에 세계적 주목을 받는 도시가 되었다.

 스위스에 이렇게 다양한 기구가 숱하게 존재하는 까닭은 제네바에 UN 본부가 있고 스위스가 중립국이기 때문이다. UN 본부와 중립국 지위는 수많은 비영리 단체와 국제기구를 스위스로 이끌었다. 국제적 조직의 본부를 세울 도시로 제네바를 선택하면 파리나 뉴욕, 런던 같은 도시를 선택할 때보다 정치적 저항을 적게 받는다. 또한, 스위스의 공직자들은 훌륭한 이사회 구성원이나 지도자가 되며, 강력한 직업윤리에 따라 겸손하고 진실하게 업무를 수행한다. 국제적십자위원회(International Committee of the Red Cross, ICRC)의 최근 총재 세 명은 모두 스위스의 전직 장관이었다. 비영리 단체는 스위스만이 아니라 전 세계에서 중요하다. 〈글로벌 저널(The Global Journal)〉이 발표한 연간 세계 100대 NGO 목록에 오른 기구 중에서 아홉 곳이 스위스에 본부를 두고 있다. 세계경제포럼의 비영리 활동을 책임지는 어소시에이트 디렉터 니컬러스 데이비스(Nicholas Davis)는 제네바에만 외교관과 국제공무원이 42,000명 있다고 추산한다. 전체 수치를 살펴보면, 비영리 조직은 스위스 경제의 5.4%를 차지하며 약 250억 스위스프랑의 수익을 만들어낸다. 이런 조직의 자산은 700억 프랑일 것으로 추정된다. 제네바에 본부를 둔 비영리 조직은 250개다. 다시 말해, 비영리 단체가 은행과 함께 스위스의 프랑스어 사용 지역에서 고용을 창출하는 주요 원천이라는 뜻이다. 스위스 전역을 놓고 봤을 때도 비영리 부문은 건설업보다 직원을 더 많이 고용한다. 스위스의 전체 노동 인구 중 4.5%가 이 분야에서 일한다.

 광대하고 복잡한 NGO 세계를 포괄적으로 검토하려면 겨우 한 장으로는 불가능하다. 따라서 이 책의 맥락에 맞게 대표적인 예시를 선택할 수밖에 없다. 스위스에 뿌리를 두고 있으면서도 전 세계로 활동 범위를 넓힌 비영리 단체 세 곳만 집중해서 살펴보기로 하자. 스위스가 이 분야에서 발휘하는 강점을 독자들이 더 잘 이해할 수 있기를 바란다.

승자와 패자, 모두를 위한 인도주의 권리: 국제 적십자 운동

과거 스위스는 유럽 군주국들이 일으킨 전쟁의 무대가 되곤 했다. 외국 군대는 마치 기차역을 드나들듯이 스위스 국토를 드나들었다. 러시아와 오스트리아, 프랑스 군대가 스위스 땅에서 전투를 벌였고, 스위스 주민들은 전시 잔혹 행위를 자주 목격했다. 패배한 적군은 아무런 도움도 받지 못한 채 전장에 그대로 버려졌고, 심각한 상처를 안고 죽어갔다.

　게다가 중세 시대에 스위스인은 용맹하고 충성스러운 전사라는 명성을 얻었고, 용병으로 높이 평가받았다. 심지어 오늘날에도 바티칸 교황청을 지키는 근위대는 스위스 용병이다. 사실, 전쟁터를 떠나 고향으로 돌아와서 가족에게 무시무시한 전쟁 이야기를 들려준 스위스인들은 수없이 많았다. 1354년, 안나 자일러(Anna Seiler)의 유언에 따라 베른에 인셀 병원이 설립되었다. 이 병원은 오늘날에도 스위스에서 가장 큰 종합병원 중 한 곳으로 꼽힌다. 자일러는 유언으로 "몸져누운 환자 열세 명"을 위해 병원을 세워달라고 부탁했다.

　19세기 하반기, 제네바가 평화와 인권을 위한 국제적 대화의 장으로 발돋움하는 사건이 두 차례 발생했다. 하나는 1863년에 ICRC가 설립된 일이고, 다른 하나는 소위 앨라배마호 사건 때문에 1872년에 국제 중재 재판이 열린 일이다. 스위스 연방 평의회의 의원을 맡았던 야콥 스탬플리(Jakob Stämpfli)가 이끈 중재 재판부는 남북전쟁 이래로 끊이지 않았던 미국과 영국의 갈등을 끝냈다. 남북전쟁 중 영국은 미국 남부 연합에 앨라배마호를 포함해 전함을 여러 척 제공했다. 앨라배마호가 북군의 상선에 심각한 손상을 입혔고, 미국은 영국을 고소했다. 결국, 제네바에서 중재 재판이 열렸다. 법정은 영국이 미국에 1,550만 달러어치 금을 배상금으로 지급해야 한다고 판결을 내렸다. 이 재판은 두 강대국의 갈등을 평화롭게 조정한 첫 번째 사례가 되었다. 이뿐만 아니라 해전 법규의 중요한 원칙을 마련하는 토대까지 닦았다.

　그런데 '평화 협회(la Première Société de la Paix)'가 없었더라면,

제네바가 국제 교섭의 무대라는 지위를 굳힐 수 있도록 도와준 결정적 두 사건은 일어나지 못했을 것이다. 평화 협회는 장-자크 드 셀롱(Jean-Jacques de Sellon)이 1830년에 설립했다. 부르주아이자 신성로마제국의 백작, 독실한 프로테스탄트였던 셀롱은 사형을 열렬히 반대했으며, 평화주의 이상을 위해 지칠 줄 모르고 싸웠다. 그는 고대 앵글로색슨의 평화 단체를 모델로 삼아서 평화 협회를 만들었다. 이 협회는 "전쟁의 폐해에 관해서, 그리고 보편적이고 항구적인 평화를 보장할 최선의 수단에 관해서 대중을 계몽"하는 것을 목표로 세웠다. 1839년에 셀롱이 세상을 뜨면서 평화 협회도 수명을 다했다. 하지만 셀롱의 발상은 잊히지 않았고, 계속해서 후대에 결정적인 영향을 미쳤다. 국가 간 갈등을 조정할 국제 재판소를 만들자는 셀롱의 제안은 1872년 제네바에서 앨라배마호 사건을 해결하면서 구체화되었다. 그리고 셀롱의 평화주의 이상은 ICRC의 창립자, 앙리 뒤낭(Henri Dunant)에게 커다란 영향을 주었다.

뒤낭은 전쟁의 참상을 목격하고 적십자를 설립하겠다는 생각을 떠올렸다. 1859년 6월 24일, 뒤낭은 프랑스-사르데냐 연합군과 오스트리아가 전투를 벌이고 있던 솔페리노를 찾아갔다. 그는 솔페리노에서 프랑스 황제와 만나 무역 협정을 맺을 생각이었다. 그런데 그는 크게 다친 병사 4만 명이 전쟁터에 버려진 채 아무런 도움도 얻지 못하고 죽어가는 광경을 두 눈으로 보았다. 사실, 영국의 미생물학자 알렉산더 플레밍(Alexander Fleming)이 1928년에 페니실린을 발견하고 1943년에 페니실린이 대량 생산되기 전에는 병사 대다수가 부상을 얻으면 하릴없이 목숨을 잃었다.

뒤낭은 전쟁의 참혹한 비극을 보고 충격에 빠졌다. 그리고 부상병을 돕는 조치가 전혀 없었다는 사실을 알고 경악했다. 아무도 부상병을 돕지 못했던 이유는 프랑스군이 오스트리아 의사들을 포로로 잡아갔기 때문이기도 했다. 뒤낭은 오스트리아 의사들을 석방하기 위해 힘쓰는 한편, 인근 마을인 카스틸리오네 주민들을 설득해서 직접 부상자들을 구호했다. "카스틸리오네의 여인들이여, 내가 국적을 차별하지 않는 것을 보지 않았습니까. 그러니 각자 다른 지역 출신이고 서로가 서로에게 똑같이 이방인인 이들 모두에게 나와 같은 자비심을 보여주십시오."* 뒤낭은 여러 자원봉사자와 함께 임시 병동을 마련했고 응급 처치에 필요한 물품을 구입했다.

뒤낭은 전장에서 죽어가던 병사들을 구호했던 고통스러운 경험을 기억에서 떨쳐내지 못했다. 3년 후, 그는 직접 목격한 전쟁의 공포를 담은 「솔페리노의 회상(Un souvenir de Solferino)」을 출간했다. 그는 이 책에서 "전시에 다친 이들을 돕는 자원봉사 구호 단체를 설립"하고, 이런 단체의 기반이 될 "국제적이고 공식적이며 침해할 수 없는 원칙을 규정"하자고 제안했다.

[*]   앙리 뒤낭, 「솔페리노의 회상」. 바젤대학교 자선연구센터의 게오르그 폰 슈누어바인(Georg von Schnurbein) 교수는 앙리 뒤낭이 적십자에 오래 머물지 않았다고 지적한다. 유복한 집안 출신인 뒤낭은 사업에서 실패를 맛보고 자선 사업으로 눈길을 돌렸다. 그러나 1867년에 뒤낭의 회사가 도산했고, 그는 이 추문 때문에 ICRC에서 물러나야만 했다. 이후 그는 스위스의 하이덴에서 궁핍하게 살았다. 다행히 1895년에 어느 신문기자가 뒤낭의 명예를 회복시켰다. 뒤낭은 ICRC에서 퇴출된 지 35년 만인 1901년에 프레데리크 파시(Frédéric Passy)와 함께 역사상 최초의 노벨평화상을 받았다.

적십자의 설립자 앙리 뒤낭,
1901년에 노벨평화상을 받다.

책을 출판한 이듬해인 1863년, 국제 부상자 구호 위원회(International Committee for the Relief of the Wounded)가 설립되었다. 위원회의 명칭은 1876년에야 현재와 같은 ICRC로 바뀌었다. 처음에 위원회는 모두 다섯 명으로 구성되었다. 총재를 맡은 스위스의 장군 기욤-앙리 뒤푸르(Guillaume-Henri Dufour)와 부총재 귀스타브 므와니에(Gustave Moynier), 총무 앙리 뒤낭, 의료계 대표 루이 아피아(Louis Appia)와 테오도르 모누아르(Théodore Maunoir)였다.

그해 10월, 14개국의 대표가 참석한 첫 국제회담이 열렸다. 이 회의에서 부상병 구호 단체 설립을 목표로 한 결의 사항 10개가 채택되었다. 국제회담이 목표로 했던 구호 단체는 훗날 적십자사가 되었다. 이 회담에서는 구호 기관의 엠블럼도 정해졌다. 하얀 배경에 붉은 십자가가 그려진 엠블럼은 1864년에 적십자의 공식 상징이 되었다. 스위스 연방은 처음부터 이 민간 기구의 활동을 지지했고, 1864년 8월에 외교 회담을 열었다. 이때 12개국이 전쟁 부상병을 보호하기 위한 제네바 협약에 서명했다. 이 협약은 1949년까지 계속해서 체결된 전체 제네바 협약의 첫 번째가 되었다. 또한, 협약문은 전 세계 민간인을 보호하기 위해 제정된 국제인도법의 토대가 되었다. 3년 후, 제네바는 공식적으로 ICRC의 본부가 되었다. 칼뱅의 고향은 유럽의 중심에 있었을 뿐만 아니라 중립국 스위스의 주요 도시였기 때문에 당대 국제

외교의 중심지였던 파리를 이기고 적십자의 본부로 낙점될 수 있었다.

스위스 법률 전문가인 옌스 드롤샤마(Jens Drolshammer) 교수는 적십자가 아주 독특한 기관이라고 생각한다. 적십자는 민간 조직도, 정부 조직도, 정부 간 조직도 아니다. 적십자는 스위스의 법에 따르면서도 국제적 사상에 맞춰 활동하는 단체다. 적십자는 스위스 법률에 따라 여러 면책 특권을 부여받았다. 예를 들어 채권자는 적십자의 자산을 통제할 수 없다.

적십자는 스위스의 연방 조직처럼 중앙 기관의 규모를 가능한 한 줄이고 하부 기관에 상당한 자율권을 허용하는 시스템을 따른다. 적십자는 1866년까지만 해도 여전히 스위스의 국내 조직이었다. 그러나 세월이 흐르면서 적십자는 점점 발전했고, 구조를 복잡하게 변화시켜가면서 마침내 오늘날과 같은 ICRC의 모습을 갖추었다. 그리고 1919년, 제1차 세계대전이 종식된 직후 파리에서 국제 적십자사·적신월사 연맹(International Federation of the Red Cross and Red Crescent, IFRC)이 설립되었다. 세계대전이 터지자 각국의 적십자사는 서로 긴밀히 협력해야 했다. 적십자는 전쟁 동안 전쟁 포로와 병사를 보호하는 인도주의 활동을 펼치면서 상당한 경험을 쌓았다. 자원봉사자 수백만 명도 이 활동에 동참했다. 그러자 미국 적십자사 전시 평의회의 회장인 헨리 데이비슨(Henry Davison)이 세계 각국 적십자사의 연맹을 설립하고, 적십자의 활동을 다양한 재난 피해자들을 구호하는 데까지 확장하자고 제안했다. 연맹 창립 회원은 미국과 영국, 프랑스, 이탈리아, 일본의 적십자사로 모두 다섯 곳이었다. 이후 다른 나라의 적십자사도 연맹에 가입하면서 현재 회원은 187곳으로 늘었다. 이는 나라마다 적십자사가 하나씩 있는 수준이다. 현재 세계 각국의 적십자사에서 일하는 자원봉사자는 1,300만 명이다.

   ICRC와 IFRC는 적십자라는 공통의 '브랜드'를 공유하지만, 이 자율적 조직 두 곳의 관심사는 서로 다르다. 그 탓에 두 조직 사이에는 일종의 긴장감이 늘 감돌았다. ICRC는 무력 충돌이나 폭력 상황의 피해자에게 보호와 인도주의 지원을 제공하는 데 주로 관심을 쏟는다. ICRC는 스위스에 본부를 둔 군대처럼 구성된 중앙 집권적 조직이다. 반대로 IFRC는 사실상 재난 구호에 집중하는 국가 단체의 연합이나 마찬가지다.

   현재 ICRC의 운영 기구는 총회(Assembly), 총회 위원(Assembly Council), 총재(Presidency)이다. 이 기구는 ICRC의 원칙과 정책을 수립하며, ICRC와 전 세계 자원봉사자 970만 명의 활동을 감독한다. 세월이 흐르면서 ICRC의 비영리 활동은 부상병 구호 이상으로 확장되었다. 요즘 ICRC는 혈액 기부 및 공급, 무력 충돌에 영향을 받은 민간인에 대한 인도주의 원조, 보건 인력 양성 등에도 나서고 있다. ICRC의 노력은 노벨평화상을 세 차례 받는 것으로 보상받았다. 1917년에는 제1차 세계대전 동안 인도주의 활동을 벌인 공로로, 1944년에는 제2차 세계대전의 피해자들을 원조한 공로로, 1963년에는 20세기 내내 인도주의 구제 활동을 벌인 공을 인정받아 IFRC와 함께 수상했다.

   전직 스위스 주의회 의원이자 현재 ICRC의 부총재인 크리스틴 벨리(Christine Beerli)는 20세기 인도주의 구제 활동의 목표가 "행동 개선"이라고 밝혔다. ICRC는 무엇보다도 설득을 통해 이 목표를 달성했다. "전 세계 당국에 IHL[국제인도법]을, 그리고 만약 필요하다면 폭력 상황에 시달리는 사람들을 보호하기 위한 다른 기본법을 더 준수해달라고 내밀히 요청했습니다. 이와 더불어 폭력 상황에 영향을 받은 이들의 생활 환경을 개선할 대책을 마련해달라고도 요청했습니다."*

이때 확실히 스위스의 중립국 지위가 상당한 도움이 되었다. ICRC의 규정에 따라 총회는 스위스 국적 위원 23명으로 구성되어야 한다. ICRC의 최근 총재 세 명 모두 전직 스위스 재무부 혹은 외무부 장관이었다. 다시 말해, 스위스 외교단의 수장들이었다.

코르넬리오 소마루가(Cornelio Sommaruga)는 1987년부터 1999년까지, 야콥 켈렌베르거(Jakob Kellenberger)는 2000년부터 2012년까지 총재직을 역임했다. 이후 피터 마우러(Peter Maurer)가 2012년부터 총재 자리에 올라서 필자가 이 글을 쓰고 있는 현재까지 자리를 유지하고 있다.

카리스마 넘치고 인기도 대단했던 코르넬리오 소마루가는 '미스터 레드 크로스(Mister Red Cross)'로 불렸다. 소마루가는 ICRC의 총재가 UN 사무총장, 심지어 교황에 비견될 만큼 명망 있고 권위 있는 직책이라고 생각했다. 심지어 ICRC의 일부 운영 절차는 사도좌 정기방문 같은 교황청의 전통을 본떴다. 각 나라의 주교단은 5년마다 바티칸을 방문해서 교황을 알현해야 한다. 이와 비슷하게, 소마루가가 ICRC 총재를 맡았던 13년 동안 적십자의 고위 임원 160명은 제네바로

[*] ICRC의 상임 부총재 크리스틴 벨리 인터뷰(August 22, 2013).

↑ ICRC 총재 피터 마우러가 카불 지역 대표단과 대화하고 있다. 적십자의 유명한 엠블럼은 스위스 국기의 색 구성을 반대로 적용해서 만들었다.

와서 소마루가를 방문했다. 소마루가는 임기 내내 세계 각국의 수장 110명도 만났다.

  ICRC는 오랜 역사와 국제적 명성을 자랑하는 덕분에 직원과 자원봉사자들이 여러 국가에서 외교 면책 특권에 가까운 권리를 누리도록 각국 정부와 합의를 타결할 수 있었다. 일반적으로 각국은 비영리 단체에 특권을 보장하지 않는다. 다른 비영리 단체는 오로지 국제인도법의 보호에 의지해서 활동할 수밖에 없다. 그러나 국제인도법이 민간인에게 제공하는 보호 수준은 그리 대단하지 않다. ICRC에 관한 데이터 수치는 정말로 놀랍다. ICRC의 직원은 모두 15,000명이며(대표단 포함), 연간 예산은 대략 18억 스위스프랑이다. 20년 전 ICRC의 연간 예산은 겨우 3억 달러였다. 크리스틴 벨리는 "요즘 관리해야 할 무력 충돌이 더 늘어났습니다."라고 밝혔다. ICRC에 기여금을 가장 많이 내는 나라는 미국이며, 그다음이 스위스다.

1987년부터 1999년까지 ICRC의 총재였던 코르넬리오 소마루가. 1999년에 교황 요한 바오로 2세를 접견하고 있는 모습이다.

그동안 ICRC가 성장하면서 다른 분야도 혜택을 보았다. 소독살균과 외과용 기구의 선구자인 스위스 외과학자 테오도르 코허(Theodor Kocher)는 1909년에 노벨 생리·의학상을 받았다. 코허는 적십자가 부상병을 구호하던 전쟁터에서 활동한 덕분에 수술법을 개발할 수 있었다. 오늘날에도 코허의 이름은 진보의 동의어로 여겨질 정도다. 코허의 업적은 스위스 정형외과 분야의 토대를 이루었고, 1958년 다보스에서 AO 재단(AO Foundation)이 설립되었다. AO 재단은 외상과 정형외과 장애 치료를 전문으로 하는 비영리 조직 중 가장 규모가 크다. 이 재단은 100개가 넘는 나라에서 외과 의사와 연구자 12,000명을 지원한다(7장 참고).

적십자는 규모와 활동 범위를 놀라울 정도로 확대했다. 이뿐만이 아니라 기존 적십자 운동을 넘어서는 인도주의 대의에 관한 인식까지 높이면서 전 세계에 영향을 미치고 있다.

ICRC는 인간의 고난을 완화하고 예방하는 데 헌신하는 최초의 단체였다. 그리고 현재 세계에서 규모가 가장 큰 비영리 단체 중 하나로 성장했다. 또 이 과정에서 다른 수많은 국제 인도주의 조직이 설립되도록 자극했다.

많은 면에서 적십자의 발자취를 좇은 국제 비영리 단체 가운데 가장 잘 알려진 곳은 아마 국경없는의사회(Médecins Sans Frontières, MSF)일 것이다. MSF도 제네바에 본부를 두고 있다. 적십자와 마찬가지로 MSF 역시 전쟁의 참상에 대응하려는 소망에서 탄생했다(이번에는 나이지리아 내전이었다). MSF는 누구나 의학 치료를 받을 권리가 있고, 누구에게든 정치나 감정에 상관없이 의학 치료를 제공할 수 있어야 한다는 원칙을 따른다. MSF는 전시 의료 구호 활동으로 가장 잘 알려져 있으며, 이 활동의 공로를 인정받아 1999년에 노벨평화상을 받았다. MSF는 ICRC와 달리 의사와 언론인이 힘을 모아 1971년에 설립했다. 따라서 풍토병을 예방하고 현존하거나 잠재적인 인재(人災)에 관한 인식을 높이는 데 집중한다. 자원봉사자 3만 명이 힘을 보태는 MSF는 온라인에서도 활발하게 활동하며 상당한 영향력을 행사한다. MSF의 연간 예산은 15억 유로다.*

크리스틴 벨리는 스위스를 기반으로 활동하는 비영리 단체의 역할을 이렇게 요약했다. "ICRC와 MSF는 궂은일을 가장 많이 하는 NGO입니다. 우리는 정말로 힘겹고 괴로운 곳으로 달려갑니다. 우리는 스트레스에 시달리며 고독하게 일합니다."

자연을 향한 열정: WWF

19세기 말에 번영한 것은 혁명과 정치 단체만이 아니었다. 과도한 산업화를 목격한 지식인층 사이에서는 환경 감수성도 꽃피었다. 특히 스위스에서는 아름다운 자연 풍경과 강력한 시민 의식, 정부의 최소 간섭 방침이 어우러져서 민간이 자연 보호에 노력을 기울일 수 있는 풍요로운 토대가 마련되었다. 1905년, 그림처럼 아름다운 스위스 보존 연맹(Conservation League of Picturesque Switzerland)이 설립되었다. 연맹은 2000년에 명칭을 '스위스 유산 협회(Swiss Heritage Society)'로 바꾸었다. 요즘에는 '스위스 하이마슈츠(Schweizer Heimatschutz)'로 더 잘 알려져 있다. 1909년에는 스위스 자연 보호 연맹(Swiss League for the Protection of Nature, SLPN)이 탄생했다. SLPN은 1997년에 '프로 나투라(Pro Natura)'로 이름을 변경했다. 명칭에서 알 수 있듯, 이 두 단체는 스위스의 전 국토 환경을 보전하려고 했다. 이들은 지방 자연환경 보호법을 제정하고자 주 정부와 협력하기도 했다. 제2차 세계대전이 종식되고 1945년에 UN이 설립된 이후에는 제네바에서 수많은 국제 환경단체가 만들어졌다(UN의 제2 본부 역시 제네바에 있다). 결국, 환경 오염은 정치적 국경에 제한되지 않는 문제다. 환경단체가 전 세계 차원에서 환경 보호 활동을 펼치려면, 개별 국가 규모와 범위를 벗어나서 협력해야 한다.

제2차 세계대전 이후 설립된 환경단체 가운데 가장 유명한 곳은 국제자연보전연맹(International Union for Conservation of Nature,

[*] 2017년 MSF 공동 활동(2017년 연례 보고서).

IUCN)과 WWF이다[세계자연기금인 WWF는 '세계 야생동물 기금(World Wildlife Fund)'으로도 알려져 있다]. 유네스코 회담 이후 1948년에 설립된 IUCN은 자연 보호에 전념하는 최초의 국제기구다. IUCN은 생물 다양성을 보전하고 환경을 보호한다는 목표 아래 여러 국가기관과 환경 보호 단체(SLPN 등을 포함), 과학자들을 하나로 묶었다. 오늘날, IUCN은 국가기관 및 국제기구 200여 개를 포함한 140개국의 관련 기관 1,200여 개와 비영리 단체 800여 개로 구성되어 있다.

필요는 발명의 어머니라는 말이 있다. WWF는 이 표현의 산 증거다. WWF는 1961년에 IUCN을 보완하는 기금 관리 조직으로 설립되었다. 당시 IUCN이 10년 동안 자금 문제에 시달리고 있었기 때문이다. WWF는 1979년까지 IUCN 시설 내에 사무실을 두고 있다가 그해 제네바 인근 도시인 글렁으로 이전했다(이때 IUCN도 글렁으로 본부를 옮겼다). WWF를 창립한 주축은 대개 조류학자들이었다. 가장 대표적인 인물은 아일랜드 출신의 에드워드 맥스 니콜슨(Edward Max Nicholson), 영국 출신의 피터 스콧(Peter Scott)과 가이 마운트포트(Guy Mountfort)다. 무엇보다도 학자였던 이들은 정치 영역에 큰 관심을 쏟지 않았다. 하지만 이들은 각국의 야생동물 보호 법률에 한계가 있다는 현실을 안타까워했다. 이들은 사실상 스위스와 아무런 연결고리가 없었지만, 바로 이 때문에 조직의 본부를 스위스에 두기로 정했을 것이다. 스위스는 중립국일 뿐만 아니라 정치적으로도 경제적으로도 안정된 나라였다. 게다가 스위스에서 단체를 조직하면 제네바에 있는 UN 본부에 접근하기에도 편리했다. 역시 WWF의 창립 멤버인 영국

생물학자 줄리언 헉슬리(Julian Huxley)는 열렬한 국제주의자이기도 했다. WWF의 창립 세력이 스위스를 본부로 정한 데에는 정치적 이유도 있었다. 스위스는 WWF 발기인 대다수의 고향인 영국과 달리 식민 강대국이 아니었다. 스위스 역사학자 알렉시스 슈바르첸바흐(Alexis Schwarzenbach)가 저서*에서 지적했듯이, WWF는 식민지라는 멍에에서 갓 해방된 아프리카를 향한 연민과 지지를 끌어내기 위해 설립되었다.

2016년에 세상을 뜬 조류학자 룩 호프만도 WWF의 공동 창립자였다. 그는 WWF 발기인 가운데 가장 신중하고 조심스러웠지만, 조직에 커다란 영향을 미쳤다.

WWF의 전 회장이었던 에든버러 공작 필립 왕자(Prince Philip, Duke of Edinburgh)는 호프만의 "내성적이고 겸손한 태도"를 가까이서 지켜보았고, WWF가 발전하고 성장하는 데 이바지한 호프만의 아낌없는 조언과 물적 지원이 과소평가되었다고 생각했다. "그의 진정한 가치를 알아보는 일은 쉽지 않습니다. (…) 그의 신중한 태도를 높이 평가하는 것도 마찬가지로 어렵지요." 호프만은 다양한 분야에서 광범위한 교육을 받았으니, 스포트라이트를 받는 다른 직업을 선택할 수도 있었을 것이다. 그는 세상에서 가장 부유한 가문으로 손에 꼽히는 호프만-라 로슈 집안 출신이었다. 그러나 호프만은 검소하게 자랐다. 틀림없이 이 양육 환경에서 겸손하고 신중한 언행이 비롯했을 것이다. 그는 눈을 감는 날까지 소박한 태도를 잃지 않았다.

[*] Alexis Schwarzenbach, 「자연에 봉사한 50년(Cinquante ans au service de la nature)」, Buchet-Castel, 2011.

호프만은 어려서부터 조류 관찰에 열정을 보였다. 그는 고향 바젤에서 즐겨 새를 관찰했고, 자연과 관련된 모든 것을 향한 사랑을 키웠다. 호프만의 부모님은 그가 화학이나 의학을 공부하고 할아버지 프리츠 호프만(Fritz Hoffmann)이 세운 라 로슈 제약회사에서 일하기를 바랐다. 그러나 비극적인 사건이 터지며 가족의 계획이 모두 틀어졌다. 호프만이 고작 9살이었을 때 그의 아버지가 자동차 사고로 목숨을 잃었다. 시간이 흐르고, 호프만은 생물학을 공부하기로 마음먹었다. "저는 자연에 푹 빠져 있었습니다. 처음에는 꽤 미학적이고 감상적인 마음이었죠. 하지만 나중에 이 마음은 점점 지적이고 학문적인 흥미로 변했습니다."* 호프만은 겨우 18번째 생일을 맞은 학생이었을 때 첫 번째 학술 논문 「바젤 주변에 서식하는 해안 조류의 이동(Der Durchzug der Strandvögel in der Umgebung Basels)」을 발표했다. 이 글은 〈조류 관찰(Der Ornithologische Beobachter)〉에 실렸다.

호프만은 프랑스 남부에 있는 습지대 카마르그에서 야생동물을 연구했다. 그는 카마르그에 연구소를 세우고 소규모 조류학자 그룹을 이끌었다. 그는 이곳에서 조류의 이주 습성을 관찰하다가 1958년에 IUCN과 함께 지중해와 동유럽의 습지를 보전하기 위한 장기 프로젝트를 시작하겠다는 아이디어를 떠올렸다.

13년 후, 호프만의 계획은 현실이 되었다. 마침내 습지 보호에 관한 람사르 협약이 비준된 것이다. 현재 람사르 협약에 가입한 국가는 모두 168개다. 이 협약은 습지 2,161곳, 면적으로 따지자면 대략

[*]   룩 호프만, 〈스위스 리뷰〉, January 2013.

205,682,155헥타르를 보호한다.

    호프만은 야생동물을 사랑했고 협상 능력도 뛰어났으니, 그가 WWF 창립에 참여한 일은 지극히 당연한 일이었을 것이다(훗날 그는 협상 능력을 여지없이 발휘해서 세계 곳곳의 정부가 자연 보호 구역이나 보호 공원을 설립하도록 설득했다). 호프만은 습지 보전 프로젝트를 진행하던 중에 국제 비영리 환경단체를 결성하려고 하던 영국 조류학자들을 만났다. 그들은 전 세계의 자연 보전 노력을 지원할 만큼 영향력이 강한 국제 조직을 꿈꿨다. WWF의 첫 번째 활동은 스페인 안달루시아에 코토 도냐나 자연 보호 구역을 만들기 위한 모금 캠페인이었다. 호프만은 이 캠페인 프로젝트 책임자로 임명되었다. 그는 습지 보전 프로젝트를 진행하면서 오랜 시간이 걸리는 정치 협상을 인내심 있게 헤쳐나가는 법을 깨우쳤다. 이때 얻은 인내심은 WWF 프로젝트를 진행할 때 특히 유용했다. 안달루시아에 자연 보호 구역이 만들어지기까지는 거의 10년이 걸렸다. 하지만 호프만의 인내심은 마침내 1969년에 보상받았다. 도냐나 국립공원은 당대 유럽 최대의 자연 보호 구역이 되었다.

    코토 도냐나 프로젝트 이후, WWF는 갈라파고스 제도를 보호하기 위해 찰스 다윈 재단에 기금을 지원했고, 케냐의 암보셀리 국립공원을 확장하기 위해 IUCN과 협력했다. 호프만은 1973년에 헝가리 공산주의 정권과 협상하면서도 특유의 외교 감각을 발휘했다. 그리고 유럽 최대의 스텝 지대를 보호하는 호르토바지 국립공원 설립이라는 성과를 얻었다. 이후 10년 동안 호프만은 WWF 프로젝트를 통해 프랑스와 그리스, 모리타니 정부가 각각 카마르그와 프레스파 호수, 방다르갱에 국립공원을 설립하도록 설득했다.

호프만-라 로슈 왕조의 상속자 중 한 명인 뤽 호프만. 그는 화학보다 동물학을 더 좋아했고, 자연 보호에 평생을 바쳤다. 호프만의 겸손한 태도와 관대한 기부 덕분에 WWF는 이제 세계에서 가장 큰 자연 보전 단체가 되었다. WWF의 지지자 수는 대략 500만 명이다. WWF의 기금은 100개가 넘는 나라에서 환경 보호 프로젝트 300여 개에 사용된다.

WWF의 엠블럼으로 판다를 선택한 것은 아주 영리한 마케팅 전략이었다. 판다는 인정과 연민을 불러일으켰을 뿐만 아니라, 위험에 처한 자연의 취약성을 효과적으로 환기했다.

    WWF는 국립공원이나 보호 구역이 만들어졌다고 해서 안심하고 관심을 끊지 않았다. 그 대신 늘 보호 지역을 세심하게 보살폈다. 모리타니 아르갱 만의 생태계가 어류 남획으로 위협받자 호프만은 어류 자원 착취를 통제할 수 있도록 1986년에 국제 방다르갱 재단(International Banc d'Arguin Foundation, IBAF)을 조직했다. 2003년, IBAF는 WWF와 IUCN, 다른 비영리 단체와 협력해서 서아프리카 해양 및 해안 지역 보전 프로그램을 구축했다. 서아프리카 7개국도 참여하는 이 프로그램은 지속 가능한 해안 이용을 촉구한다.

WWF는 다양하고 광범위한 프로젝트를 모두 감독할 역량을 갖추었다. 부분적으로는 분권적 구조 덕분에 가능한 일이다. WWF는 100개가 넘는 나라에 설치된 전국적 기관의 네트워크로 작동하며, 전 세계 각지에 둔 지부는 거의 500만 개에 달한다.

WWF는 분권적 구조 덕분에 아프리카 적도 지방 숲 보호나 북극 빙원 보전처럼 특히 심각한 문제를 다룰 때 세분화한 프로그램과 계획을 짜서 효과적으로 대처할 수 있다. 전 세계로 퍼져 있는 네트워크에서 각 지역 조직은 모금 활동을 벌일 때 커다란 자율권을 행사할 수 있으며 해당 지역의 필요에 적절하게 대응할 수 있다.

현재 WWF가 세운 목표 중 하나는 우리가 일상에서 내리는 결정이 환경에 미치는 영향에 관해서 대중에게 알리는 것이다. 1961년에 WWF가 탄생했을 때 자연 보호에 관심을 두는 이들은 지극히 적었고, 그 소수마저도 대부분 엘리트층이었다. 대중은 자연환경에 큰 관심이 없었다. 전쟁에서 벗어난 지 얼마 지나지 않았던 당시에는 오로지 경제 성장이라는 목표만이 대중의 정신과 에너지를 지배하고 있었기 때문이다.

당시 WWF의 목표는 대중의 일상에서 몇 광년이나 떨어져 있는 것 같았다. 그러나 호프만은 WWF를 옹호하면서 "어쩌면 우리는 공상가일 수도 있습니다. 하지만 확실히 말하건대, 우리가 그저 꿈을 꾸는 데에만 몰두하는 것은 아닙니다. (…) 우리의 목표는 상당히 현실적입니다."*

[*] 「룩 호프만: 자연을 향한 열정(Luc Hoffmann: With Passion for Nature)」, Jil Silberstein y Lukas Hoffmann. Zurich: Neue Zürcher Zeitung, 2011.

라고 말했다. 초기에 WWF는 세계의 특정 지역에 서식하는 특정 동물 종을 보호하는 데 집중했다. 따라서 호프만의 말처럼 WWF의 유명한 판다 로고는 "WWF가 도약하는 데 크게 이바지했다."

요즘 자연 보호주의자들은 인류의 미래를 우려한다. 호프만의 말을 빌리자면, "자연 보호는 우리의 생존에 관한 일"이다. 아마 이 표현보다 더 긴급한 일일 것이다. 하지만 인간 본성은 건강한 생태환경처럼 장기적인 문제보다 눈앞의 시급한 문제를 해결하는 데 초점을 맞춘다. 환경 이슈에 대중의 주의를 끌 때 동원할 수 있는 수단은 두 가지다. 하나는 경제라는 만능 카드를 꺼내는 것이다. "물은 훨씬 더 비싸져야 한다. 그러면 사람들이 돈을 아끼려고 물도 아낄 것이다."* 두 번째는 "독창적이고 헌신적이고 유능한 소수에게 의지하는 것이다. 이들은 우리를 도우면서도 (…) 선거에 나가 표를 얻으려 하지도 않고, 사업상의 이익이나 지위라는 혜택을 바라지도 않는다."**

호프만이 인류의 미래를 걱정했다는 사실을 생각해보면, 그가 1994년에 자연 보호 재단을 설립한 일은 그리 놀랍지 않다. 그는 자녀 마야(Maja Hoffmann)와 앙드레(André Hoffmann), 베라(Vera Hoffmann)의 이름 앞글자를 하나씩 따서 재단에 'MAVA'라는 이름을 붙였다. MAVA의 목표는 알프스와 지중해 지역, 서아프리카 해안 지역을 보호하는 프로그램을 지원하는 것이다. 호프만의 아들 앙드레는

[*] 「룩 호프만: 지구 보전을 역설한 사람(Luc Hoffmannn, the man who insists on preserving the Earth)」, Interview with Jil Silberstein, Phoebus Publishing, 2010.

[**] Ibid.

현재 WWF의 부회장을 맡고 있다. 그런데 호프만은 WWF의 역사를 이야기할 때면 이 단체의 영향력이 그리 대단하지 않다고 말하곤 했다. "인간과 자연 사이 힘의 균형은 그다지 많이 변화하지 않았습니다. (…) 늘 인간은 지구가 줄 수 있는 것보다 더 많이 요구합니다." 그러나 "지구는 살아남을 것입니다. 하지만 인류는 살아남지 못할 거예요. 우리의 습성을 바꾸지 못한다면요."

보다 빠르게, 보다 높게, 보다 힘차게[*]
: 스위스와 국제 스포츠 연맹들

스포츠 연맹은 스위스에 세워진 다양한 비영리 조직 가운데 중요한 지위를 차지하고 있다. 스포츠 단체의 역사는 여러 면에서 WWF를 비롯한 초창기 환경단체의 역사와 비슷하다. 스포츠 분야에서도 19세기에 지방 단체나 전국 단체가 먼저 설립되었고, 나중에 이들 조직을 바탕으로 국제적 기구가 설립되었다. 19세기 초 스위스에서는 여러 스포츠 단체, 특히 체조 단체가 생겨났다. 당시 스포츠 단체의 목표는 애국심이나 시민·군사 덕목을 함양하는 것이었다. 그러나 시간이 흐르면서 경쟁과 성과를 더 중요하게 여기는 근대적인 스포츠 협회가 만들어졌고, 기존 스포츠 단체를 대체했다. 이런 흐름은 1880년대 영국에서 시작했다. 스위스에서도 이 흐름에 영향을 받아 최초의 스포츠 협회가 속속 등장했다. 1883년에는 사이클링과 모터 사이클링

[*] 이 문구는 올림픽의 슬로건이다. 라틴어로는 'Citius, Altius, Fortius'이다.

협회, 1886년에는 조정 협회, 1895년에는 축구와 육상 협회, 1896년에는 테니스 협회, 1898년에는 골프 협회, 1900년에는 승마 협회, 1904년에는 스키 협회가 설립되었다.

스포츠 협회가 점차 늘어나기 시작할 무렵인 1894년, 프랑스의 교육자 피에르 드 쿠베르탱(Pierre de Coubertin)이 올림픽 대회를 조직할 IOC를 창설했다. 당시 IOC는 도시 한곳에 정착하는 대신, 4년마다 차기 올림픽 개최지로 본부를 이전했다. 올림픽 대회 역사가 빌 맬런(Bill Mallon)은 "기본적으로 IOC는 1915년까지 어디가 됐건 피에르 드 쿠베르탱이 가는 곳에 본부를 차렸다."라고 밝혔다. 하지만 국제 올림픽 대회가 발전하면서 영구적인 행정 중심지를 세우고 올림픽 관련 서류를 안전하게 보관할 장소를 선정해야 했다. 쿠베르탱은 1915년에 스위스 로잔을 IOC의 본거지로 정했다. 이때 1899년에 처음으로 스위스 IOC 위원이 된 고드프로아 드 블로네(Godefroy de Blonay)와 맺은 친분이 크게 작용했다. 로잔에는 장점이 많았다. 로잔은 프랑스어를 사용하고 프랑스와 문화적으로 가까운 지역이지만, 프랑스 바깥에 있었다. 게다가 스위스는 중립국이자 민주주의 국가였다. 쿠베르탱은 스위스가 유럽에서 유일한 민주주의 국가라고 생각했다. 당시 유럽은 세계대전으로 갈가리 찢겨 있었지만, 스위스는 평화로운 안식처였다.

쿠베르탱은 로잔에 본부를 설치하면서 지방 당국과 협의를 거쳐 위원회를 위한 혜택을 하나 더 얻어냈다. IOC 위원들은 한 해에 6개월 이상 로잔에 거주하지 않는다는 사실을 인정받아서 1923년에 주 세금을 면제받게 되었다. 쿠베르탱은 로잔으로 오면서 장차 IOC가 국제기구의 지위를 얻기를 희망했다. 그러나 쿠베르탱의 노력은 물거품으로 돌아갔다. 적어도 쿠베르탱의 생전에는 그가 기울인 노력이 빛을 보지 못했다. 하지만 마침내 1994년, 스위스 연방은 IOC에 스위스 법률을 따르는 국제기구 지위를 부여했고 로잔을 올림픽 수도로 지정했다. 그 결과, 스위스에 등록된 국제 스포츠 연맹 50개 중 대다수도 로잔이나 로잔이 속한 보(Vaud)주에 본부를 두게 되었다. 대표적인 종목을 몇 가지만 들어본다면 수영과 배구, 체조, 야구, 사이클링(세계 사이클링 센터는 에이글에 있다), 축구(UEFA의 본부는 보주 니옹에 있다) 등이 있다.

IOC는 1920년대에 세부적인 사업 계획을 관리하고 올림픽 대회의 정신을 널리 알릴 소규모 사무국을 설치하면서 성장을 위한 첫걸음을 내디뎠다. 오늘날 IOC의 위원은 모두 103명이며, 이들 중 39명은 올림픽 챔피언 출신이다. 현재 IOC 위원장인 토마스 바흐(Thomas Bach) 역시 독일의 펜싱 금메달리스트였다. IOC 위원단은 세계에서 가장 중요한 브랜드 중 하나이며, 위원장은 스포츠 세계에서 가장 강한 영향력을 행사한다. 따라서 IOC는 독특한 도덕적 권위를 누린다. IOC 마케팅 부서의 수장을 맡았었고 올림픽 마케팅에 관한 저서 「올림픽 인사이드(Olympic Turnaround)」를 펴낸 마이클 페인(Michael Payne)은 각국 정부에 교과 과정에서 체육의 지위를 높여달라고 설득할 때 이 권위를 이용할 수 있다고 말한다. 수많은 나라에서 비만 인구가 증가하고 있고 비만이 건강에 부정적 영향을 미친다는 사실을 고려해볼 때, 국민이 건강하고 활기차게 생활하도록 책임지는 일은 정부의 가장 훌륭한 투자 방안이다. 체육의 지위와 세계인의 건강 문제는 차기 IOC 회장에게 훨씬 더 중대한 문제가 될지도 모른다.

IOC는 설립 초기에 대규모 수입을 기대할 수 없었다. 1912년, IOC는 스톡홀름 올림픽을 개최하면서 처음으로 스웨덴 기업 10곳에 사진을 촬영하고 기념품을 판매할 수 있는 독점권을 팔았다. 이후 텔레비전이 보급되면서 IOC는 영향력을 강화하고 재정 구조를 발전시킬 수 있었다. 요즘에는 전 세계에서 48억 명이 올림픽 게임을 시청한다. 올림픽 대회 시청자 수는 전 세계 그 어떤 스포츠 행사의 시청자 수보다 훨씬 많다. 예를 들어서 2016년 리우데자네이루 올림픽이 열렸을 때, 220개국에서 방영된 스포츠 프로그램의 전체 방송 시간은 7,100시간에 달했다.
　　〈스포츠 비즈니스 저널(Sports Business Journal)〉은 2009년부터 2012년까지 IOC의 수익이 대략 50억 달러라고 밝혔다. 이 중 39억

올림픽 대회 방송 수익(단위: 백만 달러)	
1960년 로마	1.2
1964년 도쿄	1.6
1968년 멕시코시티	9.8
1972년 뮌헨	17.8
1976년 몬트리올	24.9
1980년 모스크바	88
1984년 LA	286.9
1988년 서울	402.6
1992년 바르셀로나	636.1
1996년 애틀랜타	898.3
2000년 시드니	1,331.6
2004년 아테네	1,494
2008년 베이징	1,739
2012년 런던	2,569
2016년 리우데자네이루	2,868*

[*] 올림픽 게임: 방송 수익의 역사 출처: IOC 마케팅: 올림픽 마케팅 미디어 가이드: 팩트 파일 2017. 이용 가능한 링크는 아래와 같다. https://stillmed.olympic.org/media/Document%20Library/OlympicOrg/Documents/IOC-Marketing-and-Broadcasting-General-Files/Olympic-Marketing-Fact-File-2018.pdf

달러는 텔레비전 방송 수익이었다. 이 4년간의 방송 수익은 2005년부터 2008년 사이의 방송 수익보다 50% 더 많다.

IOC는 이 수익의 10%를 조직 운영 자금으로 사용하고, 나머지 90%를 대회 개최국의 올림픽 프로그램에 할당해서 해당 국가의 스포츠 프로그램을 지원한다.

IOC가 영향력과 권력을 얻는 원천이 하나 더 있다. IOC는 자유롭게 차기 대회 개최지를 선정할 수 있다. 올림픽 대회를 유치하기 위한 경쟁은 치열하며 논란도 자주 일어난다. 심지어 개최지 선정 과정에서 비공식적이기는 하지만 새로운 수익의 원천까지 생겨났다. 바로 후보 지역 당국이 주는 '선물'이다. 미국 솔트레이크시티가 2002년 동계 올림픽 개최지 후보에 올랐을 때, 지방 당국은 IOC 위원 일부에게 '선물'을 제공했다.

1998년에 이 뇌물 스캔들이 터지면서 20년 정도 이어졌던 부정한 선정 과정이 만천하에 드러났다. 사실, 솔트레이크시티는 1995년에 2002년 올림픽 개최지로 최종 낙점되기 전에 네 차례 유치에 실패한 적이 있었다. 올림픽 대회 TV 방송권의 가치는 9억 달러에 이른다. 1980년대에는 1억 달러였다… 스캔들이 터지자 IOC는 뇌물을 받은 위원 여섯 명을 축출했고, 총회를 열어서 위원 선출방법과 임기, 자격 등을 모두 새롭게 조정했다. 이 사건을 세상에 알린 인물은 IOC 위원 마르크 호들러(Marc Hodler)다. 스위스 스키 선수 출신의 변호사 호들러는 당시 거의 50년 동안 국제 스키 연맹의 회장을 맡고 있었다.

마르크 호들러가 IOC에서 맡은 역할은 룩 호프만이 WWF에서 맡은 역할과 비슷하다. 호들러 역시 IOC에서 오랫동안 위원으로 활동했고(1963년-2006년), 늘 신중하게 행동했지만 조직에 큰 영향을 미쳤다(신중한 태도와 강한 영향력은 서로 관련이 있는 것 같다). 호들러처럼 스위스 변호사 출신으로 IOC의 사무총장을 지낸 프랑수아 카라는 호들러가 "이목을 끌지 않는 사람"이지만, 목소리를 높일 때는 "올림픽 위원회 전체를 뒤흔들었다"라고 설명한다. 호들러의 비판과 질책을 반기지 않는 이들도 있었다. 게다가 스위스 언론은 호들러가 2006년 동계 올림픽 개최지로 스위스의 시옹을 선택하지 않고 이탈리아 토리노를 선택했다면서 비난했다. 그러나 스위스 출신의 IOC 위원이 조직의 부패를 고발했다는 사실은 중요한 스포츠 단체의 본부라는 스위스 이미지를 틀림없이 강화했다. 스캔들이 터진 후에 솔트레이크시티 올림픽 대회 조직위원회의 책임자로 임명된 밋 롬니(Mitt Romney)는 호들러의 결정을 옹호했다. "마르크가 옳은 일을 했다."

UN이 NGO 무리 전체를 스위스로 끌고 왔듯이, IOC도 국제 스포츠 단체 전체를 스위스로 끌고 왔다. 국제스키연맹(International

← 자메이카의 육상 선수 우사인 볼트(Usain Bolt)는 런던 올림픽에서 금메달을 3개 땄다. 그는 역대 가장 빠른 단거리 주자로 꼽힌다.

Ski Federation)이나 국제아이스하키연맹(International Ice Hockey Federation), 국제조정연맹(International Federation of Rowing Association) 등 다양한 스포츠 연맹 100여 개가 로잔 외곽에 자리 잡고 있다.

　IOC를 따라 스위스로 몰려든 국제 스포츠 조직 중에는 운동선수의 행동을 감독하고 통제하는 단체들도 있다. 가장 대표적인 단체를 하나만 꼽아보자면 세계반도핑기구(World Anti-Doping Agency, WADA)다. IOC는 운동선수의 금지약물 사용에 관한 첫 회의를 열고 1999년 로잔에서 WADA를 창설했다. WADA의 목표는 도핑에 맞선 싸움을 고취하고, 조정하고, 감독하는 것이다. WADA는 세계 반도핑 법규를 제정했고, 전 세계의 스포츠 연맹 600여 개에서 이 법규를 채택했다. 또 WADA는 운동선수가 사용해서는 안 되는 금지 약물과 방법을 실은 목록을 매해 발표한다.

　다양한 스포츠 협회가 IOC 본부와 가까운 곳에 자리 잡으려는 이유 가운데는 IOC에 압력을 행사해서 혜택을 얻어내겠다는 목적도 있다. IOC는 올림픽 대회에 어느 종목을 포함할지도 결정한다. 이 결정이 각 종목에 종사하는 사람들에게 어떤 영향을 미칠 것인지는 쉽게 상상할

IOC 위원장 토마스 바흐. 1894년에 설립된 IOC는 올림픽 대회를 조직하는 책임을 맡는다. 올림픽 메달은 각자의 종목에서 뛰어난 기량을 발휘한 선수가 받을 수 있는 최고의 보상이다.

수 있다. 골프와 럭비는 2016년 리우데자네이루 올림픽에서 정식 종목으로 채택되었다. 고대 아테네의 올림픽 경기에서 기원을 찾을 수 있을 만큼 역사가 깊은 레슬링은 최근 올림픽 종목에서 제외될 뻔했다. 관중의 관심이 부족하다는 것이 가장 큰 이유였다.

레슬링 팬들의 설득 덕분에 레슬링은 올림픽 퇴출 위기에서 극적으로 살아났다. 하지만 이 사건은 대회 프로그램에 어느 종목을 포함할지 결정할 때 돈이 단연코 중요한 요소로 작용한다는 사실을 시사한다.

이렇게 수많은 국제 스포츠 단체 덕분에 스위스는 기술 표준 보호부터 방송권 관리까지 전 세계 스포츠 관리·감독 분야에서 중요한 지위를 차지했다. 스위스에 들어선 스포츠 관련 단체는 중요한 행사를 조직하고 대외 홍보와 분쟁 해결을 관리한다. 게다가 수많은 스위스인이 현재 다양한 스포츠 연맹의 수장으로 활약하고 있다.

1998년부터 2016년까지 FIFA 회장을 역임한 제프 블라터(Sepp Blatter)가 대표적인 예다. 블라터는 FIFA에서 40년 넘게 활동했다. 1975년부터 1981년까지는 기술위원회의 기술 감독, 1981년부터 1990년까지는 사무국장, 1990년부터 1998년까지는 사무총장이었고, 이후 회장직을 맡아서 2015년에 5선에 성공했다. FIFA처럼 거대하고 분산된 조직을 운영하는 리더라면 재임 기간이 길수록 유리할 것이다. FIFA가 1904년에 설립되었을 때만 해도 소속된 각국 축구협회는 7곳뿐이었다. 하지만 오늘날 FIFA에 소속된 축구협회는 209개이며, 이들 축구협회에 소속된 선수와 감독 및 코치, 심판 등은 모두 2억 7천만 명이다. FIFA의 100여 년 역사도 IOC와 마찬가지로 커다란 부정부패 스캔들 두 건으로 얼룩져 있다. 2011년, FIFA 월드컵의 방송권 협상을

↑ FIFA는 축구 관련 단체를 거느리는 국제 통솔 기구다. 각국 축구협회 209곳으로 구성되어 있으며 본부는 취리히에 있다. 현재 회장은 지아니 인판티노(Gianni Infantino)다. FIFA는 월드컵을 포함해 대규모 국제 축구 토너먼트 대회를 조직한다.

담당하는 스위스의 광고회사 인터내셔널 스포츠 앤 레저(International Sport and Leisure, ISL)는 파산을 신청했다.

추크(Zug)주 회계관은 ISL이 FIFA 임원들에게 3천만 프랑 이상을 은밀히 상납해왔으며 채권자들에게 수백만 달러를 빚졌다는 사실을 알아냈다. FIFA는 부패 청산에 나섰다. 2004년에는 임원 두 명이 사임했고, FIFA는 파산한 ISL의 채권자들에게 300만 프랑을 지급했다.

2015년 5월, 스위스 경찰이 취리히에 있는 한 고급 호텔에서 FIFA의 고위직 몇 명을 체포했다. 미국 법원이 부정부패 혐의로 이들을 기소했기 때문이었다. 〈뉴욕 타임스(The New York Times)〉가 사법부 소식통의 말을 인용해서 보도한 내용에 따르면,* 피고들은 지난 20년간 자금

[*] 출처: 〈뉴욕 타임스〉 2015년 5월 기사 "FIFA 고위직이 미국에서 부정부패 혐의로 기소되다(FIFA officials face corruption charges in US)" https://www.nytimes.com/2015/05/27/sports/soccer/fifa-officials-face-corruption-charges-in-us.html?hp&action=click&pgtype=Homepage&module=span-ab-top-region&region=top-news&WT.nav=topnews&_r=0

세탁과 조직범죄, 수많은 횡령에 연루되어 있었다. 2018년과 2022년 월드컵 개최지 결정과 마케팅 계약, TV 방송권을 둘러싼 정황도 현재 수사 중이다.

이 스캔들 때문에 블라터가 몰락했다. 블라터는 2015년 6월에 사임 의사를 밝혔다. 그가 5선에 성공하고 겨우 며칠이 지난 후였다. 2016년 2월, 이탈리아계 스위스인 지아니 인판티노(Gianni Infantino)가 블라터의 뒤를 이어 FIFA 회장직에 올랐다.

이 스캔들 두 건은 지금까지도 국제 스포츠 조직의 명성을 더럽히고 있다. 하지만 이들 단체를 더 호의적으로 바라볼 수도 있을 것이다. 국제적인 스포츠 단체는 오랜 역사를 자랑할 뿐만 아니라 방송권과 관련해서 막강한 권력을 휘두른다. 그러나 이런 과실은 놀랄 만큼 드물다.

'비영리'가 '경쟁력이 없다'는 뜻은 아니다

새로운 부가 창출되고 분배되는 상황을 보아하니 비영리 단체의 전망은 긍정적일 듯하다. 새로운 부는 갈수록 거대해지고 있으며, 갈수록 불공평하게 분배되고 있다. 부당한 일일 수도 있지만, 새롭게 창출된 부는 커다란 기회를 만들어낼 것이다.

미국의 경제 잡지 〈포브스(Forbes)〉는 매년 세계 부자 순위를 발표한다. 이 순위를 살펴보면, 현재 전 세계에는 억만장자가 2,208명 있으며 이들 중 1,409명은 자수성가했다. 1996년에는 억만장자가 423명이었다. 최근 몇 년 동안 '수퍼 리치'라는 새로운 계층이 성장한 이유를 분석하는 광범위한 연구가 진행되었다. 수많은 사업 영역, 특히 모바일 통신과 미디어, 소셜 네트워크, 인터넷 같은 새로운 테크놀러지 분야의 세계화가 가장 중요한 이유였다. 그리고 당연하게도 일부 기업들은 이런 변화를 더 영리하게 활용해서 더 큰 혜택을 보았다.

지금 상황을 19세기 말 미국의 '산업왕' 시대와 비교하지 않을 수가 없다. 당시 록펠러 가문이나 애스터 가문, 프릭, 카네기 같은 이들은 막대한 부를 거머쥐고 나서 대규모 자선 사업에 헌신했다. 요즘의 대부호들도 각자 선택한 대의와 이상에 어마어마한 자금을 쏟아붓는다. 이런 억만장자 중 일부는 상당한 자산을 기부하겠다고 약속하기까지 했다. 그 가운데는 마크 저커버그(Marc Zuckerberg)처럼 젊은이들도 있다.

마이크로소프트의 창립자 빌 게이츠(Bill Gates)는 자선사업가 중 가장 유명한 이로 꼽힐 것이다. 게이츠는 이미 310억 달러라는 믿기지 않는 거액을 빌&멜린다 게이츠 재단(Bill & Melinda Gates Foundation)에 기부했다. 빌&멜린다 게이츠 재단의 주요 목표는 전 세계 최빈곤층의 건강 문제를 해결하는 것이다. 빌과 멜린다 게이츠 부부는 자선 사업 덕분에 록 음악가이자 자선 활동가인 보노(Bono)와 함께 〈타임(Time)〉에서 "2005년 올해의 인물"로 선정되었다. 배우 앤젤리나 졸리(Angelina Jolie)는 명성을 활용해서 난민 보호를 촉구한다. 영국의 첼시 축구 클럽을 사들인 일로 유명한 러시아의 기업가 로만 아브라모비치(Roman Abramovich)는 러시아 추코트카 자치구의 행정 수반 자리를 맡아서 막대한 세금을 냈고, 이 자금으로 지역의 거주 환경을 개선했다.

요즘 억만장자의 활동을 분석하는 일은 인기 있는 오락거리가 되었다.

언론은 과거에 자선 사업이나 기부에 큰 관심을 두지 않았다. 하지만 요즘에는 앞다투어서 부호들의 자선 활동 순위를 매기고, 인색하다고 생각하는 부자들을 비난하는 데 열을 올린다. 예를 들어서 〈비즈니스 위크(Business Week)〉는 자선 활동가 상위 50명 순위를 발표하면서 기부의 장점을 입이 마르도록 칭찬한다. 그러나 '수퍼 리치' 계층이 성장하면서 서구 사회에서 부자와 빈자의 소득 격차가 크게 벌어졌다는 사실에는 의심할 여지가 없다.

일부 분석가는 이런 흐름이 사회에 위험하다고 생각한다. 다른 분석가들은 부자의 자선 행위가 특정한 보상 효과를 낳는 새로운 사회 계약으로 이어질 것인지 궁금해한다. 확실히, 이 새로운 자선사업가들은 각자가 선택한 대의와 이상에 기부한다. 이런 현상은 정치나 사회를 왜곡하는 문제를 일으킬 수도 있다. 미국의 석유 재벌 코크 형제(Koch brothers)는 정부 규제를 최소화하고 세금을 줄이라고 요구하는, 혹은 그들의 표현을 빌리자면 "자유를 증진"하라고 요구하는 압력단체에 엄청난 돈을 퍼붓는다. '카지노의 황제' 셸던 아델슨(Sheldon Adelson)은 이스라엘에 협력하고 팔레스타인에 강경한 태도를 보이라고 미국 정부에 압력을 가하는 로비 단체에 자금을 댄다.

스위스인의 자선은 미국인의 자선과 대조적이다. 스위스에 본부를 둔 재단들의 연맹인 스위스파운데이션(SwissFoundations)의 총재 베아테 에크하르트(Beate Eckhardt)는 이렇게 말한다. "스위스에서는 자선활동을 하면 비밀을 지키는 것이 필수입니다. 기부했다는 대가로 명성을 얻으려고 한다면 다들 눈살을 찌푸립니다." 다시 말해, 스위스에서는 거액의 기부가 남몰래 이루어지곤 한다. 룩 호프만이

WWF를 지원했던 일이 좋은 예다. 앞서 살펴봤듯이, 스위스 사회는 노동과 자본이 균형을 더 잘 이루고 있다. 소득도 더 공평하게 분배되고 있다. 스위스에서는 전 세계의 다른 사회가 겪고 있는 극심한 불평등을 찾아보기 어렵다. 따라서 자선 행위를 장려하는 것은 '지나친 부'나 '지나친 빈곤'이 없는 평등한 상태라고 생각해볼 수 있다. 스위스의 프라이빗뱅크 롬바르 오디에(Lombard Odier) 그룹이 세운 자선 재단인 파운데이션 롬바르 오디에(Fondation Lombard Odier)와 필란트로피아 파운데이션(Fondation Philanthropia)의 회장을 겸임하는 티에리 롬바르(Thierry Lombard)는 이렇게 설명한다. "일곱 세대를 거치는 동안, 롬바르 오디에 어소시에이츠는 자본이 사회에 공헌하고 긍정적 변화를 낳는 힘으로 사용되어야 한다는 믿음을 공유해왔습니다. 우리는 사업 경영만이 아니라 사회와 지구를 위한 자선 활동으로도 이 비전을 표현합니다. 우리는 200년간 시민 사회에 참여하면서 관대한 자선 행위는 경이로우면서도 절박한 예술이라는 사실을 배웠습니다." 2010년 스위스에서 공식적·비공식적 자원봉사 활동 시간은 모두 6억 4천만 시간에 달했다. 이를 하루 8시간 근무일로 따지면 8천만 일이다.* 2016년, 스위스의 영구 거주민 가운데 약 43%가 무보수 자원봉사 활동에 적어도 한 가지 참여했다. 이런 봉사활동은 조직적일 수도 있고 비공식적일 수도 있으며 둘 다일 수도 있다. 자원봉사자 중 19.5%는 단체나 기관에서 봉사활동을 했다. 또 자원봉사자들은 한 달에 평균 12.8시간을

[*] 스위스 연방 통계청(2016), 〈스위스 자원봉사 활동 보고서(Rapport sur le travail bénévole en Suisse)〉, Neuchâtel: Office fédéral de la statistique.

봉사활동에 할애했다. 스위스 주민의 자원봉사 참여 비율이나 참여 시간은 2010년 이래 거의 변하지 않았다.*

↑ 1796년에 창립된 롬바르 오디에 그룹은 제네바에서 가장 유서 깊은 프라이빗뱅크 중 하나이며, 유럽에서 가장 규모가 큰 프라이빗뱅크 중 하나다. 창업주들로부터 여섯 번째나 일곱 번째 세대에 속하는 경영 파트너 8명이 현재 그룹을 이끈다. 롬바르 오디에 그룹은 자산 관리가 전문이며, 자본이 사회적 선을 위해 투자되어야 한다고 믿는다. 1834년에 경영 파트너가 된 알렉상드르 롬바르(Alexandre Lombard)는 그룹 경영진 가운데 온건하고 이타적이고 근대적인 기업가이자 은행가로 평가받는다. 미국을 방문한 최초의 유럽 은행가 중 한 명으로도 꼽히는 그는 1841년에 윤리적이고 경제적인 이유를 들어서 노예제를 고수하는 미국 남부 주에 투자하지 말라고 권했다. 알렉상드르 롬바르 그 자신도 일찍이 앙리 뒤낭을 지지하며 적십자 설립에 참여했다. 4세대 후, 티에리 롬바르는 ICRC의 최고 운영 기구인 '총회'의 위원이 되었다. 그룹의 경영진과 자선 재단은 사회적 헌신이라는 전통을 단 한 번도 저버리지 않았다. 롬바르 오디에 그룹은 오랫동안 이어진 자선 사업을 계속하고 있으며, 지속 가능한 개발과 청년 기업가 정신이라는 영역에서 혁신을 장려한다. 그룹의 자선 재단은 새로운 기술 회사에 조언을 제공하거나 자금 조달을 도와주는 식으로 벤처 캐피털 기업 활동을 지원한다. 이 지원을 통해 회사 225개가 설립되었고, 일자리 2,500개가 새롭게 만들어졌다. 재단이 기부받은 금액의 40%가 스타트업 회사의 투자금으로 사용된다. 롬바르 오디에는 자선 사업이 사회에 미치는 영향을 뚜렷하게 보여준다.

[*]   스위스 연방 통계청(2018), 2016년 무보수 활동.
출처: https://www.bfs.admin.ch/bfs/fr/home/statistiques/travail-remuneration/travail-non-remunere/travailbenevole.assetdetail.2967879.html

리오라 레셰프(Liora Reshef). 레셰프는 2005년에 프리 드 로잔에 참여해서 준결승까지 진출했다.

2016년에 개인이 자선 재단에 기부한 액수 추정치는 17억 9,100만 프랑에 달한다.*

2018년, 스위스는 세계 79개국의 자선 환경을 평가한 글로벌 자선 환경 지수(Global Philanthropy Environment Index)에서 네덜란드와 핀란드, 미국에 이어 4위를 차지했다.**

국제 발레 대회 프리 드 로잔(Prix de Lausanne)에서 수상하는 일은 젊은 무용수에게 더없이 크나큰 영광이다. 프리 드 로잔은 젊은 무용수들이 프로 무용계에 진출해서 경력을 개발하도록 돕는다. 이 대회는 스위스의 자선 단체가 주도하는 비영리사업 중 하나일 뿐이다.

물론 비영리사업을 지원하는 자금은 스위스에서 나온다. 하지만

[*] Zewo 재단: 2017년 연례 보고서. https://www.zewo.ch/fr/Documents/Fondation-Zewo/Fondation-Zewo-Rapport-annuel-2017.pdf

[**] 출처: CEPS, 2018년 5월. https://ceps.unibas.ch/en/ceps-news/news/switzerland-ranks-fourthon-global-philanthropy-environment-index/

볼카트 재단(Volkart Foundation)의 후원을 받아 1993년에 설립된 빈터투어 사진박물관은 사진의 세계에서 가장 명망 있는 박물관으로 손꼽힌다. 전 세계에서 명성이 높은 스위스의 사진 관련 기관들은 성공한 스위스 기업의 후원 재단이 헌신적으로 지원한 덕분에 만들어질 수 있었다.

이런 사업에 크게 이바지하는 이민자와 외국인들의 공도 무시할 수 없다(이들은 스위스의 대기업에도 크게 기여한다). 몇 명만 예로 들어보자. IOC의 창립자는 프랑스인이었다. WWF 설립을 주도한 이들은 대체로 영국인들이었다. MSF의 탄생에 공헌한 의사 13명 가운데는 프랑스의 전 장관 베르나르 쿠슈네르(Bernard Kouchner)도 있었다. 바젤대학교 자선연구센터의 게오르그 폰 슈누어바인(Georg von Schnurbein) 교수는 "특출난 사람들을 끌어당기고 그들에게 풍요로운 활동 무대를 제공하는 능력, 이것이야말로 스위스를 대표한다."라고 강조한다.

박애는 보편적인 인간 본성이며, 국적에 구애되지 않는다. 신경경제학자 폴 잭(Paul Zak)은 옥시토신 호르몬을 '도덕 분자'라고 부른다. 잭은 관대함이 쾌락과 의욕, 흥분을 일으키는 신경전달물질인 도파민 생성을 유발한다고 말한다. 또 캘리포니아대학교 버클리

캠퍼스의 심리학 교수 대커 켈트너(Dacher Keltner)는 관대함이 우리의 말초 신경계에서 스트레스를 완화하는 영역을 활성화한다고 주장한다. 켈트너는 인간 아기가 모든 동물 종을 통틀어서 가장 취약하기 때문에 인류가 자연스럽게 관대한 성향을 얻게 되었다고 말한다. 게다가 여러 추적 연구 덕분에 일주일에 14시간 정도 자원봉사 활동을 하는 사람이 더 오래 산다는 사실도 밝혀졌다. 이 모든 요소는 봉사와 자선 활동이 낳는 행복감과 보상에 관한 진실을 알려준다.

미국의 공영 방송에서 방영한 프로그램 〈왜 적게 가진 사람들이 더 많이 주는가(Why Those Who Feel They Have Less Give More)〉에서 켈트너는 하층계급이 다른 계층보다 빈곤과 고통에 더 민감한 것 같다고 지적했다.* 미국의 자선 단체 연합 인디펜던트 섹터(Independent Sector)가 진행한 연구 결과를 살펴보면, 저소득층은 평균적으로 소득의 4.2%를 기부하는 반면 고소득층은 평균 2.7%를 기부한다. 다만 소득 불평등이 심각하기 때문에 부유층의 기부금은 말할 것도 없이 빈곤층의 기부금 액수를 훌쩍 뛰어넘는다.

스탠퍼드대학교가 발간하는 잡지 〈소셜 이노베이션 리뷰(Social Innovation Review)〉에 실린 〈자선의 실패(A Failure of Philanthropy)〉는 자선 활동으로 가장 혜택을 보는 기관이 엘리트 학교와 콘서트홀, 종교 단체라고 주장하며 현재의 자선 사업을 둘러싼 실태를 비판한다. 이 기고문을 쓴 롭 라이시(Rob Reich)는 "선행과 자선이 빈곤층을 돕는다고

---

[*] Dacher Keltner, 「타고난 동정심: 인간의 선량함에 관한 과학 연구(The Compassionate Instinct: The Science of Human Goodness)」, https://www.pbs.org/newshour/economy/why-thosewho-feel-they-have-less-give-more

말하면서 우리 자신을 기만하는 일을 멈춰야 한다."라고 이야기한다.

다시 우리의 주제로 돌아가자. 문제는 대부호들이 전 세계의, 특히 스위스의 비영리 단체에 어떤 영향을 미치느냐다. 긍정적인 면을 보자면, 억만장자들은 비영리 단체가 더 철저하게 자금과 활동을 관리하도록 조금도 주저하지 않고 압력을 행사할 것이다. 주로 기부자들이 이런 압력을 가한다. NGO를 지원하는 민간자금은 투명성과 구체적 성과를 요구할 것이다. 일반 대중의 모금으로 자금을 마련하는 비영리 조직이라면 외부인이 운영에 개입하기가 쉽지 않다. 하지만 거액을 기부하는 개인의 입김은 무시하기 어렵다.

제네바의 비영리 단체 고위직 계약에 관한 전문가 존 맥카시(John McCarthy)는 기업이 비영리 조직에 점점 더 많이 자금을 대면서 투명성과 구체적 성과, 전문적 관리를 더 많이 요구한다고 생각한다. 게다가 "기부금의 출처가 변하면서 유능한 인재들이 비영리 단체로 들어가게 됐다." 예를 들어서 국제암연합의 CEO 케리 애덤스(Carry Adams)는 하버드 비즈니스 스쿨을 졸업했고 로이즈 TSB 그룹의 COO를 역임했었다.

하버드 비즈니스 스쿨의 마이클 포터(Michael Porter) 교수는 수많은 비영리 단체가 정말로 무능하다고 말한다. "엄격하고 철저한 자금 관리라는 면에서 자선 단체는 기업체보다 수십 년이나 뒤처져 있다." 포터는 자선 단체가 앞으로도 지원을 받고 싶다면 비판을 피하기 위해 전문적이지 못한 구조와 체제를 포기할 수밖에 없을 것이라고 덧붙였다.

하지만 워런 버핏(Warren Buffet)은 이런 목표가 보기보다 달성하기 어렵다고 경고한다. "돈을 기부하는 일이 부자가 되는 일보다 더 어렵다면, 기업이 쉬운 목표에 집중하는 반면 자선 단체는 학업에서 어려움을 겪는 교외 지역 학생들의 교육이나 시골의 빈곤 근절처럼 본질상 어려운 문제를 해결하는 데 집중하기 때문이다."

자선 단체는 SNS를 사용해서 효율성을 높이고 신뢰를 얻을 수 있다. SNS는 우리의 다양한 상호작용뿐만 아니라 자선 활동까지 갈수록 변화시킬 것이다. 예를 들어 자선 단체의 웹사이트를 통해 후원자들이 도움이 필요한 개인이나 공동체와 직접 소통할 수 있다면, 아무리 소액이라도 적극적인 기부를 고무할 수 있을 것이다. 기부금 수혜자들도 후원자들에게 그들의 활동을 알려주거나 기부금이 어떻게 사용되는지 설명할 수 있을 것이다. 이런 가능성은 전례 없는 일이다. SNS를 통해서 자선 활동에 참여할 수 있다면, 자선 단체의 본부가 이 세상 어디에 존재하는지는 그렇게 중요하지 않게 될 것이다.

1930년 바젤에서 설립된 BIS. UN의 제네바 사무국은 뉴욕 본부에 이은 두 번째 본부다. 제네바 사무국에는 WHO, 세계지적재산권기구(World Intellectual Property Organization), 국제노동기구(International Labour Organization), 국제연합무역개발회의(United Nations Conference on Trade and Development), UN 인도주의 업무 조정국(Office Coordination of Humanitarian Affairs), UN 유럽 경제위원회(United Nations Economic Commission for Europe)의 본부가 있다.

비영리 단체가 맞닥뜨려야 하는 또 다른 도전 과제는 분명히 경쟁일 것이다. 새로운 기부자들이 후원할 수 있는 비영리 조직은 굉장히 다양하다. 이들은 기부금

↑ 유럽원자핵공동연구소(European Center for Nuclear Research 혹은 CERN)는 1954년 제네바 인근에 세워졌다. CERN은 전 세계에서 가장 큰 입자 물리 연구소를 운영한다. CERN의 과학자들은 1984년과 1992년에 노벨물리학상을 받았다. CERN의 강입자충돌기는 세계 최대 입자가속기다. 영국의 컴퓨터과학자 팀 버너스-리(Tim Berners-Lee)가 글로벌 하이퍼텍스트 공간 개념을 연구해서 월드와이드웹을 창시한 곳도 바로 CERN이다.

사용에 관한 정보도 더 많이 얻고 있다. 새로운 자선사업가 중 상당수는 굉장히 부유하고 야심만만해서 사회 문제를 해결할 자선 재단을 직접 세우기까지 한다. 가장 잘 알려진 재단은 전 세계에서 활동하는 빌&멜린다 게이츠 재단이다.

결론

NGO 세계가 가까운 미래에 얼마나 많이 달라질지 가늠하기란 어렵다. 그러나 정부 활동을 지원하고 정부에 압력을 행사할 조직은 분명히 필요하다. 거대 세계 정부에 대한 반대가 날로 커진다는 현실을 고려해볼 때 국제기구 역시 필요하다.

비영리 단체의 세계에서 스위스의 지위를 생각해본다면 낙관적

주요 연혁

1800-99년

1810	취리히에서 스위스 공익사업 단체(Swiss Public Services Company)가 설립되다
1830	제네바에서 평화 협회가 창설되다.
1863	제네바에서 국제적십자위원회가 창립되다 (1876년까지 기관명은 '국제 부상자 구호 위원회').
1868	파리에서 1865년에 조인된 협정에 따라 베른에서 국제전신연합(International Telegraphic Union)이 설립되다. 이후 1934년에 국제전기통신연합으로 명칭을 변경하고, 1947년에 제네바로 이전한다.
1870	스위스 상업·산업 연합(Swiss Union of Commerce and Industry) 혹은 'Vorort'가 결성되다.
1891	베른에서 국제평화사무소(International Peace Office)가 설립되다. 이후 1924년에 제네바로 이전한다.
1892	베른에서 국제 평화 중재 연합(International Union of Peace and Arbitration)이 출범하다.
1893	1886년의 저작권 관련 베른 협약에 따라 국제 지적재산권 보호 사무국(International Offices for the Protection of Intellectual Property)이 발족되다. 1960년에 제네바로 본부 이전하고, 1970년에 현재 명칭인 세계 지적재산권기구로 변경한다.

1900-99년

1909	스위스 자연 보호 연맹 설립되다. 1997년에 '프로 나투라'로 명칭을 변경한다.
1910	프로 유벤투테(Pro Juventute)가 창립되다.
1915	1894년에 창설된 국제올림픽위원회가 로잔에 본부를 설립하다.
1920	국제연맹이 제네바를 본부로 결정하고, 국제노동기구가 제네바로 이전하다.
1930	제네바에서 기독교 여자청년회(World Young Women's Christian Association)가 설립되다. 바젤에서 국제결제은행이 창립되다.
1932	1904년에 설립된 국제축구연맹이 취리히로 본부를 이전하다.
1946	UN이 제네바를 제2 본부로 결정하다.
1947	1946년에 설립된 세계표준화기구가 제네바로 본부 이전하다. 제네바에서 관세 및 무역에 관한 일반 협정(General Agreement on Tariffs and Trade, GATT)이 조인되고, 이후 1995년에 세계무역기구로 대체된다.
1948	세계교회협의회가 암스테르담에서 창설되고 제네바에 본부를 설치하다. 1906년에 설립된 국제전기기술위원회(International Electrotechnical Commission)와 1948년에 설립된 세계보건기구가 제네바에 본부를 설치하다. 국제도로운송연합(International Road Transport Union)이 창설되다.
1949	국제항공운송협회(International Air Transport Association)와 국제항공통신협회(Society of International Telecommunications of Airline)가 제네바에 본부를 설치하다.
1950	제네바에서 유럽방송연합(European Broadcasting Union)이 발족하다.

1951	1947년에 설립된 루터교 세계연맹(Lutheran World Federation)이 제네바에 본부를 설치하다.
1960	1948년에 설립된 국제자연보전연맹이 모르주로 본부를 이전하다.
1961	모르주에서 세계자연기금이 설립되다.
1968	제네바에서 국제제약협회연맹(International Federation of Pharmaceutical Manufacturers Associations)이 설립되다. 1922년에 창설된 세계스카우트연맹이 제네바로 이전하다.
1985	1947년에 출범한 국제배구연맹(International Volleyball Federation)이 제네바로 이전하다.
1986	1908년에 설립된 국제수영연맹(International Swimming Federation)이 로잔으로 이전하다(1989년부터 1992년까지는 바르셀로나에 임시 본부 설치).
1992	인터넷 협회(Internet Society)가 제네바에 본부를 설치하다. 1900년에 설립된 국제사이클연맹(International Cycling Union)이 에이글로 이전하다.
1993	1938년에 창설된 국제야구연맹(International Baseball Federation)이 로잔으로 이전하다.
1995	1954년에 출범한 유럽축구연맹이 베른(1959년–1995년)에서 니옹으로 본부를 옮기다.
1996	1892년에 설립된 국제조정연맹이 로잔에 본부를 설치하다.
1997	1913년에 설립된 국제펜싱연맹(International Fencing Federation)이 로잔에 본부를 설치하다.
2000년 이후	
2002	1932년에 제네바에서 창설된 국제농구연맹(International Basketball Federation)이 1956년에 본부를 독일 뮌헨으로 이전했다가 다시 제네바로 복귀하다.
2008	1881년에 출범한 국제체조연맹(International Gymnastics Federation)이 1991년부터 2008년까지 제네바와 리스, 몽티에르를 거쳐 로잔으로 본부를 옮기다.
2010	1958년에 설립된 국제골프연맹(International Golf Federation)이 로잔으로 이전하다.

전망이 가능해진다. ICRC나 IOC, WWF처럼 비영리 조직의 세계에서 가장 규모가 크고 가장 잘 알려진 단체 중 많은 수가 스위스에 있다. 「새로운 글로벌 브랜드: 21세기에 NGO 경영하기(The New Global Brands: Managing Non-Government Organizations in the 21st Century)」의 저자 존 켈치(John Quelch)와 나탈리 레이들러-카일랜더(Nathalie Laidler-Kylander)는 한 인터뷰에서 홍보 대행사 에델만(Edelman)이

진행한 조사 결과를 설명했다. 이 조사에 따르면 소비자, 특히 유럽의 소비자는 코카콜라나 마이크로소프트 같은 다국적 기업의 브랜드보다 WWF처럼 세계적으로 잘 알려진 NGO의 이름을 더 신뢰한다. 기업과 비영리 단체 모두 수입원에서 브랜드를 성장시킬 추진력을 얻는다고 생각해보자. 이때 평판을 유지하는 데 더 큰 관심을 보이는 쪽은 비영리 단체다. "어떤 경우, MSF처럼 고도로 분권화된 단체는 조직의 단결을 강화하기 위해서 브랜드에 의지한다." 켈치와 레이들러-카일랜더는 브랜드의 역할을 이렇게 설명한다. "브랜드는 국제적인 조직을 구성하는 다양한 요소들을 연결한다."*

적절한 자선 활동을 펼치는 브랜드는 기부자의 신뢰를 얻는다.

스위스는 훌륭한 지리적 위치와 정치적 중립성, 이상적인 법적·물리적 환경, 공익에 헌신하는 핵심 인사들을 모두 갖추고 있기 때문에 앞으로도 다양한 NGO를 끌어모을 것 같다. 스위스의 비영리 단체 덕분에 우리가 환경이나 전쟁 부상자와 재난 피해자, 인권을 대하는 방식은 물론이고 심지어 스포츠를 바라보는 방식까지 달라졌다. 요즘 스위스의 수많은 NGO는 무수한 자원봉사자 네트워크로 구성되어 있으며, 전 세계에서 활동한다. 그래서 우리는 이런 단체가 처음에는 앙리 뒤낭이나 룩 호프만 같은 선구적 인물들의 작은 프로젝트에 지나지 않았다는 사실을 자주 잊곤 한다. 이제 우리가 고민해봐야

[*] John A. Quelch와 Nathalie Laidler-Kylander, Interview by Manda Salls. 전문은 〈비영리 브랜드의 까다로운 사업(The Tricky Business of Nonprofit Brands)〉, Harvard Business School, (2005)에서 확인할 수 있다. http://hbswk.hbs.edu/item/4686.html.

←
올림픽 개최를 맞아 올림픽
조형물을 설치한 런던의 타워
브릿지.

할 문제는 ICRC와 WWF 같은 단체를 설립하고 지원하고 동원했던
리더십이 앞으로도 기량을 발휘할 수 있을 것인지, 그리고 만약 세계의
다른 곳에서 이런 리더십이 일어난다면 기꺼이 스위스로 올 것인지다.

  이 책은 부유하고 유명한 인물들에 관한 책이 아니라 각자의
분야에서 뛰어난 성취를 보여준 사람들에 관한 책이다. 비영리 단체의
세계는 인간이 최선을 다하는 곳이다. 박애주의자와 자선 활동가들은
시장 규율에 따르기 때문에 상황이 어려워질 때 혁신을 선택하고
희망을 품는 것이 아니다. 규제 체계는 법률을 집행하기에 충분하지
않다. 정부를 타도할 유권자들도 존재하지 않는다. 결국, 우리가 스스로
선하게 행동하지 않는다면 가장 바람직한 계획이라고 해도 무용할
것이다.

15장 스위스 메이드: 다국적 기업들이 스위스를 선호하는 이유

— 이 책의 장들은 대부분 전 세계에 영향을 미친 제품이나 작품을 만든 스위스의 기업가, 과학자, 예술가, 기업을 다룬다. 보베리, 에셔, 네슬레, 슈미트하이니, 빌스도르프나 춤토르와 같은 이름은 이제 더 중요하게 다가올 것이다. 이들 중 어떤 사람은 스위스에서 태어나 성장했고 놀랍게도 많은 사람이 외국인이었다. 그러나 어떤 경우든 그들은 다른 사람이 부러워할만한 기업을 세워 그들이 경쟁하는 분야를 선도하거나 지배했다. 아울러 예외 없이 그들의 기업은 스위스의 독특한 사회경제적 '환경'에서 성장했다.

그러나 스위스는 완전히 성숙한 기업들도 환대한다. 유럽 본사가 스위스에 있는 다우케미칼은 전 세계 연매출액이 540억 달러로 30개국 이외의 모든 국가의 국내총생산(GDP)보다 많으며 스위스 국가예산과 비슷한 수준이다. 최근 최대 규모의 해외 기술센터를 취리히에 배치하기로 결정한 구글의 기업 가치는 3,090억 달러(2019년)로 스위스 최대 기업인 네슬레보다 더 크다. 이런 회사들에서 노동, 자본, 기술에 대한 결정적인 의사결정은 기업가들의 욕구나 기분이 아니라 미니애폴리스, 상파울로, 또는 오사카에 앉아 있는 기업 이사회에 의해 이루어진다. 그들은 정치 안정, 고객과의 근접 필요성, 세금 효율성, 핵심 인재를 유치하고 유지할 수 있는 입지여건과 같은 요인을 신중하게 고려한다. 그 결과는 깜짝 놀라운 것일 수 있다. 최근 분석에 따르면 현 세대의 가장 성공적인 제품 중 하나인 아이폰은 엄청난 아웃소싱 때문에 미국 무역균형에 부정적인 영향을 미친다. 구글 엔지니어들은 3-4명이 한 팀이 되어 일하는데 국경이 없는 기업의 특성 때문에 위치보다는 능력에 기초하여 업무가 배정된다.

인재를 끌어들이는 곳

각국 정부는 수십 년 동안 외국 기업을 유치하기 위해 서로 경쟁해왔다. 그러나 최근까지 경쟁은 주로 많은 일자리를 창출하는 대규모 공장—예를 들어 자동차 부품 및 조립공장—유치를 중심으로 이루어졌다. 각국 정부는 일반적으로 법인세 인센티브, 토지 무상제공, 그 이외 다른 유인책을 제공한다. 전체적으로 말하면, 스위스는 이런 종류의 경쟁에 참여할 수 없었다. 스위스는 그런 공간이나 필요성이 없다. 그러나 지식 관련 조직이라고 부를 수 있는 부속 기관이나 지역 본사를 끌어들이는 데 아주 좋은 성적을 거두었다.

전 세계에 스위스 기업이 놀라울 정도로 많이 진출해 있는 만큼 외국 기업도 스위스에 많이 들어와 있다. 위에서 언급한 기업들과 별도로 스위스에서 중요한 사업 활동을 펼치는 익숙한 회사를 들자면 IBM, 테트라 팩, 머크, 캐논, 메드트로닉, 시스코가 있다. 외국 다국적 기업의 스위스 내 매출액은 스위스 GDP의 약 10%를 차지한다—스위스 금융 분야와 비슷한 비중이지만 금융 분야보다 더 빨리 증가하고 있다. 그래서 많은 사람은 다국적 기업들이 금융권보다 미래 성장잠재력이 더 클 것이라고 판단한다. 점차 외국 다국적 기업처럼 행동하는 스위스 다국적 기업의 매출액을 추가한다면 이 수치는 GDP의 3분의 1 수준으로 증가한다. 스위스는 세계 최대 기업들이 선호하는 지역이다.

이 장에서는 스위스에서 사업 활동을 하기로 선택한 외국 기업들을 살펴보면서 그들이 그렇게 결정한 이유와 그들이 지금까지 미친 영향을 알아보고자 한다.

그들은 왜 스위스에 와서 머물고 있을까? 높은 생활비와 일상생활의 모든 영역을 통제하는 엄격한 법률은 그 이유가 될 수 없다. 세금 경쟁도 스위스가 탁월한 능력을 입증한 그런 종류의 장기적인 기업 투자를 거의 유치하지 못한다. 스위스에 진출한 외국 기업의 이야기에는 세금보다 훨씬 더 많은 내용이 들어 있다.

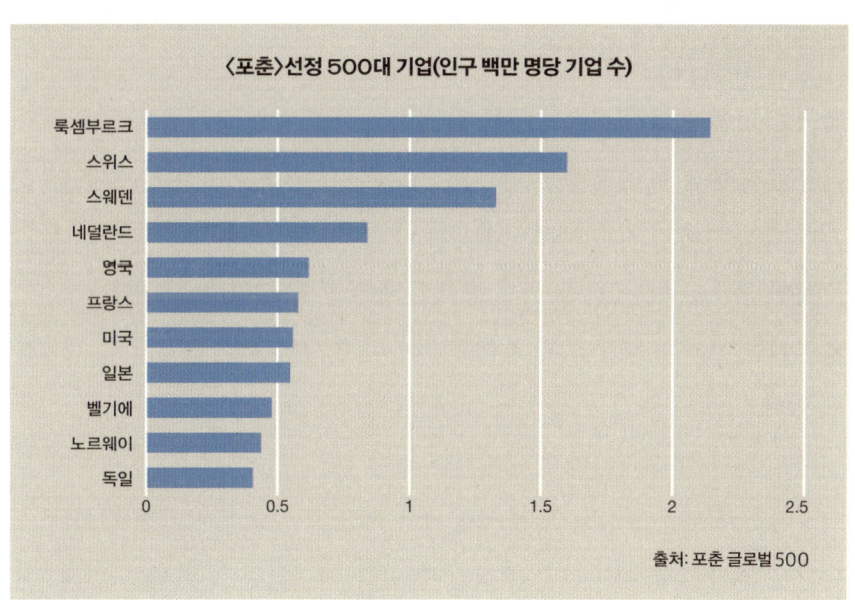

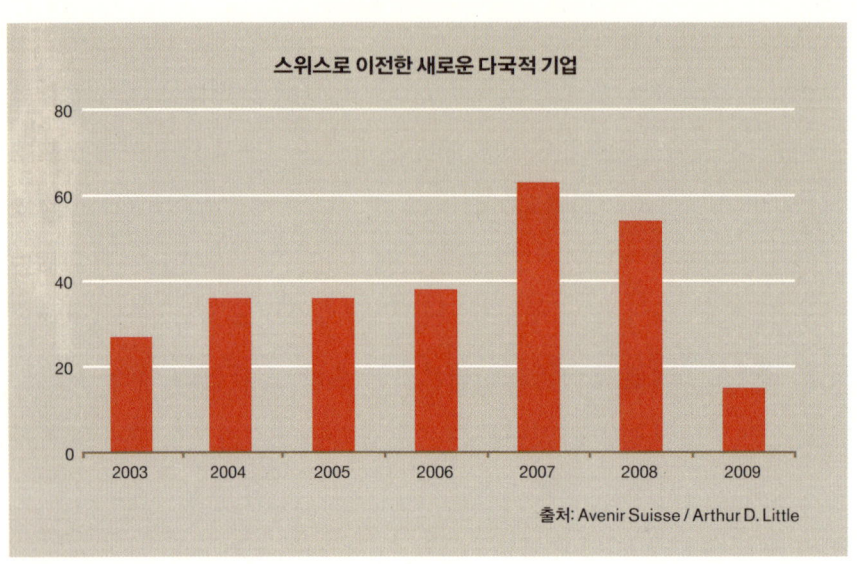

세금은 얼마나 중요한가?

외국인 소유 기업이 스위스에서 운영하는 사업 범위를 살펴보면 아주 다양한 유형을 확인할 수 있다. 어떤 곳은 지역 본사이고 어떤 곳은 연구기관, 그런가하면 지역 제조시설이나 마케팅 조직도 있다. 소수는 그룹의 본사인 경우도 있다. 종종 이런 종류가 합쳐진 곳도 있다. 이를테면 초기에는 마케팅 사무소가 들어왔지만 다른 사업 조직 설립으로 이어질 수 있다.

사업 활동의 성격이나 유형에 상관없이 세금은 스위스 진출 여부를 결정하는데 매우 중요한 고려 사항이다. 세금의 중요성과 별도로 이런 측면은 복잡할 뿐 아니라 논쟁적일 수 있다. 기업들은 주주들을 위해 세금을 최소화할 의무가 있다. 많은 기업들의 세금 담당부서는 법률이 허용하는 최저의 세율을 부과받기 위해 노력하는 수익 창출 부서다.

다른 유형의 기업들, 특히 금융이나 원자재 무역 분야의 기업들에게 기밀유지는 매우 중요한 경쟁력이다. 스위스가 관대한 태도를 보이는 비밀유지는 상대적으로 낮은 세금과 함께 글렌코어, 비톨, 리타스코와 같은 원자재 무역회사는 물론 브레번 하워드와 같은 헤지펀드 회사에게도 강력한 유인 요소다.

블랙리스트에서 벗어나기

그러나 낮은 세율로 기업을 유치하려는 각국 정부 간 경쟁에도 제한이 있다. 경제협력개발기구(OECD)는 각국이 세금 부과에 대해 지켜야할 기본적인 기준을 제시한다. 여기에는 각국 정부가 실제로 부과해야할 세금에 대한 필수조건이 포함된다. OECD의 기준에 미치지 못하는 국가들은 공식적으로 회람되는 조세회피처 블랙리스트에 포함된다. 이러한 OECD 프로그램의 장점이 무엇이든 간에 모든 스위스 주를 포함하여 대부분 존경받는 국가들은 코스타리카와 우루과이와 같은 국가와 함께 블랙리스트에 포함되고 싶어 하지 않는다.

많은 스위스 주들은 상당히 낮은 법인세율과 소득세율을 유지한다. 현재 법인세율은 12.5-24% 수준이며 이에 비해 영국은 28%, 미국은 15-35%다. 소득세율—연방의 소득세율과 주의 소득세율을 합하여—은 대체로 대부분의 유럽국가와 미국과 비슷하다. 부가가치세율은 8%인데, 이에 비해 많은 서유럽 국가들은 약 20% 수준이다. 일부 전문가들은 고도로 분권화된 스위스 정부형태—이런 정부 구조에서는 세금 징수와 지출이 가장 낮은 지역 단위로 위임된다—는 지역 간 경쟁을 유발하여 세율이 더 낮아진다고 말한다. 비평가들은 이것이 조세수입이 감소하는 주나 국가들의 희생을 대가로 이점을 누리려는 '근린궁핍화' 정책과 비슷하다고 주장한다.

어딘가에는 항상 더 싼 것이 있다

하지만 공식적인 세율은 항상 기만적인 요소가 있다—그리고 어딘가에는 더 낮은 세율을 제시하는 곳이 있다. 몇몇 주변부 유럽 국가들은 법인세율이 10% 또는 그 이하이며, 모나코나 불가리아의 소득세율—입지 결정에서 기업들에게 중요한 고려요소다—은 스위스보다 상당히 낮아 그곳으로 기꺼이 이전하고 싶을 정도다. 대다수 기업의 중요한 입지결정에서 또 다른 중요한 요소는 실효세율인데, 이는

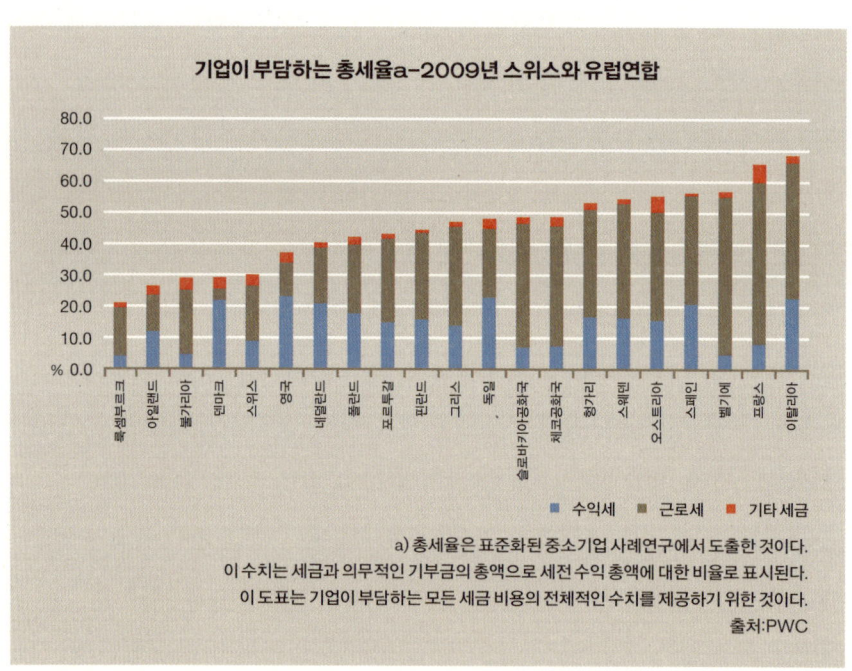

공제, 인센티브, 그리고 예정된 세율에 따라 실제로 세금을 적용받는 거래의 비율을 고려한 세율이다. 실효 세율은 공식적인 세율과 아주 다를 수 있다. 이것은 세금 문제에 있어 스위스가 압도적인 수준은 아니라고 해도 경쟁력이 있다는 뜻이다.

입지를 자유롭게 선택할 수 있는 다국적 기업이 세금을 활용할 수 있는 다른 방법은 기업 간 이전이다. 이것은 세금을 최소화하기 위해 여러 국가에 있는 자회사 간에 이동하는 상품과 서비스의 내부 거래 가격을 조정하는 것이다. 스위스 주들이 이런 요인으로 인해 다국적 기업을 얼마나 유치하는지에 대해서는 의문의 여지가 있지만 아마도 산업적 요인에 따라 상당히 다양할 것이다.

따라서 세금이 중요 고려사항이고 실제로 많은 기업에게 필수조건일 수 있지만 스위스가 인기 있는 기업 입지가 되는 데는 다른 요인들이 기여했다. 이 장에서는 이런 요인들을 정리하기 위해 구체적인 몇몇 사례를 살펴본다.

유럽의 정중앙

낮은 법인세, 기밀을 유지하는 신중함, 최고 수준의 대학과 같은 요소는 분명히 기업들이 연구센터든 영업조직이든 스위스에 사무실을 배치하는 이유 중 일부다. 하지만 이것이 전부가 아니다. 한 예를 들자면 다우케미칼은 1950년대 초 자사 최초의 유럽 지역 판매조직을 취리히에 개설했다.

그 후 수년 동안 이 판매조직은 크게 확장되었다. 1966년 판매 및 관리업무에 기술 서비스 및 개발센터가 추가되었고 다음 해 이 센터는 호르겐으로 이전했다. 1968년 다우케미칼은 취리히를 유럽본사로 '승격'시키기로 결정했다. 다우 유럽의 전 사장 루치아노 레스피니는 "주요 이유 중 하나는 단순히 취리히가 지리적으로 유럽 중앙에 위치했기 때문이다. 스위스는 그 당시에 그랬듯이 지금도 유럽의 중앙에 있다—스칸디나비아에서 이탈리아까지, 이베리아 반도에서 철의 장막까지 이르는 유럽의 중앙이다. 여러 국가에서 매우 효율적으로 사업을 수행하기 위해 중앙에 본사를 두었다."라고 회상한다.
다우케미칼의 부사장이자 다우 유럽, 중동, 아프리카 지역 사장인 제프리 머스제이(Geoffery Merszei)는 "또 다른 핵심 요인은 스위스의 탁월한 인프라, 안정적인 법률 및 조세 제도, 고급 인력의 이용가능성, 높은 삶의 질이었다. 스위스는 세계의 세련된 시민들과 아이를 둔 가족들이 살기에 정말 좋은 곳이다."라고 말한다.

↑ 미국 미시건주 미드랜드에 있는 다우케미칼 본사는 자사의 유럽 본사를 1974년에 취리히 근처 호르겐에 설립했다. 이 해는 다국적 기업들이 최고의 가치를 제공하는 국가에 일자리, 기술, 자본을 배치하는 새로운 시대를 열었다.

1970년 취리히의 업무 공간이 너무 협소해져 유럽 본사를 근처 호르겐으로 이전하기로 결정했다. 다우케미칼은 관리와 연구 업무를 수행할 새로운 건물을 마련하는데 4천 8백만 스위스프랑을 투자했다. 새로운 센터는 다우케미칼의 소유였으며—그 당시 다국적 기업과 다른 예외적인 것으로, 진정한 유럽 기업으로 뿌리내리겠다는 이 기업의 목표를 확실히 보여주는 것이었다— 판매, 관리, 기술 업무를 한 곳에 합쳐 시너지 효과를 높였다. 그러나 이것은 또한 취리히와 같은 작은 도시도 혼잡해졌다는 것을 보여주었다.

2세기 동안 개발된 인프라 활용

불과 몇 마일 떨어진 곳에 있는 IBM연구소와 달리 다우케미칼의 기관들은 기초연구에 전념하지 않았다. 다우케미칼은 호르겐에서 유럽 전역의 고객들에게 필요한 기술적 해결책과 맞춤형 제품을 개발했다. 머스제이는 "우리 기업은 아주 빨리 성장하여 20년 만에 바스프(BASF), 회흐스트(Hoechst), 바이엘(Bayer)과 같은 유럽의 거대 화학 기업을 마주할 정도가 되었다."고 말한다.

오늘날 다우케미칼은 호르겐 본사에서 약 60개의 유럽 생산시설과 20개국에 있는 30개 판매조직을 관리한다. 2010년 다우케미칼의 유럽, 중동, 아프리카 지역 담당 기업에는 13,400명이 일하며 185억 달러의 매출을 기록했다. (비교하자면, 스와치는 직원이 25,000명, 매출액은 70억 달러다.)

구글 효과

안정된 화학 및 플라스틱 산업 분야의 세계적 기업인 다우케미칼과 구글은 극명하게 대조된다. 구글은 다우케미칼이 스위스로 진출할 때 존재하지 않았고, 난데없이 나타나 15년도 채 못 되어 세계 최고의 가치를 지닌 기업이 되었다.

2004년 구글은 미국을 벗어나 스위스에 최초로 엔지니어링 업무단지를 개소했는데 구글이 선택한 장소는 취리히였다. 구글이 1990년대 말 혜성처럼 등장했다가 곧 타서 사라진 많은 '신경제' 신생기업과는 다르다는 점은 이미 분명했다. 1998년 1월 설립된 지 불과 6년 만에 구글은 수십 억 달러의 매출과 수익—주로 검색 결과 위와 옆에 있는 문자 광고 공간을 경매에 부치는 단순한 아이디어 덕분에—을 올리는 거대 기술기업이 되었다. 구글의 계획은 취리히 연구소를 통해 성공 이야기를 확실하게 계속 이어가는 것이었다.

구글이 미국에서만 엔지니어링 조직을 운영하는 것을 원하지 않은 이유는 쉽게 이해할 수 있다. 무엇보다도 오래전에 모든 유능한 엔지니어들이 캘리포니아나 뉴욕으로 떠났기 때문이었다. 그러나 그들은 많은 유럽 도시로 갈 수도 있었을 것이다. 이미 구글의 판매 조직이 있는 더블린, 암스테르담, 함부르크, 또는 런던이 아니라 왜 취리히였을까?

취리히의 매력

분명히 세금은 그 이유가 아니다. 취리히는 스위스에서 법인세와 소득세가 가장 높은 지역이다(직원들이 세금이 적은 주에서 통근을

할 수도 있지만 말이다). 한 가지 전제조건은 선택된 도시는 미래의 직원들에게 매력적인 곳이어야 한다는 것이었다. IT전문가들은 악명 높을 정도로 이동성이 높고, 생활방식과 노동방식을 잘 융합하는 것으로 유명하다. 세계 도시들의 상대적 매력도 순위는 쉽게 이용할 수 있는데 몇몇 스위스 도시들은 정기적으로 최고 순위를 차지한다. (시티 오브 런던 코퍼레이션(City of London Corporation)이 2010년 시행한 금융 기업을 위한 세계 도시의 상대적 매력도 조사에 따르면 취리히와 제네바는 런던에 이어 각각 2위와 3위로 평가되었다.)

공식 순위는 시사하는 바가 많지만 종종 측정하기 힘든 요인을 놓칠 수 있다. 오랫동안 다우 유럽의 최고경영자를 역임한 제프리 머스제이는 스위스의 가장 탁월한 장점을 아주 간결하게 요약했다. "배우자가 스위스를 좋아합니다!"

또 다른 매우 결정적인 평가기준―유명한 공과대학인 취리히 ETH와 로잔 EPFL의 근접성―이 있었다. 이 대학의 컴퓨터 교육과정은 이 지역의 인재가 고갈될 가능성이 없다는 것을 보증한다. 이것은 곧장 공생관계가 되었다. 구글은 이 대학 출신자를 인턴 사원으로 꾸준히 모집한다. 이에 대한 보답으로 구글은 학위 과정, 박사학위 과정, 박사후 과정 장학금을 후원한다. 구글 채용담당자 랜디 나플릭은 "우리의 인턴 사원들은 단순히 저임금의 단순 업무 직원이 아니다. 그들은 정규직 직원과 함께 중요한 프로젝트를 개발하고 그에 대한 대가로 높은 임금을 받는다."라고 말한다. 당연한 일이겠지만 구글의 인턴직원은 보통 정규직원이 된다.

전형적인 스위스 기업이 아니다

그러나 '구글러'(구글 직원)는 특별한 사람들로서 그들이나 구글이 스위스의 전통적인 노동방식에 적응할 것인지 확실하지 않았다. 첫째, 구글의 사업은 물리적인 제품이 아니라 사이버공간에서 이루어진다. 둘째, 구글의 성공은 '즉각적인 만족'에 달려 있다―이용자가 정보를 빨리 찾고 더 가치가 있을수록 더 좋다. 스위스의 츠빙글리와 칼뱅은 만족 유예를 중요한 교리 중 하나로 가르쳤다. 셋째, 대부분의 기업이 더 작고 예측 가능한 수익에 집중하고 더 크고 예측 불가능한 수익을 포기한다는 시각에서 보면 구글은 큰 '위험'을 감수하는 사업이다. 스위스는 신중함으로 유명하고 예측 가능성을 중요하게 여긴다. (스위스 목수들의 유명한 표현으로 '두 번 재고 한 번 잘라라'는 말이 있다).

넷째, 구글의 사업은 새롭고 놀라울 정도로 효율적인 광고, 즉 광고주들에게 광고주의 제품이나 서비스에 관심을 보이는 고객들에게만 광고가 전달―그리고 전달된 광고에 대해 비용을 지불한다―되는 기회를 제공한다. 전통적인 광고형태는 꽃가루 수분과 비슷하다. 광고는 일반 청중에게 전달한 뒤 그것을 본 사람들 중 적어도 일부가 관심을 보이기를 기대한다. 그러나 이런 경우 광고주는 관심을 보인 사람이 아니라 전체 청중에 대해 비용을 지불해야 하기 때문에 불리하다―예를 들면, 고속도로 광고판이나 중요한 스포츠 경기 중계 시의 TV 광고. 인터넷 검색엔진을 사용할 때 소비자들은 어떤 것을 검색할 때마다 자신의 관심사를 나타내고, 구글은 검색 페이지에 관련 광고를 보여준다. 소비자가 광고를 클릭하면 구글은 관련 광고주에게 수수료를 받는다.

이 모든 일이 일어날 때 소비자는 이것을 거의 의식하지 못한다. 구글의 스위스 지역 책임자 패트릭 원킹은 "우리는 그냥 내버려둡니다. '이용자들'이 그것을 좋아하면 '그것을 사용합니다.'"라고 말한다. 구글은 〈와이어드(Wired)〉잡지 편집자 크리스 앤더슨이 「롱테일(The Long Tail)」에서 설명한 것을 이용했다. 인터넷과 검색엔진을 이용하면 전 세계에 도달가능하기 때문에 작고 전문화된 시장을 열 수 있다. 예를 들어 신발 사이즈가 46(미국 12.5)보다 더 큰 것이 필요한 사람들이 있다. 최대 규모의 도시를 제외한 모든 도시의 전통적인 신발 상점은 이와 같이 수요가 적은 상품을 재고로 유지하거나 홍보할 수 없지만 인터넷은 단연 세계 최대의 도시다.*

취리히에 있는 12,000㎡ 넓이의 구글 엔지니어링 센터는 최대 규모의 해외 사무실이다. 이 센터는 '사람들이 최고 수준의 창조성과 혁신을 불러일으키도록' 설계되었다. 이 센터는 스위스 건축가 카멘친트 에볼루션(Camenzind Evolution)이 설계했다.

[*] 구글은 1.0×10^1 뜻하는 '구골(Googol)'이란 단어의 재치 있는 말장난이다. 러시아에서 미국으로 이주한 구글의 공동창업자 세르게이 브린(Sergey Brin)에 따르면 어떤 것의 '구골'은 자연계에서는 존재하지 않는다. 비록 우리가 별이나 먼지 입자를 센다 해도 말이다. 스탠포드대에 다닐 때 브린은 '인터넷이라는 건초더미에서 바늘'을 효과적으로 찾을 수 있는 프로그램을 만들었다. 오늘날 구글은 한 달에 10억 회 조사를 처리하며 48시간 분량의 영상이 매분마다 구글이 소유한 유튜브에 업로드된다.

특이함을 넘어

취리히 휠리만 업무단지에 있는 구글의 엔지니어링 센터를 방문해 본 사람들은 특이한 내부 시설을 보고 놀랄 것이다—이글루, 케이블카 오두막, 정글 풍경, 당구장, 운동신경이 발달한 직원들이 바닥의 구멍을 통해 아래층으로 최단 경로로 이동할 수 있게 해주는 금속 기둥이 있고, 직원들이 원하는 만큼 자주 무료로 먹을 수 있는 두 개의 레스토랑과 많은 카페테리아도 있다. 요점은 사람들의 소통을 촉진하는 것이다.

특이한 것은 인테리어 디자인만이 아니다. 이른바 '20% 시간'도 역시 특이하다. 이것은 직원이 근무시간 중에 순전히 개인적으로 '좋아하는' 프로젝트에 몰두할 수 있는 비율이다. 구글은 이를 통해 직원들이 지메일(Gmail)이나 구글어스(Google Earth)와 같은 사업 관련 서비스를 계속 만들어내길 바란다.

직원 중에는 전문 마술사도 있다

다양성은 창조의 불씨를 유발한다. 다양한 국적의 주글러(Zoogler, 취리히에서 근무하는 구글 직원을 일컫는 합성어: 옮긴이)는 유엔과 닮았다. 방글라데시, 벨라루스, 팔레스타인, 나이지리아를 포함한 62개국 출신들이 취리히 구글 사무실에서 근무한다. 최첨단 소프트엔지니어링 뿐만 아니라 세계적 수준의 브리지 선수, 활발한 활동을 펼치는 록밴드 세 팀, 마술 동호회에서 저녁에 마술을 가르치는 전문 마술사를 포함한 아주 다양한 비직관적인 인재도 있다.

주글러는 구글의 저돌적인 성장과 함께 2004년 2명이었던 직원이 지금은 휠리만 맥주공장 터에서 750명이 일한다. 그리고 스위스에 대한 헌신적인 태도는 여전히 변하지 않고 있다. 나폴릭은 "충분한 인재를 찾을 수 있는 한 우리는 이곳을 계속 유지할 뿐만 아니라 계속 투자할 것입니다."라고 말한다.

구글 스위스는 중요한 의미를 갖는다. 구글의 역사에서 중요한 기술들은 취리히에서 개발되었고 지금도 그렇다. 2006년 구글은 인터넷, 지도제작과 데이터처리 기업인 엔독슨(Endoxon)을 인수했다. 루체른에 기반을 둔 엔독슨은 유럽 지역의 구글 어스와 구글 맵스 기능을 개선하는 기술을 개발하여 구글이 분석 역량을 높이는데 도움을 주었다.

인재 은행

인재 확보가 쉽고, 가까운 ETH와 EPFL이 컴퓨터공학 분야에서 세계 최고 대학이기 때문에 구글이 스위스를 선택했다는 사실은 거의 확실하다.

스위스의 두 공과대학은 오래전부터 외국기업 유치를 위한 강력한 자산이었다. 1956년 IBM은 최초의 유럽 연구소를 취리히 근처에 설립하고 ETH에서 일하던 선도적인 수학자 암브로스 스파이서를 연구소 설립 책임자로 청빙했다. 이 연구소는 1962년 뤼슐리콘에 특별히 건설한 사무실로 이전하였으며 지금은 약 30명의 객원 과학자, 많은 인턴과 박사 전 또는 박사 후 졸업생을 포함하여 300명이 근무한다. 이들 중 대부분은 세계적 수준으로 널리 인정받는 연구에 참여한다. 예를 들어 1986년 게르트 비니히(Gerd Binnig)와 하인리히 로러(Heinrich Rohrer)는 주사 터널 현미경(the scanning tunnel microscope)을 발명하여 노벨물리학상을 받았다. 다음 해 게오르그 베드노르츠(Georg Bednorz)와 알렉스 뮐러(Alex Müller)가 고온 초전도체 발견으로 같은 상을 받았다.

EPFL의 별은 아주 빠른 속도로 떠오르고 있다. 사교성이 좋은 이 대학 수장인 패트릭 애비셔는 1992년 로드아일랜드 브라운 대학의 정년보장 교수직을 포기하고 고향인 로잔으로 돌아와 1999년 이 대학의 총장이 되었다. 그 당시에 아주 새로웠던 그의 아이디어는 따분한 스위스 대학에 칼텍이나 MIT와 같은 분위기를 만드는 것이었다. 이렇게 하려면 세 가지 혁신이 필요했다. 첫째, 그는 미국 최고 대학에서 명성을 얻었지만 향수병으로 다소 힘들어 하던 젊고 탁월한 학자들로 교수진을 개선했다. 애비셔는 "나는 캔자스로 돌아가고 싶어 하는 '도로시'를 찾았습니다."라고 말한다. 둘째, 그는 EPFL을 5개 학과체제로 구조조정을 하여 각 학과가 자체적으로 예산을 관리하게

뤼슐리콘의 IBM 연구소 연구원 게르트 비니히(왼쪽)와 하인리히 로러는 1986년 노벨상을 받았다.

하여 이를 구실로 삼아 역량이 떨어지는 일부 교수를 내보냈다. 이런 조치는 그의 인기에 도움이 되지 않았다. 처음 두 해 그는 "나는 거의 쫓겨날 지경이었습니다."라고 말한다. 셋째, 그는 학문적으로 훌륭한 분야보다는 상업적으로 가능성이 있는 분야에 집중했다. 스위스는 오래전부터 학문적 업적에서 탁월한 역사를 갖고 있지만 지식 재산을 상업적 제품으로 전환하는 능력은 빈약했다. 그는 산업 파트너십을 촉진하기 위해 대학 내 '혁신 광장'을 세웠다. 오늘 로지텍, 네슬레, 시스코는 EPFL 캠퍼스에 연구 시설을 보유하고 있으며 그들의 직원은 학생, 교수들과 함께 일한다. 그 다음 그는 롤렉스를 설득하여 '더 제로(The 0)' 캠퍼스 건축에 자금을 지원하게 했다. 이 캠퍼스는 학과 간 장벽을 허물고 공동협력을 촉진하기 위한 것이었다. 이 캠퍼스가 문을 연지 5주 후, 이 캠퍼스를 설계한 건축가 세지마 가즈요(Kazuyo Sejima)와 니시자와 류(Ryue Nishizawa)가 2010년 건축계의 가장 권위 있는 상인 프리츠커상을 받았다.

롤렉스만 건축 재원을 지원한 것이 아니었다. 애비셔는 제네바에서부터 몽트뢰에 이르는 지역에 사는 독지가들로부터—다니엘 보렐, 에르네스토 베르타렐리, 앙드레 호프만, 네슬레를 비롯하여—자금을 열심히 모금했다. 이를 위해선 유럽 학계가 업신여기는 상당한 상술이 필요했으며 이는 비난과 선망의 대상이 되었다.

투자를 유치하고 유지하기 위한 노력

2007년부터 미국 네트워크 전문기업 시스코는 로잔에서 멀지 않은 롤레에 연구센터를 운영했다. 2008년에는 핀란드 거대 통신기업 노키아가 취리히와 로잔에 있는 두 개의 공과대학과 기술 파트너십을 체결하고 로잔 캠퍼스에 노키아 연구센터를 개소했다. 노키아의 연구과제는 모바일 웹의 가능성을 확대하는 것에 초점을 맞추고 있다. 당시 노키아의 최고기술책임자였던 밥 야누치(Bob Iannucci)는 두 공과대학이 이 분야에서 이미 구축한 전문기술이 연구소 입지를 스위스로 결정하는데 결정적 요인이었다고 말한다.

고객들과 가까이

'집단 형성'은 첨단 기술 분야에만 국한된 것이 아니다. 스웨덴 기업 테트라 팩(Tetra Pak)은 1950년대 초 혁신적인 단단한 종이팩 기술을 이용해 낙농제품 유통에서 혁신을 시작했다. 이 회사는 세계적 확장 가능성이 분명해지자 낙농업이 비중이 큰 여러 국가에 자회사를 설립하기로 결정했다. 테트라 팩 스위스는 1950년 말 베른에서 기업을 등록했다. 이때는 포장시스템이 스웨덴에 출시되기도 전이었다. 이 회사가 1957년 로잔에 자사 최초의 충진 공장(filling plant)을 설치한 뒤 상황이 빨리 전개되기 시작했다. 테트라 팩의 사업 모델은 충진 기계를 고객의 생산 현장에 직접 설치하고 판지를 공급하는 것이다. 네슬레는 테트라 팩의 가장 중요한 초기 고객 중 하나였으며 이 회사의 풀리(Pully) 본사는 브베에 있던 네슬레 본사에서 20km도 채 떨어지지 않은 곳에 있었다.

주로 네슬레와 좋은 관계를 맺은 덕분에 테트라 팩은 스위스에서 높은 시장점유율을 유지하고 스위스는 이 기업의 표준적인 시장이 되었다. 1981년에는 회사의 본사가 모두 스위스로 이전했다. 그 당시 국제시장 총괄책임자였던 라르스 레안더에게는 '현장에 있는 것과 유럽의 중심에 있는 것'이 중요했다.

인도가 바젤로 오다

시계산업 역시 외국 기업을 끌어들여 집단이 형성되었다. 작지만 놀라운 한 예는 인도 기업인 KDDL의 자회사 필라니아(Pylania)다. 이 회사의 직원 25명은 바젤 근처 오래된 산업지구에서 시계용 다이얼을 만든다. 이는 교과서에 나오는 통상적인 지식을 뒤집는 놀라운 일이다. 필라니아는 저비용의 인도에서 원재료를 수입하여 고비용의 스위스에서 최종 제품을 만든다. 2007년 KDDL의 생산시설을 세운 하인츠 쾰러(Heinz Köhler)는 이것은 스위스 시계산업의 높은 기술수준과 엄격한 생산관리를 인정한 것이라고 말한다. 이것은 스위스에서 정해진 시간 내에 원하는 사양의 제품을 생산할 수 있다는 의미다.

때로 스위스의 전통적인 중립성은 입지 선택에 결정적인 요소가 된다. 국제결제은행(BIS)이 스위스를 선택한 것은 이 은행을 설립한 벨기에, 프랑스, 독일, 이탈리아, 일본, 영국, 미국이 타협한 결과다. 이 은행을 런던, 브뤼셀, 또는 암스테르담에 두는 것에 합의가 되지 않자 결국 스위스로 결정되었다. 독립적이고 중립적인 국가인 스위스는 이 은행을 덜 노출시켜 주요 강대국들의 영향을 받지 않게 한다.

레고가 스위스를 떠나다

스위스가 매우 경쟁적인 외자유치 사업에 항상 승자였다고 말하는 것은 옳지 않다. 스위스가 매력적이지 않거나 전혀 적합하지 않은 산업 분야나 사업 활동 분야가 많다. 또한 사업 환경은 시간에 따라 바뀐다. 50년 전 스위스에 유리하게 움직이던 요인들이 약화되자 기업들은 어쩔 수 없이 힘든 결정을 내려야 했다.

덴마크의 장난감 제조업체 레고는 1957년 두 번째 해외지사를 취리히에 설립했으며 1974년부터 스위스 중앙 지역에 생산 공장을 운영하여 매년 10억 개 이상의 소형 플라스틱 블록을 생산했다. 그러나 2005년 레고 그룹은 비용 때문에 제조시설을 동유럽으로 이전하기로 결정했다. 스위스에 있던 유럽지역 본사도 결국 비용절감이 불가피했고 2년 뒤 뮌헨으로 이전했다.

스위스의 매력에 대한 더욱 심각한 도전은 스위스 기업이든, 외국 기업이든 간에 기업 활동의 세계화가 늘어난다는 점이다. 세계의 어떤 지역에 사업장을 설립하는 기준은 노바티스든, 머크든 상관없이 비슷하다—실제로 노바티스는 최근 보스턴과 상하이에 연구센터를 세웠다. 하지만 과거였다면 바젤이 자연스러운 선택지였을 것이다. 스위스가 이런 분야에서 특히 취약한 이유는 다국적 기업들이 보통 중소기업이 더 중요한 역할을 하는 미국이나 독일 같은 다른 많은 국가에서보다 스위스 경제에 더 큰 역할을 하기 때문이다. 2008년 스위스-미국 상공회의소와 보스턴 컨설팅그룹이 공동으로 발표한 연구보고서 「창조적인 스위스」에 따르면, 스위스 국적과 외국 국적의 다국적 기업들이 스위스 GDP의 약 3분의 1을 기여하고, 스위스 국적의 다국적 기업들은 24%, 외국 국적의 다국적 기업들은 나머지 비율을 차지한다.

스위스는 결코 값싸지 않다

스위스는 대부분의 일반적인 평가에서 계속 높은 점수를 받고 있다. 매년 수정 발표되는 세계경제포럼의 글로벌 경쟁력 지수를 보면, 스위스는 절대적 기준과 상대적 기준 모두에서 순위가 꾸준히 개선되어 왔다. 2006년 스위스는 처음으로 1위를 하였고 지금까지 유지되고 있다. 그러나 이것은 대단한 성과이긴 하지만 다국적 기업을 유치하는데 매우 중요한 하위 평가 범주—예를 들면, 외국인 직원 고용의 용이성, 무역 규제, 전반적인 '사업 수행의 용이성'—를 보면 그다지 좋지 않다. 가격에 민감한 제품이나 서비스를 제공하는 기업에게 스위스프랑화의 강세는 수익에 해로운 영향을 줄 수 있다. 제네바의 숙련된 비서는 독일의 상급 관리자와 같은 연봉을 받을 수 있지만 제네바와 추크, 취리히와 같이 사람들이 선호하는 지역의 부동산 가격은 지난 20년 동안 급격히 올랐다.

이런 요인들의 세부적인 수치가 상승하고 있기 때문에 스위스의 매우 중요한 과제는 세계 어느 곳보다 가장 똑똑한 최고의 인재를 많이 개발하고 끌어들이고 유지하는 것이다. 유능한 사람들이 자신과 비슷한 사람들과 모이거나 집단을 이루는 것은 인간의 본성이다. 스위스는 선진국 중 외국인 비율이 가장 높기 때문에 새로운 이주자들이 동화되어 하나가 되기 더 쉽다—비록 다른 많은 국가에서 지금 외국인이 된다는 것이 좋은 때가 아니고, 이민을 막는 계획이 시행 중이긴 하지만 말이다. 아울러, 제네바와 취리히의 공급 제한과 수요 증가로 인해 임대료와 주거비가 급격히 상승했으며, 스위스 최고의 사립 국제학교의 정원은 입학지원자수를 따라잡지 못하고 있다.

기업은 한데 모인다

기업들도 비록 경쟁자이긴 하지만 '단지'라고 알려진 곳에 서로 모이기를 좋아한다. 스위스는 석유, 구리, 곡물과 같은 원자재 무역을 지배하고 있다. 글렌코어만이 아니라 카길과 루이 드레퓌스와 같은 선도적인 곡물거래회사들은 스위스에 주요 사업장을 갖고 있다. 석유 분야에서 비톨과 군보르는 무역 업무의 대부분을 제네바에서 수행한다. 메드트로닉이 스위스에 최대 규모의 해외 사업장을 두고 있는 이유는 신세스와 AO(유명한 다보스 소재 정형외과 연구 재단)와 같은 뛰어난 정형외과 기업들이 모여 있기 때문이다. 첨단기술이 점점 더 중요하기 때문에 기업들은 자기 분야에서 최고의 학자들을 끌어들이고 싶어 한다.

이것은 정부의 역할이라는 논쟁점으로 우리를 이끈다. 「창조적인 스위스」의 저자들은 스위스를 인재와 혁신의 중심지로 강화하기 위해 개선해야 할 몇 가지 공공정책을 제안한다. 여기에는 특히 과학, 엔지니어링, 기술 분야에서 스위스인 노동자의 기술역량을 강화하고 고학력 이주민이 스위스에서 더 쉽게 일할 수 있도록 하며, 기업가 정신을 함양하고 아이디어와 발명품이 특허와 수익으로 전환되도록 더욱 지원하며, 혁신 친화적인 규제 환경을 만들고 마지막으로 스위스를 혁신의 본고장으로 마케팅하는 데 더 많은 시간과 돈과 에너지를 투자하는 것이 포함된다.

　이것은 아주 큰 희망 목록이다. 많은 스위스인은 정부가 이런 희망을 실현하기 위해 많은 일을 해야 한다는 생각에 흠칫 놀랄 것이다. 지금까지 잘 유지해온 신뢰할만한 안정과 품질을 계속 강조하면 안 되나? 그러나 구글 사례는 흥미로운 방향을 가리켜준다.

새로운 스위스 방식

구글은 스위스인의 타고난 노동방식이라고 간주해온 것과 표면적으로는 충돌하는 노동 환경을 제시한다. 엄청나게 중요한 정확성과 위계질서 대신 구글은 직원이 무엇을, 언제 할 것인지, 어디에서 직장 업무와 개인생활을 혼합할 것인지 스스로 결정하는 기업을 만드는데 성공했다.

　이것은 전혀 스위스적이지 않은 것처럼 들릴지도 모른다. 하지만 이것은 스위스적이다―구글에 따르면, 취리히는 전 세계에서 이동하면서 근무하는 구글 직원이 가장 일하고 싶은 장소다. 스위스의 노동방식은 앞으로 세계 최고의 기업을 유치하기 위해 계속 발전해야 한다. 구글이 앞으로 가야할 방향을 가리키고 있지는 않은가?

　약간의 상상력을 발휘하면, 취리히는 젊은 구글러와 주글러들처럼 클라우드 기반 신생 기업을 창업하는 중심지가 되어 기업가적 욕구를 불러일으키고 스위스가 일하며 살기 좋은 곳이라는 믿음을 계속 갖게 할 수 있다. '사과는 사과나무에서 멀리 떨어진 곳에 떨어지지 않는다.'라는 속담처럼 제2의 구글은 '스위스 메이드(Swiss made)'일지도 모른다.

16장 결론: 스위스처럼 되기

― 우리는 이 책을 시작할 때 세 가지 질문을 던졌다. 스위스가 엄청난 성공을 거둔 이유는 무얼까? 이 성공은 지속될 수 있을까? 다른 국가들은 스위스의 경험에서 무엇을 배울 수 있을까? 또한 우리는 다른 국가 사람들이 스위스를 잘 이해하고 있는지 의문을 품었다. 많은 사람에게 스위스는 낯선 국가가 아니다. 그들은 다보스에서 열리는 세계경제포럼이나 휴가차 찾은 산에서 며칠을 보낸다. 그러나 이런 방문은 연구 목적이 아니며, 사실 잘못되거나 기껏해야 피상적인 지식만 얻을 수도 있다.

여기서 잠깐 스위스가 거둔 여러 성과를 다시 돌아보자. 스위스와 비슷한 규모의 국가 중 스위스처럼 높은 가처분 소득을 달성하면서도 비교적 평등한 소득분배를 유지하는 나라는 없다. 규모가 스위스와 같거나 비슷한 국가들 중 이렇게 많은 산업분야에서 선도적인 위치를 유지하는 국가도 없다. 지금까지 다른 선진국들은 예외 없이 연금과 의료비용 지급 문제와 관련하여 미래 세대에 막대한 부채 부담을 주거나 자국 국민에게 막연한 환상을 불러일으키고 있다. 다른 어떤 국가의 국민도 스위스 국민처럼 그렇게 강력하고 확실하게 자신의 목소리를 내지 못한다. 대부분의 서구 민주주의 국가의 정치가들과 정부기관에 대한 여론이 사상 최악인 시기에 스위스의 통치체제는 실제적인 성과를 확실히 보여준다.

이 책에서 제시한 산업과 기업의 역사는 스위스의 경제적 기적의 다양성과 폭넓은 기반을 보여준다. 산업혁명 초기부터 스위스 기업과 기업가들은 전기, 기계, 섬유기계를 포함한 몇몇 산업 분야의 발전에 선도적인 역할을 했으며 또한 중요한 공헌을 했다. 부분적으로는 스위스의 작은 국내 시장 때문에 초기 스위스 기업들은 세계 곳곳의 수출 시장을 개발하는 개척자였다. 스위스인들은 20세기 제약 산업에서 탁월한 역할을 했으며 신경을 진정시키는 귀중한 약품들(바륨)을 개발하고 영양(비타민C)을 개선하고, 안전한 장기이식을 가능하게 하고(샌디뮨), 심장마비 위험을 줄이고(디오반), 특정 유형의 암도 치료했다(글리벡). 요약하면, 그들은 세계인의 건강에 엄청난 영향을 미쳤다. 스위스 기업은 철도, 해운, 항공 등 모든 운송 분야를 망라하여 물류산업을 선도하고 있다. 그들은 스위스의 지형적 악조건을 극복하기 위해 도시공학을 일상적인 현실로 만들었다. 긴 터널을 뚫고, 거대한 댐을 세우고, 조지워싱턴교를 건설했다. 스위스에 본사를 둔 기업들은 석유(35%), 설탕(50%), 구리(50%), 아연(60%), 곡물(35%)을 포함한 국제 원자재 무역을 지배한다. 당신이 사용하는 보청기, 망가진 골반을 대체한 인공 골반, 사무실로 타고 가는 엘리베이터는 스위스에서 설계, 가공, 제작되었을 가능성이 높다.

   기발함의 차원에서 보자면 스위스인들은 겨울 스포츠를 사업으로 만들었다. 전해지는 말에 따르면, 요한네스 베드루트는 여름에 생모리츠의 쿨룸 호텔에 온 모험적인 영국인 방문객들과 내기를 하였다. 그는 그들이 한겨울에 2주 중 적어도 하루 동안 짧은 소매 셔츠를 입을 수 있다고 주장하고, 그렇지 않으면 영국 방문객들의 여행경비와 호텔 체류 비용 일체를 지급하겠다고 약속했다. 다음 겨울, 공교롭게도 그들은 엄청난 눈 때문에 갇혀 지내다가 어느 날 무료함을 달래기 위해 은쟁반을 타고 첼레리나까지 내려가기로 했다―이 코스는 오늘날 크레스타 런(Cresta Run)으로 이용되는 그 루트다. 그 다음, 스위스의 호텔 경영 노하우를 수출한 세자르 리츠가 있다. 그는 전 세계에 고급 호텔의 기준을 제시했다. 스위스인들이 하지 못한 한 가지는 뻐꾸기시계를 발명한 것이었다(독일인이 발명했다).

성공을 거둔 스위스 기업의 공통점은 혁신하는 재능이었다. 국제경영개발원(IMD)의 세계경쟁력보고서에 따르면, 스위스는 1인당 특허권수가 가장 많으며, 다른 어떤 국가보다 1인당 노벨상 수상횟수가 많다. 스위스 기업의 매출액 대비 연구개발 투자 비율은 대부분 경쟁국가보다 더 높으며, 스위스는 GDP 대비 연구개발비 비율이 세계 6위다.

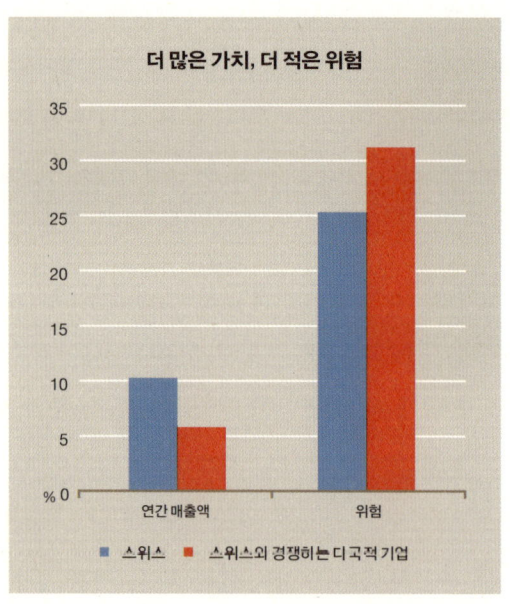

이러한 혁신지향 성향은 많은 스위스 기업들이 저비용 경쟁에 맞서 글로벌 경쟁력을 유지하는데 도움을 주고, 노동비용이 크게 중요하지 않은 고부가가치 제품에 집중하게 만들었을 것이다. 많은 경우 장기적인 브랜드 투자가 타당한 것으로 입증되었다. 네슬레는 10억 달러 이상의 매출액을 올리는 브랜드가 25개 이상이며, 고급 시계 시장에서 롤렉스 브랜드는 최고다.

스위스 기업은 아주 오랜 기간 매우 온건하고 안정적인 정치 환경이 주는 혜택을 누렸다. 4개 민족과 여러 종교가 공존하는 스위스에서 정치 안정은 저절로 주어진 것이 아니다. 야심만만한 강대국들에 둘러싸인 국가는 갈등을 쉽게 피할 수 없다.* 그러나 스위스는 이 일을 이루어냈고 정치 안정은 산업에 엄청난 이익이 되었다.

이러한 전략과 환경요인들 중에서 개별 요소의 상대적인 중요성이 어떻든 간에, 일반적으로 스위스인들은 다른 국가의 경쟁자들보다 더 나은 성과를 보였다. 1990년 동일하게 가중치를 부여한 자산을 가진 스위스 회사의 투자자는 투자금 백만 스위스프랑이 6백34만 스위스프랑이 되었다—이들 스위스 회사와 경쟁하는 다른 국가의 회사에 투자한 경우보다 약 두 배 많다. 이러한 탁월한 성과에도 불구하고 위험률(기업 대차대조표의 부채/자산 비율로 평가)은 약 50% 더 낮았다.

스위스의 성취 중 가장 부러운 것은 다른 많은 선진국보다 번영의

[*] 미국의 싱크탱크 국방정보센터에 따르면 이라크 전쟁과 아프가니스탄 전쟁의 추정비용은 2011년 회계연도 말까지 1조 2천 9백억 달러에 이를 전망이었다. 이것은 미국이 3년 동안 투자하는 총 연구개발비와 같은 수준이다.

혜택을 사회 전반에 더 공평하게 분배되도록 노력했다는 점일 것이다. 탄탄한 중산층의 등장은 제대로 작동하는 모든 자유 시장경제의 최고 목표다. 오늘날 '승자독식' 문화가 민주 사회를 약화시키는 위협 요인이 되는 많은 국가에서 이런 목표가 무너지고 있는 느낌이다.

스위스의 경제가 (2019년 세계경제포럼 보고서에 따르면) 세계에서 가장 경쟁력 있는 것으로 평가받으면서도 전반적인 삶의 질 측면에서도 최고 순위(아래의 2019년 머서(Mercer) 조사를 보라)를 기록하는 것은 이러한 개인과 조직의 성공 덕분이다.

스위스: 국제 순위

	세계경제포럼	국제경영개발(IMD)	머서(Mercer)
1	스위스	싱가포르	비엔나
2	미국	덴마크	취리히
3	홍콩	스위스	밴쿠버, 뮌헨, 오클랜드
4	네덜란드	네덜란드	
5	스위스	홍콩	
6	일본	스웨덴	뒤셀도르프
7	독일	노르웨이	프랑크푸르트
8	스웨덴	캐나다	코펜하겐
9	영국	아랍에미리트	제네바
10	덴마크	미국	바젤

출처: 〈마그넷 슈바이츠〉; 세계경제포럼, 「세계경쟁력보고서 2010-2011」; IMD, 「세계경쟁력 연차보고서 2010」; 머서 컨설팅, 「삶의 질 조사 2010」.

성공 이야기는 지속될 수 있을까?

어떤 성공 행태나 모델의 패턴도 영구적으로 변하지 않고 그대로 유지될 수 없다. 사람이 만든 제도는 변화하는 환경에 적응하지 못하면 쇠퇴한다. 쇠퇴와 멸절이 반드시 나쁜 것만은 아니다. 오래된 것은 새로운 것에 자리를 내줘야 한다. 스위스인은 살아남아야 한다는 사고방식을 갖고 있다. 아마도 스위스 사회가 고립된 산악 지형에서 시작되었기 때문일 것이다. 작은 국가들은 어쨌든 큰 국가보다 더 약하다. 그래서 스위스인들의 사고에는 일종의 편집광적인 측면이 있다. 스티브 잡스는 '오직 편집광만이 살아남는다'라는 말을 한 적이 있다. 이 말은 실패를 성공으로 바꾸는 스위스인들의 능력(스위스 시계산업의 놀라운 재부흥을 보라), 악화된 기업들의 고통을 필요 이상으로 끌지 않고 적절하게 사라지게 만드는 의지(스위스에어)를 설명하는데 도움이 될 것이다. 스위스 섬유 산업은 신흥경제국들의 저비용 생산기업들의 저가 공세로 이전보다 훨씬 작은 규모로 축소되었다. 여기서 한 가지 중요한 예외는 관련 산업으로 자신의 길을 개척한 기업들이다. 예를 들어, 섬유 제조 그룹 리터는 자동차 인테리어 분야에 새로운 기업을 세웠고, 포스터 로더나 야콥 슐렙퍼와 같은 소규모 섬유 회사들은 고급 패션 틈새시장에 다시 집중했다. 스위스인들은 불평 없이 이러한 쇠퇴를 받아들인 반면, 다른 선진 산업 국가들은 종종 현실을 부정하면서 품위 있게 퇴출하지 않고 산업을 연명시키려는 유혹에 빠졌다.

    정부가 기업의 설립뿐만 아니라 퇴출에도 간섭하지 않는 것이 더 유익하다. 스위스 시계 산업이 플라스틱 시계(스와치)를 통해 다시 살아날 수 있으리라고 정부 계획 당국이 어떻게 추측할 수 있었겠는가? 또는 알루미늄 캡슐로 포장한 커피가 전 세계적으로 성공을 거둘 것이라고 생각이나 했겠는가(네스프레소)?

    스위스인은 성공이 흔히 실패에서 시작된다는 것을 배웠다. 대부분의 과학자들처럼 레오 스턴바흐는 인생의 대부분을 실패로 보내다가 우연히 바륨을 발견했다. 바륨은 10년 이상 세계적인 베스트셀러 약품이 되었다. 네슬레의 에스프레소 개발팀은 최고경영자에게 무언가 대단한 것을 발견할 가능성이 있다는 점을 설득하는데 거의 10년이 걸렸다. 이 제품은 지금 연간 매출액이 30억 스위스프랑이며 400개 이상의 네슬레 제품 중 최고의 수익률을 기록하고 있다. 스와치가 오사카와 샌안토니오에서 시행한 테스트 마켓 결과는 완전한 실패였다. 뉴욕 백화점 블루밍데일스의 책임자가 스와치 그룹의 최고경영자를 만나 시계를 시간 측정기기가 아니라 패션 아이템으로 판매해야 한다고 설득한 후에야 비로소 이 플라스틱 시계가 대박을 터뜨렸다.*

    모든 세대마다 위기가 있다. 오늘날 적어도 두 가지 중요한 스위스 산업이 글로벌 환경 변화로 위기를 맞을 수 있다. 자산관리 분야가 그렇다. 이 분야는 아직까지 고용과 세금 측면에서 스위스에 가장 중요하게 기여한 산업이며, 또한 높은 투자 수익률이 기대되었던 사업이다. 하지만 상황이 이제 달라지고 있다. 더 복잡한 환경, 더 까다로운 고객, 더 낮은 수익률, 스위스와 점점 더 많은 국가와의 세금정보 자동 교환과 같은 환경 속에서 자산관리사업이 현재 수준으로 계속 번영할 수 있는 방법을 찾을지는 흥미로운 관심거리다.

[*] 네스프레소의 부러워할만한 수익률은 위태로울 수 있다. 독일의 최근 법정 판결은 윤리적 커피 회사(Ethical Coffee Company, 전 네스프레소 수장이었던 장 폴 가이야르가 설립)의 설립을 금지하려는 네슬레의 시도를 거부했다. 윤리적 커피회사는 네스프레소보다 3분의 1도 안되는 가격으로 특허계약을 하지 않은 캡슐을 판매하고 있다. 이런 판결 이후 스타벅스는 자사의 스위스 점포를 통해 경쟁적으로 캡슐 커피를 팔기 시작했다.

이것은 스위스의 자산관리 사업이 소멸 위기에 처했다는 뜻은 아니다. 샌포드 C. 번스틴사의 은행 조사 책임자 브래드 힌츠(Brad Hintz)가 지적하듯이, "안전하고 안정적인 금융센터에 대한 요구는 항상 존재할 것이다. 스위스의 실적은 최고 수준이다." 개인의 자산은 계속 증가하고 어디에선가 안식처를 찾아야 한다. 그러나 펀드의 출처와 펀드의 수익은 빠르게 변하고 있으며 자산관리 산업은 근본적으로 달라지는 환경에 대응하기 위해 사업 모델을 다시 설계해야 할 것이다.*

스위스 번영의 또 다른 중요한 원천인 제약 산업도 비슷한 도전에

[*] 시바-가이기(현 노바티스)의 존경받는 전 회장 알렉스 크라우어는 LTCM 대실패 이후 신뢰를 회복하라는 요청을 받고 UBS 회장에 임명되었다. 그는 UBS에 도착 직후 다음과 같이 말했다. "경영진과 주주들 간의 이익 배분은 권력이 어디에 있는지를 보여주는 아주 좋은 지표다." 은행들은 지난 수십 년 동안 주주들에게는 실망스러운 투자인 반면, 경영진들에게는 부를 창출하는 매우 수지맞는(그리고 비대칭적인) 수단이었다. 이 부분은 이 책의 주제는 아니지만 우리는 스위스 은행의 사업 모델이 외국의 은행들과 마찬가지로, 고객의 최고 이익에 초점을 맞추도록 다시 논의되고 정립되어야 한다고 믿는다. 이를 위해서는 또한 주주와 경영진이 더 공평하게 위험과 보상을 공유하고, 이해관계의 불균형과 갈등을 제거하는 방식도 확립해야 한다. 기존 모델이 기존 이사회와 경영진에 상당히 유리하다는 사실이 개선에 대한 주요한 저항 요인이 될 것이다. 은행들은 사업운영 방식에 대해 근본적으로 다른 접근방법을 숙고해야 할 필요가 있다. 현재 모델에 내포된 문제점 중 하나는 은행이 경제적 효용보다 사업 활동량에 너무 관심을 쏟는다는 것이다. 이로 인해 연금 펀드, 기부, 그리고 장기 퇴직과 교육적, 인도주의적 자원의 안정과 증진을 도모하는 다른 펀드들에 대한 암묵적인 조세가 늘어난다. 장기 증권을 아주 단기적으로 과도하게 거래하는 많은 수탁자들로 인해 신탁 수익자에게 마땅히 돌아가야 할 수입이 은행으로 넘어가기 때문에 각 수탁자들은 이런 상황을 미리 알아차리고 똑같은 행동을 하면서 다른 사람들보다 더 나은 성과를 내려고 시도한다—이것은 수학적으로 불가능하다. 총체적인 결과는 저축자들에게는—많은 경우 회복할 수 없는—전례가 없는 엄청난 손실이 되고 은행들에게는 노다지가 된다.

직면해 있다. 스위스는 항상 글로벌 경쟁사들보다 연구개발에 더 많이
투자해왔다―사실, 로슈의 넉넉한 연구 자금은 전설적이었다. 그러나
전체 제약 산업은 연구개발의 생산성 저하와 신약 발견의 한계 비용
폭증 사이에 갇혀 있으며 그 결과 혁신에 대한 보상이 줄고 있다. 아울러
전 세계 공공보건 제도는 약값을 지불하는 데 어려움을 겪고 있다.
제네릭 의약품 제조사들은 주요 특허권이 만료됨에 따라 시장 점유율을
훨씬 더 많이 차지해 가고 있다. 스위스 기업들은 이러한 상황 전개에
민감하게 반응하고 있다―예를 들어, 노바티스는 세계 2위의 제네릭
의약품 생산기업이다. 로슈와 노바티스는 이런 변화의 초기 단계 동안
경쟁회사들보다 더 잘 헤쳐 나왔다. 자산관리사업과 마찬가지로 제약
산업도 총 시장 성장 규모와 수익이 감소하는 시기에 적응해야만 할
것이다.

 이 책은 스위스가 지난날 비슷한 도전에 직면하여 극복했으며,
변화하는 환경에 놀라울 정도로 잘 적응했음을 보여준다. 현대 산업
분야에서 1990년대 스위스 시계산업의 회복보다 이것을 더 생생하게
잘 보여주는 예는 없을 것이다. 이야기의 중심에는 값싼 시계는 계절별
패션 액세서리가 될 수 있으며, 따라서 새로운 쿼츠 기술이 생산비용을
가차 없이 낮출 때에도 더 높은 가격에 팔 수 있다는 한 가지 혁명적인
생각이 있었다. 이 생각은 외곬수의 한 천재가 만들어낸 '유레카'
순간이 아니었다. 이 생각은 전 오메가 경영자 막스 임그뤼쓰(Max
Imgrüth), 소매 담당 임원 마빈 트라우브, 스와치 그룹 지도자 니콜라스
하이예크와 에른스트 톰케를 포함한 많은 사람이 제안하고 고려하고
논의하고 설계하고 마케팅을 펼친 것이었다. 이 생각은 단순할지

모르지만 이것을 실행해 이익을 내기 위해 조직과 금융 측면에서 엄청난 노력이 있었다. 새로운 제조기법이 필요했고, 자본을 투자받기 위해 새로운 마케팅 방식도 있어야 했다. 무엇보다도 제조기업과 정부기관은 과감하고 위험 부담이 있는 재구조조정 과정에 동의하도록 설득해야 했다. 그 다음 자유로운 시간에 그들은 명성이 높은 기계식 시계 산업을 과시하기 좋아하는 사람들을 위한 수익성 있는 다양한 제품으로 다시 만들었다.

스와치와 기계식 시계산업의 부활은 마케팅에 관한 통찰에 기초했다. 기술은 처음에는 이차적이었는지 모르지만 지금은 아무도 스와치를 모방하지 못하고 있다—이 회사의 마케팅 방법 때문이 아니라 주사 가능한 플라스틱 몰딩 시스템 기술은 아주 복잡하고 고가여서 복제하기 어렵다.

스위스의 다른 산업들도 오래된 전통적인 제품에 신기술을 접목하여 힘든 상황에서 회복되었다. 1970년대 포낙은 일렉트로아쿠스틱으로 알려져 있었는데 이 중견기업은 보청기 제품 라인의 기술을 꾸준히 조금씩 개선하여 큰 변동 없이 중간 수준의 수익을 올렸다. 그러나 디지털 기술로 인해 음향신호 처리방식이 완전히 바뀌자 이 회사는 지능형 음향 처리방식을 통해 고객들에게 엄청난 이점을 제공할 수 있다는 점을 인식함으로써 세계적인 기업으로 탈바꿈되었다. 신세스와 스트라우만의 이야기도 이와 비슷하다. 이 두 회사는 제품 생산 혁신 측면에서 경쟁사들보다 두 발 앞서 있었고, 이를 통해 정형외과 팔다리 교체와 치과 임플란트 분야에서 최고의 위치를 확보했다. 포낙, 신세스, 스트라우만의 제품들은 사실상 이 세대의 발명품이었다. 이것은 스위스가 알려지지 않은 새로운 것이 탄생하기에 여전히 좋은 환경임을 보여준다.

자본주의는 그 방식이 창조나 적응이든 상관없이 혁신과 많은 관련이 있다. 이러한 혁신의 성공은 항상 스위스의 성공 이야기의 중심에 있었다. 예를 들어 19세기 빈터투어의 스위스 엔지니어들은 섬유 기계와 설계도를 영국에서 들여와 그것을 실크 방적과 직조와 같은 새로운 목적에 맞게 개조하여 새로운 산업을 일으켰다.

이 모든 이야기가 비록 내용이나 상황은 다르고, 진행 방식도 각각이지만, 하나로 합쳐져 각 부분의 합보다 훨씬 더 소중한 무언가를 만들어낸다. 스위스는 혼자 힘으로 '브랜드'가 되었다—네스카페, 롤렉스, 또는 리츠 호텔과 같이 가장 존경받는 제품들을 보유한 기업들과 비슷한 특징을 갖는다.

브랜드는 무엇으로 이루어지는 걸까? 몇 가지 구성요소가 있다. 첫째, 그것은 약속 또는 신념이다. 고객들은 구매하는 모든 제품을 테스트할 수 없다. 그래서 자신의 과거 경험이나 다른 사람의 추천에 의존한다. 오랜 시간에 걸친 지속적이고 신뢰할만한 경험을 통해 약속에 대한 신뢰가 형성된다. 신뢰는 복잡성을 줄이고 구매자의 의사결정을 단순하게 만든다. 종종 의사결정은 구체적인 특성이 아니라 제품이 제공하는 전체적인 감정에 의해 이루어진다. 젊은 사람들이 비싼 스위스 시계를 구매하는 것은 시간이 더 정확하기 때문이 아니라 그들의 열망에 호소하기 때문이다. 브랜드는 이른바 '따라 하기' 일색인 추세에서 그것과 차별성을 보여주어야 한다.

이런 추세와 달리, '스위스다움'은 당당하게 하나의 브랜드가 되었다—이것은 스위스의 가장 소중하고 지속적인 비교우위이다.

스위스 주식회사는 지속 가능할까?

기업과 제도는 이후의 세대에서 똑같이 일어날 가능성이 없는 역사적 상황과 우연에 의해 형성된다. 아울러 각각의 새로운 세대는 주로 환경에 의해 결정되는 다른 기회와 도전에 직면한다. 투자자를 위한 오래된 경고가 있다. "과거의 성과가 미래의 성과를 보장하지 않는다."

팀 버너스리(Tim Berners-Lee)가 제네바의 CERN에서 월드와이드웹(World Wide Web)을 발명하여 인터넷을 쉽게 접속하여 이용할 수 있게 된지 불과 21년이 지났다. 이 기간 동안 모바일 폰이 대중화되었고, 인간 게놈이 모두 밝혀졌다. 그 결과, 신문, 음악, 장거리전화와 같은 오래된 많은 산업들은 거의 인식할 수 없을 정도로 미약해졌거나 구조조정이 이루어졌다. 노키아와 리서치 인 모션(블랙베리)과 같이 한때 시대의 영웅이었던 기업들이 지금 고전을 겪고 있다.

이전의 방식과 완전히 다른 것처럼 보이는 현대 세계의 수많은 작동 방식을 회피하기 어렵다—이것은 스위스에 유리하지 않을 수도 있다. 예를 들어, 현재의 인구 추세를 생각해보라. 스위스가 경제적 기적을 성취한 1800년부터 1960년까지, 세계 인구는 10억 명에서 30억 명으로 증가했고 서구 유럽과 북미의 정치와 문화는 세계를 지배했다. 과거 50년 동안 세계 인구는 78억 명으로 급증했고 서구 유럽과 북미 지역 밖에 60억 명이 살고 20세 이하 인구가 20억 명이다.

이것은 많은 다른 선진 경제와 마찬가지로 스위스가 저성장, 그리고 확실히 더 제한된 기회와 맞서 싸우는 법을 배워야 한다는 의미다. 일반적으로 인구가 증가하는 국가들의 경우 노동하고 저축하는 인구비율이 높다. 그러나 스위스는 인구가 노령화되면서 노동인구 비율이 그 어느 때보다 적고, 의료비용과 사회보장비용을 점점 더 많이 부담해야 한다. 스위스는 이미 더 많은 이민자를 수용함으로써 이런 변화에 대응해왔다. 1950년에 거주인구 중 이민자 비율이 6%이었지만 오늘날은 22%다. 이 정책은 스위스에서 젊고 활동적인 사람들의 비율을 끌어올리자는 것이었다. 그러나 모든 국가에서 그렇듯이 이민을 제한하자는 정치 여론이 형성되고 있다.

한편, 세계적 차원에서 보면 세계는 국가적 차원과 국제적 차원 모두에서 이전보다 훨씬 더 많은 정부 개입이 필요한 것처럼 보이는 수많은 도전에 직면해 있다. 그 한 예는 2007-2008년 세계 금융 위기 여파로 각국 정부들이 대대적으로 시장에 개입한 것이다. 한 국가의 정부로서는 이 위기를 방지할 수 없었을 것이며 자국 금융이 아무리 튼튼하다 해도 단 하나의 정부로는 유로존 위기를 방지할 수 없었다. 이것은 정부가 주도하는 계획에 대해 깊은 의구심을 갖고 있고, 다른 국가들이 만들기 좋아하는 공식적인 연대 밖에 항상 있었던 스위스에게는 특별한 도전이다. 하지만 스위스의 독립 정신에도 불구하고, 스위스는 변화와 계속되는 위기의 폭풍으로부터 보호받을 필요가 있다. 2008년 이후 금융 위기보다 이것을 더 생생하게(그리고 스위스에게 더 고통스럽게) 보여준 것은 없다. 그 당시 스위스의 금융권은 국가를 파산시킬 수 있을 정도로 갑자기 신용도가 떨어졌다.

스위스 최대 은행 두 곳 중 하나—UBS—는 정부에 약 400억 달러의 구제 금융을 신청해야만 했고, 다른 한 곳—크레디트 스위스—은 파산을 피하기 위해 용감한 외부 투자자들을 찾아낸 뒤에야 생존할 수 있었다.

한편, '스위스다움'을 규정하는 확고한 근거들이 균열되는 조짐이 나타나고 있다. 개인적인 야망과 가족, 지역사회, 국가에 대한 의무 사이의 오래된 균형이 바뀌고 있다. 사람들은 더 늦게 결혼하고 자녀도 더 적게 낳고, 더 자주 이혼하고, 자신이 살고 있는 지역사회에 덜 헌신적이다. 역사적으로 전통적인 스위스적 가치가 청년들에게 새겨지고 애국주의의 토대 중 하나인 스위스의 존경받는 모병제에 대한 충성심이 쇠퇴하고 있다. 정부 구성원 중 유급 직원 수 대비 자원봉사자 수 비율이 상당히 줄고 있다. 도제교육에 높은 가치를 부여하는 스위스의 존중받는 교육제도—많은 사람들이 부러워하는 평등주의의 중추—는 두 가지 요인 때문에 위협받고 있다. 첫째, 전통적인 교육훈련은 기술 변화로 인해 급격히 낡은 것이 되고 있다. 자동차 정비공은 기계 공학보다는 컴퓨터 소프트웨어를 더 많이 알아야 한다. 그리고 여행사 직원들에게 무슨 일이 일어나고 있는지 보라. 둘째, 다른 곳과 마찬가지로 대학 학위 취득과 같이 학력 인플레이션이 더욱 일반화되고 있는데, 이것은 교육을 많이 받을수록 직업 전망도 밝다는 항상 옳지도 않는 가정 하에 이루어지고 있다.

스위스 민주주의의 성공도 공적인 문제에 대한 정보와 의견의 창출과 전달에서 큰 변화가 일어나면서 도전받고 있다. 독일 사회학자이자 철학자 위르겐 하버마스(Jürgen Habermas)는 '공공권'과

'숙의민주주의'라는 용어를 만들었다. 하버마스는 모든 민주주의 체제의 성공은 토론과 논쟁을 촉진하는 능력에 달려 있으며, 대중매체는 이 과정에서 매우 중요한 요소라고 말했다. 완벽한 세계에서는 시민들은 '공공권'에 대해 숙의를 하고 정치인들은 시민들의 선율에 맞추어 행진해야 한다. 스위스 민주주의는 이런 과정을 잘 적용해왔다.

그러나 다른 지역과 마찬가지로 스위스 매체들이 극적으로 파편화되면서 부정적인 결과가 예상되고 있다. 새롭고 대중적인 매체, 방송, 인터넷, 인쇄매체는 특정 시장과 이해집단을 대상으로 삼으며('특정집단에만 정보 보내기'라고 불리는 현상), 합의를 도출하여 건전한 판단을 만들어 내려고 노력하기보다 단순하고 종종 귀에 거슬리는 용어로 특정 집단의 관점을 홍보한다.

스위스의 매체에는 이미 작은 국가에서 전형적으로 나타나는 문제점—소유권에 대한 과도한 집중, 강력한 이해집단에 대한 충성—이 나타나고 있다. 〈노이에 취르허 차이퉁〉은 세계 독일어권에서 탁월한 외교문제 분석으로 널리 알려져 있으며 종종 앵글로색슨족의 시각과 다른 관점을 제시하지만, 같은 이해집단에 속하는 기업과 개인들에 대한 비판은 근접성과 친밀성 때문에 제한된다. 예를 들어, 스위스에어 파산과 UBS의 파산 위기에 대한 기사는 눈에 띌 정도로 비판적이지 않았다.

기업 차원에서 보면, 현재 주요 스위스 기업 CEO 중 대다수가 외국 국적을 보유하고 있다. 기업들의 신조는 바람직하게도 국적에 상관없이 직책에 가장 적합한 사람을 찾는 것이다. 스위스는 소국이기 때문에 스위스가 가능한 CEO 후보자를 제공할 수 있다고 주장하기 어렵다.

그러나 이것이 개인적인 차원에서는 통하지만 사회 전체 차원에서는 여러 가지 도전에 봉착한다. 다른 상황에 처해 있는 바클레이스 캐피탈의 스위스인 회장 한스-외르크 루돌프는 말한다. "크레디트 스위스의 외국인 CEO는 스위스인 CEO가 하는 방식으로 은행에 결코 관심을 갖지 않을 것이다."*

이 연구에 포함된 긴 기간 동안 스위스는 '코끼리의 발가락 사이에서' 기회를 찾아야 했다. 기업은 국내에서 시작하여 유기체처럼 성장했다. 기업들은 점점 그리고 신중하게 국제적인 기업으로, 그 다음은 다국적 기업으로 변신했지만 그 뿌리는 각 기업의 기원에서 찾을 수 있다.

오늘날 시장과 기술은 과거보다 훨씬 더 빨리 발전한다. 예를 들면 구글은 15년 전에 존재하지도 않았다. 오늘날 이 회사의 시장가치는 네슬레보다 더 크다. 이른바 주글러(미국 밖 구글 최대의 취리히 엔지니어링 센터에서 근무하는 사람)는 팀 단위로 일하며 어디에서 서비스가 생산되는지 명확하지 않다.

노벨상 수상자 로버트 루카스(Robert Lucas)는 세계적인 인재 쟁탈전이 계속될 것이며 인재의 집중이 경제 성장의 일차적인 동력이 될 것이라고 믿는다. 전통적으로 국가의 힘은 영토 크기, 인구 규모, 군사력, 자연자원으로 정의되었지만 이들 중 다수는 이제 낡은 것이 되었고 국가의 역량은 점점 두 가지 척도, 즉 무역과 인재로 평가된다. 이것은 스위스의 중요한 과제가 계속하여 세계에서 가장 똑똑하고

[*] 외국인 CEO가 경영하는 스위스 회사들은 이 책을 위한 인터뷰나 지원을 거의 제공하지 않았다.

훌륭한 두뇌를 개발, 유치, 보유하는 것임을 시사한다. 유능한 사람들이 다른 유능한 사람들과 함께 모이고 뭉치기를 좋아한다는 것은 사람의 본성이다. 스위스는 살면서 사업 활동을 하기에 바람직한 장소라는 좋은 카드를 갖고 있다. 스위스가 모든 선진국 중 외국인 비율이 최고라는 사실은 새로운 이주자들이 스위스에 동화되고 통합되기 쉽도록 도와준다.* 다른 국가와 마찬가지로 앞으로 스위스에 대한 평가는 점점 이동성이 높아지는 다국적 기업과 사람들의 왕래를 가능하게 하는 '항공모함'이 되는 능력에 따라 좌우될 것이다. 세계도처에 아주 많은 분야를 선도해온 스위스 국내 기업들을 지금까지 개발하고 유지해온 것과 같은 '토양'이 계속 유지될 가능성은 낮다.

    기업 역시 서로 뭉치기를 좋아한다. 심지어 직접적인 경쟁 관계에 있는 기업도 그렇다. 스위스는 원자재 무역을 지배하고 있으며 선도적인 곡물무역 회사들은 스위스에 주요 사업장을 두고 있다. 메드트로닉은 미국 밖 해외지역 중에서 스위스에 자사 최대의 사업장을 두고 있다. 스위스는 시계산업의 영향으로 탁월한 정밀 엔지니어링 국가이기 때문이다. 구글이 미국 이외 지역 중 스위스에 자사 최대 엔지니어링 센터를 운영하기로 결정한 것, 그리고 구글 직원들이 취리히를 가장 일하고 싶은 지역으로 뽑은 것은 스위스가 탁월한 기업과 인재들이

[*]   그러나 많은 다른 국가에서도 그렇듯이 지금은 스위스에서 외국인이 되기에 좋은 시기가 아니다. 이민을 제한하기 위한 몇 가지 계획이 시행중이다. 아울러 제네바와 취리히의 제한된 주택 공급과 수요 증가 때문에 임대료와 주택가격이 폭증했다. 스위스 최고의 사립국제학교의 정원이 수요를 따라잡지 못하고 있다.

선호하는 목적지가 될 좋은 징조다.

그렇다. 스위스의 경제 기적은 지속 가능할 것이다. 하지만 확실하게 무기한으로 그럴 것이라는 뜻은 아니다. 스위스인은 적응을 습관으로, 놀라운 성공을 일상적인 것으로 바꾸었다. 스위스인의 과제는 오랜 성공의 배경과 역사에서 비롯되는 자기만족감을 극복하고 계속 기적을 이어가는 것이다. 스위스는 긴 역사에서 놀라운 제품을 많이 발명했지만 안타깝게도 자기만족감에 대한 치료제는 만들지 못했다.

스위스처럼 되기?

그 당시 세계은행 직원이었고 지금은 하버드대학 교수인 랜트 프리쳇(Lant Pritchett)은 마이클 울콕(Michael Woolcock)과 함께 2002년 〈덴마크에 이르는 길(Getting to Denmark)〉이라는 논문을 썼다.* 이 논문에서 덴마크는 안정적이고, 민주적이고, 번영하고, 평화롭고, 포용적이며, 정치 부패와 금융 팽창 수준이 낮은 신비한 장소다. 세계의 모든 이들이 '그곳으로 가는' 길, 다시 말하면 자국의 행복지수를 높이는 방법을 알고 싶어 한다.

스위스는 결코 완벽하지 않지만 프리쳇과 울콕이 마음속에 품은 기준이 될 수 있을 것이다. 이것은 지리, 역사, 사고방식, 성격 등 스위스를 구성하는 이질적 조건을 그대로 다시 만들 수 있을 것인지에

[*] '덴마크에 이르는 길'은 「솔루션이 문제가 될 때의 솔루션(Solutions When the Solution is the Problem)」(세계개발센터 연구보고서, 2002년 10월)의 원래 제목이었다.

대한 의문을 낳는다. 한 나라가 다른 국가의 모델이 될 수 있을까?

  이 책에서 우리는 스위스의 부인할 수 없는 놀라운 성취에 기여한 요소에 대해 설명했다. 이 요소에는 자립, 절제, 권력과 유행의 집중에 대한 의구심, 사회적 연대, 해외의 사상과 사람에 대한 열린 자세가 포함된다. 그러나 이런 특징은 다른 성공적인 국가에도 있다. 아마 이런 특징이 스위스에서 독특하게 생산적인 방식으로 나타난 것은 스위스 역사와 자연조건 때문일 것이다. 그 중 가장 중요한 특징은 위압적인 자연 환경이지만 아주 다행스러운 지리적 위치, 이웃 국가에서 온 난민을 받아들이는 오랜 역사, 다른 국가들의 정치권력 투쟁과 전쟁에 관여하지 않은 것이다. 어떤 국가도 오늘날 스위스를 만든 여러 조건을 정확히 그대로 모방할 수 없다. 그런 의미에서 한 국가의 성공은 다른 국가에 부분적인 모델 밖에 되지 않는다.

  그러나 스위스 사회에 혜택을 제공한 요소들은 숙고해볼만한 가치가 있다. 노력과 진취성은 보상을 받고 사치와 나태는 피해야 한다는 스위스의 도덕적 가치관이나, '자신의 수입 범위 내에서 생활하라'는 오랜 격언을 반대할 사람은 누구이겠는가? 이것은 진부한 말처럼 들릴지 모르지만 각국 정부가 점점 미래 세대를 희생시키며 사는 방식을 선택하면서 정치적으로 중요한 의미를 갖게 되었다. 다른 사회에서 왜 교사들은 보수를 적게 받고 존경을 받지 못하는가? 더 큰 자립심이 더 많은 재분배보다 더 나은가? 작은 정부가 큰 정부보다 나은가? 정치인을 선택하는 것보다 이슈를 결정하는 것이 유리한가? 이런 질문의 이면에는 스위스 시스템의 중심에 해당하고 모든 국가가 숙고하거나 벤치마킹 해볼 수 있는 내용이 있다.

스위스는 더 정곡을 찌르는 모델을 제공할 수도 있다. 유럽인들은 정치적으로 분권화되지만 경제적으로 효율적이고 재정적으로 규율이 잡힌 다양한 사회의 연합체를 관리할 수 있는 방법을 찾기 위해 고투하고 있다. 유럽연합처럼 스위스는 다양한 언어를 사용하며 일해야 한다. 프랑스어, 독일어, 이탈리아어, 그리고 로만슈어가 모두 국가 공용어다. 유럽의 다른 모든 지역과 마찬가지로 영어는 특히 기업과 문화 거래에서 일종의 국제어가 되었다. 유럽연합 회원국처럼 지역의 주들은 자신의 이익을 위협할 수 있는 중앙집권적 정부를 거의 선호하지 않는다. (해밀턴은 미국에서 제퍼슨과 비슷한 투쟁을 벌였다. 그리고 독일을 통일한 비스마르크의 경험도 전혀 다르지 않다.) 스위스의 주와 지역사회는 스위스 헌법을 반대했으며 스위스국립은행 설립에 반대 투쟁을 벌였다—그리고 그들은 아직도 자치정부의 폭넓은 권한을 누리고 있으며, 연방 당국이 그들을 침해하는 것을 원하지 않는다. 유럽연합 회원국들처럼 그들은 공통 화폐와 단일 시장을 갖고 있다. 스위스 법률은 연방 정부가 균형예산을 편성하고 모든 종류의 세금 인상은 국민투표에 부치도록 요구한다. 조세 수입의 70%는 지역과 기초자치단체에서 징수 및 지출되기 때문에 중앙정부의 규모가 작다. 이를 통해 스위스는 인기는 없지만 필요한 결정을 내리고, 기업가 정신과 부의 창출에 좋은 환경을 제공하며, 모든 시민이 편안함을 느끼고 자치권을 행사한다. 유럽연합은 이보다 더 많은 것을 열망하는 걸까?

정책입안자들이 따를 수 있는 하나의 '모델'은 없다. '스위스처럼 되기'도 성공의 완벽한 처방이 아니다. 그러나 스위스적 배경에서 비롯된 수많은 개별적인 성공 사례를 연구하고 적용해 볼 수 있다. 무엇보다

수용과 개선은 스위스인들이 항상 가장 잘한 부분이다.

스위스인들을 위한 보충 설명

이 책의 주요 목적은 이 장의 서두에 언급했듯이 스위스가 놀라운 성공을 거둔 방법을 해외 사람들에게 더 잘 이해시키는 것이다. 그러나 그러던 중 우리는 두 번째 중요한 독자, 곧 스위스인들이 있다는 것을 깨달았다.

이제 스위스에는 헬베티쿠스인(Homo Helveticus—로마시대의 스위스 지역 명칭이 헬베티아였음: 옮긴이)은 존재하지 않고 여러 다른 민족이 함께 살고 있다. 스위스의 정체성은 여러 조건과 스위스를 왕래하는 유능한 인재들이 한 용광로에 녹아 만들어졌다—무시무시한 저항과 큰 역경에 맞서 이룩한 성취의 태피스트리다. 스위스인들의 특징은 그 무엇보다 일과 그에서 비롯된 번영을 통해 분명히 드러난다—그들의 정체성은 여러 차이점, 특이성, 제약에 의해 형성된다.

스위스인들이 자신의 정체성을 더 잘 이해하는데 이 책이 도움이 되기를 바란다. 그렇게 된다면 우리는 본격적으로 그 일을 의도하지 않고도 가치 있는 일을 성취한 셈이다.

참고문헌

전체

Bairoch, Paul, Die Schweiz in der Weltwirtschaft(세계경제 속의 스위스), VerlagDroz, Genf, 1990.

Bergier, Jean-Francois, Wirtschaftsgeschichte der Schweiz. Von den Anfangen bis zur Gegenwart (스위스의 경제역사: 초기부터 현재까지), Benziger Verlag GmbH, Zurich, 1983/1997.

Bott, Sandra, Gisela Hurlimann, Malik Mazbouri and Hans-Ulrich Schiedt (eds), 'Wirtschaftsgeschichte in der Schweiz: eine historiografische Skizze' (스위스 경제역사: 역사지리학적 스케치) in Traverse 01/2010, Chronos-Verlag, Zurich, 2010.

Habermas, Jurgen, 「공공부문의 구조변화: 부르조아 사회 범주에 대한 연구(The Structural Transformation of the Public Sphere: an Inquiry Into a Category of Bourgeois Society)」, MIT Press, Cambridge, 1989.

Porter, Michael E., 「국가의 경쟁우위(Competitive Advantage of Nations)」, Free Press, New York, 1990.

Rousseau, Jean Jacques, 「사회계약론(On the Social Contract)」, Hackett Publishing, Indianapolis, 1988.

Steinberg, Jonathan, 「왜 스위스인가?(Why Switzerland?)」, Cambridge University Press, Cambridge/New York, 1996.

Stucki, Lorenz, Das heimliche Imperium. Wie die Schweiz reich wurde (비밀의 제국: 스위스는 어떻게 부국이 되었는가), Verlag Huber, Frauenfeld, 1968/1981.

Villiger, Kaspar, Eine Willensnation muss wollen (의지의 국민은 뜻을 품어야 한다), NZZ Libro, Zurich, 2009.

1장: 우유에서 시작되었다

Herr, Jean, 「네슬레: 125년(1866-1991)」, Nestlé, Vevey, 1991.

Maucher, Helmut, 「경영 성무일도(Management Breviary)」, Campus, Frankfurt, 2007.

Menabuono, Marco, Cioccolato. Von den bittersussen Verlockungen der Kakaobohne

(쇼콜라토: 코코아 나무열매의 쓰고 달콤한 유혹) Flechsig, Wurzburg, 2006.
Pfiffner, Albert, Henri Nestlé (1840-90). Vom Frankfurter Apothekergehilfen zum Schweizer Pionierunternehmer (앙리 네슬레(1840-90), 약사 보조원에서 스위스의 선구적인 기업가로), Chronos, Zurich, 1993.
Pfiffner, Albert and Hans-Jörg Renk, Wandel als Herausforderung, Nestlé 1990-2005 (도전으로서의 변화, 네슬레 1990-2005), Nestlé, Vevey, 2005.
Pollan, Michael, 「옴니버스의 딜레마(The Omnivore's Dilemma)」, Penguin Press, New York, 2006.
Rossfeld, Roman, Schweizer Schokolade. Industrielle Produktion und kulturelle Konstruktioneines nationalen Symbols 1860-1920 (스위스 초콜릿: 산업 생산과 국가적 상징으로서 문화 육성, 1860-1920), Verlag hier und jetzt, Baden, 2007.
Schmid, Hans Rudolf, 'Henri Nestlé', in Schweizer Pioniere der Wirtschaft und Technik (스위스 경제 및 엔지니어링 개척자), Verein fur wirtschafts- historische Studien, Zurich, 1956.
Schwarz, Friedhelm, Gemeinsam Werte schaffen: Peter Brabeck-Letmathe und Nestlé– ein Portrat (피터 브라베크-레트마스, 네슬레– 인물묘사: 공유 가치 창출), Stampfli, Bern, 2010.

2장: 시계제조업: 좋은 타이밍

Forrer, Max and Gerard Bauer, L'aventure de la montre quartz (쿼츠 시계의 모험), Centredoc, Neuchatel, 2002.
Jones, Geoffrey G. and Alexander Atzberger, 「한스 빌스도르프와 롤렉스(Hans Wilsdorf and Rolex)」, in Harvard Business School Case, Harvard Business Publishing, New York, 2005.
Moon, Youngme, 「스와치의 탄생(The birth of the Swatch)」, in Harvard Business School Case, Harvard Business Publishing, New York, 2004.
Richon, Marco, 「오메가 이야기(Omega Saga)」, Fondation Adrien Brandt en faveur du patrimoine Omega, Biel, 1998.
Trueb, Lucien F., Die Zeit der Uhren (시계의 시대), Ebner Verlag, Ulm, 1995.
Trueb, Lucien F., Zeitzeugen der Quarzrevolution (쿼츠 혁명의 동시대인 목격자), Editions Institut l'Homme et le Temps, La Chauxde-Fonds, 2006.
Wegelin, Jurg, Mister Swatch, Nicolas Hayek und das Geheimnis seines Erfolgs (미스터 스와치, 니콜라스 하이예크와 그의 성공비밀), Nagel & Kimche, Munich, 2009.

3장: 스위스 관광: 눈과 공기를 파는 방법

DiGiacomo, Michael, 「겉보기 괜찮은 듯: 크레스타 런의 선수들(Apparently Unharmed: Riders of the Cresta Run)」, Texere, New York, 2000.
Erhart, Alfred, Wunder dauern etwas langer (기적은 더 오랜 시간이 걸린다), Universal Flugreisen, Vaduz, 1985.
Fluckiger-Seiler, Roland, Hoteltraume zwischen Gletschern und Palmen. Schweizer Tourismus und Hotelbau 1830-1920 (빙하와 야자수 사이에 호텔을 세우는 꿈: 스위스 관광과 호텔 건설, 1830-1920), Verlag hier und jetzt, Baden, 2001.
Hunzicker, Walter, Un siecle de tourisme en Suisse (1848-1948) (스위스 관광의 시대

(1848-1948), Imp. federative, Bern, 1947.

Khanna, Tarun, Rakesh Khurana and Forest Reinhardt, 「세계경제포럼」, in Harvard Business School Case, Harvard Business Publishing, New York, 2008.

Luond, Karl, Weltwarts. Kuoni: Die Zukunft des Reisens. Seit 1906 (월드바운드. 쿠오니: 여행의 미래, 1906년부터), AT Verlag, Baden and Munich, 2006.

4장: 스위스의 조용한 무역기업

Ammann, Daniel, 「석유 왕, 마크 리치의 비밀스러운 삶(King of Oil: The Secret Lives of Marc Rich)」, St Martin's Press, New York, 2009.

Bartu, Friedemann, 「팬 트리 컴퍼니-아시아의 세 명의 스위스 상인 The Fan Tree Company –Three Swiss Merchants in Asia)」 (Biography of Diethelm, Keller and Siber Hegner trading companies), DKSH, Zurich, 2009.

Cicurel, Ronald, and Liliane Mancassola, Die Schweizer Wirtschaft 1291-1991. Geschichte in drei Akten (스위스 경제(1291-1991). 3막으로 이루어진 역사), SQP Publication S.A., St-Sulpice, 1991.

Franc, Andrea, Wie die Schweiz zur Schokolade kam. Der Kakaohandel der Basler Handelsgesellschaft mit der Kolonie Goldkuste (1893-1960) (스위스가 초콜릿을 개발한 방법–바슬러 상사와 골드코스 식민지의 코코아 무역), Schwabe, Basel, 2008.

Peter, Charlotte, 'Salomon Volkart', in Schweizer Pioniere der Wirtschaft und Technik (스위스의 경제 및 엔지니어링 개척자), Verein fur wirtschafts- historische Studien, Zurich, 1956.

Rambousek, Walter H., Armin Vogt and Hans R. Volkart, Volkart. Die Geschichte einer Welthandelsfirma (폴카르트, 세계무역회사의 역사), Insel Verlag, Frankfurt, 1990.

Reinhart, Georg, Gedenkschrift zum funfundsiebzigjahrigen Bestehen der Firma Gebruder Volkart, 1851-1926 (게브루더 폴카르트 회사의 75년(1851-1926)), Gebruder Volkart Holding, Winterthur, 1926.

Thomas, Margaret, 「균형 감각: 스테판 추엘릭(A Sense of Balance: The Life of Stephen Zuellig)」, Marshall Cavendish Editions, Singapore, 2009.

Wolfensberger, Giorgio and Margarete, Volkart 1851-2001. Eine schone Geschichte in Bildern (폴카르트 1851-2001: 아름다운 미술 이야기), Volkart, Winterthur, 2001.

Wolle, Jörg, Expedition in fernostliche Markte. Die Erfolgsstory des Schweizer Handelspioniers DKSH (극동 시장 원정: 스위스 무역 개척자 DKSH의 성공 이야기), Orell Fussli, Zurich, 2009.

Yergin, Daniel, 「도전: 에너지, 안보, 근대 세계의 재건(The Quest: Energy, Security, and the Remaking of the Modern World)」, Penguin Press, New York, 2011.

5장: 비밀 계좌-엄청난 수익

Bar, Hans J., 「돈이 전부가 아니다: 한 민간 은행가의 비망록(It's Not All About Money: Memoirs of a Private Banker)」, Beaufort Books, New York, 2008.

Bauer, Hans and Warren J. Blackman, 「스위스 은행 역사 분석(Swiss Banking, An Analytical History)」, Macmillan Press, London, 1998.

Baumann, Claude, Ausgewachsen. Die Schweizer Banken am Wendepunkt (성숙:

변곡점에 선 스위스 은행), Verlag Xanthippe, Zurich, 2006.

Baumann, Claude and Werner E. Rutsch, Swiss Banking- wie weiter? Aufstieg und Wandel der Schweizer Finanzbranche (스위스 은행- 어떻게 지속될 것인가? 스위스 금융 산업의 부흥과 변화), NZZ Libro, Zurich, 2008.

Bogle, John C., 「신뢰하지 마라: 투자 환상, 자본주의, '뮤추얼 펀드', 인덱스 펀드, 기업가정신, 이상주의, 영웅(Don't Count on It!: Reflections on Investment Illusions, Capitalism, 'Mutual' Funds, Indexing, Entrepreneurship, Idealism, and Heroes)」, John Wiley & Sons, Hoboken, 2011.

Brennwald, Heinz Hermann, Die Entwicklung des schweizerischen Versicherungswesens in den Jahren 1930-63 (스위스 보험제도의 발전 1930-63), Juris, Zurich, 1966.

Cassis, Youssef, 「자본의 수도: 국제 금융센터의 역사(1780-2005) (Capitals of Capital: A History of International Financial Centres, 1780-2005)」, Cambridge University Press, Cambridge, 2006.

Hassig, Lukas, Der UBS-Crash. Zum Untergang der Schweizerischen Grossbank (UBS의 몰락), Verlag Hoffmann und Campe, Hamburg, 2009.

Jung, Joseph, Von der Schweizerischen Kreditanstalt zur Credit Suisse Group. Eine Bankengeschichte (슈바이처리셰 크리디탄스탈트에서부터 크레디트 스위스 그룹까지: 은행의 역사), NZZ Libro, Zurich, 2000.

Jung, Joseph, Die Winterthur–Eine Versicherungsgeschichte (빈터투어–보험회사의 역사), NZZ Libro, Zurich, 2000.

Jung, Joseph, 「알프레드 에셔(1819-1882)」, Verlag Neue Zurcher Zeitung, Zurich, 2006.

Leitz, Christian, 「UBS-150년의 은행 전통」, UBS publications, urich/Basel, 2012.

Lewis, Michael, 「빅쇼트: 둠스데이 머신의 내부(The Big Short: Inside the Doomsday Machine)」, W.W. Norton, New York, 2010.

Oberholzer, Hans-Martin, Zur Rechts- und Grundungsgeschichte der Privatversicherung–insbesondere in der Schweiz (법률의 역사와 민간 보험의 토대-스위스를 중심으로(History of law and foundation of private insurance–with focus on Switzerland)」, Oberholzer, Frauenfeld, 1992.

Schmid, Hans Rudolf, 'Alfred Escher', in Schweizer Pioniere der Wirtschaft und Technik (「스위스의 경제 및 엔지니어링 개척자들(Swiss pioneers of economy and engineering)」, Verein fur wirtschaftshistorische Studien, Zurich, 1956.

Vogler, Robert U., Das Schweizer Bankgeheimnis: Entstehung, Bedeutung, Mythos 「스위스 은행 비밀주의: 기원, 의미, 신화(Swiss banking secrecy: origin, significance, myth)」, Verein fur Finanzgeschichte, Zurich, 2005.

Vontobel, Hans, Unverbucht (기록되지 않은), Verlag Neue Zurcher Zeitung, Zurich, 1889.

Wuffli, Peter, Liberale Ethik. Orientierungsversuch im Zeitalter der Globalisierung (자유주의 윤리: 세계화 시대의 방향재설정), Stampfli Verlag, Bern, 2010.

6장: 수익을 창출하는 섬유산업

Bosshardt, Alfred, Alfred Nydegger and Heinz

Allenspach, Die schweizerische Textilindustrie im internationalen Konkurrenzkampf (스위스 섬유 산업과 국제 경쟁), Polygraphischer Verlag, Zurich, 1959.

Matthiesen, Toby, Die Bleiche der Zeit. Ein Zurcher Oberlander Textilareal im Wandel (블라이세의 역사: 취리히 오벌란트의 섬유지역의 변화), Chronos-Verlag, Zurich, 2010.

Schmid, Stephan G., 'David (1548-1612) und Heinrich (1554-1627) WerdMüller. Begrunder der Zurcher Seidenindustrie' (데이비드와 하인리히 베르트뮬러, 취리히 실크 산업의 창설자), in Schweizer Pioniere der Wirtschaft und Technik (스위스의 경제 및 엔지니어링 개척자들), Verein fur wirtschaftshistorische Studien, Zurich, 2001.

Widmer, Martin, Sieben x Seide, Die Zurcher Seidenindustrie 1954-2003 (7×실크: 취리히의 실크 산업, 1954-2003), Verlag hier und jetzt, Baden, 2004.

7장: 작은 기적들: 놀라운 의료기술

Schmitt-Ruth, Stephanie, Susanne Esslinger and Oliver Schoffski, Der Markt fur Medizintechnik: Analyse der Entwicklung im Wandel der Zeit (의료 공학 시장: 발전 역사 분석), Verlag Herz, Erlangen, 2007.

8장: 스위스의 강력한 기계 산업

Arbeitsgruppe fur Geschichte der Arbeiterbewegung Zurich (Hrsg.), Schweizerische Arbeiterbewegung: Dokumente zu Lage, Organisation und Kampfen der Arbeiter von der Fruhindustrialisierung bis zur Gegenwart (스위스 노동운동: 초기 산업화에서 현재까지 이르는 문서), Limmat-Verlag, Zurich, 1975.

Borner, Silvio, Aymo Brunetti and Thomas Straubhaar, Schweiz AG. Vom Sonderfall zum Sanierungsfall? (스위스 유한회사: 예외에서 고통으로?), Verlag Neue Zurcher Zeitung, Zurich, 1990.

Boveri, Walter, Ein Weg im Wandel der Zeit (변화의 시대의 길), ExLibris, Zurich, 1964.

Dormann, Jurgen, 「도르만의 편지(The Dormann Letters)」, ABB, Stetten, 2005.

Hofmann, Hannes, Die Anfange der Maschinenindustrie in der deutschen Schweiz 1800-1875 (독일어권 스위스 지역의 엔지니어링 산업의 기원(1800-1875)), Fretz & asmuth, Zurich, 1962.

Lang, Norbert, 'Charles E.L. Brown 1863-1924, Walter Boveri 1865-1924. Grunder eines Weltunternehmens' (찰스 E.L. 브라운, 발터 보베리: 글로벌 기업의 창설자들), in Schweizer Pioniere der Wirtschaft und Technik (스위스 경제 및 엔지니어링 개척자들), Verein fur wirtschaftshistorische Studien, Zurich, 1992.

9장: 제약 산업: 지식 판매

Angell, Marcia, 「제약회사에 관한 진실: 그들이 우리를 기만하는 이유와 방법(The Truth About the Drug Companies: How They Deceive Us and What to Do About It)」, Random House, New York, 2005.

Baldwin, Carliss Y., Bo Becker and Vincent Marie Dessain, 「로슈의 제넨텍 인수(Roche's acquisition of Genentech)」, in Harvard Business School Case, Harvard Business Publishing, New York, 2011.

Bartfai, Tamas, and Graham V. Lees, 「약물

발견: 머리맡에서 월스트리트까지(Drug Discovery: From Bedside to Wall Street)』, Elsevier, Amsterdam, 2006.

Busset, Thomas, Andrea Rosenbusch and Christian Simon (eds), Chemie in der Schweiz. Geschichte der Forschung und der Industrie (스위스의 화학산업: 연구와 화학 산업의 역사), Verlag Merian, Basel, 1997.

Chandler, Alfred E., Jr, 「산업 세기의 형성: 근대 화학 및 제약 산업의 발전에 관한 놀라운 이야기(Shaping the Industrial Century: The Remarkable Story of the Evolution of the Modern Chemical and Pharmaceutical Industries)』, Harvard University Press, Cambridge/London, 2005.

Huber, Georg and Karl Menzi, Herkunft und Gestalt der Industriellen Chemie in Basel (바젤의 화학 산업의 기원과 구조), Urs Graf-Verlag, Olten/Lausanne, 1959.

Luond, Karl, Rohstoff Wissen. Geschichte und Gegenwart der Schweizer Pharmaindustrie im Zeitraffer (지식-우리의 자연 자원: 스위스 제약 산업의 역사와 현재). NZZ Libro, Zurich, 2008.

Mangold, Walter, Die Entstehung und Entwicklung der Basler Exportindustrie mit besonderer Berucksichtigung ihres Standortes (바벨 수출 산업의 기원과 발전, 특별히 입지를 중심으로), Philographischer Verlag, Basel, 1935.

Mestral, Aymon de, 'Edouard Sandoz (1854-1928)', in Schweizer Pioniere der Wirtschaft und Technik (스위스의 경제 및 엔지니어링의 개척자들), Verein fur wirtschaftshistorische Studien, Zurich, 1957.

Rieter, Fritz, 'Johann Rudolf Geigy', in Schweizer Pioniere der Wirtschaft und Technik (스위스의 경제 및 엔지니어링의 개척자들), Verein fur wirtschafts- historische Studien, Zurich, 1957.

Silberstein, Jul, Luc Hoffmann–Der Mitbegrunder des WWF im Gesprach mit Jil Silberstein. Mit Leidenschaft fur die Natur (세계야생동물기금(WWF) 공동창립자 루크 호프만과 질 실버스타인의 대화), Verlag Neue Zurcher Zeitung, Zurich, 2011.

Straumann, Tobias, Die Schopfung im Reagenzglas. Eine Geschichte der Basler Chemie (1850-1920) (시험관의 탄생: 바젤의 화학 산업의 역사, 1850-1920), Verlag Helbing & Lichtenhahn, Basel, Frankfurt, 1995.

Zeller, Christian, Globalisierungsstrategien– Der Weg von Novartis (세계화 전략– 노바티스의 길), Springer, Berlin/New York, 2001.

10장: 스위스 교통: 완벽한 이동성

Berchtold, Walter, Durch Turbulenzen zum Erfolg– 22 Jahre am Steuer der Swissair (격변을 거쳐 성공으로– 22년의 스위스에어 경영), Verlag Neue Zurcher Zeitung, Zurich, 1981.

Luond, Karl, 「(전진– 판알피나 북(Moving forward–Das Panalpina Buch)』, Basler Druck+Verlag AG, Basel, 2004.

Moser, Sepp, Bruchlandung– Wie die Swissair zugrunde gerichtet wurde (동체 착륙 – 스위스에어는 어떻게 몰락했나), Orell Fussli, Zurich, 2001.

Treichler, Hans P., Barbara Graf, Boris Schneider and Ralph Schorno, Bahnsaga Schweiz (스위스 철도의 긴 이야기), As Verlag, Zurich, 1996.

von Schroeder, Urs, Swissair 1931-2002: Aufstieg, Glanz und Ende einer Airline (스위스에어 1931-2002: 항공사의 성공과 몰락), Verlag Huber, Frauenfeld Stuttgart/Vienna, 2002

11장: 벽돌과 회반죽

Billington, David D., 「구조설계의 기술-스위스의
  유산(The Art of Structural Design—a Swiss Legacy)」, Princeton University Art Museum, Princeton, NJ, 2003.
Catrina, Werner, Der Eternit Report: Stephan Schmidheinys schweres Erbe (에테르니트 보고서: 스테판 슈미트하이니의 크고 무거운 유산), Orell Fussli Verlag, Zurich, 1985.
Gugerli, David and Daniel Speich, Topografien der Nation—Politik, kartografische Ordnung und Landschaft im 19. Jahrhundert (국가의 지형학-19세기의 정치, 지도제작, 풍경), Chronos-Verlag, Zurich, 2002.
Holcim, 「힘, 성과, 열정의 100년(100 years of strength, performance and passion)」, in Annual Report 2011, Holcim, Rapperswil-Jona, 2011.
Staub, Hans O., 'Von Schmidheiny zu Schmidheiny' (From Schmidheiny to Schmidheiny) in Schweizer Pioniere der Wirtschaft und Technik (스위스의 경제 및 엔지니어링의 개척자들), Verein fur wirtschaftshistorische Studien, Zurich, 1994.
Wagli, Hans G., 'Louis Favre (1826-79). Erbauer des Gotthardtunnels' (루이 파브르: 고트하르트 터널 건설자), in Schweizer Pioniere der Wirtschaft und Technik (스위스의 경제 및 엔지니어링의 개척자들), Verein fur wirtschaftshistorische Studien, Zurich, 2008.

12장: 슈퍼컴퓨터에서 마우스까지

Gugerli, David, Patrick Kupper and Daniel Speich, Die Zukunftsmaschine. Konjunkturen der ETH Zurich 1855-2005 (미래의 엔진: 취리히 ETH의 경제적 주기, 1855-2005), Verlag Chronos, Zurich, 2005.
Henger, Gregor, Informatik in der Schweiz: Eine Erfolgsgeschichte verpasster Chancen (스위스의 정보기술: 놓쳐버린 기회의 성공 이야기), NZZ Libro, Zurich, 2008.

13장: 아름다운 산업: 스위스가 예술 및 건축 분야에서 거둔 성취

Allenspach, Christoph, Architektur in der Schweiz—Bauen im 19. und 20. Jahrhundert (19세기와 20세기의 스위스 건축), Pro Helvetia Schweizer Kulturstiftung, Zurich, 1998.
Frampton, Kenneth, Die Architektur der Moderne: Eine kritische Baugeschichte, aus dem Englischen von Antje Pehnt (근대 건축: 매우 중요한 건축 역사), Deutsche Verlags-Anstalt, Stuttgart, 1983.
Francini, Esther Tisa, Anja Heuss and Georg Kreis, Fluchtgut—Raubgut. Der Transfer von Kulturgutern in und uber die Schweiz 1933-45 und die Frage der Restitution (도피 자산, 약탈 자산: 1933-45년 스위스로 들어오고 나간 문화 자산의 이전, 그리고 반환 문제), Verlag Chronos, Zurich, 2001.
Mory, Christophe, La passion de l'art: entretiens avec Christophe Mory/Ernst Beyeler (예술을 향한 열정-크리스토퍼 모리/에른스트 바이엘러와의 인터뷰), Gallimard,

Paris, 2003.
Mory, Christophe, Ernst Beyeler-Leidenschaftlich fur die Kunst, Gesprache mit Christophe Mory, aus dem Franzosischen von Annalisa Viviani (에른스트 바이엘러-예술을 향한 열정: 크리스토퍼 모리와의 대화, 아날리사 비비안니가 프랑스어를 독일어로 번역), Verlag Scheidegger & Spiess, Zurich, 2005.
Schweizerisches Institut fur Kunstwissenschaften (ed.), Die Kunst zu Sammeln. Schweizer Kunstsammlungen seit 1848 (미술품 수집: 1848년 이후 스위스의 미술품 수집), Schweizerischer Kunstverein, Zurich, 1998.
Zumthor, Peter, 「건축을 생각하다(Thinking architecture)」, Lars Müller, Basel, 1998.

14장: 세상에 비치는 한 줄기 빛

Altermatt, Urs. Conseil fédéral. 「연방 평의회의 첫 100년 인명사전(Dictionnaire biographique des cent premiers conseillers fédéraux)」. Yens-sur-Morges, Cabédita (Archives vivantes), 1993 (독일어 판본, Zürich-München, Artemis Verlag, 1991), 672p.
Bundi, Madlaina (dir.). 「보존과 창조: 스위스 유산 100년(Préserver et créer. 100 ans de Patrimoine suisse)」, Lausanne, Payot, 2005, 160p.
Comtesse Xavier. 「소프트 가버넌스(Soft gouvernance)」, Genève, Fondation pour Genève (Cahier 1), 2007, 123p.
Eckhardt, Beate et al. 「2013년 스위스 내 재단에 관한 보고서(Rapport sur les fondations en Suisse 2013)」, CEPS Forschung und Praxis, volume 08.

ICRC 상임 부총재 크리스틴 벨리 인터뷰 (August 22, 2013).
「스위스 역사 사전(Dictionnaire historique de la Suisse)」, Hauterive, G. Attinger, 2002-11vol.
Dunant, Henry, 「솔페리노의 회상(Un Souvenir de Solferino)」, Genève, Imprimerie Jules Guillaume William, Fick, 1862, 115p.
「제네바 백과사전 제5권: 종교(Encyclopédie de Genève. Tome 5: Religions)」, Genève, Association de l'Encyclopédie de Genève, 1986, 295p.
「제네바 백과사전 제8권: 국제적 도시 (Encyclopédie de Genève. Tome 8: Genève, ville internationale)」, Genève, Association de l'encyclopédie de Genève, 1990, 293p.
Helmig, Bernd et al., 「비교 관점으로 보는 스위스의 시민 사회 영역(The Swiss Civil Society Sector in a Comparative Perspective)」, VMI, Forschungsreihe Bd. 6, Fribourg 2011p. 11-12.
Herren, Madeleine, Zala, Sacha. 「외교정책 네트워크. 1914년~1950년 스위스 외교정책의 도구로서 국제회담과 단체(Netzwerk Aussenpolitik. International Kongresse und Organisationen als der Instrumente schweizerischen Aussenpolitik 1914-1950)」, Zürich, Chronos (Schweizer Beiträge zur Geschichte internationalen, 5), 2002, 314p.
Hersh Philip & Hodler Marc, 87. "스위스 변호사가 올림픽 위원회의 부패를 고발하다 (Swiss Lawyer Exposed Olympic Organizers' Corruption)", LA Times, Oct. 19, 2006.
Humair Cédric. 「경제 개발과 중앙 정부 1815년~1914년 (Développement économique et Etat central 1815-1914)」.

「엘리트가 주도한 1세기 동안의 스위스 관세 정책(Un siècle de politique douanière suisse au service des élites)」. Berne, Peter Lang, 2004, 870p.

Jost, Hans Ulrich, <사회와 사회성의 역사(Histoire des sociétés et de la sociabilité)>, en Paul Hugger(dir.), 「스위스: 전통, 생활방식, 사고방식, 태도(Les Suisses. Modes de vie. Traditions. Mentalités. Attitudes)」, Lausanne, Editions Payot (Territoires), 1992, tomo I, p. 467-484.

「국제적인 제네바와 미래. 국제 제네바(제네바와 베른)의 우선순위에 관한 주-연방 합동 그룹 보고서(La Genève internationale et son avenir. Rapport du groupe permanent conjoint Confédération Canton sur les priorités de la Genève internationale Berne et Genève)」, 2013, 31p.

「제네바의 국제 부문. 1975년~1976년 제네바 내 국제 정부와 비정부기구의 일자리(Le secteur international à Genève. Les emplois dans les organisations internationales gouvernementales et non gouvernementales à Genève en 1975-1976)」, Service cantonal des statistiques (Etudes, 3), 1978, 132p.

「1977년~1978년 제네바의 국제기구. 일자리와 지출, 국제회의(Les organisations internationales à Genève en 1977-1978. Emplois, dépenses et réunions internationales)」, Genève, Service cantonal des statistiques (Aspects statistiques, 9), 1978, 44p.

Mach, André, <이익단체(Associations d'intérêts)> en Klöti, Ulrich ; Knoepfel, Peter; Kriesi, Hanspeter ; Linder, Wolf & Papadopoulos, Yannis (dir.), 「스위스 정치 매뉴얼(Handbuch der Schweizer Politik)」, Zurich, NZZ Verlag, 2003, 2, 297-333p.

Morath, Pierre, 「로잔에서의 IOC, 1939년~1999년 (IOC in Lausanne 1939-1999)」, Yens-sur-Morges, Cabédita, 2000, 319p.

Nassar, Vincent & Stricker, Claude. 「국제 스포츠 연맹과 단체가 로잔과 레만호 지방에 미친 경제적 영향. 2004년부터 2007년까지(Impact économique des fédérations et organisations du sport international sur Lausanne et l'arc lémanique. Période de 2004 à 2007)」. Rapport, Lausanne, Académie internationale des sciences et techniques du sport, 2008, 61p.

Rens, Ivo & Giesen, Klaus-Gerd. 「장-자크 드 셀롱, 제네바 정신의 선구자이자 평화주의자(Jean-Jacques de Sellon, pacifiste et précurseur de l'esprit de Genève)」, Revue suisse d'histoire, Bâle, 1985.

감사의 글

이 여정이 시작된 것은 로렌츠 스터키의 1968년 작품 「비밀의 제국」을 읽고 스위스 사회경제 시스템의 범위, 복잡성, 내적 관계에 깊은 인상을 받았기 때문이었다. 나는 그 책을 내 아들인 조슈아에게 열아홉 번째 생일선물로 주었다. 나는 그 책이 나에게 그랬듯이 아들에게도 자신이 성장하고 시민이 된 스위스를 더 잘 이해하는데 도움을 주기 바랐다.

스터키의 세대는 흘러갔고 그의 메시지는 더 이상 폭넓은 독자에게 도달하지 못한다. 그의 책은 독일어로 출판되었으나 지금은 절판되었다. 아마존을 잠깐 검색해보면 스위스에 관한 책이 얼마나 적은지, 그리고 대부분 잘못되었거나 비논리적이거나 피상적인지 알 수 있다. 스위스는 칼뱅과 츠빙글리가 머물며 활동하던 곳이었다—신중함과 절제가 깊이 배인 곳이다. 대중매체에서 자주 각광을 받는 스위스는 매체에 소개되는 것과 현실이 상관관계가 별로 없거나 실제로 정반대일 수 있다는 점을 잘 보여주었다. 많은 사람들이 잠시 동안의 방문이나 고정관념 때문에 스위스를 안다고 생각하지만, 스위스를 정말 잘 아는 사람들은 흔히 우리가 알고 있는 지식과 실제 현실이 근본적으로 다르다는 것을 안다. 이 책을 쓴 목적은 독자들이 그 차이를 발견하도록 돕는 것이다.

나는 이런 측면에서 이 책이 얼마나 성공적일지 모르지만 그렇게 해줄 사람이 누군지는 잘 안다. 〈노이에 취르허 차이퉁〉의 전 편집인 위고 보에틀러는 스터키와 같은 마을에서 성장했으며 그의 작품의 진가를 알아보았다. 그리고 그는 적어도 오해를 바로잡기 위해 노력해야 할 필요성을 느꼈다. 여러 측면에서 그는 이 책의 '정신적 지주'였다.

어떤 사람들은 이 책이 시작되기 오래 전부터 매우 중요했다. 게오르그 가이기는 스위스에서 내게 첫 직장을 제공했고, 나는 그가 스위스증권거래소 책임자로 있을 때 가깝고 친근한 분위기 속에서 그와 니콜라스 베어 옆에서 일할 수 있는 특권을 누렸다. (제이콥) 로스차일드 경의 신뢰받는 중요인물이었던 고(故)프랑수아 메이어는 내가 사업을 시작하고 사람과 상황에 대한 나의 판단력을 키우도록 도와주었다. 안드레 드레이딩 교수는 화학의 중심이 화합물에서 분자수준으로 이동할 때 취리히 대학 화학과 책임자였다. 우리는 철학적 본질에 대해 수없이 토론했으며 나에게 당대 일류 스위스인 과학자들을 많이 소개해주었다. 그들이 보여준 행동과 모범, 그리고 나에 대한 관심은 내가 나의 길을 가는 데 결정적으로 중요했다.

「스위스 메이드」는 내가 전 사업가이자 〈노이에 취르허 차이퉁〉의 경제담당 편집자였고, 지금 싱크탱크 아베니르 스위스(Avenir Suisse)의 책임자인 게르하르트 슈바르츠와 함께 쓴 「스위스의 경제 기적(Swiss Economic Miracle)」에 대한 후속편이다.

이 책은 첫 번째 책을 위해 조사한 방대한 자료가 없었다면 쓸 수 없었을 것이다. 이 두 책에 기여해준 사람들에게 두 배로 감사드린다. 특히 마르쿠스 크리스텐에 대해 언급해야겠다. 그가 이 두 책에 제공한 기여는 너무 많아 여기에 일일이 나열할 수 없다. 조사, 편집, 프로젝트 관리 측면에서 그의 지칠 줄 모르고 다방면인 지원이 없었다면, 「스위스 메이드」와 이전 책이 출간될 수 없었을 것이라는 점만 말해두겠다. 아래 사람들은 특정 장에서 중요한 도움을 주었다. 우엘리 부르카르트(6장 섬유산업), 펠릭스 에르바흐(1장 식품, 4장 무역), 팀 델프스(2장 시계제조), 칼 뤼엔트(9장 제약), 카스파르 쉐더(11장 건설, 13장 미술과 건축), 펠릭스 베버(7장 의료기술, 14장 '다국적 기업이 스위스를 선호하는 이유'), 크리스토프 추르플로흐(3장, 관광), 앙구스 매기흐는 번역을 도와주었고, 마린 베르츠는 지치지 않고 적절한 사진을 찾아주었다.

이런 범위와 규모의 프로젝트는 개별 회사의 역사가와 홍보 책임자들의 지식, 그리고 그들의 기록물과 비공개 자료를 공유하려는 의지에 주로 의존한다. 나는 특별히 네슬레의 역사가 알베르트 피프너, 스위스 내셔날 뱅크의 역사가 패트릭 할베이젠, 취리히 대학의 토비아스

스트라우만, 이코노미에 스위스(Economie Suisse)의 수석 경제학자 루돌프 민시에 감사드린다. 역사적 정확성에 대한 그들의 열정은 나를 깊이 감동시켰다.

UBS의 글로벌 커뮤니케이션 팀장 미셸 빌리의 도움이 없었다면 UBS의 파란만장한 최근 역사의 연대기를 정리하지 못했을 것이다. 그는 지난 10년 동안의 반복적인 UBS 사태에서 살아남아 진실을 말해주었다. 뵈에른 에드룬트는 산도스와 시바-가이기가 합병할 동안 마크 모레의 커뮤니케이션 팀장으로 일했다. 그 후 ABB로 복귀했을 때 외르겐 도르만 밑에서 일하면서 놀라운 통찰을 공유했다. 그의 기여는 놀라운 것이었다.

아마도 이 책에 가장 큰 도움을 준 사람은 인터뷰 시간을 내준 스위스 산업, 금융, 정부의 지도자들일 것이다. 스위스는 신중함과 비밀을 중요하게 여긴다. 나는 그들에게 허락을 받은 내용만을 이 책에서 인용했다. 그러나 과도할 정도로, 나의 분석적, 전망적 평가는 그들의 집단적 지혜로부터 도출되고 이루어졌다. 나는 인터뷰 대상자들의 이름을 언급하지 않음으로써 그들의 프라이버시를 존중했지만, 그들의 인내와 관심, 지원이 이 책의 내용에 매우 중요했다. 많은 사람이 친절하게 초안을 읽고 본문을 개선하는 방법에 대해 소중한 의견과 제안을 제시해주었다.

또한 이 책과 관련된 조사에 필요한 연구비를 제공해준 하버드대

'국제개발센터'에 감사드린다. 하버드대는 지식과 인재의 보고이며 나는 내 마음에 떠오른 모든 것을 캐내기 위해 최선을 다했다. 하버드 경영대학원의 하워드 스티븐슨, 〈하버드 비즈니스 리뷰〉의 편집자 아디 이그내티우스에게 감사드린다. 아디는 지금까지 스위스 기업에 관해 기록된 모든 기업 사례를 복사해 제공해주었다. 하버드대 도서관장이자 스위스에 거주한 적이 있는 유럽역사 연구자 로버트 단턴은 나의 작업에 특별한 관심을 보였다. 제인 맨스브리지는 자유와 민주주의가 어디에서 비롯되었는지 가르쳐주었다. 바버라 켈러맨은 천재와 환경을 연결하는 필수적인 방정식이 있다는 것을 보여주었다. 그 밖에 나는 마틴 펠드스타인, 니얼 퍼거슨, 로버트 레시그, 켄 로고프, 래리 서머스와 토론할 기회를 얻었다―매번 토론할 때마다 그전보다 더 겸손해지고 더 많은 지식을 얻었다.

내가 이 책을 쓸 때 많은 기업과 개인이 격려하고 지지해주었다. 그 덕분에 이 책을 쓰고 하버드 장학금도 받을 수 있었다. 그런 기업(기업과 재단)으로는 ABB, 알프레드 쉰들러 재단, 아노바 홀딩, 다우 유럽, 홀심, 야콥 요한 리터 재단, 야콥스 재단, 네슬레, 산도스 재단, UBS, 발터 헤프너 재단, 그리고 개인으로는 지오르지오 베어 교수, 베르나르드 사브리에르, 한스 외르크 비스, 스테판 추엘릭 박사가 포함된다. 처음부터 그들의 지원은 연구 결과와 어떤 식으로든지 관련되지 않는다는 공식적인 합의가 있었다.

책은 마라톤과 같다. 모든 인간의 노력이 그렇듯이 만족은 무엇을 성취했는지, 그리고 누구와 함께 그것을 이루었는지에서 비롯된다.

편집자와 저자의 관계는 형이상학적이다. 이안 로저는 〈파이낸셜 타임즈〉에서 오랫동안 탁월한 경력을 쌓았으며 내가 생각하는 것보다 더 많은 지역과 산업을 다루었고, 마지막에는 국제 뉴스 담당 편집자가 되었다. 완성된 책의 내용은—일부는 조용히, 일부는 열띤 논쟁 이후에—오랫동안 잠자고 있던 초안에 대한 그의 중요한 의견에 많은 빚을 지고 있다. 이런 의견 교환은 혼란스러운 부분을 제대로 정리하는데 도움이 되었고, 다른 한편으로는 성숙하고 필요한 유머 시간을 제공했다. 나를 제외한 어느 사람도 그의 수많은 의견과 제안, 또는 한바탕 새로운 기운을 북돋우는 유머의 가치를 알지 못할 것이다—엄청난 것이었다. 조각처럼 저술도 제거한 부분에 의해 상당부분 결정된다.

하버드대 졸업생이자 조지타운대 법대생 넬리 도로슈킨 역시 「스위스 메이드」를 탄생시킨 핵심 팀의 충실한 일꾼이었다. 그녀는 본문을 계속 수정하느라 정말 고생했다. 그녀는 또한 나이에 걸맞지 않게 오랫동안 소중한 편집 자료를 제공해주었고 종종 모든 것을 결합하는 아교 역할도 했다.

〈이코노미스트 인텔리전트 유닛〉의 전 편집자 리처드 워커는 책의 구조와 흐름을 정하는데 도움을 주었다. 리처드를 소개해준 〈이코노미스트〉의 바버라 벡에게 특별히 감사드린다. 〈이코노미스트〉의 금융 담당 편집자 조너선 로젠탈 역시 은행에 관한 장을 검토해주었는데 이 책에서 아마 가장 섬세한 장일 것이다.

이 책을 출간해준 프로파일 북스의 앤드류 프랭클린, 스티븐 브라우, 폴 포티에게도 감사드린다.

어떤 것에 대한 정확한 역사 기록은 불가능할 것이다. 이 책은 스위스가 해온 실험의 과거와 미래에 대한 숙고를 제공한다. 내가 '실험'이라는 단어를 쓴 이유는 국가가 스위스처럼 설립되고 지속하고 번성할 수 있다는 생각이 과거에서 지금에 이르는 역사적 교훈에 도전하고 동시대 다른 국가들과의 수평적 비교를 불허하기 때문이다. 그럼에도 우리는 특정 사실을 선택하고 다르게 가중치를 부여하고 해석한다. 이 책의 범위는 시간적으로는 3세기이며 영역적으로는 14개 영역이기 때문에 실수가 있을 것이다. 실수에 대한 모든 책임은 저자에게 있다. 남아 있는 실수는 사소하고 얼마 되지 않기를 바란다.

마지막으로 작고하신 부모님과 아내에게 특별히 감사드린다. 이 책을 사랑과 감사, 애정 어린 추억과 함께 그들에게 헌정한다. 그들은 이 여정의 매순간마다 내 어깨 너머로 쳐다보고 있었을 것이다.

1830 1840 1850 1860 1870 1880 1890 1900 1910 1920
1832년 딜론, 리드사
1862년 바슬러 핸델스방크
1882년 바슬러 데포지텐 방크
1856년 방크베레인
1872년 바슬러 방크베레인
1897년 슈바이처리셰르 방크베레인
1889년 취르허 방크베레인
1889년 슈바이츠 유니언방크
1832년 슈뢰더 뮌헨마이어 헹스트사
1895년 필립스 & 드루
1863년 아이츠그노시스방크
1863년 토겐버그방크
1912년 슈바이처리셰 방크게젤샤프트
1862년 방크 인 빈터투어
1872년 아라가우셰 크레디탄스탈트
1919
1863년 방크 인 바덴
1915
1914년 블리스, 이스트맨 딜론사
1919년 미첼 허친슨사
1880년 페인 & 베버
1879년 잭슨 & 커티스
UBS의 형성과정

1830 1840 1850 1860 1870 1880 1890 1900 1910 1920
1850년 J.R. 가이기
1864년 J.R. 가이기
1860년 J.J. 뮐러사
1859년 A. 클라벨
1873년 빈드셰들러 & 부슈
1884년 시바
1864년 거버 & 울만
1898
1893년 바슬러 케미쉐 패브릭
1908
1860년 J.D. 돌푸스
1871년 뒤랑 & 위그냉
1886년 켐 & 산도스
1865년 반더
노바티스의 형성과정

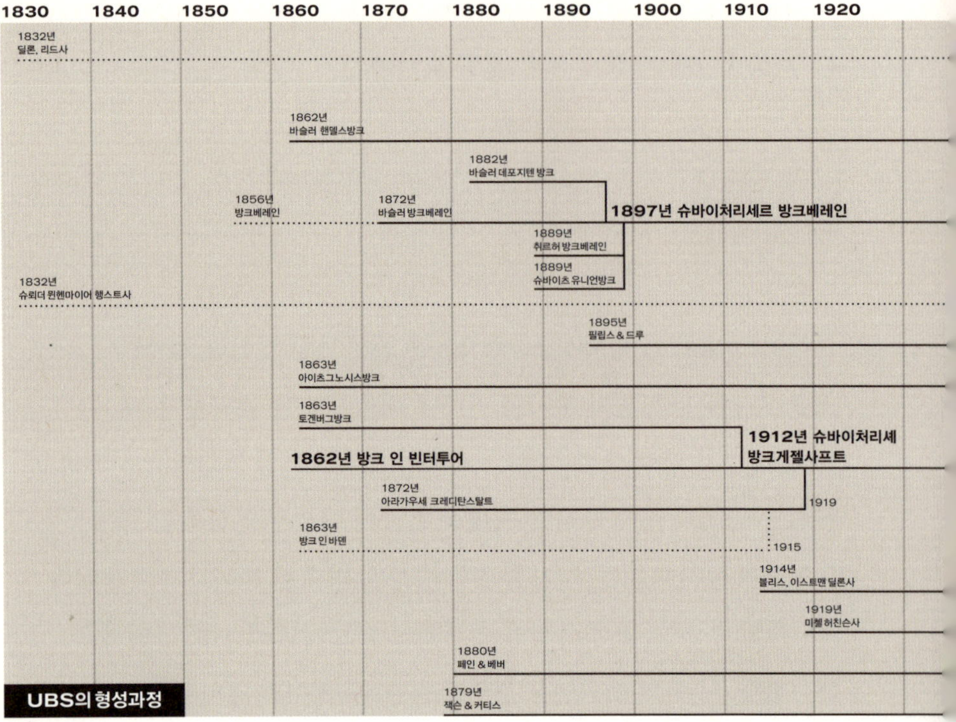

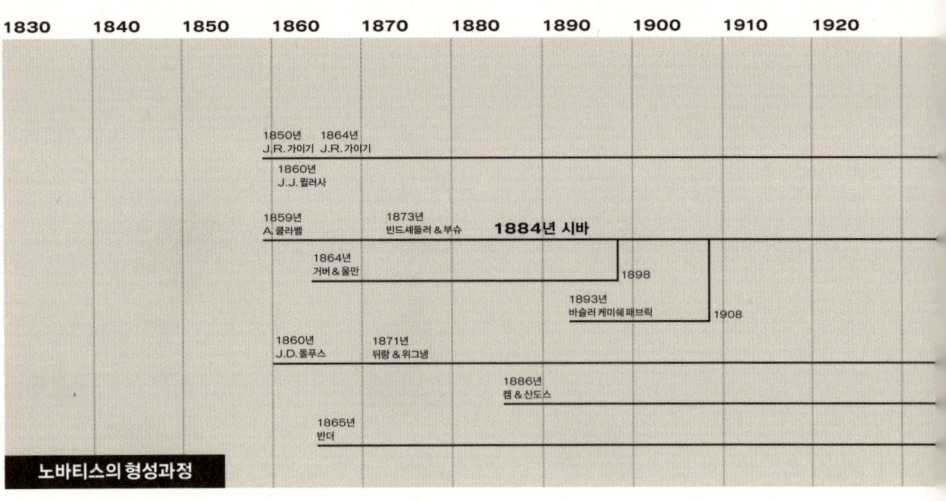

1930
1940
1950
1960
1970
1980
1990
2000
2011
1997
1936년
포터 파트너스
1987
1946년
S.G. 워버그 그룹
1995
1989년
브린슨 파트너스
1994
1945
1977년
오코너 & 어소시에이트
1992
1997
1986
1945
UBS
1998
1928년
인터헨델
1967
1979
1977
1974년
페인베버사
1942년 페인, 베버, 잭슨 & 커티스
2000

1930
1940
1950
1960
1970
1980
1990
2000
2011
1981년
카이런
2006
1986년
헥살
2005
1970년 시바-가이기
1992년 시바
NOVARTIS
1996
1969
1939년 산도스
1967
1945년
알콘
2011

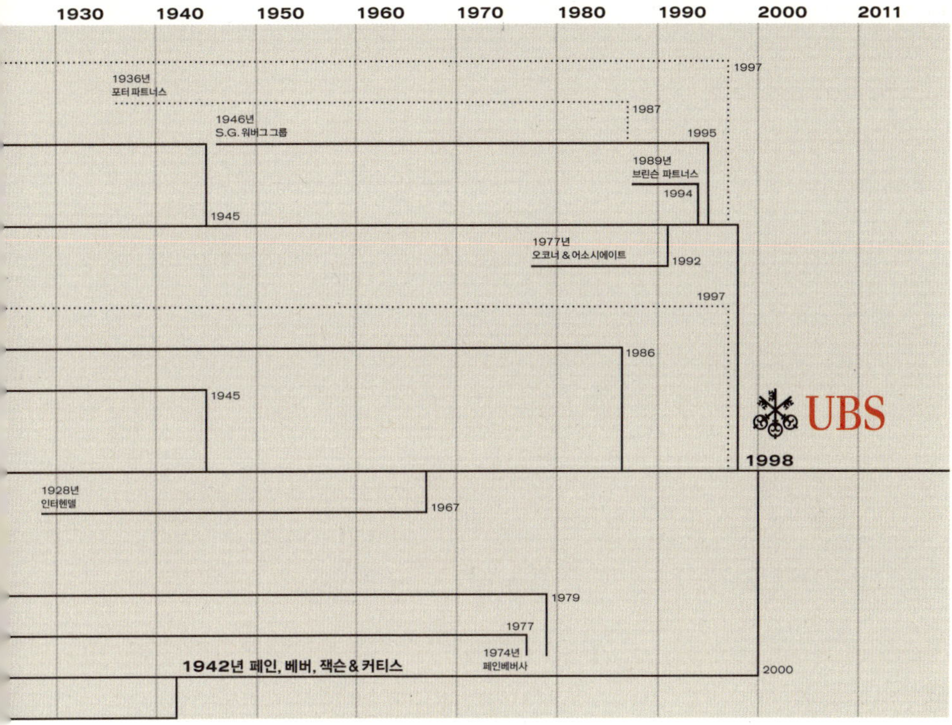

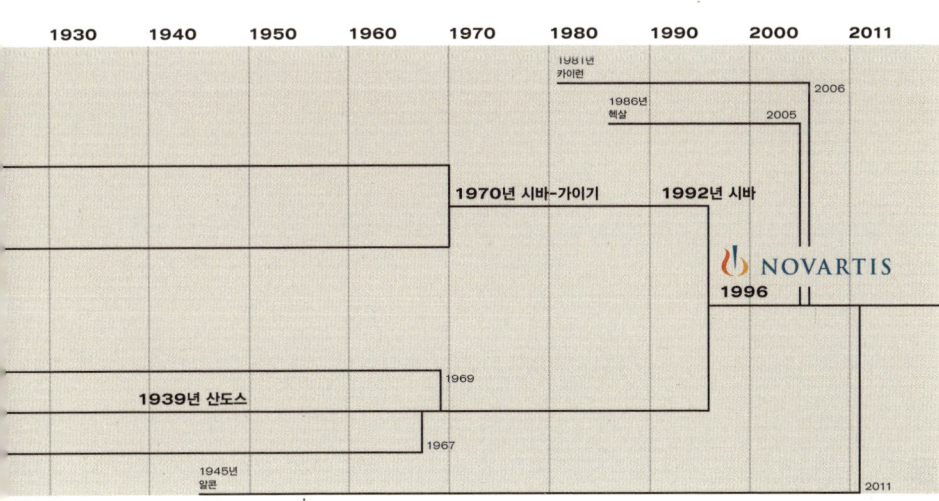

지은이 | R. 제임스 브라이딩

「스위스 메이드-스위스의 성공 이면에 숨겨진 엄청난 이야기Swiss Made-the untold story behind Switzerland's success」의 저자다. 10개 언어로 번역된 이 책은 '스위스의 특성'에 관한 가장 권위 있는 저작이 되었다. 다수의 선도적인 스위스 기업, 재단, 고액 자산가들이 스위스의 성과에 대한 인식을 국내외에 높이기 위해 이 책의 출판계획을 지원했다. 그의 최근 저서는 「너무 작아서 실패할 수 없는: 작은 국가가 큰 국가보다 더 나은 성과를 올리는 이유와 그들이 세계를 재편하는 방법Too Small To Fail:Why Some Small Nations Outperform Larger Ones and How They Are Reshaping the World」(하퍼 콜린스)이다.

그는 〈이코노미스트〉, 〈파이낸셜 타임스〉, 〈포린 어페어스〉, 〈뉴욕타임즈〉, 〈월스트리트 저널〉에 글을 기고하고 있다. 또한 하버드대 국제개발센터 선임연구원으로 활동했으며, 취리히 소재 투자기업 네상스 캐피털Naissance Capital을 설립했다. 그는 베이징대, 컬럼비아대, 케임브리지대, 취리히 연방공과대ETH, 하버드대, 교토대, 프린스턴대, 스탠퍼드대와 브루킹스 연구소, 케이토 연구소Cato Institute, 채텀 하우스Chatham House에 객원 강사로 초대받았다.

그의 최신 저서「너무 작아서 실패할 수 없는」에서 영감을 얻은 브라이딩은 2020년 취리히에 본사를 둔 비영리 단체 S8nations를 다양한 후원자들의 도움으로 공동 설립했다.

브라이딩은 IMD 로잔과 하버드 케네디 스쿨을 졸업했다. 그는 아버지가 물리학자로 일했던 아폴로 프로젝트 기간 동안 케이프 커내버럴 근처에서 자란 스위스계 미국인이다.

옮긴이 | 인종희

서울대학교 지리학과와 환경대학원, 장로회신학대학원을 졸업하고 바른번역 아카데미를 수료한 후 전문번역가로 활동하고 있다. 옮긴 책으로는 「과학, 인간의 신비를 재발견하다」, 「피터 드러커의 산업사회의 미래」, 「위닝」, 「삶을 위한 신학」, 「시대가 묻고 성경이 답하다」, 「내 인생을 완성하는 것들」 등이 있다.

스위스 메이드
Swiss Made

	초판 2쇄
찍은날	2021년 4월 14일
펴낸날	2021년 4월 20일
지은이	R. 제임스 브라이딩
옮긴이	안종희
스페인어 번역	성소희
디자인	이선이
펴낸이	홍상유
찍은곳	영신사
펴낸곳	에피파니
	출판등록 서울 제2 020-000107호
	등록일자 2015년 11월 26일
주소	04350 서울특별시 용산구 이태원로27길 37-24 201호
이메일	epiphanypublishers@gmail.com
페이스북	@atelier.epiphanie
인스타그램	@studio.epiphany
ISBN	979-11-956972-4-3 (03300)
	27,000원